MORGEN-GLANTZ

Zeitschrift
der
Christian Knorr von Rosenroth-Gesellschaft

31 (2021)

Christian Knorr von Rosenroth-Gesellschaft e.V.

MORGEN-GLANTZ

Zeitschrift
der
Christian Knorr von Rosenroth-Gesellschaft

Im Auftrag der Christian Knorr von Rosenroth-Gesellschaft
herausgegeben von

Rosmarie Zeller

31 (2021)

Peter Lang

Bern • Berlin • Bruxelles •
New York • Oxford • Warszawa • Wien

Satz und Layout: Johannes Hartmann, Stadtarchiv Sulzbach-Rosenberg

„MORGEN-GLANTZ". Zeitschrift der Christian Knorr von Rosenroth-Gesellschaft erscheint einmal im Jahr.
Mitglieder der Gesellschaft erhalten die Zeitschrift kostenlos.

Korrespondenz, die die Zeitschrift betrifft, ist an die Adresse der Herausgeberin zu richten:
Frau Prof. Dr. Rosmarie Zeller, Universität Basel, Deutsches Seminar, Nadelberg 4, CH – 4051 Basel
e-mail: Rosmarie.Zeller@unibas.ch

Korrespondenz, die die Gesellschaft betrifft, ist an folgende Adresse zu richten:
Knorr von Rosenroth-Gesellschaft
Postfach 1254, D - 92230 Sulzbach-Rosenberg
Paket: Luitpoldplatz 25, 92237 Sulzbach-Rosenberg
Tel.: 09661 / 510-287
Fax: 09661 / 510-289
e-mail: info@knorr-von-rosenroth.de
Internet: www.knorr-von-rosenroth.de

Publikationen zur Besprechung sind an die Geschäftsstelle oder an die Herausgeberin zu richten. Eine Verpflichtung zur Besprechung oder Rücksendung besteht nicht.

Titelbild:
Porträt des Pfalzgrafen Christian August, Kupferstich von Sandrart, Nürnberg 1674. Stadtarchiv Sulzbach-Rosenberg

ISBN: 978-3-0343-4466-1 (br.)   ISBN: 978-0343-3248-4 (eBook)
ISN: 978-3-0343-4468-5 (E-Pub) DOI: 10.3726/b19285
ISSN: 0942-0924 br.   ISSN: 2235-6568 eBook

Inhalt

ROSMARIE ZELLER

Vorwort

Diese Nummer des Morgen-Glantz hat, wie Sie sehen werden, einen besonderen Inhalt. Abgesehen von einem Aufsatz über Georg Philipp Harsdörffer und einigen Rezensionen enthält der Band zwei Editionen von Reisebeschreibungen. Wegen der Corona-Epidemie konnte die Tagung von 2020 nicht stattfinden und folglich standen uns auch nicht genügend Beiträge, um einen Band zu füllen, zur Verfügung. Wir haben deshalb beschlossen, zwei Reiseberichte zu edieren, der eine betrifft die Reise des jungen Christian August und seines Bruders Johann Ludwig von Sulzbach nach Polen, Italien und Frankreich, und der andere das in der Forschungsliteratur zu Christian Knorr von Rosenroth immer wieder zitierte lateinische Itinerarium, in welchem Knorr seine Bildungsreise von Leipzig nach Leiden beschreibt. Beide Berichte werden ausführlich kommentiert. Auf diese Weise sollen zwei Texte zugänglich gemacht werden, die einerseits einen Beitrag zur Biografie der Sulzbacher Prinzen bzw. von Knorr liefern, andererseits auch die Reiseliteraturforschung und die Forschung zu Wunderkammern interessieren dürften.

Das Itinerarium von Christian Knorr von Rosenroth

herausgegeben unter Mitarbeit von Irmgard Scheitler und Marco Vespa
von
Rosmarie Zeller

Einleitung

Die Handschrift

Das Itinerarium von Christian Knorr von Rosenroth geistert schon länger durch die Knorr-Forschung, kleine Teile wurden zu Anfang des 20. Jahrhunderts von Arnold Fuchs publiziert, teilweise auch mit Übersetzungen.[1] Die Handschrift liegt in Wolfenbüttel unter der Signatur Cod. Guelf. 253.1, Bl. 57r bis 119v. Die Handschrift stammt aus dem Besitz des aus Sulzbach stammenden Jakob Burckhard (1681-1752), der Bibliothekar in Wolfenbüttel war. Er soll zufällig zu diesen Autografen gekommen sein.[2] Im gleichen Konvolut befinden sich eine Anleitung zur Landwirtschaft und ab Bl. 152r Auszüge aus der von Adam Olearius herausgegebenen *Orientalischen Reisebeschreibung* von Jürgen Andersen.[3] Das ist nicht ganz unwichtig, wenn man sich fragt, welchen Zweck Knorr mit seinem *Itinerarium* verfolgte. In Sulzbach bestand jedenfalls ein gewisses Interesse an Reisebeschreibungen bzw. Länderbeschreibungen,

---

1   Arnold Fuchs: Aus dem Itinerarium des Christian Knorr von Rosenroth. In: Geschichts-Blätter für Stadt und Land Magdeburg 1914 /15, S. 2-12. Ders.: Aus dem Itinerarium des Christian Knorr von Rosenroth. Met eene inleiding en eene hollandsche vertaling van den Latijnschen tekst door Dr. Joh. C. Breen. In: Veertiende Jaarboek van het Genootschaap Amstelodamum 1916, S. 201-256. Ders.: Aus dem Itinerarium des Christian Knorr von Rosenroth. (Übersetzung Hermann Joachim). In: Zeitschrift des Vereins für Hamburgische Geschichte 24, 1921, S. 87-139.

2   Siehe dazu: Rosmarie Zeller: Der Nachlaß Christian Knorr von Rosenroths in der Herzog August-Bibliothek in Wolfenbüttel. In: Morgen-Glantz 16, 2006, S. 55-70.

3   Orientalische Reisebeschreibunge Jürgen Andersen auß Schleßwig [...]. Heraus gegeben durch Adam Olerarium. Schleswig 1669.

wie die Werke von Johann Heinrich Seyfried zeigen.[4] Ob dahinter der Hof steckt oder die Geschäftstüchtigkeit des Druckers Lichtenthaler, muss noch untersucht werden.

Die Handschrift ist auf weite Strecken eine Reinschrift mit wenig Korrekturen, aber mit Literaturangaben, was darauf hinweisen könnte, dass sie gedruckt werden sollte. Darauf deuten auch Verweise, die nicht eingelöst werden, was zudem zeigt, dass das Manuskript nicht nur am Ende einfach abbricht, sondern auch in sich unvollständig ist. So geht zum Beispiel der Verweis, dass später darüber berichtet werden soll, was der Wirt vom Krieg gegen die Türken in Ungarn erzählt habe (Bl. 57r), ins Leere. Bl. 61v fehlt die Abbildung der Wippe, auf die verwiesen wird.

Auf den Blättern 63v, 65v, 66r, die Hamburg betreffen, gibt es relativ viele Korrekturen bzw. Nachträge am Rand. L. Balbiani stellt in ihrem Beitrag in diesem Band dar, dass man auf der Reise Notizen machte und diese erst hinterher zusammenfügte, was einerseits erklären kann, dass es sich beim *Itinerarium* um eine Reinschrift handelt und dass andererseits Nachträge gemacht wurden, weil vielleicht Zettel erst nachträglich zum Vorschein kamen oder weil man beim Abschreiben versehentlich etwas ausgelassen oder nachträglich Bücher mit weiteren Informationen gefunden hat. Das alles zeigt, dass es sich bei Knorrs *Itinerarium* nicht um einen Erlebnisbericht handelt und auch nicht um unmittelbar während der Reise gemachte Aufzeichnungen. In Anbetracht des Altersunterschiedes von Knorr und seinen Begleitern kann man sich auch fragen, ob Knorr eine Art Aufsichtsfunktion inne hatte und der Reisebericht als Rechenschaftsbericht entstanden ist, bis er dann in Bezug auf die holländischen Städte eine andere Funktion bekam, nämlich, wie gleich zu zeigen sein wird, die einer Publikation.

Der Verlauf der Reise

Am 13. April 1663 fährt Knorr mit zwei weiteren Personen, Johann Moller aus Glogau und Johann Christian von Schömberg aus der Lausitz, von Leipzig ab. Aus der Matrikel der Universität Leiden, wo sich alle drei am 19. Mai 1663 immatrikulieren, geht hervor, dass Moller, der dort Johann

---

4   Siehe Rosmarie Zeller: Die *Medulla Mirabilia Naturae* des Sulzbacher Hofbeamten Johann Heinrich Seyfried im Kontext der Publikationen des Sulzbacher Hofes. In: Morgen-Glantz 30 (2020), S. 99-123.

Miller heißt, 21 Jahre alt und Schömberg, der als Christian van Schumber geführt wird, 22 Jahre alt war, während Knorr 26 Jahre alt war.[5] Am 14. April 1663 essen sie in Calbe, am Abend sind sie in Magdeburg, am 15. April verlassen sie Magdeburg und fahren auf der Elbe bis Rogätz, wo sie übernachten. Am 16. April sind sie in Jerichow, am 17. April in Wittenberge, am 18. April in Lauenburg und am gleichen Tag kommen sie in Hamburg an, wobei präzisiert wird, es sei der Tag vor Ostern. Am 20. April besteigen sie schon wieder das Schiff, wobei diese Reise relativ lange dauert, jedoch keine Angaben gemacht werden, außer dass sie am 27. April in Ritzebüttel sind und dann am 30. April 1663 in Amsterdam eintreffen. Von da an gibt es keine Daten mehr. Der Aufenthalt in Amsterdam kann nicht allzu lange gedauert haben, da sich die drei, wie erwähnt, am 19. Mai an der Universität Leiden immatrikulieren und vorher noch Haarlem besuchen. In Leiden bricht die Reisebeschreibung ab. Gegen das Ende hin wird sie auch zunehmend unpersönlicher und rein aufzählend, bis sie in der reinen Abschrift von Zöllen und Abgaben aus einer entsprechenden Vorlage endet. Wird am Anfang des Textes noch von persönlichen Begegnungen, wo sogar der Name des Wirtes oder des örtlichen Pfarrers fällt, gesprochen, so ist dies im weiteren Verlauf des Textes immer weniger der Fall. Es wird uns nicht einmal gesagt, wo sie in Amsterdam gewohnt haben und auch nicht, ob alle drei weitergereist sind. Ganz selten kommt noch ein „ich" vor, so etwa, wenn bei einem getrockneten Tintenfisch erwähnt wird: „wie den, den ich einmal am Strand bei Katwijk gefunden habe" (Bl. 99r). Dass Knorr je am Strand von Katwijk war, wird jedoch im Bericht nicht erwähnt. Ähnlich die Stelle, wo er sagt, dass er an der Kalverstrasse ein Horn von einem Einhorn gesehen habe (Bl. 96v), von dem aber nur auf diese indirekte Weise berichtet wird.

Auffälligerweise werden auch Personen, mit denen er zusammengetroffen ist, nur am Anfang des Reiseberichts erwähnt. Obwohl zum Beispiel, als er in Hamburg ist, erwähnt wird, dass am dortigen Gymnasium Ägidius Gutbier tätig ist, weiß man nicht, ob Knorr den Gelehrten getroffen hat, der ihn wegen seiner Kenntnis des Hebräischen interessieren müsste, hatte sich Knorr doch schon in Leipzig mit der Sprache zu befassen begonnen. Noch auffälliger ist dieses Nicht-Nennen von Personen in

---

5   [Willem Nicolaas de Rieu] Album studiosorum Academiae Lugduno Batavae 1575-1875. Den Haag 1875, Sp. 506). Knorr immatrikulierte sich in der Theologischen Fakultät, die beiden andern in der Juristischen Fakultät.

Amsterdam: die Knorr-Forschung spekuliert ja immer wieder darüber, wen Knorr in Amsterdam alles getroffen haben könnte, doch fällt im Itinerarium kein einziger Name. Das Gleiche gilt für die Universitätsstadt Leiden, wo nur die Verstorbenen anhand ihrer Grabtafeln erwähnt werden, obwohl Knorr ja an der Universität eingeschrieben war und dort sicher andere Personen getroffen hat. Für Knorrs Biographie gibt das Itinerarium also nicht sehr viel her, nicht einmal darüber, wo er wirklich war. Der Hinweis auf Katwijk zeigt, dass er Orte besucht hat, die im Itinerarium nicht vorkommen. Bekanntlich gibt es in der älteren Knorrforschung eine Diskussion darüber, ob Knorr in England gewesen sei.[6] Dazu gibt es keinerlei Belege. Hingegen war er sicher in Italien, wie ein Hinweis in seiner Übersetzung von Della *Portas Magia* naturalis zeigt.[7]

Knorr führt in seiner Reisebeschreibung jene Elemente an, wie sie die Apodemiken der Zeit vorschrieben:[8] man besucht die Kirchen, das Rathaus, die Zeughäuser, die Märkte, man bringt etwas über die politischen Einrichtungen in Erfahrung, über Abgaben und Zölle. Manchmal gibt es noch besondere Sehenswürdigkeiten wie Inschriften, deren Wiedergabe belegen soll, dass man wirklich an dem Ort war. Knorr weicht von dieser Tradition nicht ab. Einiges fällt aber doch auf, so scheint Knorr ein gewisses Interesse für technische Einrichtungen zu haben. Er beschreibt ausführlich, wie Glockenspiele oder Wasserspiele funktionieren, aber auch die Schaukel im Garten des Schlosses von Lauenburg (Bl. 61v). Auch bei der Beschreibung des Theaters in Amsterdam zeigt er eine Vorliebe für technische Details. Abgesehen von diesen technischen Beschreibungen enthält Knorrs *Itinerarium* auch Elemente, die ich in der

---

6   So schreibt Salecker ohne jeden Beleg, die Reise habe Knorr „in den Jahren 1663 bis 1666 nach Holland, Frankreich und England" geführt. Kurt Salecker: Christian Knorr von Rosenroth (1636-1689). Leipzig 1931, S. 31.

7   Im Zusammenhang mit der Art, wie man Pilze aufbewahren könne, fügt Knorr an: „Dergleichen habe ich zu Rom und zu Neapoli gesehen / da man sie mit grossem Fleiß verwahret / weil man dadurch zu allen Zeiten Schwämme zu essen hat." (Johann Baptista Della Porta: Magia naturalis oder Haus- Kunst- und Wunderbuch […]. Hg. durch Christian Peganius sonst Rautner genannt. Nürnberg 1680. S. 304. Hingegen ist die Interpretation von Salecker der Stelle auf S. 207f., wo es um einen Besuch von „drei Liebhabern" (gemeint der Alchemie) eines Pariser Friedhofs geht, nicht auf Knorr zu beziehen.

8   Siehe dazu: Justin Stagl: Die Methodisierung des Reisens im 16. Jahrhundert. In: Der Reisebericht. Die Entwicklung einer Gattung in der deutschen Literatur. Hg. von Peter J. Brenner. Frankfurt a.M. 1989 S. 140-177. Im übrigen verweise ich auf die von L. Balbiani in diesem Band zitierte Literatur.

Literatur sonst nicht gefunden habe, zum Beispiel erwähnt er in Köthen einen Wandteppich, der alle Wappen der Mitglieder der Fruchtbringenden Gesellschaft enthalte. Er besucht das Schloss Lauenburg und beschreibt vor allem dessen Garten ausführlich. Im Sulzbacher Zusammenhang ist dies umso interessanter, als das Schloss 1663 dem Vater von Julius Franz gehörte, der 1668 die Sulzbacher Prinzessin Hedwig Maria Augusta heiraten wird.[9] Ebenfalls nirgends zu finden ist die Beschreibung der Villa außerhalb von Haarlem sowie die zahlreichen Beschreibungen der Inhalte von Kunst- und Wunderkammern, die einen großen Teil des *Itinerariums* ausmachen. Wenn Inhalte von Kunst- und Wunderkammern in Büchern beschrieben werden, erfolgt dies meistens nach Kategorien wie z. B. Tiere, Mineralien, Waffen, während bei Knorr alle Kategorien durcheinander vorkommen: Muscheln neben Kunstgegenständen, Gebrauchsgegenstände und Waffen neben getrockneten Tieren und Pflanzen. Die Suche nach den Quellen für die Inventare, die Knorr wiedergibt, blieb erfolglos. Zwar nennt zum Beispiel Hegenitius, den Knorr nachweislich benützt hat,[10] den Inhalt der Kunstkammer in Leiden, aber in systematischer Reihenfolge, während Knorr unsystematisch aufzählt, was er gesehen hat, was darauf schließen lässt, dass er sie wirklich gesehen und deren Inhalt selbst notiert hat. Diese Inventare, so kurios sie uns heute anmuten, waren in ihrer Zeit nicht nur eine Möglichkeit fremde Tiere und Pflanzen kennen zu lernen, sondern sie waren, wie Eric Jorink nachweist, auch ein Beleg für das Wirken Gottes in der Natur.[11] Neben der Bibel war das Buch der Natur das zweite Buch der Offenbarung. Jorink, der übrigens als einziger, so weit ich sehe, Knorrs Beschreibung der Kabinette zur Kenntnis genommen hat, schreibt zum Kabinett von Volkert Jansz, das Knorr ebenfalls besuchte, dass die Dichterin Margareta Godewyck (1627-1677) darin den Finger Gottes gesehen habe. Auch Jan Zoet (1609-1674) sah in dem Kabinett ein Buch, in dem Gott sich selbst beschrieben hat.[12] Dass Knorr in dieser Tradition steht, zeigt

---

9 Da man das Itinerarium nicht datieren kann, der nächste Text (die Abschrift der Reisebeschreibung von Andersen kann frühestens von 1669 stammen), ist natürlich nicht auszuschließen, dass die Passage nachträglich eingefügt wurde, als Knorr schon am Hof von Sulzbach war.

10 Gottfried Hegenitius: Itinerarium Frisio-Hollandicum [...]. Leiden 1630.

11 Eric Jorink: Reading the Book of Nature in the Dutch Golden Age (1575-1715). Leiden, Boston 2010 (Brill Studies in Intellectual History, 191). Zu Knorr speziell S. 310-313.

12 Jorink: Book of Nature (wie Anm. 11), S. 310

sich an einigen Anmerkungen, so wenn er eine Muschel mit dem Zeichen INRI erwähnt (Bl. 94r). Schließlich steht auch Della Portas *Magia naturalis*, die Knorr später übersetzen wird, in dieser Tradition.

Auffällig ist ferner, dass Knorr ein gewisses Interesse für Abgaben, Zölle und die politische Organisation der besuchten Orte hat, was natürlich an seine *Stats-Kunst* erinnert.[13]

Es kann hier nicht darum gehen, Knorrs *Intinerarium* zu interpretieren, es soll nur darauf hingewiesen werden, dass mehr dahinter steckt, als man auf den ersten Blick vielleicht sieht.

Knorrs Quellen

Es ist bekannt, dass Reisebeschreibungen gerne abschreiben. Allerdings ist es mir für den größten Teil des Textes nicht gelungen, eine direkte Quelle auszumachen. Die bereits von Fuchs bzw. Breen geäußerte und von van Gemert wiederholte Behauptung, Zesens Beschreibung der Stadt Amsterdam[14] sei die Quelle für Knorrs Beschreibung von Amsterdam, stimmt nicht. Natürlich gibt es Übereinstimmungen bei den Inschriften von Grabmälern oder der Beschreibung von Kirchen, aber diese sind in allen Beschreibungen von Amsterdam gleich oder ähnlich, so dass es schwierig ist, zu sagen, welches Buch Knorr benützt hat. Zesen ist es sicher nicht, denn sein Buch ist als Spaziergang durch Amsterdam aufgebaut und hat deshalb eine ganz andere Reihenfolge der Gebäude und Plätze als Knorr, der seinen Text nach dem üblichen Schema: Kirchen, öffentliche Gebäude usw. ordnet, auch sind die Informationen nicht dieselben. Hingegen zitiert Knorr an einer Stelle Zesens *Leo belgicus*,[15] der über die staatlichen Organe informiert. Auch die niederländischen

13   Abraham Benedict Rautner: Anführung zur Teutschen Stats-Kunst [...]. Sulzbach 1672.

14   Fuchs / Breen: Amsterdam (wie Anm. 1), S. 202. Guillaume Van Gemert: „Die hell-leuchtende des gantzen Niederlandes" Deutsche Barockdichter sehen Amsterdam. In: Brückenschläge. Eine barocke Festgabe für Ferdinand van Ingen. Hg. von Martin Bircher und Guillaume van Gemert. Amsterdam 1995, S. 127-176, besonders S. 155. Zesen, Amsterdam: Philipp von Zesen: Beschreibung der Stadt Amsterdam. Bearbeitet von Ferdinand van Ingen. Berlin, New York 2000 (Philipp von Zesen: Sämtliche Werke, Bd. 16).

15   Philipp von Zesen: Leo Belgicus. Amsterdam 1660. Niederländischer Leue [...]. Nürnberg 1677. Neudruck: Philipp von Zesen: Sämtliche Werke. Bd. 15 bearbeitet von Ferdinand van Ingen. Berlin u. a. 1987.

Beschreibungen[16] stimmen in Details – ich denke da vor allem an die Orthografie der Grabtafeln – nicht überein. Knorr hat sie vielleicht benutzt, aber nicht abgeschrieben. Naheliegend wäre natürlich auch Zeillers verschiedene Länderbeschreibungen als Quellen heranzuziehen, aber auch da lässt sich überhaupt keine Übereinstimmung finden. Wenn in den Anmerkungen manchmal doch auf Zeiller oder Zesen hingewiesen wird, so eher um eine nicht ganz klare Stelle zu erläutern und nicht als Quelle der betreffenden Stelle. So ist zum Beispiel auffällig, dass Zeiller und Höveln bei der Beschreibung Hamburgs mehrere Grabinschriften erwähnen, während Knorr keine erwähnt, wobei er ja nur sehr kurz in Hamburg war. In der Beschreibung von Amsterdam gibt es einige Stellen, die ich nirgends sonst gefunden habe, zum Beispiel die Beschreibung des dichten Nebels, der manchmal zu Unglücken führt (Bl. 70v). Umso auffälliger ist, dass zum Beispiel diese Episode in einem Buch vorkommt, das in Sulzbach bei Lichtenthaler gedruckt wurde: *Christoph Abraham von Eyl: Parisische Conferentzen, Dainnen [...] eine [...] Namen-Tafel Uber alle Provintzien / Städte /Vestungen und Oerter der vereinigten Niederlande*. Das Buch stimmt für Amsterdam, Haarlem und Leiden weitgehend mit Knorrs Manuskript überein. Über Christoph Abraham von Eyl ist nichts bekannt, er scheint keine weiteren Bücher geschrieben zu haben. Die Vornamen lassen den Verdacht aufkommen, es handle sich um ein Pseudonym von Knorr, hat er doch in der *Staatskunst* den Vornamen seine Vaters Abraham Knorr auch als Pseudonym verwendet. Das Titelkupfer hat den typischen Aufbau der aus Sulzbach stammenden Titelkupfer. Links sind die Zuhörer. Der Vortragende selbst ist in ähnlicher Weise wie später Della Porta vor einer Landkarte abgebildet, auf der er die Städte zeigt. Die Landkarte erinnert an die Publikationen des andern Sulzbacher Hofbeamten Johann Heinrich Seyfried, der auch eine Reihe von geographischen Werken publiziert hat.[17] Der Untertitel

---

16 Beschryvinge van Amsterdam [...]. Amsterdam 1665. Vierde Book: Van alle de Stats Oude een Nieuwe Gebouwen door I. Commelijn te zamen gestelt. Ich habe vor allem dieses Buch benützt, das im Gegensatz zu älteren Beschreibungen auch die neueren Gebäude enthält. In Amsterdam wurde in den Vierziger- bis Sechzigerjahren unerhört viel gebaut. Zu weiteren Quellen siehe den Anhang zur Transkription. Es wäre möglich, dass Knorr Fokkens Beschreibung benützt hat: M. Fokken: Beschrijvinge der weijd-vermaarde Koop-stadt Amstelredam [...]. Amsterdam ²1662.

17 Siehe Rosmarie Zeller: Die *Medulla Mirabilia Naturae* des Sulzbacher Hofbeamten Johann Heinrich Seyfried im Kontext der Publikationen des Sulzbacher Hofes. In: Morgen-Glantz 30 (2020), S. 99-123.

der *Parisischen Conferentzen* zeigt, dass das Werk durchaus aktuell ist,
denn dieses sei „zu jetzigem zwischen der Cron Franckreich und denen
Staaden derselben Niederlande angefangenen Kriege sehr dienlich".[18] In
welcher Weise das Werk als eine Parteinahme zu verstehen ist, muss späteren Analysen vorbehalten werden. Interessant ist, dass Eyls Text gegenüber Knorrs *Itinerarium* manchmal etwas kürzer ausfällt, so zum
Beispiel bei der Beschreibung der prunkvollen Villa außerhalb von Haarlem. Nur ausnahmsweise hat er mehr Text als Knorr. So beschreibt er
zum Beispiel ausführlich den Bestand des Theatrum Anatonicum in
Amsterdam.[19] Bei der Beschreibung der Götterstatuen am Rathaus von
Amsterdam gibt Eyl immer deren symbolische Bedeutung an.[20] Auch
sonst gibt er manchmal zusätzliche Erklärungen, so zum Beispiel beim
„Hundsfisch" (Bl. 92v). Dieser beiße dem Menschen Arme und Beine ab
und im Sturm verschlucke er seine Jungen und speie sie dann wieder aus
(S. 114). Solche Bemerkungen erinnern an die Anmerkungen, wie sie
Knorr in seiner Übersetzung von Della Portas *Magia naturalis* anbrach-
te. Auch wissenschaftliche Berichtigungen wie die in Bezug auf den berühmten „Schiffhalter" (Bl 93v), einen Saugfisch, dem man seit der Antike nachsagt, er könne Schiffe aufhalten, gehen in diese Richtung. Eyl
korrigiert, dies sei ein Irrtum, die Schiffe würden durch die Meeresströmungen aufgehalten.[21] Was ebenfalls auf Knorr als Autor hinweisen
könnte, sind Bemerkungen wie die folgende in Bezug auf eine Muschel:
„geben dergleichen [Muscheln] etliche Mahler Johanni dem Täuffer in
die Hand / wenn sie die Tauff Christi mahlen / da doch bey den Juden die
Tauff nicht mit Begiessung deß Wassers / sondern mit Untertauchung
unter das Wasser geschehen."[22] Dass zwischen Eyl und Knorrs Text eine
enge Beziehung besteht, zeigt sich auch an orthografischen Details, so
zum Beispiel beim Grabmal von Heemskerk, wo im Original Zemblam
steht, bei Knorr und Eyl aber Zemlan (Bl. 74v). Entweder ist von Eyl mit
Knorr identisch oder er konnte Knorrs Manuskript benützen. Die andere
Variante wäre anzunehmen, dass Knorrs Itinerarium für Amsterdam,

---

18   Christoph Abraham von Eyl: Parisische Conferentzen, Darinnen […] eine […] Na-
     men-Tafel Uber alle Provintzien / Städte /Vestungen und Oerter der vereinigten Nie-
     derlande. […] Sulzbach 1672. (Das auf Google-Books zugängliche Werk stammt
     aus der Wiener Hofbibliothek).
19   Eyl: Parisische Conferentzen (wie Anm. 20), S. 54ff.
20   Eyl: Parisische Conferentzen (wie Anm. 20), S. 52f.
21   Eyl: Parisische Conferentzen (wie Anm. 20), S. 117.
22   Eyl: Parisische Conferentzen (wie Anm. 20), S. 121.

Haarlem und Leiden eine lateinische Übersetzung von Eyls Buch ist, was aber wenig Sinn macht.

Transkription, Übersetzung und Kommentar

Die Transkription ist textgetreu. Kürzel wurden nach Möglichkeit aufgelöst. Auch gestrichene Stellen werden wiedergegeben, weil sie manchmal Hinweise auf Quellen oder darauf enthalten, dass der Text von einer Vorlage abgeschrieben wurde.

Was die Übersetzung betrifft, so wurde die bestehende Übersetzung der Passage über Hamburg (Bl. 63-70) übernommen und leicht bearbeitet, für die Passage über Amsterdam habe ich mich auf die niederländische Übersetzung gestützt (Bl. 92-109). Der Rest wurde von Irmgard Scheitler und Marco Vespa übersetzt. Die Epitaphe wurden nicht übersetzt, die niederländischen Verse werden im Anhang nur übersetzt, wenn sie bereits übersetzt vorliegen. Wie immer bei solchen Übersetzungen ist zu beachten, dass die modernen Begriffe nicht immer genau dem Konzept des 17. Jahrhunderts entsprechen. Eine besondere Herausforderung stellte die Übersetzung der Inhalte der Kunst- und Wunderkammern dar, da es teilweise sehr schwierig ist, zu rekonstruieren, um welche Tiere und Pflanzen es sich handelt. Nach Möglichkeit wurden im Kommentar Hinweise auf zeitgenössische Literatur gegeben, wie sie Knorr seinen Angaben nach zu schließen, selbst auch benützt hat. Selbstverständlich wurden die üblichen Wörterbücher (Grimm, Adelung) und Lexika (Zedler) verwendet. Es ging bei der Kommentierung in erster Linie darum, den Text zum Sprechen zu bringen, ihn mit den zeitgenössischen Diskursen zu verbinden und nicht zu fragen, ob es in der Wirklichkeit so war, wie Knorr schreibt.[23]

---

23 Dies macht der Kommentator des Hamburger Teils (Hermann Joachim, wie Anm. 1), wobei man sich damit bloß methodische Probleme einhandelt, wenn die „Wirklichkeit", wie bei Joachim, die eines Historikers des 19. Jahrhunderts ist.

[57 r] Anno Domini 1663 die Aprilis 13. ☽[1] Lipsia profectus sum cum Domino Joh. Mollero Glogau Sil. & Domino Joh. Christiano à Schömberg Nob. Lusato conducto auriga, qvi pro 9 Imp. nos Magdeburgum usqve veheret.

Atqve tum usi sumus comite Magistro qvodam Hospitiorum Domino Bergchusen[2] Hamburgo, qvi è bello Turcico redux varia de conditione locorum & incolarum Ungariae belliqve gesti narrabat, de qvibus pag.[3]

Primo autem pransi sumus Landsbergii, qvod oppidulum à Lipsia distat 3 mill. subiectumqve est illustri Duci Martisburgensi Christano D. Saxon., incendiis & bello penè vastatum iamqve incolis pauperibus et vilioribus habitatum, qvi non nisi agricultura victitant. Magistratum habet oppidanum qvidem, sed subordinatum Qvæstori Delitschiano. Ante oppidum Sacellum qvoddam monti impositum renovabatur, qvod duplici constans contignatione in superiori cathedram habebat & altare auditoribusqve & supra & infra locum concedebat fornicibus perfractis rotundo foramine. Inter alia superius ostendebatur columna marmorea.

Vesperi divertebamus *Köthenae*, qvod est oppidum in Ducatu Anhaltino à Landsbergio distans 4 miliar., in plano situm, incolis mediocriter freqventatum agricultura & coqvendo Zytho victum qvaerentibus. Ædificia habet lignea, forum sat amplum. Religio ibi viget Calviniana atqve superintendens ibidem est Dn. D. Sachsius scriptis sat notus, vir lenis nec crassis erroribus Sectae Calvinianae admodum adhaerens. Magistratum habet oppidanum, sed Principi Anhaltino ibidem residenti subiectum; cui nomina Wilhelmo Ludovico iuveni 24 annorum, erudito, tum literis tum peregrinationis experientia.

[57 v] Atqve ille, cum reditibus non gaudeat alijs, qvam qvos agricultura suppeditat, aulam habet exiguo familiae numero formatam, Consiliariis nempe non nisi tribus (Cancellario nempe & duobus aulicis), Cubiculario unico, famulis nobilibus 2. duobus qvoqve cursoribus & uni-

---

1   Zeichen: Mond für Montag.
2   Fuchs liest Bargkhusen. Der zweite Buchstaben ist eindeutig ein e, der fünfte ist verschrieben, aber scheint ein c zu sein.
3   Dieser Verweis ist ein Beleg dafür, dass ein Druck geplant war.

Von Leipzig bis Magdeburg

[57r] Im Jahre unseres Herrn 1663, am dreizehnten Tag des Aprils, Montag, machte ich mich mit Herrn Joseph Moller aus Glogau, Schlesien, und mit Johann Christian von Schömberg, einem Adligen aus der Lausitz, auf den Weg mit einem Kutscher, der uns nach Magdeburg führen sollte. Danach hatten wir einen Austausch mit dem Meister des Hospizes, Herrn Bergchusen von Hamburg, der uns nach dem Krieg gegen die Türken vieles über die Beschaffenheit der Orte und der Menschen in Ungarn und über die Kriegshandlungen erzählte, siehe die Seiten.[1]

Zuerst aßen wir in Landsberg[2] zu Mittag, einem kleinen Dorf etwa drei Meilen von Leipzig entfernt, das unter der Autorität des illustren Herzogs von Merseburg, Christian I. Herzog von Sachsen,[3] steht. Es ist ein durch Feuer und Krieg fast völlig verwüsteter Ort, der von sehr armen Menschen in sehr bescheidenen Verhältnissen bewohnt wird, die nur von der Landwirtschaft leben. Der Ort hat einen Magistrat, der aber dem Amt Delitzsch[4] unterstellt ist. Vor dem Dorf stand auf einem Hügel eine kleine renovierte Kapelle, die zwei Stockwerke hatte, und im oberen Stockwerk befanden sich die Kanzel und der Altar. Sie ist oben und unten von einer Empore bzw. einem Umgang als Platz für die Gemeinde umzogen. Im oberen Teil wird unter anderem eine Marmorsäule gezeigt.[5]

Am Abend fuhren wir nach Köthen, einem Ort im Herzogtum Anhalt, das in der Ebene liegt, vier Meilen von Landsberg entfernt, ein dünn besiedelter Ort, dessen Bewohner von der Landwirtschaft und der Zubereitung von Gerstenbier leben. Der Ort hat Holzhäuser und einen ziemlich großen Platz. Hier wird die Religion Calvins praktiziert und der Superintendent ist Herr Daniel Sachse,[6] ein Mann, der den Chronisten als gemäßigter und schwacher Anhänger der groben Irrtümer der Sekte Calvin bekannt ist. Der Ort hat seinen eigenen Magistrat, der aber dem dort residierenden Fürsten von Anhalt untersteht; dies ist Wilhelm Ludwig, ein junger Mann von vierundzwanzig Jahren, gebildet, mit Erfahrung in Büchern und Reisen.[7]

[57v] Er hat kein anderes Einkommen als das, das ihm von der Arbeit auf den Feldern zufließt, er hat einen sehr kleinen Hofstaat, drei Ratsmitglieder, einen Kammerdiener, zwei adlige Bedienstete, er hat auch zwei Läufer und einen einzigen Trompeter. Sein Vater war Ludwig, geboren am 17. Juni 1579 und gestorben am 7. Januar 1650, er war der Gründer der Fruchtbringenden Gesellschaft. Zu seinem Gedenken befin-

co tubicine[4] utitur. Parens eius Ludovicus natus 17. Jun. 1579, denatus 7. Jan. 1650. Autor fuit Sodalitatis frugifera, in cuius memoriam in arce ostenditur conclave tapetibus exornatum, in qvibus acu picta sunt insignia membrorum illius Societatis omnium. Fuitqve cognomen dicto Ludovico Nutriens, *der Nehrende*.

Gravamina cives non habent, nisi qvod peregrini pro modulo facultatum exsolvant pecuniam protectoriam, *Schutzgeld*, inqvilini vero censum annuum iuxta domorum qvalitatem constitutum, de qva pecunia partim Senatus Ecclesiasticorumqve et Scholae Collegarum salaria formantur partim Principes Plezcoviani participant; nihil verò Principi Köthenensi ipsi accedit. Cum enim A. 1586 moreretur Joachimus Ernestus possessor totius Principatus Anhaltini; Principatusqve inter 5. filios dividendus esset, Augustus regionem fratribus concessit herciscendam, ipseqve certa qvadam pecuniæ summa contentus bello studuit. Postqvam autem bello Germanico fervente Augusto promissa pecunia non exacté porrigeretur, districtus Plezcovianus ipsi concessus est, utqve qvo commodé vivat ne desit qvicqvam, a singulis Ducatibus reliqvis, Dessaviano nempe Berenburgico (qvi distinctus iterum est in Berenburgicum & Hazkerodensem), Zerbstano & Köthensi, tantum qvotannis eidem solvitur, qvantum proportio haereditatis reqvirit.

Die Aprilis 14. Pransi sumus Kalbae ad Salam, supra qvam pontone, qvi trochleis aeneis funi crassissimo (ultra citraqve fluvium alligato) applicatis agitabatur, transportati sumus. Oppidum à Köthen distat 3 milliar. situmqve est in diœcesi Magdeburgensi [58r] Administratori Episcopatus Domino Augusto Duci Saxonis Hallensi subiecta. Piscibus & salmone inprimis abundat; cæterum exiguum est. Non procul inde distat cœnobium qvoddam monialibus qvondam habitatum, nomine DEI GRATIA: *Gottes gnade*. Unde Ænigma: *Was ist größer als Gottes Gnade?* Responsio: *Kalbe*. Duobus mill. inde distat (Magdeburgum versus) oppidum, Megasalza: Großensaltza, salsulis clarum, ubi Senatus meris constat Nobilibus, qvi juxta officinas Salicoctorias praedia circa oppidum habent egregia, privilegiisqve Imperatoriis muniti sunt, ne qvisqvam nisi nobilis genere, Salis ibidem coqvendi habere qveat officinas. Urbs est exigua, & luto coenoqve abundans. Unda salsugine impraegnata Machinâ qvadam rotaqve magna, e puteis duobus extrahitur.

---

4   Fuchs liest ubicine, aber das t ist deutlich vor dem u. Gemeint ist „Trompeter".

den sich im Schloss in einem Raum ein Wandteppich, auf dem die Wappen aller Mitglieder der Gesellschaft gestickt sind. Er trug den Ordensnamen „Ludwig der Nährende".

Die Bürger haben keine Verpflichtungen, mit Ausnahme der Ausländer, die eine Sicherheitssteuer, Schutzgeld, im Verhältnis zu ihrem Vermögen bezahlen müssen, während die Einwohner eine jährliche Steuer nach der Qualität ihres Hauses bezahlen müssen, von der teils die Gehälter der Geistlichkeit, teils der Lehrerschaft beglichen werden, und die Grafen von Plötzkau tragen auch einen Teil bei; nichts geht an den Fürsten von Köthen. Als Joachim Ernst,[8] Herr des gesamten Fürstentums Anhalt, 1586 starb und das Fürstentum unter seinen fünf Söhnen aufgeteilt werden sollte, erlaubte Augustus den Brüdern, das Gebiet unter sich aufzuteilen, und ihm eine gewisse Summe Geld zugeben, weil er Kriegskunst studieren wollte.[9] Da die versprochenen Geldsummen nicht wie vereinbart Augustus übergeben wurden, erhielt er dann mitten im Dreissigjährigen Krieg den Bezirk Plötzkau und, damit er gut leben konnte und es ihm an nichts fehlte, erhielt er auch von allen anderen Herzogtümer, eines nach dem anderen, das von Dessau, das von Berenburg (welches in Berenburg und Harzgerode aufgeteilt ist), das von Zerbst und das von Köthen, jedes Jahr so viel, wie der Anteil des Erbes, das sie erhalten hatten, erforderte.

Am 14. April aßen wir in Calbe an der Saale zu Mittag, die wir mittels einer Fähre überquerten. Diese wurde betrieben durch ein sehr dickes, an beiden Seiten des Flusses befestigtes Seil, das über bronzene Umlenkrollen ging und sich stark bewegte.

Der Ort liegt 3 Meilen von Köthen entfernt und gehört zum Bistum Magdeburg, [58r] das dem Administrator Herrn Augustus, Herzog von Sachsen-Halle untersteht.[10]

Fisch und Lachs sind in großen Mengen vorhanden, während der Rest selten ist. Nicht weit davon entfernt befindet sich ein einst von Mönchen bewohntes Kloster, das den Namen DEI GRATIA Gottes Gnade trägt, daher das folgende Rätsel: Was ist größer als die Gnade Gottes? Antwort: Calbe. Zwei Meilen entfernt (in Richtung Magdeburg) liegt ein Ort, Großen-Salza, berühmt für seine Salinen, wo der Senat nur aus Adligen besteht, die neben den Salinen auch hervorragende Landgüter besitzen und kaiserliche Privilegien genießen, so dass niemand, der nicht von adliger Abstammung ist, Salinen besitzen kann. Die Stadt ist klein und voller Schlamm und Matsch. Das Salzwasser wird aus zwei Brunnen

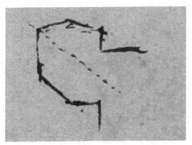

Vesperi Magdeburgum intravimus; qvod à Lipsia 14 mill. à Salza 2. distat: qvae Urbs in plano sita est ad Albim; metropolis totius districtus &
Episcopatus. Munita vallo fossaqve paucisqve propugnaculis, qvorum
illud qvod proximà adjacet portæ qvatuor constat faciebus & duabus alis
hoc modo:

Cæteram portæ appositae sunt parmulae (*Ravelinen*) vallo inferiori
munitæ, (mit fausse brayen.) Præsidium constat 400 militibus, qvibus
praeest Capitaneus. Magnitudo eius egregié æstimari potest à platea,
qvam vocant den breiten Weg longitudine, qvae Brilam Lipsiensem plus
qvam ter superare videtur.

Ædificia privata lapidea plerumqve fuerunt & sumtuosa satis, sed
cum à Tillio caperetur Urbs, incendio diruta sunt pene omnia, restauran-
tur tamen egregia, praesertim in platea ante dicta, portisqve architecto-
nicè fabricatis exornantur saepius, praesertim opere Dorico, non desunt
tamen & vilia ædificia plateaeqve arctissimae qvam plurimae. Inter Templa, qvorum pleraqve itidem incendio consumta sunt, jam eminens Ædes
Dominica, der Dom: Opus architectura [58 v] Gothica ut pleraqve antiqvorum e lapidibus qvadratis extructum sumtuosissime, longitudine 208,
altitudine ad supremum usqve fornicem computata 55 & latitudine ibidem 55 cubitorum; Exterius, ubi tectum incipit, ambulacro lapideo in circuitum exornatum, duabusqve turribus contiguis altissimis ambulacris
itidem exterius ornatis stipatum, gradibus ab imo pavimento ad ambulacrum usqve summum numeratis 427. In introitu, qvem Paradisum appellant, ad dextram videtur statua lapidea, qvae sub figuram Fœminæ
stantis oculis vinculo alba praetigatis, dextra virgam Aaronis, sinistra
tabulas Mosis tenentis Vetus Testamentum denotat; cui a sinistris opposi-
ta est statua similis Novum Testamentum oculis apertis, & calice Eucha-
ristico dextra porrecto repraesentans.

mit einer mechanischen Vorrichtung und einem großen Rad entnommen.

Magdeburg

Abends fuhren wir in Magdeburg ein, das vierzehn Meilen von Leipzig und zwei von Salza entfernt ist. Die Stadt liegt in einer Ebene an der Elbe. Es ist die Hauptstadt des gesamten Bezirks und des Bistums. Die Stadt ist durch einen Wall, einen Graben und einige Bastionen befestigt, von denen die dem Tor am nächsten liegende: 4 Bastionsfacen und 2 Courtinen hat.

Die Tore werden durch Gräben (*Ravelinen*)[11] mit einem Wall (*fausse-brayen*)[12] geschützt. Die Garnison besteht aus 400 Soldaten, die von einem Hauptmann befehligt werden. Die Größe der Stadt lässt sich perfekt an der Straße ermessen, die wegen ihrer Länge „der große Weg" genannt wird und der mindestens dreimal so groß ist wie die Brila[13] in Leipzig.

Die privaten Gebäude waren meist aus Stein und recht luxuriös, aber als die Stadt von Tilly eingenommen wurde, wurden fast alle durch Feuer zerstört, aber die wichtigsten wurden restauriert, vor allem an der oben erwähnten Straße, und sind mit Portalen verziert, meist im dorischen Stil, obwohl es auch an bescheideneren Behausungen und engen Straßen nicht mangelt. Unter den Kirchen, von denen viele durch Feuer zerstört wurden, sticht der Dom hervor: Er ist, wie viele alte Bauten, ein Werk gotischer Architektur, [58v] luxuriös aus quadratischen Steinen gebaut, er hat eine Länge von 208, eine Scheitelhöhe von 55 Ellen[14] und eine Breite von 55 Ellen.

Das Gebäude ist außen, wo das Dach beginnt, ringsum mit einem steinernen Umlauf geschmückt; und es ist von zwei eng zusammenstehenden, sehr hohen Türmen begrenzt, welche ihrerseits außen von Umläufen geziert sind; dabei führt eine Treppe von 427 Stufen von der untersten Ebene bis ganz hinauf zum Umgang.

Am Eingang, den sie Paradies nennen, steht rechts eine steinerne Statue in Form einer stehenden Frau, die mit einem weißen Band die Augen verbunden hat und in der rechten Hand den Stab Aarons und in der linken die Tafeln Moses hält, die das Alte Testament darstellt; gegenüber, auf der linken Seite, steht eine ähnliche Statue mit offenen Augen, die, mit dem eucharistischen Kelch in der rechten Hand, das Neue Testament darstellt.

In eodem introitu qvinqve prudentes & qvinqve fatuae virgines hinc & inde marmoreae stantes ostenduntur. qvarum illae faciebus ad lætitiam risumqve dispositis, fra verò flentes atqve tristissimæ præsentantur; statuæ visu dignissimæ. Supra portam Assumptio Mariæ lapide effigiata exhibitis simul 12 apostolis ,ostenditur.

Ad dextram huius portæ duo Comites â Gleichen fratres, captivi sedentes e ligno sculpti, constituti sunt, manibus pedibusqve & collo catenis ferreis onerati: Illi enim hanc aedem ab Ottone Magno Imperatore fundatam diruere iterum inqve eqvile commutare voluisse ~~dicuntur~~, sed ab Imperatore bello capti paneqve & aqva ad mortem usqve in carcere sustentati, inqve rei memoriam effigie hic expressi esse dicuntur.

Pone hos est effigies Mauritij, Patroni huius Templi, & e regione Sacellum ligneum, in qvo in[5] columna marmorea lampas qvaedam, qvam aeternam vocarunt, perpetuo olim arsisse dicitur.

[59r] Inibiqve superius vinculis ferreis firmatum est malluvium, qvod Pilati fuisse, antiqvi simpliciores crediderunt, qvi etiam partem illam scalæ, qvae ibidem ostenditus, ligneae lignis transversis non rotundis (ut nunc fiunt scalae), sed latioribus utrimqve clavis affixis; in passione Christi usurpatam fuisse superstitiosis posteris reliqverunt, sive qvod ut qvidam aiunt, ei institerit Gallus, eum Petrum cantu vocaret ad pœnitentiam, sive qvod, ut volunt alij, eadem Christus crucem ascendere coactus fuerit: qvae fabulae tamen sua se ipsas refutant absurdidate.

Post chorum sepulchrum Edithæ ostenditur, qvae fuit Uxor Ottonis Magni: monumentum statuis marmoreis undiqve pulcherrime exornatum, & in lapide supremo effigiem Imperatricis ad vivum repræsentans hoc adiecto Epitaphio: Divæ Reginæ Romanorum Edith, Angliæ Regis Edmundi filiæ, hic ossa conduntur, cuius religiosi amoris impulsu hoc templum ab Ottone Magno Divo Cæsare Coniuge fundatum est. Obiit Anno Christi DCCCCXLVII.

Altare primarium exhibet lapidem ingentem continuum,[6] qvem Jaspidem putant, pretio duas auri tonnas superantem impositumqve funda-

---

5   in] über Zeile eingefügt.
6   continuum] über der Zeile eingefügt.

An diesem Eingang sind auch die fünf klugen und fünf törichten Jungfrauen dargestellt, stehend und aus Marmor gefertigt; unter ihnen zeigten die einen fröhliche, lachende Gesichter, die anderen hingegen weinende und traurige Gesichter; die Statuen waren wirklich von würdigem Aussehen.[15] Über dem Portal ist in Stein gemeißelt die Himmelfahrt der Jungfrau Maria mit den zwölf Aposteln.

Rechts von diesem Portal sind die beiden Brüder, Grafen von Gleichen, aus Holz geschnitzt, wie Gefangene auf dem Boden sitzend, beschwert mit Ketten um Hals, Hände und Füße: Von diesen nämlich heißt es, sie hätten diese von Kaiser Otto dem Großen erbaute Kirche zerstören und in einen Pferdestall umwandeln wollen, wären aber vom Kaiser in einem Krieg gefangen und bei Wasser und Brot bis zu ihrem Tod im Kerker gehalten worden, und zur Erinnerung daran seien sie als Standbilder dargestellt.[16]

Dahinter befindet sich die Statue von Mauritius, dem Schutzpatron dieser Kirche, und eine kleine Kapelle aus regionalem Holz, in der in einer Marmorsäule, Lampen stehen, die sei als ewig bezeichnen, die in der Vergangenheit ständig gebrannt haben sollen.

[59r] Gerade dort, weiter oben, befindet sich ein Becken zum Händewaschen, das an Eisenketten befestigt war und von dem die einfachen Leute von früher glaubten, es sei das von Pilatus; und dasselbe gilt für den Teil der Holzleiter, die sie hier zeigen, die hölzernen Sprossen hat, die nicht rund sind (wie Leitern heute gemacht werden), sondern eher breit, die auf der einen und der anderen Seite mit Nägeln befestigt sind; sie sei für die Passion Christi verwendet worden, meinten die abergläubischen Nachfahren, oder, wie einige sagen, dass auf der Leiter der Hahn gestanden hätte,[17] der Petrus durch sein Krähen zur Busse gerufen hätte, oder, wie andere sagen, dass Christus mit derselben Leiter das Kreuz hätte besteigen müssen, auf jeden Fall erweisen sich diese Geschichten durch ihre Absurdität als Lüge.

Hinten im Chor wird das Grabmal Edithas (Edgith), der Gemahlin Ottos des Großen gezeigt; das Denkmal ist ringsum mit prächtigen Marmorstatuen geschmückt, und oben befindet sich ein lebendiges Porträt der Kaiserin mit folgender Inschrift: Von der göttlichen Königin der Römer, Edith, Tochter Edmunds von England, sind hier die Gebeine beigesetzt, dank deren religiösem Impuls diese Kirche von ihrem Gemahl Otto, dem großen und göttlichen Kaiser, gegründet wurde. Sie starb im Jahr Christi 947.[18]

mento marmoreo et longitudine 8½, latitudine 3½ cubitorum[7] & crassitudine ¾ cubiti exæqvantem.

In choro supra jam dictum altare qvatuor cistæ ostenduntur, qvas olim reliqvis Sanctorum repletas fuisse memorant.

Ibidem qvoqve monumentum Ottonis Magni Imperatoris, Fundatoris & templi & Urbis huius, videre est, marmore polito ingenti pulcherrimo tectum, qvod ante expugnationem tapetibus exornari solitum fuisse dicitur, praesertim diebus festis; nunc vero ligno saltem munitum est, qvod olim laminis aureis vel argenteis exornatum fuisse apparet.

[59v] Non procul ab altari primario rotundus ostenditur lapis albus alabastro similis, supra qvem decollatus dicitur noctu Udo Archiepiscopus Magdeburgensis, qvod 14 aluerit scorta, de qvo videri possunt Legenda.

Proximè videntur columnæ marmoreæ non paucae in chori subselliis, intra qvas 16 spatiis passio Christi artificiosissimè depicta est. Sub crucifixo Ante chorum sepultus est Archiepiscopus Burchardus, in monumento lapideo marmore cooperto, qvem Senatus Magdeburgensis captum tandem verberibus eneravit;[8] ob qvam culpam tamen mandato Imperatoris qvotannis 300 fl. Rhenani à Senatu solvendi fuerunt Clericis illius loci.

Postmodum visitur cathedra ecclesiastica ex alabastro artificiosissime fabrefacta, historiis Sacris undiqvaqve, præsertim nativitate Christi elegantissime exornata.

Post cathedram Sacellum Ottonis Magni figura rotunda exstructum est turriculis ornatum, intra qvam Imperator cum conjuge Edita altari insidet è lapide sculptus, dextra tenens tabulam 19 globulis aureis refertam ad denotandas totidem auri tonnas, qvas Imperator ad exstruendam hanc ædem impendit.

Porro baptisterium notatu dignum est, è porphyrite continuo excisum ingentis pretij.

Cæterum altaria ibidem numerantur 32. organa duo, qvorum praeprimis qvod occidentem versus est, statuis opere automatario varie fabre-

---

7   cubitorum] über der Zeile eingefügt.
8   Vielleicht Verschreibung für: enervavit.

Der Hauptaltar ist ein einziger großer Stein, den sie für Jaspis halten, der mehr als zwei Tonnen Gold Wert ist und auf einem Marmorsockel ruht, der achteinhalb Ellen lang, dreieinhalb Ellen breit und eine dreiviertel Elle dick ist.[19] Im Chor über diesem Altar befinden sich vier Gefäße, die in der Vergangenheit Reliquien von Heiligen enthalten haben sollen.

Es gibt auch das Denkmal für Otto den Großen, den Gründer des Doms und dieser Stadt, das oben von einem fein gearbeiteten Marmordach geschützt wird, das vor dem Angriff auf die Stadt[20] vor allem an Festtagen mit Teppichen geschmückt gewesen sein soll. Heute ist es nur noch durch Holz geschützt, das scheinbar einst mit Gold- und Silberplatten verziert war.

[59v] Unweit des Hauptaltars wird ein weißer Alabasterstein gezeigt, auf dem Udo, der Erzbischof von Magdeburg, bei Nacht enthauptet worden sein soll, weil er vierzehn Prostituierte gehalten hatte, wie aus der Legende zu erfahren ist.[21]

In der Nähe befinden sich einige Marmorsäulen zwischen dem Chorgestühl, zwischen denen die Passion Christi in sechzehn Tafeln sehr fein dargestellt ist. Unter dem Kruzifix, vor dem Chor, liegt in einem Marmorstein bedeckten Denkmal Erzbischof Burchard[22] begraben, den der Magdeburger Stadtrat einst gefangen genommen und mit der Peitsche erschlagen hatte. Für dieses Vergehen musste vom Rat jährlich auf Anordnung des Kaisers dreihundert rheinische Gulden an die Kleriker der Region gezahlt werden.

Als nächstes sieht man eine Kanzel aus Alabaster, die auf beiden Seiten mit heiligen Geschichten, insbesondere einer Geburt Christi, verziert ist.

Unmittelbar nach der Kanzel befindet sich die kleine, mit Türmchen geschmückte runde Kapelle, in der sich das Grabmal Ottos des Großen, in dem der in Stein gehauene Kaiser mit seiner Gemahlin Edith in der Nähe des Altars sitzt und in der rechten Hand eine Tafel mit neunzehn goldenen Kugeln hält,[23] was auf die Tonnen von Gold hinweisen soll, die der Kaiser für den Bau dieser Kirche ausgab.

Ferner ist der Taufstein bemerkenswert, der aus einem durchgehenden Porphyrblock gefertigt und von großem Wert ist.

Im Übrigen gibt es zweiunddreißig weitere Altäre, zwei Orgeln, von denen eine, die nach Westen ausgerichtet ist, außergewöhnlich ist, da sie mit Statuen geschmückt ist, die sich von selbst bewegen und bestimmte

factis & instrumenta musica variè moventibus egregie exornatum est;
exstructumqve 1604.

Sub dicto Organo Sacellum peculiare est ab Ernesto Archiepiscopo
fundatum, qvod sub Turribus appellant, & clauditur cancellis ferreis ingentibus artificiosissimis, qvorum cardines si inungendi sunt oleum
unicæ fistulæ in partibus inferioribus substitutæ infunditur, è qva per
canales ferreos ad omnes cardines derivatur.

[60r] In hoc Sacello modo dictus archiepiscopus sepultus est monumento ingenti æneo statuis 12. Apostolorum & S. Mauritij insigniter
exornato, in cuius superioribus ære effigiatus videtur ipse Ernestus, capite coronatus dextra crucem, sinistra pedum episcopale tenens, ad pedes
leonem insignia Saxonum tenentem habens, Evangelistis in cardinibus
monumenti expressis; cum hac inscriptione: Qvalicunqve me arte artifi-
cis manus elaboravere, terra tamen terram & qvod Ernesti ex Ducibus
Saxonia Magdeburgensis Archipræsulis Germaniæ primatis ac Hal-
berstadensis Administratoris reliqvum est [tego]. Ipse me vivus posuit &
ex ære, ut posteris pietatis et amoris sui memoriam relinqveret qvam
longissimam. Vixit annis XLIX. mens. 1. dieb XXVI, objit MDX. Prae-
sedit Eccles. Magdeburg. Ann. 37. mens. 9. dieb 2., Et Halberstadensi
Annos 33. mens. 4. dies 3. Mensis Augusti.[9] Cuius anima in refugerio
lucis ac pacis reqviescat. Amen.

Notari tamen potest foramen qvoddam in muro excisum, cui si caput
imponas, & aurem applices, fremitus undarum fluctuantium marisqve
ventis agitati exauditur. Qvi sonitus ex rima qvadam artificiose occultata
oritur aëre cum sussurris illam permeante.

Nota peculiaris illius templi ostendebatur in choro sub scamno qvodam, cuius sedi insculptus erat monachus monialem humeris cœnobio
apportans, diabolo fores aperiente.

Reliqva templa pleraqve incendiis vastata sunt, qvatuor exceptis,
qvae restaurata & cultui Sacro rursus dedicata sunt.

Forum rerum venalium amplum satis est, figurae tamen admodum
irregularis ibiqve penes curiam Ottoni erecta est statua eqvestris lapidea
ad vivum utraqve eius coniuge ad latera consistente. Opus tecto superius

---

9   Hier scheint etwas durcheinandergekommen zu sein, das nachgestellte «Mensis Au-
     gusti», welches im Kontext keinen Sinn ergibt. bezieht sich auf wein Todesdatum.
     In Domkirche Magdeburg 1671 lautet die Inschrift: Vixit annis XLIX mens. 1. dies
     VI. Praesedit Eccl. Magdeburg. Ann. XXXVII. mens. IX. dies II., & Halberstadensi
     Annos XXXIII. Dies XXIII. Obiit Anno MDXIII die III. Mensis Augusti.

Musikinstrumente perfekt in Bewegung setzen. Sie wurde 1604 erbaut.[24]
Unter dieser Orgel befindet sich ein kleine, von Erzbischof Ernst gegründete Kapelle, die „sub turribus" genannt wird, und die durch riesige, sehr komplizierte Eisentüren verschlossen ist, deren Scharniere, wenn sie geölt werden sollen, nur in einem kleinen Kanal in den unteren Teilen mit Öl getränkt werden, von wo aus sich das Öl durch Eisenkanäle auf alle Scharniere verteilt.[25]

[60r] In dieser Kapelle wurde der Erzbischof in einem riesigen Bronzegrabmal beigesetzt, das mit den Statuen der zwölf Apostel und der des heiligen Mauritius geschmückt ist. Im oberen Teil des Denkmals ist der Erzbischof Ernestus selbst dargestellt, mit gekröntem Haupt, mit dem Kreuz in der rechten und dem Bischofsstab in der linken Hand, zu seinen Füßen ein Löwe, der die Symbole Sachsens hält, mit den vier Evangelisten, die an den vier Ecken des Grabmals dargestellt sind, mit dieser Inschrift: welches auch die Hände des Künstlers sind, die mich gemacht haben, Erde zu Erde und was von Ernst von Magdeburg von den Herzögen von Sachsen, Primas von Deutschland und Verwalter von Halberstadt bleibt, bedecke ich. Zu seinen Lebzeiten ließ er mich auf eigene Kosten anfertigen, um der Nachwelt ein möglichst dauerhaftes Andenken an seine Liebe und Frömmigkeit zu hinterlassen. Er lebte neunundvierzig Jahre, einen Monat und sechsundzwanzig Tage und starb 1510.[26] Er war siebenunddreißig Jahre, neun Monate und zwei Tage lang Vorsteher der Magdeburger Kirche und dreiunddreißig Jahre, vier Monate und drei Tage lang der Halberstädter Kirche. Möge seine Seele in der Zuflucht des Lichts und des Friedens ruhen. Amen.

Es gibt einen kleinen Schlitz in der Wand, wo man, wenn man den Kopf nach unten legt und das Ohr daran hält, das Rauschen der Wellen des Meeres und den Wind auf dem Meer hören kann. Dieses Geräusch kommt aus einer kleinen Öffnung, die sehr gut versteckt ist, und durch die die Luft mit diesen Zischlauten hindurchgeht.

Eine Besonderheit dieser Kirche befindet sich im Chor, unter einer bestimmten Bank, auf deren Sitz ein Mönch geschnitzt ist, der eine Nonne auf den Schultern in Richtung Kloster trägt, mit einem Teufel, der dabei ist, die Türen zu öffnen.[27]

Die anderen Kirchen wurden alle durch Feuer verwüstet, bis auf vier, die restauriert wurden und wieder für den heiligen Gottesdienst genutzt werden.

Der Platz ist groß genug für den Markt, die Statuen sind von ziem-

statuisqve inferius ornatum egregiè.

Curia magna fuit, lapide extructa, sed incendio vastata est, nec dum penitus reparata.

[60v] Armamentarium reparatum qvidem, nondum tamen instrumentis bellicis refertum erat.

Turres in templis plenimqve sunt duplices contiguæ.

Putei more ædicularum tectis operti sunt, valvisqve instructi, ut claudi qveant, atqve inde rota versatili urnisqve binis unda extrahitur.

In horto Dn. Gerichij Consulis artificia hydro-mechaniea varia videri possunt.

Status Reipublicæ Magdeburgensis mixtus videtur ex Democratia & Aristocratia: magistratus enim eliguntur â plebe, qvae divisa in Qvadrantes & tribus Tribunos delegat ad eligendum Senatorem (si qvis demortuis sit sufficiendus) atqve tum per sortem eligitur iste, qvi proponere debet; fætaqve propositione vota sua singuli orbiculo ligneo inscribunt clanculum, affirmativa nota crucis, negativa nota zifræ, qvae collecta in thera, postmodum separat Seeretarius iuxtaqve pluralitatem propositum civem vel adseribit numero Senatorum vel minus.

Suntqve adeò personæ, qvae magistratum gerunt, 12. Consules 4. qvi bini singulis annis praesunt, Senatores 8. Qvibus adjuncti sunt Syndicus, Consiliarius & Secretarius.

Judicia ter exercentur per singular hebdomadas,

Divisa tamen ibidem est respublica, partiqve, qvae liberam se dicit Senatus, parti, qvae ad Episcopatum pertinet & Novum forum appellatur. Administrator Episcopatus Dux Saxoniæ Hallensis Augustus praeest hactenus; post cuius mortem succedet Elector Brandeburgicus, qvi libertati Magdeburgensium inimicus, homagium etiam a Senatu reqvisiturus esse metuitur. Religio est Lutherana, ceremoniis tamen Papalibus, praesertim in Aede Cathedrali non usqve qvaqve pura, Supersunt enim Canonici in duplici dioecesi, qvibus adhuc incumbit horas canere, qvanqvam

lich unregelmäßiger Form und dort befindet sich neben dem Rathaus das Reiterstandbild von Otto mit seiner an seiner Seite stehende Frau. Oben ist das Werk mit einem Dach, unten mit Statuen hervorragend verziert.

Das Rathaus war einst groß, aus Stein, aber er wurde durch einen Brand zerstört und ist immer noch nicht ganz wieder aufgebaut.

[60v] Das Zeughaus hingegen wurde repariert, obwohl es noch nicht mit Waffen gefüllt ist.

Die Kirchtürme sind meistens doppelt und nebeneinander angeordnet.

Die Brunnen sind wie kleine Kapellen mit einem Dach bedeckt und mit Schlössern versehen, um sie zu schließen, und da wird mit Hilfe eines Rades und zweier Gefäße das Wasser hochgezogen.

Im Garten des Bürgermeisters Gerichius[28] sind verschiedene hydraulische Geräte zu bewundern.

Der Staat der Republik Magdeburg hat eine gemischte Verfassung aus Demokratie und Aristokratie: Der Rat wird vom Volk gewählt, das, aufgeteilt pro Viertel und Bezirke einen Wahlmann delegiert. Diese Wahlmänner wählen, wenn ein Ratsherr sterben sollte, einen neuen.[29] Derjenige, der die Kandidaturen bekannt gibt, wird per Los gewählt. Nachdem die Nominierung bekannt ist, schreibt jeder heimlich seine Stimme auf ein Holztäfelchen, für eine positive Stimme wird ein Kreuz gemacht, für eine negative eine Zahl.[30] Die Stimmen wurden alle in einem Behälter gesammelt, dann trennte oder sortierte der Sekretär die Stimmen und erklärte nach der Anzahl der Stimmen, ob der Bürger in den Rat berufen wurde oder nicht.

Es gibt zwölf Personen, die den Rat bilden, vier Bürgermeister, die zu zweit die Macht nur für ein Jahr ausüben, dann acht Senatoren, zu denen noch der Syndicus,[31] der Consiliarius und der Sekretär hinzukommen.

Dreimal pro Woche wird Gericht gehalten.

Das Land ist aufgeteilt in einen Teil, der frei heißt und der Regierung des Senats untersteht, und einen anderen Teil, der dem Bischof gehört und die Neustadt genannt wird. Bisher war der Herzog von Sachsen zu Halle, Augustus,[32] als Verwalter des Bistums an der Macht; nach seinem Tod folgt ihm der Kurfürst von Brandenburg, der ein Feind der Freiheit der Magdeburger ist und deshalb wird befürchtet, dass er vom Rat eine Huldigung verlangen wird.

Das Glaubensbekenntnis ist lutherisch, aber mit noch päpstlichen

pleriqve vicarios habeant; ipsis interea otio & voluptate reditus, qvi Ec-
clesiastici qvondam fuerunt, consumentibus.

[61r] Ubi Senatus dominatur, Lutherana itidem viget religio, Supe-
rintendentiqve nomen est D. Böttichero, qvi tamen parochos non habet
alios, nisi pastores reliqviarum Urbis Ecclesiarum, paganos nullos.

Plura Magdeburgi tam exiguè temporis spatio observare non licuit;
d. Apr. 15. ☿ enim conducta cymba Albi devecti sumus, illaqve vespera
Ragetii cenavimus, qvi est pagus 4 mill. à Magdeburgo distans ubi vectigal solvitur.

Die Apr. 16 ♌ Gorchavij appulimus, qvod 6. mill à Ragetio distad,
ubi iter solvendum erat vectigal. Atqve inde 1. mill. distat Tangermunda
oppidulum Marchiae, ubi rursus vectigal exigitur: ibiqve admodum con-
qverebantur subditi, de principe suo Electore qvi tantopere tributis pre-
mat singulos, ut multi relictis facultatibus omnibus aufugiant: à regione
enim circumjacente singulis mensibus exigi dicebantur 28000 floreni;
siqve qvos moli ruret modum tritici 4. grossos[10], si farris erodius molen-
dus sit, 3. grossos exigi. Oppidum in alto situm est, ascenditusqve scala
in superiora oppidi euqve plateas. Diversoria publica non habet; aqva est
puteis rota ingenti, cuius axi circum ligata est catena, nunc duplici ex-
trahitus.

A Tangermunda 2. mill. distat Arenssberg, oppidulum, ubi exigitus
vectigal. Hinc Aerum 2. mill distat Sandavium, ubi rursus exigitus vectigal. Et porrò 2. mill. Werben, oppidum pralio celebre. ibiqve Havela in
Albino influit. Hincqve rursus 2 mill. Belaw pagus situs est, ubi per-
noctavimus.

---

10   grossos] damit bezeichnet Knorr die in Brandenburg üblich Silbermünze Gröscher
      oder Groschen.

Sitten, besonders im Dom nicht sonderlich rein. Es gibt nämlich noch in beiden Diözesen Domherren, denen es obliegt, die Horen zu singen, aber von denen sich viele dafür Vikare halten; sie aber verzehren in Müßiggang und Vergnügen die Einkünfte, die früher kirchlich waren.[33]

[61r] Wo der Rat regiert, herrscht die lutherische Religion. Der Name des Superintendenten ist Herr Bötticher.[34] Er hat aber trotzdem keine anderen Pfarrkinder als die Pastoren der übrigen Stadtkirchen, und keine von der Landbevölkerung. Mehr war in der Stadt Magdeburg aufgrund der kurzen Zeit, die uns zur Verfügung stand, nicht zu beobachten.

Von Magdeburg bis Lauenburg

Am 15. April (Mittwoch) waren wir in einem Boot mit Steuermann auf der Elbe, und an diesem Abend speisten wir in Rogätz,[35] einer Stadt vier Meilen von Magdeburg entfernt, wo man das Weggeld bezahlt.

Am 16. April (Donnerstag) kamen wir in Jerichow[36] an, das sechs Meilen von Rogätz entfernt ist, wo wir auch Weggeld bezahlen mussten. Von dort ist es etwa eine Meile bis zum Ort Tangermünde, eine Stadt in der Mark, wo wieder Weggeld erhoben wird. Dort beklagen sich die Untertanen lautstark, werden sie doch vom Kurfürsten dermaßen mit Abgaben bedrückt, dass viele unter Zurücklassung all ihrer Habe entfliehen. 28'000 Gulden soll man monatlich aus der Umgebung abgeben: will man einen Scheffel Weizen mahlen, so sind vier Gröscher erforderlich; will man einen Scheffel Dinkel mahlen drei Gröscher.[37]

Der Ort liegt auf einer Anhöhe, man steigt auf einer Treppe zu den höchsten Teilen des Dorfes und zu den Plätzen hinauf, es gibt keine Herbergen, und das Wasser wird von den Brunnen mit einem riesigen Rad heraufgeholt, an dessen Mittelachse eine Kette befestigt ist, so dass man doppelt Wasser entnehmen kann.

Von Tangermünde sind es zwei Meilen nach Arneburg,[38] einem kleinen Ort, in dem man Zoll bezahlen muss. Von dort sind es zwei Meilen nach Sandau, wo ebenfalls Zoll zu entrichten ist. Dann gibt es noch Werben, ein Dorf, das durch die Schlacht berühmt wurde.[39] Dort fließt die Havel in die Elbe. Von dort sind es wiederum zwei Meilen nach dem Ort, Bälow, wo wir die Nacht verbrachten.

Am 17. April (Freitag) erreichten wir Wittenberge, einen kleinen Ort eine Meile von Bälow entfernt, wo wir auch einen Zoll bezahlten. Vier Meilen von dort entfernt liegt der Ort Schnackenburg, in dem X[40] Zoll

Die Apr. 17 ♀ accessimus Wittebergam, qvod oppidulum 1. mill. distat à Belaw, ibiqve vectigal solvendum est. 4 mill. inde Schnakenburgum situm est qvod (?) oppidulo itidem X^{11} vectigal exigitus. Inde 1. mill Lentzen distat oppidulum vectigali notabile, ultimum in Marchia. Hinc 3. mill. distat Demitzium, oppidum in Mecklenburgia intra qvod & Lentzen Elna in Albim influit.

[61v] Demetzium enim est oppidum fortalitio qvadrato è lapidibus extructo, lorici saltem è terra superimpositis notabile; atqve ibidem Helmerus publicanus duæs naves extrui cueravit ad évandas ex Albi arborum truncos fluviumqve navigationis gratia isto malo purgandum, nos unam tantam vidimus,^{12} cuius [xxxxx] figuram sic notavi.^{13}

Duabus mill. hinc vidimus oppidum Dannenberg, qvi comitatui nomen dedit estqve dictionis Luneburgiae.

Post unum mill. oppidum Hitziger accessimus, ubi oppidum qvidem Duci Guelferbütensi subjectum est, vectigal verso Duci Luneburgico solvitus.

Die Apr. 18 ♄ Ad oppidum Bleich appulimus, qvi ab Hitziger 4 mill. distat; Hinc ad Beissenburg accessimus qvi 1½ mill. distat. Et post 1½ Lawenburgi cymba descendimus. Qvod oppidum Duci Saxonia Lawenburgico paret; nec adeo vile est. Cum praesertim Dux ipse inibi qvandoqve sedem habeat, domumqve extruxerit egregiam, inprimis vero hortum admodum celebram ante Sexennium ibi colere inceperit: Qvem et nos, vidimus et sic ordinatum.

Situs est in monte, qvi Albi imminet; Et sub introitum Colossum Solis exhibet & trabibus ligneris constructum, altera manu sagittam, altera sceptrum tenentem, colore vividi imbutum perqve membra omnia cavum, ut filiarum qva circa pedes confita sunt, ramuti, tandem per omnia membra sese insinuent, statuamqve arborescientem exhibeant.

Ad dextra descenditus in aream, ubi machina agitatoria (eine wippe) trabibus decustatis qvatuor sellas exhibebat, qvibus qvi insident, sursum deorsum xxx circulum moveri possunt corporis situ hand mutato: figura haec ferè est.^{14}

---

11   Nicht entziffertes Kürzel für einen Betrag.
12   nos…. vidimus] Es ist nicht ganz klar, wo der Einschub über der Zeile hingehört.
13   Die Abbildung fehlt.
14   Die Abbildung fehlt.

bezahlt wird. Von dort ist eine Meile nach Lenzen, bemerkenswert durch seinen Wegzoll, der letzte Ort in der Mark.[41] Drei Meilen entfernt liegt Dömitz, ein Ort in Mecklenburg, zwischen dem und Lenzen die Elde[42] in die Elbe mündet.

[61v] Dömitz ist ein Ort mit einer quadratischen, aus Stein errichteten Festung, die durch ihre vorspringenden Brüstungen auffällt; der Steuereinnehmer Helmerus ließ zwei Boote (von den Booten haben wir aber nur eines gesehen, dessen Gestalt ich so gezeichnet habe) bauen, um die Stämme aus der Elbe zu entfernen und die Schifffahrt zu erleichtern, was wir so nur einmal gesehen haben.

Zwei Meilen entfernt sahen wir den Ort Dannenberg, der der Grafschaft seinen Namen gab.[43] Er gehört zum Lüneburgischen.

Nach einer Meile kamen wir nach Hitzacker,[44] welcher Ort dem Herzog von Wolfenbüttel untersteht. Der Zoll hingegen wird nach Lüneburg hin entrichtet.

Am 18. April (Samstag) erreichten wird den Ort Bleich,[45] das vier Meilen von Hitzacker entfernt ist; von dort kamen wir nach Boizenburg, das etwa anderthalb Meilen entfernt ist. Und nach weiteren anderthalb Meilen sind wir in Lauenburg von Bord gegangen.

Lauenburg

Dieser Ort untersteht dem Herzog von Sachsen-Lauenburg und ist nicht so armselig. Vor allem hat hier der Herzog zu gewissen Zeiten seinen Sitz.[46] Er hat ein großes Herrenhaus gebaut und hat vor sechs Jahren begonnen den berühmten Garten zu kultivieren.[47] Wir fanden auch, dass es sehr gut gepflegt wird.

Das Schloss[48] liegt auf einem Berg, der die Elbe überragt, gleich am Eingang sieht man eine aus Holzstämmen gebaute riesige Statue der Sonne, die in der einen Hand einen Bogen und in der anderen ein Zepter hält,[49] sie ist mit lebenstreuer Farbe getränkt, innen ist sie leer, damit die Lindenzweige, die zu den Füßen der Statue gepflanzt sind, in die Glieder der Statue schlüpfen können und die Statue blumig und grün machen.

Rechts geht es hinunter in einen offenen Raum, in dem sich eine bewegliche Maschine (eine Wippe) befindet, auf der geschlagene Baumstämme als Sitze dienen, die, wenn man sich daraufsetzt, eine Auf- und Abwärtsbewegung des Körpers ermöglicht, ohne die Position zu verändern. Hier ist die Abbildung:

[62r] Paulò infra murus ostendebutus, tanqvam nota horti primaria; cui haec inscripta erant. A. 1658. den 19. Jan. zwischen 10 und 11 Vor Mittage sind Ihr Fürstl. Durchleucht I.H.Z.S.E.W. auf einem türckischen Pferd sitzend von dieser Höhe ohn Schaden hinuntergefallen hic. Altidudo videtur pedum 13 plus minus.

Dehinc ostendebatur Domus aurantiorum & citreorum, qvae hyeme tecta, & calefacta arbores peregrinas conservat, æstate verò utrinqve diduci, in medio vero tecto liberari potest. Diducitus autem cylindris suppositis & trochleis applicatis, trabibus parietum liminbus certis perpetuò insistentibus. Ibiqve asservabatur Aloe; Solamen arborescens: genista: myrtus: phylliræ: cupressus: Granatus. Sedum Burgundiacum: Azadrach: Laureola viridis. Sedum arborescens: arbuscula majorani sesqvicubito alta: oleander siver rhododaphne: Jujubæ: Gesmirum Indicum floribus luteis: cappares: ceratium: colocasia sive faba Ægyptiaca: Gucca gloriosa. Flos passionis luteus. Ruta folijs aureis argenteisqve. Rosetum, qvod singulis mensibus vel flores vel caliculos[15] habet: Arbor Juda: Acanthus Italica: & alia multa. Subtus cavea volucrum magna ostendebatur; in cuius media fæmina sedens ulnisqve infantem agitans, ê pudendis aqvam emittebat in longinqvum.

Inde statuæ undivomæ aliæ spectabantur: Bacchus nimirum in media exigui cuius lacus hâc formâ lapidibus cincti

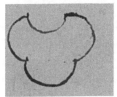

qvi ore & pudendis undas spargebat: in circuitus lacus 15. tubuli varie texti prominebant qvibus imponi poterant ludicra varia, emissâ undâ mobilia, interqve cætera sciatericum qvoqve in circulorum concavitate horas ostendens. In muro Septentrionali prosse lacum status qvidam alia sub speluncis artificiosis occultatæ videbatur: Hercules sc. hydram enerans supra qvae fœmina nuda [62v] jacens mammis & ore undas aeddebat Ad dextram Romani duos; versus meridiem puellus humo procumbens, globulumqve lapideum velut lususqve dextra continens, è qvo itidem unda prohibat: ut & è cane venatico coturnicibus infidianti,

---

15   Caliculos muss in diesem Zusammenhang Knospe bedeuten.

[62r] Etwas weiter unten, etwa bei dem erwähnten Garten, zeigte man eine Mauer, auf der diese Inschrift war: A. 1658. den 19. Jan. zwischen 10 und 11 Vor Mittage sind Ihr Fürstl. Durchleucht I.H.Z.S.E.W.[50] auf einem türckischen Pferd sitzend von dieser Höhe ohn Schaden hinuntergefallen. Die Höhe war plus minus 13 Fuß.

Dann wurde uns das Orangen- und Zitronenhaus gezeigt, das im Winter die fremdländischen Bäume schützt, indem es überdacht und beheizt ist, im Sommer auf beiden Seiten komplett geöffnet und in der Mitte vom Dach befreit werden kann. Man kann das Dach mit darunter liegenden Zylindern und Umlenkrollen, die an immergrünen Balken an den Wänden des Gebäudes befestigt sind, auseinanderziehen.

Und dort sind verschiedene Pflanzen vorhanden: Aloe, Solamen arborescens, Ginster, Myrte, Phyllira,[51] Zypresse, Granatapfel, Fremde Hauswurz,[52] Azadrach,[53] Laureola viridis,[54] Sedum arborescens,[55] Majoranstrauch, Oleander oder Rhododendren, Chinesischer Dattelbaum, Sesmirum Indicum floribus luteis,[56] Kapernstrauch, Johannisbrotbaum, Colocasia oder Ägyptische Bohne und Gucca gloriosa,[57] die gelbe Passionsblume, silber- und goldfarbene Ruta, ein Rosengarten, in welchem immer zugleich Blüten und Knospen vorhanden waren, Judasbaum, italienischer Akanthus und viele andere Pflanzen.

Unten war eine große Voliere zu sehen, in deren Mitte ist eine sitzende Frau, die mit den Armen ein Kind bewegte, welches lange Zeit Wasser aus dem Geschlechtsteil spritzte.

Neben ihr befand sich eine weitere wasserspeiende Statue: natürlich Bacchus, die in der Mitte des so gestalteten (siehe Bild) Bassins stand, dass aus dem Mund und den Geschlechtsteilen Wasser herauskam, rund um den Teich gab es fünfzehn kleine Rohre, die aus dem Boden herausragten und Wasserspiele ermöglichten, und unter anderem gab es auch eine Sonnenuhr, die in der Wölbung der Kreise die Stunden anzeigte. An der Nordwand des Sees war eine weitere Statue zu sehen, die in einer künstlichen Höhle versteckt war; Herkules, der eine Hydra tötet, über der eine nackte Frau [62v] steht, die Wasser aus ihrem Mund und ihren Brüsten ausgießt. Auf der rechten Seite waren zwei Römer zu sehen: in Richtung Süden ein Kind, das auf dem Boden lag und in einer Hand eine kleine Steinkugel hielt, als wäre sie ein Spielzeug, aus der ebenfalls Wasser floss; außerdem spritzte Wasser aus einem in der Nähe liegenden Jagdhund, der Wachteln zu töten im Begriff war.

Außerdem waren noch andere Holzfiguren, die die Planeten dar-

proximè apposito.

Porrò statua ligneæ aliæ hinc inde disposita erant, planetas repræsentantes. Inqve fovea qvadam metallifossor, impudica gesticulatione æva effossurus videbatur.

Cæterum per ambulacra hinc inde arbores confita erant, qvibus Russumach appellitans, perqve pulvinorum ordines militum Romanorum figuræ ligneæ erant dispostæ, nec non pyramides circa finem descensuum.

Imprimis verò notabilis, est turris illa lignea, qvatuor contignationibus ad mediocre fastigium elevata; cuius scalæ exterrius in circuitum applicatæ, non pedites tantum sed & eqvites ad summum usqve subdiale admittebant. Pavimento superiori contusis conchulis undiqve contra pluvias probe munito. Conclavia autem interiora omnia sic ordinata erant, ut relictis in medio foraminibus sexangularibus, at imo ad summum usqve pateret prospectus. Infimum autem conclave è lapidibus coctis extructum, canales plumbeos per circuitum exhibebat dispositos, per qvos aqva è commuti qvodam principio ad statuas hæc illus derivatibur. Atqve hæc camera exornata erat statuis cubitalibus variis, marmoreis, Priapo nempe. Deabusqve fruges (obscænis figuras experimentes) calathis exhibentibus: cum effigiebus & historiis alijs alabatsro expressis. Ostendebantur qvoqve puelli per pulvinos varij partim gypsei partim[16] plumbei, et hoc metallo præsertim 4. anni tempora designata. Atqve hæc est pars horti, qvae Albi imminet, Altera ejusdem pars olera tantum pulviris communibus [63r] insita in culinæ commodum comprehendebat. Tandem ædicula amœnissima conclavilus varijs ornatissimà, & sacello notabilis ostendebatur; Princeps enim religioni Pontificiæ addictus est, atqve tum Schlakewerdæ in Bohemia residebat.

4 Mill. à Lauenburg Hamburgensium ditio jam incipit, qvæ descendentibus per Albim ad dextram semper sita est, inqve ea primum occurit domus illa, qvam *Tollen Spiker* appellant; regionem ipsam dicunt *die vier Lande,* qvæ aggere contra inundationes Albis munita est firmissimo & longissimo, per 4. nempe milliaria protenso. Inibi terra fertilis qvidam est,

---

16   partim] pattim Hs.

stellten, und in einem Graben sahen wir einen Bergmann in frecher Haltung nach Erz graben.

Ansonsten waren entlang der Gänge mehrere Bäume gepflanzt, die Russumach[58] genannt wurden, und in den Beeten standen Holzstatuen von römischen Soldaten, und an den Begrenzungen der verschiedenen Hänge waren Pyramiden zu sehen.

Besonders erwähnenswert ist ein vierstöckiger Turm, der keine außergewöhnliche Höhe aufweist. Außentreppen ermöglichten nicht nur Fußgängern, sondern auch Reitern den Zugang zur Terrasse, deren oberes Stockwerk ganzflächig mit zerkleinerten Muscheln gegen Regen ausgestattet war.

Die inneren Kammern sind so angeordnet, dass es möglich ist durch sechseckige Löcher in der Mitte von der Basis bis zum höchsten Teil des Turms zusehen. Unten befindet sich ein Raum aus gebranntem Stein mit ringförmig angeordneten Bleiröhren, aus denen das Wasser aus einer gemeinsamen Quelle gespeist und bei den Statuen hierhin und dorthin herunterrieselt. Auch dieses Zimmer war mit verschieden großen Marmorstatuen geschmückt, natürlich mit Priapus und einigen Göttinnen, die Früchte in Körben zeigten (Früchte, die auf obszöne Dinge hindeuteten) mit Bildern und anderen Geschichten, die in Alabaster gearbeitet waren. Auf den Gartenbeeten konnte man auch Statuen von Kindern teils aus Gips und teils aus Blei sehen., und aus demselben Metall sind auch die vier Jahreszeiten dargestellt. Dies ist der Teil des Gartens, der der Elbe zugewandt ist, der andere Teil diente der Gartenarbeit auf den Freiflächen des Landes und enthielt alles, was zum Kochen notwendig war. [63r] Es gibt auch ein sehr schönes und mit Nischen verziertes Gebäude und eine bemerkenswerte Kapelle. Der Fürst gehört nämlich der päpstlichen Religion an und residiert in Böhmen in Schlackenwerth.[59]

Hamburg

Vier Meilen hinter Lauenburg beginnt schon das hamburgische Gebiet, das für die elbabwärts Fahrenden immer rechts gelegen ist, und darin begegnet zuerst jenes feste·Haus, das man *Zollenspicker* nennt; das Gebiet selbst heißt *Die vier Lande*, es ist mit einem sehr starken und. langen, sich auf vier Meilen erstreckenden Deich gegen die Überflutungen der Elbe geschützt. Der Ackerboden ist hier zwar fruchtbar, aber so hart, dass acht Pferde vor den Pflug gespannt werden müssen. Wo die Elbe

sed tam dura, ut aratoribus 8. eqvis[17] uti necessum sit. Ubi Albis bifariam scinditur, Hamburgenses munimentum extruxerunt, qvod appellant *t'* *bonte huus,* qvo machinulis qvibusdam [~~xxx~~] ignivomis navigantes cogunt suum seqvi alveum: Atqve huic è regione Dux Luneburgicus aliud fortalitium opposuit, ut ad oppidulum Harburg accedant naves, nec Hamburgum adeant.

Nos, alveo Harburgico ad sinistram dimisso Hamburgum tetendimus atqve tum praeterijmus Insulam illam amænissimam, qvam *,t Bilwarder* vocant qvamqve amænitatis causa sæpissimè invisunt Hamburgenses. Atqve sic visis villutis varijs utrinqve amænnissimis tandem circa vesperam, qvæ erat vigilia Paschatos, Hamburgum intravimus.

§ Qvæ urbs littoris illius primaria loco plano ad Albis ostia sita est: emporium totius Germaniæ celeberrimum et navigationibus inprimis nobile. Templa habet primaria qvinqve. Ad D. Petri nempe, D. Jacobi, D. Nicolai, D. Catharinæ & qvod in suburbio est, S. Michaëlis Archangeli. ~~Xxxxxxxxx illa antiq~~ Templum D. Petri loco Urbis eminentiori situm turrim videtur habere altissimam, cui tamnen longitudine, si structuram spectes, præpollet illa, qvæ est ad D. Nicolai, qvam censent totius Urbis altissimam. Illa nihilominus alta satis est, atqve machinam habet, qvæ per singulas horas & semihoras nolis æneis canit cantica iuxta varietatem temporum varia ecclesiastica. Iuxtaqve hanc aliam maiorem et nobiliorem, qva singulis diebus mane ductius canitur. Utraqve tamen campanas habet pauciores nec semitonia exprimit, unde [63v] non rarò dissonantiæ insignes exaudiuntur. Cæterum horologium ibidem numerum horæ non tantum post horam clapsam, sed et per singula semihoria exprimit. In templo ipso suggestum marmoreum organon musicuum & columellæ chorum sepientes æneæ præ cæteris notari possunt. Hoc templum olim fuit Episcopale, anteqvam dignitas hæc Bremam translata est.[18] Templum D. Jacobi non tantum ornamentis, sed concionatoribus qvoqve clarum est, Dn. D. Mauritio nempe & Dn. D. Corvino, qvorum ille in locum D. Schuppii successit. Turris eius ambulacrum habet per circuitum conspiciendæ desuper Urbi aptissimum.[19] Templum D. Nicolai turri celebre est, qvæ recens post ruinam restituta, ornata est octo globis maximis æneis inauratis, qvi virum maximum altitudine superantes, circumferentiam

---

17   8. eqvis aratoribus] Hs. durch Ziffern umgestellt.
18   Hoc templum … est.] am oberen Rand mit Einweisungszeichen eingefügt.
19   Templum . aprissimum.] am linken Rand mit Einweisungszeichen eingefügt.

sich in zwei Arme spaltet, haben die Hamburger eine Befestigung erbaut, die sie *Das Bunte Haus* nennen und wo sie mit irgendwelchen feuerspeienden kleinen Maschinen die Schiffer zwingen, ihrem Stromarm zu folgen. Und diesem Fort gerade gegenüber hat der Herzog von Lüneburg ein anderes errichtet, damit die Schiffe das Städtchen Harburg. anlaufen und Hamburg nicht aufsuchen sollen.

Wir ließen den harburgischen Stromarm zur Linken, um Hamburg zu erreichen, und kamen dann vorüber an der höchst lieblichen Insel mit Namen *Der Billwerder*, die die Hamburger ihrer Lieblichkeit wegen sehr oft besuchen. Wir sahen verschiedene sehr hübsche Landhäuser auf beiden Seiten, und so kamen wir gegen Abend – es war der Tag vor Ostern – nach Hamburg hinein.

Diese Stadt, auf diesem Küstenstreifen die bedeutendste, liegt an ebener Stelle an der Mündung der Elbe: sie ist die berühmteste Handelsstadt ganz Deutschlands und besonders durch ihre Schifffahrt bekannt. Hauptkirchen hat sie fünf, nämlich St. Petri, S. Jakob, St. Nikolai, St. Katharinen und in einer Vorstadt die Kirche des Erzengels St. Michael. Die St. Petri-Kirche, auf einer Erhebung in der Stadt gelegen, scheint den höchsten Turm zu haben, doch übertrifft ihn an Länge, wenn man nur das Bauwerk im Auge hat, der Turm der St. Nikolai-Kirche, den man für den höchsten der ganzen Stadt hält. Trotzdem ist auch jener recht hoch und mit einem Werk ausgestattet, die jede volle und halbe Stunde mittels bronzener Glöckchen nach der Jahreszeit wechselnde Choräle spielt. Daneben besitzt der St. Petri-Turm noch ein größeres und namhafteres Glockenspiel, das täglich am Morgen längere Zeit ertönt. Beide haben jedoch zu wenig Glocken und können keine Halbtöne spielen, weswegen man nicht selten bedeutende [63v] Misstöne hört.[60] Das andere Uhrwerk des Turmes schlägt die Stundenzahl nicht nur nach Verlauf der vollen Stunden, sondern auch jede halbe Stunde. In der Kirche selbst sind die marmorne Kanzel, die Orgel und die den Chor abschließenden bronzenen Pfeiler vor allem bemerkenswert. Diese Kirche war einst die bischöfliche, bevor diese Würde nach Bremen übertragen worden ist.[61]

Die St. Jakobi-Kirche ist nicht nur durch ihren Schmuck, sondern auch durch ihre Prediger ausgezeichnet, und zwar die Herren Herr Mauritius[62] und Herr Corvinus,[63] von denen jener Nachfolger von Herr Schuppius war.[64] Ihr Turm hat eine ringsherum laufende Galerie, die sehr geeignet ist, die Stadt von oben zu betrachten.

Die St. Nikolai-Kirche ist berühmt wegen ihres Turms, der, kürzlich

habent 3 orgyiis multo maiorem: Supraqve hos totidem minores alios
similes. Suggestum eius è choro musico prominet, à qvo non nisi ianua
separatur, auditui sat commodum. Ibidem ostenduntur, saxos sepulchra-
libus incisa pugio atqve manus qvædam cuiusdam nautæ, qvi inibi
scribam suum loci reverentiæ non tactus occiderat, carnificiis manum
iterum sublatus. D. Catharinæ Templum Turrim habet egregiam nuper
demum reædificatam aureaqve corona, qvam ex auro Stürzbecheriano
factam perhibent, superius ornatam, paulo sub fastigio. Ibidem automaton musicum Nolare 27. campanis constans (qvibus adhuc septem adiun-
gendæ sunt) repositum est, opus purissimis sonis sat nobile, 5000 Duca-
tis venale, Pedali simul & Manuali constans Clavium ordine cum
semitoniis, qvod hactenus non emerunt Hamburgenses, qvod peritum
non habeant Nolicinem.[20] Idem templum suggesto qvoqve marmoreo
pulcherrimo, nec non baptisterio eleganti notabile est. Pars eius exterior
Occidentalis Structuram exhibet egregiam, qvinqve ordinibus columnarum Dorico, Jonico, Romano Corinthiacoqve duplici, ornatam.

S. Michaelis templum nondum omnino perfectum est: elegantissime
tamen cæptum atqve artificio vere architectonico insigne. Fulcra, qvibus
imponendi sunt fornices, ad modum columnarum Toscanarum è lapidibus cæsis exstructa sunt. Altare ligneum qvidem est, sed ex alabastro
elaboratum videtur. Baptisterium e ligno artificiose sculptum labrum
continet argenteum. Suggestum statuas exhibet elegantes. Chorum muni-
unt columellæ æneæ proportione architectonica maximè decoræ, arena
expletæ, qvibus similes Hamburgum non habet, qvamvis huiusmodi[21]
ferè septis omnia ferme templorum adyta cingantur. Fiscus pauperum
[64r] tectus est cista elegantissima, oblonga, insigni artificio fabrefacta,

---

20   Ibidem ... Nolicinem.] am linken Rand mit Einweisungszeichen eingefügt.
21   Über der Zeile, über gestrichenem Wort.

nach dem Einsturz wiederhergestellt, mit acht sehr großen bronzenen und vergoldeten Kugeln verziert ist, die an Höhe den größten Mann übertreffen und einen weit größeren Umfang als drei Klafter haben; über ihnen befinden sich ebenso viele andere, die kleiner, aber sonst ihnen ähnlich sind. Die Kanzel der Kirche ist wie ein Vorsprung vor dem Sängerchor angebracht, von dem sie nur durch eine Tür getrennt wird, und so für die Akustik recht vorteilhaft gelegen. Man zeigt in der Kirche einen Grabstein, auf dem der Dolch und die Hand eines Schiffers eingemeißelt sind, der dort unbekümmert um die dem Orte schuldige Ehrfurcht seinen Schreiber niedergestochen hatte und dann selbst durch die Hand des Henkers hinweggeräumt wurde.[65]

Die St. Katharinenkirche hat einen herrlichen Turm, der erst vor kurzem wiederaufgebaut und oben ein wenig unter der Spitze mit einer goldenen Krone geschmückt ist, der aus dem Golde Störtebekers66 hergestellt sein soll. In dem Turm ist ein Glockenspiel, aus 27 Glocken zusammengesetzt (denen noch sieben hinzugefügt werden sollen), untergebracht, ein Werk, das sich durch sehr reine Töne auszeichnet und für 5000 Dukaten zu kaufen ist: es besteht aus einer Halbtöne einschließenden Klaviatur und einem Pedal; noch haben es die Hamburger nicht gekauft, vielleicht weil sie keinen erfahrenen Glockenspieler besitzen. Die Kirche ist auch durch eine sehr schöne marmorne Kanzel und einen geschmackvollen Taufstein bemerkenswert. Ihre westliche Außenseite weist eine herrliche Bauart auf, indem sie mit fünf Säulenreihen geschmückt ist, einer dorischen, einer ionischen, einer römischen und einer doppelten korinthischen.

Die St. Michaelis-Kirche ist noch nicht ganz fertig, aber der Anfang ist sehr geschmackvoll und lässt ein wahrhaft architektonisches Kunstwerk erkennen. Die Träger, auf die die Gewölbe gesetzt werden sollen, sind nach Art toskanischer Säulen aus gehauenen Steinen aufgebaut. Der Altar ist zwar aus Holz, aber scheint aus Alabaster gearbeitet. Das Taufbecken ist kunstvoll aus Holz geschnitzt und enthält ein silbernes Becken. Die Kanzel weist geschmackvolle Statuen auf. Den Chor schließen bronzene, in ihren architektonischen Verhältnissen sehr zierliche Pfeiler ab, die mit Sand ausgefüllt sind; Hamburg hat nicht ihresgleichen, obwohl fast alle Altarräume der Kirchen von Schranken ähnlicher Art abgeschlossen werden. Der Opferkasten [64r] für die Armen ist ein sehr geschmackvoller Schrein, er ist länglich und mit erlesener Kunst hergestellt: oben darauf liegt Lazarus, eine Schale hinhaltend, in die eine Öffnung

in qva superius procumbit Lazarus, pateram porrigens,[22] cui foramen incisum est recipiendis nummis aptum. Ambulacra utrinqve per hyemem illuminantur lampadibus artificiosis, ope speculorum concavorum ingentium radios procul dissipantibus, qvales etiam in cellis qvibusdam vinariis ibidem vidi adhibitas. Organum, simplex pictura exhibet, eleganti fraude.

Præter hæc templa primaria, iuxta qvorum diœceses tota Urbs divisa est, compluria alia occurrunt minus insignia, Nimirum Ædes Dominica *(der Doom),* Turri sat alta ornamentisqve haud spernendis insignis, reditibus præcipuè dives, qvibus Canonici fruuntur. Ædes D. Johannis: D. Georgij, D. Gertrudis, S. Michaëlis vetus, D. Mariae Magdalenæ. Conciones item fiunt in .templis secundariis, qvæ velut sacella alijs ædibus adstructa sunt, qvalia sunt in Domo Variolorum *(Bocken Hauß),* in Domo Castigatoria. In Domo Pupillorum *(Waysen Hause),* in Nosodochio *(Pesthofe).* Adeoqve 15. hic loca reperiuntur, ubi verbum Dei prædicatur & sacramenta ritè administrantur.

Cænobium qvo[23] ad D. Mariæ Magdalenæ notandum est Hamburgi, in qvod vetulæ, seu virgines seu viduæ, vel pro certo pretio, vel, si pauperiores, honestæ tamen sint, gratis recipiuntur gratisqve aluntur, Sorores dictæ. Atqve hæ primum altæ sunt in domo S. Elisabethæ A. 1428 a piis qvibusdam matronis fundata, cuius reditus tamen postmodum ad hoc cænobium adhibiti sunt.

Scholae sunt: (1.) Gymnasium satis celebre, qvod nuper rexit Lambecius, nunc apostata . In illo Professor Lt. orient. est Gutbirius, qvi nunc N. T. Syriacum edit cum lexico. (2.) Schola ad D. Johannis. 3. Schola Pauperum, qvam Johan. Sylmius A. 1612 instituit pro pueris et puellis. 4. Adhuc una schola circa a. 1641[24] pro pauperibus ~~nuper~~ instituta pueris, ingenio [64v] tamen pollentibus, qvibus vestes atqve libri porriguntur, à tribus Præceptoribus informatis.

Bibliotheca publica non ignobilis est ad Templum D. Johannis, in cuius laqveari egregiè depictus est globus cælestis; libri iuxta materias

---

22 porrigens] über der Zeile eingefügt.
23 qvo] qvoqve Hs.
24 circa a. 1641] über der Zeile eingefügt.

geschnitten ist zur Aufnahme von Geldstücken. Die Gänge auf beiden Seiten werden im Winter durch kunstvolle Lampen erleuchtet, die ihre Strahlen mit Hilfe gewaltiger konkaver Spiegel weithin verbreiten, wie ich sie auch in einigen Weinstuben dort gesehen habe. Die Orgel zeigt eine einfache, fein illusionistische Malerei.

Außer diesen Hauptkirchen, nach deren Sprengeln die ganze Stadt eingeteilt ist, gibt es mehrere andere, weniger hervorragende, nämlich den Dom (*der Doom*), der auffällt durch einen recht hohen Turm und einen nicht zu verachtenden Schmuck, und der vor allem reich mit Pfründen für die Kanoniker ausgestattet ist; weiter die St. Johannis-Kirche, die St. Georgs-Kirche, die St. Gertruden-Kapelle, die alte St. Michaelis-Kirche, die St. Marien Magdalenen-Kirche. Predigen werden in Nebenkirchen, die wie Kapellen an öffentlichen Gebäuden angebaut sind, gehalten, z. B. im Pockenhause (*Bocken Hauß*), im Werk- und Zuchthause, im Waisenhause (*Waysen Hause*), im Pesthofe (*Pesthofe*). So gibt es hier 15 Orte, wo das Wort Gottes gepredigt wird und die Sakramente in richtiger Form gefeiert werden.

Auch das St. Marien Magdalenen-Kloster ist in Hamburg bemerkenswert: darin werden alte Frauen, die man Schwestern nennt, seien sie unverheiratet oder Witwen, für eine bestimmte Einkaufssumme oder, wenn sie weniger bemittelt, aber ehrbar sind, umsonst aufgenommen und umsonst ernährt. Zunächst wurden sie in dem im Jahre 1428 von einigen frommen Matronen begründeten St. Elisabeth-Hause aufgenommen, dessen Einkünfte jedoch für dieses Kloster umgewidmet wurden.

An Schulen gibt es: 1. Das recht berühmte [Akademische] Gymnasium, das vor kurzem Lambecius geleitet hat der jetzt vom Glauben abgefallen ist;[67] an ihm ist Gutbier Professor für orientalische Sprachen, der jetzt das syrische Neue Testament mit einem Lexikon herausgibt.[68] 2. Die St. Johannis-Schule. 3. Eine Armenschule, die Johann Sylm[69] im Jahre 1612 für Knaben und Mädchen eingerichtet hat. 4. Noch eine um das Jahr 1641 eingerichtete Schule für arme, aber begabte Knaben, [64v] denen Kleidung und Bücher geliefert und die von drei Lehrern unterrichtet werden.

Die nicht unbedeutende öffentliche Bibliothek liegt bei der St. Johannis-Kirche. An deren getäfelter Decke ist die Himmelskugel vortrefflich gemalt. Die Bücher sind in sachlicher Ordnung in langen Reihen vom Fußboden bis an die Gewölbe aufgestellt, indem ihre Größe nach oben hin stets abnimmt, die Reihen aber durch vorgehängtes grünes Tuch

distincti longis ordinibus a pavimento ad usqve fornices collocati sunt, qvantitate sursum versus semper diminutâ, iuxta seriem vero prætenso pannicula viridi adæqvatâ. Atqve sic ordinati sunt libri: prima Theologici, 2. Iuridici, 3. Medici, 4. Philosophici, 5. Philologici, tandem Mixti. Manuscripta peculiari scrinio clausa asservantur, inter qvæ Veteres qvidam poëtæ nec non textus qvidam Sacri Arabice descripti. Instrumenta Mathematica alio scrinio condita sunt interqve ea ostenduntur duæ sphæræ armillares æneæ[25], altera iuxta Copernici, altera iuxta communem hypothesin fabricata; item Astrolabia qvædam atqve Radii Nec non Magnes insigni qvantitate &[26] palmari longitudine, non tamen armatus. Fortalitium item pulcherrimum in ligno sculptum.[27] Item Depictorium Scheineri atqve specula qvædam concava cum prismate; & alia. Camera qvoqve obscura asservatur ibidem, nondum tamen erecta. Item Halorrheometricum magnum, qvod horas simul & lunæ motum. numerat, nec non Anemologium supra Palladem, qvæ magnitudine insigni e ligno sedens sculpta colore metalliformi tincta est, dextra lanceam, sinistra ægida tenens. Ante se speculum metallicum politissimum ab altera parte concavum, ab altera convexum habet, cuius diameter feré bipedalis est. Utriqve huius lateri adstat globus illic cælestis, hic terrestris.

Forum liberum *(die Börse)* est domus elegans porticui superstructa ad qvendam Albis canalium. Columnæ porticum cingentes ædificio insigni sunt ornamento[28]. Ad latus est area lateribus Hollandicis complanata, qvadrata, deambulationibus mercatorum aptissima. Pavimentum porticus marmoreum est. Inqve turricula horologium.

[65r] Fora rerum venalium compluria sunt: nimirum forum lupuli *(der Hopfmarckt)*, forum piscium *(der fischmarckt)*, forum montanum *(auf dem Berge)*, in qvo simul cippus numellarum & carcer puplicus, forum eqvorum *(der Pferdemarckt)*. Forum carnium duplex, ubi simul a

---

25 æneæ] über der Zeile eingefügt.
26 &] über der Zeile eingefügt.
27 Der ganze Satz am linken Rand eingefügt.
28 ornamento sunt insigni ædificio] Hs. durch Ziffern umgestellt.

einander angeglichen werden. Und folgendermaßen sind die Bücher angeordnet: zuerst die theologischen, zweitens die juristischen, drittens die medizinischen, viertens die philosophischen, fünftens die philologischen, endlich die gemischten. Die Handschriften werden in einem besonderen Schranke verschlossen aufbewahrt; unter ihnen sind einige alte Dichter und einige arabisch geschriebene heilige Texte. Die mathematischen Instrumente sind in einem anderen Schranke aufbewahrt, und darunter werden gezeigt zwei eiserne Armillarsphären, die eine gemäß der Lehre des Copernicus, die andere nach der üblichen Ansicht verfertigt; sodann mehrere Astrolabien und Radien, sowie ein Magnet von besonderer Stärke und so lang wie eine Hand, aber ohne Fassung;[70] weiter ein sehr schönes aus Holz geschnitztes Festungswerk; ferner ein Scheinerscher Storchschnabel[71] und einige Konkavspiegel mit einem Prisma und anderes. Auch eine Camera obscura wird dort aufbewahrt, die jedoch noch nicht aufgestellt ist. Ebenso ein großer Flutmesser, der zugleich die Stunden und die Bewegung des Mondes angibt, sowie ein Windzeiger auf einer Pallasfigur, die von auffallender Größe in sitzender Stellung aus Holz geschnitzt und mit einer metallähnlichen Farbe angestrichen ist: in der Rechten hält sie die Lanze, in der Linken den Schild. Vor sich hat sie einen sehr blanken, auf der einen Seite konkaven, auf der anderen Seite konvexen Metallspiegel, dessen Durchmesser fast zwei Fuß beträgt. Zu ihren beiden Seiten steht ein Globus, dort die Himmelskugel, hier die Erdkugel.[72]

Die Börse (*die Börse*) ist ein geschmackvolles Gebäude an einem der Elbkanäle, das über einer Säulenhalle aufgebaut ist. Die die Halle umschließenden Säulen dienen dem Gebäude zu hervorragendem Schmuck. An der Seite liegt ein quadratischer freier Platz, der mit holländischen Ziegeln gepflastert ist und sich zum Hin- und Hergehen für die Kaufleute wohl eignet. Das Pflaster der Säulenhalle ist aus Marmor und an dem Türmchen ist eine Uhr angebracht.

[65r] Marktplätze gibt es mehrere: nämlich den Hopfenmarkt (*der Hopfmarckt*), den Fischmarkt (*der fischmarckt*), den Markt auf dem Berge (*auf dem Berge*), wo sich zugleich der Schandpfahl und das Stadtgefängnis befinden, den Pferdemarkt (*der Pferdemarckt*). Der Fleischmarkt, wo zugleich von den Metzgern Wildbret verkauft wird, ist doppelt vorhanden. Und außerdem gibt es in fast jedem Hause Läden.

Das Rathaus (*das Rathhauß*) zeichnet sich durch einen sehr schönen Bau aus, den außen zahlreiche steinerne Standbilder der Kaiser und Kö-

laniis ferina venditur. Et præter hæc tabernæ mercatoriæ in singulis fere domibus extant.

Forum justitiæ *(das Rathhauß[29])* pulcherrimo ædificio clarum est, qvod ab extra cingunt statuæ lapideæ Imperatorum regumqve variæ, in tecto turris exornat lepida, ab intra conclavia elegantissima commendant. Locus tribunalis rigorosi Cavædium est amplissimum marmore stratum & opere fornicario ligneo superius clausum, statuis humana longitudine plenum: Inqve eo cancellis separatus est locus qvadratus iudicio publico destinatus. Inde per ianuam orichalco splendidissimo undiqve coopertam Camera Secretariorum *(die Schreiberstube)* intratur, cuius fornices innituntur columnæ unicæ in medio constitutæ, orichalco itidem penitus coopertæ, intus ligneæ. Curia, ubi senatus congregatus *(die Rathstube[30]),* est conclave qvadratum amplum, rubro panno exornatum, in qvo Ædes qvatuor pro totidem consulibus, unica pro protonotario, 3. pro totidem Syndicis, 3. item pro Secretariis totidem extant, sedecim senatoribus per tria latera in rubris pulvinaribus ordine considentibus: hæqve sedes omnes septo ligneo à reliqva parte separatæ sunt, ante qvod subsellia ordinata sunt, qvibus insistant Procuratores. Ibiqve iudicium singulis ferijs secundis, qvartis & sextis habetur. Porrò cænaculum ostenditur, ubi convivantur senatores, qvando circa festum S. Michaëlis Comitia habentes, qvod lapidibus coctis coloratis & picturis exornatum est. Porro conclavia alia exhibentur: ni[mi]rum, ubi penditur vectigal *(die Zollstube)* triplex, Nimirum Vectigal Senatorium *(der HerrnZoll),* vectigal civium *(der BürgerZoll)* & vectigal consilii marini *(der Admiralitet Zoll).* Hinc ubi tributa sol[65v]vuntur *(die Accisen Stube),* ubi tributum pro vino: pro cerevisia, & pro frumento redditur, illîc pro cupa *(Ochßhoeft),* qvæ continet 64 congios *Stübichen,* 4. Imperiales, hic pro dolio 16. grossi: hic[31] pro frumenti mensura 4 grossi. Inde intrabamus conclave mutui *die Banck,* ubi nil nisi cistæ ingentes ferreæ libriqve rationibus pleni. Hinc ascendentes per scalam Conclave Auditionis ingressi sumus *die Audientz Stube,* qvod corio deaurato per parietes sellisqve holoserico viridi tectis, mensaqve ê ligno Sakerdanico[32] (qvod vocant) tapete viridi serico tectâ ornatissimum erat. Illinc digressi Conclave Tribunorum plebis *(der Ober Alten)* vidimus; qvorum duodecim sunt, singulis diebus iudiciorum convenientes.

---

29   das Rathauß] am rechten Rand eingefügt.
30   die Rathstube] am rechten Rand eingefügt.
31   hic] über der Zeile eingefügt.
32   Sakerdanico] über durchgestrichenem Wort: Serpentino.

nige umrahmen, den auf dem Dache ein gefälliger Turm ziert und den innen geschmackvolle Zimmer anziehend machen. Der Ort des peinlichen Gerichts ist eine weite Halle, mit Marmor gepflastert und durch hölzernes Bogenwerk oben geschlossen, voller lebensgroßer Statuen, und darin ist ein quadratischer, für das öffentliche Gericht bestimmter Platz durch Schranken abgetrennt. Von da gelangt man durch eine auf beiden Seiten mit glänzendstem Messing verkleidete Türe, in das Gemach für die Schreiber (*die Schreiberstube*), deren Gewölbe von einem einzigen in der Mitte angeordneten Pfeiler getragen wird, der gleichfalls ganz mit Messing beschlagen, innen aber aus Holz ist. Der Raum, wo der Rat sich versammelt (*die Rathstube*), ist ein weites quadratisches, mit rotem Tuch verziertes Gemach, in dem vier Sitzplätze für ebenso viele Bürgermeister, einer für den Protonotar, drei für ebenso viele Syndici[73] und drei für die gleiche Zahl Sekretäre vorhanden sind, während die sechzehn Senatoren an den drei Seiten auf roten Kissen der Reihe nach sitzen; und alle diese Sitzplätze sind von dem übrigen Teil des Gemaches durch eine hölzerne Schranke gesondert, vor der Schemel angeordnet sind, auf die sich die Prokuratoren stellen. Und dort wird an jedem Montag, Mittwoch und Freitag Gericht gehalten. Sodann wird ein Speisezimmer gezeigt, wo die Ratsherren ein Gastmahl veranstalten, wenn in der Zeit des St. Michaelis-Festes die Bürgerschaft zusammentritt; es ist mit bunten Kacheln und Gemälden geschmückt. Ferner werden noch andere Räume vorgeführt: so die Zollstube, wo ein dreifacher Zoll bezahlt wird, nämlich der Herrenzoll, der Bürgerzoll und der Admiralitätszoll. Von hier gelangt man [65v] in die Akzisenstube (*die Accisen Stube*), wo die Abgaben für Wein, Bier und Korn entrichtet werden, und zwar für ein Oxhoft (*Ochßhoeft*)[74] Wein, das 64 Stübichen[75] enthält, 4 Reichstaler, für ein Fass Bier 16 Groschen, für ein Scheffel Korn 4 Groschen. Von da gingen wir in den Raum für Entleihgeschäfte (*die Bank*), wo nur gewaltige eiserne Kasten und mit Rechnungsbücher anzutreffen sind. Dann stiegen wir eine Treppe hinauf und betraten die Audienzstube, die sehr schön ausgestattet war mit vergoldeten Ledertapeten an den Wänden, mit Stühlen ganz mit grüner Seide bezogen, und einem Tisch aus sakerdanischem Holz (wie man es nennt),[76] der mit einem grünseidenen Teppich bedeckt war. Nachdem wir dieses Gemach verlassen hatten, haben wir das Zimmer der Volksvertreter (*der Ober Alten*) gesehen; ihrer sind zwölf und sie kommen an jedem Gerichtstag zusammen. Ebenfalls sahen wir den Raum, den man das Untergerichte nennt, wo zwei Senatoren, zwei

Item qvod Iudicium inferius *(das Untergerichte)* appellant, in qvo duo
Senatores, 2. Licentiati, 7. Cives primarii, causas minores dijudicant, qvi
2. Secretariis utuntur. Tandem Locum Consilij Marini *(die Admiralität
Stube)* ingrediebamur, qvod consilium constat uno Consule, 2. Senatoribus, 7. Civibus primarijs duobusqve Senioribus Nautarum: Ibiqve consu-
litur de omni re nautica: ibi qvoqve ~~xxxxxx~~ Nautæ securi fieri possunt de
liberatione, si fortè à piratis capiantur; qvicunqve enim de singulis salarii
sui Marcis singulos solidos hic deposuerit. (accipere autem solent 60 ferè
Marcas), illi litron certó expenditur, si captus fuerit, usqve ad summam
200 Imperialium.

Portus Hamburgum duos habet, *Winsensem* minorem[33], *den Winser
Boom,* & maiorem, qvem absolutè *den Boom* dicunt. Portus recipere potest naves 200, imo 300 onerum *(Lasten).*[34] Uterqve munitus est egregiè
claustrisqve ligneis maximis ~~xxxxxx~~ tribus utrinqve occludi solet. Adjec-
tus qvoqve nuper est portus. peculiaris minor pro condendis Lignis fluen-
tibus *(die Flößen),* qvi alias ingruentibus tempestatibus facile dissolver-
entur.

Fortalitia tria intra portam aggeris, *das Diikthor,* & Alsteram habent
casas armatas, & qvartum ibidem unicam saltem ea parte, qva se a fluvio
avertit; reliqva omnia iis carent;[35] Munimenta urbis vallo constant et
fortalitiis plusqvam viginti, inter qvæ[36] non rarò interjacent parmulæ
(Ravelinen) qvarum 13 [66r] numeravi: Ubi Albis alluit Altenaviam versus, opus cornutum duplicatum situm est & è regione montium in solo
Danico prope idem oppidum sitorum qvatuor[37] fortalitiis bini aggeres val-
larii, *Katzen,* appositi sunt. Ultimum, ubi Albis præterfluit, unicum saltem
habet.[38] Fossa defenditur vallo inferiori (fausse bray): etiam illis locis, ubi
fortalitia habent casas armatas.[39] & circa marginem *(die Berme)* dumus
implicatus consitus est *(Hagedorn),* æqvaliter desectus ornatus gratia.

---

33   minorem] über der Zeile eingefügt.
34   Portus ... *Lasten.*)] Dieser Satz steht am linken Rand. Ein Einweisungszeichen fehlt.
35   Fortalitia ... carent;] Dieser Satz steht am linken Rand. Ein Einweisungszeichen
      fehlt. Es finden sich in dieser Passage außerordentlich viele Nachträge und Korrek-
      turen.
36   qvæ] über der Zeile über durchgestrichenem Wort eingefügt.
37   qvatuor] über der Zeile über zwei durchgestrichenen Wörtern eingefügt.
38   Ultimum .... habet.] am rechten Rand mit Einweisungszeichen eingefügt.
39   etiam ....armatas.] am rechten Rand mit Einweisungszeichen eingefügt.

Lizentiaten und sieben angesehene Bürger über die niederen Gerichtssachen entscheiden; sie bedienen sich dabei zweier Sekretäre. Endlich kamen wir in die die Admiralität Stube – das Kollegium besteht aus einem Bürgermeister, zwei Senatoren, sieben angesehenen Bürgern und zwei Ältermänner der Seefahrer – und hier wird über alle Schifffahrtssachen beraten; hier können sich die Schiffer auch versichern, dass sie befreit werden, wenn sie etwa von den Seeräubern gefangen genommen werden sollten: wer nämlich von jeder Mark seiner Heuer je einen Schilling hier erlegt (zu bekommen aber pflegen sie etwa 60 Mark), für den wird mit Sicherheit ein Lösegeld aufgebracht, wenn er in Gefangenschaft geraten ist, bis zu einem Betrage von 200 Reichstalern.

Häfen besitzt Hamburg zwei: einen kleineren Winsener, *Winser Boom*[77] genannt, und einen größeren, den man schlechthin *den Boom* nennt. Der Hafen kann Schiffe von 200, ja 300 Lasten[78] aufnehmen. Beide Häfen sind vorzüglich gesichert und pflegen mit drei ganz großen hölzernen Schranken auf beiden Seiten abgesperrt zu werden. Hinzugefügt ist vor kurzem noch ein kleinerer Sonderhafen, um die Flöße zu bergen, die sonst bei hereinbrechendem Unwetter leicht auseinandertreiben würden.

Drei Bastionen zwischen dem Deichtor, (*das Diikthor)*, und der Alster haben fortifizierte Kasematten und die vierte auf derselben Strecke wenigstens eine auf der flussabgewandten Seite; alle übrigen Bastionen entbehren ihrer.

Die Befestigungswerke der Stadt bestehen aus einem Wall und mehr als zwanzig Bastionen, zwischen denen nicht selten Ravelinen[79] angelegt sind, deren ich dreizehn [66r] gezählt habe. Wo nach Altona hin die Elbe das Ufer bespült, liegt ein doppeltes Hornwerk[80] und gegenüber den nahe jener Stadt auf dänischem Gebiet gelegenen Hügeln sind den vier Bastionen je zwei bewallte Schanzen, sogenannte Katzen, beigegeben. Die letzte Bastion, an der die Elbe vorbeifließt, hat freilich nur eine. Der Graben wird durch einen unteren Wall, die Faussebray,[81] auch an den Stellen verteidigt, wo die Bastionen Kasematten haben, und an der Berme[82] ist Hagedorn gepflanzt, der der Zierde halber gleichmäßig beschnitten ist.

Zeughäuser besitzt die Stadt zwei, das alte und das neue. Im alten sahen wir: 1. einen kleinen Kahn, in dem einige Leute nach sieben Tagen aus England in Hamburg angekommen sind;[83] 2. sehr große, mittlere und kleinere Geschütze in geringer Zahl und wenige Mörser, sowie Hebewinden und zwar in erheblicher Größe, bei denen die Querbalken teils

Armamentaria duo habet, Vetus et Novum. In Veteri vidimus (1.) Cymbam exiguam, ×× qva qvidam post 7. dies ex Anglia Hamburgum accesserunt; (2.) Tormenta maxima mediocria & minora pauca, paucaqve mortaria ignivoma: nec non trochleas elevatorias partim externas partim internas obices habentes; easqve maximas.[40] Item (3)[41] tormentum coriaceum intus lamina saltem cuprea ××× subtectum levissimum, qvalibus Gustavus Adolphus Rex Sveciae primum usus est, cum Germaniam invaderet; (4) Duo iacula duasqve sagittas Indicas venenatas; (5.) globos varii generis ferreos, pavimento plumbeo impositos: item sarculos coriaceos globis repletos *(Cartätschen.)*, porro sagittas bombardarias *(Boltzen)* in navibus usitatas, qvarum beneficio mali navium hostilium commodè dejici possunt: & globos dimidios concatenatos *(Löffel Kugeln)* pro tormentis[42] globosqve plumbeos simplices & duplices filo æneo coniunctor qvam plurimos, pro bombardis; (6) Serta picea pulvere globisqve repleta diversi generis. (7.) Portifractores *(Petarden)* maiores & minores æneos. (8.) Enses qvatuor, qvibus usi sunt carnifices, cum decollaretur Stürzbecherus cum socijs plus qvam 200, romphæaeqve aliæ. (9.) scuta rotunda extorqvendis gladijs apta aliaqve cum[43] lucernis tegentibus[44] brachiisqve ferreis, ensibus flammatis præmunitis. (10.) bombardas pro multis militum millibus, inter qvas multæ novæ, in qvibus una lingula mota simul cristam applicat & foculum claudit: item aliæ, qvæ a parte posteriori onerari possunt, item bombardæ multivomæ *(Musqveten)*, qvæ manipulis globorum onerantur.[45] (11.) hastas longas qvam plurimas; 12. cataphractas, acinaces, tentaria, aliaqve armorum genera muniendis peditibus & eqvitibus accommoda: Inter alia cataphractam globis crucigeris undiqvaqve ornatam, qvam Ulma Gustavo Adolpho Regi Suecorum obtulit, non nisi ab Imperatore aut Rege gestandam. (13.) Obsidionem Sylvæ Ducis in ligno eleganter exsculptam.

[66v] Armamentarium novum tormentis perqvam egregiis plenum est, nec procul a vallo distat in Nova urbis parte, ut commodius evehantur tormenta.

---

40 nec non trochleas ....maximas] am rechtern Rand mit Einweisungszeichen eingefügt.

41 (3) über der Zeile eingefügt.

42 pro tormentis] am rechten Rand mit Einweisungszeichen eingefügt.

43 cum] über der Zeile eingefügt.

44 tegentibus] über der Zeile eingefügt.

45 item ... onerantur] Am rechten Rand, mit Einweisungszeichen eingefügt.

außen, teils innen angebracht sind; ferner 3. eine sehr leichte Lederkanone, die nur innen mit Kupferblech beschlagen ist, wie solche der König von Schweden Gustav Adolph zuerst verwendet hat, als er in Deutschland eindrang; 4. zwei indianische Wurfspieße und zwei vergiftete Pfeile; 5. verschiedene Sorten eiserne Kugeln, die auf einem bleiernem Fußboden liegen, dann mit Kugeln gefüllte Ledersäckchen (*Cartätschen*), weiter die auf Schiffen gebräuchlichen Bolzen (*Boltzen*), mit deren Hilfe die Mastbäume der feindlichen Schiffe leicht niedergeworfen werden können, und zusammengekettete Halbkugeln (*Löffel Kugeln*) für Geschütze, sowie sehr viele einfache und doppelte mit Eisendraht verbundene Bleikugeln . für Handfeuerwaffen; 6. mit Pulver und Kugeln gefüllte Pechkränze verschiedener Sorten; 7. größere und kleinere eiserne Petarden (*Petarden*); 8. vier Schwerter, deren sich die Scharfrichter bedient haben, als Störtebeker mit mehr als 200 Genossen hingerichtet wurde,[84] und andere zweischneidige Schwerter; 9. runde Schilde, die sich dazu eignen, den Gegnern die Schwerter zu entwinden, und andere Schilde mit verborgenen Leuchten und eiserne Arme mit geflammten Schwertern gesichert;[85] 10. Handfeuerwaffen für viele Tausende von Soldaten, unter denen sich viele neue Modelle befinden, bei denen die Bewegung einer einzigen Zunge zugleich den Kamm heranbringt und die Pfanne schließt, ferner andere, die von hinten geladen werden können, und endlich Musketen, die mit Bündeln von Kugeln geladen werden; 11. sehr viele lange Lanzen; 12. Panzer, Krummsäbel, Zelte und sonstige der Ausrüstung von Fußvolk und Reitern dienende Arten von Waffen; unter anderem einen überall mit Kreuze tragenden Kugeln gezierten Panzer, den die Stadt Ulm Gustav Adolph, dem König der Schweden, geschenkt hat und der nur von einem Kaiser oder König getragen werden sollte;[86] 13. eine kunstvoll aus Holz geschnitzte Darstellung der Belagerung von Herzogenbusch.[87]

[66v] Das Neue Zeughaus ist voll von ganz erlesenen Geschützen, und es liegt nicht weit vom Wall entfernt im neuen Teil der Stadt, damit die Geschütze leichter herauszuschaffen sind.

Tore gibt es 1. das Grasbrooktor, so benannt nach dem benachbarten Weideland; 2. das Brooktor; beide sind nur im Winter geöffnet hauptsächlich derjenigen Leute wegen, die übers Eis zu fahren pflegen; 3. das Schaartor, durch das mit Wagen nicht gefahren wird; 4. das Ellerntor; 5. das Altonaer Tor, das jetzt erst auf das geschmackvollste aus behauenen Steinen gebaut wird, die mit architektonischer Kunst schön angeordnet

Portae sunt: 1. *das Grassbruukthor* a prato vicino cognomine sic appellata: 2. *das Bruukthor,* qvæ duæ hyeme tantum patent eorum praecipue causa, qvi in⁴⁶ glacie vehi solent. *3. das Scharthor,* per qvam curribus non vectatur; 4. *das ellernthore;* 5. *das Altenauer Thor,* qvæ nunc demum elegantissime fabricatur è lapidibus cæsis artificio architectonico pulchrè ordinatis; 6. *das Dammthor ;* (7.) *das Steinthor;* 8. *das Dykthor* ab aggere illo longissimo cognominata.

Carceres praeter communem in foro montano sunt *der Winserthurm,* qva includi solent mercatores fraudatores,⁴⁷ qvi foro cessere:⁴⁸ item *auf dem Boom,* qvi locus paulo honestior est: Et qvod notabile est præ cæteris, Ergastulum *(das Zuchthauß-und Werckhauß).* Qvod A.1616 fundatum Patronos &⁴⁹ Antistites habet Consulem iuniorem, duosqve senatores, Provisores verò qvosdam è ditioribus civibus. Ædes ipsæ egregio ordine decoræ in medio aream habent qvadratam, in cuius medio puteus.

Conclavia circumcirca sunt varia, cænaculum nempe, è cuius medio laqveari dependet cavea lignea, cui includi solent prandij cænæve temporibus ii, qvi pensum suum non absolvunt; postmodum Oeconomi mansio inibiqve culina, ubi in unico aheno maximo coqvuntur omnia nutritiorum & captivorum edulia, alternis nempe diebus crambe, frumentum Saracenicum, & pisa; ibi qvoqve incisorio magno panes atri satis præscinduntur, cum edentibus nulla sit cultrorum copia. In superiori contignatione est conclave Provisorum, è qvo in præterfluentem Alsteram iucundus est prospectus: ibi tabulis inscriptæ sunt leges tam alumnis qvam ministris observandæ nec non nomina & insignia Omnium sive Antistitum sive Provisorum: Ibiqve servantur vincula illa lanea, & stimuli, qvorum ope evaserunt aliqvando tres captivi.

[67r] Seqvuntur carceres nocturni, asseribus crassissimis, claustrisqve & pessulis maximis præmuniti, nominibus Hispaniæ, Galliæ, Belgii, Indiæ Orientalis &c. distincti; interius tamen lectulo ⁵⁰ mundo & mensula instructi: atqve ibi asservantur qvoqve illi, qvi non laboribus, sed carcere saltem coërcentur. Inde est textrina, ubi fæminæ fila trahunt, viri carminant et texunt: postmodum Schola, ubi pueri atqve puellæ legere, scribere . arithmeticamqve discunt. Tandem ad officinam sectoriam descendi-

---

46   in] über der Zeile eingefügt.
47   fraudatores mercatores] Hs. durch Ziffern umgestellt.
48   qvi foro cessere:] am linken Rand, mit Einweisungszeichen eingefügt
49   Patronos &] über der Zeile eingefügt.
50   lectaclo] Hs. Fuchs ändert zu lectulo.

sind; 6. das Dammtor; 7. das Steintor; 8. das Deichtor (*das Dykthor*), das nach dem bekannten außerordentlich langen Deiche benannt ist.

An Gefängnissen sind außer dem gemeinen auf dem Berge vorhanden der Winserthurm, in den betrügerische Kaufleute eingesperrt zu werden pflegen, die von der Börse ausgeschlossen sind; ferner das Haus auf dem Boom, ein etwas ehrenhafterer Ort, und – vor allem bemerkenswert – das Zucht- und Werkhaus. Begründet im Jahre 1616 hat es zu Patronen und Vorstehern den jüngsten Bürgermeister und zwei Senatoren, als Provisoren aber einige von den wohlhabenderen Bürgern. Das in hervorragendem Maße stattliche Gebäude selbst hat in der Mitte einen quadratischen Platz, in dessen Mitte sich ein Brunnen befindet.

Ringsherum liegen Räume verschiedener Art, nämlich der Speisesaal, von dessen Decke in der Mitte ein hölzerner Käfig herabhängt, in den während des Frühstücks oder der Mittagsmahlzeit diejenigen eingesperrt zu werden pflegen, die ihre Arbeitsaufgabe nicht gemacht haben; dann die Wohnung des Ökonomen und darin die Küche, wo in einem einzigen sehr großen eisernen Kessel alle Speisen für die Pfleglinge und die Gefangenen gekocht werden, nämlich abwechselnd Kohl, Buchweizen und Erbsen; dort werden auch mit einer großen Brotmaschine die Schwarzbrote in Scheiben geschnitten, weil für die Essenden nicht genügend Messer da sind. Im oberen Stockwerk befindet sich das Sitzungszimmer der Provisoren, von dem man eine schöne Aussicht auf die vorbeifließende Alster hat. Da sind auf Tafeln eingetragen die Satzungen, die einerseits die Insassen, andererseits die Beamten zu befolgen haben, sowie die Namen und Wappen sowohl sämtlicher Vorsteher wie sämtlicher Provisoren, und dort werden die wollenen Stricke und Fußangeln aufbewahrt, mit deren Hilfe einmal drei Gefangene entwichen sind.

[67r] Es folgen die Gefängniszellen für die Nacht, die mit den dicksten Stangen und mit Schlössern und sehr großen Riegeln verwahrt sind; sie werden nach Ländernamen wie Spanien, Frankreich, Belgien, Ostindien usw. unterschieden, innen aber sind sie mit einem sauberen Bett und einem kleinen Tisch ausgestattet. Und hier werden auch diejenigen in Gewahrsam genommen, die nicht mit Arbeit, sondern nur mit Gefängnis bestraft werden. Von da kommt man in die Weberei, wo die Frauen spinnen, die Männer krempeln[88] und weben; dann folgt die Schule, wo Knaben und Mädchen lesen, schreiben und rechnen lernen. Endlich steigt man in die Schneidewerkstatt hinab, wo brasilianisches Holz mit Sägen zersägt wird, indem je einer je eine Säge handhabt, andere aber mit einer

tur, ubi lignum Brasilianum limis serratis raditur: Singulis singulas serras adhibentibus, qvibusdam tamen securicula[51] frusta minora dissecantibus. Cæterum duplicis sunt generis, qvi in hanc domum recipiuntur, laboratores nempe, & captivi simul. Si enim inveniantur pauperes, qvi media non norunt, unde victum qværant, &[52] a mendicitate tamen abhorrent, illi hîc nomina .sua profiteri solent, & suscipi ad texendos pannos xylinos[53], qvos *Bomesey* vocant: si inveniantur qvoqve mendici neqvam, hos vi abripiunt præfecti mendicantibus, hic coercendos; suscipiuntur & liberi immorigeri ac petulantiores, si parentes, tutoresve aut cognati id expetant, atqve hos omnes laborare oportet in operatorio *(im Werckhause)*, cuius Sigilli Symbolum[54] est: Labore nutrior. Alii ferociores in Castigatorio *(im Zuchthause)* coercentur partim carcere, partim secandis lignis, atqve his si extra carceres producantur, catenâ ferreâ alligatur truncus ligneus, ne sit potestas elabendi. Symbolum Sigilli huius domus est: Labore plector. Atqve hi, captivi non minus qvam alumni, in pietate probe exercentur templumqve, qvod ipsorum causa inibi constitutum est, sedulo freqventare coguntur, habenturqve ipsis conciones binæ per mensem, ferijs qvintis. Constituti qvoqve sunt Medicus & Chirurgus eorum gratia, qvi forte in morbos incidunt. Et sic qvotannis plus qvam 250 homines sustentantur. Reditus tamen tam exigui sunt, ut nisi beneficentia ditiorum qvorumdam augerentur, [67v] Provisoresqve pecunias crogandas præministrarent, res omnnis concideret.

Hortos habet ante portas pulcherrimos villasqve in vicis propinqvioribus amænissimas, præsertim in insula Billae *(im Billwerder)*, qvas petunt oblectationis gratia sæpissime partim cymbis, partim pilentis, diebus festis præprimis. Habenturqve hinc inde pilenta conductitia qvam plurima, qvibus pro unico imperiali tota die uti licet.

Respublica ex Democratica & Aristocratica mixta est: magistratum

---

51   securibus, dann cula über Zeile eingefügt.
52   &] über der Zeile eingefügt.
53   xylinos] über der Zeile eingefügt.
54   Symbolum Sigilli] Hs. durch Ziffern umgestellt.

kleinen Axt die kleineren Klötze zerspalten.

Übrigens sind es zwei Arten von Leuten, die in dieses Haus aufgenommen werden, nämlich bloße Arbeiter und solche, die zugleich Gefangene sind. Falls sich nämlich Arme finden, die nicht wissen, womit sie ihren Lebensunterhalt erwerben sollen, und die sich doch vor dem Betteln scheuen, so pflegen sie hier ihre Namen anzugeben und aufgenommen zu werden, um baumwollene Tücher zu weben, welche Bombasin[89] genannt werden; auch liederliche Bettler, wenn sie ertappt werden, entreißen die Bettelvögte sie mit Gewalt dem Betteldasein und zwingen sie hierher; aufgenommen werden ebenso auf Verlangen der Eltern oder Vormünder oder Verwandten ungehorsame und allzu leichtfertige Jugendliche, und alle diese müssen im Werkhause arbeiten, dessen Motto lautet: Labore nutrior (durch Arbeit nähre ich mich). Andere, die sich noch unbändiger aufgeführt haben, werden im Zuchthause bestraft teils mit Gefängnishaft, teils, mit der Arbeit des Holzschneidens. Wenn sie aus den Gefängniszellen herausgeführt werden, wird ihnen an eiserner Kette ein hölzerner Klotz angebunden, damit sie nicht entweichen können. Das Motto dieses Hauses lautet: Labore plector (durch Arbeit büße ich). Und diese Leute, die Gefangenen nicht minder als die Pfleglinge, werden tüchtig in der Frömmigkeit unterwiesen und gezwungen, die Kirche, die ihretwegen dort eingerichtet ist, fleißig zu besuchen, und je zwei Predigten im Monat werden für sie an Donnerstagen gehalten. Angestellt sind auch ein Arzt und ein Barbier im Interesse jener, die etwa krank werden. Und so werden jährlich mehr als 250 Menschen unterstützt. Die Einkünfte sind jedoch so gering, dass, wenn sie nicht durch die Wohltätigkeit einiger reicher Bürger vermehrt würden [67v] und die Provisoren die benötigten Gelder vorstreckten, das ganze Unternehmen zusammenbrechen würde.

Gärten hat die Stadt vor den Toren sehr schöne und die hübschesten Landhäuser in den näher gelegenen Dörfern, besonders im Billwerder, die man zur Ergötzung teils mit Booten, teils zu Wagen sehr oft aufsucht, vor·allem an Festtagen. Und nach beiden Richtungen stehen Mietskutschen in großer Zahl zur Verfügung, deren man sich für einen einzigen Reichstaler einen ganzen Tag über bedienen kann.

Die Stadtverfassung ist aus demokratischen und aristokratischen Elementen gemischt: den Magistrat bilden nämlich vier Bürgermeister und 24 Senatoren, die jährlich, wenn die Bürgerschaft sich versammelt, einigen Erwählten des Volkes Rechenschaft über die öffentlichen Ausga-

enim constituunt 4. Consules & 24. Senatores, qvi tamen qvotannis comitiis habitis rationes expensarum publicarum reddunt Delectis qvibusdam[55] e plebe. Senatore tamen mortuo surrogatur alius â senatu, qvi sibi
vindicat jus electionis; atqve tum potissima semper habetur ratio Licen-
tiatorum Juris, Doctores enim nunqvam in Senatorium recipiuntur numerum, unde pleriqve, qvi studio Juris ex Hamburgensibus operam dant,
Licentiæ saltem gradum appetunt. Doctoratus nunqvam, qvippe qvo soli
Consules eminent. Solent autem plerumqve vota argento comparari,
adeoqve crimen Ambitus ibi est freqventissimum. Collegio senatus subordinatum aut coordinatum potius est Collegium Tribunorum plebis, *die
Oberalten,* Qvi seliguntur terni ex qvatuor tributus Urbis *(aus den Karspeln* zu *S. Petri, S. Niklas, S. Catharinen u. S. Jacob)* suntqve duodecim
convenientes in peculiari conclavi curamqve gerentes cum senatu eorum,
qvæ cives attinent. Cæterum Senatores omnes peculiari utuntur habitu
vestium, togis nempe amplis ad genua usqve dependentibus nigris, opere
phrygio ex nigro serico ornatis, pileisqve, qvales gestarunt antiqvi Brun-
suicenses collaribusqve plicatis more veterum: Ut autem de libertate &
autoritate eius aliqvid clarius observetur, non abs ea erit in historiam
penitius introspicere.

[68r] Pagus ergò fuisse dicitur ante Caroli Magni tempora, sub Albione NordtAlbingiæ Duce, qvi cum Rege Albione Mindæ baptizatus
est. Post Albionem Utho à Carolo sit huic regioni administrandæ præpo-
situs est A. 787 qvi pagi huius muniendi initium fecisse dicitur, ut Dux
securum ibi Domicilium habere posset. A. 833. Ansgarius vel Ansearius
à Ludovico Pio missus est, ut Septentrionalibus Populis Archiepiscopa-
tum erigeret qvod Jam Carolus M. facere statuerat. Postea Otho Magnus
Saxonia in Superiorem & inferiorem divisa illam sibi reservans hanc
Amico suo Hermanno Billingio dedit adeoqve Urbem Hamburgum qvoqve eiusdem fidei tradidit. Billingiorum familia desinetur Lotharius Sup-
plinburgi Comes a Caes. Henrici V. Dux Saxoniæ creabatur. qvi cum
postea ad imperii gubernanda admoveretur, Schauenburgensi Comiti
Adolph I. Storonamiam Regionem in feudum concedebat, atqve iste
Adolphus Hamburgi munitionem redintegravit. Sæculo XII. Hambur-

---

55   dam] über der Zeile eingefügt.

ben ablegen. Ist aber ein Ratsherr gestorben, so wird ein anderer vom Rat
erwählt, der das Recht dazu für sich in Anspruch nimmt, und dann werden stets Lizentiaten des Rechts vorzugsweise berücksichtigt, denn Dok-
toren werden niemals unter die Zahl der Ratsherren aufgenommen, weshalb auch die meisten, die sich von den Hamburgern des Rechtsstudiums
befleißigen, nur den Grad eines Lizentiaten anstreben, den eines Doktors
niemals, da sich durch ihn allein die Bürgermeister auszeichnen. Es pflegen aber die Stimmen bei der Wahl meist durch Geld erkauft zu werden
und daher ist das Verbrechen der Amtserschleichung dort sehr häufig.
Dem Ratskollegium untergeordnet oder vielmehr nebengeordnet ist das
Kollegium der Vertreter des Volkes, der Oberalten, von denen je drei aus
den vier Kirchspielen (*Karspeln*) der Stadt zu St. Petri, St. Nikolai, St.
Katharinen und St. Jakobi gewählt werden und die ihrer zwölf in einem
besonderen Zimmer zusammenkommen und mit dem Rate um die Angelegenheiten kümmern, die das Interesse der Bürgerschaft betreffen. Übrigens bedienen sich alle Ratsherren einer besonderen Kleidertracht, nämlich weiter, bis zu den Knien herabreichender schwarzer Röcke, die mit
Stickereien aus schwarzer Seide geschmückt sind, und Hüte, wie sie die
alten Braunschweiger getragen haben, und gefalteter Halskrausen nach
der Sitte der Vorfahren. Um aber Hamburgs Freiheit und Autorität noch
genauer zu beobachten, wird es tunlich sein, einen tiefer prüfenden Blick
in die Geschichte zu werfen.

[68r] [90]Es war ein Dorf vor Karls des Großen Zeit unter Albion,
Herzog von Nord-Albingia,[91] der gleichzeitig mit König Albion92 von
Minden getauft wurde.[93] Nach Albion wurde Utho 787 von Karl mit der
Verwaltung dieses Gebietes beauftragt. Dieser soll damit begonnen haben, den Ort zu befestigen, damit der Herzog einen sicheren Aufenthaltsort hatte. Im Jahr 833 wurde Ansgarius oder Ansearius[94] von Ludwig
dem Frommen gesandt, um ein Bistum für die nördlichen Völker zu errichten, was bereits Karl der Große beschlossen hatte.

Nachdem Sachsen in Ober- und Niedersachsen geteilt war, nahm
Otto der Große[95] letzteres und gab es seinem Freund Hermann Billung,
dem er sogar die Stadt Hamburg unterstellte. Als das Geschlecht der Bil-
lunger kurz vor dem Aussterben stand,[96] wurde Lothar von Supplinburg
von Kaiser Heinrich V., zum Herzog von Sachsen ernannt. Als dieser
später zur Regierung des Reiches kam, übertrug er das Gebiet von Stor-
marn dem Grafen Adolf I. von Schauenburg[97] als Lehen. Und dieser
Adolf war es, der die Befestigung Hamburgs vollendete.[98]

gense â Comite Schauenburgensi domino sui deserti, Woldemari Holsatiæ Ducis (qvi erat frater Canuti Daniæ Regis) patrocinio se committebant: anno autem ejusdem seculi IX. ab Ottone IV. in Imperij potestatem iterum redigebantur, Unde anno seqventi Urbs â Woldemaro jam Daniæ Rege obsidebatur, & occupata Adelberto Comiti Orlamundensi donabatur. A. 26. tamen victis danis cum toto suo territorio redibat in potestatem Adolphi IV. Comitis Schauenburgensis, ab eoqve admodum dilatabatur, donec Bezelinus Episcopos Hamburgensis primo muro eam circundaret, tribus portis & 12 turribus exornato. A. 1281 dimidia fere Urbis per incendio periit; A. 1310 Henricus Schauenburgi & Holsatiæ Comes mercibus ibidem vectigal imposuit, cuius rei testis adhuc ibi est domus Comitis Schau[68v]enburgici, in qva adhuc aliqvod vectigalis solutus, præ singulis nempe navibus abeuntibus qvadrans Imperialis. Successu temporis Hamburgenses qvocunqve modo potentiam imperiumqve Comitum declinare conabantur, ac in aula Caroli IV. a. 1365. tandem clandestina insinuatione privilegium conseqvebantur, qvamvis: unos tantum ad certos mercatûs annuos restrictum sit, nec illos a potesttate comitum exemerit. Porro notandum est fœdus Hamburgensium an. 1316. cum Wortsatis factum, à qvo tempore sibi in omnem tractum, Hamburgo per 18. milliaria usqve ad ultimum Albis ostium, tendentem, dominium arrogarunt; qvibus se opposuerunt Dux ac Urbs Luneburgensis ac urbes Stada ac Boxtehuda, vectigalis inprimis nomine, qvod vulgò *Tonnengeld & Batzengeld* appelatur, & qvod Stadensibus vectigal suum minuere cœperint. A. 1459. Holsatiæ Comes Adolphus sine liberis vita excessit, Ducatusqve Holsatiæ ad Schauenburgenses Comites cognatos eius hæreditatis & successionis jure pervenire debuit. Sed Daniæ Rex ijs superior hærediatem adijt, & Hamburgum & Schauenburgensibus Comitibus ad Oldenburgensem familiam translatum, fidelitatis juramentum a. 1460 Regi præstitit. Retinuit tamen privilegia sua tunc temporis, ut & postea cum in simultate cum Duce Luneburgensi versaretus, ad Cæsarem Fridericum IV. provorand. Hinc Dominium ultra Albim promovere non desijt, occasione præsertim tum accepta cum a. 1514. a Daniæ Rege ipsi mandatum esset, ut Albin a piratis tutam præstarent.

Im 12. Jahrhundert[99] stellten sich die Hamburger, von ihrem Herrn, dem Grafen von Schauenburg, verlassen, unter den Schutz von Woldemar, Herzog von Holstein (der der Bruder des dänischen Königs Canut war),[100] im neunten Jahr desselben Jahrhunderts wurden sie von Otto IV. wieder unter die kaiserliche Macht gestellt, und im folgenden Jahr wurde die Stadt von Waldemar, dem König von Dänemark, belagert und nach der Einnahme dem Grafen Adalbert von Orlamünde übergeben. Im Jahr 1226, nachdem die Dänen besiegt waren, kam die Stadt mit ihrem gesamten Territorium wieder in den Besitz von Adolf IV., Graf von Schauenburg, und wurde von ihm in großem Umfang ausgebaut. Schließlich umgab sie der Hamburger Bischof Bezelinus[101] erstmals mit einer Mauer, stattete sie mit drei Toren und zwölf Türmen aus. Im Jahr 1281 wurde fast die Hälfte der Stadt zerstört.[102] Im Jahre 1310 verhängte Heinrich von Schauenburg, [68v] Graf von Holstein, eine Steuer auf Waren, wovon dort noch immer der Palast des Grafen von Schauenburg zeugt. In ihm wird noch immer ein Reichsquadrant als Maut für alle abfahrenden Schiffe bezahlt.[103] Im Laufe der Zeit versuchten die Hamburger in jeder Weise, die Macht der Grafen zu schmälern, und am Hof Karls IV. erlangten sie 1365 mit einem geheimen Gesuch ein Privileg, das sich allerdings nur auf bestimmte Güter beschränkte und die anderen Güter nicht von der gräflichen Gewalt ausnahm. Ferner ist bemerkenswert, dass die Stadt Hamburg im Jahre 1316 einen Pakt mit dem Land Wursten schloss. Seit der Zeit beansprucht sie die Herrschaft über das gesamte Gebiet von Hamburg bis zu einer Entfernung von achtzehn Meilen bis zum letzten Hafen an der Elbe; diesem Pakt widersetzten sich der Herzog und die Stadt Lüneburg sowie die Städte Stade und Buxtehude, besonders wegen der Steuer, die gewöhnlich Tonnengeld und Bazzengeld genannt wird. Die Einwohner von Stade fingen an, die Abgaben zu verkleinern.

Im Jahre 1459 starb Adolf, Graf von Holstein, kinderlos, so dass das Herzogtum Holstein durch Erbrecht und Erbfolge an die Grafen von Schauenburg, die mit ihm verwandt waren, gehen sollte. Aber der König von Dänemark, der ihnen überlegen war, nahm das Erbe in Besitz. Die Stadt Hamburg, die den Grafen von Schauenburg vom Zweig Oldenburg übergeben worden war, leistete 1460 den Treueeid auf den König. Er behielt jedoch seither Privilegien für sich zurück, so dass er später, als er mit dem Herzog von Lüneburg in Streit geriet, an Kaiser Friedrich IV. appellierte. Hierauf zögerte er nicht, sein Herrschaftsgebiet bis jenseits der Elbe auszudehnen. Der dänische König nutzte diese Gelegenheit und

[69r] Ea de causa grandem turrim excitarunt, cum arce Ritzebütttel a. 1627. ab Administratore Magdeburgensi occupatam. Magnorum dissidiorum origo id fuit, Christiano III. Friderico II. & Christiano IV. Daniæ Regibus hanc immunitatem ac jus Hamburgensibus nullo pacto indulgere volentibus.

A. 1618 usum Holsatiæ Duces in Camera Spirensi obtinuerunt ut non modo ad Circulorum Imperialium conventies solitor vocarentur, sed & locum suum certum & suffragia ferenti jus haberent, qvanqve Daniæ Rex Christianus IV. & Holsatiæ Duces vehementer ipsi obstiterunt. Durante a litis revisione & accuratiore examine tandem Holsatiæ Ducibus & Daniæ Regi A. 1621. polliciti sunt, se ipsis & successionibus eorum praestaturos obedientiam & fidelitatem. Atqve hæc qvidam ex sententiaWerdenhagen P. 3. versus Hanseat. c. 16. sqq. Limnæus tamen de Jure Publ. l. 7. c. 23 & ib. c. 1. n. 31 asserit, qvod hæc Civitatis Holsatiæ Duci fidelitatis juramentum qvidem præstet sed non simpliciter & absolute subjecta, sed fere libera sit. additqve c. 23 n.7 qvod licet dicti Homagii ratione immediata Civitas imperialis haberi neqveat, nihilomnius tamen prætermisso Holsatiæ judicio provinciali ad Cameram Spirensem directè appellare qveat, qvod civitates Soesta Vesalia & Hervorda, Dominorum suonim judicia provincialis prætereundo etiam facere solent. Hodie cum nondum sopita sint lites inter ipsos & Danum, si forte hic contra cor paulo acrius insurgat, numerata qvadam pecuniæ summa eundem placare solent.

Religio est Lutherana, ad sacræ Cænæ celebrationem tamen adhuc candelæ & vestes missales adhibentur. Cæterarum [69v] Religionum studiosi Altenam excurrunt, ubi maiori libertate gaudent. Judæis tamen permittitur liberum Religionis Exercitium, qvi freqventissimi habitant partim in urbe *(auf dem Dreckwall und Mönnikedamm),* partim exterius in Neopoli. Lupanaria si qvæ clam existant, diligentissime exqviruntur, extirpari tamen penitus impossibile est. Leges vestiariæe & sumtuariæ plerumqve observantur. Nec concessum est, ut qvidam de plebe lemniscis aureis vel argenteis vestes suas exornet aut adamantem annulo includat. Fæminæ cum publicè prodeunt, vittis cappisqve nigris plerumqve velantur ac insuper panno nigro (qvem vocant *das Regenkleid)* involvun-

befahl ihm, die Elbe gegen Piraten zu sichern.

[69r] Aus diesem Grund errichteten sie einen großen Turm zusammen mit dem Bollwerk Ritzebüttel, der 1627 vom Magdeburger Administrator bezogen wurde. Dies bereitete den dänischen Königen Christian III., Friedrich II. und Christian IV. große Probleme, da sie diese Immunität und dieses Recht für die Stadt Hamburg nicht dulden wollten. 1618 wurde den holsteinischen Herzögen vom Kammergericht Speyer nicht nur das Recht zugestanden, zu den kaiserlichen Hofsitzungen geladen zu werden, sondern auch einen eigenen Sitz und ein Stimmrecht zu haben, obwohl König Christian IV. von Dänemark und die holsteinischen Herzöge heftig widersprachen. Im Laufe des Jahres, nach einer Überprüfung des Streits und weiterer Überlegungen, verpflichteten sie sich gegenüber den Herzögen von Holstein und dem dänischen König, dass sie und ihre Nachkommen ihnen Gehorsam und Treue leisten würden.

Dieses nach der Meinung von Werdenhagen P. 3. versus Hanseat. c. 16. sqq.[104] In ähnlicher Weise stellte Limnäus auf der Grundlage Publ. l. 7. c. 23 & ib. c. 1. n. 31 fest,[105] dass diese Stadt, selbst wenn sie dem Herzog von Holstein die Treue schwören würde, eine nicht in jeder Hinsicht unterworfene, sondern eine fast freie Stadt bleiben würde. Und er fügt Kapitel 23 Anm. 7 hinzu, dass die Stadt, obwohl sie nicht als Reichsstadt angesehen werden kann, dennoch direkt an die Kammer von Speyer appellieren kann, unter Umgehung des Provinzgerichts von Holstein, und dass die Städte Soest, Wesel und Herford[106] es gewohnt sind, unter Umgehung der Provinzgerichte ihrer Herren dasselbe zu tun. Obwohl heute noch Streitigkeiten zwischen ihnen und den Dänen nicht zur Ruhe gekommen sind, beruhigt man diese gewöhnlich, wenn zufällig Groll mit Gewalt aufkommen sollte, mit einer bestimmten Geldsumme.

Die Religion ist lutherisch, bei der Feier des heiligen Abendmahls kommen jedoch noch jetzt Wachskerzen und Messgewänder zur Anwendung. [69v] Die Anhänger der übrigen Religionen gehen nach Altona hinaus, wo sie sich größerer Freiheit erfreuen. Die freie Religionsübung wird aber den Juden erlaubt, die in großer Zahl teils in der Stadt auf dem Dreckwall und dem Mönkedamm, teils draußen in der Neustadt wohnen.[107] Heimlich existierende Bordelle werden sorgfältig aufgespürt, sie ganz auszurotten ist jedoch unmöglich. Die Kleider- und Luxusordnungen werden meist beobachtet. Es ist nicht gestattet, dass jemand aus dem Volk seine Kleider mit Gold- oder Silberbändern schmückt oder einen Diamanten im Ring trägt. In der Öffentlichkeit verhüllen sich die Frauen

tur, qvi ipsis est loco pallii. Nuptiæ, Exeqviæ atqve ceremoniæ initiatoriæ pompâ plerumqve carent. atqve adeo multa ad ritus Hollandorum conformata sunt, nimirum iuxta regulas mercaturæ, qvæ nummos paratos ornatui & luxui præferre jubet, adeoqve ad avaritiam potios inclinat qvam ad superbiam.

Mercaturam autem, qvæ est anima Hamburgi, navigatio potissimum sustentat in Mare mediterraneum, Oceanum·Occidentalem, mare Germanicum[56] sinumqve Balthicum potissimum excurrens; hæc importat hæcqve exportat indies tantum, ut in omnibus plateis nundinæ videantur qvotidie.

[70r] Die Aprilis 20. navem conscendebamus Hamburgi, ut adveheremur Amstelodamum, illaqve vespera Altenæ pernoctabamus; qvod est oppidulum sub iurisdictione Regis Daniæ, qvi eam tenet titulo Comitis Schauenburgici. Inibi liberum religionis exercitium habent Reformati non minus qvam Lutherani; ibi molam qvoqve vidimus alatam, ad ligna secanda triginta duabus instructam serris. Glucstadium noctu prætervecti non vidimus. 27. Apr. Rutzbutteliam vidimus, ubi Albis ingreditur Oceanum Germanicum. Est autem pagus Hamburgensium, qvi huc usqve imperium in Albim sibi tribuunt, defendentes eandem contra piratas, expositisqve tonnis ingentibus ligneis, discernentes brevia à reliqvo flumine. Hæ tonnæ anchoris per catenas ingentes alligatæ, ab uno latere nigro, ab altero albo colore apparent imbutæ, magnisqve sumtibus circa hyemem singulis annis eximuntur, atqve sub veris initia restituuntur. Cæterum Hamburgenses in pago isto Castellum aliqvod habent, in qvo ultimus semper Senatorum per integrum decennium residet. Hic cum ventus nobis adversaretur penitus in ipsam usqve noctem permanere cogebamur; sub mediam noctem verô Æolus tam nobis evadebat propitius, ut 30. Aprilis Amstelodami appelleremus.

---

56   mare Germanicum] über Zeile eingefügt.

meist mit Kopftüchern und schwarzen Kapuzen und außerdem wickeln sie sich in ein schwarzes Tuch (das sie das Regenkleid nennen) ein, das ihnen als Mantel dient. Hochzeiten, Begräbnisse und Taufen entbehren meist des Prunkes. Und so ist das Leben in vielen Dingen den Bräuchen der Holländer gemäß gestaltet, nämlich nach den Ordnungen des Handels, der bares Geld dem Schmuck und übermäßigem Aufwand vorzuziehen heißt und so eher zur Habsucht neigt als zum Hochmut.[108]

Den Handel aber, der die Seele Hamburgs ist, unterhält hauptsächlich die Schifffahrt, die sich vornehmlich auf das Mittelländische Meer, den Atlantischen Ozean, die Nordsee und die Ostsee erstreckt; sie führt Tag für Tag in einem Maße Waren ein und aus, dass es den Anschein hat, als sei täglich auf allen Straßen Markt.

Von Hamburg nach Ritzebüttel

[70r] Am 20. April bestiegen wir in Hamburg das Schiff, um nach Amsterdam zu fahren, und an jenem Abend übernachteten wir in Altona. Das ist ein Städtchen unter der Hoheit des Königs von Dänemark, der dort als Graf von Schauenburg regiert. Dort haben die Reformierten nicht minder als die Lutheraner freie Religionsübung; da sahen wir auch eine Windmühle zum Holzschneiden, die mit 32 Sägen ausgerüstet war. Glückstadt sahen wir nicht, weil wir nachts vorüberfuhren. Am 27. April sahen wir Ritzebüttel, wo die Elbe in die Nordsee mündet. Es gehört aber der Landstrich den Hamburgern, die sich bis hierher die Herrschaft über die Elbe zuschreiben, da sie gegen Seeräuber verteidigen und durch Auslegung gewaltiger hölzerner Tonnen die Untiefen zur Unterscheidung von dem übrigen Flusslaufe kenntlich machen. Diese Tonnen, die mit gewaltigen Ketten an Ankern befestigt sind, zeigen sich dem Auge an der einen Seite des Fahrwassers mit schwarzer, an der anderen mit weißer Farbe angestrichen und werden mit großen Kosten gegen den Winter hin in jedem Jahre hereingenommen und zu Beginn des Frühlings wieder hingelegt. Im Übrigen besitzen die Hamburger in diesem Landstrich eine Burg, auf der immer der Ratsherr mit dem niedrigsten Grad volle zehn Jahre lang seinen Sitz hat. Hier wurden wir, da der Wind uns gänzlich entgegen war, bis in die Nacht hinein zu bleiben gezwungen; um Mitternacht aber nahm Äolus eine für uns so günstige Wendung, dass wir am 30. April in Amsterdam landeten.

Vehebamus autem per altum mare, non per fretum, qvod appellant t'wat, situmqve est inter Frisiam orientalem insularsue ipsi oppositas. Morbo qvem, qvi marinam auram primum spirant, experiuntur pleriqve, ferme penitus non tangebamur nisi qvod vertigo ex insolito navis motu nor arriperet aliqvatenus. Inter Insulas Schelling & Vlie ingrediebamus mare [70v] Australe, sive potius Sinum illum Oceani Germanici qvem appellant Die *Südersee*; illumqve transvecti a dextrie videbamus Enehusam, Edamum, caseis celebre, atqve alia qvodam loca littoralia. Nautæ persolvebamus 2. imperiales singuli, cibis enim usi eramus propriis Hamburgi comparatis, ipsius tamen cerevisiam bibere liberum nobis erat.

Amstelodami ad signum Electoris Coloniensis divertebamus, ubi singulis vicibus pro 12 stuveris comestur. Urbs ipsa digna est qvod paulò prolixius deferibatur.

Sita est autem ad sinum Austrini maris, qvem appellant t'Y, in loco paludoso admodum, adeo ut nulla domus extrui qveat ullibi, nisi fundamentum palis longissimis prius egregie firmetur. Unde circa vallum novum terra tam tremula est ut aqvas illam innatare diras.

Aer ibi crassus est, & insalubris, ob vapores ex paludibus continuò elevates; unde autumnali atqve hyberno tempore nebulæ aliqvando oriuntur tam crassæ, ut sub vesperam nemo vel manum videat propriam. Hinc medio Decembri anni 1663. ultra 30 homines in fossas inciderunt una vespera, e qvibus pauci mortem effugerunt. Sic enim excæcaverat plerosqve nebula, ut & aurigæ cum curræ atqve eqvis in undas inciderint. Pestis qvoqve, his terris alias non parum infesta, hanc urbem plerumqve affligere solet qvam vehementissimè adeô ut ab autumno anni 1663, usqve in mediam hyemem singulis septimanis fere 300 sint mortui per civitatem, non connumeratis iis, qvi in Nosocomiis decuberant. Æstatis tempore pleræqve fossæ per plateas mirum in modum fætent, ob recentium aqvarum pe[71r]nuriam, qvæ gravissima certè ipsis est, postqvam molis exiccari curarunt Dimeriensem & Bylensem, lacus; unde prius frigidam fossæ receptabant.

Aqvæ omnes, præterqvam qvas Amstela suspectitat, fluvius a qvo nomen sortita est Urbs; subsalsæ sunt, unico fonte excepto, qvi effossu-

Amsterdam

Wir segelten auf hoher See, ohne durch die Meerenge zu fahren, die sie t'wat (*Das Wattenmeer*) nennen und die zwischen Ostfriesland und den gegenüberliegenden Inseln liegt. Wir waren kaum von dieser Krankheit betroffen, die diejenigen oft erfahren, die zum ersten Mal die Seeluft einatmen, außer dass uns durch eine ungewohnte Bewegung des Schiffes ein gewisses Schwindelgefühl befiel. Zwischen den Inseln Terschelling und Vlieland [70v] gelangten wir in das südliche Meer, oder vielmehr in jenen Golf des germanischen Ozeans (Nordsee), den sie die Südersee (Zuiderzee) nennen; wir überquerten ihn nach rechts und sahen Enkhuysen, Edam, berühmt für seinen Käse, und andere Orte an der Küste. Den Matrosen zahlten wir je zwei Reichstaler, wir nutzten unsere in Hamburger gekaufte Verpflegung und durften Bier ohne Entgelt trinken. In Amsterdam haben wir einen Umweg zum Wirtshaus Kurfürst von Köln gemacht, da haben wir für je 12 Stüvern eine Mahlzeit gegessen.

Diese Stadt ist ein wenig mehr Zeit wert. Sie liegt an der Bucht der Zuiderzee, die sie t'IJ[109] nennen, an einem sehr sumpfigen Ort, so dass nirgends ein Haus gebaut werden kann, ohne dass das Fundament vorher mit sehr langen Pfählen befestigt wird. Um den neuen Wall herum ist das Land so instabil, dass es auf dem Wasser zu schweben scheint.

Die Luft ist dick und ungesund wegen der Dämpfe, die ständig von den Sümpfen aufsteigen; von dort steigen, sowohl im Herbst als auch im Winter, von Zeit zu Zeit so dicke Nebel auf, dass am Abend niemand mehr seine Hand sehen kann. So stürzten Mitte Dezember 1663 mehr als dreißig Menschen in eine Gracht und nur wenige entkamen dem Tod. So sehr benahm der dichte Nebel den meisten von ihnen die Sicht, dass die Kutscher mit ihren Wagen und Pferden in die Wellen stürzten. Auch die Pest, die zu anderer Zeit in diesen Gegenden ziemlich bedrohlich ist, bricht in dieser Stadt sehr oft aus, so stark, dass es vom Herbst 1663 bis zur Mitte des Winters jede Woche etwa dreihundert Tote in der Stadt gab, die in den Krankenhäusern krank Liegenden nicht mitgerechnet. Im Sommer strömt aus den vielen Kanälen auf allen Gassen ein übler Geruch, der sicherlich auf den sehr ernsten Wassermangel zurückzuführen ist, nachdem sie mit Hilfe von Deichen das Diemer- und Bylemer-Meer[110] austrocknen ließen, aus denen sie früher das kalte Wasser erhielten.

Alles Wasser, außer das der Amstel, dem Fluss, von dem die Stadt ihren Namen ableitet, ist brackig, mit Ausnahme einer Quelle, die 1605

rus est A. 1605. in Gerontocomio ad profunditatem 232. pedum; Unde ad usus culinarios pluviatili utuntur qvam cisternis excipiunt avidissimè, cuiusqve sæpe magna existit penuria. Coqvendæ cerevisiæ aqva dulcis navibus advehitur Weespio, qvod est oppidum duob. mill. hinc distitum versus ortum; illaqve sæpe & allijs venditur, numerato pro singulis urnis dimidio stüvero. Cæterum ex Yo fossæ derivantur per omnes ferme plateas, rivis primariis tamen sex potissimum, qvorum ingressus munitur est claustris robustissimis sex totidem hic per urbem mediam respondentibus, ut 12 adeo numerentur undarum claustra; qvibus inundatio fluctuum arcetur ex ipso Oceano per Austrinum mare irrumpentium, qvorum vis præterea aggere cohibetur firmissimo, qvi jam Naerdæ inchoatus a. ultra, continuò tractu per Amsteldodamum deductus est usqve ad Sparendamum, ad fînem occiduum sinus huius situm.

Isteqve agger ingreditur Urbem per portam Antonianam, directusqve per plateam latam, forum novum, aggerem marinum, ad locum qvem Kampersteyger appellitans regreditur in plateam olerariam (*Warmoesstraat*) recurvatusqve in forum, agger mox novus appelatur, tandemqve per plateam Harlemanam portamqve cognominem urbem egreditur, exta qvem qvæcunqve sitæ [71v] sunt domus, periculo inundationis sæpissime exponuntur. Sed de acqvis cum sermo est, non negligendus & portus erit qvem Yum constituit non satis profundum, metuiqve ex arenæ damno obnoxium; Unde & maximæ naves in Texelia permanent, aut in Vlie insulis Oceani, & oneratæ exonerari solent. Impacti autem sunt in portu, undis[57] duo ordines sublicarum ingentium distantium ab invicem per singulos pedes, in logitudinem 3000 passuum. Intra qvas per hyemem recipiunt se naves contra tempestatis, atqve ventorum vim: atqve tum nocturno tempore excubiæ per palos jam dictos constituuntur, domunculis huic speciatim usui destinatis, insidentes, *Waalredders* vocant, qvi traducti de casula in casulam funiculis, campanularum beneficio per singulas semihoras, alacritatem suam explorant invicem.

---

57   portu, undis] verschrieben für in portas undis?

im Alten-Hospiz (Gerontocomium) in einer Tiefe von 232 Fuß gegraben wurde; sie benutzen daher zum Kochen stets das Regenwasser, das sie gierig aus den Zisternen entnehmen, da es an solchem Wasser sehr oft mangelt. Zum Bierbrauen wird frisches Wasser aus Weesp, einem Ort zwei Meilen östlich von Amsterdam, per Schiff geholt.[111] Es wird auch an andere verkauft für eine halben Stüver jeden einzelnen nummerierten Behälter.[112]

Die Wassergräben zweigen vom IJ ab und gehen praktisch durch alle Gassen. Es gibt sechs Hauptflüsse, deren Eingang mit einer starken Schleuse verbaut ist und sechs weitere entsprechende Schleusen mitten in der Stadt, so dass es im Ganzen zwölf Schleusen für die Wasserläufe gibt. Auf diese Weise wird eine zerstörerische Überschwemmung sogar aus dem Meer durch die Zuiderzee abgehalten. Die Kraft der Fluten wird ferner durch einen sehr starken Damm bezwungen, der in Naaerden beginnt und ohne Unterbrechung durch Amsterdam hindurch und bis nach Spaarndam, an der westlichen Grenze des Golfs geht.[113]

Dieser Deich kommt in die Stadt durch das Antons Tor, läuft in gerader Linie an der Breiten Straße, dem Neue Markt, dem Seedeich hin, bis er die Straße erreicht, die Kampersteyger genannt wird, wendet sich zurück zur Warmoesstraat und geht um den Marktplatz herum, wird von da an der Neue Deich genannt, verlässt dann durch die Haarlemerstraße und das gleichnamige Tor die Stadt. Die Häuser, die außerhalb des Dammes liegen, [71v] sind oft der Gefahr einer Überschwemmung ausgesetzt. Aber da wir über Wasser sprechen, sollten wir den Hafen nicht vergessen, den das IJ gebildet hat, der aber nicht tief genug ist und dem Schaden und der Furcht vor Versandung ausgesetzt ist. Deshalb bleiben die größten Schiffe in Texel oder in Vlieland, den Inseln im Meer, und dort werden sie normalerweise entladen.

Zwei Reihen von sehr großen Holzpfählen sind im Hafen eingeschlagen, in einem Abstand von einem Fuß von einander und in mehr als dreitausend Schritt Länge. Zwischen diesen ziehen sich im Winter die Schiffe vor den Stürmen und der Kraft des Windes zurück. Während der Nacht werden auf beiden Seiten des erwähnten Walls Wachen aufgestellt, die an Ort und Stelle in kleinen, diesem Zweck gewidmeten Häuschen residieren, sie werden Waalredders genannt, die gegenseitig mit Hilfe von kleinen Glocken, die an Schnüren befestigt sind und von einem Wachhaus zum andern gespannt werden, jede halbe Stunde überprüfen, ob der andere noch wach ist.

Ad ignem devenio qvi ut per totam Hollandiam, ita & Amstelodami cespitibus illis sulfureis alitur, qvos turfar vocant. Qvamvis enim qvondam tanta hic statuatur fuisse ligni copia, ut aliqvi etiam Hollandiæ nomen à lignis derivent, qvasi Holtland dicta sit primitus; inundatione Oceani tamen, ut creditur, factum est, ut ligni tanta nunc sît penuria. Et certe qvod in Texelia magna qvondam sylva fuerit, testantur adhuc, arborum trunci, qvam plurimi, qvi non tantum naves, sed &[58] anchoras ut plurimum nautarum, radicibus implexas remorantur tenacissimè, unde tempestate oborta multæ sæpe naves ibi pereunt; hinc nec piscatores [72r] retia sua illic unqvam demittunt. Præterea iis in locis qvæ Veenen, i. e. paludosa dicuntur & mollia præsertim in Frislandia & Groninga rustici magnam inveniunt copiam qvercuum aliarumqve arborum integrarum terra obrutarum, versusqve Eurum protensarum potissimum,[59] qvarum ligna primum qvidem sat mollia sunt, paulo post tamen sic indurescunt, ut ad tigilla adhiberi qveant. Atqve inibi non rarò & frusta trabesqve navium deteguntur, cum turfae effossæ interiora aperiunt. Lugduni qvoqve cum ante aliqvot annos[60] fossæ fierent circummuraneæ, trunci qvercini cum radicibus non pauci deprehensi sunt, cum magno laborantium incommodo. Nunc verô ligni ubiqve rarissimus est[61] usus, eiusqve vicem terra sustinet, qvam ex pratis effossam per æstatem ex[s]iccant rustici, magnaqve copia undiqve divendunt tonnis mensuratam qvarum singulæ, 9. plus minus veneunt stuveris; optima est qvæ diutissimè servato igne cineres relinqvit albicanterus Formam habet nostrorum fermè laterum, & nigricat; fumum emittit graveolentem & oleaginosum, qvi cubiculo inclusus vertiginis non rarò atqve cephalalgiæ causa existit, inqve fornacibus, structo primum igne, humorem parietibus allinit nigricantem, similem fermè illi, qvem in metallo frigido deponunt adustæ virgæ betulaceæ; aut charta xxxxx[62] umqve accensa. Sæpe tamen cum turfæ non facilè exardescant, ligna admoventur, ex virgultis plerumqve dissecta longitudine cubitali & crassitie pollicis; ex qvibus mille [72v] frusta colorum dimidio circiter[63] Imperiali vendi solent. Non utuntur autem focis elevatis ullo loco, sed in caminis culinaribus terræ æqvalibus preparant omnia.

---

58   &] über der Zeile eingefügt.
59   potissimum protensarum] Hs. Wörter durch Ziffern umgestellt.
60   über Zeile eingefügt.
61   über Zeile eingefügt.
62   verschriebenes unlesbares Wort.
63   circiter] über der Zeile eingefügt.

Ich komme nun zum Feuer, das, wie in ganz Holland, auch in Amsterdam von jenen Schwefelschollen gespeist wird, die sie Torf nennen. Obwohl man annimmt, dass es in Holland einst einen Überfluss an Holz gab, so sehr, dass der Name Holland selbst von Holz kommt, fast so, als ob es ursprünglich Holtland geheißen hätte, so nimmt man doch an, dass aufgrund der Überflutung durch das Meer ein großer Mangel an holzigem Material herrsche. Dass es auf Texel früher einen Wald gab, beweisen die vielen Baumstrünke, an deren Wurzeln die Schiffe vieler Seeleute und die Anker elend fest hängen bleiben, so dass bei aufkommendem Sturm die Schiffe zu Schaden kommen und die Anker hängen bleiben, so dass hier oft Schiffe untergehen. Auch die Fischer wollen hier ihre Netze nicht mehr auslegen. Überdies finden die Bauern in den sogenannten Veenen,[114] d.h. weich und sumpfig, vor allem in Friesland und Groningen große Haufen von Eichen und anderen Bäumen, die in der Erde meistens gegen Osten ausgerichtet liegen, deren Holz zunächst weich ist, aber bald darauf aushärtet und das man als Balken brauchen kann. Nicht selten findet man, wenn man nach Torf gräbt, auch Stücke und Balken von Schiffen. Als man vor vielen Jahren die Befestigungsgräben um Leiden grub, musste man viele Eichenstöcke mit den Wurzeln mit großer Mühe ausgraben. Aber jetzt ist die Verwendung von Holz wirklich sehr selten, die Bauern verwenden stattdessen Torf. Die Bauern stechen ihn im Sommer aus den Wiesen und lassen ihn trocknen, und verkaufen ihn in großen Mengen in Tonnen,[115] und jede Tonne wird für plus minus neun Stüvern verkauft. Die beste Qualität hat der (geologisch) älteste Torf. Nach dem Brand hinterlässt er eine weißliche Asche. Der gestochene Torf hat fast die Form von unseren Ziegelsteinen und ist dunkel.

Das Verbrennen bringt einen ekelerregenden und sehr öligen Rauch hervor, der in Innenräumen, Kopfschmerzen verursacht; und in Öfen hinterlässt das Material, das gebrannt hat, einen feuchten, schwarze Rückstand, der an den Wänden haftet, ähnlich dem, der von Birkenästen entsteht, wenn sie auf kaltem Eisen verbrannt werden; oder die von verbranntem Papier. Da Torf jedoch nicht so leicht brennt, geben Sie Holz dazu, hauptsächlich von Sträuchern, die eine Elle lang und einen Zoll dick sind. Sie verkaufen normalerweise tausend Stück zu einem halben Reichstaler. Die Feuerstellen sind nirgendwo hoch oben angebracht, sondern in Küchen wird immer ebenerdig gekocht.

Aus der Natur können Sie nur auf wenige andere Einnahmequellen

Proventuum à natura suppeditatorum aliàs paucissimos hîc numerabis. Horti enim suburbani omnes delectationis potius qvam utilitatis causa coluntur. Inter qvos meritò primum locum tenat, Hortus Medicus, omni genere plantarum etiam rarissimarum refertus, atqve in tres qvasi partes divisus: in medio trientis primi cisterna est, ad recipiendam ex vicino fonte per antlias figidam, eamqve ad rigationes præparandam commoda. Inter alios etiam qvi Domini Ruteri est, non debet præteriri, in[64] qvo præter plantas, varia simul volatilium genera reperies.

Iamqve ad ea qvæ artis sunt, dicenda accedo, de partibus primum Urbis mox & de civibus acturus. Primum tamen non negligenda est magnitudo loci, qvæ aliter qvidem censeri debet juxta habitatorem modernam, atqve aliter juxta recentissimam ampliationis designationem. Nunc enim domus plusqvam 54000 habitari censentur, & A. 1622 in capitatione totius Hollandiæ, Amstelodamum cum pagis suis 115022 homines aluisse, publicè relatum est, qvam summam tamen hodie insigniter adauctam esse censendum est, partim ob fraudes capitationibus fermè proprias, partim ob insignim hominum multiplicationem. Juxta amplitudinem recenter designatam verò longitudo Urbis[65] 2500, & latitudo 2000 passuum esse judicatur adeo ut aliqvi Parisiis eam majorem esse contendant. Atqve jam cum plateæ omnes pesticis jam distinctæ [73r] sint, in vallo perficiendo adhuc laboratur, inqve terra hîc illîs elevanda. Cum enim omnia ferme paludosa sint inibi, terra qværenda est firmior, qvam e fossis suis, êqve portù piscantur, ut sic loqvar, navibusqve exceptam pro locorum necessitate distribuunt. Modus aut[66] extrahendi limum istum primum qvidem non fuit alius qvam excipulis retiformibus qvibus is Lugdani utuntur communiter ad fossas expurgandas, ante aliqvot annos verò inventæ sunt molæ jumentariæ navibus impositæ, qvarum beneficio unius horæ qvadrante integram scapham replent, qvod ab unico homine per totum diem vix fieret. Beneficio machinarum illarum enim forcipes qvasi & ~~xxxxxx~~ apprehensoria maxima in fundum demissa qvicqvid deprehendesint corripiunt, inqve receptaculum qvoddam exonerata, materiam rotæ cuidam excussoriæ objiciunt, cuius vi illa[67] in extrinsecus applicatam scapham deponitur. Molam ab extractione limi appellant, Modder-Moelin.

---

64   über Zeile eingefügt.
65   Urbis] über der Zeile eingefügt.
66   a. Hs.
67   über Zeile eingefügt.

zählen. Die Gärten, die in der Nähe der Stadt liegen, werden alle mehr zum Vergnügen als zum Nutzen kultiviert. Unter diesen verdient den ersten Platz der Arznei-Garten, der eine große Anzahl auch der seltensten Pflanzen enthält und in drei Teile unterteilt ist: In der Mitte des ersten Teils befindet sich eine Zisterne, die mittels Schöpfrädern oder Pumpen frisches Wasser aus einer benachbarten Quelle erhält, das dann zur Bewässerung verwendet wird. Daneben dürfen wir nicht auslassen zu erwähnen, was unter diesen Herrn Ruterius[116] gehört: dort findet man neben Pflanzen auch eine ganze Reihe von Vogelarten versammelt.[117]

Ich wende mich nun der Erörterung all dessen zu, was die Kunst betrifft, und widme mich zunächst der Stadt und den Bürgern. Zunächst einmal ist die Größe des Ortes nicht zu vernachlässigen, aber sie muss einerseits in Relation zu der modernen bewohnten Fläche und andererseits in Relation zu dem sehr jungen Stadterweiterungsprojekt betrachtet werden.[118] Es wird geschätzt, dass die Stadt derzeit mehr als 54'000 Häuser hat, und 1622 bei der Kopfsteuerzählung von ganz Holland soll Amsterdam mit seinem Umland 115022 Einwohner gehabt haben; diese Zahl ist heute beträchtlich höher, teils weil bei der Kopfsteuer viel betrogen wird, teils weil sich die Zahl der Menschen deutlich vermehrt hat. Die Ausdehnung der Stadt ist nach den jüngsten Angaben eine Länge von 2500 und eine Breite von 2000 Schritt, so dass manche meinen, die Stadt sei größer als Paris.

Da freilich die Straßen sehr schadhaft sind, [73r] arbeitet man daran, den Wall fertigzustellen und hier und dort den Boden zu heben. Das der Boden fast überall sumpfig ist, sucht man festeren, den man aus den Kanälen und aus dem Hafen gewissermaßen herausfischt wenn ich mich so ausdrücken darf, und man lädt ihn auf Schiffe und verteilt ihn, wo es nötig ist. Die Methode, den Schlamm herauszuholen, war zunächst derjenigen nicht unähnlich, die die Leidener gewöhnlich anwenden, indem sie netzförmige Behältnisse zum Reinigen ihrer Kanäle benutzten. Vor ein paar Jahren sind Mühlräder auf Schiffen erfunden worden, die ein ganzes Schiff in einer Viertelstunde füllen, was ein einzelner Mann kaum in einem Tag geschafft hätte. Mit Hilfe dieser Maschinen, als wären es Zangen und großflächige Greifinstrumente, nehmen sie alles, was sich greifen lässt, laden es in einen Behälter, dann werfen sie das Material auf ein Schürfrad, durch dessen Kraft das Material von außen her auf ein bereitgestelltes Boot geladen wird. Sie nennen die Mühle zum Herausbefördern des Schlamms Modder-Moelij.

Munimenta urbis naturæ potius qvam arti suum debent robur, vallo enim qvamvis tota cincta sit, terreo qvidem antiqvo, & lapideo recenti; lorica tamen eidem non est imposita præsertim cum unum latus, Septentrionale nempe, undis sit munitissimam, reliqva verò immissis si necessitas urgeat hosti per aperta aqvarum claustra, fluctibus, facillimè possint defendi.

Plateæ insigniores sunt, fossa principis, fossa Imperatoris, Dominorum fossa, fossa Regis sive Singela, fossa posterior novi lateris, fossa anterior novi lateris, Rokinum, fossa anterior a latere veteri eiusdem lateris posterior fossa; fossa Klevenirii, qvarum omnium [73v] medietat canalibus instructa est latissimis cæso utrinqve munitis lapide; atqve harum pleræqve populis simul ad utramqve fossarum ripam plantatis, maximè sunt conspicuæ. Reliqvæ omnes angustiores qvidem, sed longissimæ, atqve nitidissimæ, per medium silicibus, ad latera lateribus stratæ; cumqve curru per Urbem vehi omnibus in universum sit prohibitum, nisi forte legati sint, aut si aurigæ circa portas saltem sese contineant; idcirco continuatum incolis munditici studium in tanto hac vias nitore conservat, ut ex iteratis toties lotionibus puriores sint, qvam ipsa domorum pavimenta alibi. Qvod aut de interdicto curruum dixi, id de pilentis potissimum tam strictè observatur ut nec Consules, nec Prætor iisdem uti possit, Unde si sponsa in templum tendat, cum non moris sit ut pedes eat, trahæ imponi solet, tecto instructæ, & mediocriter saltem exornatæ, atqve sic ad sacra deduci.

Areæ publicæ insigniores sunt, (1.) Forum primarium qvod appellant der damm, locus amplissimus qvadratus, in qvo curia, & libra publica, & templum novum consistunt. (2) Forum novum, area itidem insignis atqve liberrima, in qva librae novae domus. 3. Forum Septentrionale. 4. Forum occidentale arboribus eleganter consitum. (5.) Forum Boum[68] extra portam Reguliensem, arboribus itidem confortissimum, - amœnitatem nemoris præ se ferens; In eo palis elegantibus traber impositæ sunt ordinatissimæ, ad alligandos seriatim boves; terraqve lateribus strata est universim. Proxima [74r] huic est area insignis pro eqvis exercendis. Fora

---

68   Das Wort ist verschrieben, sinngemäss muss es boum heißen.

Die Befestigungsanlagen der Stadt verdanken ihre Stärke eher der Natur als der Kunst, obwohl die ganze Stadt von einem älteren Erdwall und einer neueren Steinmauer umgeben ist; eine Brustwehr ist nicht darauf gesetzt, zumal auf einer Seite, der Nordseite, der Deich ist, der gegen Überschwemmungen schützt, während die anderen Teile sehr leicht gegen den Feind zu verteidigen sind, indem man die Schleusen öffnet und das Land unter Wasser setzt.

Die wichtigsten Grachten sind, die Prinzengracht, die Kaisergracht, der Fürstengracht, die Königs- oder Singela-Gracht,[119] die hintere Gracht der neuen Seite, die vordere Gracht der neuen Seite, Rokinum,[120] die vordere und hintere Gracht der alten Seite; Klevenirs Gracht, die in der Mitte aller Grachten liegt und von beiden Seiten mit sehr großen Mauern aus gehauenem Stein eingefasst ist; eine sehr große Anzahl dieser Grachten hat Pappeln an beiden Ufern, das ist sehr ansehnlich; die anderen Uferstraßen sind viel schmaler, aber sehr lang und sehr hell mit Basalt in der Mitte und Ziegel an den Seiten gepflastert. Da es jedem verboten ist, mit einem Wagen durch die Stadt zu fahren, es sei denn, er ist Gesandter, oder der Kutscher hält in der Nähe der Tore, so erhält der Sauberkeitseifer der Einwohner den Glanz dieser Straßen so sehr, dass sie durch Behandlungen mit bleichenden Substanzen weißer und sauberer werden als die Innenböden der Häuser. Was ich über das Verbot von Wagen gesagt habe, wird auch für die Prachtkutschen genau eingehalten, dass weder die Bürgermeister noch der oberste Richter damit fahren dürfen. Wenn eine Braut zur Kirche geht, so ist es nicht Brauch, dass sie zu Fuß geht, sie wird in der Regel auf einer Art Schlitten getragen, dem ein Dach aufgesetzt wurde, das mäßig verziert ist, und so wird sie an den heiligen Ort getragen.

Die wichtigsten öffentlichen Plätze sind: (1) der Hauptplatz, den sie Damm nennen, ein sehr großer, quadratischer Platz, wo sich das Rathaus, die öffentliche Waage und die Neue Kirche befinden. (2) Der neue Markt ist auch ein wichtiger und sehr geräumiger Ort, in dem der Sitz der neuen Waage ist. (3) Dann gibt es noch den Nordermarkt. (4) Der Westermarkt ist elegant von Bäumen umgeben, (5) der Ochsenmarkt vor dem Reguliers-Tor, ebenfalls von Bäumen gesäumt, hat die Schönheit eines Waldes. Auf diesem Platz werden Balken auf sehr schöne Pfosten gesetzt, um Ochsen in Reihe anzubinden; überall ist der Weg mit Ziegeln gepflastert.[121]

In der Nähe [74r] befand sich ein ziemlich großes Gelände zum Zu-

alia qvæ præter areas, structuris qvibusdam adornata sunt, suo loco com-
memorabo.

Nunc cum ædes describendæ sunt, ad Templa primum convertor;
<u>inter qvæ primarium est qvod vetus appellant</u>, extructum ante ducentos
ferme annos; complectens circuitu interiori pedes 640. & latitudine 200.
Columnas lapideae habet 42. & fenestras 69. Candelabra majora 5., triginta instructa brachiis, aliaqve minora duodecim, præter simplicia qvam
plurima. Organa duo egregis, atqve suggestum insigne, crepidine scalæ,
atqve pluteo orichalceis existentibus. Adyta eius columellis itidem[69]
orichalceis munita sunt, supra qvas hi leguntur versiculi:

> t' misbruyk in Godes Kerk allenxkens ingebracht
> Is hier weêr afgedaan t'jaar tseventigh en acht.

Intra chorum hæc extant:

> t' Heyloos gebroet gezint de warheydt uyt te roeyen
> Hadde de Spaansche Vloot en groot Heir opgebracht
> Maar Godt dit Heir verliet, en doet de Vloot verstroyen.
> Door vuur rondtom ten toon, slat die te grondt met kracht
> Looft hem die zyn Zaak recht, in t'jaar tachtigh en acht.

Fenestræ plurimae insignibus picturis exornatæ sunt, praecipuè duæ,
qvarum altera coronationem Philippi regis Hispan. exhibet, sub qva hæc:

> d'Aardts-Bisschop kroont hier met zyn handt
> den schonen F<i>lips met diamant,
> Tot konink op Kastiliens troon
> Dus erfde ons Nederlandt die Kroon.

Altera Philippum ostendit fœdus subscriptum Belgis tradentem, hac ad-
jecta subscriptione:

---

69   über der Zeile eingefügt.

reiten von Pferden. Die anderen Plätze, die mit bestimmten Gebäuden verschönert sind, werde ich zu gegebener Zeit kommentieren.

Kirchen

Nun, da die Gebäude beschrieben werden sollen, wende ich mich zuerst den Kirchen zu; unter denen ist die bedeutendste diejenige, die sie die alte nennen, welche vor etwa zweihundert Jahren gebaut wurde.[122] Sie hat einen inneren Umfang von 640 Fuß und einer Breite von 200 Fuß. Sie hat 42 steinerne Säulen und 69 Fenster. Es gibt fünf große Kandelaber, mit dreißig Armen, und zwölf kleinere, mehr einfache als vielarmige. Es gibt zwei außergewöhnliche Orgeln. Die Kanzel ist bemerkenswert durch das Treppengeländer und durch ein Pult, die beide aus Messing sind.[123]

Am Chor stehen ebenfalls kleine Säulen aus Messing, über denen die folgenden Verse stehen:

> t' misbruyk in Godes Kerk allenxkens ingebracht
> Is hier weêr afgedaan t'jaar tseventigh en acht.[124]

Im Chor stehen diese Worte:

> t' Heyloos gebroet gezint de warheydt uyt te roeyen
> Hadde de Spaansche Vloot en groot Heir opgebracht
> Maar Godt dit Heir verliet, en doet de Vloot verstroyen.
> Door vuur rondtom ten toon, slat die te grondt met kracht
> Looft Hem die zyn Zaak recht, in t'jaar tachtigh en acht.[125]

Dann gibt es viele Fenster, die mit außergewöhnlichen Gemälden geschmückt sind, darunter zwei, von denen eines die Krönung Philipps, des Königs von Spanien, zeigt, unter dem diese Worte stehen:

> d'Aardts-Bisschop kroont hier met zyn handt
> den schonen F<i>lips met diamant,
> Tot konink op Kastiliens troon
> Dus erfde ons Nederlandt die Kroon.[126]

Ein anderes zeigt Philipp bei der Übergabe des unterzeichneten Friedensvertrags an die Vereinigten Niederlande, mit der Inschrift:

[74v] Filippus tekent met zyn handen
Het vree-verbondt met zeven landen,
En staat zyn recht en tytel af
Dit tuyght het zegel dat hy gaf.

Inter Epitaphia, illud qvod Heemskerkio erectum est præimminet, cuius thorax ferreus cum galea atqve gladio suspensus est è regione marmoreæ cuiusdam tabulæ, qvam desuper corona navalis deaurata, inferius navalis pugna marmori insculpta exornant. Inscriptio est talis:

HONORI ET AETERNITATI.
IACOBO AB HEEMSKERCK
AMSTELREDAMENSI
Viro fortiss. & optime de Patria merito,
QVI
Post varias in notas ignotasqve oras navigationes
In novam Zemlam[70] sub polo Arctico duas, in In-
diam Orientalem versus Antarcticam[71] totidem, In-
deqve opimis spoliis A° CIↃ IↃC IV reversus victor
TANDEM
Expeditionis maritimæ adversus Hispa: præfectus
eorundem validam classem Herculeo ausu aggressus
in freto Herculeo sub ipsa arce & urbe Gibraltar
VII.[72] Kal. Maji A° CIↃ IↃC VII fudit ac profligavit
IPSE IBIDEM
Pro patria Strenuo dimicans gloriosè occubuit
Anima cœlo gaudet; corpus hoc loco jacet,
Have lector, famamqve viri ama & virtutem
CVIVS ERGO
AB[73]
Illustriss. & Potentiss. Fœderat. Provin. Belgiae
ORDINIBUS. P. P.
H. m. P.
Vixit annos XL. Mensem 1, Dies XII.[74]

Heemskerck die dwars door 't ys yn 't yser dorfte streven
Liet d'eer, an't land, hier't lyf, voor Gibralter het leven.

---

70 Original Zemblam.
71 Beschrijvinge, IV, 53 hat Australem, was einen besseren Sinn ergibt.
72 Beschrijvinge, IV, 53 hat VIII. Vgl. Anm. 75.
73 AB] über der Zeile eingefügt.
74 Die von Beschrijvinge abweichenden Schreibweisen stimmen mit der Schreibweise auf dem Grabstein überein, den Beschrijvinge, IV, S. 54 abbildet.

[74v] Filippus tekent met zyn handen
Het vree-verbondt met zeven landen,
En staat zyn recht en tytel af
Dit tuyght het zegel dat hy gaf.[127]

Von den Epitaphien ragt jenes für Heemskerck hervor, dessen Harnisch aus Metall, Helm und Schwert nebeneinander an einer Marmortafel aufgehängt sind, auf welche oben eine vergoldete Schiffskrone und darunter eine in Marmor gemeißelte Seeschlacht schmücken. Die Inschrift lautet:

HONORI ET AETERNITATI.
IACOBO AB HEEMSKERCK
AMSTELREDAMENSI
Viro fortiss. & optime de Patria merito,
QUI
Post varias in notas ignotasque oras navigationes
In novam Zemlam[128] sub polo Arctico duas, in Indiam Orientalem versus Antarcticam totidem, Indeque opimis spoliis Ao CIƆ IƆC IV reversus victor
TANDEM
Expeditionis maritimæ adversus Hispa: præfectus
eorundem validam classem Herculeo ausu aggressus
in freto Herculeo sub ipsa arce & urbe Gibraltar
VII. Kal. Maji Ao CIƆ IƆC VII fudit ac profligavit
IPSE IBIDEM
Pro patria Strenuo dimicans gloriosè occubuit
Anima cœlo gaudet; corpus hoc loco jacet,
Have lector, famamque viri ama & virtutem
CVIVS ERGO
AB
Illustriss. & Potentiss. Fœderat. Provin. Belgiae
ORDINIBUS. P. P.
H. m. P.
Vixit annos XL. Mensem 1, Dies XII.

Heemskerck die dwars door't ys yn't yser dorfte Streven
Liet d'eer, an't land, hier't lyf voor Gibralter het leven.[129]

[75r] Aliud Epitaphium consecratum est memoriæ Cornelij Jansenii, marmoreum pariter; in qvo exprimitur ultima eius pugna cum duobus Duynkerkanis, cum inscriptione latina à C. Barlæo facta & apposita desuper coronata navali; Inferius hi extant versiculi:

> Hier ruht dien Heldt, die van Zyns vyandts Schepen
> Jn seven maal qvam seven Vlaggen sleepen
> En gaf voor 't laatst op twee zoo dapper vonk
> Dat d'eene vloodt en d'ander by hem zonk.

Monumentum Dn. C. de Graaf Dn. de Zuydpolsbroek Consulis præ cæteris tamen est memorabile; qvod ex marmore candido elegantissimè sculptum duos pueros exhibet plorantes, atqve sub Phoenice tabulam marmoream nigram tenentes, cum hac inscriptione: Zoo zal ook de opstandinge der dooden zijn, het lichaam wordt gezaaijt in verderflijkheydt, en opgeweckt in onverderflijkheijdt; hæc omnia in sacello qvodam extant qvod septum claudit[75] pulcherrimum janua orichalcea insigne. Jn turri huius templi, qvæ tribus ambulacris instructa circumjacentem regionem amœnissimo prospectu exhibet, campanæ tractiles sunt qvatuor per tertiam qvintam & octavam purissimè distantes, qvod rarum. Præterea ibi est Organum Campanarium 35. campanis constans, harmonia perfectissima concinnantis; Id compositum est ex tympano versatili, clavibus, atqve campanis. Tympanum ferreum horologio sic applicatum est, ut singulis horiæ[76] qvadrantibus moveatur. Diameter eius ad qvatuor pedes accedit. & tanta qvoqve videtur longitudo; juxta qvam foramina distributa sunt ad normam scalæ musicæ, tangentibus instructa ferreis, qvæ digitorum vicem obeunt; Tactum sive proportionem mensurat circumferentie convexi, adeo ut [75v] qvot sunt notæ in cantione, tot affigantur tangentia, qvae tympani motu ad clavium admota seriem illas levant, qvos ordo reqvirit. Clavibus alligata sunt filamenta ferrea, qvæ simul cum extremis malleorum copulata campanarum pulsum excitant. Sic autem adaptati sunt campanis mallei, ut pinna ferrea tamen obstet ne pulsus repercussione duplicetur. Præter hanc seriem clavium ferreorum; in conclavi paulo superiori, alia coaptata est series è ligno ad manuum pedumqve lusum adornata, cui alius ordo malleroum intra campanas[77] per filamenta alia,

---

75   claudit] über der Zeile eingefügt.
76   van Gemert hat horis.
77   intra campanas] über Zeile eingefügt.

[75r] Ein weiteres Epitaph, ebenfalls aus Marmor, ist dem Andenken von Cornelius Jansen gewidmet; es stellt seinen letzten Krieg gegen zwei Dünkircher dar, mit einer lateinischen Inschrift, die von C. Barlaeus[130] angefertigt wurde, darüber einer Schiffskrone; am unteren Rand stehen diese kleinen Verse:

> Hier ruht dien Heldt, die van Zyns vyandts Schepen
> In seven maal qvam seven Vlaggen sleepen
> En gaf voor 't laatst op twee zoo dapper vonk
> Dat d'eene vloodt en d'ander by hem zonk.[131]

Das Denkmal von Herrn C. de Graaf. Herr von Zuÿdpolsbroek, Bürgermeister,[132] ist vor allen anderen denkwürdig; dieses Denkmal, in einer höchst kunstvoll in weißem Marmor gemeißelt, stellt zwei weinende Kinder dar, die eine schwarze Marmortafel halten unter einem Phönix, mit folgender Inschrift: Zoo zal ook de opstandinge der dooden zyn, het lichaam wordt gezaayt in verderflykheydt, en opgeweckt in onverderflykheydt;[133] All dies befindet sich in einer kleinen Kapelle, deren wunderschöne Schranke von einer Messingtüre verschlossen wird.

Der Turm dieser Kirche gewährt wegen seiner drei Umgänge einen schönen Panoramablick auf die Umgebung; er hat 4 Glocken zum Läuten im Abstand von Terz, Quinte und Oktave sehr rein gestimmt, was sehr selten ist. Es gibt auch ein Glockenspiel mit 35 Glocken, die von perfekter Harmonie sind.[134] Seine Konstruktionselemente sind eine bewegliche Trommel, eine Tastatur (eigentlich: Stocktastatur) und die Glocken. Die eiserne Trommel ist so an der Uhr befestigt, dass sie sich jede Viertelstunde bewegt. Ihr Durchmesser ist vier Fuß, und so scheint es auch ihre Länge zu sein. Die Trommel hat, nach der Tonleiter eingerichtet, kleine Löcher, in denen kleine Eisenstäbe befestigt sind, welche die Stelle von Fingern vertreten. Den Takt bzw. die Proportion bemisst der Umfang der Außenseite (der Trommel), [75n] die Zahl der Noten in einem Musikstück entspricht also der Zahl der Eisenstäbchen. Sie heben durch die Bewegung der Trommel eine Reihe von anmontierten Klöppeln auf, wie es die Komposition erfordert. Eiserne Drähte sind mit dem Klöppeln verbunden. Und so schlagen sie auf den Rand der Metallglocken. Außerdem sind Hämmer mit den Glocken so in Kontakt gebracht, dass eine eiserne Schwungfeder die Bewegung stoppt, damit die Glocke nicht wieder angeschlagen wird.

Außer dieser Stäbchenmechanik ist in einer oberen Stube eine ande-

connexus respondet: atqve hîc velut in organo pneumatico coordinata
sunt cum tonis semitonia, ut inter utrumqve ludendi genus nihil intersit
aliud, nisi qvod ut alibi digitorum ita hîc integræ manus pulsu sonus ex-
citetur; in qvem usum auriculari utriqve digitale coriaceum applicare solet magister. Ærario, qvi sonos campanarum tam accuratè hodie coordi-
nare potest, nomen est M. Hemonio; cui meritò tribuenda inventio
artificiosæ huius correctionis; qvam beneficio cali perficit, auferendo ex
internis partibus circumrotatæ per qvinqve vel sex viros campanæ, tantum, qvantum ad deprimendum altiorem illius sonum, auris judicat esse
necessarium, Atqve his campanis horarum partes discernuntur, ita ut hora
finita melodia Psalmi cuiusdam prolixior, circa medietatem illius, brevi-
or alio, circa qvadrantes verò brevissimæ saltem clausulæ sonent, idqve
nec audita ut ante campana horologij. Porrò juxta horologium huius templi singulis diebus matutino tempore diriguntur horologia reliqva omnia,
ut ne nimium illa discordent.

[76r] Templum novum curiæ proximum est, longum pedd. 315. atqve latu 210; fenestras habet 75, columnas 52. Candelabra totidem qvot
vetus; Septum chori ex orichalco fusum est altitudine circiter 30 pedd.
sumtu maximo & artificio eximio memorabile. Fenestræ picturis pleræqve ornatæ sunt, inter qvas eminet, illa qvæ Comitem qvendam Hollandiæ
exhibet, insignibus Amstelredamensium tres molæ alos inferentem, àb
artificiosissimo Bronchorstio picta, operâ per totam regionem incomparabili: Alia Imperatorem Maximilianum exprimit modo dictis insignibus
coronam Imperatoriam adjicientem: Alibi pax depicta est discordiâ do-
mitâ, Martem captivans, penicillo eiusdem Bronchorsti. Suggestum huius templi ob sculpturas his terris vixdum[78] habet simile: propter qvatuor
Evangelistas sex virtutes exhibit, Fortitudinem nempe Fidem, Charita-
tem, spem, Justitiam atqve prudentiam; qvodqve maximè notandum est,
Prospectiva huc contulit, exprimenda septem opera misericordiæ. Tectum latissimum est figurisqve refertissimum, superimpositam gerens tur-
riculam summo labore exornatam. Crepido scalæ sustinet restim ut videtur a puellis qvibusdam variè contortum. Fundamenti loco sex angeli

---

78   his terris vixdum] durch Ziffern umgestellt. vixdum unsichere Lesung.

re Möglichkeit zum Spielen mit Händen und Füßen (alternativ) zugeschaltet. Auch dieses Spiel ist eine weitere Anordnung von Hämmern, welche die Glocken von innen anschlagen und die ihrerseits durch Drähte gezogen werden. Und hier gibt es wie bei einer pneumatischen Orgel neben Tönen auch Halbtöne; und zwischen beiden ist nur der Unterschied, dass man mit der ganzen Hand (d.h. der Faust) auf einen anderen Stab zu schlagen hat. Wenn er spielt, pflegt der Künstler Ohren und Hände mit einem dicken Leder zu schützen. Der Glockengießer, der in der Lage war, den Klang der Glocken perfekt zu stimmen, heißt Meister Hemonius;[135] ihm kommt das Verdienst zu, die (nachträgliche) Anpassung erfunden zu haben: er entfernt nämlich mit Hilfe eines Stabes aus dem inneren Glockenmantel so viel Material, wie er nach seinem Gehör für nötig hält, um einen zu hohen Ton abzusenken. Dabei muss die Glocke von fünf oder sechs Männern gedreht werden. Mit diesen Glocken kann man die Teile der Stunden unterscheiden, zur vollen Stunde wird ein längerer Psalm gespielt, zur halben Stunde ein kürzerer, zur Viertelstunde eine sehr kurze Melodie, diese alles kommt erst, wenn die Uhr geschlagen hat. Jeden Morgen werden alle anderen Uhren frühmorgens nach dieser Uhr gerichtet, so dass es keinen Unterschied zwischen ihnen gibt.

[76r] Die Neue Kirche (Nieuwe Kerk) liegt ganz in der Nähe des Rathauses, ist 315 Fuß[136] lang und 210 Fuß breit; sie hat 75 Fenster und 52 Säulen. Die Anzahl der Kandelaber ist die gleiche wie in der Alten Kirche. Die Schranken vor dem Chor sind aus Messing, etwa 30 Fuß hoch und durch aufwendige Arbeit und die Feinheit außergewöhnlich. Die meisten Fenster sind mit Bildern geschmückt, von denen eines einen Grafen von Holland zeigt, der das Wappen von Amsterdam, drei Windmühlenflügel, übergibt, von dem sehr kunstvollen Bronchorst[137] gemalt, ein in der ganzen Gegend unvergleichliches Werk. Ein anderes Bild zeigt Kaiser Maximilian, wie er das über das erwähnte Wappen die Kaiserkrone setzt; an anderer Stelle stellte Bronchorsts Pinsel den Frieden dar, wie er die Zwietracht gezähmt und Mars gefangen nimmt. Die Kanzel dieser Kirche hat wegen der Schnitzereien kaum etwas Vergleichbares in diesen Gegenden. Neben den vier Evangelisten stehen die sechs Tugenden: Stärke, Glaube, Liebe, Hoffnung, Gerechtigkeit und Klugheit, und was sehr bemerkenswert ist, in den Ecken sieht man die sieben Werke der Barmherzigkeit. Der Deckel [der Kanzel] ist sehr breit und voller geschnitzter Figuren und trägt einen oben aufgesetzten kleinen Turm mit einer außergewöhnlichen Dekoration. Schließlich bleibt noch das Trep-

sunt. Pluteus uterqve orichalceus est & ingressus in Baptisterium. sive spatium qvod cira suggestum est patet per arcus elegantissimos orichalceos similiter. Organum innititur fundamento marmoreo, qvod constat columnis duabus integris e mamore rubicante vario, & qvatuor parastatis rotundis eiusdem materiæ ordinis Corinthiaci secundum regulam Scamozzij fabrefactis.

[76v] reliqvæ partes ex marmore candido elaboratæ, sunt parastatæ sex posteriores, & duæ anteriores ex utroqve latere, qvibus insculpti exhibentur puelluli, cum vario genere instrumentorum Musicorum, fructuumqve. Opus certem elegantisimum. Præter illud organum aliud adhuc ibi extat qvod minus. Epitaphium marmoreum hîc habet Johannes â Galen cujus effigies vera magnitudine, decumbens exsculpta est, pone qvam trophæa apparent, e[79] variis belli instrumentis erecta, duobus palmæ ramis, superius corona navali conjunctis, tabulam cingentibus, cuius inscriptio:

> Generosissimo Heroi, Johanni à Galen Essensi, Qvi ob res sæpe fortiter & feliciter gestas sexies uno anno Duinkerkanorum & Subtus expressum est ultimum eius prælium cum Anglis ad portum Liburnum habitum A. 1653.

cum subscriptio:

> Hier leydt in 't Graf van eer de dappere van Galen
> Die eerst gingh buyt op buyt Castilien afhalen,
> En met een Leeuwen Hart, na by't Toskaner strandt
> De Britten heeft verjaeght, verovert en verbrandt.

Turris huius templi 6363 palis innititur, ne fundamento destituta firmissimo, in terra paludosa corrueret.

Porro inter templa vetustiora etiam sunt Sacellum novi lateris, & sacellum à latere veteri; ubi nihil occurit memorabile, nisi qvod supra portam huius sceleton humanum cum calvariis & ossibus varijs exsculptum videtur, inter qvae spicæ qvaedam & progerminant; subscriptio est : SPES ALTERA VITAE.

Inter recentiora occurit primum Templum Australe de cuius extruc-

---

79   a] über der Zeile eingefügt.

pengeländer zu betrachten, in das verschiedene kleine Kindergestalten eingeflochten sind. Das Fundament bilden sechs Engel. Die beiden Pulte sind aus Messing und ebenso die Schranken um den Taufstein. Ferner ist der Raum rund um die Kanzel mit sehr eleganten Bögen umgeben, die ebenfalls aus Messing sind. Die Orgel ruht auf einem Marmorfundament, mit Säulen, die ganz aus Marmor mit roten Adern gefertigt sind, sowie aus runden Säulen aus demselben Material, die nach den Proportionen von Scamozzi[138] in korinthischer Ordnung gestaltet sind.

[76v] Die anderen Teile wurden aus weißem Marmor gefertigt, es gibt sechs hintere Säulen und zwei vordere auf jeder Seite, auf denen junge Knaben mit verschiedenen Musikinstrumenten und Früchten gemeißelt sind. Es ist wirklich ein großartiges Kunstwerk. Außer dieser Orgel gibt es noch eine weitere kleine Orgel.

Johannes von Galen hat hier ein marmornes Grabdenkmal, er wird als lebensgroß liegende Skulptur dargestellt, nach hinten hin werden einige Trophäen sichtbar, die aus verschiedenen Kriegsgeräten bestehen, mit zwei Palmzweigen, die oben durch eine Schiffskrone verbunden sind und die eine Tafel umschließen, auf der folgende Inschrift angebracht ist:

> Generosissimo Heroi, Johanni à Galen Essensi, Qui ob res sæpe fortiter & feliciter gestas sexies uno anno Duinkerkanorum & Subtus expressum est ultimum eius prælium cum Anglis ad portum Liburnum habitum A. 1653.[139]

Mit der Inschrift:

> Hier leydt in 't Graf van eer de dappere van Galen
> Die eerst gingh buyt op buyt Castilien afhalen,
> En met een Leeuwen Hart, na by 't Toskaner strandt
> De Britten heeft verjaeght, verovert en verbrandt.[140]

Der Turm dieser Kirche steht auf 6363 Pfählen, damit er ein sehr solides Fundament hat und nicht in den sumpfigen Boden sinkt.

Außerdem gibt es noch an alten Kirchen befinden eine auf der neuen Seite und eine auf der alten Seite. Es gibt nichts Außergewöhnliches daran, außer dass über der Tür der letzteren ein menschliches Skelett zusammen mit Schädeln und verschiedenen Knochen in Stein gehauen ist, aus denen Ähren hervor wachsen. Die Inschrift lautet: SPES ALTERA VITAE (Hoffnung auf ein anderes Leben).

An neueren Bauten ist die Zuyderkerk (Südkirche) zu nennen; zu ihrem Schmuck gehört eine schwarze Marmorplatte, auf der mit golde-

tione marmor qvoddam nigrum aureis literis hæc exhibet:

> Tot oeffeninge van de Christelicke Godsdienst, is dese Zuyder Kerk gesticht in 't
> jaar 1603. [77r] den 22. Augusti, den eersten steen is geleyt ('t werk ruym vier jaar
> stil gestaan) in 't jaar 1611 volmaakt, en op den Pinxsterdagh de eerste Predikatie
> daar in ghedaan.

Columnas habet 27. è lapide carneolo, turrimqve pulchram, Organo
Campanario instructam consonantissimo, qvod altius aliqvot tonis est,
altero illo templi veteris.

Templum Septentrionale seqvitur qvod & templum cruciforme ap-
pelliant, ad audiendas conciones omnium aptissimum. Qvatuor enim tantum columnæ ingentes muro tam sunt vicinæ, ut spatium intermedium
nihil habeat, qvo impedire posset aspectus concionantis, octo latera muri
octo parastatis lapideis firmata sunt eleganter circuitus a. passibus 70.
major a est: Huic similia extralta sunt Groningæ, Sluisæ ad Mosam, &
Sardami. Interius supra portam marmorea tabula continet seqventia:

> Tot oeffeninge van de Christelijke Godsdienst in dese Noorder Kerck gesticht in 't
> jaer 1620 de 15. Junius den eersten steen geleyt, en in 't jaer 1623 volmaekt en op
> Paasdagh des selven Jaars de eerste Predicatie gedaen.

Tandem & Occidentale templum suum hic meretur locum, cuius in-
troitus ornatus est calvariis lauro coronatis, cum subscriptione: Mors fidelium est vitæ perennis initium. Item: Memento mori, Bona mors initium vitæ. Interius marmori insculpta sunt seqventia:

> Tot oeffeninge van de Christelijke Goddsdienst is dese Wester Kerck gesticht, in 't
> jaer 1620, den 9. September den eersten steen geleyt, onde in 't jaer 1631, op den
> Pinxsterdagh de eertse predikatie ghedaan.

Latum est pedibus 22. longuus 38. Turris eius altissima est omnia
qvae Amstelredami sunt, ornatam columnarum tribus ordinibus, fastigi-
astam corona Imperiali maxima; & instructam automato musico [77v]
correctissimo. Fornices hîc, ut in omnibus alijs templis ê ligno construc-
tæ sunt, ob terram haud satis copactam qvæ pondera lapidearum forni-
cum non sustineret.

Præter ista ob iniectam indies hominum multitudinem inchoata sunt

nen Buchstaben steht:

> Tot oeffeninge van de Christelicke Godsdienst, is dese Zuyder Kerk gesticht in 't jaar 1603. [77r] den 22. Augusti, den eersten steen is geleyt ('t werk ruym vier jaar stil gestaan) in 't jaar 1611 volmaakt, en op den Pinxsterdagh de eerste Predikatie daar in ghedaan.[141]

Sie hat 27 Säulen aus bläulichem Marmor und einen schönen Turm mit einem sehr gut gestimmten Glockenspiel, das ein paar Töne höher ist als das der Alten Kirche.

Dann kommt die Nordkirche, die sie auch die Kreuz-Kirche[142] (die Kirche mit dem kreuzförmigen Grundriss) nennen, die wirklich von allen am meisten geeignet ist, um Predigten zu hören. Ihre vier ungeheuren Säulen stehen so nahe an der Wand, dass da kein Sitzplatz mehr übrigbleibt, von dem aus man den Prediger nicht mehr sehen könnte.

Die acht Seiten der Mauer werden durch acht steinerne Säulen elegant gestützt. Der Umfang ist nicht grösser als 70 Schritte. Ähnliche Konstruktionen finden sich in Groningen, Maes-Sluys[143] und Sardam.[144] Innen, über der Tür, enthält eine Marmortafel diese Worte:

> Tot oeffeninge van de Christelijke Godsdienst is dese Noorder Kerck gesticht in 't jaer 1620 de 15. Junius den eersten steen geleyt, en in 't jaer 1623 volmaekt en op Paasdagh des selven Jaars de eerste Predicatie gedaen.[145]

Erwähnenswert ist aber auch die Wester-Kirche,[146] deren Eingang mit lorbeergekrönten Totenköpfen mit folgender Inschrift geschmückt ist: Mors fidelium est vitæ perennis initium. Item: Memento mori, bona mors initium vitæ. Im Inneren sind die folgenden Worte in Marmor eingraviert:

> Tot oeffeninge van de Christelijke Goddsdienst is dese Wester Kerck gesticht, in 't jaer 1620, den 9. September den eersten steen geleyt, onde in 't jaer 1631, op den Pinxsterdagh de eertse predikatie ghedaan.

Sie ist 22 Fuß breit und 38 Fuß lang; ihr Turm der höchste in Amsterdam, geschmückt mit einer dreifachen Säulenreihe, mit der Kaiserkrone an der Spitze und ausgestattet mit einem gut abgestimmten automatischen Glockenspiel. [77v] Die Gewölbe wurden hier, wie in allen anderen Kirchen, aus Holz gebaut, aufgrund der Beschaffenheit des Grundes, der nicht so kompakt ist, dass er das Gewicht von Steinen tragen könnte.

Aufgrund der großen Anzahl von Menschen, die täglich hierher

adhuc duobus alia, qvorum alterum Orientale, alterum Insulare vocant, in qvibus jam qvidem conciones fiunt, nondum tamen inchoata structura lapidea.

In fossa posteriori partis veteris est et Gallicum templum cujus una porta exhibet sqq. [seqventes]: *Genes: XXVIII, vers XVII. Ce lieu icy est la Maison de Dieu & la porte des Cieux. MDCXLVI. Altera: PSAUME V. VIII. Tu entreray dans ta maison avec reverence. Tertia: Matth. 21.23. Ma Maison est la maison d'oraison.* Intra Templum trabi inscriptum est: *Ceste Eglise a esté fondée MCCCCIX. Raccommodée MDCXLVII. Aggrandie: MDCXLI.*

Angli qvoqve suam hic habent templum.Atqve hæc omnia qvidem inserviunt exercitio religionis Reformatæ. Cæterum templa publica concessa etiam sunt Lutheranis, Mennonistis, Arminianis, Judais.

Scholæ præter privatas qvam plurimas, duæ sunt in hac urbe, triviales; & illustris tertia[80] ceu vocant, sive Gymnasium. Istud fundatum est 1631. Professoribusqve in omni literarum genere eruditissimis celebre. Bibliotheca in illo publica instructa est libris optimis, catenulis ad repositoria firmatis; non admodum tamen multis; Aditur autem bis per hebdomadam horis nempe pomeridianis dierum Mercurij & Saturni. Præterea autem in Gymnasij gratiam adornatum est Theatrum Anatomicum elegantissimum, & Hortus Medicus, de qvo jam supra injecta est mentio. In species (?) tamen Chirurgi [78r] suam hic diligentissimè artem excolunt; qvippe qvi in foro novo peculiare habent Auditorium, in qvo bis per hebdomadem lectiones fiunt lingua Belgica, qvibus omnes interesse coguntur qvi nomina huic dederunt societati; absentibus mulctatis. Auditorium illud exornatum est picturis elegantissimis, inibiqve asservantur rariora qvædam, præsertim ex hominibus execta; ut calculi varij generis etc. Et in eadem qvidem lingua Belgica bis etiam in Gymnasio lectio fit, per septimanam de rebus præsertim Physicis ac Mathematicis.

---

80 tertia] über der Zeile eingefügt.

kommen, wurde mit dem Bau von zwei weiteren Kirchen begonnen, die sie die östliche (Oostersche Kerk) und die insulare (Eylandts-Kerk) nennen, in denen bereits Predigten gehalten werden, obwohl mit dem Bau der Steinstruktur noch nicht begonnen wurde.[147]

Am Hinterburgwall der Alten Seite befindet sich die französische Kirche, auf deren Tür die folgenden Worte stehen:

Genes: XXVIII, vers XVII. Ce lieu icy est la Maison de Dieu & la porte des Cieux. MDCXLVI. Altera: PSAUME V. VIII. Tu entreray dans ta maison avec reverence. Tertia: Matth. 21.23. Ma Maison est la maison d'oraison. In der Kirche steht auf einem Balken: *Ceste Eglise a esté fondée MCCCCIX. Raccommodée MDCXLVII. Aggrandie: MDCXLI.*

Auch die Engländer haben hier eine Kirche. Und alle halten den Gottesdienst nach den Regeln der reformierten Religion ab. Ansonsten werden öffentliche Gotteshäuser auch den Lutheraner, Mennoniten, Arminianern[148] und Juden gestattet.

Schulen
Neben den zahlreichen Privatschulen gibt es in dieser Stadt zwei Grundschulen und eine weiterführende dritte, welche sie illustris oder Gymnasium nennen. Dieses wurde im Jahr 1631 gegründet. Es ist berühmt für die sehr gelehrten Professoren, die dort in allen Bereichen der Wissenschaft lehren.[149] In diesem Gebäude befindet sich auch eine öffentliche Bibliothek, die mit ausgezeichneten Büchern ausgestattet ist, die durch Ketten an den Regalen gesichert sind, aber es handelt sich nicht um eine große Anzahl von Büchern. Sie ist zweimal pro Woche geöffnet, am Mittwoch- und Samstagnachmittag. Dem Gymnasium steht außerdem auch ein höchst geschmackvolles Theatrum anatomicum und ein botanischer Garten. der bereits oben erwähnt wurde, zur Verfügung. Es sind vor allem die Chirurgen, die hier [78r] mit großer Gewissenhaftigkeit ihre Kunst ausüben. Denn sie haben auf dem Neuen Markt ein Auditorium, in dem sie zweimal in der Woche Unterricht auf Holländisch geben, und alle, die sich bei dieser Gesellschaft eingeschrieben haben, müssen daran teilnehmen; für diejenigen, die fehlen, gibt es Strafen.[150] Dieser Hörsaal ist mit sehr schönen Gemälden geschmückt, auch ganz rare Dinge werden an diesem Ort aufbewahrt, vor allem solche, die aus menschlichen Körpern gewonnen wurden, wie z.B. Steine verschiedener Art, etc.[151]

Pulcherrima publicarum ædium est Curia, cuius descriptio post ædificia
sacra meritò primum sibi deposcit locum. Sita est in foro maximo, qvod
aggeris nomine appellant: Fundata A. 1648 28. Octobr. nondum tamen
absoluta penitus. Longitudo eius est pedd. 275. latit: 200, altitudo 5. con-
tignationes habet.[81] Materia est lapis albus durissmimus; Antarum duo
ordines [~~xxxxx~~ ~~xxxxxx~~] Romanarum & Corinthiacarum[82] pasietes firmant; singulis ordinibus per longitudinim viginta, per latitudinem 17.
continentibus; Encarpi nunc flores, nunc fructus, nunc frondes, nunc conchas, nunc marina alia exhibent varietate eleganti. Tympanum lateris orientalis marmoreum est, cujus Sculpturea Amstelredamum exprimit habitu virginis corona Imperiali redimitæ, ramumqve olivæ dextrâ tenentis;
ad latera eius leones, nec procul Neptunus hippopodamis rectus, Tritoni-
busqve stipatus & Nymphæ, visuntur, cum balænis, Delphinibus, Croco-
dilis, Phocis, Cygnis, marinisqve alijs. Similiter eadem exhibita est in
fastigio occidentali, sed tecta pileo Mercurij; tamqvam dona recipiens
varia ab Europa Asia Africa America muliebri habitu repræsentatis artifi-
ciosissme. Fastigia hac statuis[83] æneis exornata sunt, [~~trium ne~~] ad orien-
tem Prudentiæ libertatis & Pacis: ad occidentem duarum virtutum aliar-
um & Atlantis cœlum gestantis.[84] [adhuc æneis exornabuntur, <u>qvarum
duas in fusorio vidimus</u>, unam pru[78v]dentiæ, alteram pacis habitu;
tertiæ, qvæ Atlantis erat cœlum gestantis, <u>modulum vidimus</u>:] Fenestræ
omnes per intercolumnia distributæ sunt, adeo, ut præter illas, qvæ in
stereobata deprehenduntur, per singulas combinationes antarum, duo sint
illarum[85] ordines, unus minorum superior, alter proportione dupla, majorum inferior,[86] Fumaria sunt 18 encarpis ornata.[87] Tecti qvatuor culmina
angularia qvatuor coronas imperiales cupreas atqve deauratas exhibent;

---

81   Von hier an ein Zitat, das ich nicht nachweisen kann. Am rechten Rand NB*
82   & Corinthiacus] über der Zeile eingefügt.
83   Einschub am rechten Rand. Der offenbar den Text in eckigen Klammern ersetzt.
84   von hier an geht der ursprüngliche Text weiter.
85   illarum] über der Zeile eingefügt.
86   proportione dupla, majorum inferior] majorum inferior, proportione dupla. Hs.
      durch Ziffern umgestellt.
87   Der ganze Satz durchgestrichen oder unterstrichen und unterpunktet.

Und in der gleichen holländischen Sprache findet auch im Gymnasium zweimal pro Woche eine Vorlesung statt, vor allem in Physik und Mathematik.

Rathaus

Das schönste der öffentlichen Gebäude ist das Rathaus, dessen Beschreibung verdienterweise unmittelbar nach den Sakralbauten den ersten Rang erfordert. Es steht auf dem größten Platz, der Deich genannt wird: Grundsteinlegung war am 28. Oktober des Jahres 1648, aber es ist noch nicht ganz fertiggestellt. Es ist 275 Fuß lang, 200 breit und hat 5 Stockwerke. Das Material ist ein sehr harter weißer Stein; zwei Reihen von Säulen, römisch und korinthisch, stützen die Wände. die einzelne Ordnung enthält zwanzig (Säulen) an der Längsseite und siebzehn an der Breitseite. Die Girlanden des Frieses zeigen bald Blumen, bald Früchte, belaubte Zweigen, Muscheln und andere Objekte aus dem Meer werden in einer raffinierten Vielfalt dargestellt. Das Tympanon auf der Ostseite ist aus Marmor und bildlicher Schmuck stellt Amsterdam als Jungfrau dar, die eine Kaiserkrone trägt und einen Olivenzweig in der rechten Hand hält; an den Seiten sind Löwen und, nicht weit entfernt, der Gott Neptun dargestellt, der von Nilpferden getragen wird, begleitet von Tritonen und Nymphen, sowie Walen, Delphinen, Krokodilen, Robben, Schwänen und anderen Meerestieren.

In gleicher Weise ist im westlichen Teil des Giebeldreiecks eine Jungfrau dargestellt, jedoch mit dem geflügelten Hut des Merkur bedeckt, wie sie verschiedene Geschenke von den als Frauen sehr kunstvoll dargestellten Europa, Asien, Afrika und Amerika empfängt. Die Firste sind mit Bronzestatuen geschmückt; im Osten die Statue der Klugheit, der Freiheit und des Friedens, im Westen die Statuen von zwei anderen Tugenden und Atlas den Himmel haltend.[152]

[78v] Zwischen den Fensterreihen sind Säulen, und zwar so, dass zusätzlich zu der Reihe der Säulen im unteren Teil (der Rathausfront) noch eine weitere Säulenreihe existiert wobei jeweils die höher gelegenen Fenster klein, die tiefer gelegenen aber doppelt so groß sind. Es gibt Kamine, die mit Girlanden verziert. Die vier Enden des Daches tragen vier Kaiserkronen aus Kupfer und Gold. Jede dieser Kronen wird von vier Adlern aus dem gleichen Material getragen. Das Gewicht jeder Krone mit ihren Adlern wurde auf 680 Pfund geschätzt.

Der Turm ist noch nicht fertig. Wir haben bei dem Uhrmacher- und

qvarum singulæ per qvatuor aqvilas sustinentur, eadem constantes materia; adeo ut pondus unius coronæ cum aqvilis dicatus 680 librarum; Turris nondum absoluta est; organum campanarium cum horologio, qvod
huc constituetur, apud fabrum automatarium vidimus. Portæ in atrii pa-
riete anteriori sunt septem exiguæ, absqve omni ornamento, & duæ ad
utriumqve eius latus; qvæ non conveniunt cum reliqva magnificentia, nec
ostendunt genuinam illam Eurythmiam, ab Architecto summopere reqvi-
sitam. Si unicum enim Thyrorium loco novem harum portularum adornatum esset profectò plure accessisset ornamenti qvam sperari poterat: Interim Septenarius ille muri anterioris juxta qvosdam septem provincias,
juxta alios.

Thebarum portas vel divitis ostia Nili
denotare dicitur, mystica plane ratione, qvam & in structura Templi
Salomonæi qvondam observatam esse sæpius testantur Architecti.

Jam ut ad interiora transeam atrium ante omnia descibendum est; ad
qvod ascenditus qvinqve gradibus ob stereobatam. ibiqve anteomnia occurrit Basilica curiæ qvam appellant de Vierschaar. Ante illam porticus
est 100. ped. lata. Ipsa verò ornatissima qvidem, sed iterum absqve omni
eurythmia disposita est. Nec enim tota eijus qvantitas tam augusta est
qvantum reqvirebant regulæ structurarum magnificarum; nec altitudo
qvæ ma[79r]xima longitudini a. (aut) latitudini respondet; illam autem
non ex concameratione, a. (aut?) tabulato æstimo, qvippe qvibus destitu-
itur ut ex pergula de conclavi superiori ad inferiora pateat prospectus; sed
ex antis earumqve trabeatione. Fenestræ eius maximæ munitæ sunt cancellis orichalceis insigni artificio fabrefactis, qvi locæm præbent 18.
sclopetis æneis, ad defensionem totius fori si forte oieretur seditio. Janua
ex similibus constat clathris qvibus ex una parte duo gladii repræsentan-
tur flammantes atqve decussati, cum inscriptione: Discite justitiam moniti: ex altera fulmen exhibetus, cum ossibus humanis atqve calvariis; inscriptio est, Et non temnere Divos. Paries sinister intrantibus marmori
insculptas ostendit historias tres, primam Zaleuci, alteram Salomonis
dijudicantis causam scortorum, tertiam Bruti spectantis supplicium filiorum: Istæ tabulæ discriminantur per qvatuor Caryatides marmoreas,
Colosseas, artificiosissime sculptas habitu ancillarum Græcarum, plorantes. Adversus paries Subsellia judicum exhibet, medioqve loco tribunal
tribus gradibus a pavimento elevatum; Istud ornatum est figuris infantum
plorantium super cranio qvodam humano; insuperqve qvatuor Serpentes
Paradisiacos gyrosqve varios foliorum acanthinorum, atqve carduinorum

Automatenmeister ein Glockenspiel mit einer Uhr gesehen, die dort installiert werden soll. An der Stirnwand des Atriums befinden sich sieben kleine Türen ohne jegliche Verzierung, und zwei auf jeder Seite, Türen, die nicht mit der Pracht des übrigen Gebäudes übereinstimmen und nicht der vom Architekten geforderte Harmonie entsprechen. Wenn nämlich ein einziges Portal an Stelle von neun dieser kleinen Türen da wäre, so käme es in der Tat mehr einem Schmuck gleich als zu erhoffen. Die an der Außenmauer liegende Siebenzahl (der Türen) steht für die sieben Provinzen ebenso gut wie für etwas anderes:

(Sieben) Pforten hat Theben und (sieben) Mündungen der Nil[153]

nach einem vollkommen geheimen System, das nach Angaben der Architekten einst im Tempel Salomons befolgt wurde.

Doch bevor wir zum inneren Teil übergehen, ist es notwendig, die Halle zu beschreiben, die man wegen des Untergeschosses über fünf Stufen erreicht. Hier befindet sich vor allem das Gericht, das de Vierschaar genannt wird. Davor befindet sich eine 100 Fuß breiter Portikus. Er ist zwar sehr reich an Ornamenten, aber wiederum ohne Harmonie angelegt. Denn an Größe ist er nicht so majestätisch, wie es die Proportionen von Monumentalbauten erfordern, noch entspricht die Gesamthöhe der Länge und Breite des Gebäudes. Ich berechne sie nicht vom Gewölbe oder von den Stockwerken aus, denn dabei, wie auch bei den Risaliten, gibt es einen Höhenunterschied in der Ansicht der oberen und der unteren Raumreihe, sondern ich rechne in Bezug auf Architrav und Wandpfeiler.

Die sehr großen Fenster sind mit fein gearbeiteten Messing-Gittern versehen, die Platz für achtzehn Bronzekanonen[154] bieten, die im Falle eines Aufstandes den ganzen Markt verteidigen können. Das Tor zeichnet sich auch durch ähnliche Gitter aus, auf deren einer Seite zwei gekreuzte flammende Schwerter dargestellt sind, mit der folgenden Inschrift: Discite justitiam moniti. An der anderen Tür befindet sich ein Donnerkeil mit menschlichen Knochen und Schädeln; die Inschrift lautet: Et non temnere Divos. Die linke Wand zeigt dem Eintretenden drei in Marmor gemeißelte Geschichten, die erste von Seleucus, die zweite von Salomon, der über die Huren richtet,[155] und die dritte von Brutus, der der Enthauptung seiner Söhne beiwohnt; diese Bilder werden durch vier riesige Marmorkaryatiden in Gestalt von weinenden griechischen Jungfrauen von einander abgetrennt.

An der gegenüberliegenden Wand befinden sich die Richterbänke und in der Mitte ein Podium, das drei Stufen erhöht ist. Dieses Podium

pro ornamentis habet. Insuper statuæ qvoqve Justitiæ atqve Prudentiæ ex marmore oculis Judicum expositæ sunt; superius vero Amsterodamum iterum expressum est habitu virginali, cum tuba, leonibus atqve Tritonibus, & inscriptione de extructione Curiæ. Atqve ut uno verbo elegantiam Basilica humanus deferibam; ex marmore constant omnia si materiam spectes; si ornamentæ desideres, onmia ab acantho, spinis, carduis, urticis desumta sunt, adqve rigorem justitiæ denotandum accomodata.

[79v] Ad latera huius Basilicæ hunc est conclave ministrorum spiniferorum, de qvibus infra, atqve in eo per noctem excubias agunt cives; illinc excubitorium militum. In inferiori ista contignatione præterea inveniuntur Conclave mutui; item Conclave Custodis; ex parte septentrionali carceres sunt, ædesqve custodis carcerum, atqve torturæ camera; sub qvibus carceres alii sunt pro his qvi capitalibus plectendi sunt suppliciis. Ad superiora ascenditur 24. gradib., ab utroqve latere Basilicæ, supra scalam duo Angeli Inscriptionem tenent horum verborum: Audi & alteram partem: mox ingressus patet in Oecum; cryptoporticibus circundatum, Qvarum qvadratum uno latere 175. ped. continet. Verus ipsa longg est pedd. 140. lat. 75. altusqve plurqvæ 100. Fenestræ lumen transmittunt ex duobus Cavædiis qvadratis. Pavimentum marmoreum est, in medio planisphærium cœleste (cui in concameratione responsuerum est planisphærium cœleste alterum) & utrinqve duo globi terrestris planisphæria continens; qvorum circuli gradusqve orichalcei sunt, finibus regionum, figurisqve constellationum rubro disterminatis marmore. Circumferentia singulorum est pedd. 72. diameter fermè 23. Ingressus utrinqve habet columnas integras, qvarum stylobatæ ex albo, scapi ex vario capitulum &[88] Trabeades ex albo rursur marmore constat; forma illarum est Corinthiaca juxta regulas Scamozzij elaborata. His innititur statua Amstelredami iterum ut sæpius sedens[89] dextra oleæ, sinistra palmæ ramos tenens, capiti eius aqvila coronam imponit imperatorialem, pectoriqve insculpta sunt insignia Urbis; sub pedipus duo leones, ad latera Fortitudo, Pallasqve visuntur adjectis infantibus cum cornibus copiæ; ex marmore albo omnia.

---

88 capitulum &] über Zeile eingefügt.
89 sedens] über der Zeile eingefügt.

ist mit Figuren von über einem menschlichen Schädel weinenden Kindern, verziert. Darüber hinaus ist es mit vier Paradiesschlangen und verschiedenen Kränzen aus Akanthus- und Distelblättern geschmückt. Ferner sind die beiden Marmorstatuen der Gerechtigkeit und der Klugheit dem Richter vor Augen gestellt. Oben ist Amsterdam, wiederum in Gestalt einer Jungfrau dargestellt, mit einer Posaune, Löwen, Tritonen und der Inschrift zur Grundsteinlegung des Rathauses.

Wenn ich nun in Kürze die Eleganz dieses Gerichts beschreiben will, so ist, in Hinblick auf das Material alles aus Marmor. Betrachtet man hingegen die ornamentalen Motive, so besteht alles aus Akanthus, Distel und Brennnessel, die die Strenge der Gerechtigkeit symbolisieren.

[79v] Auf beiden Seiten des Tribunals befindet sich eine Kammer für die Rute tragenden Boten,[156] von denen ich später sprechen werde, und in dieser Kammer halten einige Bürger nachts Wache. Dort in der Nähe ist auch der Soldatenschlafsaal. In der unteren Etage befinden sich die Wechselbank und das Zimmer der Aufseher; im nördlichen Teil sind die Gefängnisse, die Wohnung des Gefängnisaufsehers und der Folterraum. Darunter befinden sich weitere Gefängnisse, für diejenigen, die zur Todesstrafe verurteilt wurden. Dann geht man 24 Stufen hinauf und auf beiden Seiten der Vierschaar, über der Treppe, sind zwei Engel zu sehen, die eine Inschrift mit diesen Worten halten: Audi & alteram partem.

Der Eingang öffnet sich dann sofort in einen von einer Galerie umgebenen Saal, dessen Quadrat auf einer Seite 175 Fuß misst. Tatsächlich beträgt seine Länge 140 Fuß, seine Breite 75 Fuß und seine Höhe über 100 Fuß.

Die Fenster lassen Licht von zwei quadratischen Innenhöfen herein. Der Fußboden ist aus Marmor, in der Mitte befindet sich die Himmelskarte (himmlisches Planispherium), zu der es eine weitere entsprechende auf dem Gewölbe des Raumes gibt, und auf jeder Seite sind zwei Landkarten der Erde (die irdischen Planispherien) kreisförmig dargestellt. Die Längen- und Breitengrade bzw. Umlaufbahnen sind aus Messing, die Grenzen der Länder und die Sternbilder sind durch roten Marmor gekennzeichnet. Der Umfang (der einzelnen Darstellungen) beträgt 72 Fuß, der Durchmesser fast 23 Fuß. Am Eingang des Saales stehen auf beiden Seiten monolithische Säulen, die Basen der Säulen sind aus weißem Marmor, der Schaft der Säule aus polychromem, Kapitell und Architrav wieder aus weißem Marmor. Sie sind in korinthischer Art und nach den Regeln von Scamozzi gestaltet.[157] Die Säulen tragen wieder eine Statue

Huic ex ad [80r]verso respondet porta Conclavis Scabinorum, cuius
Thyrorium columnas habet hic plane similes, ornamentaqve architectonica eadem. Superius tamen Justitia sedens[90] expressa est gladium lan-
cemqve tenens, pedibus calcare videtur Midam, ~~ignorantiæ~~ injusti judicis[91] symbolum, & discordiam serpentibus per caput manusqve terribilem;
ad dextram mortis imago sculpta est, cui desuper imminent duo infantes
nudi per fulminis flagelliqve symbola pænas capitales minitantes; sinistram claudit Pœnæ statua, fasces magistratuum Romanorum & compedes
tenens; Harpyiis desuper advolantibus. Parietes Oeci utrinqve octo antis
exornati; sunt striatis ordinis Corinthiaci; per qvarum intercolumnia fenestræ ita sunt dispositæ tribus ordinibus, ut infimus & summus majores;
medius minores contineant, atqve adeo 36: fenestræ utrinqve numerentur. Supra arcus per qvos ingressus patet in cryporticus ad partem Australem ex marmore sculptæ sunt Statuæ elementorum; nimirum ab uno latere Terra habitu fæminæ turritæ atqve palliatæ [92]sedentis, atqve infantem
lactantis, ad cuius latera Camelus, Leo atqve aliæ bestiæ; cum serpentibus bufonibusqve circa pedes eius per cavernas reptantibus, spectantur:
Aqva exprimitur habitu fœminæ nudæ, conchiliis, turbinatis aliisqve marinis coronatæ; utraqve manu navem humeris suis impositam retinentis:
ex corpore eius algæ variæ lentes marinæ aliaqve palustria progerminare
videntur, & circa pedes piscis apparet cum bestiis marinis alijs. Aerem
denotat Fæmina nuda nuber tenens, cum alis molæ, aqvila aliisqve avibus qvasi per aerem delata. Ignem vir nudus designat, capite calvo, ex
qvo qvasi flammæ promicant; dextra fulmen, sinistra facem tenet. subpe-
dibus Salamandra apparet.

---

90   sedens] über der Zeile eingefügt.
91   injusti judicis über dem gestrichenen ignorantiae
92   turritæ atqve palliatæ am Rand nachträglich eingefügt.

von Amsterdam, wie man sie öfters sieht, sitzend und mit einem Olivenzweig in der rechten und einem Palmzweig in der linken Hand, ein Adler
setzt ihr die Kaiserkrone aufs Haupt und auf ihrer Brust ist das Wappen
der Stadt eingraviert. Unter ihren Füßen sind zwei Löwen, auf den beiden Seiten die Stärke und Pallas mit Kindern, die Füllhörner halten. Alles
ist aus weißem Marmor gefertigt.

[80r] Auf der gegenüberliegenden Seite befindet sich das entsprechend gestaltete Portal des Schöffenzimmers, dessen Eingang sehr ähnliche Säulen und die gleichen architektonischen Ornamente aufweist. Auf
den Säulen nämlich ist die sitzende Gerechtigkeit dargestellt, die ein
Schwert und eine Lanze[158] hält, man sieht, wie sie Midas, Symbol eines
ungerechten Richters, unter ihren Füßen zermalmt, und die abscheuliche
Zwietracht mit Schlangen an Kopf und Händen. Auf der rechten Seite ist
das Bild des Todes, von oben herab neigen sich zwei nackte Kinder mit
Blitz und Peitsche, Symbole für die hier drohende Todesstrafe. Links
bildet die Statue der Strafe den Abschluss, die in ihrer Hand das Rutenbündel des römischen Magistrats und Fesseln trägt, darüber fliegen Har-
pyien heran. Die Wände des Saals sind beiderseits mit acht Säulen geschmückt, die nach korinthischer Art kanneliert sind. In den
Zwischenräumen der Säulen hat es drei Reihen Fenster, die untersten und
die obersten sind grösser, die mittleren kleiner, im Ganzen zählt man 36
auf jeder Seite. Über den Bögen, durch die man die Galerie im Süden
betritt, befinden sich Statuen der Elemente aus Marmor. Natürlich sieht
man da auf der einen Seite die Statue der Erde, die als sitzende Frau mit
Turmkrone und Mantel dargestellt ist, die ein Kind stillt, ihr zur Seite
stehen ein Kamel, ein Löwe und andere Tiere, Schlangen und Kröten, die
aus Höhlen kriechen, umgeben ihre Füße. Das Wasser wird als nackte
Frau dargestellt, die von Muscheln, Meerschnecken und anderen Mee-
resbewohnern gekrönt ist und mit beiden Händen ein Schiff auf ihren
Schultern hält. Aus ihrem Körper sehen wir verschiedene Algen, Wasser-
linsen und andere Sumpfpflanzen hervorsprießen, um ihre Füße herum
erscheint ein Fisch mit anderen Meerestieren. Die Luft wird von einer
nackten Frau dargestellt, die Wolken und Mühlen-Flügel in der Hand hält
und von einem Adler und anderen Vögeln sozusagen durch die Luft getragen werden. Das Feuer wird durch einen nackten Mann mit kahlem
Kopf bezeichnet, aus dem gleichsam Flammen hervorschimmern, rechts
hält er einen Blitz, links eine Fackel, und unter seinen Füßen erscheint
ein Salamander.

[80v] Ex adverso latere septentrionali, arcus illi supra ingressum cryptoporticuám iisdem Elementis exornati sunt, sed paulo aliter expressis. Nimirum ad dextram Aqva posita est sub forma fæminæ innixæ vasi cuidam inclinato, ex qvo cum undis varii pisces proruunt, Ipsa sinistra tridentem dextra globum undivomum tenet, coronata herbis marinis atqve palustribus. Terram fæmina stans repræsentat, dextra terrarum orbem, sinistra cornucopiam tenens, vitibus aliisqve frugibus ac plantis ipsa qvasi cingitur insistens terræ fertili cum bestiolis varijs. Ex adverso Ignis spectatur habitu fæminæ Æthiopistæ, ~~dextra~~ manibus vas qvoddam tenentis, in qvo Phœnix flammis consumitus, caput eius velamine peregrino, & corpus carbaso tenui involvitur, Sole simul pone expresso. Aerem denotat mulier nubilis stellisqve amicta capillis vento expositis, dextra pavonem, sinistra chamæleonta continens. Foenix nondum plane est absolutus.

In circuitâ Cryptoporticus fenestræ majores 56. & minores 40 numerantur, antarum numerus ad 98 accedit, inter qvos 8. peculiari artificio exornatæ sunt. In qvarum summitatibus statuæ marmoreæ seqventes:

1. Diana sinistra arcum dextra facem tenens, atqve pharetram: cum cervo ad latus, &[93] magna piscium atiorumqve marinorum copia ad pedes: ideo Anta illa cui insistit ornata est[94] variis, instrumentis venatoriis, nempe retibus, cornibus, pharetris, sagittis marmore albo elegantissime expressis.

II. Mercurius nudus, galero tectus, & talaria gestans, dextra caduceum, sinistra marsupium tenet, consistantibus ad pedes eius hirco atqve Gallo.

[81r] III. Jupiter stans, palliatus atqve barbatus, dextra fulmen tenet, ad pedes eius aries cum aqvila.

IV. Apollo laureatus, atqve pharetratus, sinistra arcum dextra sagittam tenet ad pedes eius Python, ad latus lyra: Ornamenta dessumta sunt ex Musica.

---

93   &] über der Zeile eingefügt.
94   est] über der Zeile eingefügt.

[80v] Auf der gegenüberliegenden Nordseite sind die Bögen über dem Eingang zur Galerie mit denselben Elementen verziert, aber auf eine etwas andere Art und Weise ausgeführt. Rechts ist – man kennt das - das Wasser als Frau dargestellt, die sich an eine geneigte Vase lehnt, aus der verschiedene Fische in den Wellen des Wassers herauskommen. In der linken Hand hält sie einen Dreizack, in der rechten eine wasserspeiende Kugel, und sie ist mit Meeres- und Sumpfgräsern gekrönt. Eine stehende Frau stellt die Erde dar, sie hält eine Weltkugel in der rechten und ein Füllhorn in der linken Hand, sie ist gleichsam umrankt von Weinreben, anderen Früchten und Pflanzen und ihre Füße stehen auf der Erde, in der es von verschiedenen Tierchen wimmelt. Auf der gegenüberliegenden Seite sehen wir das Feuer in der Gestalt einer afrikanischen Frau, die in ihren Händen eine Vase hält, in der ein Phönix von Flammen verzehrt wird, ihr Kopf ist durch einen fremdartigen Schleier verhüllt, und ihr Körper ist in ein feines Baumwolltuch gehüllt, auch ist dahinter die Sonne dargestellt. Eine in Wolken und Sterne gehüllte Frau repräsentiert die Luft, ihr Haar ist dem Wind ausgesetzt, in der rechten Hand hält sie einen Pfau, in der linken ein Chamäleon. Der Phönix ist noch nicht vollendet.

Rundherum hat die Galerie 56 größere und 40 kleinere Fenster, und die Anzahl der Säulen erreicht 98, von denen insbesondere 8 künstlich verziert sind. Oben drauf stehen folgende Marmorstatuen:

I. Diana hält einen Bogen in der linken Hand, eine Fackel und einen Köcher in der rechten, mit einem Hirsch an ihrer Seite und einer großen Anzahl von Fischen und anderen Meerestieren zu ihren Füßen; und die Säule, auf der die Statue steht, ist mit verschiedenen Jagdutensilien wie Netzen, Hörnern, Köchern und Pfeilen geschmückt, die alle sehr kunstvoll aus weißem Marmor gemeißelt sind.[159]

II. Der nackte Merkur, der mit einer Kappe bedeckt ist, geflügelte Schuhe trägt, in der rechten Hand den Caduceus (Heroldsstab) und in der linken einen Geldbeutel hält, während zu seinen Füßen ein Ziegenbock und ein Hahn stehen.[160]

[81r] III. Jupiter stehend, mit Mantel und Bart, in der rechten Hand einen Donnerkeil haltend, zu seinen Füßen ein Widder mit Adler.[161]

IV. Apollo, mit Lorbeer gekrönt, ausgestattet mit einem Köcher, hält in der linken Hand einen Bogen und in der rechten einen Pfeil, zu seinen Füßen liegt eine Python,[162] an einer Seite eine Leier; dargestellt sind Ornamente aus der Musik.[163]

V. Mars trägt einen Helm mit der Darstellung eines Drachen, be-

V. Mars galeatus cum draconis insigni, loricaqve tectus sinistra scutum dextra bipennem tenet, pone lupus & corvus. ansa cui insistit instrumentis bellicis. Lupisqve pueros lacerantibus exornata est.

VI. Venus nuda myrtho rosisqve coronata, sinistra pomum aureum tenet, utrinqve Cupidines, ad pedes cygnus atqve columbæ spectantur.

VII. Saturnus senex infantem devorat, sinistra falcem tenet, ad pedes aratrum, & palam habet, sub ipso clepsammidium.[95]

VIII. Cybele turrita dextra sceptrum sinistra clavem tenet, ad pedes leones consistunt. Sub ipsa ornamenta omnia ex agricultura sunt.

Præterea picturæ artificiosissimæ assumtæ sunt ad ornamenta cryptoporticus, omnes ex Historia Belli „Batavor" cum Romanis, temporib. Civilis, ex qvibus qvatuor demum extant, dimidia nempe pars.[96] Jamqve ad Conclavia accedo, inter qvæ (1) Camera Consulum; supra cujus ingressum duo puerili nudi fasces consulares Romanes nec non duæ aqvilæ fulmina tenent; atqve supra hac tabula marmorea fabulam Mercurii atqve Argi exhibet- Interius mensa qvadrata ostenditur[97] cum cochlea ferrea sigillo magno instructa ad obsignandas litteras. Supra Caminarum pictura insignis; è regione Curia vetus insigni atrtificio itidem depicta est, in qvo opere Persepctiva ipsa omnem videtur adhibuisse operam atqve artem: parietes tapetibus ornabuntus; Præterea Carmen ibi appensum est huius hæc sunt verba:[98]

---

95 Offenbar eine Wortbildung von Knorr aus Clepsydra und hammos.
96 Am rechten Rand Zeichen für Sulfur.
97 ostenditur] über der Zeile eingefügt.
98 Beschryvinge IV, S. 42.

deckt mit einem Panzer, hält einen Schild in der linken Hand und eine Doppelaxt in der rechten Hand, neben ihm ein Wolf und ein Rabe, auf der Säule sind Kriegsinstrumente angeordnet und Wölfe, die Kinder verschlingen.[164]

VI. Die nackte Venus, gekrönt mit Myrte und Rosen, hält in ihrer linken Hand einen goldenen Apfel, zu beiden Seiten stehen Amoretten, zu ihren Füßen sieht man einen Schwan und Tauben.[165]

VII. Saturn ein alter Mann, der ein Kind verschlingt, hält in der linken Hand eine Sense, zu seinen Füßen liegen ein Pflug und eine Schaufel, unter ihm eine Sanduhr.[166]

VIII. Cybele mit einem Turm auf dem Kopf, in der rechten Hand hält sie ein Zepter und in der linken Hand einen Schlüssel, zu ihren Füßen stehen Löwen, die Ornamente unter ihr stammen aus der Welt des Ackerbaus.[167]

Außerdem gibt es sehr schöne Bilder als Dekoration der Galerie, die alle der Geschichte des Kriegs der Bataver gegen die Römer zur Zeit des Civilis[168] entnommen sind, von denen nur vier hier sind, nämlich die Hälfte.[169]

Als nächstes komme ich zu den Räumen, unter denen sich 1. der Saal der Bürgermeister befindet, über dessen Eingang zwei Kinder mit dem römischen Rutenbündel und zwei Adler, die Donnerkeile halten, zu sehen sind; und darüber befindet sich eine Marmorplatte, die die Geschichte des Mythos von Merkur und Argos darstellt. Im Inneren befindet sich eine quadratische Tafel mit einer eisernen Schnecke und einem großen Stempel zum Siegeln von Briefen. Darüber hinaus ist die Dekoration der Gewölbe bemerkenswert; gegenüber ist das alte Rathaus mit großer Sorgfalt gemalt, auf die Perspektive wurde in diesem Werk viel Kunst und Mühe verwendet. Die Wände sind mit Tapisserien geschmückt; über allem hängt ein Gedicht, das den folgenden Wortlaut hat:

GELUK
An de E. E. Heeren
REGEERDERS
Van
AMSTELDAM

[81v]   In haar
NIEUWE STADTHUYS
Doorluchte Stichteren van 's Werelts achtste Wonder
Van zoo veel steens om hoogh, op zoo veel houts van onder,
Van zoo veel kostelijx zoo kostelijk verwrocht,
Van zoo veel heerlijkheyds tot zoo veel nuts gebrocht:
Godt, die u macht en pracht met reden gaf te voegen,
Godt gev' u in 't Gebouw met reden en genoegen,
Te toonen wie ghy zijt; en, dar ik 'tal in fluyt,
Heyl zy daar eeuwighin, en onheyl eeuwighuyt.
Is't ook zoo voorgeschikt dat deze Marm're muuren
Des aardtrijks uyterste niet hebben te verduuren;
En werdt het noodigh dat het negende verschijn,
Om 't achtste Wonder-werks nakomelingh the zijn;
Godt, uwer vad'ren Godt, Godt uwer Kind'ren Vader
Godt, zoo na by u, zy die kind'ren zoo veel nader
Dat hare Welvaart noch een Huys bouw', en bezitt
Daar by dit nieuwe sta als 't oude stondt by dit.
CONSTANTER.

Hoc carmen Constant. Hugenii, in conclavi Consulum Extraordinario nunc tabula marmoreæ nigræ aureis literis insculptum est. De primo hoc enclavi qvatuor saltem Conss. convenire solent, hinc illam qvoqve Burgermeesters Kamer dicunt.[99] (2.) Conclave Conss. extraordinarium occurit, qvod dicunt Burgermeesters vertrek. Supra huius januam scutum marmoreum per duos utrinqve pisces firmatus, qvos nudi complectuntur pueruli; qvibus cornua copiæ adjacent.

[82r] Hoc conclave tabetibus itidem exorandum est, jamqve circa mensam longissima 36. seditia disposita sunt pro totidem Senatoribus atqve Conss. qvorum culcitræ omnes insignibus urbicis exornata sunt. Per fornices emblemata varia videntur. Duo camini marmoreis ornamentis nitidissimi, tabulas simul pictas exhibent magni pretij, in qvarum una historia Fabricii Constantis, in altera M.Curii abstinentis historia delineate est.

---

99   Am Rand vor der Zeile: Recessus Conss.

GELUK
An de E. E. Heeren
REGEERDERS
Van
AMSTELDAM

[81v]   In haar
NIEUWE STADTHUYS
Doorluchte Stichteren van 's Werelts achtste Wonder
Van zoo veel steens om hoogh, op zoo veel houts van onder,
Van zoo veel kostelijx zoo kostelijk verwrocht,
Van zoo veel heerlijkheyds tot zoo veel nuts gebrocht:
Godt, die u macht en pracht met reden gaf te voegen,
Godt gev' u in 't Gebouw met reden en genoegen,
Te toonen wie ghy zijt; en, dar ik 'tal in fluyt,
Heyl zy daar eeuwighin, en onheyl eeuwighuyt.
Is't ook zoo voorgeschikt dat deze Marm're muuren
Des aardtrijks uyterste niet hebben te verduuren;
En werdt het noodigh dat het negende verschijn,
Om 't achtste Wonder-werks nakomelingh the zijn;
Godt, uwer vad'ren Godt, Godt uwer Kind'ren Vader
Godt, zoo na by u, zy die kind'ren zoo veel nader
Dat hare Welvaart noch een Huys bouw', en bezitt
Daar by dit nieuwe sta als 't oude stondt by dit.
CONSTANTER.[170]

Dieses Gedicht von Costantin Huygen ist im besonderen Zimmer der Bürgermeister auf einer schwarzen Marmortafel mit goldenen Buchstaben eingraviert. In diesem Raum tagen von jeher die vier Bürgermeister, weshalb er auch als Bürgermeisterzimmer bezeichnet wird. 2. Es folgt weiteres besonderes Zimmer der Bürgermeister, welches Burgermeesters vertrek (das Zimmer, wohin man sich zurückzieht) genannt wird.[171] Über der Tür dieses Raumes befindet sich ein Marmorschild, das auf beiden Seiten von zwei Fischen gehalten wird, die zwei kleine Kinder umarmen, denen Füllhörner beigegeben sind. [82r] Auch dieser Raum ist mit Tapisserien geschmückt, und um den sehr langen Tisch sind 36 Stühle für ebenso viele Ratsherren und Bürgermeister angeordnet, deren Kissen alle mit den Insignien der Stadt verziert sind.

An der Decke sahen wir verschiedene Embleme. Die beiden Kamine sind dank der Marmorverzierungen sehr hell. Auf ihnen sind schöne Tafelbilder von großem Wert angebracht, auf dem einen ist die Geschichte des standhaften Fabricius, auf dem andern diejenige von dem unbestechlichen Marcus Curius dargestellt.[172]

(3) Die gewöhnliche Schatzkammer (*Thresaurie Ordinaris*). Über

(3) Ærarium ordinarium; (*Thresaurie Ordinaris*) Supra cujus januam idem Emblema qvod antea: In hoc accipiuntur omnes reditus Urbis, atqve simul solvuntur omnes expensæ qvæ Urbem concernunt, omniaqve stipendia secundum diversitatem officiorum.

(4.) Tabellarium (*Secretarye*) ubi asservantur omnia scripta atqve documenta, Urbem concernentia, et ubi simul conficiuntur tabulæ publicæ, sive rescripta atqve edicta de statu Universitatis. Hoc conclave duas habet januas; qvarum[100] prima tabulam supra se habet marmoreæm cum emblemate fidelitatis, qvod est canis insistens cadaveri Domini sui occisi, altera pari modo silentium præ se fert, qvod denotatus per fæminam, qvæ digitis labellum compescit, perqve anserem qvi lapide rostrum sibi qvasi obstruxit. Encarpi hic ex instrumentis variis rei scriptoriæ constant.

(5.) Ærarium Extraordinarium (*Thresaurie Extraordinaris.*) in qvo recipiuntur & exolvuntur,[101] census atqve Tributa qvae totam Hollandiam concernunt. Supra huius januam duo pueri cum cornibus copiæ scutum firmant medium qvibus apposite sunt duo galli, ad alacritatem denotandam.

[82v] (6.) Conclave ubi conveniunt Judices minorum causarum (*Comissarisen van kleine Saken.*) in qvo disceptatur de delitis, qvæ 600. fl. non excedunt, non admissis vel Advocatis vel Procuratoribus. Emblema hîc idem est cum priori.

(7.) Conclave Scabinorium (*Schepenen Kamer*) qvod maximum est xxxxxxxx inservit dijudicationi majorum causum omnium; divisumus est in locum justitiæ, ubi à judicibus causæ cognoscuntur, (in qvo simul parieti affixa est virga spinea, qvæ signum est actum judicii exerceri:) & recessus qvosdam pro advocatis & Procuratoribus.

(8.) Conclave Scabinorum Extraordinarium (*Schepenen Extraordinaris*), in qvo arbitrium exercetur variis modis, per delegatos qvosdam è scabinis, ne omnes causæ rigori subjaceant: hic qvoqve omnes causæ Tribuum cognoscuntur & dijudicantur. Porta eius ornata est emblemate de crudelitate, qvam denotant duo lupi dilacerantes pueros nudos, cum

---

100 über der Zeile nachgetragen.
101 wahrscheinlich verschrieben für evolvuntur.

der Tür befindet sich dasselbe Emblem wie im Raum zuvor.[173] In diesem Raum werden die Einnahmen der Stadt entgegengenommen und gleichzeitig werden alle Ausgaben, die die Stadt betreffen, und die Gehälter gemäß der Verschiedenheit der Ämter gezahlt.

(4) Das Sekretariat (*Secretarye*):[174] Es ist der Ort, an dem alle schriftlichen Dokumente, die die Stadt betreffen, aufbewahrt werden, und in dem die Staatsurkunden, aber auch die Dekrete und Edikte über den Status der Universität erarbeitet werden. Dieser Raum hat zwei Türen: über der ersten hat es eine Marmortafel mit dem Symbol der Treue, dargestellt durch einen Hund, der neben der Leiche seines toten Herrn steht; die andere Tafel stellt auf gleiche Weise das Schweigen dar, welches durch eine Frau, die mit ihren Fingern die Lippen schließt, und durch eine Gans, die ihren Schnabel gleichsam mit einem Stein verstopft, bezeichnet wird.[175] Die Girlanden bestehen aus verschiedenen Schreibwerkzeugen.[176]

(5) Die Außerordentliche Schatzkammer (*Thresaurie Extraordinaris*): Hier werden die Steuern und Abgaben, die ganz Holland betreffen, eingenommen und ausgegeben. Auf der Tür sind zwei Kinder, die ein Schild mit zwei Füllhörnern tragen, zwischen denselben sind zwei Hähne als Symbol der Wachsamkeit angebracht.

[82v] (6) Das Gericht (*Comissarisen van kleine Saken*), in dem die Richter über geringfügige Fälle richten, in denen Delikte bis zu 600 Gulden verhandelt werden und in dem weder Anwälte noch Staatsanwälte zugelassen sind. Der Emblemschmuck ist der gleiche wie im vorigen Raum.

(7) Das Schöffengericht (*Schepenen Kamer*), das sehr groß ist, dient zur Verhandlung der wichtigsten Fälle, es ist unterteilt in einen Platz für das Gericht, in dem die Fälle von den Richtern geprüft werden (hier ist gleichsam an der Wand eine Peitsche mit Dornen (Gerichtsrute) aufgehängt, (die das Zeichen ist, dass Gericht gehalten wird), und einige Plätze dahinter für die Anwälte und Staatsanwälte

(8) Das Gericht der außerordentlichen Schöffen (*Schepenen Extraordinaris*), in dem Urteile verschiedener Art durch bestimmte, von den Schöffen delegierte Männer gefällt wird, so dass es sich nicht immer um ganz gravierende Fälle handelt.[177] Hier werden auch alle Fälle, die die Zünfte betreffen, besprochen und beurteilt. Die Tür ist mit den Insignien der Grausamkeit geschmückt, die durch zwei Wölfe dargestellt wird, die nackte Kinder zerreißen, zusammen mit einer Fülle von menschlichen Knochen und Schädeln, über denen zwei andere Kinder klagen. In den

ossium humanorum & craniorum copia, circa qvam duo puelli alij eju-
lantes. Encarpi gladium fascesqve exhibent carduis spinisqve involuta;
qvae sunt rigoris symbola, qvae certè qvodo ad usum huius conclavis
qvadrent non vides.

(9.) Conclave Rationum (*Reken-kamer*) Idem præ se fert emblema.

(10.) Conclave Derelictorum (*Desolate-boedels-Kamer*). In qvo dijudicantur causæ eorum qvi foro cesserunt qvamcunqve ob causam, in
eum potissimum finem, ut ex iis qvae relicta sunt, post desertionem ne-
gotiorum, debita ex [83r] parte solvantur. Januam desuper exornat historia Icari marmori insculpta: encarpi cistulas atqve capsas inversas exhibent varij generis, item libros, chartasqve & epistolas per qvas glires
tumultuantur;

(11.) Conclave Securitatis præstandæ (*Assurantie- Kamer*). Ubi
conveniunt qvi contrahunt de bonis periculo expositis; sive ut pactum
ineatur, sive ut causæ dijudicetur. Janua tabulam supra se habet, cui insculpta est Arionis historia; periculi symbolum.

(12.) Conclave Judicum de matrimonialibus & litibus minoribus: in
qvo comparere oportet omnes, qvi contracturi sunt matrimonium, cum
testibus qvibusdam; ut annotetur ipsorum nomen, vitæ status, atqve domicilium; unde postmodum harum[102] denunciatio publica fit[103] sive in
curia sive in templo, prout qvisqve vel reformatæ vel alterius est religionis. Hic simul dijudicantur omnes causæ matrimoniales, idem omnes lites, qvae inter Dominum servumqve, aut ancillas atqve dominas intercedunt &c. Necessum aut est ut per 17. gradus ex cryptoporticu qvis
ascendat in contignationem superiorem, atqve dum postibus xxxxx marmoreis insculptas inveniet colus, fusosqve forfices atqve glomos, &c.

(13.) Camera de marinis (*Kamer van de Zeezaaken*) in qva dijudicantur omnia qvae inter mercatores atqve nautas, item inter nautam, so-
ciorqve, sive inter nautas variè[104] intercedunt; atqve huic judicio peculiaris constitutus est Prætor.

(14.) Conclave armorum atqve belli.

(15.) Conclave pupillorum (*Wees-Kamer*), ubi tutores dantur, & do-

---

102 über der Zeile nachgetragen
103 fit publica] Hss, durch Ziffern umgestellt.
104 über der Zeile eingefügt

Girlanden, welche aus Disteln und Dornen bestehen, sind ein Schwert und Rutenbündel dargestellt, welche Symbole der Strenge sind, wie sie bestimmt auch zum Zweck dieses Zimmers passen.

(9) Der Raum für die Rechnungen (*Reken-kamer*): Die Embleme sind die gleichen wie zuvor.

(10) Die Kammer für die Insolventen (Bankerotteure) (*Desolate-boedels-Kamer*). Hier werden die Fälle derjenigen verhandelt, die aus irgendeinem Grund mit dem Geldgeschäft aufgehört haben, und zwar meist mit dem Ziel, aus dem, was von dem beendeten Handel noch übrig ist, einen Teil der Schuldlast zu erlösen. [83r] Die Pforte schmückt die in Marmor gehauene Geschichte von Ikarus; die Girlanden zeigen umgedrehte Geldkästchen und Behälter verschiedener Art, dazu Bücher, Papiere und Briefe, in denen sich die Mäuse[178] tummeln.

(11) Der Versicherungskammer (*Assurantie- Kamer*). Wo sich diejenigen treffen, die sich auf Geschäfte mit gefährdeten Gütern einlassen, treffen, entweder um einen Vertrag abzuschließen oder um einen Rechtsfall zu besprechen. Über der Türe befindet sich ein Bild mit der Geschichte des Arion als Symbol der Gefahr.

(12) Die Kammer für die Ehesachen und kleineren Streitsachen. Alle, die heiraten wollen, müssen mit Zeugen hier erscheinen, so dass man ihre Namen, Lebensumstände[179] und Wohnsitz notiert werden können; wonach das Eheaufgebot öffentlich gemacht werden kann, entweder im Rathaus oder in der Kirche, je nachdem sie der reformierten oder einer anderen Konfession angehören. Gleichzeitig werden hier alle Ehesachen behandelt, sowie alle anderen Streitigkeiten, die zwischen Herr und Knecht oder zwischen Mägden und Herrinnen entstehen usw. Man muss nun siebzehn Stufen von der Galerie in das obere Stockwerk hinaufsteigt, dann wird man auf marmornen Türpfosten einige Spinnrocken, Spindeln und Scheren sowie Knäuel usw. finden.

(13) Die Kammer für maritime Angelegenheiten (*Kamer van de Zeezaaken*), in der alle Angelegenheiten, die zwischen Kaufleuten und Seefahrern, zwischen einem Seefahrer und seinem Sozius oder auch solche die verschiedentlich zwischen Seefahrern auftreten, verhandelt werden; für dieses Gericht wird ein besonderer Rechtspfleger[180] eingesetzt.

(14) Die Waffen- und Kriegskammer.

(15) Die Waisenkammer (*Wees-Kamer*), wo Vormünder eingesetzt werden und die Dokumente der Waisenkinder aufbewahrt werden. [83v] Über der Tür halten zwei Löwen Füllhörner.

cumenta pupillorum custodiuntur: Supra portam [83v] duo leones cornua copiæ tenent.

(16.) Conclave Senatus (*Raadt-Kamer*) in qvo totus senatus delibe-rare solet circa res majoris momenti. Ingressum exornat tabula cui duo pueri cum duobus leonibus totidemqve cornibus copiæ insculpti sunt. Interius circa mensam 36. sedilia disposita sunt; Fornicibus appicta est Prudentia aqvilæ insidens, cum sociabus Sapientia, Justitia etc. Picturæ supra caminos hinc Salomonem precantem, illinc Mosen legem promul-gantem exhibent.

(17.) Conclave Justitiæ (*Justici-Kamer*) in qvo sententia pronuncia-tur in maleficos per fenestram ad populum in foro congregatum; Atqve ex hoc etiam malefici in ferale pegma producuntur. Hic simul excubias principales agunt cives singulis noctibus. Introitum exornant duæ aqvilæ fasciculos sagittarum cum caduceo tenentes, nec non pueruli cum fasci-bus consularibus, & paulo superius Amphion. Pavimentum marmoreum decussati gladii condecorant. Fornices picturæ Justitiæ, Veritatis Scien-tiæ etc. Ex hoc conclavi in pergulam progredi licet unde prospectus est in forum & in basilicam curiæ, atqve hinc populo praeleguntur omnia edic-ta omnesqve leges. Atqve hæc de curia.

Præterea inter Ædes publicas occurrunt Libræ publicæ, Basilica mer-catorum, Domus Indiæ Or[ientalis]. Aula Principis, Horreum provincia-le, Domus Indiae Oc[cidentalis]. etc.

Domus libratoriæ duæ sunt, altera in foro majori prope curiam, alte-ra in foro novo. Illa cæpta est extrui. A. 1565 ex lapide cæruleo ad modum insularum [84r] ita ut ab omni latere liber huc pateat accessus. Occiden-tem versus Scala exterior in alteram deducit contignationem ubi excubi-torium est pro militibus, nec non conclave Consilii bellici; atqve hic sem-per ut ante curiam excubias agunt milites qvidam. Libræ â qvolibet latere duæ sunt, sed ab occidentali una saltem, præter minores qvæ dispositæ sunt interius. Operarij qvi circa hanc domum semper præsto sunt merca-toribus, distincti sunt coloribus pileorum, qvos alii rubros, alii virides, alii cæruleos, alii alios gestant, ut nempe mercatores qvam facillimè in-venire qveant eos, qvibus uti consueverunt. Non procul hinc, nimirum a

(16) Die Ratskammer (*Raadt-Kamer*), in der der gesamte Rat über Angelegenheiten von größerer Wichtigkeit zu beraten pflegt. Eine Marmorplatte schmückt den Eingang, auf der zwei Kinder, zwei Löwen und ebenso viele Füllhörner eingemeißelt sind. Im Inneren sind sechsunddreißig Sitzplätze um den Tisch herum angeordnet; auf dem Gewölbe ist die Figur der auf einem Adler sitzenden Klugheit gemalt mit ihren Gefährtinnen Weisheit und Gerechtigkeit usw. Über den Kaminen befinden sich Darstellungen auf der einen Seite mit Salomons Gebet, auf der andern Seite Moses, der das Gesetz verkündet.

(17) Die Justizkammer (*Justici-Kamer*), in dem die Urteile gegen die Schuldigen durch das Fenster dem auf dem Platz versammelten Volk verkündet werden; von hier werden die Verurteilten zum Schafott geführt. Hier halten vornehme Bürger jede Nacht Wache. Den Eingang schmücken zwei Adler, die Pfeilbündel und einen Heroldsstab halten, sowie einige Kinder mit Rutenbündeln des Bürgermeisteramtes. Ferner ein wenig oberhalb Amphion.[181] Zwei gekreuzte Schwerter zieren den Marmorboden. An der getäfelten Decke befinden sich die Bilder der Gerechtigkeit, Wahrheit und Wissenschaft. Von diesem Raum aus kann man auf einen Balkon hinaustreten, von wo man eine Aussicht auf den Platz und die Vierschar hat, von wo aus alle Erlasse und Gesetze dem Volk vorgelesen werden. So weit vom Rathaus.

Weitere öffentliche Gebäude

Zu den öffentlichen Gebäuden gehören ferner zwei öffentliche Waagen, das Kaufmannsgebäude, das Ost-Indische Haus, der Prinzen-Hof, der Provinzspeicher, das West-Indische Haus, usw.

Es gibt zwei Waaggebäude, eines auf dem Hauptplatz (Damm-Markt) nahe dem Rathaus, das andere auf dem neuen Markt. Jenes wurde 1565 mit blauem Stein begonnen, freistehend, [84r] so dass es von allen Seiten betreten werden kann. Nach Westen hin führt eine Außentreppe in ein weiteres Stockwerk, in dem sich ein Schlafsaal für die Soldaten und die Kammer des Kriegsrates befinden; auch hier, wie vor dem Rathaus, stehen einige Soldaten Wache. Es gibt zwei Waagen auf jeder Seite, aber auf der Westseite gibt es nur eine, zusätzlich zu den kleineren, die im Inneren aufgestellt sind. Die Taglöhner,[182] die um dieses Gebäude herum immer den Kaufleuten zu Diensten stehen, unterscheiden sich durch die Farben ihrer Hüte, einige tragen rote, andere grüne, einige dunkelblaue

parte Curiæ Occidentali. A. 1660. extructum est Eqvile publicum, in gratiam Mercatorum qvi eqvis semper indigent ad provehendas merces sive librandas sive libratas; in illo duæ porticus septenis pilis ita ordinatæ sunt, ut singulæ spatium præbeant 24. eqvis. Portæ (non minus occidentalis qvam or[ientalis]) architectum produnt adhibuisse operam. Tabulata superiora domum habent usum, & discriminata sunt in qvatuor ædes. Per inferiora fossa traducta est: Aqvam dulcem ad potum eqvorum antlia proximè collocata, suppeditat.

Qvæ in foro novo extat libra, qvondam porta Urbis fuit extructa A. 1488: sed ad usum libratorium traducta est 1616. Atqve hîc examinantur pondera majora omnia, ferrea præsertim; atqve alia: Non procul inde locus est ubi examinantur ancoræ maximæ qvas postqvam per funem, beneficio trochleæ in palo altiori firmatæ, in sublime attractæ sunt, delabi oportet, illa[84v]sas in truncum qvendam maximum ferro armatum. superior harum ædium contignatio conclavia varia continent in qvibus circuvenire solent Tribus opificum.

Basilica mercatorum vulgo *Byrsa* sive *De Beurs* est Ædes qvadrata, sed non exactè per longit. enim interiorem pedes 200. & per lat. 130 habet. De initiis eius testatur tabula nigra[105] marmorea, in porticu, qvae aureis literis seqventia exhibet:

> Door Godts zegen is tot gerief der kooplieden dere Beurse gesticht, en in 't Iaer MDC.VIII. den XXVIIII May den eersten steen geleydt, ende den eersten Augustus MDCXIII. de eerste vergaderinge ghewpest.[106]

Aream cingit porticus ab omni latere, in qvam ascenditur per singula intercolumnia duobus gradibus: Columnæ omnes è lapide cæruleo sunt, numero 42; atqve è simili qvoqve pavimentum porticus constat. Subtus Amstela transfluit: superior contignatio ab omni parte cryptoporticibus constat, in qvibus tabernæ institutorum variæ, præsertim eorum qvi orna-

---

105 nigra] über der Zeile eingefügt
106 h über der Zeile.

oder andere Farben, so dass die Kaufleute möglichst leicht die herausfinden können, die sie gewöhnlich heranziehen. Nicht weit davon entfernt, an der Westseite des Rathauses, wurde im Jahr 1600 ein öffentlicher Stall gebaut, für den Gebrauch der Kaufleute, die immer Pferde brauchten, um zu wiegende oder bereits gewogene Waren zu transportieren; im Stall gibt es zwei Säulengänge, die aus sieben Säulen bestehen und so angeordnet sind, dass jeder von ihnen vierundzwanzig Pferde aufnehmen kann. Die Türen (nicht weniger die westliche als die östliche) zeigen, dass ein Baumeister an ihnen gearbeitet hat. Die oberen Stockwerke werden zur Behausung genutzt und sind in vier Wohnungen unterteilt. Durch den unteren Teil ist ein Wassergraben gezogen, der mittels ein ganz in der Nähe aufgestelltes Schöpfrads Süßwasser für die Pferde liefert.

Die Waage, die sich auf dem neuen Markt befindet, wurde 1488 als Stadttor errichtet, aber 1616 als Waage umgebaut. Und hier werden alle wichtigen Gewichte geprüft, besonders die aus Eisen, aber auch die anderen. Nicht weit entfernt ist der Ort, an dem sehr große Anker geprüft werden. Nachdem durch ein Seil, das dank eines Flaschenzugs auf einem hohen Masten befestigt ist, hochgezogen wurden, müssen sie [84v] unbeschädigt auf einen sehr großen, mit Eisen fortifizierten Pflock hinunterfallen. Im Obergeschoss dieses Gebäudes befindet sich eine Reihe von Räumen, in denen die Zünfte sich zu versammeln pflegen.

Der Kaufmannshaus, allgemein *Byrsa* oder *De Beurs* (die Börse) genannt, ist ein quadratisches Gebäude, aber nicht ganz genau, denn das Innere hat eine Länge von 200 Fuß und einer Breite von 130 Fuß. Eine schwarze Marmortafel erinnert in der Vorhalle an die Anfänge und trägt diese Inschrift in goldenen Lettern:

> Door Godts zegen is tot gerief der kooplieden dere Beurse gesticht, en in 't Iaer MDC.VIII. den XXVIIII May den eersten steen geleydt, ende den eersten Augustus MDCXIII. de eerste vergaderinge gheweest.

Ein Portikus umgibt den gesamten Bereich auf jeder Seite, zu dem man über zwei Stufen zwischen zwei Säulen gelangt: die 42 Säulen sind alle aus blauem Stein, aus dem auch der Steinboden des Porticus besteht. Darunter fließt die Amstel hindurch. Das Obergeschoss besteht auf jeder Seite aus Galerien, in denen sich die Geschäfte der verschiedenen Unternehmen befinden, vor allem die, die Schmuck und Kleidung verkaufen. Auf einer Seite des Gebäudes wurde im Jahre 1600 ein Ort für die Überprüfung von Tüchern (*eene Laken-halle*) schön hergerichtet. Die obere

menta vestiaria vendunt; Ab uno tamen latere A. 1660 adornatum est examinatorium pannorum (*eene Laken-halle.*) Superiorum columnarum ordo Jonicus est & inferior Tuscanus, sed ille ex antis saltem constat; eiusqve intercolumnia alternatim loculamenta, & fenestras continent; qvarum duo sunt ordines majorum, minorumqve proportione tripla differentium. Concamerationes testudinatæ sunt. Tectum ornatum est uno ordine fenestrarum extantium. Turris cum horologio, automaton Musicum habe elegantissimum. Conventus fit hor. 12. qvodidie.

[85r] Domus Indiæ Orientalis maxima est, cum area qvadrata in medio aplissimma; ultima manus ipsi demum imposita est A. 1660, qvo amplificata est in hanc usqve magnitudinem, inter conclavia sunt Exedræ atqve cameræ pulcherrimæ, picturis fructuum locorumqve orientalium refertæ: inprimis tamen granaria amplissima & horrea aromatum maxima, in qvib. Piper, Nuces myristicæ, flores macis, caryrophylla, atqve cinnamomum in maxima copia conservatur. Atqve in illis fermè qvinqvaginta hominis plerumqve suam collocant operam separandis aromatibus, ne viliora cum optimis veneant. In hac domo omnes qvoqve conscribuntur milites, qvibus in India merere est animus, atqve ex ista armati ut[107] naves conscendunt, abducuntur. Rariora qvae hîc publicè servantur arma potissimum Jndica sunt; de qvib. infra. Curatores hujus societatis (*de Bewinthebberen*) jam aliud adhuc[108] extruunt ædificium in loco qvem Wittenburgh appelant, pro asservandis necessitudibus[109] nauticis omnibus; inibiqve simul officinam Naotectonicam (Scheeps-timmer-Werv.) adornant; & eodem in loco nuper demum extructæ sunt porticus vestiariæ, qvarum longitudo ad 2000 pedum se extendit, latidudo ad 55. accedit: Harum una ad minores funiculos, altera ad camelos intorqvendos inservit.

Aula principis, a hæc dicitur Domus Consilii rerum marinarum (*Princen-Hof, of Admiraliteyts-huys.*) ab illa parte qva plateam respicit satis elegantem exhibet structuram, sed multo pulchriorem si fueris ingressus. Aream enim latissimam novum claudit ædificium columnis per-

---

107 ut] über Zeile eingefügt.
108 adhuc] über der Zeile eingefügt.
109 necessitudibus] über der Zeile eingefügt.

Säulen-Ordnung ist ionisch, während die untere toskanisch ist, aber bei jener sind es nur Halbsäulen. Die Räume zwischen den Säulen enthalten entweder kleine Sitzgelegenheiten oder Fenster, von denen es zwei große Ordnungen gibt, die großen und die kleineren, die sich durch eine Dreierproportion von den großen unterscheiden. (Die Decken sind flach gewölbt.) Das Dach ist mit einer einzigen Ordnung von Fenstergauben geschmückt. Der Turm ist mit einem mit der Uhr verbundenen gut gemachten Glockenspiel ausgestattet. Die Zusammenkünfte[183] finden jeden Tag um 12 Uhr statt.

[85r] Das Ost-Indische Haus ist sehr groß mit einem weiten quadratischen Platz in der Mitte. Erst 1660 wurde letzte Hand an das Gebäude gelegt, Damals wurde es erweitert bis zu dieser Größe. Zwischen den Räumen gibt es Versammlungssäle und sehr schöne Zimmer mit Bildern mit orientalischen Früchten und Orten. Insbesondere gibt es dort äußerst geräumige, ja unglaublich große Speicher für Gewürze, in denen Pfeffer, Muskatnuss, Macis-Blüten, Nelken und Zimt in großen Mengen aufbewahrt werden. In diesen arbeiten fast 50 Personen, um die Gewürze zu trennen, damit nicht die schlechten mit den guten verkauft würden. In diesem Haus werden auch alle Soldaten registriert, die im Sinn haben, in Indien Kriegsdienst zu leisten, und von hier werden sie bewaffnet weggeführt, damit sie die Schiffe besteigen.. Die entschlosseneren Leute, die hier unter Waffen stehen, sind wahrscheinlich die für Indien bestimmten. Darüber später.

Die Verwalter der Gesellschaft (*de Bewinthebberen*) bauen gerade noch ein Gebäude an einem Ort, den sie Wittenburgh nennen, wo alles Notwendige für die Schifffahrt aufbewahrt werden soll; ebenso richten sie eine Schiffswerft ein (*Scheeps-timmer-Werv*). Am selben Ort sind vor kurzer Zeit Säulengänge für Textilien erbaut worden, deren Läge 2000 Fuß und deren Breite 55 beträgt. Die eine von ihnen dient zum Drehen von kleineren Seilen, die andere von dicken Seilen (Kamelseilen).[184]

Das Haupthaus, welches sie das Marinestabsgebäude nennen (*Princen-Hof, oder Admiraliteyts-huys*), ist auf jener Seite, die auf die Straße geht, recht ansehnlich, aber es ist noch schöner, wenn man hineingegangen ist. Ein neues, beeindruckendes Bauwerk mit durchgehenden ionischen Säulen umschließt einen sehr großen Hof. Es hat sozusagen einen zweifachen Unterbau, im unteren befindet sich der Keller, im andern das untere Stockwerk, zu dem man über ein paar wenige Stufen hinaufsteigt.

petuis ex Jonico ordine conspicuum. Id duplicem qvasi stereobatam habet, qvarum infima cellas, altera contignationem inferiorem complectitus,
adqve hanc paucis gradibus ascenditur; fenestrarum ordo inferior ad superiorem sese habet ut 7, ad 4. & ad spatia intermedia, qvo [85v] encarpis
sunt conspicua, ut 7. ad. 3. Tympanum continet figuram leonis Hollandi-
ci in horto conclusi, duabusqve ungvibus anchoras tenentis decussatas;
huic superius coronam imponunt duo angeli, ad latera Mars & Justitia
constitunt, comitantibus illum Tritonibus ac Nymphis, hanc pueris cum
cornibus copiæ. Fumaria duo duas exornant tecti extremitates anchoris
navibusqve decora<ta>. Interior dispositio prudenter est instituta; Unum
tamen præ cæteris conclave tapetibus est exornatum, qvibus vix simile
protulit artificosa manus: adeo ut veras sylvas, veras jurares esse bestias.
Inter varia qvæ per superiores asservantur cameras, topographiæ sunt
Tuneti, Algerij, atqve Tripoleos recenter adumbratæ. Atqve hîc penduntur
vectigalia omnia rerum exportandarum, hîc consilia habentur de de-
fensione maris, deqve bellis navalibus, hic milites conscribuntur ad pæ-
sidia navium bellicarum, omniaqve alia tractantur qvae qvalicunqve
ratione ad istud spectant collegium. A qvo etiam

Horreum provinciale *('s Lands-Magazyn.)* A. 1655. exstructum est
in loco qvem Kattenburgh vocant; rectius Armamentarium nauticum ap-
pellaretur; hic enim per varia receptacula ingens copia globorum, jaculo-
rumqve ferreorum; restium camelorum, funium, trochlearum, instrumentorum pyrobolicorum; vexillorum nauticorum, amussiorum,[110]
clepsammitiorum clavorum, ciculorum ferreorum, sclopetorum, pilorum,
gladiorum, romphæarumqve, corvorum, omniumqve necessitatum nauti-
carum asservatur. Tympanum utrinqve sculpturis ornatum est artficiosis-
simis, à parte qvippe Orientali Hollandia expressa est habitu virginali,
coronam navalem gestans, navemqve sub dextro portans humero; pedibus conchæ insistit, qvam duæ ancoræ maximæ, item qvadrantes, amus-
sia,[111] globi cælestes, mappæ geographicæ, circini etc. circumvallant,
utrinqve Dii marini circa [86r] varia instrumenta pyrobolica occupati
sunt. Ab Occidentali latere Leo Batavus gladium sagittasqve tenet, subq-
ve eo insignia VII. Provinciarum exsculpta sunt. Tectum duabus utrinqve[112] sphæris fumariis impositis exornatum est; & qvod notandum cana-

---

110   amussiorum] amusiorum Hs.
111   amussia] amusia Hs.
112   utrinqve] Über der Zeile eingefügt.

Die Ordnung der Fenster verhält sich vom unteren zum oberen Stockwerk wie 7 zu 4 und in Hinblick auf den Zwischenraum, der mit [85v] Girlanden geschmückt ist, wie 7 zu 3. Am Giebel sieht man den holländischen Löwen in einem geschlossenen Garten, mit seinen beiden Tatzen hält er gekreuzte Anker und zwei Engel setzen ihm von oben eine Krone auf. Zu seinen Seiten stehen Mars und die Gerechtigkeit, wobei den einen Tritonen und Nymphen begleiten, die andere aber Knaben mit Füllhörnern. Die Ecken des Daches werden von zwei Kaminen geschmückt, welche mit Ankern und Schiffen verziert sind. Das Innere ist klug eingerichtet. Ein Raum nämlich ist vor den übrigen mit Tapeten geschmückt, welche mit höchst künstlicher Hand gemacht sind: Es ist so, dass man meint, es habe wahrhaftige Wälder und wahrhaftige Tiere vor sich. In den einzelnen Zimmern, auf die man im oberen Stockwerk achten sollte, gibt es Ortsdarstellungen von Tunis, Algier und Tripolis, die in jüngerer Zeit dort im Umriss skizziert wurden. Hier werden alle Zölle für auszuführende Waren entrichtet, hier wird über die Verteidigung zu Wasser und über die Kriegsschiffe beraten. Hier schreiben sich die Soldaten für die Verteidigung der Kriegsschiffe ein. Und hier behandelt man alles, was aus irgendeinem Grund das Kollegium betrifft. Hier ist auch

Der Speicher der Provinzen (*'s Lands-Magazyn.*). Es wurde 1655 an dem Ort, den sie Kattenburgh nennen, gebaut. Richtiger würde man es ein Marine-Zeughaus nennen; hier nämlich werden in verschiedenen Behältern Kugeln, eiserne Wurfpfeile, Kamelseile, Taue, Rollen, Feuerwerkinstrumente, nautische Flaggen, Kompasse, Sand-Uhren, Steuerruder, eiserne Ringe, Musketen, Wurfspieße, Schwerter und doppelschneidige Schwerter, Enterhaken, und alles zur Schifffahrt Nötige aufbewahrt. Beide Giebel sind mit sehr kunstvollen Figuren verziert, auf der Ost-Seite sieht man Hollandia als Jungfrau dargestellt mit der Schiffskrone und ein Schiff unter dem rechten Arm tragend. Mit den Füßen steht sie in einer Muschel, die zwei große Anker sowie Quadranten, Kompass, Himmelsgloben, geographische Karten, Zirkel usw. umgeben, auf beiden Seiten sind Meergötter mit verschiedenem Feuerwerk beschäftigt. [86r]. Auf der Westseite hält der Batavische[185] Löwe Schwert und Pfeile, unter ihm sind die Wappen der sieben Provinzen eingemeißelt. Das Dach ist an beiden Seiten mit zwei Kaminen, auf denen Kugeln angebracht sind, geschmückt. Was bemerkenswert ist: Im Inneren gibt es Bleirohre (beidseitig, versteht sich) von 5 Fuß im Durchmesser, mit deren Hilfe immer mehr als 1600 Tonnen Regenwasser aufgefangen werden. Was sonst

les interius plumbeos habet (cum duplicatum sit) ad 5. pedum latitudinem
accedentes, in qvibus continuo plus qvam mille sexcentæ tonnæ aqæ
pluvialis asservitur; qvicqvid præterea depluit per canales alios in omnia
huius domus conclavia derivatur, ut per epistomia orichalcea qvam velo-
cissimè defluere qveat in aqvales ligneos, qvos per interiora plumbum
tegit, ad restingvendum qvam promtissimè si aliqvod oriretur, incendi-
um. Haud procul inde Insula est exiguà, qvæ semper oppleta est anchoris
maximis, atqve tormentis æneis.

Domus Indiæ Occ. qvondam in foro Dominorum erat, ubi nunc est
Hospitium magnificum novum *('t nieuw Heeren-Logement*) sed jam ad
Yum extructum est, in loco qvem Rapenburgh appellant; atqve hodie par-
vi æstimatur, cum huius Indiæ Societas admodum eviluerit.

Horreæ Societatis Gronlandicæ in fossa Cæsaris existunt; in qvibus
varia conservantus qvæ â balænis depromuntur.

Porrò etiam dignæ sunt qvae videantur, Domus exercitiorum civili-
um (*Schutters-hoyen, of Doelen*), ubi nempe qvondam arcubus certabant
cives; qvae domus cum minium spatij occuparent, abrogatæ sunt, earumqve loco nunc duæ plateæ sunt; interim tres adhuc ædes supersunt qvæ
nomen antiqvum retinent, duæ nempe in latere orientali fossæ regiæ, &
una apud turrim veterem, qvam appellant Kleuveniersdoelen; in qvibus
omnibus picturæ qvaedam egregiæ spectantur.

Est & Schola armorum (*scharm-school sive schouwburgh der Wapenen*) in fossa Principis, in qva exercentur filii civium in armis tractan-
dis: in qvem usum tres habentur Magistri [86v] armorum sumtibus publicis, qvi singulis diebus suis vacant exercitiis: atqve hoc in loco milites
qvoqve urbani lustrari solent.

Armamentarium qvoqve habet hæc Urbs in fossa Regis qvod vocant
(Stadts-Wapenhuys) qvod tamen tanti non est, ut ab exteris adeatus.

Sed Theatrum publicum (schouburgh) plures ad se vocare solet. Illud in fossa Imperatoris extructum est, in æde sat eleganti, qvae aream
habeat qvadratam amplissimam: in ipsa porta hi extant versiculi:

De Werelt is een speel-toneel
Elk spelt syn Rot en krygt syn deel.

Theatrum ipsum in Scenam divisum est, & caveam, atqve orchestram
(liceat enim sic appellare locum ubi honoratiores consident spectatores,
qvamvis non eo sit loco ubi erat orchestra antiqvorum:) Scenæ vox latius

noch abregnet, wird durch andere Leitungen in alle Zimmer dieses Hauses geleitet, wo es durch Hähne aus Messing ganz schnell in hölzerne, innen mit Blei ausgelegte Tröge fließen kann, um wenn ein Feuer ausbricht, dieses sofort zu löschen. Nicht weit entfernt ist eine kleine Insel, welche immer voller sehr großer Anker und eiserner Geschütze ist.

Das Haus der westindischen Compagnie war früher auf dem Herren-Markt, wo nun das prächtige neue Herren-Gasthaus (*'t nieuw Heeren-Logement*) ist, jetzt ist es am IJ, an einem Ort, welche sie Rapenburgh nennen. Es ist aber heutzutage nicht sehr geachtet, weil die westindische Compagnie im Abnehmen ist.

Der Speicher der Grönländischen Compagnie ist in der Kaisersgracht. In ihm wird vieles, was von den Walen stammt, aufbewahrt.

Ferner sind sehenswert: die Schützenhäuser der Bürgertruppe[186] (*Schutters-hoyen of Doelen*), wo sich früher die Bürger im Armbrust-Schießen maßen, diese Häuser wurden aber, weil sie zu viel Platz brauchten, abgebrochen. Jetzt sind da zwei Gassen, es sind aber noch drei Gebäude übrig, die den alten Namen tragen, nämlich zwei auf der Ost-Seite der Königsgracht und eines beim alten Turm, welchen sie Kleuveniersdoelen nennen; in allen diesen kann man auf ihre Weise hervorragende Gemälde sehen.

Dann ist da noch die Fechtschule, (*scharm-school oder schouwburgh der Wapenen*) in der Prinzengracht, in welcher sich die Jugend der Bürger in Waffen üben; zu diesem Zweck haben sie drei Lehrmeister, [86v] welche öffentlich besoldet werden, welche an gewissen Tagen von ihren Übungsaufgaben freigestellt sind, und die Stadtsoldaten mustern.

Auch ein Zeughaus besitzt diese Stadt, und zwar in der Königsgracht, das sie Stadts-Wapenhuys nennen. Es hat damit aber nicht so viel auf sich, als dass es von Fremden besucht werden sollte.

Aber das öffentliche Theater (*Schouburg*) pflegt viele anzuziehen. Es ist in der Kaisergracht, ein so schönes Gebäude mit einem großen quadratischen Hof. Auf der Türe stehen die folgenden Verse:

De Werelt is een speel-toneel
Elk spelt syn Rot en krygt syn deel.[187]

Das Theater selbst besteht aus der Bühne (Scena), dem Graben und der Orchestra, (man kann diesen Ort so nennen, wo sich die Honoratioren als Zuschauer niederlassen, obwohl es in der Antike nicht der Ort war, wo

mihi hîc patet, locumqve denotat in qvo instituitus actio; iterumqve est vel scena proprie dicta, vel proscenium, vel pulpitum. Illa parietes habet ligneor, qvi nunqvam mutantur, in qvorum medio thyrorium est elegans columnis exornatum superqve illud pictura discordia Deorum, cum Jove atqve Mercurio, sub qva inscriptum est: Jupiter omnibus idem. Paulo inferius ubi thronus Principum statui solet hæc habentur: Mentem mortalia tangunt. Portæ qvae velut palatij est inscripta sunt ista: Ne cede malis. In summo hi extant versiculi:

> Twee vaten heeft Jupijn, by schenkt nu suur, dan soet,
> Of matight weeld' en vreugd' met druck en tegenspoet.

Si sylvam qvandoqve exhibere animus est, ex altera parte virenter statuuntur arbores, qvae mox rursum removentur.

Proscenium ubi finitum, velum demitti solet, atqve istud sat latum est, satisqve pariter altum, adeo ut ignes non raro accendant hîc magnos, non violata concameratione, etiamsi lignea.

[87r] Pulpitum est locus extremus extra velum, in qvo tria candelabra lignea è funibus pendent: inqve illis candelam parum saltem objectu asserum qvorundam, obteguntur. Ad alteram hujus extremitatem duo plerumqve Musici, cancellis inclusi, alter pandura, alter tibia canunt.

Cævea, ubi plebji stant est capacissima.

Orchestra semicircularis est in tres distincta ordines, qvorum duo inferiores in cameras discriminati sunt, qvae ditioribus locantur; supremus subsellia habet. Per ambitum orchestræ mediæ hi leguntur versiculi:

> Tonneel-Spel quam in 't licht, tot leersam tydt-verdrijf,
> Het wijkt geen ander speel noch Koninklijke vonden
> Het bootst de Werelt na en kittelt ziel en lijf,
> Of prikkeltse tot vreught, en staat ons goete wonden,
> 't verstoont in kort begrijp at 's menschen ydelheydt
> Waar Demokryt om lacht en Heraclijt om schreydt.

das Orchester saß). Der Name Bühne (Szene) erscheint mir ganz offensichtlich und bezeichnet den Ort, an welchem die Handlung sich abspielt. Andererseits kann man auch richtig entweder Bühne sagen oder Proszenium oder Schaugerüst. Diese Bühne hat Holzwände, die nie verändert werden; in deren Mitte ist eine Tür, die sehr ansehnlich mit Säulen geschmückt ist, Darüber befindet sich eine Abbildung des Streits der Götter, mit Jupiter und Merkur, worunter geschrieben ist: Jupiter omnibus idem.[188] Ein wenig weiter unten, dort wo der Ehrensitz der Stadtoberhäupter zu sein pflegt, lesen wir: Mentem mortalia tangunt. Die Türen wie die eines Palastes tragen die Inschrift: Ne cede malis. Ganz oben befinden sich die Verse:

Twe vaten heeft Jupijn, by schenkt nu suur, dan soet,
Of matight weeld' en vreugd' met druck en tegenspoet.[189]

Wenn man sich einen Wald vorstellen soll, so stellen sie von der anderen Seite tatsächlich Bäumen hin, die im Nu auch wieder weggeräumt werden.

Wo das Proscenium endet, lassen sie einen Vorhang herunter, aber dieser Raum ist ziemlich groß und ebenso ziemlich hoch, so sehr, dass hier nicht selten gewaltige Feuer entstehen, ohne dass das Gewölbe Schaden litte, obwohl es aus Holz ist.

[87r] Das Schaugerüst ist der Ort außerhalb des Vorhangs, wo drei hölzerne Leuchter an Schnüren hängen. In diesen decken sie die Kerze durch das bloße Vorschieben von irgendwelchen Latten ab.

Am entgegengesetzten Ende befinden sich zwei Musiker, in Schranken eingeschlossen, einer spielt Pandora[190] (eine Art Laute), einer Flöte.

Das Parkett, wo die Leute stehen, ist sehr geräumig.

Die halbrunden Ränge sind in drei unterschiedene Abteilungen eingeteilt. In den zwei unteren gibt es einzelne Zimmer, die sie den Reichen vermieten, die oberen haben Sitze. Auf dem Umlauf des mittleren Rangs stehen folgende Verse:

Tonneel -Spel quam in 't licht, tot leersam tydt-verdrijf,
Het wijkt geen ander speel noch Koninklijke vonden
Het boost de Werelt na en kittelt ziel en lijf,
Of prikkeltse tot vreught, en staat ons goete wonden,
't verstoont in kort begrijp at 's menschen ydelheydt
Waar Demokryt om lacht en Heraclijt om schreydt.[191]

Alii adhuc hinc inde versiculi extant ex qvibus seqventer:

> De Byen storten hier het eelste datse lesen
> Om d' oude stock te voên, en ouderloose Weesen.

> Het spel heeft ook sijn tijdt, wanneer 't de tijdt gehenght
> 'vermarkeleijk en 't nut wordt hier van pas gemenght.

> Gelükkigh is het Landt
> Daar 't Kindt sijn moer verbrandt.

> It: Het sy ghy Speelt voor stom, of spreekt,
> Let altijd in wat Kleet ghy steckt.

Qvi omnes sunt Justi Vondelij. Hic igitur bis plerumqve per hebdomadam luditur, sed fabulis carmine semper expressis: Pecuniæ qvam spectatores contribuunt, pars Actoribus, pars ad sumtus expensasqve, pars Gerontocomio atqve Orphanotrophio cedit.

[87v] Nunc ad illa accedo, ad qvae fundanda Pietas qvoqve autor fuit, qvalia sunt, Gerontocomium, Cherocomium, Nosocomium, Lœmocomium, Orphanotrophia, Eleemosysiaria, Ergastula claustra insanorum etc.

Gerontocomium est domus amplissima, qvadrata porticu constans, qvae mediam cingit aream, cujus pars hortulus, pars pratum est dealbandis linteis idoneum. Cubicula senum per porticum distributa sunt, adeo ut hinc viri illinc fæminæ degant, bini per singula; ad ducentos fermè. Ex una parte domus est haud inelegans, in qva Triclinium maximum, & Exedra Curatorum, culinaqve etc. In medio puteus est terebra excavatus A. 1605. in profunditatem 232 pedum: cujus historiam, non indignam censeo qvin huc inseram: prima enim die invenerentum 7. pedd. terræ aggeratæ. 9. pedd terræ limosæ: 9: argillæ mollis 8. arenæ: 4 terræ: 10. argillæ durioris: 4 terræ. (2.) 10. pedd. arenæ, qvæ hodie qvasi imum est huius Urbis fundamentum, supra qvam palos firmant ad superimonenda ædificiâ. 2. pedd. arenæ cæruleæ. 4. arenæ albæ. 5. terræ arenosæ. 1. luti pulverulenti. (3.) 14. pedd. arenæ. (4.) 9. pedd. arenæ argillosæ, sub qva

Noch weitere Verse gibt es, z.B. die folgenden:

> De Byen storten hier het eelste datse lesen
> Om d' oude stock te voên, en ouderloose Weesen.[192]

Ebenda:
> Het spel heeft ook sijn tijdt, wanneer 't de tijdt gehenght
> 'vermarkeleijk en 't nut wordt hier van pas gemenght.

Ebenda:
> Gelükkigh is het Landt
> Daar 't Kindt sijn Moer verbrandt.
>
> Het sy ghy Speelt voor stom, of spreekt,
> Let altijd in wat Kleet ghy steckt.[193]

Alle diese Verse sind von Joost van den Vondel. Meistens wird zweimal in der Woche gespielt, die Stücke sind immer in Versen.[194] Das Geld, das die Zuschauer zahlen, gehört zum Teil den Schauspielern, zum Teil deckt es die Unkosten und Ausgaben, zum Teil kommt dem Altenheim und dem Waisenhaus zugute.

Gemeinnützige Gebäude
[87v]Nun komme ich zu jenen Einrichtungen, die aus Gottesfurcht gestiftet wurden, diese sind: das Altersheim, das Witwenhaus, das Krankenhaus, das Pesthaus, das Waisenhaus, das Armenhaus, das geschlossene Arbeitshaus für die Geisteskranken, usw.

Das Altenheim ist ein geräumiges Gebäude mit einer umlaufenden Säulenhalle, die in ihrer Mitte ein Areal umspannt, von dem ein Teil ein Gärtchen, ein Teil eine Wiese, worauf man die Leinwand bleicht. Die kleinen Wohnungen der alten Leute sind von der Säulenhalle aus zugänglich, hier die der Männer, dort die der Frauen, immer für zwei Personen pro Wohnung, im Ganzen für fast 200 Personen. Von einer Seite ist das Haus fast unschön, dort sind ein sehr großer Speisesaal, das Zimmer der Aufseher, die Küche usw. Mittendrin ist ein Brunnen, den man 1605 mit einem Mauerbohrer 232 Fuß in die Tiefe gegraben hat. Die Geschichte ist nicht unwürdig hier eingefügt zu werden: am ersten Tag traf man auf 7 Fuß aufgehäufte Erde, 9 Fuß schlammige Erde, 9 Fuß weicher Ton, 8 Fuß Sand, 4 Fuß Erde, 10 Fuß harter Ton, 4 Fuß Erde. (am 2. Tag:) 10 Fuß Sand, was heute in etwa den untersten Grund des Fundaments der

conchæ & conchylia. 3. pedd. argillæ duræ alicubi pilis conchisqve permissæ. (5.) 27 pedd. argillae duar alicubi pilis conchisqve permissæ (6.)
6. pedd. argillæ ejusdem cum simili missura. 10. pedd. argillæ duræ. (7-
11.) 40 pedd. argillæ duræ. (12.) 7. pedd. argillæ duræ 3. pedd. arenæ
lapillis permixtæ. (13.) 2. pedd. eiusdem mixturæ 1. p. arenæ. (14-21.)
28.pedd. arenæ. Atqve ades hîc qvod non immeritò mireris, post 130
pedd. forsionem adhuc conchæ, inventum sunt, piliqve, qvod argumen-
tum est, illam ter[88r]ræ partem qvondam Solimariqve fuisse expositam.
Hæc domus sita est intra Cleuveniriam Partisqve Veteris posteriorem
fossas, communiter appellatur (*Het oude Mannen en Vrouwen Gasthuys*).

Cherocomium (*Het Weduwen-Hof*) circa Carthusianos est domus
elegans & magna, qvæ plusqvam centum conclavia habet; areamqve
complectitur arboribus consitam.

Nosocomium maximum est ædificium, in duas partes divisum, qvas
fossa discernit interfluens, vulgo dicitur *Het Mannen en Vrouwen Gasthuys*. In hoc mille qvandoqve ægri curantur, in qvorum usum peculiare
hîc est braxatorium, & pistorium, nec non bovile, ite, item pharmacopo-
lium & hortulus Medicus, item Templum. Lecti instructi sunt qvam op-
timè; Medicus unus cum tribus Chirurgis curam sanitatis gerunt; Cibos
curator accurat. Hîc præterea separatus est locus, qvem Obligatorium
dicunt ('t Verbandt-huys) in qvo vulnera curantur: Militibus qvoqve peculiaris concessus est locus: & Xenodochium distinctum est, qvod dicunt
de Beyaart, in qvo hospitio excipiuntur pauperes peregrini, ciboqve &
potu aluntur per triduum; id qvi versiculi indicant portæ inscripti:

Drie dagen, langer niet, huysvest ick die 't behoeft.
De vierde jaagh ick uyt de schooysters en 't geboeft.

Loemocomium (*Het Pesthuys*) extra urbem est arboribus cinctum,
lectisqve instructissimum, qvi parati sunt etiamsi non adsint ægri; hîc
extra tempus pestilentiæ recipiuntur Dysenteriaci a febril. ardentibus,
item scabie maligna laborantibus, qvorum curam agit Pharmacopœy, qvi
in illo habitat, & chirurgus qvi extra Urbem degit. In medio aream habet

Stadt bildet, in welchem die Pfähle stehen, auf welchen die Gebäude aufragen. 2 Fuß blauer Sand,[195] 4 Fuß weißer Sand, 5 Fuß sandige Erde, 1 Fuß pulverisierter Lehm, (am 3. Tag) 14 Fuß Sand. (4.) 9 Fuß toniger Sand mit Muscheln und Schnecken, 3 Fuß harter Ton manchmal mit Haar und Muscheln vermischt, (5.) 27 Fuß harter Ton mit Haar und Muscheln vermischt, (6.) 6 Fuß Ton mit derselben Mischung, 10 Fuß harter Ton, 40 Fuß harter Ton, (7-11.) 40 Fuß harter Ton, (12.) 7 Fuß harter Ton, 3 Fuß Sand mit Steinchen vermischt, (13.) 2 Fuß von derselben Mischung, 1 Fuß Sand, (14-21.) 28 Fuß Sand.[196] Worüber man sich zurecht verwundert ist, dass man, nachdem man 130 Fuß tief gegraben hat, Muscheln und Haare gefunden hat, was ein Argument ist, dass diese Grund einst der Sonne und dem Meer [88r] ausgesetzt war. Dieses Haus steht zwischen dem Klevenierwall und dem sogenannten Achterburgwall auf der alten Seite (*Het oude Mannen en Vrouwen Gasthuys*).

Das Witwenhaus (*Het Weduwen-Hof*) bei den Kartäusern ist ein schönes und großes Gebäude, welches mehr als 100 Zimmer hat, dazu gehört auch ein mit Bäumen bepflanztes Gelände.

Das Krankenhaus ist ein sehr großes Gebäude, das in zwei Teile eingeteilt ist, die von einem Wassergraben geteilt werden. Man nennt es Het Mannen en Vrouwen Gasthuys. In diesem werden bis zu 1000 Kranke gepflegt. Sie haben für ihre eigenen Bedürfnisse eine eigene Brauerei, Bäckerei, einen Viehstall, eine Apotheke, einen Kräutergarten, eine Kirche. Sie haben sehr gute Betten. Ein Arzt und drei Wundärzte kümmern sich um die Pflege der Gesundheit. Ein Vorsteher sorgt für die Speisen. An einem abgesonderten Ort ist, was sie das Verbandhaus ('t Verbandt-huys) nennen, in welchem die Wunden versorgt werden. Die Soldaten haben ihren eigenen Ort. Von diesem ist die Fremdenherberge unterschieden, das Beyaart genannt, in welche fremde Bedürftige aufgenommen werden. Sie werden drei Tage lang mit Essen und Trinken versehen, wie die folgenden Verse über der Türe anzeigen:

> Drie dagen, langer niet, huysvest ick die 't behoeft.
> De vierde jaagh ick uyt de schooysters en 't geboeft.[197]

Das Pesthaus (*Het Pesthuys*) befindet sich außerhalb der Stadt und ist mit Bäumen eingefasst. Es ist mit Betten reichlich versehen, die zur Verfügung stehen, auch wenn keine Kranken da sind. Außerhalb der Pestzeiten werden Kranke mit Dysenterie (rote Ruhr), heftigem Fieber oder Syphillis aufgenommen. Um sie kümmern sich ein Apotheker, der dort wohnt

cum interfluente fossa amœnissimam arboribus consitam.

Par fermè ratio est Leprosarii, qvod '*t Lazarus-Huys* nominant ante portam Antonianam, in qvo tamen raro sunt Leprosi sed pauperes plerumqve alij.

[88v] Orphanotrophia tribus sunt, unum qvod majus, alterum qvod Diaconorum, tertium qvod Wallonum dicunt. Major qvod vocatur est in platea vitulorum, (*Het groote Wees-huys*) utrimqve inscriptio est, lapide incisa: hic cum effigie duorum puerorum talis:

> Hier treurt het Weesken met gedult,
> Dat arm is zonder synen schult,
> En in syn armoedt soll' vergaen,
> Indien men 't Weygerd' by te staen:
> Zo ghy gesegent zijt van Godt
> Vetroogt ons met u overschot.[113]

Illinc cum decorum puellarum effigie ista:

> Geen armer Wees op aerden swerft
> Als die den hooghsten Vader derft:
> Hy derft den hooghsten Vader niet,
> Die ons doet bystandt in 't verdriet
> Dies flaat u oogen op ans neer
> den hooghsten Vader help u' weer.[114]

Pupilli qvi hic aluntur verstes habent altero latere rubras & altero griseas; in gratiam illorum Ludi magistris sunt, à qvibus legere discunt & scribere, item sartores sutoresqve[115] qvi vestes eorum curant, nec non Chirurgi[116] aliæqve magistræ qvae puellas artem sartoriam docent et acupictoriam. Pueri qvi opificia addiscunt per maximum diei tempus magistros suos adeunt, redeuntqve ad capiendum cibum somnumqve nullus tamen illorum vel sutoriam vel sartoriam discit, qvidam studijs incumbunt, scholarqve freqventant. Triclinium illorum maximum est, cibiqve sufficientes, qvosdum sumunt, lectiones simul Biblicas audiunt. Singulis an-

---

113 Übersetzung siehe Anhang.
114 Übersetzung siehe Anhang.
115 sutoresqve] über der Zeile ingefügt.
116 Chirurgi] Am linken Rand mit Einweisungszeichen.

und ein Wundarzt, der außerhalb der Stadt wohnt. Mittendrin ist ein schöner Platz mit einer Gracht von Bäumen umgeben. Aus dem gleichen Grund befindet sich das Leprosarium, genannt das Lazarus-Haus (*'t Lazarus-Huys*) vor dem Antonius-Tor. Die Leprakranken sind allerdings selten, dafür hat es viele andere Arme.

[88v] Es gibt drei Waisenhäuser, das eine nennen sie das große, das andere das Diakon-Waisenhaus, das dritte das wallonische. Das sogenannte große (*Het groote Wees-huys*) befindet sich an der Kälberstraße. Auf beiden Seiten gibt es eine in Stein gehauene Inschrift. Diejenige, die das Bild von zwei Knaben zeigt, lautet so:

> Hier treurt het Weesken met gedult,
> Dat arm is zonder synen schult,
> En in syn armoedt soll' vergaen,
> Indien men 't Weygerd' by te staen:
> Zo ghy gesegent zijt van Godt
> Vetroogt ons met u overschot.[198]

Auf der anderen Seite zwei Mädchen mit dieser Inschrift:

> Geen armer Wees op aerden swerft
> Als die den hooghsten Vader derft:
> Hy derft den hooghsten Vader niet,
> Die ons doet bystandt in 't verdriet
> Dies flaat u oogen op ans neer
> den hooghsten Vader help u' weer.[199]

Die Kinder, die hier erzogen werden, haben Kleider, die auf der einen Seite rot und auf der andern grau sind. Sie haben Schulmeister, die sie lesen und schreiben lehren, auch Schneider und Schuster, die sich um ihre Kleider bekümmern, darüber hinaus Wundärzte und ferner Wärterinnen, die die Mädchen die Kunst zu schneidern und zu sticken lehren. Die Knaben, die ein Handwerk lernen, befinden sich die meiste Zeit des Tages bei den Meistern, sie kommen aber zurück, zum Essen und Schlafen. Doch wird keiner Schneider oder Schuster; einige studieren und gehen in die Schulen. Der Speisesaal ist sehr groß und sie erhalten genügend zu essen. Während sie essen, hören sie Lesungen aus der Bibel. Jedes Jahr werden die entlassen, die das Alter erreichen, ab dem sie ihre Angelegenheiten selbst verwalten können. Sie werden eingekleidet und mit dem Nötigsten versehen. Es gibt vier Verwalter und Verwalterinnen,

nis qvidam dimittuntur, qvi nempe ad eam pervenerunt ætatem, ut rebus suis ipsi qveant prospicere; illiusqve vestes atqve aliæ necessitates porriguntur. Curatores, curatricesqve sunt qvatuor qvos Patres matresqve orphanotrophii appellant; illiqve dein [89r] Curatores domesticos (*Binne-Vaers*) curatricesqve constituunt speciales. Reditus partim e certo domorum numero, partim atqve eleemosynis sive ordinarijs (qvæ dieb. Dominicis in templo novo colliguntur) sive extraordinariis, (qvas qvarter per annum primarii cives ostiatim colligunt) desumuntur; atqve in hunc finem etiam capsa ænea ante portam ædium constituta est. Pupillos omnes qvi hic recipi desiderant, à Civibus oportet esse progenitos.

Orphanotrophium Diaconorum ad Amstelam interiorem extructum est, ædificium pulcherrimum duabus instructum cavædilo porticibusqve columnatis. In hoc recipiuntur qvicunqve reformatæ religioni sunt innutriti. Reditus sunt eleemosynæ, qvas Diaconi 30.[117] per omnia templa durante concione colligunt, qvasqve singulis mensibus domesticatim cives contribuunt; e qvibus tamen et alijs pauperibus multa suppeditantur: Hanc domum communiter dicunt *Diaken-Weeshuys*.

Orphanotrophium Wallonum est in platea Lauri; inscriptaqve habet anterius seqventia: La Maison des pauvres Orphelins de l'Eglise Wallonne. Ordo ubiqve ferme idem est qvi in prioribus.

Eleemosynaria tria itidem sunt, Duo ubi pauperibus inqvilinis panis cum caseo atqve butyro erogatus: qvantum pro sustentanda familia xxxx[118] sufficit; cuiuscunqve illi sint religionis atqve nationis, modo aliqvandiu in Urbe vixerint: hæc appellantur Huys-Zitten an de Oude, en Nieuwe Zijde: sed in eo qvod à Parte Nova est, distributio saltem fit per hyemem; in altero per singulas totius anni hebdomadas; utrinqve per hyemem etiam cespites distribuuntur: in qvem usum horrea ingentia extructa sunt. Curatores harum Eleemosynarum qvotannis qvater vel qvinqvies singulas domos obeunt ad stipem colligendam, qvamvis & alia qvædam habeant subsidia.

[89v] Tertium eleemosynarium vocant *D'Aalmoeseniers*, in fossa Regia, in qvo per æstatem panis cum butyro dispensatur; alias pecunia;

---

117   30.] über der Zeile eingefügt.
118   unlesbares Wort.

die sie die Väter und Mütter der Waisen nennen. Und jene stellen schließlich die speziellen [89r] Hausverwalter und -verwalterinnen (*Binne-Vaers*). Die Einnahmen stammen zum Teil aus einer bestimmten Zahl von Häusern, zum Teil aus Almosen sei es ordentlichen (welche am Sonntag in der Neuen Kirche gesammelt werden), sei es außerordentlichen (welche die ersten Bürger viermal im Jahr von Tür zu Tür sammeln). Zu diesem Zweck gibt es auch ein bronzenes Kästchen vor der Türe des Gebäudes. Kinder, die hier aufgenommen zu werden wünschen, müssen Kinder von Bürgern sein.

Das Diakon-Waisenhaus, welches sich an der Innen-Amstel befindet, ist ein sehr schönes Gebäude mit zwei großen Höfen und einem schönen Säulengang. Hier werden alle aufgenommen, welche reformierter Religion sind. Die Einnahmen sind Almosen, welche die 30 Diakone in allen Kirchen während der Predigt sammeln, und jene, die Bürger in gewissen Monaten von Haus zu Haus einsammeln. Von diesem Gaben wird aber auch viel anderen Armen zugeteilt. Dieses Haus wird gewöhnlich das Diaken-Weeshuys genannt.

Das Waisenhaus der Wallonen ist an der Lorbeerstrasse. Es hat an der Vorderseite folgende Inschrift: La Maison des pauvres Orphelins de l'Eglise Wallonne. Die Einrichtung ist überall fast die gleiche wie bei den oben genannten.

Zudem gibt es drei Armenhäuser. Zwei, in denen armen Einwohnern (von Amsterdam nämlich) Brot mit Käse und Butter ausgeteilt wird, so viel, dass es genug ist, eine Familie zu erhalten, welcher Religion und Nation sie auch seien, wenn sie nur eine Zeitlang in der Stadt gelebt haben. Man nennt sie Huys-Zitten, weil es ein Haus auf der Alten und eines auf der Neuen Seite gibt, aber in jenem auf der Neuen Seite wird nur während des Winters ausgeteilt. Im andern hingegen jede Woche das ganze Jahr hindurch; in beiden wird im Winter auch Torf ausgeteilt. Zu diesem Zweck sind gewaltig große Speicher errichtet worden. Die Verwalter dieser Armenhäuser suchen jedes Jahr vier bis fünfmal die einzelnen Häuser auf, um Almosen zu sammeln, so viel, dass auch gewisse andere (Institutionen, Arme) unterstützt werden können.

[89v] Das dritte Armenhaus nennen sie D'Almoeseniers auf der Königs-Gracht, in welchem im Sommer Brot und Butter ausgeteilt wird, sonst aber Geld. Hier können sich auch Fremde melden.

Zuchthäuser[200] gibt es drei, das Raspel-Haus,[201] das neue Werkhaus

de qva etiam peregrini participare qveunt.

Ergastula qvoqve tria sunt, Rasorium, Laboratorium novum, & Netorium. Limatorium sive Rasorium *('t Rasp-huys*) in Via sacra extructum est. Supra ingressum lapidi incisus est currus, serris aliisqve instrumentis onustus supra[119] qvem auriga flagello instat bestiis qvibusdam ante currum jugo subjectis, cum inscriptione:

Virtutis est domare qvæ cuncti pavent.

Supra portam alteram sculpti extant duo scelesti compedibus vincti ligna radentes. Interius qvadrata est area in qva columnæ imposita est Justitiæ statua. Anterius sunt carceres, in qvibus bini, plenumqve nudi, limis serratis Brasiliana ligna comminuunt, compedibus ligati: Serræ ipsæ compositæ sunt ex laminis crenatis qvam plurimis, ut ad crassitiem palmæ mediæ accedant; & utrinqve manubria habent, ut à duobus commodè protrudi qveant. Latus adversum inferius libram habet[120] qva a singulis sua appenduntur pondera; superius conclave est ubi pannos xylinos texunt pueri captivi. Ad dextram ligna servantur: inibiqve carceres qvoqve sunt proditioribus, qvos tamen videre non licet: a sinistris templum est, ubi pueri informantur, & castigantur Scamno peculiari alligati: inibiqve Die dominica qvædam ex scriptura præleguntur. Porro in area publice reposita sunt instrumenta qvædam mendicantium, nempe grallæ, scipiones axillares, scabella manuum, atqve alia qvæ mendicis sanis [90r] huc detrusis sublata sunt: Nimirum hic fuit primarius harum ædium scopus, ut mendicabula è medio tollerentur, & deinde pro iis qvi morte plecti nondum possunt, commodi carceres existerent.

Laboratorium novum *('t Nieuwe Werk-huys*) extructum est in loco qvem Kattenburgh vocant, ad Yum; in hoc omnes mendici qvi vitam suam Murciæ consecrarunt, & civibus hinc inde molesti sunt detruduntur.

Netorium pro fæminis est, qvas sive mendicitas, sive lascivia carceribus adjudicavit, in tympano huius tres captivæ sculptæ apparent, una colum tenens, cæteræ nentes: Ingressus ornatus est marmorea tabula, in qva Pæna figura castigat alias; cum inscriptione:

---

119 supra] über der Zeile eingefügt.
120 habet] über der Zeil eingefügt.

und das Spinn-Haus. Das Feil- oder Raspelhaus (*t 'Rasp-huys*) befindet sich an der Heilig Weg-Gasse. Über dem Eingang ist in Stein gemeißelt zu sehen ein Wagen, beladen mit Sägen, und anderen dergleichen Werkzeugen, darauf ein Fuhrmann, der auf die vor den Wagen gespannte Tiere einpeitscht, und mit der Überschrift:

Virtutis est domare quæ cuncti pavent.[202]

Über dem andern Eingang sind zwei Zuchthäusler mit Fußfesseln abgebildet, welche Holz raspeln. Im Innern ist ein viereckiger Platz, in dessen Mitte auf einer Säule die Gerechtigkeit steht. Auf der Vorderseite sind die Kerker, in welchen immer zwei, meistens nackt und in Fußfesseln, mit Raspelsägen Brasilienholz zerkleinern. Die Sägen selbst sind aus mehreren Blättern zusammengesetzt, dass sie die Palmen mittlerer Dicke bearbeiten können. Sie haben an beiden Enden einen Griff, so dass zwei daran ziehen können. Auf der gegenüberliegenden Gebäude-Seite ist unten eine Waage, auf der jedem sein Gewicht zugewogen wird.[203] Darüber ist ein Zimmer, in dem gefangene Knaben Baumwolltuch weben. Rechts wird das Holz aufbewahrt, und da sind auch Gefängnisse für die Reichen, die man nämlich nicht sehen darf. Links ist die Kirche, wo die Knaben unterrichtet werden und an eine bestimmte Bank angebunden gezüchtigt werden. An Sonntagen wird aus der Heiligen Schrift gelesen. Ferner sind an öffentlicher Stelle unterschiedliche Bettel-Werkzeuge wie Stelzen, Krücken, Handschemel und andere, welche man gesunden Bettlern abgenommen hat, ausgestellt.[204] [90r] Natürlich war es das erste Ziel dieser Einrichtungen, dass die Bettler entfernt werden, und sodann für die, die noch nicht hingerichtet werden können, geeignete Zellen bereitgestellt würden.

Das Neue Arbeitshaus (*'t Nieuwe Werk-huys*) steht am IJ an dem Ort, den sie Kattenburg nennen, in welchem alle Bettler, welche ihr Leben der Murcia[205] gewidmet haben oder die Bürger in dieser Weise belästigt haben, weggesperrt werden.

Das Spinn-Haus ist für die Frauen, die wegen Bettelns oder wegen Unzucht ins Gefängnis kamen. Auf dem Giebel sieht man drei Gefangene, eine hält den Rocken, die andern spinnen. Über dem Eingang ist eine marmorne Tafel, auf welche die Figur der Strafe andere züchtigt mit folgender Inschrift:

Schrick niet, ik wreek geen qvaat, maar dwing tot goet,
Straf is mijn handt, maar lieflijk mijn gemoet.

Hîc qvoqve carceribus separatis coërcentur qvæ sive à[121] parentibus sive
a maritis in officio contineri neqveunt. In conclavi publico tres spectari
possunt captivarum ordines; primus ebriosarum, alter meretricum è Lu-
panaribus extractarum, tertius publicè flagellatarum. Reditus ad usus
istos ê tabernis potatoriis petuntur, hac ratione, ut qvæ vinum, cerevisiam
atqve nicotianam divendunt singulis anni qvadrantibus 25. asses dent:
qvae vinum & spiritum vini; 20: qvae vinum tantum 15. qvae vinum
adustum 10: qvae nicotianam, itidem 10. pendunt.

Claustra insanientium (*'t Dol-huys*) extructa sunt in fossa Cleuveni-
ria, supra portam tabula lapidea miseriam horum hominum exprimit cum
subseqventibus <verbis>

Die met krankensinnigheyt syn begaaft,
Die worden hier gespijst en gelaaft.

[90v] Interius area qvadrata est cum hortulo, in qvo ex albo lapide effigies Insaniæ sculpta extat, nempe fæmina nuda capillos sibi vellicans.
Circa latera areæ claustra sunt qvam plurima; Curatores (buyten-Vaders)
sunt 3. cum duabus curatricibus è civibus primariis: qvi Oeconomam ibi
præstituunt cum Chirurgo.

Tandem paucula restant de mutuatorio, fororumqve qvorumdam
structuris, & Labyrinthis.
Mutuatorium nempe (*Bank van Leeninge, of Lombert*) A. 1614. ins-
titutum est, ut qvilibet qvi pecunia egit exhibito pignore sufficienti, mu-
tuam accipere qveat pro fænore à magistratu praeordinato. Nimirum si
minus qvisqvam 100 florenos mutuetur, pro singulis florenis hebdomada-
tim obulum s. 16. stuveri partem, pendit: si centum aut plus ad qvingentos usqve; ususa annuà est pro 100 fl. septem, cum 4. assib: sive stuveris;
si plus qvam qvingentos accipiat, sex pro centum reddit. Pignora tamen

---

121   à] über der Zeile eingefügt.

Schrick niet, ik wreek geen quaat, maar dwing tot goet,
Straf is mijn handt, maar lieflijk mijn gemoet.[206]

Hier werden in einzelnen Kerkerzellen die untergebracht, die entweder durch ihre Eltern oder ihre Ehemänner nicht gezügelt werden können. In öffentlichen Saal gibt es drei verschiedene Ordnungen von Gefangenen, nämlich erstens die Trinker, zweitens die Prostituierten, die man aus den Freudenhäusern herausgeholt hat, drittens öffentlich Ausgepeitschte. Die Einkünfte stammen aus den Abgaben der Wirtshäuser, und zwar so, dass jene, die Wein, Bier und Tabak verkaufen jedes Quartal 25 Stüver, jene, die Wein und Weingeist verkaufen 20 und jene, die nur Wein verkaufen 15, jene die Brandwein allein 10 und jene die nur Tabak verkaufen 10 Stüver geben müssen.

Die geschlossene Anstalt für Geisteskranke (*'t Dol-huys*) befindet sich auf dem Klevenierburg-Wall, über der Türe ist auf einer steinernen Tafel das Elend dieser Menschen abgebildet und mit folgenden Versen ausgedrückt:

Die met krankensinnigheyt syn begaaft,
Die worden hier gespijst en gelaaft.[207]

[90v] Innen ist ein viereckiger Platz mit einem Gärtchen, in dem aus weißem Stein die Figur der Tollheit steht, nämlich eine nackte Frau , welche sich die Haare rauft. Auf den Seiten sind viele geschlossene Zimmer. Verwalter (buyten-Vaders) gibt es drei und zwei Verwalterinnen aus den vornehmsten Bürgern, welche eine Haushälterin und einen Wund-Arzt anstellen.

Geschäftshäuser, Labyrinthe

Es muss noch etwas zum Pfandhaus, den Bauten für den Handel und den Labyrinthen gesagt werden.

Das Pfandhaus (*Bank van Leeninge, of Lombert*) wurde 1614 gegründet, damit jeder, der Geld braucht, wenn er genügend Pfand hinterlegt, um den vom Rat festgelegten Zins ein Darlehen bekommen kann. Wenn jemand bloß 100 Gulden aufnimmt, gibt er pro Gulden pro Woche 16 Teil vom Stüvern, von 100 bis 500 gibt er pro Jahr sieben Gulden und 4 Stüver pro 100 Gulden, über 500 Gulden gibt er sechs pro Hundert (Prozent). Man kann das Pfand jederzeit auslösen. Es sitzen da immer zwei Schöffen als Beisitzer am Morgen von 8 bis 11 Uhr und am Nach-

luere semper concessum est. Ibiqve semper assident duo scabini horis
matutinis ab 8. ad 11. & pomeriodianis a 2. ad 5. Si pignora post unum
annum & 6 hebdomadas non redimantus tum vendi possunt: atqve tales
venditiones singulis anni qvandrantibus fiunt.

Ad Fora qvæ structuris aliqvibus insignià sunt, pertinent (1.) Forum
frumentarium (*de Kooren-Beurs*) qvae est ad Yum (*op 't water*) area oblonga 300 ped. in longitudine & 80 in latitudine, cum cryproprticibus
columnarum 52 lignearum[122]; sub qvibus [91r] proxenetæ suas habent
capsulas, ad servandos sacculos frumenti speciebus diversis repletos.[123]
Huic fermè similis est structura basilicæ nautarum (de Schipper-Beurs,)
qvæ est ad pontem novum.

(2.) Macella qvatuor sunt, duo ad latus qvi vetus dicunt, in platea
qvae Nes vocatus supra qvæ est Theatrum Anatomicum. Duo in latere
novo, nempe ad templum Occidentale, qvi dignum est visu: & in foro
Dominorum propè Hospitium sumtuosum (*'t Geeron Logement.*)

(3.) Fora piscaria tria sunt, unum prope forum magnum & plateam
olerariam (Warmoes-straat) alterum apud Byrsam ubi rustici pisces flu-
viatiles vendunt: tertium apud claustrum aqvarium Harlemense novum
(*nieuwe Harlemer Sluys*) qvod nuper demum sat splendidè extructum
est. Pisces marini semper prius auctione venduntur, sed ita ut venditor,
qvi publica auctoritate constitutus est (de Afslager) pretium tamdiu dimi-
nuat donec aliqva fæminarum exclamet; cuius nomen mox annotatur.

(4.) Forum cistarum (*Kistemakers-Pant*) in platea vitulorum ubi
scriniarii cistas exponunt pulcherrimas.

(5) Labyrinthi (*Dool-hofen,*) tres sunt, unus in fossa principis alter in
fossa rosarum, tertius ante Portam Antonianam. Tabernæ sunt, vino cere-
visiæqve vendendis accommodæ, in qvibus simul Fontes artificiosi, variis statuis undivomis exornati, & horti cum Labyrinthis, & opera qvædam
automataria spectari possunt.

Pontes porro Lapidi in huc Urbe sunt 87. & lignei 130 qvorum multi apertiles, sive majori apertura, sive minori.

Portæ sunt Harlemensis, Viæ Sacræ, Reguliria. Amstelana, & Anto-
niana; qvæ nunc tamen ampliata urbe, admodum mutantur.

---

122 Über der Zeile eingefügt.
123 von speculos an korrigiert und am Rand geschrieben über durchgestrichenen Wör-
     tern.

mittag von 2 bis 5 Uhr. Wenn das Pfand nach einem Jahr und sechs Wochen nicht ausgelöst ist, kann es verkauft werden. Solche Verkäufe werden jedes Quartal gemacht.

Was die Marktplätze betrifft, deren Gebäude bemerkenswert sind, so gibt es: (1) Die Kornbörse (*de Kooren-Beurs*), welche am Wasser des IJ liegt. Es ist ein Areal von 300 Fuß Länge und 80 Fuß Breite mit einem Säulengang von 52 hölzernen Säulen; [91r] unter denen die Makler Kästlein mit Säcklein haben, in denen sie verschiedene Arten von Getreiden haben. Diesem Gebäude ist die Schiffer-Börse (*de Schipper-Beurs*) bei der neuen Brücke ähnlich.

(2) An Fleisch-Bänken gibt es vier. Zwei auf der sogenannten. Alten Seite, an der sogenannten Nesgasse, darüber ist das Theatrum Anatomicum. Zwei auf der Neuen Seite bei der Wester-Kirche, welche würdig ist, besucht zu werden, und beim Herren-Markt, nahe bei einem prächtigen Gasthaus (*'t Geeron Logement*).

(3) Fischmärkte gibt es drei, einer in der Nähe des Damms und der Warmmuss-Gasse (*Warmoes-straat*), der andere bei der Börse, wo die Bauern Flussfische verkaufen, der dritte bei der neuen Haarlemerschleuse (nieuwe Harlemer Sluys), welche neulich wieder sehr schön gebaut wurde. Die Meerfische werden immer in der ersten Auktion verkauft, aber so, dass der Verkäufer, der durch amtliche Autorität bestimmt ist (*de Afslager*) den Preis so lange senkt, bis eine der Frauen ausruft, deren Name daraufhin notiert wird.

(4) Der Schreiner-Markt (*Kistemakers-Pant*) auf der Kälberstrasse, wo die Schreiner sehr schöne Kästen ausstellen.

(5) Labyrinthe / Irrgärten (*Dool-hofen*) gibt es drei, eines in der Prinzen-Gracht, der zweite in der Rosen-Gracht und der dritte vor dem Antonius-Tor.

Hier gibt es auch Tavernen, die Wein und Bier verkaufen und künstliche Brunnen, die mit wasserspeienden Statuen geschmückt sind, und man kann die Irrgärten und durch Räderwerk angetriebene Kunststücke sehen.

Dann gibt es 87 steinerne Brücken in dieser Stadt und 130 hölzerne, von denen viele geöffnet werden können, teils mit größere, teils mit kleiner Öffnung.

Die Tore sind: Haarlemer-Tor, das Heilige-Weg-Tor, das Regulier-Tor, das Amstel-Tor und das Antonius-Tor, die jetzt, da die Stadt gewachsen ist, entsprechend verändert werden.

[91v] Atqve hæc hactenus de ædificiis publici dicta sufficiat. Privatæ domus pleræqve elegantissimæ qvoqve sunt; lapideæ omnes, multæ cum columnis perpetuis, aliqvæ cum duplici columnarum ordine, aliæ encarpis saltem exornatæ; intus apud ditiores pavimenta plerumqve sunt[124] marmorea tessellata, alicubi & superliminaria marmorea non minus in portis qvam in caminis: et generatim cameræ picturis ornatissimæ sunt continuatisqve lotionibus atqve tersionibus in primo qvasi nitore conservantur. Imo ne angulus qvidem invenitus apud stereosus &[125] qvi non suæ curæ subjaceat. Fundamenta autem omnia e patis fiunt primum, atqve mox e lapide. Nimirum area designata primitus effoditus ad profundidatem e. l. 8. circiter pedem, donec aqva appareat qvam antliis exhauriunt magna cura: atqve deinde pali ad 40-60 pedes longitudinè accedenter, fissura in fundum adiguntur qvæ pondere mille libras æqvat & qvod excedit; qvamqve 50. a. 60. visi elevant multiplici fune. Harum arborum numerus 4X communetus ædificiis ad centum acredit, alibi tamen plures adhibentur prout ædificia majora vel minora extruenda sunt: sub curia sunt 13659: sub muris vallorium fermeum innumeræ. Palisqve ades adactis, æqvatisqve assamenta affiguntur crassissima, qvibus dein murus immitlitur. Pretium arborie unius est à 30, ad 40 stuveras.

Jamqve ad Pinacothecas accedo qvas licuit arredere; Atqve rariora alia qvæ hic videre contigit. Nimirum

(I.) In Theatro Anatomico ostentuntur sqq.:
Cutis Leonis.
Ignavus Americanus.
Vesica Elephanti
Præcinctorium Americanum.
[92r] Sacculus pro recondendis abscissis hostium captibus.
Hydria ex arundine unicâ brachio crassior.
Pugio incurvatus.
Clava, qva usi sunt Americani anteqvam ipsis ferrum innotesceret.

---

124 sunt] über der Zeile eingefügt.
125 apud stereosus &] über der Zeile eingefügt.

[91v] So viel möge zu den öffentlichen Gebäuden genügen. Die Privathäuser sind meistenteils auch sehr geschmackvoll, alle aus Steinen, viele haben durchgehende Säulen, andere haben eine doppelte Säulenordnung, andere sind mit Fruchtgirlanden geschmückt. Bei den Reicheren findet sich im Innerraum häufig mit Marmor gepflasterte Böden, oft auch Marmor über den Türen und Kaminen. Im Allgemeinen sind die Zimmer mit Malereien prächtig geschmückt und durch ständiges Abwaschen und Putzen wird alles wie im ersten glanzvollen Zustand erhalten.

Die Fundamente bestehen zunächst aus (Holz-)Pfählen und dann aus Stein. Die Fläche, die man in einer Tiefe von 8 Fuß erhält, ist außerordentlich, weil man dort Wasser findet, welches die Pumpen wirkungsvoll trocknen. Dann hat man Pfähle, die eine Höhe von 40-60 Fuß erreichen, dieser werden gehalten durch einen Graben und sie haben ein Gewicht von tausend Pfund oder mehr und eine Anzahl von 50 bis 60 Männern ziehen sie an mehreren Seilen hinauf. Für gewöhnliche Bauten braucht man ungefähr hunderte Bäume, aber für den Bau von mehr oder weniger großen Gebäuden braucht man mehr Bäume. Für das Rathaus brauchte man 13659. Unter den Mauern der Wälle sind es unzählige. Wenn die Pfähle zusammen und auf derselben Höhe sind, werden sehr dicke Bretter darüber befestigt, auf denen die Mauern gebaut werden. Der Preis jedes Baumes ist 30 bis 40 Stüver.

Naturalien- und Raritätenkabinette
Ich werde nun zu den Kunstsammlungen übergehen, die ich besuchen durfte, und zu anderen Raritäten, die ich hier sehen durfte. Nämlich

I. Im Theatrum Anatomicum ist folgendes ausgestellt:[208]
Die Haut eines Löwen.
Ein amerikanisches Faultier;[209]
Die Blase eines Elefanten.
Eine amerikanische Schürze.[210]
[92r] Ein Beutel für die abgeschlagenen Köpfe der Feinde.
Ein Krug, der aus einem einzigen Schilfrohr geformt wird und armesdick ist.
Ein Krummdolch.
Eine Keule, die die Amerikaner benutzten, bevor sie Eisen kannten.

Securis Lapidea ferro coaptata.

Mitra plumea.

Mitra e filis ferreis connexa, qvæ Regium est ornamentum.

Duæ Virgæ Cetorum; sive potius ossa ex pene Hippopotamorum.

Tres Tubuli Tabacarii Lignei, qvorum unus miræ magnitudinis.

Spina dorsi Caniculæ, qvas Belgi *Hayen* dicunt.

Calcei Lapponici ex libro arborum.

Chamæleon.

Scinci duo, qvi etiam Crocodili terrestres dicuntur, formam habent lacertarum, eorumqve usus est in theriaca.

Angelus marinus, piscis non adeo magnus a nitore sqvamarum sic dictus.

Maxilla maxima bestiæ ignotæ.

Porci triqvetri duo:

Cauda Elephanti.

Rostrum Pelecani cum sacculo.

Duo frustra[126] cutis Elephantinæ.

Penis balenæ.

Serpens crepitans, eine Ratelschlange.

Echinus marinus cum aculeis maximis.

Scutum Indicum.

Urna funebris.

Calcei Japanici cum soleis ligneis maximis, ad commodum per lutosa
incessum.

[92v] Calcei Japonici alii elegantiores.

Cornua capræ cuiusdam Indicæ.

Canis Carcharias maximus.

Armadilla

Crocodilus

Phoca

---

126 frusta] frustra Hs.

Eine Steinaxt, die in Eisen gefasst ist.

Eine Mütze aus Vogelfedern.

Eine aus Eisendrähten gemachte Mütze, die ein königlicher Schmuck ist.

Zwei Penisse von Walen oder vielmehr Knochen aus dem Penis eines Nilpferds.

Drei hölzerne Tabakspfeifen, von denen eine sehr groß ist.

Das Rückgrat eines Dornhais (oder Katzenhais), die die Niederländer Hai nennen.[211]

Lappländische Schuhe aus Baumrinde.

Ein Chamäleon.

Zwei Skinke, die auch Land-Krokodile genannt werden, haben die Form von Eidechsen und werden für die Zubereitung von Theriak verwendet.

Ein Meer-Engel (Engelhai), ein nicht sehr großer Fisch, so genannt wegen des Glanzes seiner Schuppen.[212]

Ein sehr großer Kiefer eines unbekannten Tieres.

Zwei Meerschweine.[213]

Der Schwanz eines Elefanten.

Der Schnabel eines Pelikans, mit einem Kropf.

Zwei Stücke einer Elefantenhaut.

Der Penis eines Wals.

Eine Klapperschlange.[214]

Ein Seeigel mit sehr großen Stacheln.

Ein indianscher Schild.

Eine Urne.

Japanische Schuhe, mit sehr großen Holzsohlen, um leicht durch den Schlamm zu waten.

[92v] Andere, feinere japanische Schuhe.

Die Hörner einer indianischen Ziege.

Ein sehr großer Hai bzw. Hundsfisch.[215]

Ein Gürteltier.

Ein Krokodil.

Eine Robbe.

Cutis Serpentis maximi effarta.
Corallina varia
Folia Corallii.
Et hæc omnia in Camera priori: Interius videri possunt.
Femoris Gigantis os.
Monstrum humanum: infans nempe biceps, cum tribus pedibus & qvatu-
or brachiis.

Sceleton embryonis longitudine cubiti medij.
Cranium pumilionis, qvod minus erat cranio jam dicti embryonis.
Sceleton simiæ.

Sceleta qvarundam avium.
Sceleta muris atqve gliris.
Iguana animal Americanum qvadrupes, qvod communiter Leguan dicunt, ex lacertæ maximæ species, dorso spinis aspero, cauda promissa
aculeata itidem, magnitudine felis, sub ore barbam habet carneam, gal-
lorum instar: mensis adhiberi dicunt in America.

Iguana alia, sed absqve barba.
Sceleton serpentis longioris, in qvo 180. costas numeravi ex uno latere.

Sceleton Cygni.
Cutis humana cum capillis, & facie.
Sceleton hominis in sceleto eqvi.
[93r] Sceleta canum.
Sceleton Hermaphroditi insigni magnitudine.
Sceleton mustelæ
Animalia qvædam Indica ignota etc.

Die ausgestopfte Haut einer großen Schlange.
Verschiedene Korallen.
Korallenblätter.
Und diese alle im ersten Raum. In der inneren Kammer sind zu sehen:
Der Oberschenkelknochen eines Riesen.
Ein menschliches Wesen, d.h. ein zweiköpfiges Kind, mit drei Füßen und
vier Armen.

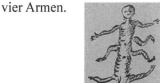

Das Skelett eines Embryos von der Länge einer halben Elle.
Der Schädel eines Zwerges, der kleiner war als der des bereits erwähnten
ungeborenen Kindes.
Das Skelett eines Affen.
Skelette von einigen Vögeln.
Das Skelett einer Maus / Ratte und eines Siebenschläfers.
Ein Iguan, ein amerikanisches vierfüßiges Tier, das gemeinhin als Legu-
an bezeichnet wird. Es ist eine Art sehr große Eidechse, mit einem Rü-
cken voller Stacheln, mit einem langen hängenden Schwanz, ebenfalls
stachelig, etwa von der Größe einer Katze; am unteren Ende des Mundes
hat das Tier einen fleischigen Bart, wie ein Hahn; man sagt, dass es in
Amerika auf den Tisch kommt.

Ein weiterer Leguan, aber ohne Bart.
Das Skelett einer ziemlich langen Schlange, bei der ich auf einer Seite
180 Rippen gezählt habe.
Das Skelett eines Schwans.
Eine menschliche Haut mit Haaren und dem Gesicht.
Ein menschliches Skelett auf dem eines Pferdes.
[93r] Skelette von Hunden.
Das Skelett eines Hermaphroditen von außergewöhnlicher Größe.
Skelett eines Wiesels.
Einige unbekannte indianische Tiere usw.

II. In domo Indiae Or. qvodam Indica asservantur: nimirum,
Sex parmæ rotundæ.
Duo Scuta oblonga, alterum ossibus, alterum colori rubro flavoqve exornatum.

Qvatuor gladii Iaponici recti
Duo acinaces Iaponici incurvi, alter longior, brevior alter manubrio habent ferro crassissimo praemunita.
Pila duo cum ferro recto.
Pila duo cum ferro flammiformi
Pila duo brevia.
Bipennis.
Duo pila cum ferro incurvato oblongo.
Pharetra.
Tres arcus.
Vexilla decem.
Labarum unum.

In alio conclavi:
Pila 13.
Picturæ Indicæ duæ maximæ.
Naviculæ Indicæ figura.

III. In ædibus Dn. Volkeri, qvi mercator est in aggere novo, pannorum commercia tractans, seqventia vidi:
Pinnam, sed breviorem.

Acos qvosdam alios teretes, alios angulatos.
Iguanam.
[93v] Armadillam.
Stellas reticulatas qvatuor.
Tres porcos marinos triangulares.
Remoram, qvae et Echeneis dicitur : est pisciculus pedis longitudine glaber, ore patulo, superiore maxillâ breviore, cum asperitate qvadam in longum protensa, striisqve discriminata.

II. Im Ost-Indischen Haus werden mehrere indische Waffen aufbewahrt, darunter[216]

Sechs runde Schilde.

Zwei längliche Schilde, eine aus Knochen, die andere mit rot und gelber Farbe geschmückt.

Vier gerade japanische Schwerter.

Zwei japanische Krummschwerter, eines eher lang, das andere kürzer; sie haben Griffe aus dickem Eisen.

Zwei Pfeile mit geraden Eisenspitzen. [217]

Zwei Pfeile mit flammenförmiger Eisenspitze.

Zwei kurze Pfeile.

Doppelaxt.[218]

Zwei Pfeile mit langen, gebogenen Eisenspitzen.

Ein Köcher.

Drei Bögen.

Zehn Fahnen.

Eine Standarte.

In einem anderen Raum:

13 Pfeile.

Zwei sehr große indische Gemälde.

Ein Modell eines indischen Schiffes.

III. Im Haus von Herrn Volker,[219] einem Kaufmann am Neuen Deich, der mit Tuch handelt, habe ich gesehen:

Eine Muschel, aber eher klein.

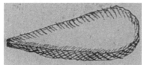

Ein paar Meernadelfische,[220] einige glatt, andere kantig.

Ein Leguan.

[93v] Ein Gürteltier.

Vier Netzsterne.[221]

Drei dreieckige Meerschweine.[222]

Ein Schiffshalter, den sie auch Echeneis nennen; es ist ein glatter Fisch von etwa einem Fuß Länge, mit großem Maul und ziemlich schmalem Oberkiefer, mit einem rauen länglichen und gestreiften Fleck am Kopf.[223]

Remoram minorem aliam.

Piscem marinum minorem, buboni non absimilem, aculeatum ferme Orbium instar, sed spinis rarioribus.

Praeterea ibi spectantur:

Sceleton Salamandræ, exiguum cum magno capite;

[Sceleton] Mustelæ;

[Sceleton] Gliris: Muris: Stellionis: ranarum ingentium;

Maxilla thynni oblonga cubitalis cum dentibus praeacutis;

Gammarus maximus;

Duæ caniculæ marinæ, sed minores.

Echini marini varii:

Corallina varii generis.

Folia corallii.

Pes avis cuiusdam maximæ.

Duo pedes aqvilini.

Ova struthionum et Casuariorum; testudinumqve.

Catenae armillæqve è conchulis & umbilicis marinis.

Pugio, cuius vagina e libro confecta.

Acinaces Iaponicus, cuius vagina è pelle serpentis, mucronem versus libro munita est.

Pharetra cum iaculis Indicis.

Eqvisetum marinum pulcherrimum.

[94r] Murices & purpurae variae: inter qvas & candidæ utrinqve acutæ.

Turbines varii interqve eos tales[127] qvorum gyri ductu reliqvis contrario feruntur, qvi cum rariores sint aliqvando magno pretio apud nos coemti ad Indos devenhuntur, qvi ipsos ad nescio qvos sacrificandi ritus adhibere dicuntur.

Trochi variorum generum & colorum[128] interqve eos & virides qvi rariores.

---

127   interqve eos tales] über der Zeile eingefügt.
128   & colorum] über der Zeile eingefügt.

Ein weiterer kleinerer Schiffshalter.

Ein ziemlich kleiner Meeresfisch, ähnlich einer Eule, mit Stacheln bedeckt, fast wie ein Kugelfisch, aber mit nicht vielen Gräten.[224]

Weiterhin zu sehen sind:

Ein kleines Skelett eines Salamanders mit Kopf.

[ein Skelett] eines Wiesels.

[ein Skelett] eines Siebenschläfers; eine Maus / Ratte, einer Steinechse; von riesigen Fröschen.

Der Kiefer eines Thunfischs, länglich, eine Elle lang, mit spitzen Zähnen.

Ein sehr großer Krebs.

Zwei Meerhunde, aber eher klein.[225]

Verschiedene Seeigel.;

Verschiedener Arten von Korallenmoos.

Korallenblätter;

Ein Fuß eines sehr großen Vogels

Zwei Adlerfüße.

Eier von Straußen, Kasuaren und Schildkröten.

Halsketten und Armbänder aus sehr kleinen Muscheln und Meeresschnecken.

Ein Dolch, dessen Scheide aus Baumrinde gefertigt ist.

Ein japanisches Schwert, dessen Scheide aus Schlangenhaut mit Rinde an der Spitze gefertigt ist.

Ein indischer Köcher mit Pfeilen.

Sehr schöner Equisetum marinus.[226]

[94r] Verschiedene Purpurschnecken, auch weiße, die auf beiden Seiten spitz zulaufen.

Verschiedene Meeresschnecken, unter denen solche sind, die anders gedreht sind als gewöhnlich und die, weil sie ziemlich selten sind, in unserem Land für viel Geld gekauft und nach Indien geschickt werden, wo sie angeblich in einigen Opferzeremonien verwendet werden.

Meeresschnecken in verschiedenen Arten und Farben, darunter auch grüne, die eher selten sind.

Turbines tuberosi qvos a triplici gyro coronas Papales appellant: maculosi sunt.

Cicada maxima cum 4 alis ingentibus.

Argi, seu turbinata oblonga teretia maculis pulcherrima distincta.

Trochus maximus cum sqvilla inibi delitescente.

Trochi minores cum cancris.

Turbinatorum species notulis musicis, lineisqve insignata, qvæ *Music-hooren* dicuntur: aliam speciem, qvae notulas tam probe ordinatas non habet, feram dicunt, *wilde music-hooren*.

Chamarum variæ species, læves striatæ, aculeatæ, variegatæ etc.

Pectines utrinqve convexi; alii, altera testa plana; alij altera minus convexa.

Concha cum litteris I N R I, titulum s.[129] Crucis fermè exprimentibus.

Nautili variae magnitudinis, testam habent tenuem cum paucioribus gyris.

Dactyli virides, concharum genus, ex qvibus sibi invicem insertis circulus fit.

Chamae patentes cum foramine.

Chama maxima corallii colore: Aliae hinc albæ illinc purpureæ; aliæ candidæ, aliæ variegatæ, etc.

Concha Ypsiloides, hac forma Y, palmæ longitudine, qvæ aperta crucem exhibebat.

[94v] Pinna aculeata candida.

Os pomi marini seu echini, ex qvinqve principalibus ossibus combinatum; cæterum ossiculis minoribus innumerabilibus constans, rostellum repræsentabat, articuli longitudine.

Conchula, cuius utriqve testæ annatum, erat certum qvoddam genus plantarum marinarum.

Salamandra palmæ longitudine, magno capite, corpore tenui, pedibus brevius.

Meeresschnecken, die wegen ihrer dreifachen Windung Papstkronen genannt werden; sie sind gesprenkelt.

Eine sehr große Zikade mit 4 großen Flügeln.

Eine Argusmuschel, lange, glatte und sehr schöne Muschel, die mit Punkten verziert sind;

Eine sehr große Meeresschnecke mit einem darin versteckten Heuschreckenkrebs.

Kleinere Meeresschnecken mit Krebsen darin.

Arten von Meeresschnecken[227] mit mehrfachen Tönen und Linien, die Music-hooren genannt werden; eine andere Art, bei der die Töne nicht so schön angeordnet sind, nennt man wilde music-hooren.

Verschiedene Arten von Chama,[228] glatt, gestreift, stachelig, etc.

Jakobsmuscheln, die einen beidseitig gewölbt; einige mit einer flachen Seite; andere mit einer weniger gewölbten Schale.

Muschel mit den Buchstaben I.N.R.I., die die Inschrift des Heiligen Kreuzes darstellen.

Nautilus Muscheln in verschiedenen Größen, sie haben eine dünne Schale mit wenigen Windungen.

Grüne Fingermuscheln, eine Art von Muscheln, die einen Kreis bilden, wenn sie aneinander befestigt werden.

Eine offene Muschel (Chama), mit einem Loch.

Eine sehr große, korallenfarbene Muschel (Chama), die auf der einen Seite weiß, auf der anderen violett ist; einige glänzen weiß, andere bunt, usw.[229]

Eine ypsilonförmige Muschel,[230] in Form eines griechischen Ypsilons, etwa handtellergroß, wenn sie sich öffnet, zeigt sie ein Kreuz;

[94v] Eine spitze, glänzend-weiße Steckmuschel;

Knochen eines Seeigels, bestehend aus fünf Hauptknochen, aber auch aus unzähligen kleineren Knochen, die einen Schnabel von der Länge eines Fingers bildeten.[231]

Eine Muschel, an deren beiden Schalen eine Art Meerespflanze gewachsen war;

Ein Salamander, etwa handtellergroß, mit großem Kopf, dünnem Körper und sehr kurzen Beinen.

Chamaeleon.

Tres Scinci.

Scarabæorum maximorum qvinqve Species.

Aranei occidentales hirsuti, magnitudine ranæ.

Aranei orientales minores.

Aviculæ Indicæ virides, rostellis acutis oblongis, inter oscines esse dicuntur: aliæqve similes sed diversorum colorum.

Cicadæ variæ.

Radix Mandragoræ maris, hominem exactè repræsentans, capillo prolixo sine[130] brachiis ast oculos, os barbamqve nec non penem habens, longitudine digitum excedebat.

Scorpius maximus palmæ longitudine.

Embryones duo abortivi, auricularis longitudine, cum capitibus ingentibus.

Eruca marina; fere similis crucis vulgaribus.

Poma marina varia, partim ex genere aculeatorum cum aculeis; & absqve aculeis, in qvibus parva apparent foramina; partim ex ramosorum genere, [95r] qvorum spinæ crassæ sunt, nec accutæ durissimæqve: sub qvibus in ipso pomo tubercula apparent sat grandia.

Labia Monachi marini sqvamosa, maiora atqve minora

Conchae anatiferæ herbæ cuidam applicatæ, minores.

Manus Nereidis, humana maior.

Avis regia, ex genere manucodiatarum videtur, est digiti longitudine, colore rubro, setas habens longas, circa finem plumis viridibus incurvatis instructas; pedes eius minimi sunt.

Vanellus qvadrupes monstrosissimus.

Plumæ, pennæqve avium ignotarum.

Lapis cum incluso pisce medio, ex fissura lapidis diviso; de cuius natura infra pluribus.

Glis marinus, seu potius sceleton eius, testam habet testudinis instar, cui & caput & cauda adhærent, ad latera aculeis prominentibus veluti ad costarum numerum.

---

130 über der Zeile eingefügt.

Ein Chamäleon.

Drei Nil-Eidechsen (scinci).

Fünf Arten von sehr großen Käfern.

Sehr große Spinnen aus dem Westen von der Größe eines Frosches.

Kleinere Spinnen aus dem Osten.

Grüne kleine indische Vögel, mit scharfen länglichen Schnäbeln; man sagt, sie gehören zu den Singvögeln; andere ähnliche, aber von anderer Farbe.

Verschiedene Grillen.

Eine Meer-Alraunwurzel (Mandragorwurzel), die genau einen Mann darstellt, mit dichtem Haar, ohne Arme, aber mit Augen, Mund, Bart und sogar einem männlichen Glied; sie war mehr als einen Finger lang.

Ein sehr großer Skorpion, so lang wie eine Hand.

Zwei vorzeitig geborene Embryonen etwa von der Größe eines Ohres, mit großen Köpfen.

Ein See-Raupe, die fast so groß ist wie eine gewöhnliche Raupe.

Mehrere Seeigel teils von der stachligen Gattung, mit und ohne Stacheln, an deren Stelle kleine Öffnungen sind, teils von der [95r] Gattung der ästigen, deren Stacheln dick, aber nicht spitzig und hart sind, unter welchen sich am Körper selbst ziemlich große Knoten zeigen;

Die schuppigen Lippen eines Meermönchs;[232] große und kleine.

Eher kleine ententragende Muscheln,[233] die an einer Pflanze befestigt sind.

Die Hand einer Nereide, größer als die eines Menschen.[234]

Ein Königshuhn, offenbar aus der Familie der Paradiesvögel,[235] etwa fingerlang, rot gefärbt, mit langen Borsten, die am Ende gebogene grüne Federn haben; die Füße sind sehr klein.

Ein vierfüßiger, sehr monströser Kiebitz.

Federn und Flügel von unbekannten Vögeln;

Ein Stein mit einem in der Mitte eingeschlossenen Fisch, durch einen Spalt in zwei Teile geteilt, über dessen Beschaffenheit unten mehr;

Ein Meersiebenschläfer[236] oder vielmehr das Skelett eines solchen, er hat den Panzer einer Schildkröte, an dem Kopf und Schwanz befestigt sind; die Seiten mit abstehenden Stacheln gleichsam entsprechend der Anzahl der Rippen;

Lapis Mannati, magnitudine ovi ansetini,[131] ex Cerebro vaccæe marinæ eruitur.

Icunculæ duæ eburneæ, exprimentes ritum Saltatricum Indicarum.

Seræ duæ marmoreæ magnitudine nuclei cerasorum;

Catenula aurea 200 articulorum cum appenso unione, qvæ pondere nondum ad unitatem librariam accedit (*noch nicht ein ass*).

Capsula cubica articuli magnitudine, in qva servantur conchulae 750.

Nuclei cerasorum septem cum sculpturis variis, qvorum unus 25. capita exhibebat.

Catenæ duæ ex uno ligni frusto confectæ, qvarum una articulorum 12. altera plures habebat.

[95v] Ova gallinacea monstrosa incurvata;

Ovum aliud cum globulo annato;

Spina dorsi serpentis magni.

Muscus marinus nobilis.

Linguæ psittacorum, crassæ, teretes ferme, anterius obtusæ.

Cauterium argenteum ex illorum genere, qvibus Hispani mancipia Indica adurunt, cum notis ME.

Stellæ marinæ vulgares varia magnitudine.

Stellæ reticulatæ.

Stellæ hispidæ nigræ.

Achates cum sculptura fabulæ Actæonis.

Opalii, Iaspides, Achatæ, varietate maxima.

Mercurii figura cum patera decumbens, ærea antiqvissima.

Duo clavi antiqvissimi.

Polygonum eburneum stellam includens, insigni artificio elaboratum.

Lignum petrefactum in fluvio qvodam Peguviano.

Figuræ cereæ qvam plurimæ, nempe Gustavus Adolphus R.S. Principissa Aureliana: Bernhardus Princeps Vinariensis ; Charitas: Senex qvidam:

---

131 Fuchs liest anatini.

Ein Lapis Mannati,[237] so groß wie ein Gänseei; er wird aus dem Hirn der Seekuh gewonnen;

Zwei Elfenbeinbilder, die den Ritus indischer Tänzer darstellen;

Zwei Marmorschlösser, so groß wie ein Kirschkern;

Eine Goldkette aus 200 Gliedern mit einer Perle darauf, die weniger als ein Pfund wiegt (noch nicht ein aß).[238]

Eine würfelförmige, fingergroße Schachtel, in der 750 Muscheln aufbewahrt werden.[239]

Sieben Kirschkerne mit verschiedenen Skulpturen, von denen einer 25 Köpfe zeigt.

Zwei Ketten aus einem Stück Holz, eine mit 12 Gliedern und die andere mit mehr.

[95v] Missgebildete, gebogene Hühnereier.

Ein weiteres Ei, auf dem eine kleine Kugel gewachsen ist.

Das Rückgrat einer großen Schlange.

Schönes Seemoos.

Papageienzungen, dick, fast rund, vorne abgestumpft.

Ein silbernes Brenneisen von der Art, mit der die Spanier die indianischen Sklaven brandmarken, mit den Buchstaben ME.

Gewöhnliche Seesterne in verschiedenen Größen.

Netzförmige Seesterne.

Stachlige, schwarze Seesterne.

Ein Achat, in den die Sage von Aktaeon eingeritzt ist.

Opale, Jaspis, Achate, von verschiedener Größe.

Eine Figur von Merkur, mit einer Opferschale, sehr alte Bronze.

Zwei sehr alte Schlüssel.

Ein Elfenbein-Polygon, einen Stern einschließend, mit sehr großem Geschick gearbeitet.

Versteinertes Holz aus einem Fluss in Pegu.

Viele Wachsfiguren, nämlich Gustav Adolf, König von Schweden, die Prinzessin von Orleans, Herzog Bernhard von Weimar, die Nächstenliebe, ein Greis, ein Bauernmahl usw., alle sehr künstlich ausgearbeitet;

Eigentliche Venusmuscheln, eine Art Zahnmuscheln (Chamae), die ge-

Convivium rusticum etc. omnes artificiosissime effictæ.

Conchæ Venereæ propriè dicta, chamarum species, qvæ pudendum fæminimum exacte referunt.

Conchæ rariores aliæ.

Marsupia graminea.

Pisces varii, inter qvos porci lati, hirundines marin. etc.

[96r] Mola eburnea artificiosissima.

Cochlea tornatilis eburnea[132] e basi latiori in acumen desinens post spiras qvam plurimas.

Diabolus marinus; seu exuviæ sqvamosæ[133] piscis monstrosi, capite parvo, pedibus robustis unguibusqve acutis, sqvamis latissimis.

Locusta marina (*Carneel*) maxima bipedalis, rarissima, qva tamen maiorem adhuc habet Dn. Zoesius.

Calcei persici; aliique varij.

IV. In ædibus Dn. Roeteri Scabini, Viri Doctissimi atqve Humanissimi ostendebantur nobis seqventia:

Balæna minor ex utero cæsa, magnitudine Phocæ;

Zygæna maxima.

Monachus marinus, cuius caput cucullum refert, labia eius sqvamosa sunt, longitudo eius est 3. pedum.

Canis Carcharias admodum magnus.

Phoca.

Xiphiæ varii.

Lupus marinus, amphibium longitudine bipedali cum dentibus unguibusqve acutissimis.

Piscis qvem Chagrin dicunt cute asperrima, qva manubria cultrorum, &

---

132   über der Zeile eingefügt.
133   über der Zeile eingefügt.

nau das weibliche Schamteil darstellen.

Andere seltene Muscheln.
Börse aus Gras.
Verschiedene Fische, darunter große Seeschweine, Meerschwalben[240] usw.
[96r] Eine künstliche Mühle aus Elfenbein;
Eine aus Elfenbein gedrehte Schnecke, die von einer breiten Basis, in einer scharfen Spitze endet;
Ein Seeteufel, oder die schuppige Haut eines monströsen Fisches, mit kleinem Kopf, starken Beinen und scharfen Klauen, mit sehr breiten Schuppen;

Ein sehr großer Langer Krebs (Carneel),[241] zweifüßig, sehr selten, aber ein größerer im Besitz von Herrn Zoesius;
Mehrere persische und andere Schuhe.

IV. Im Haus von Herrn Schöffen Roeters, einem sehr gelehrten und sehr gebildeten Mann,[242] wurde uns folgendes gezeigt:
Ein ziemlich kleiner Wal, aus dem Uterus geschnitten, von der Größe einer Robbe;

Ein sehr großer Hammerhai.
Ein Meermönch,[243] dessen Kopf eine Mönchskapuze darstellt; seine Lippen sind schuppig; er ist 3 Fuß lang.
Ein ziemlich großer Meer-Hund.[244]
Eine Robbe.
Verschiedene Schwertfische.
Meerwolf,[245] eine Amphibie von zwei Fuß Länge, mit sehr scharfen Zähnen und Klauen;
Ein Fisch namens Chagrin, mit sehr rauer Haut, mit dem man Messer und Ruten überzieht.

baculos superintegunt.
Iguana imberbis & barbata.
Acus tres pedes longus cum rostro longissimo.
Canicula Saxatilis (*Stein-haye*) sub ventre qvasi duos habere penes videtur.

Duæ hirundines marinæ.
[96v] Serpens cum crepitaculo: Item Crepitaculum solum.
Piscis ex mari Indico, cui per ventrem cutis extendebatur in carinæ modum.

Orbis clypeatus. Orbis aculeatus, qvi non est confundendus cum echinorum specie. Orbis spinatus, rarissimus.
Armadillarum tres species, inter qvas Armadilla Clusij cum scutulis roseis.

Vespertilio Indicus, columbæ magnitudine, secundum expansionem alarum ulnæ latitudinem habens, cum longis pedibus unguibusqve scutissimis.
Piscis Indicus aselli forma, cum struma ingenti.
Iecco species Lacertarum Indicarum, qvae per aedes, templa hortosqve innoxia repit, à clamore cognominata;

Porcus magnus: minoresqve treqvetri.
Angelus marinus, cuius pinnæ argenti nitore oculos perstringunt, dum vivit natatqve.
Piscis stellaris, species porcorum.
Diabolus Dajamandicus; sive Diabolus marinus trium ferme pedum longitudine.
Vespertilio marinus, alas habet rotundas, membranaceas, cornuqve in rostro.
Piscis Solaris, formam habet remoræ, inqve pectore maculam Sqvamosam Soli similem.
Rana ingens longitudine pedis.
Dens Mannati, incurvatus, ad modum cornuum arietinorum, cui similem sed multo maiorem vidi in [97r] platea vitulorum ad insigne monocerotis, cuius diametrus infima ad pedem accedit; altitudo sesqvipedalis est.

Capillus Elephantinus, penes aures dependens, similis est setis illis, qvas in cauda habet hoc animal;

Bartlose und bärtige Leguane.

Ein Hornfisch, drei Fuß lang, mit einem sehr langen Schnabel.[246]

Ein Stein-Hai (stein-haye); an der Unterseite des Bauches scheint er zwei Penisse zu haben.

Zwei Meerschwalben.[247]

[96v] Eine Klapperschlange, idem eine Rassel allein.

Ein Fisch aus dem indischen Meer, bei dem die Haut unter dem Bauch wie ein Schiffskiel aussieht.

Ein schildbedeckter Kugelfisch. Ein stacheliger Kugelfisch, den man nicht verwechseln darf mit der Art der Seeigel. Ein Kugelfisch mit Dornen, sehr selten.

Drei Arten von Gürteltieren, darunter die Armadilla Clusii[248] mit rosafarbenen Schilden.

Eine indische Fledermaus von der Größe einer Taube, mit breiten Flügeln von der Breite einer Elle, mit langen Beinen und sehr scharfen Krallen.

Ein indischer Fisch in Form eines Esels, mit einem großen Kropf.

Ein Iecco (Gecko), eine Art indische Eidechse, die nachts durch Häuser, Tempel und Ruinen krabbelt, ohne Schaden anzurichten; so benannt nach dem Geräusch, das sie macht.

Ein großes Meerschwein; kleinere dreihöckige.[249]

Ein Meerengel,[250] dessen Flügel, wenn er lebendig ist und schwimmt, das Auge durch ihren großen Glanz blenden.

Ein sternförmiger Fisch, eine Art Meerschwein.

Ein Diabolus Daiamandicus oder Seeteufel, fast drei Fuß lang.

Eine Meeresfledermaus; sie hat runde Flügel und ein Horn am Schnabel.

Ein Sonnenfisch; er hat die Form eines Schiffhalterfisches und auf der Brust einen schuppigen Fleck, der einer Sonne ähnelt.

Ein großer Frosch von der Länge eines Fußes.

Ein Zahn eines Mannatus,[251] gebogen wie das Horn eines Widders. Ich habe ein ähnliches, aber viel größeres in [97r] der Kalverstraat vom Einhorn gesehen, dessen unterer Durchmesser fast einen Fuß beträgt; die Höhe beträgt eineinhalb Fuß.

Haare eines Elefanten, die an den Ohren herabhängen; sie ähneln den Borsten, die dieses Tier an seinem Schwanz hat.

Stella reticulata.

Stella petrefacta: qvam alii lapidem stellarem appellant.

Raja Indica latissima, alba.

Flabella Indica, alterum e Talptæ folio, alterum è radicibus odoratis. Folium Talptæ ostendit mihi integrum Chirurgus qvidam Amstelodamensis, cum navibus Hollandicis ex India redux; magnitudine tapetis; 6. pedes longi & qvatuor lati, qvo se usum ajebat contra æstum diurnum nocturnumqve rorem frigusqve: extra usum, complicari poterat qvoad latitudinem.

Hoizla Qvazin species erinacei Indici, duorum pedum longitudine spinis refertissima corpore tenui, pedibus brevibus, ore acuto, cauda oblonga, colore cinereo.

Caput Onocrotali cum sacco sub rostro.

Corallii nigri frutex integer cum radice, trilum[134] pedum longitudinem exæqvans; virgæ duæ sunt crassitie virgulæ salignæ.

Securis lapidea, libri vinculis ligneo coaptata manubrio.

Alia similis, sed manubrio longiori, prælijs accommoda.

Testa gliris marini.

Buccina Americana ossea.

Tophus candidus, mitram referens, altitudine cubitali, cubitaliqve diametro inferiori; lapis rarissimus, cui similem Rex Angliæ in suam accepit Pinacothecam.

[97v] Manus Nymphæ marinæ.

Corallinum cum lapide cui accreverat.

Ligni qvercini petrefacti frustum maximum.

Lapides stellares magnitudinis formæqve variæ:

Eqvisetum marinum pulcherrimum;

Concha petrefacta.

Crystallus, ut ex minera extrahitur.

Lucerna antiqva fictilis cum figura scorpii.

Lucerna ænea alia figuram capitis humani referens.

Unguentarium vitreum:

Lachrymatorium fictile.

Nuces Maldivæ, qvas Coqvos vocant.

---

134   unsichere Lesung..

Ein netzartiger Seestern.

Ein versteinerter Seestern, den andere einen Stern-Stein nennen.

Ein sehr breiter, weißer indischer Rochen.

Indische Fächer, einer aus dem Blatt eines Tallipot-Baumes, der andere aus duftenden Wurzeln. Ein intaktes Blatt eines Tallipot-Baumes wurde mir von einem Amsterdamer Chirurgen gezeigt, der mit den holländischen Schiffen aus Indien zurückgekehrt war, in der Größe eines sechs Fuß langen und vier Fuß breiten Teppichs, von dem er sagte, dass er ihn gegen die Hitze des Tages und den Tau und die Kälte der Nacht benutzte; wenn er nicht in Gebrauch war, konnte er der Breite nach gefaltet werden.

Hoizla Quazin, eine Art indianischer Igel, zwei Fuß lang, sehr dicht mit Stacheln bedeckt, mit einem dünnen Körper, kurzen Beinen, einem spitzigen Maul, einem langen, stechenden Schwanz, aschgrauer Farbe.[252]

Der Kopf eines Pelikans, mit einem Sack unter dem Schnabel.

Ein unbeschädigter Baum aus schwarzer Koralle, mit Wurzel, etwa drei Fuß lang; zwei Äste haben die Dicke eines Weidenzweiges.

Eine Steinaxt, die mit Bändern aus Rinde am Holzstiel befestigt ist.

Eine weitere solche, aber mit längerem Griff für den Krieg.

Der Schild einer Meerratte;

Eine amerikanische Trompete aus Knochen;

Weißer Tuffstein, der einen Hut darstellt, mit einer Höhe von einer Elle und einem Durchmesser von einer Elle; ein sehr seltener Stein; der König von England hat einen in seiner Pinakothek.

[97v] Die Hand einer Meeresnymphe.

Koralle, mit dem Stein, auf dem sie gewachsen ist.

Ein sehr großes Stück einer versteinerten Eiche.

Sternförmige Steine, in verschiedenen Größen und Formen.

Sehr sauberes Meeresperlenhaar (Equisetum).

Eine versteinerte Muschel.

Kristall, wie er aus der Mine entnommen.

Eine alte Keramiklaterne, auf der ein Skorpion abgebildet ist.

Eine weitere Laterne aus Bronze in der Form eines Menschenkopfes.

Ein Salbentopf aus Glas.

Eine Lacrymatorium (Gefäß, um Tränen aufzufangen) aus Keramik.

Maledivische Nüsse, Kokosnüsse genannt.

Musiva varia (*Mosaiques*.) seu figuræ lapideæ lapidi insertæ.
Poma marina varia magnitudine, cum ore adiecto.
Lapis Mannati è cerebro vaccæ marinæ.
Coralloides pulcherrimum, qvod fulmen Iovis appellant.
Icunculæ qvædam Isidis.
Os Acusticum Balaenæ.
Remoræ duæ, maior & minor.
Urna feralis, non procul Noviomago inventa, fictilis.
Glossopetra cum lapide.
Corallina varia; aliqva in lapide nativo.
Catinuli varii, qvibus Sinenses utuntur ad potum è Thea confectum.

Mortarium Achatinum cum figura castri nativa: Solent enim in Achate figuræ conspici variæ.
[98r][135] Idolum Indicum argenteum sedens in basi qvadam coniformi.

Chamæleon.
Achates altitudine semipedali cum sculptura Sinensi hominum atqve tabernaculorum.
Statuæ duæ Chinensium, ridentium forma e Porcellana.
Idolum candidum e lapide Calsoe[136] effigiatum
Catinuli qvidam Achatini, in qvorum uno solis, in altero naviculæ figuram natura expresserat; reliqvi colorum varietate erant insignes.

Capsula pro horologio achatina, cum figura nativa monachi genibus innixi: in hac asservabantur margaritæ qvædam monstrosæ, qvarum aliqvæ mentularum exhibebant figuras.
Statua qvædam Chinensem exhibens, è Calandrino lapide candido.

Palimpsestus Chinensis niger plicatilis.
Chartæ lusoriæ Indicæ, ex viginti circiter foliis constantes.
Atramentarium Chinensis cum penicillo scriptorio, cuius manubrium corneum.
Capsulæ argenteæ Japanicæ è tenuibus laminis confectæ, opere artificiosissime perfracto.

---

135   98] fälschlich als 79 paginiert.
136   Fuchs liest fälschlich Calcae.

Verschiedene Mosaike (Mosaiques) oder in Stein gelegte Stein-Bilder.
Seeigel in verschiedenen Größen mit einem Mund.
Ein Stein auf dem Gehirn einer Seekuh Mannati.[253]
Sehr schöner Korallenschwamm,[254] den man den Blitz Jupiters nennt.
Ein paar Isis-Bildchen;
Der Ohrknochen eines Wals.
Zwei Schiffhalter,[255] ein großer und ein kleiner.
Eine Graburne, die nicht weit von Nijmegen gefunden wurde.
Eine Glossopetra (Steinzunge),[256] mit Stein.
Mehrere Korallen; einige am natürlichen Stein.
Mehrere Schälchen, die von den Chinesen zum Teetrinken verwendet werden.
Ein Achatmörser, mit dem natürlichen Abbild einer Burg, wie man nämlich im Achat verschiedene Bilder zu sehen pflegt;
[98r] Eine indische Gottheit in Silber, das auf einem konischen Sockel sitzt.
Ein Chamäleon.
Ein Achat, einen halben Fuß hoch, mit chinesischen Schnitzereien von Menschen und Zelten.
Zwei Porzellanstatuen von lachenden Chinesen.
Ein weißes Idol, aus Calsoe-Stein[257] gehauen.
Einige Achatbecher, von denen in einem eine von der Natur gebildete Sonne und in einem andern ein Schiff zu sehen ist; die anderen sind durch ihre leuchtenden Farben bemerkenswert.
Ein Achatkästchen für eine Uhr mit dem natürlichen Abbild eines knienden Mönchs; darin wurden einige außerordentlich große Perlen aufbewahrt, von denen einige die männlichen Geschlechtsteile zeigen.
Eine Statue aus weißem Calandrin-Stein,[258] die einen chinesischen Mann darstellt.
Ein schwarzes, faltbares chinesisches Pergament.
Indische Spielkarten, bestehend aus etwa zwanzig Blättern.
Ein chinesisches Tintenfass mit Schreibpinsel mit Horngriff.

Japanische Silberdosen aus dünnen Platten, mit sehr aufwändiger Gravurarbeit.

Cranium Capræ Bezoardicæ, una cum cornibus, qvae cornua Damarum qvidam modo referebant.

Torpedo, longitudine manus, lata instar passeris, cauda oblonga duobusqve velut pedibus circa posteriora.

Piscis argenteus Indicus exiguus, cornibus tribus, fulgorem natando emittens.

Catinulus ligneus, laminis argenteis obductus, per internam externamqve superficiem; ne calor infusi potus ad externa penetret, porositate ligni impeditus.

Effigies piscatoris Chinensis, itemqve mendici alia, in China sculptæ.

[98v] Corallium cum lapide cui increverat.

Olla ex bolo Armeno variis figuris ornata, orificio angusto.

Corallinum sesqvipede altum, rarissimum, musco simile.

Arbuscula marina colore castaneo cum internodijs, crassitie digiti auricularis.

Lapis vaccinus pugni magnitudine, colore spadiceo; in stomacho animalis de pilis ex iterata lincturâ deglutitis coagmentari dicitur.

Tubolorum marinorum congeries globi lusorii magnitudinem superans, receptaculum commune vermium marinorum.

Muscus marinus elegantissimus lapidi innatus.

Rosarium Indicum à Christianis ad preculas numerandas è libro plexum;

Cornu Rhinoceotis, qvod ferrum attrahere dicitur magnetis instar;

Corallinum lapideum granulosum foliis latissimis, in qvinqve ramos divisum, altitudine 3. ferè pedum, colore albicante, substantiâ non absimili tartaro.

Manus marina, spongiæ species, qvinqve ramul orum, manui simillima.

Tubuli Tabacarii tres, qvorum focis insculpta erant idola Indica.

Gladius Xiphiae, aculeis minimis limæ qvam serræ similior, ut ligna discinderet, pedis longitudine, anterius acuminatus.

Caput Thynni.

Ein Schädel einer Bezoar-Ziege, zusammen mit den Hörnern; die etwas an die von Damhirschen erinnern.

Ein Torpedo (Zitterfisch),[259] so lang wie eine Hand, mit einem breiten, länglichen Schwanz wie ein Goldbutt, und sozusagen zwei Beinen am Rücken.

Ein indisches Kleinsilberfischchen mit drei Hörnern, das beim Schwimmen einen Glanz verbreitet.

Ein hölzerner Becher, der innen und außen mit Silberplatten verkleidet ist, so dass die Hitze des Getränks nicht nach außen dringen kann, was durch die Porosität des Holzes verhindert wird.

Ein Bild eines chinesischen Fischers, und ein anderes eines Bettlers; in China graviert.

[98v] Koralle, mit dem Stein, auf dem sie gewachsen ist.

Ein Topf aus armenischer Keramik, verziert mit verschiedenen Figuren, mit einem engen Ausguss.

Koralle, eineinhalb Fuß hoch, sehr selten, ähnelt Moos.

Ein Seekorkenbaum kastanienfarben, mit Ästchen von der Dicke eines kleinen Fingers;

Ein faustgroßer Kuhstein von braunroter Farbe, soll im Magen des Tieres durch wiederholtes Ablecken von verschlucktem Haaren entstanden sein.

Ein Haufen von Seerohr, größer als ein Spielball, in dem sich die Seewürmer aufhalten;

Sehr schönes Seemoos, das auf einem Stein wächst.

Ein indischer Rosenkranz von Christen, um die Gebete zu zählen, aus Baumrinde geflochten.

Das Horn eines Nashorns, dem nachgesagt wird, dass es Eisen wie ein Magnet anzieht.

Koralle aus sandartigem Stein, mit sehr breiten Blättern, in fünf Äste gespalten, fast drei Fuß hoch, von weißlicher Farbe, in seiner Substanz dem Weinstein nicht unähnlich.

Eine Meerhand,[260] eine Art Schwamm mit fünf Ästen, der einer Hand sehr ähnlich ist.

Drei Tabakspfeifen, in deren Köpfe indische Götter geschnitzt wurden.

Ein Schwert von einem Schwertfisch, mit sehr kleinen Spitzen, mehr wie eine Feile als eine Säge, mit der man Holz zersägen kann, etwa einen Fuß lang; vorne spitz zulaufend.

Der Kopf eines Thunfischs.

Aranei marini seu Cancri Moluccani, ad mensas adhiberi soliti.

Libra Chinensis, iugo eburneo, pondere æneo absqve lancibus.

Nidus avicularum minimarum, qvem illæ duobus vicinarum arborum ramulis pensilem annectunt; mira industria contextus.

[99r] Nidulus alius cum avicula in illomortua.
Calcei Chinenses, Armenii, Turcici etc.
Sepia arefacta, qvalem aliqvando in littore Catwicensi inveni, rostro corneo, cirris variis, atramento in vesicula occultato, ventris infima subcingente loculo.

Caput Tigrîdis.
Rostra varia peregrinarum avium.
Cranium Babyroussæ qvatuor dentibus armatum. Animal reperitur tantum in Insula Bouro 30. mill. distante ab Amboino, magnitudine cervi, pilis caninis, colore gliris, rostro porcino, cauda tortuosa, oculis & auribus parvis, pedibus cervinis. velox & ferox, duo dentes maxillam superiorem perforant frontem versus incurvati, duo alij ex inferiori maxilla aprugnorum instar prominent. Caro eius ab incolis loco cervinæ apponitur.

Lapis stellaris, pumicasus, foraminibus sexangularibus insignitus.
Fasciculus olfactorius, ex caryophyllis Indicis aromaticis.
Folia Corallii varia, interqve illa unum colore flaventi.
Folium Malobathri, tenue, albicans, nervis plenum, magnitudine folij aurantiorum.
Cochlea tornatilis eburnea multis gynis è lata basi in acumen producta, polygono insistens composito, ê qvo stella prominebat.

Foculus, super qvo potum ex Thea calefaciunt Indi.
Olla ænea ad coqvendum hunc potum adhibita.
Catinulus fictilis in qvo igni admovetur nunc bibendus.

Virga, cuius medietas una[137] corallium altera lignum.

---

137   una] über Zeile eingefügt.

Meerspinnen[261] oder Molukkische Krebse, die meist am Tisch serviert werden.

Eine chinesische Waage, mit Elfenbein-Waagebalken, mit Kupfergewicht, ohne Skalen.

Ein Nest von sehr kleinen Vögeln, das diese an zwei Zweigen von benachbarten Bäumen mit bewundernswerter Geschicklichkeit angeheftet haben.

[99r] Ein weiteres Nest mit einem toten Vögelchen darin.

Chinesische, armenische, türkische usw. Schuhe.

Ein getrockneter Tintenfisch, wie den, den ich einmal am Strand bei Katwijk[262] gefunden habe, mit einem hornigen Schnabel, bunten Streifen, die Tinte in einer Blase versteckt, einem kleinen Beutel, der den Bauch umfasst.

Der Kopf eines Tigers.

Mehrere Schnäbel von fremden Vögeln.

Schädel eines Hirschebers, mit vier Zähnen bewaffnet. Das Tier wird nur auf der Insel Bouro,[263] 30 Meilen von Amboina entfernt, gefunden. Es ist so groß wie ein Hirsch, hat Hundehaare, die Farbe einer Maus, die Schnauze eines Schweins, einen gebogenen Schwanz, kleine Augen und Ohren, Beine eines Hirschs. Er ist schnell und wild; zwei zur Stirn gebogene Zähne durchbohren den Oberkiefer, zwei weitere ragen aus dem Unterkiefer, wie bei Wildschweinen. Sein Fleisch wird von den Eingeborenen anstelle desjenigen von Hirschen aufgestellt.

Ein sternförmiger Stein, porös, auffällig durch sechseckige Öffnungen.

Ein kleines Bündel von indischen Gewürznelken.

Mehrere Korallenblätter, darunter eines von gelber Farbe.

Ein dünnes, weißliches Blatt eines Malabathrumbaums,[264] sehr dünn und weißlich, von der Größe eines Orangenbaumblattes.

Eine gewundene Elfenbeinschnecke mit vielen Windungen auf einem breiten Fuß, der auf einem zusammengesetzten Poloygon steht, aus dem ein Stern zum Vorschein kommt.[265]

Eine Pfanne, die von den Indern zum Wärmen des Tees verwendet wird.

Ein eiserner Topf, in dem dieses Getränk gekocht wird.

Eine Schale aus Keramik, in der der Tee, wenn er getrunken werden soll, auf das Feuer gestellt wird.

Ein Stab, dessen mittlerer Teil teilweise aus Korallen und teilweise aus Holz besteht;

Pugiones flammiformes venenati, altero idolo aureo manubrii loco ornatus, alter capulo ligneo.
[99v] Securis sclopeto armata.
Pictura Chinenses qvam plurimæ elegantissimæ, magno pretio coëmtæ.

Caput eqvi Indici fasciis albis, castaneisqve variegati, pulcherrimi; & rarissimi.
Navicula Indica minima, qva circum littora utuntur.

Nautilus tenuis maximus, miræ pulchritudinis.
Nautili minores alij similes.
Salamandra volans, seu lacerta volans, alis papilionum instar farinaceis instructa, lacertâ minor.
Lacerta cristata.
Cochlidium eburneum pulcherrimum.
Papyrus ex amiantho.
Amianthus.
Alumen plumosum.
Murices & purpuras variæ admodum: Buccina, Conchylia, Turbines, trochi, Neritæ, cochleæ, chamæ, pectines, mytili, tellinæ, solenes variorum generum, diversorum colorum, gyrorumqve & figurarum multiplicitate inexplicabili; His omnibus peculiaris dicata erat cista, variis capsio ductilibus instructa. Præ cæteris Conchas venereas bivalves ostendebatur pudendi forma, alias striatas tantum, alias & echinatas, ut & pilus qvasi exhiberertur: huius speciei etiam erant qvibus nomen Cordis Veneris erat inditum, qvorum cor simplex, altera triplex referebat.

Pes Leonis marini luteus hispidusqve, & unguibus armatus.
Tubuli vermiculorum varii.
Regulus Manucodiatarum rubore splendido.
Orissæ, aviculæ Indicæ, pulcherimæ, aliæ purpureo, aliæ violaceo, aliæ flaventi, aliæ rubicundo, aliæ alijs coloribus insignes.
[100r] Flamingo avis, colore rubro & luteo, rostro maximo.

Araneus Indiæ Occ. colore violaceo.
Cassia Caryophyllata.
Tubulus enydros, crassitie digiti minimi, petrefactus, xxxx aqvam in con-

Vergiftete, geflammte Dolche; einer mit einem goldenen Götterbild als Griff, der andere mit einem Holzgriff.

[99v] Eine Streitaxt mit einer Feuerwaffe.

Chinesische Gemälde, von denen mehrere sehr geschmackvolle zu hohen Preisen gekauft wurden;

Der Kopf eines Indianerpferdes, Fell mit weißlichen und kastanienfarbenen Streifen, sehr schön und sehr selten.

Ein sehr kleines indisches Schiff, das in der Küstenschifffahrt eingesetzt wird.

Ein dünner, sehr großer Nautilus, von erstaunlicher Schönheit.

Andere, kleinere solche Nautilusse.

Ein fliegender Salamander oder eine fliegende Eidechse, mit mehligen Flügeln wie ein Schmetterling, kleiner als eine Eidechse.

Eine Eidechse mit einem Kamm.

Ein sehr sauberes, elfenbeinfarbenes Schneckenhaus.

Papier aus Amiant;[266]

Ein Amiant;

Federweiß oder falscher Asbest;

Purpurschnecken und viele Purpurschnecken: Trompetenschnecken, gewundene Hornmuscheln, Kräuselmuscheln, Schneckenmuscheln, Jakobsmuscheln, gemeine Muscheln, Mausmuscheln und andere verschiedene Arten,[267] in allen möglichen Farben, und von einer nicht zu beschreibenden Vielfalt von Windungen und Formen. Für sie alle war ein spezieller Schrank mit mehreren Schubladen eingerichtet worden. Man zeigte eine doppelte Venusmuschel, in der Form des Schamteils, teils nur gestreift, andere auch mit Stacheln, die wie Haare wirken; von dieser Art gab es auch solche, die den Namen Venusherz tragen, von denen die eine ein einfaches und die andere ein dreifaches Herz zeigte.

Der Fuß eines Seelöwen, golden, rau und mit Klauen bewaffnet.

Mehrere Schilfrohre mit kleinen Würmern.

Ein Paradiesvogel König von leuchtend roter Farbe.

Sehr schöne indische Vögel Orissa genannt, von denen einige violette, andere gelbe, andere hochrote oder andere Farben haben.

[100r] Ein Flamingo, ein rot und gelb gefärbter Vogel mit einem sehr großen Schnabel;

Eine westindische Spinne, von violetter Farbe.

Ein Stück Nelkenrinde.

Ein kleinfingerdickes versteinertes Röhrchen, das noch Wasser im Hohl-

cavitate continens; ex aqva concrevisse dicebatur.

Achates magnitudine ovi columbini, cuius alterum latus lunam plenam, alterum solem eclipsatum exhibebat, cum figura lunulæ corniculatæ.

Achatæ alij, homunculus, arbusculas, frutices, castella aliasqve figuras referentes.

Succini frustum insigne, cum bestiolis insectisqve variis.

Oculus mundi, gemma, qvæ aqvæ imposita pellucida fit.

Opali: Ætitæ: Lapides Bezoardici: Asteritæ, Judaici, varii.

Lapis Bezoardicus nucleo pomi Persici circumiectus; materia stomachica viscida tunicatim coagmentatâ.

Jaspis Heliotropius sanguini menstruisqve sistendis maxime idoneus.

Uniones maximi, partim maturi, partim immaturi.

Cornua Ammonis maiora atqve minora.

Imagines idoli, eqvitis, aliaeqve pulcherrimo artificio in charta Chinensi acupictæ.

Pictura Regis Persarum, M. Mogolis, Sacerdotum Chinensium aliæqve pretio & arte memorabiles.

Cistula Indica lignea concharum Segmentis, & Sculpturâ elevatâ ornatissima, Succo laccæ interius illita.

Narthecium pretiosissimum, figura statuæ mediæ virgineæ, in cuius capite omnia medicamenta, qvæ è capite humano fieri possunt, in pectore vero qvæ reliqvum corpus suppeditat, asservabantur: Una cum usnea & sceleto, mumiaqve factitiis minimis; & cute hominis præparatâ.

[100v] V. In Pinocotheca Dni. Joh. Schwamerdam Pharmacopoei Amstelodamensis in castro veteri prope turrim Monkelbani habitantis seqq. nobis ostendebantur:

Lapides Bezoardici septem, qvorum unus magnitudine ovi anserini.

Tria specula metallica cælaturis variis exornata.

raum hat; man sagt, sie sei aus Wasser gehärtet.

Ein Achat von der Größe eines Taubeneis, auf dessen einer Seite der Vollmond, auf der anderen die verdunkelte Sonne und die Mondsichel dargestellt ist.

Weitere Achatsteine, die Männchen, Bäumchen, Obstbäume, Schlösser und andere Figuren zeigen.

Ein bemerkenswertes Stück Bernstein, mit verschiedenen Tieren und Insekten.

Das Weltauge,[268] ein Edelstein, der durchscheinend wird, wenn er in Wasser gelegt wird:

Verschiedene Opale, Adlersteine, Bezoar-Steine, Katzenaugen, Judensteine;

Bezoarstein, der sich um den Stein eines Pfirsichs gebildet hat, um den sich die schleimigen Magensubstanz gelegt hat.

Jaspis Heliotropius, sehr geeignet, um das Blut und die Menstruation zu stoppen.

Sehr große Perlen, teilweise reif, teilweise unreif.

Größere und kleinere Ammonshörner.

Bilder eines Gottes, eines Reiters usw., sehr geschickt mit einer Nadel auf chinesischem Papier gemalt.

Gemalte Bilder des Königs der Perser, des Großmoguls, chinesischer Priester usw., bemerkenswert durch ihre kunstfertige Ausführung.

Indische Holzkiste, sehr schön verziert mit Muschelstückchen und erhöhten Figuren; innen mit Lack beschichtet.

Sehr kostbarer Salbenschrank in Form einer mittelgroßen Jungfrau, in deren Kopf alle Arzneien aufbewahrt werden, die aus dem menschlichen Kopf hergestellt werden können, und in deren Brust diejenigen aufbewahrt werden, die den restlichen Körper versorgen; zusammen mit Usnea (Menschenmoos),[269] einem sehr kleinen geschnitzten Skelett und einer kunstvollen Mumie, und einer präparierten menschlichen Haut.

[100v] V. In der Pinakothek von Johannes Swammerdam,[270] einem Apotheker in Amsterdam, der an der Oude Schans (Alten Schanze) in der Nähe des Monckelbans-Turms wohnt, wurden uns folgende Objekte gezeigt:[271]

Sieben Bezoarsteine, einer davon so groß wie ein Gänseei.

Drei Metallspiegel, verziert mit allerlei Ziselierarbeiten.

Cultri Japonici.

Lapis Vaccinus spadiceus oblongus magnitudine Ovi Anserini.

Glossopetra insignis.

Lapides Judaici ovales & oblongi teretes.

Cymbala Indorum qvibus utuntur salatrices.

Capsulæ variæ partim è segmentis testudinum, partim è charta Chinensi formatæ.

Iecco lacerta Indica à clamore continuato sic dicta.

Millepeda manus longitudine.

Corallii nigri frutex pulcherrimus matrici insistens longitudine 4. pedum, pretio maximo emtum.

Corallium Album.

Corallium rubrum.

Umbilici marini rubicundi, virides, albi.

Conchae literis Hebraicis atqve Arabicis insignitæ, qvarum una has עיח, alia has מזמא exhibebat;

Cor marinum (seu Veneris) species conchulæ bivalvis.

Argus seu Turbo, oculatus figuris qvadratis ordinatissimis emtus 100. fl.

Argi alij non ita belli.

Concha pumicosa.

[101r] Corallina varia pulcherrima.

Corallinum lapideum album tartaro simile foliis septem latissimis, qvatuorum pedum altitudine maius.

Eqvisetum marinum cum matrice.

Solenes: Nautili, murices, turbines cum cancellis: Purpuræ.

Fabæ Indicæ figurâ cordis: figurâ capitis leporini; item simiæ figurâ, capite hirsuto, & glabro capite.

Nuces Maldivae, qvas Cocqvos dicunt.

Pinna unius, & alia duorum pedum longitudine.

Stella marina radiis rotundis, echinata.

Japanische Messer.

Ein schwertförmiger Kuhstein[272] länglich von der Größe eines Gänseeis.

Eine sehr große Glossopetra, Steinzunge.[273]

Ovale runde und längliche glatte Juden-Steine.

Indische Cymbel, die von Tänzern benutzt wird.

Mehrere Behälter, teils aus Schildpatt, teils aus chinesischem Papier.

Gecko, eine indische Eidechse, so genannt wegen ihres anhaltenden Klapperns.

Tausendfüßler, so lang wie eine Hand.

Sehr schöner schwarzer Korallenbaum an der Mutterpflanze, 4 Fuß lang; zu einem sehr hohen Preis gekauft.

Weiße Koralle.

Rote Koralle.

Dunkelrote, grüne und weiße Meerbohnen / Nabelsteine.[274]

Muscheln mit hebräischen und arabischen Zeichen; eine mit חיע die andere mit מזמא

Horn- oder Venusmuschel, eine Art mit Doppelschale.

Argus- oder Augenschnecke mit sehr regelmäßigen quadratischen Figuren, gekauft für 100 Gulden.

Andere Schraubschnecken, nicht so schön.

Poröse Muschel.

[101r] Mehrere sehr schöne Korallen.

Weißer Korallenstein, ähnlich wie Weinstein mit sieben sehr breiten Blättern, mehr als zwei Fuß hoch.

Seepferdchen, mit dem Mutterstein.

Messerförmige Meeresschnecken; Nautilusse, Purpurschnecken (Murex), Schnecken mit Hörnern, Purpurschnecken (Purpurea).

Indische Bohnen in Form eines Herzens, in Form eines Hasenkopfes; auch in Form eines Affen mit einem behaarten Kopf und einem glatten Kopf.

Maledivische Nüsse, die Kokosnüsse genannt werden.

Eine ein und eine 2 Fuß lange Steckmuschel.

Ein stacheliger Seestern mit abgerundeten Strahlen.

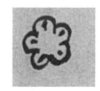

Balsami Peruviani frutex odore Asæ dulcis.

Lignum Aloës.

Fabæ maximæ siliqvis grandibus innatæ.

Radix Nisi.

Rosae Hierichuntinæ.

Cassia Caryophyllata seu Cortex Cariophyllorum.

Caryophylla Regis.

Lapis Lynceus cunei forma colore albicante.

Fabæ capsulis aculeatis.

Intestinum petrefactum.

Malum Limonum petrefactum.

Conchæ variæ petrefactæ.

Ligno concha annata inqve Lapidem cum illo mutata.

Lapis stellaris.

Blattæ Byzantinæ duæ species.

Dentes molares Tigridis.

Lapides qvos in fundis adhibent Indi.

[101v] Chrystallus multangularis.

Marcasita argenti, idem ferri.

Æs nativum.

Mineræ variæ aliæ.

Amianti duæ species; Id differt ab alumine plumoso, qvod hoc sit asperius.

Poculum è cornu Rhinocerotis.

Mortarium eburneum.

Cornu Rhinocerotis sculpturis insignitum.

Maxilla aselli piscis, sculpturâ in figuram pisculi redacta.

Icunculæ Indicæ qvam plurimæ, facies, vestesqve Indorum exprimenters.

Typi Chinesium duo ossei, qvibus insculptæ sunt literæ; longitudine digiti dimidii[138]; a typis nostris æneis non differentes nisi materia, & modo characterum, qvi in nostris elevati sunt.

Calendarium Indicum asserculo insculptum.

Babyrussæ cranium.

---

138 di über der Zeile eingefügt.

Ein Balsambaum aus Peru, mit dem Duft von süßem Asa.[275]

Aloe-Holz.

Sehr große Bohnen, die in großen Hülsen wachsen.

Nisus-Wurzel.

Rosen von Jericho.

Nelkenbaum oder Rinde vom Nelkenbaum.

Königs-Nelke.

Ein Luchs-Stein von der Form eines Keils, von weißer Farbe.[276]

Bohnen mit stacheligen Hülsen.

Versteinerter Darm.

Eine versteinerte Lemone.

Mehrere versteinerte Muscheln.

Eine Muschel, die auf einem Stück Holz gewachsen und beides zu Stein geworden ist;

Stern-Stein;[277]

Zwei Arten von Indianischer Muschelschale;[278]

Die Stockzähne eines Tigers.

Steine, die die Indianer in Schleudern gebrauchen.

[101v] Polygonaler Kristall.

Markasiten aus Silber, auch aus Eisen.

Natürliches Kupfererz.

Verschiedene andere Mineralien.

Zwei Arten von Amiant; dieser unterscheidet sich von Aluminium plumoso dadurch, dass er gröber ist als dieses.

Becher aus dem Horn eines Nashorns.

Elfenbeinerner Mörser.

Horn eines Nashorns, verziert mit bemerkenswerten Schnitzereien.

Kiefer eines Meeresels,[279] geschnitzt in Form eines Fisches.

Viele kleine indische Figürchen, die das Gesicht und die Kleidung der Inder zeigen.

Zwei knöcherne chinesische Druckstöcke, in die die Buchstaben eingeritzt sind, etwa ein halber Finger lang; unseren metallenen Druckstöcken gleich außer dem Material und der Art, wie die Buchstaben angebracht sind, die unseren sind erhaben.

Ein indischer Kalender, geschnitzt in ein Stück Holz.

Der Schädel eines indischen Schweins.

Idolum Chinense ligneum hominis figurâ.
Idolum Chinense aliud argenteum, canino capite, piscem pede supprimens.
Idolum Chinense aureum gemmis exornatum canino capite, humano corpore, thuribulum qvadratum manu tenens.

Libri tres picturis Indicis repleti, artificiosissimis, qvarum numerus ad 200.
Vela Chinensium è libro confecta, cum anchoris ligneis.
Mandarinorum icones.
[102r] Folium Malobathri multi-nervium album, tenuè.
Icunculæ agitatiles Indicae athletarum instar.
Crepidæ Turcicæ virorum, calcaneo ferrato: absqve ferro, mulierum ;

Crepidæ Chinenses aliæ pro viris aliæ pro fæminis; aliæ de libro.

Crepundia Chinensium varia.
Mitra seu Diadema regum Indicorum è pennis rubris.

Cauda Elephanti maris, atqve fæminæ qvæ minor.

Tabulæ marmoreæe variæ, figuris provinciarum, urbium alijsqve Topiariis nativis insignitæ.
Catus volans, sive simiæ volans membranam habet pro lubitu expansilem a radice aurium usqve ad caudam porrectam, cuius beneficio celerrimè per aërem ferri dicitur. Vid. Scalig. Ex. 217. c.9. Bochartum Hierozoic 1. 3. c. 14. p. 860. Pisonem.

Achatæ varii cum figuris fruticum, homunculorum, unusqve præ cæteris cum capite humano, qvalia nobis antiqvi nummi Romani exhibent, mira pulchritudine.
Jaspis cum figuris castrorum in utroqve latere expressis.
Araneæ Orientales minores.
Aranei occidentalis Indiae maximi, dicuntur & in Hispania reperiri.

Ein hölzernes chinesisches Götterbild in Form eines Menschen.

Ein weiteres silbernes chinesisches Götterbild mit einem Hundekopf, das mit seinem Fuß auf einen Fisch tritt.

Ein goldenes chinesisches Götterbild, verziert mit Juwelen, mit dem Kopf eines Hundes und dem Körper eines Menschen, der ein viereckiges Rauchfass hält.

Drei Bücher gefüllt mit indischen, sehr kunstvollen Gemälden, etwa 200.

Chinesische Segel, aus Baumrinde gefertigt, mit Holzankern.

Bilder von Mandarinen;

[102r] Vielnerviges, weißes, dünnes Malobathronblatt.

Bewegliche indische Statuetten, wie Ringer.

Türkische Herrenschuhe, deren Absatz mit Eisen beschlagen ist; Damenschuhe ohne Eisen.

Chinesische Schuhe, einige für Männer, einige für Frauen; einige aus Baumrinde.

Verschiedene chinesische Rasseln.[280]

Kopfbedeckung oder Diadem der indianischen Könige, hergestellt aus roten Federn.

Schwanz eines männlichen und weiblichen Elefanten, wobei letzterer kleiner ist.[281]

Verschiedene Marmortafeln, welche mit Bildern von Regionen und Städten und anderen natürlichen Landschaften.

Fliegende Katze oder fliegender Affe; sie hat eine Membran, die sie nach Belieben ausbreiten kann, und die sich von den Ohren bis zum Schwanz erstreckt, wodurch sie angeblich sehr schnell durch die Luft fliegen kann; Siehe Scalig. Ex. 217. c.9.[282] Bochartum Hierozoic 1. 3. c. 14. p. 860.[283] Pisonem.[284]

Mehrere Achat-Steine, mit Bildern von Bäumen und Menschen, und vor allem einer mit einem menschlichen Kopf, wie auf alten römischen Münzen, von bewundernswerter Schönheit.

Ein Jaspisstein, mit Bildern von Burgen auf beiden Seiten.

Kleine orientalische Spinnen.

Sehr große westindische Spinnen; man sagt, dass sie auch in Spanien vorkommen.

Hippocampus maximus.
Lacerta volans mas corniculum in rostro habens.
Lacerta volans fæmina corniculo admodum exiguo.
Remora Rondeletj.
Locusta marina seu sqvilla insigni magnitudine.
Chelæ sqvillæ maximæ. pollicis crassitie.
Scorpius longitudine digiti medij.
[102v] Cantharides rariores.
Serpens cum crepitaculo.
Monetæ Indicæ variæ.
Nummus Batavicus, ab uno latere hoc charactere , ab altero gladio
coronato insigmitus.
Nummus Rhodius, uno latere caput Apollinis, altero rosam exhibens: il-
lius speciei esse dicitur, qva Christus est venditus.

Moneta Monasteriensis Anabaptistica, cuius inscriptio hinc:

WE NICHT GEBOREN IS VT WATER
UND GEEST MAG NIT
INGAN IN HET RYK GODES EEN
KONIG MVT REG . . . . OVA...
EEN GOT EEN GLOVE EENE DOOPE.
Illinc:

THO MVNSTER
DAT WORT IS FLESCH
GEWORDEN
VN WONET
IN VNS.

Moneta Cromwelli cum Inscr.: OLIVAR. D. GR. P. ANG. SCO. HIB.
ETC. PRO., in altera parte: PAX QVAERITVR BELLO. In margine:
HAS NISI PERITVRVS MIHI ADIMAT NEMO.
Moneta Anglica moderni Regis cui inscriptum per marginem DECVS ET
TVTAMEN.
Nummus Caroli Audacis; cum effigie eius : altera parte Canis videbatur
cum chalybe duplici: Inscr.:
IE LVI EM PRINS BIEN EN AVIENGNE.

Nummus Maximiliani & Mariæ cum effigie utriusqve: alterius partis inscr.:
AVITVM ET AVCTVM.

Ein sehr großes Seepferdchen.
Eine männliche Flugechse, mit einem Horn auf der Schnauze.
Eine weibliche Flugechse, mit einem sehr kleinen Horn.
Ein Saugfisch.[285]
Eine Krabbe oder ein Hummer von beachtlicher Größe.
Die Schere eines sehr großen Hummers, etwa daumendick.
Ein Skorpion, so lang wie ein Mittelfinger.
[102v] Ziemlich seltene spanische Fliegen.
Eine Klapperschlange.
Verschiedene indische Münzen.
Münze von Batavia; auf der einen Seite mit diesem Symbol ⚘ verziert;
auf der anderen Seite mit einem gekrönten Schwert.
Münze aus Rhodus, auf der auf einer Seite der Kopf des Apollo und auf
der anderen eine Rose zu sehen ist; Christus soll für solche Münzen ver-
raten worden sein;
Münze der Wiedertäufer von Münster, auf der einen Seite:

WE NICHT GEBOREN IS VT WATER
UND GEEST MAG NIT
INGAN IN HET RYK GODES EEN
KONIG MVT REG . . . O VA ... EEN GOT EEN GLOVE EENE DOOPE

und auf der anderen Seite steht:

THO MVNSTER DAT
WORT IS FLESCH
GEWORDEN
VN WONET
IN VNS;

Münze von Cromwell mit der Inschrift: OLIVAR. D. GR. P. ANG. SCO.
HIB. ETC. PRO., auf der anderen Seite: PAX QVAERITVR BELLO.
Am Rande: HAS NISI PERITVRVS MIHI ADIMAT NEMO.
Englische Münze des neuen Königs,[286] mit Randbeschriftung: DECVS
ET TVTAMEN.
Münze von Karl dem Kühnen mit seinem Bildnis; auf der anderen Seite
ein Hund mit zwei Schwertern und der Aufschrift:
    IE LVI EM PRINS BIEN EN AVIENGNE.[287]
Münze von Maximilian und Maria, mit ihren beiden Bildern; die In-
schrift: AVITVM ET AVCTVM.

Nummi antiqvi Romani Graeciqve varij.
[103r] Onyx colore duplici.
Sardonyx colore triplici.
Catinulus argenteus, ligno interius occultato contra calorem ab infuso
potu ad externam superficiem penetrantem, munitus.

Lapis Serpentinus utrinqve nigricans, in medio cinereus.
Echinus marinus maximus.
Psittacus Groenlandicus.
Armadilla.
Lapis Entalis oblongus, cornea qvasi substantia, cum incisuris.
Lapis Dentali minimus.
Porcorum marinorum species septem.
Pileus Consiliarii seu Senatoris Chinensis absqve limbo ornatus lemnis-
co duplici serico, ad formam foliorum nucis.
Cranium Elephantis
Buccina Indica eburnea.
Caniculæ minimæ, qvas mater hoste insectante deglutire & revomere di-
citur.
Zygænæ plucherrimæ.
Duo Cornua Monocerotum, alterum viri longitudine, alterum minus pau-
lò è piscibus Septentrionalibus desumta.
Duo Diaboli marini.
Phoca.
Penis Ceti.
Lignum Serpentinum amari saporis contra febriles affectus.
Navicula Indica.
Flammingo: avis peregrina;
Orissæ.
Regulus manucodiatarum.
Jaspis Heliotropius.
[103v] Lapis argus.
Lapis nephriticus lacteus.
Materia ambræ griseæ, in qva rostella avicularum qvarundam.
Cutis Agni Tartarici Zoophyti, magnitudine cuniculi cuius lana dimidii
digiti longitudinem habet;
Lana huius agni in filum contorta.
Stapes Iaponicus pondere12 lb.

Verschiedene antike römische und griechische Münzen.

[103r] Ein Onyx in zwei Farben.

Ein Sardonyx in drei Farben;

Ein silberner Becher, in dem ein Holzbecher versteckt ist, um die Hitze zu verhindern, die sich beim Einschenken des Getränks an der Oberfläche ausbreitet.

Ein Schlangenstein, schwarz auf beiden Seiten, aschgrau in der Mitte.[288]

Ein sehr großer Seeigel.

Ein grönländischer Papagei.[289]

Ein Gürteltier.

Ein länglicher Entalis-Stein von hornartiger Substanz mit Einschnitten.

Ein sehr kleiner Dentalis-Stein.

Sieben Arten von Meerschweinen.[290]

Der Hut eines chinesischen Ratsherrn oder Senators, ohne Band, verziert mit einem doppelten seidenen Hängeband, in Form von Nussblättern.

Der Schädel eines Elefanten.

Eine indische Trompete aus Elfenbein.

Sehr kleine Hunde, die, wie es heißt, von ihren Müttern verschluckt und ausgespuckt werden, wenn ein Feind sie verfolgt.

Sehr schöne Hammerfische.[291]

Zwei Hörner von Einhörnern; eines von der Länge eines Mannes, das andere etwas kleiner, von nordischen Fischen genommen.[292]

Zwei Seeteufel.

Ein Seehund.

Der Penis eines Wals.

Schlangenholz mit bitterem Geschmack, gegen Fieber.

Ein kleines indisches Schiff.

Ein Flamingo, ein fremder Vogel.

Reisvögel.

Ein Paradiesvogelkönig.

Ein Jaspis Heliotropius;

[103v] Ein Argus-Stein

Ein milchig-weißer Nierenstein.

Bernstein, der die Schnäbel einiger kleiner Vögel enthält.[293]

Die Haut eines Tatarenlammes, ein Tier von der Größe eines Kaninchens, dessen Wolle einen halben Finger lang ist.[294]

Die Wolle dieses Lamms, zu einem Faden verwoben.

Japanischer Steigbügel, 12 Pfund schwer.

VI. In Ædibus Dn. G. Reynst Mercatoris ditissimi in fossa Imperatoria habitantis seqventia videre licuit. In Conclavi primo asservabantur picturæ nobilissimæ & pretiosissimæ, inter[139] qvas tabulae 4000 fl. æstimatæ, e qvibus aliqvas coëmtas Ordines Hollandiæ Regi Angliæ dono dederunt; E paucis, qvas notare licuit, sunt: Historia Susannæ: effigies S. Bartholomæi: Idea vitæ rusticæ : Prælium: Taberna: Salvator mundj. Mercurius integer, Mars integer itidem nudi; delineati saltem: Iter mercatorum: Transfiguratio Christi: S. Maria etc. etc.

In Conclavi secundo Statuæ antiqvæ marmoreæ[140] locum habebant, cum paucis recentibus; omnium numerus 50. erat. Catalogum contexui seqventem: Consul Romanus togatus. Tullus Hostilius, pectoretenus. Venus pudica nuda, manum inguinibus praetendens. Flora nuda. Venus alia. Abundantia cum cornu copiæ. Hercules cum exuviis leonis pectoretenus; artificio insigni elaboratus. Julia pectoretenus. Adonis nudus. Gladiator nudus dextra pugionem, sinistra vaginam tenens. Apollo nudus cum arcu. Cupido nudus. Hermaphroditus nudus[141] cum Salmace mutata, vestibus virgineis, pudendo masculino. [104r] Hercules alius pector. Augustus pector. Tiberius pector. Cæsar pectoretenus artificiosissime sculptus, Græcum opus. Agrippina maior pector. præstantissima, vetustate paululum exesa. Poppæa Sabina. Calphurnia. Octavia. Vitellius. Domitianus. Pallas cum sphynge in galea. Milenus. Livia. Cleopatra. Traianus. Gordianus. Helena. Octavia aliter. Hadrianus. Caracalla. Terentia. Julia Mammæa. Agrippina minor. Aristæus. Pallas cum triplici sphynge in galea. Geta. Flavia. pectoretenus omnes; Faunus cum pelle caprina ridens. Antonius. Hadrianus aliter. Cupido alius. Faunus alius. Cyrus tiara tectus. Flavia alia. Lucilla. Faustina pectoretenus pleræqve.

In tertio conclavi adhuc aliæ erant statuæ: nempe. Sylvius, Posthumus, Papyrius. Antonia maior. Hadrianus denuo. Claudia. Bacchus. Severus, pectoretenus. Priapus inguinetenus, cum incognitis alijs qvam plurimis. Item Ciceronis caput integrum, cuius facies alibi[142] qvoqve è marmore saltem elevata conspiciebatur. Fauna itidem etc. Atqve hinc ablatæ sunt statuæ Sabinæ, Caracallæ, Æsculapii, Cupidinis, Scipionis

---

139 inter] über der Zeile eingefügt.
140 marmoreæ] über der Zeile eingefügt.
141 nudus] über der Zeile eingefügt.
142 alibi] über der Zeile eingefügt.

VI. Im Hause des Herrn G. Reynst,[295] eines sehr reichen Kaufmanns, der an der Kaisersgracht wohnt, durfte ich folgendes sehen. Im ersten Raum wurden sehr bemerkenswerte und wertvolle Gemälde aufbewahrt; einige wurden auf 4000 Gulden geschätzt, von denen die Staaten von Holland einige kauften und sie dem König von England zum Geschenk machten. Einige der Gemälde, die man nennen kann, sind: die Geschichte von Susanna, das Bild von St. Bartholomäus, eine Darstellung des bäuerlichen Lebens, ein Gefecht, eine Taverne, der Erlöser der Welt, ein Merkur in voller Länge, ein Mars in voller Länge, sowie dieselben nackt. In Skizzen: Kaufleute; die Verwandlung Christi, die Heilige Maria etc. etc.[296]

Im zweiten Raum waren alte Marmor-Statuen, dazu ein paar neue: insgesamt waren es 50. Ich habe den folgenden Katalog zusammengestellt: Ein römischer Konsul in Toga; Tullus Hostilius, Büste; eine nackte keusche Venus mit der Hand über ihren Schamteilen; eine nackte Flora; eine weitere Venus; der Überfluss mit dem Füllhorn, Büste von Herkules mit dem Löwenfell, mit besonderer Kunstfertigkeit gearbeitet; Büste der Julia; ein nackter Adonis; ein nackter Gladiator, mit dem Dolch in der rechten und der Scheide in der linken Hand; ein nackter Apollo, mit dem Bogen; ein nackter Cupido; der nackte Hermaphroditus mit der verwandelten Nymphe Salmacis in Jungfrauenkleidern, mit dem Glied eines Mannes; eine Büste eines weiteren [104r] Herkules; eine Büste von Augustus, Büste des Tiberius; Büste des Cäsar, eine sehr gekonnt gearbeitete griechische Skulptur; eine Büste von Agrippina der Älteren, sehr ausgezeichnet, ein wenig vom Alter beeinträchtigt; Poppaea Sabina; Calphurnia; Octavia; Vitellius; Domitianus; Pallas mit der Sphinx auf dem Helm; Milenus; Livia; Cleopatra; Traian; Gordianus; Helena; eine weitere Octavia; Hadrian; Caracalla; Terentia; Julia Mammæa; Agrippina die jüngere; Aristæus. Pallas mit dreifacher Sphinx auf dem Helm; Geta; Flavia; alles Büsten; Lachender Faun mit Ziegenfell: Antonius; ein weiterer Hadrian; ein weiterer Cupido; ein weiterer Faun; Cyrus mit der Tiara. eine weitere Flavia; Lucilla; Faustina; die meisten Büsten.

Africani, M. Bruti, Commodi: Faustinæ: Tiberij, Vestæ, Cybeles, etc. ab Ordínibus Hollandiae cum supradictis Angliæ Regi oblatæ.

Praeterea in hoc conclavi reposita erant sqq:

Loculus cinerum Aristotelis marmoreus, cuius operculo insculpta erat facies Philosophi elevata e lapide: lateri anteriori inscripta erant

hinc	illinc
APICTOTEΛHC	APICTOTEΛHC
O KAΛΛICTOC TΩN	O NIKOMAXOY
ΦIΛCOΦΩN	ΦIΛOCOΦOC

[104v] longitudo cistæ erat sesqvipedalis, latitudo cum altitudine unius pedis; figura huius cistæ expressa extabat in libro qvodam A. 1612 Patavij impresso sub titulo: Ænigma Aristotelicum.

Similes loculi adhuc duo inibi servantur, alter cum inscriptione latina, alter sine inscriptione.

Urna qvædam marmoreæ albæ, angusto orificio, insigni magnitudine.

Urnæ minores aliæ similes.

Membra qvædam humana marmorea; inter cætera pes colosseæ statuæ, arte multa insignis.

Cornu capræ Indicæ.

Cornu ibicis.

Corallinum fruticosum longitudine qvatuor pedum.

Lampades sepulchrales antiqvæ viginti duæ, variarum figurarum.

Figura fasciculi florum urnulæ impositorum, cum papilionibus qvibusdam, acupicta.

Piscis Columbus, Orbis species, globosus fermè.

Historia perpetua picturis Illustrium virorum omnia ab orbe condito, usqve ad Ottonem M. expressa: opus antiqvum.

Conchylia varia.

Petrefacta multa; inter cætera Os Ilium, qvod diffractum interius naturam osseam adhuc retinebat: Lingua vitulina: fungi, ligni frusta, conchæ, nautilus, etc. praecipue tres pisces lapidibus inclusi, non adumbrati saltem per naturam ut Islebici, sed excavato mirum in modum lapide ita inserti, ut spinae parte una, parte altera illarum vestigia manifesto appareant. In Occidentali enim littore Italiæ cum [105r] continuatis per multum tempus Subsolani flatibus mare paulum a terra recedit, limus qvandoqve partim adurente sole partim exiccante vento ita indurescit, ut lapidis na-

Außerdem wurde in diesem Raum Folgendes gezeigt:
Ein Marmorkasten mit der Asche des Aristoteles, auf dessen Deckel das erhabene Gesicht des Philosophen aus Stein gemeißelt: auf der Vorderseite befand sich eine Inschrift:

hier	dort
ΑΡΙCΤΟΤΕΛΗC	ΑΡΙCΤΟΤΕΛΗC
Ο ΚΑΛΛΙCΤΟC ΤΩΝ	Ο ΝΙΚΟΜΑΧΟΥ
ΦΙΛCΟΦΩΝ	ΦΙΛΟCΟΦΟC

[104v] Das Kästlein ist eineinhalb Fuß lang, ein Fuß breit und hoch; die Breite mit der Höhe einen Fuß; ein Bild dieses Kästleins erschien in einem Buch, das 1612 in Passau gedruckt wurde, unter dem Titel Ænigma Aristotelicum.[297] Zwei weitere solcher Kästchen werden dort aufbewahrt, eines mit einer lateinischen Inschrift, das andere ohne jegliche Inschrift.
Mehrere Marmorurnen, mit schmalen Mündungen, von beträchtlicher Größe.
Andere ähnliche kleinere Urnen.
Einige menschliche Gliedmaßen aus Marmor; unter anderem der Fuß einer riesigen Statue, die sich durch ihre künstlerische Bearbeitung auszeichnet;
Ein Horn einer indischen Ziege;
Ein Horn eines Steinbocks;
Eine 4 Fuß lange verzweigte Koralle;
Zweiundzwanzig antike Grablampen, in verschiedenen Formen;
Das Bild eines Blumenstraußes, in einer Vase platziert, mit einigen Schmetterlingen, gestickt mit der Nadel;
Ein Kolumbusfisch, eine Art Kugelfisch, fast kugelförmig;
Eine fortgeführte Geschichte mit Bildern berühmter Männer, alles von der Erschaffung der Welt bis zu Otto dem Großen beschrieben: ein altes Werk;
Verschiedene Muscheln;
Viele versteinerte Gegenstände; darunter ein Darmbein, das beim Zerbrechen noch seine knöcherne Beschaffenheit behielt, eine Kalbszunge, Pilze, Holzstücke, Muscheln, ein Nautilus usw.; besonders drei Fische, in Stein eingeschlossen, nicht nur in den Umrissen der Natur nachgebildet, wie die Exemplare aus Eisleben,[298] sondern auf wundersame Weise so in den ausgehöhlten Stein eingesetzt, dass auf der einen Seite die Knochen und auf der anderen Seite ihre Abdrücke deutlich sichtbar sind. Wenn sich nämlich an der Westküste Italiens das Meer ein wenig

turam assumat, atqve tum si vel pisces in eo, vel conchæ vel ossa relicta
hæserint, lapide hæc deinceps qvasi vestita reperiuntur, fissaqve massa
interius qvod latuit mirifice subjicitur.

Porro peculiari scrinio repositæ erant antiqvitates Ægyptiacæ variæ,
æreæ potissimum; nempe Isidis Icunculæ qvam plurimæ diversæ magnitudinis; Osiridis effigies pedis altitudine, Astacurum figuræ, Apis simu-
lacrum æneum tauri figura, cum tubulo ori inserto, per qvem oracula
qvondam edidisse creditur. Sphinx item & idola varia alia.

Unguentaria & lachrymatoria marmorea diversæ magnitudinis qvam
plurima.
Cista cum capsulis multis, in qvibus gemmarum asservabatur magna
qvantitas, antiqvarum praesertim, cum sculpturis diversis.
Duæ cristulæ numismatibus antiqvis plenæ, inter qvæ nummus Pertinacis
IMP. CAES. P. HELV. PERTIN. AVG. Cap. Aug. rad. & barbatum.
PROVIDENTIAE ... COS. III. Providentia stolata stans utramqve ma-
num cœlum versus protendens.
Nummus Severi, cum tribus in aversa figuris stolatis cornua copiæ tenen-
tibus.
Num. Pescennji Nigri cum inscript. Græca: aversa Dianam polymammi-
am Ephesiam ...ЕФЕС ....ΔΙΑΝ ....

Num. Prusiæ Mithridatis, Herculis in cuius aversa Zodiacus. Ottonis Ma-
gnentij, Græcarum civitatum etc. etc.
Sex Typi nummorum chalybei antiqvi, qvorum unus facie Claudj [105v]
exhibebat, reliqvi aversarum saltem erant; monumentum antiqvitatis in-
signe.
Nummij Amstelodamensis in memoriam depulsi ab Urbe Principis Auri-
aci Friderici Henrici ; inscr.:
Ex uno crimine omnia nosces. Eqvus ferociens.
Magnis tamen excidit ausis. Phaeton.
Nummus in memoriam Synodi dordracenæ. Inscr.:

Asserta religione. Concilium Theologorum.
Erunt ut mons Sion CIƆDCXIX. Templum in monte, sole illustratum.

vom Land zurückzieht, [105r] wird der Schlamm teils wegen der Sonne, teils wegen des Austrocknens durch den Wind manchmal so hart, dass er die Beschaffenheit eines Steins annimmt, und wenn Fische oder Muscheln oder Knochen darin zurückbleiben, findet man diese Gegenstände dann mit Stein bedeckt; und wenn der Klumpen aufgespalten wird, kommt auf wundersame Weise zum Vorschein, was darin verborgen war;

Außerdem wurden in einem separaten Schrank ägyptische Altertümer aufbewahrt, vor allem aus Kupfer, wie z.b. viele Isis-Statuen in verschiedenen Größen, eine Osiris-Statue, die etwa einen Fuß hoch ist, Statuen von Hummern, eine kupferne Apis-Statue in Form eines Stiers, mit einem Rohr im Maul, durch das er angeblich die Orakel gab. Auch eine Sphinx und mehrere andere Idole;

Eine große Anzahl von marmornen Gefäßen für Salbe und Tränen, in verschiedenen Größen;

Ein Schrank mit vielen Schubladen, in dem eine große Menge an Edelsteinen aufbewahrt wurde, meist alt, mit verschiedenen Schnitzereien;

Zwei Kästchen voller alter Münzen, darunter eine Münze des Pertinax: IMP. CAES. P. HELV. PERTIN. AVG.; der Kopf des Kaisers mit Strahlen und Bart; PROVIDENTIAE ... COS. III. Die Vorsicht, gekleidet in ein langes Gewand, stehend, beide Hände zum Himmel erhoben;

Eine Münze des Severus, mit auf der Rückseite drei Statuen in langen Gewändern, die Füllhörner halten;

Eine Münze des Pescennius Niger mit einer griechischen Inschrift; auf der anderen Seite eine vielbrüstige Diana von Ephesus ...ЕΦЕС .... ΔΙΑΝ ....

Münzen von Prusias, Mithridates, Herkules, mit dem Tierkreis auf der Rückseite, von Otto Magnentius, griechischen Städten, usw., usw.;

Sechs alte stählerne Münzformen, von denen einer das Bild des Claudius zeigte, [105v] die anderen waren nur Abdrücke der Rückseiten; ein wichtiges Zeugnis der Antike;

Eine Medaille von Amsterdam zum Gedenken an die Verteidigung durch den Prinzen Friedrich Heinrich von Oranien mit der Inschrift:

Ex uno crimine omnia nosces. Equos ferociens.

Magnis tamen exidit ausis. Phaeton.

Eine Medaille zum Gedenken an die Dordrechter Synode, mit der Inschrift:

Asserta religione. Concilium Theologorum.

Erunt ut mons Sion CIƆDCXIX. Illustriert mit einer Kirche auf einem

Nummi in memoriam pacis Belgicæ, cum Hispanis, item cum Anglis.

Nummus Rudolphi II. aureus.
Effigies Urbani VIII. ænea in nummo.
Cistulam alteram Laocoon ornabat æneus, in altera rosa Hierichuntina asservata erat.

VII. In Exoticotamia Dn. Brayne Aromatarij. in fossa Principum exhibita nobis sunt seqq:
Lactucæ marinae crispae folia sex pedum longitudine, latitudine semipedali, annata chamæ cuidam maiusculæ.
Corallinum fruticosum, qvod caudam pavonis appellabat 5. pedum longitudine.
Coralloides lapideum granulosum candicans.
Algæ marinæ species albicans.
Manus marina spongiosa cum algæ jam dictæ plantula mytilo annata.
Millepora Coralloides lapideum, porosum ramosumqve et candicanis.

[106r] Conchae anatiferæ chamarum similitudine, parvæ, cum bestiolis multipedis, qvas pro cancellis habebam; figuram plane conformem expressit Aldrovandus.
Cocqvos maldiva.
Corallium rubrum reticulatum.
Coralloides, fruticulus cum flore albo, lanuginoso ê spira producto.
Rosa Hierichuntina Amsterodami nata, viridis adhuc cumqve flore.
Lapis marinus fungi specie saxo annatus ingenti. Vid. Dodonæum.
Suffrutex coralloides violaceus; longus.
Purpura cum blatta Byzantina odorata.
Flos lapideus crispus.
Fuci marini species, nodosa.
Cerauniuslapis ingens, cuneiformis absqve foramine.
Coralloides detracto cortice corneam qvasi substantiam ostendens.
Lapides stellares varii, virgati, stellati, rosati etc.
Balani marini coagmentati cum herbula marina.

Berg und der Sonne.

Gedenkmedaillen für den Frieden der Niederlande mit den Spaniern und mit den Engländern.

Goldmünze von Rudolf II.

Das Bildnis Urbans VIII. in Kupfer auf einer Münze;
Ein Schränkchen mit einem kupfernen Laokoon verziert, im andern wurde eine Rose von Jericho aufbewahrt.

VII. Im Kabinett für Exotica (Exoticotamia) von Herrn Brayne, eines Drogisten[299] an der Prinsengracht, wurden uns die folgenden Dinge gezeigt:

Sechs Blätter der krausen Wolfsmilch, sechs Fuß lang und einen halben Fuß breit, auf einer ziemlich großen Muschelschale gewachsen.

Eine verzweigte Koralle, die er „Pfauenschwanz" nannte, 5 Fuß lang.

Stein, körnig, glitzerndes Koralloid.

Eine weiße Meeresalge.

Eine poröse Meer-Hand[300] mit einer Alge auf der schon genannten Muschel gewachsen;

Ein Stein Millepora Coralloides, porös, verzweigt und glänzend;

[106r] Ententragende Muscheln wie Muscheln klein, mit vielfüßigen Wesen, die ich für Krebse hielt; ein sehr ähnliches Bild wurde von Aldrovandus gegeben;[301]

Eine Kokosnuss;

Rote, netzartige Koralle;

Coralloid, eine Pflanze mit einer weißen, wolligen Blüte, die aus der Ähre herausragt;

Eine Rose von Jericho, gewachsen in Amsterdam, noch grün und mit der Blüte;

Ein Seestein, eine Art Moos, das auf einem großen Stein wächst. Siehe Dodonaeus;[302]

Eine violettfarbene, lange Korallenpflanze.

Eine Purpursachnecke mit duftendem Blatta Byzantina.[303]

Eine steinerne, haarige Blüte.

Eine Art Seetang voller Knoten.

Ein großer Ceraunius-Stein, keilförmig ohne Spalt;

Coralloid, das, wenn die Schale entfernt wird, eine hornartige Substanz aufweist.

Verschiedene Sternsteine, mit Streifen, mit Sternen, mit Rosen, usw.

Folia palmæ (duo) nondum adultæ.
Umbilicus marinus palmæ latitudine.
Statera Indica ad examinanda gemmarum pondera.
Porcus cornu unico. Klip-Korper.
Cancri qvidam varij, colore figurisqve diversis.
Virgula saligna petrefacta.
Cochlear e rostro aviculæ Toucan;
Effigies Babyroussæ.
Rana piscatrix exiccata, ore patulo, ordinibus dentium binis in anteriore
rictus parte binisqve circa linguae radices, cute glabra, vide Schottum.
Xiphiæ. Zygæna. Crocodilus exiguus admodum.

[106v] Poculum a nucibus myristicis tornatile, pede operculoqve ebur-
neis artificiosissimis, qvatuor pedum altitudine.
Hippocampi maximi.
Scarabæi Indici cornibus tribus, uno eximo curvato.
Chamæleon.
Lacertæ rariores. Scinci. Millepeda palmæ longitudine.
Cancri Moluccani. Insecta aciculis per capsulas firmata varia; inter qvæ
muscarum Scarabæorum, papiliorum genera qvam plurima.
Porcus aculeatus. Vespertilio marinus. Hirundo marina.
Maxilla Canis Carchariæ, (*Haye*) serie dentium triplici, triangularium.
Rostrum avis Indicæ cornu recurvo,
Acus. Os penis Hippopotami. Dentes Hippopotami aprugnis similes sed
majores. Cicadæ duæ maximæ. Scarabæus maximus digitimedij longitu-
dine cornibus setaceis nodosis longissimis. Nautilus. Buccina. Turbinata
varia, etiam qvædam colore viridi splendenti. Chamæ conchæqve qvam
plurimæ variæ.

Nummus Synodi dordracenæ.
Nummus Obsidionis Harlemensis qvadratus argenteus, Uncialis magnitudine atqve signo, nisi qvod insignia urbis cum numero 1572 minutissi-

Meereseicheln,[304] die mit einer sehr kleinen Pflanze zusammengewachsen sind.

Blätter (zwei) einer Palme, nicht ausgewachsen.

Eine handtellergroße Nabelmuschel.

Eine indische Waage zum Wiegen von Juwelen.

Ein Meerschwein mit einem Horn; Klip-Korper.[305]

Verschiedene Krebse von unterschiedlicher Farbe und Form.

Ein versteinerter Weidenzweig.

Ein Löffel aus dem Schnabel eines Toucans.

Ein Bild eines indischen Schweins.

Ein Seefrosch, eigentlich ein fischender Frosch, getrocknet, mit weitem Maul, zwei Zahnreihen im vorderen Teil der Mundöffnung und zwei Reihen am Zungenansatz, mit glatter Haut; siehe Schott.[306]

Schwertfisch, ein Hammerfisch[307]; ein eher kleines Krokodil.

[106v] Ein gedrehter Becher aus Muskatnuss, mit sehr künstlichem Elfenbeinfuß und Deckel, vier Fuß hoch.

Sehr große Seepferdchen.

Indische Käfer mit drei Hörnern, von denen eines an der Unterseite gebogen ist.

Ein Chamäleon.

Sehr seltene Eidechsen; Nil-Eidechsen; Tausendfüßler von der Länge einer Hand.

Krebse von den Molukken; verschiedene Insekten, mit Nadeln in Kästen, darunter viele Arten von Fliegen, Käfern und Schmetterlingen verschiedener Art.

Ein Stachelschwein; eine Seemaus; eine Seeschwalbe.

Der Kiefer eines Hais (Haye), mit einer dreifachen Reihe von dreieckigen Zähnen.

Der Schnabel eines indischen Vogels mit nach hinten gebogenem Horn.

Ein Nadelfisch; Knochen des Penis eines Nilpferdes; Zähne eines Nilpferdes, die denen eines Wildschweins ähneln, aber größer sind; zwei sehr große Grillen; ein sehr großer Käfer von der Länge eines halben Fingers mit sehr langen, borstigen, knotigen Hörnern; ein Nautilus; ein Horn (Trompete); mehrere gedrehte Schnecken, einige mit einer leuchtenden, grünen Farbe; viele verschiedene Muscheln und Schneckenhäuser.

Eine Gedenkmedaille der Synode von Dordrecht.

Eine quadratische Silbermünze aus der Belagerung von Haarlem, mit der Größe und Prägung einer Unze (Münze), außer dass sie das Wappen der

mo charactere exhiberet.

Stella marina corpore qvinqvangulari solido, radiis brevibus.

Serpentis excuviæ cum crepitaculo.

Glossopetra pollice latior. Testudines marinæ. Cochleæ variæ qvarum[143] cum patella qvædam.

Mytili cum filicula marina. Musci in conchis nati variæ species.

[107r] Echinorum variae species, maiores minoresqve.

Orissa avicula, oblongo rostro, splendentibus plumis

Porci triangulares minimi.

Lapis Bezoar Coromandelicus magnitudine ovi gallinacei, levis admodum, qvæ nota sinceritatis est. Tres alij minores crustis tenuibus.

Dentalia varia. Lepades. Cochlea Cornu arietini similitudine.

Plumæ pennæqve peregrinarum avium variæ; majores funiculo adaptatæ, minores filo connexæ. Plumæ decristis ardearum albæ.

Boletus Cervi. Jujubæ fructus Indici.

Lapis Dentali, qvo fræna ornari solent: Lapis Entali, forma turbinulorum in spongiis viventium.

Simplicia varia; inter qvæ rariores herbæ: Gentiana rarior, Amomum Caryophyllatum: Gummi Copaal sive succinum orientale, qvo utuntur ad oblinendas cistulas, commodius qvam gummi Lacca, aut succino Borussiaco, qvia magna sunt eius frusta. Idem ad rapit pilos, villosqve etc. ut succinum commune qvidam ad cistulas impucandas etiam Sandaracha utuntur, sed id difficilius procedit eo, qvod parva illius frustula tardius à cortice liberentur. Gummi lacca. Costus verus, lignum est. Costus amarus Turbite, sive Tapsia gummi est. Costus Ventorianus sive Canella alba omne genus saporum aromaticorum[144] refert masticatum, præcipuè Zingiberis, macis, caryphyllorum, cinnamomi etc. Cassia Caryophllata. Cassia lignea. Radix Zedoariæ palmæ longitudine. Fabæ variæ Indicæ. Faufel.‾Lignum aloes. Caryophylla regia ex Indostane. Piper Æthiopicum in siliqvis crescit botroides.

---

143 qvarum] über der Zeile eingefügt.

144 aromaticarum] über der Zeile eingefügt.

Stadt mit der Jahreszahl 1572 in sehr kleinen Buchstaben zeigt:

Ein Seestern, mit massivem fünfeckigem Körper, mit kurzen Strahlen;

Eine Schlangenhaut mit Rassel;

Eine Steinzunge,[308] mehr als ein Zoll breit; Meeresschildkröten; mehrere Schnecken, einige mit Saugnapf;

Gewöhnliche Muscheln mit einem Seefarn; verschiedene Arten von Moos, in Muscheln gewachsen.

[107r] Verschiedene Arten von Seeigeln, kleinere und größere.

Ein Reisvogel mit einem länglichen Schnabel und glänzenden Federn.

Sehr kleine, dreieckige Meerschweine.[309]

Ein Bezoar-Stein, von Coromandel,[310] von der Größe eines Hühnereis, ziemlich hell; was ein Zeichen der Echtheit ist; drei andere, kleiner, mit dünnen Schalen.

Mehrere Zahnmuscheln. Muscheln, gehörnte Schnecken ähnlich wie ein Widderhorn.

Allerlei Federn und Flügel von verschiedenen fremden Vögeln; die größeren mit einer Schnur, die kleineren mit einem Faden festgemacht. Federn von weißen Reihern.

Hirschpilz. Indische Früchte von Jujuba.

Zahnschnecke,[311] mit welcher man das Zaumzeug schmückt. Lapis Entali, in der Form eines Kreisels, lebt in Schwämmen.

Verschiedene Kräuter, unter ihnen recht seltene Kräuter. seltener Enzian; Gewürznelke, Gummi copaal oder orientalischer Harz, mit dem sich Kästen leichter bemalen lassen als mit Gummi lacca (Lack) oder preußischem Bernstein, da es sich um große Stücke handelt. Er zieht Haare und Tierhaare an, genau wie der gewöhnliche Bernstein. Manche verwenden auch Sandaracha für Schatullen, was aber langsamer geht, weil sich die kleinen Stücke davon nicht so schnell von der Rinde lösen lassen; Gummi lacca; Costus verus, ein Holz; Costus amarus; Turbit oder Tapsia gummi; Costus ventorianus oder weißer Zimt, der, wenn er gekaut wird, allerlei duftende Geschmackseindrücke gibt, besonders von Ingwer, Macis, Nelken, Zimt. usw. Nelkenartiger Cassia. Hölzerner Cassia; Zedoar-Wurzel von der Länge einer Hand; verschiedene indische Bohnen; Faufel;[312] Aloe-Holz; königliche Nelken aus Hindustan; äthiopischer Pfeffer, der in Schoten traubenförmig wächst.

[107v] Duo penes cetorum, 6. ped. longit. colore spadiceo.

Sanguis Draconis, & gummi arboris, qvæ similis fere est Iuccæ.Tacambaca, sive Cuschucole, est gummi qvod dentibus medetur temporibus applicatum, affertur ex Guiana.

Herba Thea.

Nidus avium Indicarum, qvas hirundines esse volunt, ex materia alba, vesicæ Husonum simili; hos ad cibos expetunt Indi & Belgæ coctos cum iure carnium.

Gummi Sagapeni, flavo colore. Ammoniacum pulcherrimum. Grana Paradisi. Cor S. Thomæ fabarum species.

Amomum racemosum. Ialappæ radix integra. Panis radicum rubicundus. Globuli saponarij, pomula sunt gallarum instar, qvibus ad lotiones utuntur Indi. Gummi animæ ex flavo candidum. Gummi Hederæ nigricans. Opobalsamum ex flavo spadiceum. Gummi catachu nigricat. Styrax granulosum intus albissimum. Ova Struthionum & Csuar. Iguana barbata. Radix Pæoniæ. Nux myristica fæminæ species (Mutternuß), cuius flores proxime nuci adhærent, non interjecto ut in aliis cortice; utilis censetur ad facilitandum partum manu retenta.

Lapis Mannati. Dens Canis Carchariæ pollicis longitudine.

Succini frustum maximum 2 librarum.

Rostrum avis peregrinæ cum tubere maximo.

Zibethum, qvod Amsterodami â felibus colligitur.

Margaritarum minmarum ingens copia ad usus medicorum.

Vicarium Indicarum aliqvot species colore rubro nigroqve.

Schinanthum seu iuncus odoratus; (radicem vidi.)

Corombet seu Lolus Clusii exoticus.

[108r] Carlina radix similis pulpæ Heliotropij.

Phaseoli cum magno hilo; Phaseoli argentei.

Incolarum circa fretum Davidis jacula ossibus præmunita. In uno jaculo osseus mucro exigua ferri laminula instructus erat.[145] remus duplex, urceus pro aqvis asservandus stramineus. ictris, qvales inflatos piscibus alligant captis ne submergantur. Iaculum vesica instructum per medium

---

145   Der ganze Satz am Rand eingefügt.

[107v] Zwei Penisse von Walen, sechs Fuß lang, von bräunlicher Farbe; Drachenblut und Baumgummi, das eine entferne Ähnlichkeit mit der Yucca Tacamahaca oder Cuschucol Yucca hat; es ist ein Gummi, das die Zähne heilt, wenn er an die Schläfen gelegt wird. Es wird aus Guayana mitgebracht.

Teepflanze.

Ein Nest indischer Vögel, die Schwalben sein sollen, aus einer weißen Substanz, die der Blase von Hausen ähnelt; die Inder und die Holländer bevorzugen diese Nester mit Fleischbrühe gekocht.[313]

Sagapengummi von gelber Farbe; sehr feines Ammoniumharz; Paradieskorn; Herz von St. Thomas, eine Art Bohne.

Traubenförmiges Amomum. Ganze Jalappenwurzel. Eine ganze Panis-Wurzel. Seifenkügelchen wie Eicheln, welche die Inder beim Waschen verwenden; Animae-Gummi,[314] gelblich-weiß; schwärzliches Gummi Hederae: Saft des Balsambaums, bräunlich-gelb; Catachu-Gummi, das schwärzlich ist; körniges Harz, innen sehr weiß; Eier von Straußen und Kasuaren; ein Bartleguan; Pfingstrosenwurzel; weibliche Muskatnuss (Mutternuss), deren Blüten sehr nahe an der Nuss liegen, ohne dass es wie bei anderen, Rinde dazwischen hat; sie gilt, in der Hand gehalten, als nützlich, um die Geburt zu erleichtern.

Ein Stein einer Seekuh; (Mannati).[315] Der Zahn eines Seehundes von der Länge eines Daumens.

Ein sehr großes Stück Bernstein, 2 Pfund.

Der Schnabel eines fremden Vogels mit einem sehr großen Buckel.

Zibeth, das von Katzen in Amsterdam gesammelt wird.

Eine große Menge an sehr kleinen Perlen für den medizinischen Gebrauch.

Einige Arten der indischen Wicke, von roter und schwarzer Farbe.

Schinantum oder duftendes Schilf (ich habe die Wurzel gesehen).

Corombet oder ausländische Lolus Clusii exoticus.[316]

[108r] Eberwurz, ähnlich wie das Fruchtfleisch von der Sonnenblume.

Bohnen mit großem schwarzem Punkt, silberne Bohnen; Pfeile mit Spitzen von Knochen von den Eingeborenen in der Nähe der Davisstraße. Bei einem Pfeil war die Spitze mit einem sehr dünnen Eisenblech bedeckt; ein doppeltes Ruder; ein Wasserkrug aus Stroh; eine Blase, wie man sie an die gefangenen Fische anbindet, damit sie nicht untergehen; ein Pfeil, in der Mitte mit einer Blase versehen, damit er, wenn er nach den Fischen geschossen wird, nicht untergeht.

ne subsidat piscibus immissum.
Arcus etc. navicula:
Nux myristica mas, oblonga est.
Strobili Cedrini.
Panis e radicibus Indicis albus. Gramen plumosum, Sparti species etc.

Doronicum Germanicum, *Gemswurtzel*, nodosa radix, fere ut calamus noster aromat. sed tenuior. Doronicum Romanum herba. Victorialis rotunda & longa. Radix dentaria, est saxifragiæ albæ. Nux Barbarica. Metel nux, vomicæ species.

Cojor seu Castaneæ Ind. or. forma renis. Palma Conifera, seu palma pini.

Inter mineralia varia etiam servabat Cinnabarin nativam, Taleum viride, taleum aureum, florem avis, marcasitam argenteam etc.
Lapis Bezoar cum cuticula sua.
Cabo di muchi, unde Coffiæ coqvitur potus;
Kacau fructus Americanus, unde Chcolatæ potus fit: cuius mixturam componunt Iudæi Lusitani Amsterodami.

Calamus aromaticus verus, arundinis instar cum internodiis, sed tenuior, amarus admodum, rarissimus est,

[108v] VIII. 1n Horto Dn. Roeteri, SecretarijAmstelodamensis, qvæ vidimus, sunt sqq:
Phasianos albos & communes.
Gallinas Guineanas, guttatas.
Perdices Turcicos. Gallinas montanas. Turtures flavos. Gallinas plumis crispis. Columbas Indostanicas, caudis pavonum pectoribus prominulis albas. Columbas Turcicas prominulo pectore. Anates Americanas; Anates feras variorum generum. Leporem Russicum album. Berniclas. Tjapam Guineanam, ardeæ specie.

Porro vidimus pulvinos melonum capsulis fenestratis contectos. Inqve conclavibus hyemalibus Aloen Amercicanam serratam. Colocassiam. Hiacynthum Virginianum autumnalem lilij flore odoratissimo albo. Myrtum minorem Belgicam, mediam Belgicam ; Tarentinam; latifoliam; flore pleno duplici rarissimam. Malum punicum sylvestre, cuius flores

Ein Bogen, usw. Ein kleines Boot.

Eine männliche Muskatnuss; sie ist länglich.

Zedernzapfen.

Weißbrot aus indischen Wurzeln. Gras mit feinen Haaren, eine Art Ginster usw.

Doronicum germanicum (Gemswurzel), Gemswurtzel, eine knorrige Wurzel, etwa wie unser duftendes Schilfrohr (Kalamus), aber dünner; Römische Gemswurzel; rundliche und längliche Gladiole; Zahnwurzel, sie ist ein weißer Steinbrech; Barbarennuss; Stechapfel von der Art Nux vomica.

Coior oder Ostindische Kastanie, nierenförmig; Zapfen tragende Palme oder Pinienpalme.

Unter verschiedenen Mineralien hatte er auch Cinnabarin (Zinnober), grünen Talk, goldenen Talk, Vogelblume, silbernes Wismut, usw. auf; Bezoarstein mit Haut.

Cabo di Muchi, aus dem das Kaffeegetränk gekocht wird.

Kakao, eine amerikanische Frucht, aus der das Schokoladengetränk hergestellt wird; die Mischung daraus machen die portugiesischen Juden in Amsterdam.

Echter duftender Kalmus, schilfähnlich mit Stiel, aber dünner, eher bitter; er ist sehr selten.

[108v] VIII. Im Garten von Herrn Roeters, Sekretär von Amsterdam,[317] sahen wir folgendes:

Weiße und gewöhnliche Fasane.

Guineische Hühner, gefleckt.

Türkische Rebhühner; Berghühner; goldgelbe Turteltauben; Hühner mit gekräuselten Federn; weiße Tauben aus Hindustan mit Pfauenschwänzen und leicht abstehender weißer Brust. türkische Tauben mit leicht abstehender Brust; amerikanische Enten; Wildenten verschiedener Art; ein weißer russischer Hase; eine Ringelgans; ein guineischer Tiapa, eine Art Reiher.

Außerdem sahen wir Melonenbeete, die mit Glaskästen gedeckt waren. Und im Wintergarten eine amerikanische Aloe mit gezackten Blättern; eine Colocasia; eine Herbsthyazinthe aus Virginia mit einer stark duftenden weißen Lilienblüte; eine eher kleine holländische Myrte; eine mittelgroße holländische Myrte, eine Tarentina, mit breiten Blättern, ge-

Balaustia dicitur. Malum punicum. Iesminum odoratissimum luteum semper florens, rarum, auranti folijs. Cannam Hispaniam striatam. Lycium Arabicum seu osrum Persarum, qvod est rhamni species, qva Christus coronatus putatur. Oleandrum seu Nerium. Lentiscum. Barbam Iovis: Narcissum Indicum rarissimum. Laurum Americanam. Aurantia: Limonia crispæ[146] majora, Aurantia rana, Aurantia folio crispo. Lauri nobilis aromaticæ duas arbores. Laurum bacciferam gallicam. Florem tigridis.

[109r] IX. In horto Dni Heuvelii vidi[147], Anates feras varias; Smilacem asperam seu Sarsaparillam foliis latis, & foliis lævioribus. Pomus Adami qvae fert speciem aurantiorum magnorum: Malos Citreas varias: Arborem, qvæ cum citreis & aurantia ferebat. Pomum Chinensem; qvæ nunc ad nos ex Lusitania feruntur. Arborem Anabus è Barbadis qvæ speciem Aurantiorum magnorum fert; aliasqve arbores rarissimas.

In domo ipsius, qvæ officina est corii auro tingendi, aqvilam vidi veram, sive Chrysaëtum, colore castaneo, latitudine secundum expansas alas 3. cubitorum. vide Schottum.

X. In domo alia Feles Zibethicas vidimus caveis inclusas, qvæ ad Zibethi liqvorem colligendum aluntur. Numerus earum ad 20 accedebat ; magnitudine sunt vulpis, pelle maculosa; excrementa in sacculo qvodam circa inguina deponentes, unde bestiâ furcae ligneæ beneficio coërcitâ, chochleari illa semel a. bis per hebdomadem eximere licet.

XI. In officina Sacchararia, Saccharum purificare vidimus primum nempe spumâ, qvam iniecto albumine excitant, sublatâ; postea coctione, inqve ollas oblongas infusione, in qvibus argillâ imposita Syrupus nigricans separatur in urceolos suppositos destillans; remante saccharo albo.

---

146 korrigiert, daher schwer lesbar.
147 vidi] über Zeile eingefügt.

füllten doppelten Blüten, sehr selten; ein Waldgranatapfel, dessen Blüten Balaustria genannt werden; ein Granatapfel; ein stark duftender Jasmin, lehmfarben, immer blühend, selten, mit orangefarbenen Blättern; spanisches, gestreiftes Schilf; Lycium Arabicum oder Osrum Persarum, ein dornenartiger Strauch, aus dem die Dornenkrone Christi geflochten sein soll; ein Oleander oder Nerium Lentiscum;[318] Jupiterbart: eine sehr seltene indische Narzisse; ein amerikanischer Lorbeer; Orangenbaum, Zitronenbaum mit rauen Blättern; Zwergorange; Orangenbaum mit rauen Blättern; zwei Bäume des aromatischen Lorbeers (Laurus nobilis); ein französischer Beeren tragender Lorbeer; Tigerblume.

[109r] IX. Im Garten von Herrn Van den Heuvel[319] habe ich gesehen: Mehrere wilde Enten; stachliche Smilax oder Sarsaparilla[320] mit breiten Blättern und ziemlich glattem Laub; ein Adamsapfelbaum, der eine Art großer Orangen produziert;[321] Verschiedene Zitronenbäume: ein Baum, der neben Zitronen auch Orangenäpfel trägt; ein Chinaapfelbaum,[322] der jetzt aus Portugal hierhergebracht wird; ein Anabus-Baum aus Barbados, der eine Art von großen Orangen produziert, und andere sehr seltene Bäume.

In dem Hause desselben, welche eine Gerberei, um Häute golden zu färben hat, sah ich einen echten Adler oder Steinadler, kastanienfarben, mit einer Breite, wenn die Flügel ausgebreitet sind, von drei Ellen. Siehe Schott.[323]

X. In einem anderen Haus sahen wir Zibetkatzen, eingesperrt in Käfigen, die man hält, um das Zibetsekret aufzufangen. Ihre Zahl nähert sich zwei Dutzend; sie haben die Größe eines Fuchses und eine fleckige Haut, während sie ihre Exkremente in einem kleinen Beutel am unteren Teil des Körpers sammeln, aus dem sie, während das Tier mit Hilfe einer hölzernen Gabel zurückgehalten wird, ein- oder zweimal pro Woche entfernt werden können.

XI. In einer Zuckerfabrik sahen wir, wie der Zucker gereinigt wurde, indem zuerst der Schaum entfernt wurde, der durch das Hineinwerfen von Eiweiß entsteht; dann wurde er gekocht und in längliche Pfannen gegossen, in denen nach Zugabe von Pfeifenton ein schwärzlicher Sirup abgetrennt wird, der in die darunter stehenden kleinen Krüge tropft, während der weiße Zucker übrigbleibt.

XII. In navi qvadam[148] leænam vidimus cicuratam, cum iuvene bra-
chiorum manuumqve usu destituto adhibitaqve pedum opera, pennas
præparante, scribente, caput pectente, selopetum onerante atqve exone-
rante, chartulas lusorias tractante, gladium extrahente, tympano ludente,
arcui filum indente, bibente; &c.

[109v] Tandem de republica Amstelodanesium aliqvid dictum est,
inibiqve primum de Magistratu, & deinde civibus sermo erit. Respublica
ipsa, sicut totius Belgij, ita & Amstelodami Aristocratica est, in qva 36.
Senatores jam à temporibus Philippi Burgundi præfuerunt. Hic senatus 9
Scabinos creat, more per omnes fere urbes consueto, qvo duplicem numerum produnt, ê qvo justitiores eligit summus provinciæ magistratus:
atqve horum munus annum est. Scabini isti assumtis iis, qvi annis superioribus scabinatu perfuncti fuerant, Consules eligunt annuatim[149] qvatu-
or qvi hoc tempore sunt Mr. Simon van Hoorn Dr Gerard Schaep, Dominus in Cordenhut: Andreas de Graef, N. Hendricus Hooft. Atqve ferè
dicuntur è Consularibus, qvorum numerus duodenarius ad summum,
sæpe minor: ab iisqve omnis deinceps subalterius magistratus constitui-
tur: nempe Thesaurii ordinarii qvatuor, extraordinarii tres: Magistri pupillorum (*Wees-meesters*) qvatuor: Magistri rei tormentariæ (*Artillery-meesters:*) duo. Commissarij rerum matrimoniatium (*Comm. van
der Hochwertige saken*) 5. Rationarij (*Reeken-meesters*) tres: Magistri
Assecurationis (*Assurantie-meesters*) tres: Præfecti mensæ collybistiræ
sive Commissarii Banci, tres: Commissarij causarum vilidrum 4 cognos-
cunt de causas 40.[150] fl. non excedentibus (*Commiss. van de kleine Saken.*) Septem. Comissarii mensæ mutui (*Comm. van de Bank van
Leening.*) duo. Commissarii militia (*Commissarissen over de Militie*)
tres. Commissarii marinorum (*Com. van de See-Saken.*) qvinqve. [110r]
Commissarii desertorum (*Commiss. van de desolate Boedels.*) qvi cog-
noscunt de causis eorum qvi foro ~~affere~~; qvinqve; Magistri Tributorum
(*Excys-Meesters*) qvinqve: Commissarii Commerciorum (*Com. van de
Commercie*) inter qvos è senatu (*Uyt de Vroetschap*) tres, è curatoribus
Soc<ietate> In<diæ> Or<ientalis>. duo: è societate Ind<iæ> Occid<en-
talis> duo: Ex iis qvi commercia habent cum orientibus (*Uyt de Handelaers in de Levant*) duo; Ex iis qvi cum Hispanis, duo; Ex iis qvi cum

---

148 qvod à] über Zeile eingefügt.
149 annuatim] über der Zeile eingefügt.
150 Zur Verdeutlichung der stark korrigierten Zahl 40 am linken Rand XL.

XII. In einem Schiff sahen wir eine zahme Löwin mit einem Jüng-
ling, der, des Gebrauchs seiner Arme und Hände beraubt, mit Hilfe seiner
Füße Schreibfedern schnitt, schrieb, sich den Kopf kämmte, einen Kara-
biner lud und entlud, Spielkarten mischte, ein Schwert zog, auf einer
Trommel spielte, die Sehne an einem Bogen befestigte, trank, usw.

[109v] Nun ist noch etwas vom Staatswesen in Amsterdam zu sagen, es wird hier zunächst von der Regierung und dann von den Bürgern
gesprochen. Das Gemeinwesen ist. wie die ganzen Niederlande, so auch
Amsterdam, aristokratisch geordnet; schon zu Zeiten von Philipp von
Burgund standen ihm 36 Ratsherren vor. Dieser Rat ernennt 9 Schöffen
– und so ist er fast in allen Städten – wobei diese aus der doppelten Zahl
ausgewählt werden. Aus deren Kreis wählt der höchste Magistrat der
Provinz die würdigeren. Die Amtszeit beträgt ein Jahr. Die Schöffen versammeln jene, die im Jahr vorher Schöffen waren und wählen jedes Jahr
die vier Bürgermeister, welche jetzt sind: Mr. Simon van Hoorn, Dr. Gerard Schaep, Herr in Cordenhut: Andreas de Graef, N. Hendricus Hooft.[324]
Auch werden bloß von den Bürgermeistern jene ernannt, deren Zahl
höchstens zwölf oder weniger beträgt, aus denen die gesamte niedrige
Verwaltung besteht: nämlich vier ordentliche Schatzmeister und drei außerordentliche; vier Vorsteher der Waisen (*Wees-meesters*); zwei Waffen-
meister (*Artillery-meesters*); fünf Kommissare[325] für Ehesachen und kleineren Streitsachen (*Comm. van de Hochwertige saken*); drei Buchhalter
(*Reeken-meesters*); drei Vorsteher der Versicherungen (*Assurantie-meesters*); drei Vorsteher der Wechselbank oder Bankdirektoren; Sieben
Richter für das Gericht von geringen Sachen, welche 40 Gulden Streit-
wert nicht überschreiten (*Commiss. van de kleine Saken.*); zwei Vorsteher des Leihhauses (*Comm. van de Bank van Leening.*); drei Zuständige
für das Militär (*Commissarissen over de Militie*); fünf Zuständige für die
Marine (*Com. van de See-Saken.*); [110r] Fünf Vorsteher für die Angelegenheiten der Bankrotteure (*Commiss. van de desolate Boedels.*), welche
die Sachlage derer untersuchen, die den Offenbarungseid ablegen; fünf
Steuermeister (*Excys-Meesters*); Handelskommissare (*Com. van de
Commercie*) von ihnen drei aus dem Rat (*Uyt de Vroetschap*), zwei aus
der Westindischen Kompagnie, zwei aus der Ostindischen Kompagnie,
zwei von denen, die mit dem Osten handeln (*Uyt de Handelaers in de
Levant*), zwei von denen, die mit den Spaniern handeln, einer von denen,
die mit Portugal handeln, zwei von denen, die mit England handeln, drei

Lusitanis, unus; ex iis qvi cum Anglis, duo: ex iis qvi cum Gallis tres, Ex iis qvi in mari Balthico (*Uyt de Handelaers ob Osten*) tres; Ex iis qvi cum Russis, unus; ex iis qvi capturas Belanarum instituunt (*Reers van de Walvis-vangst*) unus; ex Coëmtoribus pannorum laneorum, unus; ex Coëmtoribus pannorum sericorum, unus: ex præparatoribus pannorum, unus, ex Saponarijs unus. omnes 26: cum Secratario uno.

Porro Prætor, ut alibi, est unus, hoc tempore M. Lambert Reynst. Prætor Substituti qvinqve. Pensionarius sive Syndicus unus. Secretarii qvatuordecim.

Et Prætor qvidem non habet ullam juris dicundi potestatem, sed in criminalibus causis Ordinum nomine qvasi publicus qvidam est accusator, qvi adversus reos actiones apud scabinos instituit, penes qvos examinandorum accusationis capitum atqve dicundi juris est potestas. Prætori qvoqve nullum stipendium publicum est, qvicqvid nempe lucri reportat, id omne est ex multis pecuniariis qvæ reis qvibusdam indicuntur.

Senatus convocari non solet nisi ubi deligendi; ac creandi novi Consulis atqve Scabini: nec non ubi deliberandum de capitibus rerum in proximis Ordinum Comitiis proponendarum; qvicqvid nempe maxima pars Senatus statuerit, [110v] pro sententia totius illius civitatis in ipsis Comitiis exponitur atqve habetur.

Consules rei decernunt qvæ ad politiam civitatis pertinent, iiqve controversias omnes civium majores primi excipere solent, iisqve tanqvam arbiti sese interponere, aut ad eam rem qvodam alios è civium numero eligere.

Scabini omnes causæ rigidius examinant qvorum sententium si qvis se gravatum eorum censeat, ei liberum est appellare primum ad consessum judicum inferiore, qvem Curiam Hollandiæ nominant, inde ad consessum superiorem qvem supremum appellant, qviqve nec ibi satisfactum sibi putet, ad revisionem eiusdem senatus duplicato judicum numero; addita tamen temere litigantium pæna ad multam 40.fl in Curia, 75. in Supremo Senatus: 200 in revisione. In criminalibus a reo appellare non licet. Jus in usu est potissimum peculiare in provinicia natum, qvo tamen deficiente ad Ius Civile Romanum recurritur.

Cives omnes vel mercaturam exercent, vel artibus manuariijs vel piscationi vel rei nauticæ operam dant, vel tabernarij sunt &c. Ex Mercatoribus eminent Collegia Societatum Indiæ Orientalis, Indiæ Occidenta-

von denen, die mit Frankreich handeln, drei von denen, die mit der Ostsee handeln (*Uyt de Handelaers ob Osten*), einer von denen, die mit
Russland handeln, einer von denen, die Walfang betreiben (*Reers van de
Walvis-vangst*); einer von den Wolltuchhändlern, einer von den Seiden-
händlern, einer von den Korbflechtern, einer von den Seifensiedern, alle
26 mit einem Sekretär.

Dann gibt es wie anderswo einen Staatsanwalt, zur Zeit M. Lambert
Reynst.[326] Fünf Ersatzrichter, einen bezahlten Rat oder Syndicus,[327] 14
Sekretäre.[328] Der Staatsanwalt hat keine richterliche Gewalt in Kriminalsachen, er ist vielmehr bei Kriminalsachen öffentliche Ankläger, der vor
den Schöffen den Prozess gegen die Schuldigen einleitet. Diese haben
die Macht, die Anklage zu untersuchen und Recht zu sprechen. Der
Staatsanwalt bekommt kein keine Bezahlung von der öffentlichen Hand;
was immer er als Gewinn nach Hause trägt, kommt alles aus den Geld-
strafen, die den Angeklagten auferlegt werden.

Der Rat wird nur zusammengerufen, wenn man wählen muss, entweder neue Bürgermeister oder Schöffen, wie auch wenn über wichtige
Sachen, die die Provinzen betreffen, beraten werden muss. Der Rat beschließt nach der Mehrheit und [110v] diese Meinung gilt im Rat der
Provinzen als die Meinung der Stadt.

Die Bürgermeister entscheiden über das, was zum Gemeinwesen
der Stadt gehört; sie pflegen alle größeren Streitfälle der Bürger zuerst
anzuhören und dann entweder selbst als Schiedsrichter zu amten oder zu
dieser Sache andere aus der Zahl der Bürger zu wählen.

Die Schöffen untersuchen alle Fälle sehr streng, und wenn jemand
ihr Urteil zu streng findet, ist er frei zu appellieren, zuerst an das untere
Gericht, welches sie den Hof von Holland nennen und dann an ein über-
geordnetes Gericht, welches sie das Oberste nennen. Wenn er dann noch
immer nicht zufrieden ist, kann er um eine Revision vor dem Rat mit der
doppelten Anzahl Richter bitten. Für Kläger ohne Grund ist eine Strafe
von 40 Gulden beim Hof (von Holland), von 75 Gulden beim Oberrat
und 200 Gulden bei der Revision angesetzt. In Kriminalfällen ist es dem
Schuldigen nicht erlaubt zu appellieren. Das Recht ist jenes der jeweilig
angestammten Provinz, wenn dieses nicht ausreicht, wird auf das römische Recht zurückgegriffen.

Die Bürger sind entweder Kaufleute oder Handwerker oder Fischer
oder Seeleute oder Wirte usw. Unter den Kaufleuten sind die bemerkenswert die von der Ostindischen Kompagnie, von der Westindischen Kom-

lis (ad qvam etiam omnem tractum Africæ occidentalem referunt usqve ad caput Bonæ Spei:) Grondlandiæ; Maris Mediterranei: Balthici. Moscoviæ. Angliæ, Galliæ, Hispanicæ, Lusitaniæ etc. Vide de Societatibus Indiarum prolixè Commentarius de statu Confœderati Belgj cap. 25 & Zæsiu in Leone Belgico.

[111r] Amstelodamo tractilite scaphis Lugdunum abeuntibus ~~per~~ Harlemum prius intrandum esse: Urbs inter Hollandicas est primariis, ad lacum sita qvem Mare Harlemense vocant, fluvio spærno urbem interlabente, & versus aqvilonem alluente YO sinu. Ante urbem lucus est amænissimus; Intra eundem videre contigit.

(1.) Templum, qvod maximum, & foro spatîosissimo imminet, turri insigne, in qva organum. Nolare resonantissimum, duosqve campulæ, qvas Damiatæ huc ajunt apportatas à Flandris ad[151] expeditionem Saracenicam profectis; ex illis una disrupta est. In templo duæ navitulæ suspensæ sunt carinis servatis instructæ, qvasi dissecturæ catenas forreas inter duo propugnacula exstensas; eaqve omnia in memoriam expugnati sub Frid. Barbaross.[152] a Flandris Damiatæ sive Pelusii urbs Ægyptiacæ; cujus portum Saraceni catenis munierant, sed Flandri tali artificio catenis perfractis cepisse dicuntur; qvamvis de veritate historia apud viros graves adhuc sit controversia. vid. Boxhornij Theatrum Holland.

2. E regione templi domus ostenditur in qva habitasse dominus qvi primus inventor Alphabetus Typographiæ; de qvo inscriptio in fastigio domus enterior talis extat:

MEMORIÆ SACRVM
TYPOGRAPHIA
ARS ARTIUM OMNIUM CONSERVATRIX
HIC PRIMUM INVENTA
CIRCA An. CIƆ. CCCC XL.
Vana qvid archetypos & præla Moguntia jactas?
Harlemi archetypos prælaqve nata scias.

---

151 ad] über der Zeile eingefügt.
152 sub Frid. Barbaross.] am rechten Rand nachgetragen

pagnie (welche auch mit Westafrika bis zum Kap der Guten Hoffnung handeln), die grönländischen, die mittelmeerischen, baltischen, moskovitischen, englischen, französischen, spanischen, portugiesischen <Kaufleute> usw. Siehe über die Indische Kompagnie im Commentarius de statu Confœderati Belgj cap. 25329 & Zæsiu in Leone Belgico.[330]

Haarlem

[111r] Nachdem man Amsterdam genug angeschaut hat, verlässt man es per Schiff Richtung Leiden und kommt zuerst nach Haarlem. Dies ist unter den holländischen Städten eine der ersten, an einem See gelegen, den sie das Haarlemsche Meer nennen, der Fluss Spaarne fließt durch die Stadt und gegen Norden in den Meeresarm des IJ. Vor der Stadt ist ein sehr angenehmer Wald. In der Stadt gibt es folgendes zu sehen:

1.) Eine große Kirche, welche an einem sehr großen Marktplatz liegt, mit einem bedeutenden Turm und einem äußerst wohlklingenden Glockenspiel und zwei Glocken, welche angeblich von zwei Flandrischen Leuten, die im Sarazenenkrieg[331] waren, hergebracht wurden; von ihnen ist eine zerbrochen. In der Kirche sind zwei Schiffchen aufgehängt, deren Kiele unversehrt sind. Sie sollten die zwischen zwei Bollwerken ausgespannten eisernen Ketten gleichsam auseinanderschneiden. Das alles dient der Erinnerung an die Belagerung der ägyptischen Stadt Damiata oder Pelusium unter Friedrich Barbarossa durch die Flandrer. Den Hafen dieser Stadt hatten die Sarazenen mit Ketten gesichert, aber die Flandrer sollen ihn eingenommen haben, nachdem sie mit einem solchen Kunstwerk die Ketten getrennt hatten. Wieviel Wahres an der Geschichte ist, wird von ernsthaften Männern seither kontrovers diskutiert. Siehe Boxhorn, Theatrum von Holland.[332]

2. Gegenüber der Kirche wird ein Haus gezeigt, in dem der erste Erfinder des typographischen Alphabets333 gewohnt haben soll, darüber ist außen am Giebel folgende Inschrift angebracht:

MEMORIÆ SACRVM
TYPOGRAPHIA
ARS ARTIUM OMNIUM CONSERVATRIX
HIC PRIMUM INVENTA
CIRCA An. CIƆ. CCCC XL.
Vana quid archetypos & prœla Moguntia jactas?
Harlemi archetypos prælaque nata scias.
Extulit hic, monstrante deo, Laurentius artem
Dissimulare virum hunc dissimulare deum est.
P.S.[334]

Extulit hic, monstrante Deo, Laurentius artem
Dissimulare virum hunc dissimulare Deum est.
P.S.

[111v] Testimonia pro veritate huius rei Scriverius citad. sqq:

Wie wait die kunst is vonden tzo Mentz, op die Wyse als dan nu gemeynlich gebruycht wirt, so is doch die erste vuyrbyldung vonden in Hollant uyss den Donaten die dae selffst vur der teÿt (a. 1440) gedruckt syn. Anonymus Autor Chronici Coloniensis ann. 1499. Impressus est hic Donatus etc. primum omnium a. 1450. Admonitus certe fuit Joannes Faust civis Moguntinus, qvi primus exercitavit artum typis æreis, ex Donato Hollandiæ prius impresso in tabula incisa. Mariangelus Accursius Italus.

3. In aula Principio, ubi nempe Gubernator Provinciæ divertere solet si Harlemum accedat picturæ qvædam omnes tinctus[153] elegantissimæ ab Heemskerkio factæ; nempe: historia Lapsus, Convivium Deorum, Lucas Evangelista Mariam pingens, adstante Heemskerki, Maria Magdalena, Prometheus monti affixus,[154] Triumphus qvoqve Principis Auriaci Wilhelmi; Infanticidium Herodis & aliæ, Præ cæteris memorabile ibi est epitaphium qvod est in tabula ænea tale:

~~Leser~~ Hie lyt begraven Leser
Den ouden[155] Dirkh Jansen Bleser
Hondert en eilf jaer ~~war hy oudt,~~
war hy oudt na syn verklaer.
Da hy erst sol trouw
die echte houwelike vrouw   („22. annos")
de Pater die seght en bout
Dirich ghy syt veet t'out
Und den war es alto laet
to voldoen den echten staet
Hy set sprach ~~sether sy~~ set ter zyt
Di hondert jaeren vry
[112r] Een die elf alleen behoud
Zo en bin ick nit te oudt
Die houwelik is aldus volbracht
Mit liefden zonder klacht
So hebdten geleft dise twee

---

153 omnes tinctus] unsichere Lesung.
154 Prometheus monti affixus] am linken Rand eingefügt.
155 Den ouden] recte De oude

[111v] Zum Zeugnis der Wahrheit dieser Angabe zitiert Scriverius das folgende:[335]

Wie wait die kunst is vonden tzo Mentz, op die Wyse als dan nu gemeynlich gebruycht wirt, so is doch die erste vuyrbyldung von den in Hollant uyss den Donaten die dae selffsst vur der teÿt (a. 1440) gedruckt syn. Anonymus Autor Chronici Coloniensis ann. 1499.[336] Impressus est hic Donatus etc. primum omnium a. 1450. Admonitus certe fuit Joannes Faust civis Moguntinus, qui primus exergitavit artum typis æreis, ex Donato Hollandiæ prius impresso in tabula incisa. Mariangelus Accursius Italus.[337]

3. Im Prinzenhof, wo sich der Gouverneur der Provinz gewöhnlich aufhält, wenn er nach Haarlem kommt, befinden sich Bilder, die alle mit geschmackvoller Farbgebung von Heemskerk[338] gemalt sind, nämlich der Sündenfall, das Festmahl der Götter, Lukas, der Evangelist Maria malend, von den Assistenten von Heemskerk: Maria Magdalena, Prometheus an den Felsen gefesselt, der Triumph des Prinzen Wilhelm von Oranien,[339] der Kindermord des Herodes und andere. Unter anderem ist das folgende Epitaph auf einer metallenen Tafel bemerkenswert:

Leser Hie lyt begraven Leser
Den ouden Dirkh Jansen Bleser
Hondert en eilf jaer war hy oudt,
war hy oudt na syn verklaer.
Da hy erst sol trouw
die echte houwelike vrouw   („22. annos")
de Pater die seght en bout
Dirich[340] ghy syt veet t'out
Und den war es alto laet
to voldoen den echten staet
Hy set sprach sether sy set ter zyt
Di hondert jaeren vry
[112r] Een die elf alleen behoud
Zo en bin ick nit te oudt
Die houwelik is aldus volbracht
Mit liefden zonder klacht
So hebdten geleft dise twee
Twintigs jaer met vree
Een toister gewonnen
Geestelyk gestorven eener Nonnen[.][341]

Twintigs jaer met vree
Een toister gewonnen
Geestelyk gestorven eener Nonnen[.]

4. In Horto Medico qvi aulæ huic proxima adjacent, varia genera plantarum rarissimarum reperiuntur, cum duabus statuis... In porticu eleganti depicta est historia InventionisTypographiæ cum Inscriptione

M. S.
VIRO
CONSULARI
LAURENTIO
COSTERO
HAARLEMENSI
ALTERI CADMO
ET ARTIS
TYPOGRAPHICAE
CIRCA
ANNUM DOMINI   M CCCC XXXX.
INVENTORI
PRIMO

Parieti huius porticus insortum est speculum maximum cancellis ferreis perimunitum, in qva totius horti facies columnarumqve figura[156] eleganter apparet; adeo ut spectator per fenestram apertam in alium hortum prospicere sibi imaginetur.

5. Curia qvoqve sat elegans est, ibiqve in oleo depicti sunt Comites Hollandia omnes xxx ajectis ad singulos carminibus antiqvis.

[112v] Non procul Harlemo in medio Collium arenareorum (*Dünen*) extructa est domus elegantissima qvam nunc Marsilius qvidam possidet, mercator ditissimus. Arca qvadrata est ex qva arena omnis effossa est, in hac sub ingressum ab uno latere eqvile est, ab altero domus egregia pro rustico aliqvo. Mox Ædificium aliud occurrit, in cuius una parte hyemarium est pro conservandis plantis exoticis & avibus præ frigoræ, altera pars tabulam habet pilarem (truktaffel). Ad dextram hortus est elegantissimus in qvo duo vivaria, & qvatuor statuæ arboresqve nanæ præsertim copiosæ & ordinatissimæ: ad sinistram vivarium magnum affoditur; Cvi[157] Directi perrecturus est[158], arcam intrat qvadratam lateribus stratam cui domus imminet qvam ne Rex qvidem fastidiat. Illa qvadrata

---

156 figura] über der Zeile eingefügt.
157 Cvi] über der Zeile eingefügt.
158 est] über der Zeile eingefügt.

4. Im Arzneigarten, der nahe beim Prinzenhof ist, gibt es verschiedene Arten von seltenen Pflanzen mit zwei Statuen. In der eleganten Galerie ist die Geschichte der Erfindung der Druckkunst auf folgender Inschrift dargestellt.

M. S.
VIRO
CONSULARI
LAURENTIO
COSTERO
HAARLEMENSI
ALTERI CADMO
ET ARTIS
TYPOGRAPHICAE
CIRCA
ANNUM DOMINI M CCCC XXXX.
INVENTORI
PRIMO

An der Wand dieser Galerie ist ein sehr großer Spiegel angebracht ringsherum mit einem eisernen Gitter geschützt, in diesem erscheint der Anblick des ganzen Gartens und der Galerie als schönes Bild. Es ist wie wenn der Betrachter durch ein Fenster in einen andern Garten sähe.

5. Das Rathaus ist ziemlich schön, in welchem alle Grafen von Holland in Öl gemalt sind mit jeweils einem alten Gedicht.

[112v] Nicht weit von Haarlem inmitten der Sand-Hügel (Dünen) wurde ein Haus von großem künstlerischem Wert gebaut, welches nun ein gewisser Marsilius, ein sehr reicher Kaufmann, besitzt.[342] Es handelt sich um einen quadratischen Platz, von dem der Sand entfernt wurde. Unter dem Eingang befindet sich auf der einen Seite der Pferdestall, auf der anderen Seite ein Haus für irgendeinen Bauern. Gleich daneben befindet sich ein anderes Gebäude, in welchem es ein Wintersaal gibt, um die exotischen Pflanzen und die Vögel vor der Kälte zu bewahren, während ein anderer Teil des Gebäudes einen Billardtisch (truktaffel) beherbergt. Rechts hat es einen sehr schönen Garten, in welchem es zwei Vivarien und vier Statuen sowie eine große Anzahl von Zwergbäumen in gutem Zustand gibt; links ist ein großes Vivarium in den Boden eingelassen. Wenn man geradeaus weitergeht, betritt man einen quadratischen Platz, der seitlich gepflastert ist und auf dem sich ein Haus erhebt, das

simul est in medio cavædium habens, ex qvo lumen subintrat in porticum qvadratam, per qvam ingressus patet in conclavia. Atrium pulcherrimum est marmore griseo stratu, inqve illo arma qvædam reposita sunt, qvibus ex adverso respondent picturæ armaturæ antiqvioris. Ad dextram atrii camera est corio deaurato exornata, cuius laqvear picturas habet avum varias, inqve media tabula crepidinem exhibet et in[159] qva despicere videntur canes pueri, & fæmina caristru in capita gestans, etc. Lectus instructus est castynis de[160] holoserico cæruteo. Camino marmoreo tabula picta imposita est marina qvædam exhibens. Ad sinistra simile est concalve, nisi qvod color holoserici, circa lectum sit viridis; & picturæ variant; In latere Occidentali cubiculum etenim est cum lecto pannis damascenis ornato, cuius portæ interius impositum est caput Julii Caesaris æneum basi marmoreæ insistens; atqve in [113r] hic pavimentum ex asseribus saltem coagmentatum est. Mox cænaculum seqvitur, in qvo effigies extant Regis Daniæ aliæqve: nec non Scrinium artificosum. A septentrione culina est ornatissum max repositorium Peorcellanorum, qvorum copia & pretium admiranda; tandemqve Pinacotheca pictoris asservandi dedicata, qvarum artificio & varietate oculi spectantium velut fascino perstringuntur. Totum latus orientale Oecus occupat antis ~~perpetuia~~ ornatus talisqve pictis per parietes, camino columnæ præpositæ sunt altitudine antarum; mensæ sellæqve pannis aureis tectæ sunt. Ad Aqvilonem huius domus viridarium est muro cinctu, in cuius parietibus dispositæ sunt per loculamento statuæ duodecim. In medio fons est artificiosus cui Neptuni insistit figura ænea undivoma, circaqve hunc colunt delphinus, cancer, armadilla, Jguana, cocodilus, psittacus & testudo ænea omnia, undîvoma totidem trasibus lapidis imposita, totum hanc structuram fossa cingit.

Iter Amsteldama Harlemum trium fermè horarum est, & inde Lugdunum, qvatuor horis opus est.

---

159   et in] verschrieben, unsichere Lesung.
160   d] über der Zeile eingefügt.

auch König nicht verschmähen würde. Das Haus ist auch quadratisch und besitzt im Zentrum einen Innenhof, von wo aus das Licht in die viereckige Galerie eindringt, von der aus man die Zimmer des Hauses betritt. Das schöne Atrium ist mit grauem Marmor bedeckt, auf welchem Waffen dargestellt sind, denen auf der andern Seite Abbildungen alter Rüstungen entsprechen. Rechts vom Atrium hat es einen mit goldenem Leder ausgekleideten Raum, auf dessen getäfelter Decke Gemälde mit verschiedenen Vögeln angebracht sind. In der Mitte hat es einen Tisch mit Sockel, auf dem Hunde und Kinder und eine Frau, die einen Korb auf dem Kopf trägt, dargestellt sind. Es gibt ein Bett, welches ganz mit Tüchern von hellblauer Seide überzogen ist.[343] Auf dem Kamin aus Marmor gibt es ein Bild mit einer Meeresszene. Links gibt es ein ähnliches Zimmer, außer dass die Farbe um das Bett grün ist und die Gemälde verschieden. Auf der Westseite befindet sich nochmals ein Zimmer mit einem Bett mit Damast geschmückt, auf dessen Türe steht auf der Innenseite das Haupt von Julius Cäsar aus Bronze auf einem Marmorsockel. Und hier [113r] besteht der Fußboden aus zusammengestellten Holzbohlen. Jetzt kommt man gleich in das Esszimmer, wo die Bildnisse von dänischen Königen zu bewundern sind: außerdem gibt es einen kunstvollen Schrein. Nach Norden hin gibt es in der Küche einen großen Vorrat von wundervollem Porzellan, dessen Reichhaltigkeit und Wert bewundernswert sind, ferner ist da eine Pinakothek (ein Bilderzimmer), um Gemälde aufzubewahren, die durch ihre Kunst und Vielfalt die Augen des Betrachters wie ein Zauberwerk fesseln. Die ganze Ostseite beansprucht ein Saal, der ist mit Pfeilern geschmückt, die auf die Wände gemalt sind. Dem Kamin sind Säulen vorgesetzt in der Höhe der Pfeiler. Die Tische und Stühle sind mit goldgewirkten Tüchern bedeckt. Auf der Nordostseite des Hauses ist ein mit einer Mauer umgebener Park, an der zwölf Statuen in Nischen aufgestellt sind. In der Mitte ist ein kunstvoller Brunnen, auf dem sich die wasserspeiende bronzene Figur des Neptuns erhebt. Rundherum dienen ihrem Gott Delphin, Krebs, Gürteltier, Leguan, Krokodil, Papagei, Schildkröte, alles aus Bronze. Sie speien Wasser und sitzen auf der Steinbrüstung. Das Ganze umgibt ein Graben.

Leiden
Der Weg von Amsterdam nach Haarlem beträgt ungefähr drei Stunden und bis nach Leiden vier Stunden.

Lugdunum est urbs Hollandiæ primaria, magna & munita, qvam interlabitur Rhenus qvem antiqvum dicunt propterea qvod olim hoc cornu
Catwici in Oceanum sese exonerarit, qvod tamen jam[161] arenis plane obstructum est. Cumqve Lugdunenses antiqvam viam rursus aperire voluissent fossa facta usqve ad littora, cessare tamen coacti sunt sive ob navales, sive ob politicas rationes, unde fossam hodieqve vocant 't malle
gat, i. e. foramen stultum. Cæterum Lugdunum etiam Marra rigatur, qvæ
Harlemo huc defluit. Plateæ omnes ferè[162] longissimæ sunt, ac purissimæ
fossis plerumqve per medias ductis, qvarum ripæ arboribus consitæ.

[113v] Forum nullum sat spatiosum est. Templa sunt D. Petri, Div.
Pancratii, & Novum , ubi Hollandico, Gallicu & Xendochium[163] ubi Gallico, Germanicum ubi Germanico idiomate sacra fiunt; præterqve ista
Lutheranis concessum est templum, Mennonitisqve duo, qvorum unum
stercorariorum, (dreikroagen?) alterum Reptorum (bancken kruxen) dicitur. Angli qvorum templum habent. In Templo Divi Petri Epitaphia sunt
Ludolfi Colonii cum inscripta proportione inter circuli diametrum eiusqve peripheriam: Item

RAPHE
LENGIO
RUM.

Item Francisci Junij: cuius inscriptio:
OCtobris ter sena DIes et qVIna refVLget
    senaqVe LeyDensi bIs sonat hora soLo
orbIs VbI tItan franCIsCVs IVnIVs atra
taCtVs peste, æthræ regna beata petIt.

Item: Heurnij:
HIC. SITVS. EST. VIR. CELEBERR. D.D. IOANNES. HEVRNIVS. IN. ACADE
MIA LEIDENSI. PRIMARIVS MEDICINÆ. PROFESSOR PER ANNOS. XX. ET.
IN. EADEM. VI. RECTOR MAGNIF. MAGNÆ. PRUDENTIÆ.·SUMMÆ. IN.
DOCENDO. ET. SCRIBENDO.·VENUSTATIS. AC . CELEBRITATIS. VITA. LA
VDABILI. TRANSACTA. OBIIT. XI AUG. AN. CIↃ. IↃC. I. VIXIT. ANNOS LVIII.
Heurnius. Hippocratis. Genius. hac conditur urna
Cui. non. inveniet. terra. Batava. parem.

---

161 jam] über Zeile eingefügt.
162 ferè] über der Zeile eingefügt.
163 & Xenodochium] über der Zeile eingefügt

Leiden ist eine Stadt ersten Ranges von Holland, groß und befestigt, welche der Rhein, den sie den alten nennen, durchfließt; er ergoss sich einst beim Horn von Katwijk in das Meer, was jetzt durch den Sand ganz verstopft ist. Da die Leidener die alte Straße wieder öffnen wollten, haben sie einen Graben bis zur Küste gemacht. Sie haben aber davon ablassen müssen, sei es auch Gründen der Schifffahrt oder der Politik, weswegen sie den Graben nun 't malle gat, das heißt dummes Loch nennen. Ferner bewässert die Marra, welche gegen Haarlem abfließt, Leiden. Alle Straßen sind in der Regel lang und sehr sauber und meistens in der Mitte mit Grachten durchzogen, deren Ufer mit Bäumen bepflanzt sind.

[113v] Es gibt keinen großen Marktplatz. Die Kirchen sind: Sankt Peter, Sankt Pankraz und die Neue Kirche, wo Holländisch und Französisch gepredigt wird, und die Pilgerhospizkirche,[344] wo Französisch, die deutsche Kirche, wo Deutsch gepredigt wird. Ferner wurde den Lutheranern eine Kirche gestattet und den Mennoniten zwei, deren eine sie stercorariorum, (dreikwagten), die andere Reptorum (bancken kruxen) nennen.[345] Die Engländer haben auch eine Kirche. In der St. Peters Kirche gibt es ein Epitaph für Ludolf Colonius, auf der die Zahl der Proportion zwischen dem Kreis und seinem Durchmesser eingetragen ist.[346]

RAPHE
LENGIO
RUM.

Ebenso von Franziskus Junius mit dieser Inschrift:
OCtobris ter sena DIes et qVIna refVLget
senaqVe LeyDensi bIs sonat hora soLo
orbIs VbI tItan franCIsCVs IVnIVs atra
taCtVs peste, æthræ regna beata petIt.[347]

Ebenso für Heurnius:[348]
HIC. SITVS. EST. VIR. CELEBERR. D.D. IOANNES. HEVRNIVS. IN. ACADE-
MIA LEIDENSI. PRIMARIVS MEDICINÆ. PROFESSOR PER ANNOS. XX. ET.
IN. EADEM. VI. RECTOR MAGNIF. MAGNÆ. PRUDENTIÆ.·SUMMÆ. IN.
DOCENDO. ET. SCRIBENDO.·VENUSTATIS. AC . CELEBRITATIS. VITA. LA-
VDABILI. TRANSACTA. OBIIT. XI AUG. AN. CIƆ. IƆC. I. VIXIT. ANNOS LVIII.
Heurnius. Hippocratis. Genius. hac conditur urna
Cui. non. inveniet. terra. Batava. parem.

Flete. o. Pæonides. &. crines. solvite. Musæ.
Occidit. heu. vester. famaqve. solqve. chori.
Verdoesius. Med. posuit.

Item Bontij.

D.O.M.
ET.
Memoriæ. D.D GERARDI BONTI. viri. cum. omnium. disciplinarum. tum. præci-
pue, utriusqve. Medicinæ. laudib. ornatiss. [114r] qvi in florentiss., Batt. Academia.
Primarius. Medicinæ. Professor. magna. famæ. celebritate. totis 24. annis. pupl. do-
cuit. idemqve Rector. Magnif. Rectoratu. simul. cum vita. defunctus. est. XV. VI-
Ibris In CIↃ. IↃ IC. VIX. an. LXXII m. VI. D. XI. CON. ET. LIB. M. P.[164]

Item: Holmanni:

Deo Max. et memoriæ. Joh. Holmanni. Secundi. Theologi & Professoris vita. doctrinaqve laudati. Beke. ab. Edenbuttels uxor. heu. molesta posuit. vixit annos LXIII.
abiit. an. adsertæ salutis oo D. LXXXVI. VII. CAL IAN. huic juncta tabula membranacea, cum Carminibus in encominium defuncti.[165]

Item: Erpenii:

THOMÆ ERPENIO
Viro in omne genere literarum eximio, orientalis linguarum, peritissimo, earundemqve[166] in alma Batavorum Academia Professori longè præstantissimo, Librisqve suis
& Arabicis typis, claro, vitæ integritate, pietate, probitate, modestia morumqve suavitate insigni. ANN. CIↃ IↃ LXXIV. III. Eidus Septemb. Gorcomij in Batavis bono
egregii publici nato, eiusqve incomparabili damno Lugduni Batavorum in flore
(heu !) denato An. CIↃ IↃC XXIV.

Jacoba Buyesia Ampliss. & integerrimi Hollandicæ curiæ Senatoris
Buyesij Monachodamensis Icti Filia, optimo & bene merenti conjugi,
cum qva octennium sine qverela vixit, trium ex eo liberorum[167] parens,
contra votum moestissima posuit. Vale. vale dulcissime. sit tibi terra levis. Homo bulla, ruit hora.   In saxo: Thomas Erpenius heic fidelium resurrectionem expectat.[168]

---

164 Gemäß der Wiedergabe bei Hegenitius (S. 116) ist das Original der Grabschrift in
     Majuskeln.
165 Gemäß der Wiedergabe bei Hegenitius (S. 122) ist das Original der Grabschrift in
     Majuskeln.
166 Hegenitius hat earumdenqve.
167 Hegenitius hat liberum.
168 Gemäß der Wiedergabe bei Hegenitius (S. 123f.) ist das Original der Grabschrift in
     Majuskeln.

Flete. o. Pæonides. &. crines. solvite. Musæ.
Occidit. heu. vester. famaqve. solqve. chori.
Verdoesius. Med. posuit.

Ebenso für Bontius:[349]

D.O.M.
ET.
Memoriæ. D.D GERARDI BONTI. viri. cum. omnium. disciplinarum. tum. præcipue, utriusqve. Medicinæ. laudib. ornatiss. [114r] qvi in florentiss., Batt. Academia. Primarius. Medicinæ. Professor. magna. famæ. celebritate. totis 24. annis. pupl. docuit. idemqve Rector. Magnif. Rectoratu. simul. cum vita. defunctus. est. XV. VI-Ibris In CIƆ. IƆ IC. VIX. an. LXXII m. VI. D. XI. CON. ET. LIB. M. P.

Ebenso für Holmann:[350]

Holmanni: Deo Max. et memoriæ. Joh. Holmanni. Secundi. Theologi & Professoris vita. doctrinaqve laudati. Beke. ab. Edenbuttels uxor. heu. molesta posuit. vixit annos LXIII. abiit. an. adsertæ salutis oo D. LXXX-VI. VII. CAL IAN. huic juncta tabula membranacea, cum Carminibus in encominium defuncti.[351]

Ebenso für Erpenius: [352]

THOMÆ ERPENIO
Viro in omne genere literarum eximio, orientalis linguarum, peritissimo, earundemqve in alma Batavorum Academia Professori longè præstantissimo, Librisqve suis & Arabicis typis, claro, vitæ integritate, pietate, probitate, modestia morumqve suavitate insigni. ANN. CIƆ IƆ LXXIV. III. Eidus Septemb. Gorcomij in Batavis bono egregii publici nato, eiusqve incomparabili damno Lugduni Batavorum in flore (heu !) denato An. CIƆ IƆC XXIV.

Jacoba Buyesia Ampliss. & integerrimi Hollandicæ curiæ Senatoris Buyesij Monachodamensis Icti Filia, optimo & bene merenti conjugi, cum qva octennium sine qverela vixit, trium ex eo liberorum parens, contra votum moestissima posuit. Vale. vale dulcissime. sit tibi terra levis. Homo bulla, ruit hora. In saxo: Thomas Erpenius heic fidelium resurrectionem expectat.[353]

Item: Dodonæi: D. O. M. Remberto Dodonæo Machlin. D. Maximiliani
II. & Rudolphi II. Imp. medico & consiliario, cuius in re astronom. herb.
medic. eruditio scriptis inclaruit, qvi jam senex in Academia Lugdunensi
apud Batavos publicus medicinae professor feliciter [114v] obiit An. CIƆ
IƆ LXXV. AD. VI. Idus Mart. Ætatis suæ LXVIII. Rembertus Dodonæus
Fil. M. P.

Item Polyandrorum Patris & Filij: Item Thysij Theologi: Anthonius Thysius Sacræ Theol. Doct. & in hac Lugduno-Batava Academia professor
ordinarius, beatam resurectionem Christianorum spem hic expectat. obiit die 7. Novembris Aº Domini CIƆ IƆC XL. Annos natus 75. & m. 3.

In templo D. Pancratii, qvod vocant de Hoghlandse Kerk Epitaphium est
pulcherrimum Werdenhagii, Consuls, qvi in obsidione tumultuantibus ob
famen civibus[169] suum obtulit corpus. In utroqve organa sunt musica.

In templo Gallico Epitaphium Scaligeri est hoc:
DEO
OPT. MAX.
SACRVM
ET.
AETERNAE. MEMORIAE. IOSEPHI. IUSTI. SCALIGERI. IVL. CAES. A. BVR-
DEN. F. PRINCIUVM. VERONENSIVM. NEPOTIS. VIRI. QVI. INVICTO. ANI-
MO. UNA. CUM. PARENTE. HEROE. MAXIMO. CONTRA. FORTVNAM.
ADSVRGENS. AC. IVS. SUVM SIBI. PERSEQVENS. IMPERIVM. MAIORI-
BUS EREPTVM. INGENIO. EXCELSO. LABORE. INDEFESSO. ERVDITIONE
INVSITATA. IN LITERARIA. REPVB. QVASI. FATALITER. RECVPERAVIT.
SED. PRAESERTIM. EIUVSDEM MODESTIAE. QVOD SIBI FIERI. VETUIT.
IIDEM. QVI. IN. VRBEM. HANC VOCARVNT. CVRATORES. ACADEMIAE.
AC. VRB. COSS. HOC. IN. LOCO. MONVMENTVM. P. E. L. C. IPSE SIBI.
AETERNVM. IN. ANIMIS HOMINUM. RELIQVIT.
Ipse lapide suo inscribe jussit:
JOSEPHVS IVSTVS SCALIGER
IVL. CÆS. FIL
HIC EXPECTO RESVRRECTIONEM

[115r] infra: Terra hæc ab Ecclesia emta est, nemiini cadaver huc inferre
licet.

Clusii Epitaphium ibidem tale est:

169　civibus ob famen] Hs., durch Ziffern umgestellt.

Ebenso für Dodoens:[354]

Dodonæi: D. O. M. Remberto Dodonæo Machlin. D. Maximiliani II. & Rudolphi II. Imp. medico & consiliario, cuius in re astronom. herb. medic. eruditio scriptis inclaruit, qvi jam senex in Academia Lugdunensi apud Batavos publicus medicinae professor feliciter [114v] obiit An. CIƆ IƆ LXXV. AD. VI. Idus Mart. Ætatis suæ LXVIII. Rembertus Dodonæus Fil. M. P.

Ebenso für: Polyandrorum Patris & Filij:[355]
Ebenso für den Theologen Antonius Thysius:[356]

Anthonius Thysius Sacra Theol. Doct. & in hac Lugduno Batava Academia professor ordinarius, beatam resurectionem christianorum spem hic expectat. obit die 7. Novembris Ao Domini CIƆ IƆC XL. Annos natus 75. & m. 3.

In der Pankratius-Kirche,[357] die sie die Hoghlandse Kerk nennen gibt es ein sehr schönes Epitaphium für den Bürgermeister van der Werf,[358] der bei der Belagerung angesichts des Hungers seinen Körper zur Speise hingab. In beiden gibt es Orgeln.[359]

In der Französischen Kirche lautet das Epitaphium von Scaliger[360] so:

DEO
OPT. MAX.
SACRVM
ET.
AETERNAE. MEMORIAE. IOSEPHI. IUSTI. SCALIGERI. IVL. CAES. A. BVRDEN. F. PRINCIUVM. VERONENSIVM. NEPOTIS. VIRI. QVI. INVICTO. ANIMO. UNA. CUM. PARENTE. HEROE. MAXIMO. CONTRA. FORTVNAM. ADSVRGENS. AC. IVS. SUVM SIBI. PERSEQVENS. IMPERIVM. MAIORIBUS EREPTVM. INGENIO. EXCELSO. LABORE. INDEFESSO. ERVDITIONE INVSITATA. IN LITERARIA. REPVB. QVASI. FATALITER. RECVPERAVIT. SED. PRAESERTIM. EIUVSDEM MODESTIAE. QVOD SIBI FIERI. VETUIT. IIDEM. QVI. IN. VRBEM. HANC VOCARVNT. CVRATORES. ACADEMIAE. AC. VRB. COSS. HOC. IN. LOCO. MONVMENTVM. P. E. L. C. IPSE SIBI. AETERNVM. IN. ANIMIS HOMINUM. RELIQVIT.
Auf demselben Stein steht:
JOSEPHVS IVSTVS SCALIGER
IVL. CÆS. FIL
HIC EXPECTO RESVRRECTIONEM

[115r] darunter: Terra hæc ab Ecclesia emta est, nemiini cadaver huc inferre licet.[361]

Das Epitaphium von Clusius[362] ebenda lautet so:

BONÆ MEMORIÆ
CAROLI CLUSII ATREBATIS
POS.
QVI OB NOMINIS CELEBRITATEM. PROBITATE. ERVDITIONE TVM REI
INPRIMIS HERBARIÆ ILLVSTRATIONE PARTAM, INTER AVLAE CAES.
FAMILIARES ALLECTVS, ET POST VARIAS PEREGRINATIONES A NOBB.
DEMUM ET AMPLISS. D. D. CURR. ET COSS. IN HANC VRBEM CONDECO-
RANDAE ACADEMIAE EVOCATVS ET STIPENDIO PVBLICO PER ANNOS.
XVI. HONORATVS XXCIV Æ S. ANNVM INGRESSVS OBIIT CAELEOS IV.
APR. M.DC.IX.

Curia est sat elegans cum turri, qvæ organo publico (non qvidem optimæ
notæ) instructa est; supra ingressum hi leguntur versiculi:

Th ryc van Spangien hem verblyde
Jn't beleggen als zi zagen
Met gedult wi dragen 't liden.
Zoo veel Letters zoo veel dagen.
Nae zVVarte HVngers noot
gebraCht hat tod de Toot
BInaest zes dVIsent MensChen
aLst Got den Heer Verdroot
gaf hI Vns VVeder broot
Zo VeeL VVI CVnsten VVensChen.
Zoekt en Vint 't jaer van lyden zwaer
Dat niet en war te herden
De heere maer vrid uns darnaer
der tiender maend den derden.

Supra portam alteram alij extant versiculi. In conclavibus picturæ
qvædam sunt elegantissmæ præsertim resurrectio Lucæ Leydensis in ob-
sidio urbis acu picta.

[115v] Castrum qvod vocant *de borgh* est structura rotunda antiqvissima in monte sive colle potius arte congesto; extructa originem eius alij
ad Juliu Cæs. alij ad Hengistum referunt, suos diu habuit Comites, sive
Bruggravios, donec â Senatu Lugdunensi xxxxxxxx emta est. Interius
Labyrinthus nunc est, & puteus profundissimus, in qvo obsidionis tempore captus est piscis ex passerum genere, qvod But appellant.

Academiæ Auditoria sunt qvatuor. Supra portam interiorem hæc
extant in lapide

BONAE MEMORIAE
CAROLI CLUSII ATREBATIS
POS. QUI OB NOMINIS CELEBRITATEM. PROBITATE. ERVDITIONE TVM
REI INPRIMIS HERBARIAR ILLVSTRATORE PARTAM, INTER AVLAE
CAES. FAMILIARES ALLECTVS, ET POST VARUAD PEREGRINATIONES A
NOBB. DEMUM ET AMPLISS. D. D. CURR. ET COSS. IN HANC VRBEM
CONDECORANDAE ACADEMIAE EVOCARVS ET STIPENDIO PVBLICO
PER AOS. XVI. HONORATVS XXCIV Æ S. ANNVM INGRESSVS OBIIT CAE-
LEVS IV. APR. M.DC.IX.

Das Rathaus ist ein ziemlich schönes Gebäude mit einem Turm und einem Glockenspiel (welches nicht sehr bekannt ist). Über dem Eingang kann man diese Verse lesen:

> Th ryc van Spangien hem verblyde
> Jn't beleggen als zi zagen
> Met gedult wi dragen 't liden.
> Zoo veel Letters zoo veel dagen.
> Nae zVVarte HVngers noot[363]
> gebraCht hat tod de Toot
> BInaest zes dVIsent MensChen
> aLst Got den Heer Verdroot
> gaf hI Vns VVeder broot
> Zo VeeL VVI CVnsten VVensChen.
> Zoekt en Vint 't jaer van lyden zwaer
> Dat niet en war te herden
> De heere maer vrid uns darnaer
> der tiender maend den derden.

Über der anderen Türe gibt es weitere Verse. In der Kammer hat es sehr schöne Bilder, vor allem eine Auferstehung von Lucas von Leyden, die während der Belagerung der Stadt mit einem Stift gezeichnet wurde.[364]

[115v] Die Festung, die sie de borgh nennen ist ein rundes Gebäude auf einem Berg bzw. eher einem künstlich angehäuften Hügel. Der Ursprung wird von den einen Julius Cäsar, von den andern Hengist[365] zugeschrieben. Es wohnten da Grafen oder Burggrafen, bis der Rat von Leiden sie erwarb. Im Innern gibt es jetzt ein Labyrinth (einen Irrgarten) und einen sehr tiefen Brunnen, in welchem zur Zeit der Belagerung ein Fisch gefangen wurde aus der Art jener Plattfische, welche sie Butt nennen.

Es gibt vier Auditorien der Universität. Über der inneren Pforte steht folgendes in Stein gemeißelt:

MEMORIAE POSTERITATIS
ÆDEM. ISTAM IN. QVVAM. ANNO CIↃ IↃ LXXXI. CVRATORES. ACADEMI-
AE. ET COSS. HVIVS. VRBIS. PVBLICAS. ACROASES. TRANSFERRI.
VOLVERVNT. QVAMQVE. VERAE. SAPIENTIAE. ET. LIBERALIBVS.
DOCENTIVM. AC. DISCENTIVM. EXERCITIIS. ATQVE. HONORIBUS. DE-
DICARVNT. POSTQVAM EXORTA REPENTÆ FLAMMAE. VIOLENTIA. III.
EID. NOVEMB. ANNO CIↃ IↃC XVI. TECTVM. EIVS. TRABEIS. CATHED-
RAS. SVBSELLIAQVE. FOEDE. ABSVMISSET. EAM. EX. DECRETO. ILL.
AC. PRAEPOT. HOLLANDIAE. ET. WESTSTFR. ORDINVM. IN. HVNC.
MODVM. MAGNIFICE. RESTAVRATAM. PVBLICIS. DIVINARRVM. ATQVE.
HUMANARVM. RERVM. DISCIPLINIS. CONSERCRARVNT.
ADRIANVS. A. MATENES. DOMINVS. IN. MATENES. OPMEER. &c.
CORNELIVS. VAN. DER. MYLE. DOMINVS IN MYLE. DVBBELDAM. &c.
ACAD. CURATORES.

In turricula harum ædium Observatorium adornatum est cum qvadrante altitudinis, cuius radius 8. pedes; atqve tecto versatili. infra hoc camera obscura est.

Proximus est hortus medicus totius Belgj celeberrimus, cuius inscription:

VSVI ORNAMENTO
ACADEMIAE
[116r] CVRATT. ET COSS. IVSSU
STRVCTVM OPUS:
ANNO A NATO CHRISTO
CIↃ. IↃC

Leges horti publice inscriptæ sunt hoc:

1. Statuta à præfecto hora hortum ingredi fas esto; examine finito, egreditur.

2. Ingressis, stirpes videre licet, odorari licet, tenellas, succrescenterve tractare, lædereve non licet.

3. Ramos, flores, semina decerpere: scapos confringere: bulbos radicesve evellere: hortum injuria afficere, nefas est.

4. Pulvillos areolasve, ne conculcato, transilitove.

5. Nihil invito Præfecto attentato.

Plantæ, stirpes & arbores horti peculiari catalogo descriptæ extant.

In Cryptoporticu asservantur rariora & exotica seqventia.

1. Aqvilarum duarum exuviæ.

2. Juglans Canadiensis

MEMORIAE POSTERITATIS
ÆDEM. ISTAM IN. QVVAM. ANNO CIƆ IƆ LXXXI. CVRATORES. ACADEMI-
AE. ET COSS. HVIVS. VRBIS. PVBLICAS. ACROASES. TRANSFERRI.
VOLVERVNT. QVAMQVE. VERAE. SAPIENTIAE. ET. LIBERALIBVS.
DOCENTIVM. AC. DISCENTIVM. EXERCITIIS. ATQVE. HONORIBUS. DE-
DICARVNT. POSTQVAM EXORTA REPENTÆ FLAMMAE. VIOLENTIA. III.
EID. NOVEMB. ANNO CIƆ IƆC XVI. TECTVM. EIVS. TRABEIS. CATHED-
RAS. SVBSELLIAQVE. FOEDE. ABSVMISSET. EAM. EX. DECRETO. ILL.
AC. PRAEPOT. HOLLANDIAE. ET. WESTSTFR. ORDINVM. IN. HVNC.
MODVM. MAGNIFICE. RESTAVRATAM. PVBLICIS. DIVINARRVM. ATQVE.
HUMANARVM. RERVM. DISCIPLINIS. CONSERCRARVNT.
ADRIANVS. A. MATENES. DOMINVS. IN. MATENES. OPMEER. &c.
CORNELIVS. VAN. DER. MYLE. DOMINVS IN MYLE. DVBBELDAM. &c.
ACAD. CURATORES.

Auf dem Türmchen dieses Gebäudes ist ein Observatorium mit einem beweglichen Dach eingerichtet, darinnen ein Quadrant, dessen Radius 8 Fuß beträgt.[366] Darunter eine Camera obscura. In der Nähe ist der Arznei-garten, der berühmteste der ganzen Niederlande,[367] mit dieser Inschrift:

VSVUI ORNAMENTO
ACADEMIAE
[116r] CVRATT. ET COSS. IVSSU
STRVCTVM OPUS:
ANNO A NATO CHRISTO
CIƆ. IƆC

Die Regeln für den öffentlichen Gartens sind die folgendermaßen schrift-lich festgehalten:

1. Die Zeit, in der man den Garten zu betreten kann, wird vom Vorsteher festgelegt. Nach der Besichtigung hat man den Garten zu verlassen.

2. Im Innern ist es erlaubt, die Pflanzen anzuschauen und an ihnen zu riechen, es ist aber nicht erlaubt, Würzelchen oder Triebe herauszuziehen oder zu verletzen.

3. Es ist absolut verboten, Äste, Blumen und Samen auszureißen, Stengel zu knicken, Zwiebeln oder Wurzeln auszugraben und dem Garten Scha-den zuzufügen.

4. Man soll keine Blumenrabatten und Beete zusammentreten oder über si hinweg zu gehen.

5 Alles, was vom Vorsteher nicht erlaubt wurde, ist verboten. [368]

Die Pflanzen, Stauden und Bäume sind in einem eigenen Katalog aufgeführt.

In der Galerie gibt es die folgenden Raritäten und Exotica:[369]

1. Zwei Adler-Skelette.

2. Eine Walnuss aus Canada.

3. Vespertilio Indica, vide Clusij exotica.
4. Gladius xiphiæ 7. pedibus longit.
5. Conchæ majores imbricatæ candidæ.
6. Costa Rhinocerotis
7.Corallium granulosum candicans.
8. Cutis porci Brasiliani.
9. Aper Indicus & Maxillæ suis marini.
10. Strobilus Cedri.
11. Avis brasiliensis instar Pavonis cornu in fronte gerens, uncorqve in alis. Mitu vocata.
12. Os virgæ xxxxxx pedes, ossa, & maxillæ ursi albi.

13 Piscis Blasaërtus dictus; Ital. Peschio Colombo. Orbis species.

14 Ungula Alcis.
15. Organum ligneum, a stramine cognominatum.
[116v] 16. Calendarium Indicum, tabellæ oblongæ incisum.

17. Piscis triangularis, qvam nonnuli pro Remora habent.
18. Manucodiata.
19 Orbis Echinatus.
20 Rostrum avis Toupan.
21. Cutis eqvi Brasiliani virgata maculis albis atqve spadiceis.

22. Pluma avis Phænicis.
23. Idolum Indicum, sive potius lignum, cui incisa sunt vestigia ocu-lorum & oris ; abqve omni proportione; cum manubrio.

24. Aranci Indiæ Occ. figura.
25. Vespertilio marinus.
26. Hippopotami cranium atqve dentes.
27. Folium Coralli.
28. Arcus cum sagittis Indicis.
29. Caput & cauda Castoris.
30. Dentes piscis Pot vocati.
31. Spongia maxima.
32. Fructus Annanas spinosus.
33. Caput piscis Gieb: videtur aci.

3. Eine indische Fledermaus, siehe Clusius exotica.[370]

4. Das Schwert eines Schwertfisches, 7 Fuß lang.

5. Große weiße geschuppte Muscheln.

6. Eine Rippe eines Nashornes.

7. Körnige weiße Koralle.

8. Haut von einem brasilianischen Schwein.

9. Ein indisches Wildschwein und die Kinnbacken eines Meerschweins.[371]

10. Ein Zedernzapfen.

11. Ein brasilianischer Vogel wie ein Pfau mit einem Horn auf der Stirne und scharfen Haken an den Flügeln. Man nennt ihn Mitu.[372]

12. Knochen des Penis, Füße, Knochen und Kinnbacken eines weißen Bären.

13. Ein Fisch Blasaert genannt, auf Italienisch Peschio colombo, eine Art Kugelfisch (Orbis).

14. Ein Huf eines Elchs.

15. Ein Holzinstrument, das seinen Beinamen vom Stroh hat.

[116v] 16. Ein indischer Kalender mit länglich eingemeißelten Tabellen, noch nie gesehen.

17. Ein dreieckiger Fisch, den einige für eine Remora ansehen.[373]

18. Manucodiata (Paradiesvogel).

19. Ein stachliger Kugelfisch.[374]

20. Ein Schnabel eines Toupans.[375]

21. Hautstreifen von einem brasilianischen Pferd mit weißen und braunen Flecken.

22. Eine Feder eines Phönix.

23. Ein indisches Idol,[376] welches nichts anderes ist als ein Stück Holz, in welchem Spuren von Augen und Mund geschnitzt sind, ohne jede Proportion, mit einem Griff.

24. Bild einer Spinne aus Westindien.

25. Seefledermaus.

26. Der Schädel und die Zähne eines Nilpferds.

27. Korallenblatt

28. Indischer Bogen und Pfeile.

29. Schädel und Schwanz eines Bibers.

30. Zähne von einem Fisch Pot genannt.[377]

31. Großer Schwamm.

32. Die stachlige Frucht Ananas.

33. Kopf des Fisches Gieb, scheint ein acus zu sein.[378]

34. Cornu Rhinocerotis.

35. Hamak i. e. rete, qvo lecti vice utuntur Americani duobus arboribus alligato.

36. Cutes duorum Serpentium maximorum.

37. Truncus Ficus Indici Sylvestris, cavus atqve rimotus.

38. Truncus arboris Brasilianæ.

39. Caput vulpinum.

40. Arundo Hispanica maxima, cuius diameter ½ ped.

41. Arundo saccharea nodosa admodum.

42. Spongia ramosa; elegans,

[117r] 43. tophus pileiformis.

44. Pes Casuarii, tres digitos habens

45. Porcus latus. Klip-Korper

46. Figura monstri serpentine a. 1639 in ovo gallinaceo nati.

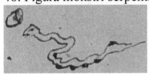

47. Rostrum avis, oblong cum acuta anterius cuspide, qvod Pelciani dicunt.

48. Crocodilus.

49 Cancer Moluccanus.

50 Mandibula utraqve & spina dorsi Canis Carchariæ, qvem Haye vocant.

51. Statuæ ex Zabba; seu frusta potius lignorum, in qvibus fissuræ qvædam loco oculorum & oris.

52. Amianti maximum frustum; 60 circiter ll (Pfund).

53. Caput Cervinum 4 cornibus, qvorum duo in fronte duo in occipite.

54. Pellis Capreoli Brasiliani pedis longitude.

55. Cutis Ignavi, qvem Loyard vocant.

56. Curcurbita Brasiliana obtecta[170] graminea xxxxx tela.

---

170   obtecta] über der Zeile eingefügt.

34. Horn eines Rhinozeros.

35. Eine Hängematte, d. i. ein Netz, das die Amerikaner als Bett brauchen und zwischen zwei Bäumen befestigen.

36. Häute von zwei Riesenschlangen.

37. Ein Stamm eines indischen Feigenbaums, hohl und rissig.[379]

38. Ein Stamm eines brasilianischen Baums.

39. Fuchskopf.

40. Großes spanisches Schilfrohr, einen halben Fuß dick.

41. Ein Zuckerohr voller Knoten.

42. Ein verzweigter Schwamm, schön.

[117r] 43. Ein wie eine Mütze geformter Tuffstein.

44. Ein Fuß eines Kasuars[380] mit drei Zehen.

45. Klip-Korper, das ist ein Klipp-Karpfen.[381]

46. Die Überbleibsel einer Schlangenmissgeburt, 1639 aus einem Hühnerei geschlüpft.

47. Vogelschnabel, lang mit einem Spitz, sie sagen, er sei von einem Pelikan.

48. Krokodil.

49. Krebs von den Molukken.

50. Beide Kinnbacken und das Rückgrat eines Hais.

51. Statuen aus Zabba (i. e. Saba); oder besser gesagt Holzklötze, in denen durch Spalten Augen und Mund gebildet werden.

52. Ein sehr großes Stück von einem Amiant-Stein, ungefähr 60 Pfund.

53. Ein Hirschkopf mit 4 Hörnern, zwei an der Stirn, zwei am Hinterkopf..

54. Ein Fell einer Gazelle[382] aus Brasilien, einen Fuß lang.

55. Die Haut von einem Ignavus, das sie Loyard nennen.[383]

56. Ein Kürbis aus Brasilien mit einem Netz von Gras überzogen.

57. Flos passionis depictus.
58. Ignavus effaritus.
59. Figura anseris inventa in jecore bovis, in tabula depicta.

60. Tuba lignea Tappiseri.
61. Cutis Virginis marinæ, aspera est, ut illa ê qva manubria cultrorum baculosqve obtegunt.
62. Tamandua Peba major & minor, Myrenater.

63. Armadilla.
64. Lacerta Americana barbata, videtur Yvana minor.
65. Os sepiæ.
66. Conchæ Indicæ maximæ, ad formam Concharum Persicarum Aldrovandi
67. Glossopetra palmæ longitudine, lat. 3. digit.

68. Ova serpentum.
[117v] 69. Os auris Elephantinæ
70. Serpens crepitans.
71. Cutis Alcinæ lorum.
72. Lupus Indicus magnitudine mustelæ.
73. Draci cum 4 aliis, cauda longa, rostra crasso, cristatus.

74 Lupus marinus *See-Hecht.*
75. Strobilus abietis.
76 Ovo struthionis.
77. Tribuli aqvatici; qvi apud nos copiosissime proveniunt.
78. Ova aqvilæ anserinis majora, ex candido grisea.
79. Dentes Elephantis.
    80. Ova crocodili anserionorum magnitudine.
81. Cutis Tigridis.
82. Cipo frutex in longum serpens ; caticulos habet ut hyoseyamum fer-

57. Eine gemalte Passionsblume.

58. Ignavus effaritus.[384]

59. Die Umrisse einer Gans, die man in einer Rinderleber fand, auf einer Tafel gemalt.

60. Eine hölzerne Trompete.[385]

61. Die Haut einer Meerjungfrau, Die Haut einer Meerjungfrau ist so hart, dass man mit ihr Messergriffe und Stäbe beziehen kann.

62. Ein großes und ein kleines Tamandua Peba, Myrenater,[386] d.h. Ameisenfresser.

63. Gürteltier.

64. Eine amerikanische Eidechse mit Bart, es scheint ein Yvana minor.[387]

65. Knochen eines Tintenfischs.

66. Sehr große indische Muscheln von der Form der Persischen Muscheln bei Aldrovandi.[388]

67. Eine Glossopetra oder Steinzunge[389] von der Länge einer Hand und der Breite von drei Fingern.

68. Schlangeneier.

[117v] 69. Knochen aus einem Elefantenohr.

70 Klapperschlange

71 Ein Gürtel aus Elchtierhaut.

72. Ein indischer Wolf so groß wie ein Wiesel.

73. Ein Drachen mit 4 Flügeln, langem Schwanz, dicker Schnauze und einem Kamm (wie ein Hahn).

74. Ein Meerwolf, See-Hecht.

75. Ein Pinienzapfen.

76. Ein Straußenei.

77. Wassernüsse, welch bei uns reichlich wachsen.

78. Ei eines Adlers, grösser als ein Gänseei, weißgrau.

79. Elefantenzähne.

80. Ei eines Krokodils so groß wie ein Gänseei.

81. Tigerfell.

82. Strauchwerk Cipo, das am Boden kriecht.[390]

~~me & spinatuhi est~~[171]

83. Cassia Fistula major.

84. Tibialia Japonensium, inferius crassa soccorum more, ex seta candida.

85. Calcei Japonensis cæruleo colore.

86 Tunica Chiliarcha Japonici cærulea.

87. Fructus Colochyntides vasij.

88. Cornua capri Indici.

89. Instrumentum bellicum Brasilianum, è ligno durissimo. anterius latum.

90. Orcæ cranium.

91 Pindovas & &Latrix fructus, spinoso cum caliculis ferme in modu hyoscyami[172]

92. Cornua Capri Bezoradici.

[118r] 93. Delineatio rustici cultrivori Borussiaci.

94. Plantæ marinæ

95. Strobilus pini.

96. Coccus.

97. Delphino

98. Testudo Indica

99. Ova Testudinum.

100. Calepodias Norwegorum qvibus trans niver vehuntur.

101. Virgæ balænarum tres.

102. Caput vaccæ, sive ut alijs leonis marini, *Wallroß*.

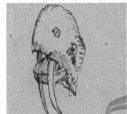

---

171   Zum gestrichenen Text siehe Nr. 92.

172   Das ist der in Nr. 82 gestrichene Text.

83. Eine größere Zimtstange.
84. Japanischer Strumpf, unten dick, in der Art von einem Hausschuh, aus weißer Seide.
85. Japanische Schuhe, dunkelblau.
86. Eine blaue Tunika eines japanischen Hauptmanns.
87. Frucht der Koloquinte.
88. Hörner von Indischen Ziegen.
89. Ein brasilianisches Kriegswerkzeug, aus hartem Holz, vorne breit.

90. Schädel von einem Wal
91. Früchte von Pindovas[391] und Latrix, stachlige Früchte mit Kelchlein wie Bilsenkraut.
92. Hörner der Bezoar-Antilope.
[118r] 93. Zeichnung von messerfressenden preußischen Bauern.[392]
94. Meerpflanzen.
95. Pinienzapfen.
96. Schildlaus.
97. Delphin.
98. Indische Schildkröte.
99. Schildkröten-Eier.
100. Norwegische Schlittschuhe, mit denen sie über den Schnee gehen.

101. Drei Penisse von einem Wal.
102. Kopf von einer See-Kuh oder einem See-Löwen, Wallroß.

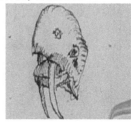

103. Anas Scotica arborigena.
104. Gramen plumeum Sparti Species.
105. Animal leoni victurum apportans Jackhals vocatum videtur canis venaticus.
106. Tunica Russica.
107. Pittacus.
108. Cutis rigens canis sylvestris.
109. Navi<gium>[173] iolum Indorum.

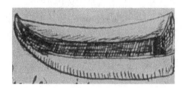

110. Cocos Maldiva major.
111. Nummi Papyracei Lugdunenses: inscriptio:
PVGNO PRO PATRIA 1574. Leo erectum[174] cum insignibus urbis & gla dium tenens.
LVGDVNVM BATAVORVM in corona.
112. Caput Lupinum.
113. Zambucaia nux magna.

Ad Academiam qvoqve spectat Theatrum Anatomicum, qvod descriptum vide Hegenitium. Bibliothecæ hîc sunt duæ, una Academica, altera Dn. Thysii qvas, feriis qvartis & septimis per bihorium post meridiem adire licet: libris instructæ sunt insignibus, sed Academica non alios habet qvam qvi in folio expressi sunt.

[118v] Jam pauco de Tributis addenda sunt; qvæ sunt 1. extraordinaria, ut Censio capitum, tributum caminorum, tributum omium opum: Tributa ordinaria, qvæ varia. Tributum capitum dicitur *Hooftgeld*, ubi unius cuiusqve capitis nomine 1 fl. in republicam conferatur: qvod rarissimum: Pro caminis totidem pendi solet. Pro omnibus opibus ducentesimus solvitur nummus. Ordinaria sunt
vectigal salis, qvod vel domesticatim numeratis captibus familiæ, vel ab emtoribus pro singulis mensuris postulari solet.
Cerevisiæ qvod omnes cives solvere tenentur est 1 fl. in singula vasa
.............qvod soli subajarii solvunt est assium 12. ....

---

173   In der Hs. steht Navius, das dürfte verschrieben sein.
174   erectum] serectum Hs.

103. Schottische Baumente.[393]
104. Federgras, eine Art von Sparto.
105. Das Tier, das den Löwen Nahrung zuträgt: Jackhals,[394] sieht aus wie ein Jagdhund.
106. Russisches Kleid.
107. Papagei.
108. Eine steife Haut eines wilden Hundes.
109. Ein kleines Schiff der Indianer.

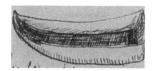

110. Eine große Kokosnuss.
111. Eine papierne Münze von Leiden mit der Inschrift: PVGNO PRO PATRIA 1574. Ein Löwe mit dem Stadtwappen und einem Schwert. (auf der anderen Seite] LVGDVNVM BATAVORVM in einem Kranz.[395]
112. Wolfskopf.
113. Zambucaja, eine Zaubernuss.

In der Akademie sieht man auch das Theatrum Anatomicum, dessen Beschreibung siehe Hegenitius.[396] Bibliotheken gibt es zwei, eine, die zur Akademie gehört, die andere ist die des Herrn Thysius,[397] welche man am Mittwoch und Samstagnachmittag besuchen kann: sie sind mit bedeutenden Büchern bestückt, aber in der Akademie gibt es nur Folianten.[398]

[118v] Nun ist noch einiges von Steuern und Abgaben anzufügen, welche sind:

1. außerordentlich wie Kopfsteuer und Steuer pro Feuerstätte, Vermögenssteuer. Verschiedene ordentliche Steuern. Die Hauptsteuer, die sie Hooftgeld nennen, wo pro Kopf ein Gulden für die Republik eingezogen wird, was sehr selten ist. Für Feuerstätten pflegt man ebenso viel einzuziehen. Für das Vermögen wird ein Zwölftel der Münzen (des Betrags) eingezogen.

Zu den ordentlichen Steuern gehört die Salzabgabe, die entweder pro Haushalt je nach der Zahl der Familienangehörigen oder je nach Menge von den Käufern erhoben wird.

Die Biersteuer, die alle Bürger entrichten müssen, ist 1 Gulden pro Krug.

& tantum qvod solvunt advectores peregrinæ cerevisiæ.

...........qvod insuper caupones & tabernarij solvere tenentur est
27 assium in vasa singula.

Vectigal aceti – 4. fl. 16 stopas sunt in amphoras singulas. (Amen.)
Vect. Vini Gallici 6 ass. est in sing.   stopas
..............Rhenani, Hispanici &c. 12 ass in sing.   stopas.[175]
.....Vini adusti   ex vino 10 ass. sunt in sing. stopas.
....   ex cereviso 6. ass.
......Butyri 4. fl. in singula majora dolia qvæ pendut 320 lb.
    in frusta venditoria 1/4 assis.
    Olei 4. fl. in singula majora dolia, qvæ pipas vocant.
....   Balæn. 3. fl.
......Candelarum / Sebarearum sive cerearum 2. fl. 10 assis. in 100 ll.
sebi aut ceræ.
Vectigal rotundæ mensuræ in frumenti, semini, salis, calcis,
pro vehe (*last*)   tritici ass.   22.
                siliginis <ass.>...   25.
                minorum seminis <ass.> 36.
pro 100 lb. salis...<ass.>...........   37.
[119r] Vectigal Cespitum & ~~carbonum~~[176]   1½ ass pro dolia.
        Carborum Angliori   118. fl. in 100. tonnas.
Vectigal mercium durioris maximus, *de Imposten van grove waren*,
        in 100 libras plumbi .... 5 ass.
        in 1000 lateres[177]................. 1½ st. est.
Vectigal ligni (*Brandhout*) est numus   octavus pretii
...... Pannorum aureorum & ferici numus duodecimus in singulas ulnas.
.... laneorum in partes majores panni Anglici nondum tincti pro
        parte lb. 24 æstimata   fl..16.
        pro singulis pannis tenuibus   1. ass.
        pro Tabetibus & de aurato corio nummus novem unus.
Frumenti molendi, pro lasta tritici   63. fl. 12. ass.
                Siliginis   31. fl. 16. ass.
                hordei avenæ decorticatæ &fabarum 21. fl. 4. ass.
                fagopyrii   11. fl. 15 ass..

---

175 In der Hs. steht stopas nur einmal da.
176 Der gestrichene Text stimmt mit dem Text in Commentariolus überein (S. 106).
177 „in mille coctos lapides" (Commentariolus, S. 107). „lateres coctiles" sind Backsteine.

was nur die Bierbrauer[399] bezahlen ist 12 Asse.[400]
und so viel bezahlen auch die Transporteure von auswärtigem Bier.
was darüber hinaus die Schank- und Gastwirte bezahlen
beträgt 27 Asse pro Krug
Die Essigsteuer beträgt 4 Gulden 16 Asse pro Krug (Amen).[401]
Die Steuer für französischen Wein ist 6 Asse für einen Krug, für rheinischen und spanischen 12 Asse für einen Krug[402]
Weinbrand 10 Asse pro Krug.
Kornbrand 6. Asse.
Für Butter pro größerem Fass von 320 Pfund Gewicht vier Gulden
per Stück ein Viertel Ass.
Für Öl pro größerem Fass, welches sie pipas nennen, 4 Gulden.
Walfischöl 3 Gulden
Für Kerzen aus Talg oder Wachs 2 Gulden, 10 Asse pro 100 Pfund.
Die runde Maß-Abgabe[403] für Getreide, Samen, Salz, Kalk: für eine Fuhre (Last) Weizen 22 Asse, für Winterweizen 25 Asse, für Kleine Sämereien 36 Asse, für 100 Pfund Salz 37 Asse.

[119r] Die Abgabe für Torf 1½ Asse pro Fass.[404]
Englische Kohle   18 Gulden pro 100 Tonnen.[405]
Abgaben für grobe Güter, de Imposten van grove waren, 100 Pfund Blei
5 Asse, eineinhalb Asse für 1000 Backsteine.
Abgabe für Feuerholz (*Brandhout*) ein Achtel seines Preises.
Goldgewirktes Tuch und Seide ein Zwölftel des Preises pro Elle.
Wolltuch in großen Ballen, englisches Tuch noch ungefärbt, welches pro
Pfund auf 24 geschätzt wird 16 Gulden. [406]
Für feines Tuch 1 Ass.
Für Tapeten, auch aus vergoldetem Leder pro 9 Gulden einer.
Getreide zum Mahlen, Weizen pro Last 63 Gulden, 12 Asse; Winterweizen 31 Gulden, 16 Asse, für geschält Gerste zum Füttern und für Bohnen
21 Gulden, 4 Asse, für Buchweizen 11 Gulden 15 Asse.
Hornvieh von drei Jahren pro Monat 3 Asse.
Für Pferde entrichtet der Besitzer pro Monat 2 Asse.
Für Fischsuppe und Soße aus Fisch, die zu den Häusern der Bürger und
der Reichen gebracht wird: 20 Asse pro Gefäß.
Für den Stör und den Salm ein Neuntel des Preises.

Bestiarum cornigerarum 3. annorum singulis mensibus   3. assium.
Eqvorum solvit proprietarius singulis mensibus   2. assium.
Halecum & piscium salsorum qvi civium vel divenditorum domibus apportantur 20 assium in singula vasa.
Accipenserum & salmonum novem unus numus.
Tobaci solvitur ab eo qvod primum id intulerit pro 1 libera 10 assium.
Saponis <solvitur> ab 7 fl. in singula vasa.
Picis, in singula vasa. 16 ass.
Picis liqvefactæ 10. ass.
Vehicolorum & navium minorum 1fl.qvotannis.
Navium majorum diversum est, prout plurium minorum vehunt.
Pilentorum qvotannis 6 fl.
Agrorum sextus nummus pretj qvo elocantur.
Agrorum consitorum dem Impost van Zaey-Landen pro Morga singulis D[178] 4½ ass.
à tempore injecti seminis usqve ad messem.
[119v.] Vectigal ædium 8. numus pretij qvo elocantur-½
                    Famulorum & famularium heri solvit 1. fl. qvotannis.
Immobilium bonorum, qvorum et majores naves veniunt numus 40simu pretij qvo res divendito est.
~~Magni &~~[179] parvi sigilli   2 ass.
Magni sigilli   4 ass.
Ilorum vectigalium qvædam colliguntur, qvædam elocantur, illa nimirum qvorum certa ratio iniri potest colliguntur a personis publicis, reliqvon alocantur teleonarijs: (Pachter).

---

178 Das Zeichen könnte auch ein Halbmond sein, da die Quellen hier singulis mensibus haben, ist es wohl eine Abkürzung für „mens" (Commentariolus, S. 110).

179 Die durchgestrichene Stelle zeigt, dass er Commenatriolus (S. 111) abgeschrieben hat, dort heißt es Magni et parvi sigilli.

Für Tabak wird von dem, der ihn zuerst einführt, pro Pfund 10 Asse entrichtet, für Seife 7 Gulden pro Gefäß.
Für Pech 16 Asse pro Gefäß.
Für flüssiges Pech 10 Asse.
Für kleine Fahrzeuge oder Schiffe jährlich 1 Gulden.
Für große Schiffe ist es unterschiedlich, je nachdem um wieviel mehr sie transportieren als die kleinen.
Für Kutschen jährlich 6 Gulden.
Für Ackerland ein Sechstel des Preises, wofür es verpachtet wird.
Für bepflanztes Land (*Impost van Zaey-Landen*) pro Morgen und pro Monat 4½ Asse vom Zeitpunkt der Aussaat bis zur Ernte.

[119v] Die Abgabe für Häuser: ein Achtel des Preises, wofür sie verpachtet werden
Für Diener und Dienerinnen zahlt der Hausvater 1 Gulden jährlich
Für unbewegliche Güter, wozu auch größere Schiffe zählen, ein Vierzigstel des Verkaufspreises.
Kleine Siegel 2 Asse.
Große Siegel 4 Asse.[407]
Einige jener Abgaben werden eingezogen, andere werden verpachtet, jene nämlich, von denen eine festgesetzte Summe eingetrieben werden kann, werden von Beamten eingenommen, die anderen werden den Steuerpächtern übergeben.

230   *Zeller*

Kommentar

Die lateinischen Inschriften werden nur übersetzt, wenn bereits eine Übersetzung vorliegt.

1   Der Verweis geht ins Leere, zeigt aber, dass Knorr offenbar mit diesem Itinerarium eine größere Publikation beabsichtigte.

2   Landsberg liegt heute in Sachsen-Anhalt, etwa 25 km von Leipzig entfernt. Es wurde im Dreißigjährigen Krieg stark zerstört.

3   Christian I. von Sachsen-Merseburg (1615-1691). Er wurde 1657 Herzog von Sachsen-Merseburg.

4   Delitzsch ist eine größere Stadt, welche zum Fürstentum Sachsen-Merseburg gehörte.

5   Diese Kapelle besteht heute noch, sie ist aus Backstein gebaut. Die Marmorsäule erwähnt auch Zeiller, er sagt, der Chor ruhe auf ihr und sie sei „ganz spiegelicht." (Zeiller, Superioria Saxonia, 110.) Um den Kommentar nicht zu sehr aufzublähen, werden die Literaturangaben hier sehr verkürzt zitiert. Das ausführlichen Angaben finden sich im Literaturverzeichnis im Anhang.

6   Daniel Sachse (1587 oder 1598-1669) Leichenpredigt von Theodor Christoph Cautius. Köthen 1669 (VD17 3:677870N). Von ihm sind vor allem Leichenpredigten und eine Schrift bekannt: Der Reformirten Kirchen Glaubens-Bekäntnus. Aus dem Lateinischen ins Deutsche übersetzet / Zusammen getragen Von Daniel Sachsen/ Superintendenten zu Cöthen [...]. Samt einer Zugabe wider den Kirchen-streit. Köthen 1666.

7   Wilhelm Ludwig von Anhalt-Köthen (1638-1665), Sohn von Ludwig I. von Anhalt-Köthen, dem Begründer der Fruchtbringenden Gesellschaft.

8   Joachim Ernst von Anhalt (1536-1586). Das Fürstentum wurde nach seinem Tod auf seine Söhne aufgeteilt. Siehe Anm. 9.

9   Die Aufteilung fand erst 1606 statt. Johann Georg von Anhalt-Dessau, Christian I. von Anhalt-Bernburg, Rudolf I. von Anhalt-Zerbst, Ludwig I. von Anhalt-Köthen. 1611 (also nicht im Dreißigjährigen Krieg) erhielt dann August das aus Anhalt-Bernburg ausgegliederte Plötzkau.

10   Eigentlich Herzog August von Sachsen-Weißenfels (1614-1680). Er war der letzte Administrator des Erzstifts Magdeburg.

11   Ravelinen sind Elemente von Befestigungen, Vorschanzen. (Heinrich Adolf von Zastrow: Geschichte der ständigen Befestigung [...]. Leipzig 1839, S. 70 und öfters.)

12   Fausse-braye ist ein Unterwall bei der Befestigung. Ebda, S. 80 und öfters.

13   Gemeint ist der Brühl, eine der wichtigsten Straßen Leipzigs.

14   Zeiller: Saxonia inferiora (S. 168) schreibt, es seien 170 Magdeburgische Ellen. Der Dom ist 120 m lang und 32 m hoch.

15   Es handelt sich um die fünf klugen und fünf törichten Jungfrauen, die später an das Nordportal versetzt wurden.

16   Die Geschichte wird in Dom-Kirche Magdeburg 1671 erzählt, S. [14].

17   Dom-Kirche Magdeburg 1671, S. [14] verweist auf Zeiller, Saxonia inferiora, S. 172.

18   Edgith ist gemäß NDB 946 gestorben. Sie war die Tochter von Eduard dem Älteren von England und Gemahlin Otto der Große (912-973).

19   „Der hohe Altar ist von einem ganz roth gesprengtem Marmolstein / 9. Eln lang / 4. brait / vnd ein Eln dick." (Zeiller: Saxonia inferiora, S. 170).

20 Gemeint die Zerstörung von Magdeburg durch Tilly 1631.

21 Die Legende von Udo von Magdeburg war weit verbreitet, siehe die in Dom-Kirche Magdeburg 1671, S. [25] zitierte Literatur.

22 Es muss sich gemäß der Dom-Kirche Magdeburg 1671 um Burchardus III. handeln, der im Jahre 1325 „jämmerlich umb sein Leben kommen." S. [38].

23 Dom-Kirche Magdeburg 1671 (S. [16]) spricht von einem Reif mit 19 Kugeln. Zeiller spricht aber auch von einem Täfelchen (Zeiller, Saxonia inferiora, S. 167).

24 Dom-Kirche Magdeburg 1671 berichtet, dass König David mit der Harfe und König Salomon die Köpfe drehen konnten, darüber standen noch Engel, die ebenfalls die Köpfe drehen konnten, und solche, die ihre Instrumente an- und wieder absetzen konnten (S. [17]).

25 Dom-Kirche Magdeburg 1671 (S. [20]) beschreibt dies für das kunstvolle Chorgitter des Chors, in dem der Bischof begraben ist.

26 Wahrscheinlich starb er 1513. Zeiller, Saxonia inferiora, S. 179, hat auch 1613. Siehe die Korrektur im lateinischen Text.

27 Dom-Kirche Magdeburg 1671, S. [26f.].

28 Otto von Guericke (1602-1686) der unter anderem die Vakuumpumpe erfunden hat.

29 Gemäß Limnäus (Magdeburg) gab es einen ständigen Rat, der von Wahlmännern, die aus jedem Viertel der Stadt gewählt wurden, gewählt wurde. Wenn ein ständiges Mitglied des Rates starb, konnten diese Wahlmänner sofort ein neues Mitglied wählen.

30 Gemeint ist wohl eine Null.

31 Der Syndicus ist ein Rechtsgelehrter, während der Consiliarius ein Assessor ist. Die beiden Funktionen kommen bei Limnäus (Magdeburg) nicht vor.

32 August von Sachsen-Weißenfels, siehe Anm. 10. Er blieb bis 1680 im Amt, dann wurde das Erzbistum säkularisiert und fiel an Brandenburg.

33 Das Domkapitel wurde 1567 lutheranisch.

34 Es könnte sich um Johannes Böttiger (1613-1675) handeln (Zedler, Bd.4, Sp. 412).

35 Fuchs, Magdeburg meint, Ragetio bedeute Rogäsen. Da Rogäsen in Brandenburg an der Havel liegt, kann das nicht sein. Rogätz hat zudem heute noch eine Fähre, was erklären würde, warum man Zoll entrichten muss.

36 Fuchs, Magdeburg, meint, es handle sich um Grieben, das kann aber mit den Distanzen nicht stimmen. Grieben liegt ungefähr in der Mitte zwischen Rogätz und Tangermünde. Es muss sich um Jerichow handeln.

37 Gröscher waren zur Zeit von Kurfürst Friedrich Wilhelm die gebräuchlichen Silbermünzen.

38 Im Text: Arensberg, es gibt kein Arensberg in der Gegend, wahrscheinlich hat Knorr aus dem Gedächtnis geschrieben.

39 Werben war im Dreißigjährigen Krieg ein strategisch wichtiger Ort am Zusammenfluss der Havel und der Elbe. Am 7. August 1631 griff Tilly Gustav Adolf hier an, musste aber unverrichteter Dinge abziehen. Der strategisch wichtige Ort war während des Dreißigjährigen Kriegs auch weiterhin umkämpft.

40 Kürzel für den Betrag nicht entziffert.

41 Heute heißt das Gebiet Altmark.

42 Im Text Elna, damit muss die Elde gemeint sein.

43 Grafschaft Dannenberg.

44 Im Text Hitziger: Einen Ort dieses Namens gibt es nicht. Hitzacker ist eine Zollstation und hier hat Herzog August von Braunschweig-Lüneburg, der spätere Fürst von

Braunschweig-Wolfenbüttel ein Schloss bauen lassen.

45 Wahrscheinlich Bleckede.

46 1663 war Julius Heinrich (1586-1665) an der Macht, der die böhmische Herrschaft
    Schlackenwerth 1623 vom Kaiser erhalten hatte, wo er ein prächtiges Schloss bau-
    te und einen großen Garten anlegte. Sein Sohn Julius Franz wird die Tochter von
    Christian August von Sulzbach Maria Hedwig Augusta heiraten.

47 1657 wurde das Schloss im schwedisch-dänischen Krieg zerstört.

48 Es ist nicht klar, worauf sich das „Situs" bezieht, aber im Kontext ist klar, dass es
    sich um das Schloss handeln muss, da der Ort selbst am Ufer der Elbe liegt.

49 Wahrscheinlich handelt es sich um eine Apollo-Statue, wobei das Zepter eher ein
    Pfeil sein dürfte.

50 Nicht identifiziert. Die zwei ersten Buchstaben könnten auf Julius Heinrich von
    Sachsen-Lauenburg hindeuten.

51 Verschreibung für Phyllirea Liguster?

52 Johann Sigismund Elsholtz: Vom Gartenbaw. Cölln (Spree), 1666, S. 63: „Dieses ist
    ein von ansehen seltzam gewåchs/ und zweiffele ich/ ob es bisher von jemand recht
    beschrieben oder gemahlet worden. Das erste/ ander und dritte machet junge absetz-
    linge dicht an der erde/ auff allen seiten/ welche man ihnen abnimt/ und daraus newe
    pflåntzlein formiret: das vierte aber und fünffte kan durch die wurzel gerissen/ und
    alſo vermehret werden."

53 Vielleicht: Melia Azadarach: Zedrachbaum.

54 Wahrscheinlich Seidelbast.

55 Eine Art von Fetthenne.

56 Nicht identifiziert.

57 Eine Yucca-Pflanze.

58 Nicht identifiziert.

59 Siehe Anm. 46. Julius Heinrich von Sachsen-Lauenburg war schon in seiner Jugend
    zum Katholizismus konvertiert.

60 „Es sind herliche Slage-Glokken in Hamburg / auf Peters Turm ist ein selbstspielen-
    des wärk / so alle Stunde Nacht und Tag allerhand Geistliche Psalmen nachdeme die
    Festen sind / spilet. […] In S: Nicolai Turmspitze ist das Köstlichste Glokkenspihl
    / damit allerhand Geistliche Lieder mit mangherlei Veränderung 2: 3: stimmig ge-
    machet wärden / und klinget solches gar Liblich weit über und in die Stadt hinein."
    (Höveln, Hamburg, S. 63) Höveln hebt mehrfach die gute Qualität der Glocken und
    der Glockenspiele hervor.

61 Die bischöfliche Kirche war der Marien-Dom.

62 Caspar Mauritius (1610-1675), kam aus Schleswig, nach dem Studium war er Rek-
    tor einer Schule, dann Superintendent in Rostock, bevor er als Pastor nach Hamburg
    kam. (Compendiöses Gelehrten-Lexicon […]. Leipzig 1715.)

63 Johann Corvinus war von Rostock, erhielt das Pastorat zu St. Catharinen in Ham-
    burg, wo er 1664 starb (ebda). Knorr schreibt ihm St. Jakob zu.

64 Johann Balthasar Schuppius (1610-1661), stammte aus Gießen, er war der Hofpre-
    diger des Landgrafen von Hessen, später Pastor zu St. Jakob in Hamburg, sei sehr
    gelehrt gewesen (ebda).

65 Die Tat geschah gemäß Fuchs am 6. Februar 1631 (Fuchs, Hamburg. S. 93).

66 Klaus Störtebeker soll im 14. Jahrhundert gelebt haben. Er war ein berüchtigter
    Seeräuber, der 1401 hingerichtet worden sei und in dessen Schiff man Gold fand.
    Um ihn ranken sich viele Sagen.

67   Peter Lambeck (1628-1680) musste sich wegen Äußerungen, die zum Katholizismus neigten, verantworten, worauf er Hamburg verließ. Er trat noch 1662 zum Katholizismus über.

68   Ägidius Gutbier (1617-1667). Das von Gutbier herausgegebene Syriakische Testament wird für Knorr später bei der Herausgabe seines eigenen Syriakischen Testament noch wichtig werden. Siehe Vileno, Wilkinson 2018.

69   Gemäß Fuchs, Hamburg, S. 101 heißt er Johann Sillen. Lebenszahlen sind nicht bekannt, er hatte zwischen 1618 bis 1672 mehrere Ehrenämter auf Senatsebene inne.

70   Magnete faszinierten die Zeitgenossen. Siehe: Uta Lindgren Morgen-Glantz 2003.

71   Der Scheinersche Storchenschnabel oder Pantograph erlaubt es, Zeichnungen proportional zu vergrößern oder zu verkleinern.

72   Höveln schreibt, der Bibliothekar sei da, „um den Fremden [...] die da verhandene Sachen / Künsteleien und Seltene Wunder" zu zeigen. In einem Kabinett neben dem Bibliothekar befänden sich allerlei mathematische Instrumente und „Kunst-sachen." (Höveln, Hamburg, S. 121f.).

73   Syndici waren Juristen und berieten den Senat.

74   Ein Maß für Flüssigkeiten, entspricht in Hamburg ungefähr 217 Liter.

75   Stübich, Stibich ist ein Hohlmaß, das sonst eher in Österreich vorkommt.

76   Sakerdaniko scheint nur an dieser Stelle vorzukommen, es bezeichnet offenbar eine bestimmte Holzart, vielleicht soll es „skandinavisch" bedeuten.

77   Der Hafen war, wie auch in Amsterdam siehe unten, durch Baumwälle gesichert, daher der Name.

78   Last ist eine Gewichtseinheit und entspricht 2 Tonnen.

79   Siehe Anm. 11.

80   Eine außerhalb der Mauer liegende Bastion.

81   Siehe Anm. 12.

82   Berme ist ein flaches Stück am Abhang des Walls.

83   Die Fahrt der drei Engländer wurde wegen einer Wette unternommen. (Fuchs, Hamburg, S. 118)

84   Störtebeker] Siehe Anm. 66.

85   Fuchs, Hamburg, S. 122 weiß nicht recht, worum es sich hierbei handelt, vielleicht um einen Schild mit einer Armschiene.

86   Zu diesem Prunkstück hat Fuchs, Hamburg, S. 123 keine Hinweise gefunden. In den Inventaren des Zeughauses erscheint es nicht.

87   Diese fand im Jahre 1629 statt.

88   krempeln] die Fäsern der Wolle mit einem Kamm auseinander lösen, damit sie gesponnen werden können.

89   Bomesey] üblicherweise Bombasin. Es handelt sich um Mischung aus Baumwolle und Seide, siehe Adelung unter Baumseide.

90   Die nachfolgenden Ausführungen folgen im Großen Ganzen Limnäus, Hamburg, VII, 23.

91   Nord-Albingia wird das Herrschaftsgebiet der Sachsen jenseits der Elbe genannt. (Historisch-politischer Atlas der gantzen Welt [...] 1746, 1801.)

92   Wahrscheinlich Verschreibung für den Sachsen Widukind, mit dem Albion in Minden getauft worden sein soll. Siehe nächste Anm.

93   Man sage, Hamburg sei „das Haubt in gantz Nord Albingen / vnd / vor Käyser Carls deß Grossen Zeiten / vnder dem Nord Albingischen Hertzog *Albione*, so mit dem König *VVitekindo* zu Minden getaufft worden / nur ein Dorff gewest; aber als Anno

785. nach dem Tode dises Albions / Käyser Carl den *Uthonem* solcher Landschafft vorgesetzt / Hamburg von demselben Anno 787 / oder 789. zu befestigen angefangen worden / damit der Hertzog allda sicher wohnen möchte. (Zeiller, Saxonia inferior, S. 125.)

94   Bei Höveln, Hamburg, S. 14: Anscharius, siehe auch Zeiller, Saxonia inferiora, S. 125.

95   Gemeint ist gemäß Limnäus Otho I. (912-973) (Limnäus, VII, 23)

96   Als die Familie mit Magnus Billung ausstarb, bekam Lothar von Supplinburg das Herzogtum.

97   Heute Schaumburg.

98   Höveln, Hamburg, S. 31.

99   Gemeint ist das 13. Jh. Die Ereignisse werden von Höveln, Hamburg erzählt: S. 36-40.

100   Waldemar II. von Dänemark (1170-1241), dessen Bruder Knut VI. (1163-1202).

101   Bezelinus Alebrandus (s. Hövelen, Hamburg, 23f.)

102   Hövelen, Hamburg, S. 55.

103   Reichquadrant] Viertel eines Reichsthalers.

104   Johann Angelus Werdenhagen: De Rebus publicus hanseaticis. 3. Teil. Frankfurt 1631, Kap. 16ff.

105   Johannes Limnäus: Ivris Pvblici Imperii Romanogermanici, Buch 7, Kap. 23 und Kap. 1, Anm. 31.

106   Soest und Wesel waren Hansestädte, Herford eine freie Reichsstadt.

107   Fuchs behauptet, die Juden hätten keine Synagoge gehabt. Höveln schreibt aber (S. 123): „Der Juden Syngagoge liget zu Ende des Drekwals ingekällert." „Sonst ist wol zu besähen auf dem Sabbath-Tage der Reichen Portugisischen und andrer Vohrnämer vermüglicher Juden Herführtun / als auf dem Drekwalle und Herligkeit."

108   Höveln entwirft ein anderes Bild, wonach sich die Holländerinnen nach der französischen Mode richten. (ebda.)

109   Zesen spricht vom Eistrom (Zesen, Amsterdam, S. 76, [105]). Die Zuiderzee existiert nicht mehr, der Meeresarm wurde durch einen Damm zum Ijsselmeer abgeschlossen.

110   Diemermeer, Bylemer-Meer] sind zwei Meerarme, die aufgefüllt wurden.

111   Beschrijvinge. III, S. 186. In Weespe gebe es den Fluss Vecht, aus dem alle Bierbrauer von Amsterdam das Wasser holten.

112   Eyl, S. 33 spricht von einem „halben Hand-Eimer".

113   Heute liegt Spaarndam nicht am Meer, es lag möglicherweise im 17. Jh. am Meer.

114   Zesen, Amsterdam, S. 205 / [266]: „ven [...] ist eben so viel gesagt / als ein gebrüche / bruch-land / mohrast / sumpfichtes und wässerichtes erdreich."

115   Mit Tonne ist wohl ein Gefäß gemeint, in dem der Torf verkauft wurde.

116   Nicht identifiziert.

117   Eyl, S. 38 zählt eine ganze Reihe seltener Vögel auf, die Herr Ruter besitzt.

118   1662 wurde die Stadt gemäß Eyl erweitert (S. 30).

119   Zesen, Amsterdam, S. 354 / [453] nennt sie Zingelgraft. Eyl, S. 39: Singel- oder Königs-Gracht.

120   Bei Zesen, Amsterdam, S. 78 / [107]. 321 / [411] nennt die Gracht Rokkin. Ebenso Eyl, S. 39.

121   Zu den Märkten siehe Eyl, S. 40.

122   Gemäß Zesen wurde die Kirche um 1350 gebaut (S. 338 / [433]).

123 Beschreibung der Kirche bey Eyl, S. S. 40f.

124 Beschryvinge, IV, S. 50. Eyl, S. 41.

125 Beschryvinge, IV, S. 50. Eyl, S. 41.

126 Beschryvinge, IV, S. 53. Es handelt sich um Philipp, den Schönen, Herzog von Burgund. Eyl, S. 41f..

127 Beschryvinge, IV, S. 53. Es handelt sich um Philipp III. von Spanien. Eyl, S. 42.

128 Original Zemblam. Die gleiche Variante bei Eyl, S. 43.

129 Übersetzung des Epitaphs Heemskerk (Übersetzung von Zesen):
„[Z]um ewigen nachruhme und ehrengedächtnüsse dem tapfern / und um das Vaterland hochverdientem Helden / Jakob Heemskerken / gebohrnem Amsterdammer / der / nach unterschiedlichen-seereisen / die er in bekante und unbekante länder / zwo nach Neu Zembel / unter der Nordspitze / und gleich so viel in Ost-Indien / unter der sud-spitze / getahn / auch von dar mit reichem kriegs-raube im 1604 jahre glücklich wiedergekehret / endlich mit einer kriegsfluht wider die Spanier ausgeschikt / dieselben in der Herkels-see / unter der stadt und dem schlosse Gibraltahr / durch einen Herkels-mäßigen anfal / im 1607 jahre / auf den 24 meimohndes / erlegt und geschlagen: da er auch / vor sein Vaterland ritterlich fechtende / gebieben; und seine Seele dem Himmel erlanget / sein leib aber allhier / an dieser stelle / sein grab gefunden. Hiermit / lieber Leser gehabe dich wohl / und begünstige die tapferkeit und den nachruhm dieses Heldens: um dessent willen die allgemeinen Stände der vereinigten Niederländer / und Väter des Vaterlandes diesen Marmel gesetzet. Er hat 40 jahr / einen mohnd / und 12 tage gelebet." (Zesen, Amsterdam, S. 341 / [436f.].

130 Caspar Barlaeus oder Caspar van Baerle (1584-1648).

131 Beschryvinge, IV, S. 56; Eyl, S. 44.

132 Cornelis de Graeff (1599-1664), Herr von Polsbroek und Zuyd-Polsbroek.

133 Beschyvinge, IV, 56. Übersetzung: „So soll auch die Auferstehung der todten sein. Der leib wird gesäet in verwäsligkeit / und auferweckt in unverwäsligkeit." (Zesen, Amsterdam, S. 341 / [436f.]. Der Bürgermeister ist zwar erst 1664 verstorben, lebte also bei Knorrs Besuch in Amsterdam noch. Da es sich um ein Familiengrab handelt, kann die Tafel vor seinem Tod angebracht worden sein oder Knorr hat bei der Beschryvinge abgeschrieben.

134 Zesen, Amsterdam, S. 343 / [439] beschreibt das Glockenspiel. Ebenso Eyl, S. 45ff.

135 François Hemoni war ein berühmter Mechaniker, Glockengießer und Musiker. 1658 hat er das Glockenspiel der Alten Kirche von Amsterdam gegossen. Zesen beschreibt die Kunst des Franzosen ausführlich (Amsterdam, S. 206f. / [268f.]). Edouard G. J. Grégoir: Bibliothèque musicale populaire. 2. Bd. Paris 1870, S. 14f. und öfters.

136 Zur Neuen Kirche siehe auch Eyl, S. 47 ff.

137 Jan Gerritsz van Bronckhorst (1603-1661), stammte aus Utrecht.

138 Gemeint ist wohl der Architekturtheoretiker Vincenzo Scamozzi (1548-1616).

139 Beschrijvinge IV, 65; der lateinische Text bei Knorr stark verkürzt.

140 Übersetzung:.Hier ruht im Ehrengrab der tapfere van Galen / | Der zunächst Beute auf Beute von Kastilien nahm: | Und mit dem Löwenherzen beim Toskanerstrand | Die Briten hat verjagt / erobert / und verbrannt. (Zesen, Amsterdam, S. 618. Übersetzung F. van Ingen.)

141 Eyl, S. 50.

142 Eyl, S. 50.

143 Maas-Sluys ist gemäß Zedler (19, Sp. 11) ein Ort an der Maas, zwei Meilen von

Rotterdam.

144   Sardam, Ort in Nordholland (Zedler, 34, Sp. 77).

145   Eyl, S. 50.

146   Eyl, S. 51.

147   Beschrijvinge, IV, S. 83. Der Bau der Kirchen wurde in den Sechzigerjahren begonnen.

148   Eine in den Niederlanden verbreitete Variante der Reformierten, die sich von Calvin abwandte.

149   Gemäß den Beschreibungen von Amsterdam wurden Johannes Vossius und Casparus Barleus von Leiden an das Gymnasium illustre berufen. Auch berühmte Mediziner und Juristen lehrten da (Beschrijvine, IV, S. 195f.).

150   Zesen, Amsterdam, S. 103 / [138f.]

151   Eyl zählt über mehrere Seiten auf, was da aufbewahrt und gezeigt wurde (S. 54-71).

152   Der gestrichene Text lautet: (mit Bronzestatuen geschmückt, von denen wir zwei auf der Traufe sehen, eine als Klugheit, die andere als Frieden dargestellt, die dritte war nach Art und Weise des Atlas gebildet, der den Himmel trägt.) Eyl gibt die gestrichene Stelle wieder (S. 73).

153   Es handelt sich um ein Zitat aus Juvenal, Satiren XIII,26. Was genau gemeint ist, habe ich nicht verstanden.

154   Wahrscheinlich handelt es sich eher um Kanonen aus Eisen, „aus ertze gegossen", wie Zesen, Amsterdam, S. 250 / [324] schreibt.

155   Gemeint ist Salomons weises Urteil darüber, wer die echte Mutter des Kindes sei (1. Kön 3).

156   Die Boten mit der Rute zeigen an, dass Gericht gehalten wird.

157   Zu Scamozzi siehe Anm. 138.

158   Die Gerechtigkeit mit Schwert und Lanze ergibt keinen Sinn, bei Eyl hält sie eine Waage

159   Eyl deutet jede Figur noch aus, hier: „bedeutet deß Landes gluckseliges Weydwerck und Fischerey." (S. 82)

160   „des Landes glückliche Kauffmannschafft bedeutend." (Eyl, 82)

161   „Zielet auf deß Landes glückliche Regierung." (Eyl, 82)

162   Eyl hat «Python-Drachen», dieser kommt auch in Knorrs Conjugium vor.

163   „zielet auf den glücklichen Fortgang guter Künste." (Eyl. 82).

164   „bedeutet des Landes Kriegs-Ubung." (Eyl, 83)

165   „auf des Landes Vermehrung zielende." (Eyl, 83)

166   „zeigt auf die Trauerhafftigkeit und langes Leben der Einwohner deß Landes." (Eyl, 83)

167   „auf die Haushaltung deß Lands Einwohner zielend." (Eyl, 83f.)

168   Julius Civilis, ein zu den Batavern übergelaufener Römer im Bataveraufstand von 69 n. Ch. Das Bild wie ein weiteres an dieser Stelle stammt nach Zesen von Jacob Jordaens (1593-1678). Zesen, S. 279 / [359].

169   Das bezieht sich wohl darauf, dass es im Ganzen 8 Bilder zu diesem Krieg gibt, die wie Zesen schreibt, „in jeden winkel des vierekkichten kreutzganges allzeit zwei nebeneinander" hängen (S. 263 / [339]).

170   Übersetzung: Glückwunsch, den Edlen Herren Bürgermeistern von Amsterdam in ihrem neuen Rathaus. | Durchlauchte Stifter des Achten Weltwunders. | Aus so vielen Steinen in die Höhe ragend, auf soviel Holz von unten aufgebaut, | Aus soviel Köstlichkeiten so kunstreich gemacht, | Aus soviel Herrlichkeit zu soviel Nutzen ge-

bracht: | Gott, der mit Recht Euch Macht und Pracht zu fügen gab, | Gott gebe Euch mit Recht und Freude am Gebäude | Zu zeigen, wer Ihr seid, und, womit ich alles zusammenfasse, | Heil möge auf ewig darin wohnen und Unheil auf ewig draußen bleiben. | Wenn es so bestimmt ist, dass diese Marmormauern | Nicht der Welt Letztes aushalten müssen, | Und sollte es nötig sein, dass das Neunte erschiene, | Als der Nachkomme des Achten Wunderwerks, | Gott, Euer Vater Gott, Gott, Euer Kinder Vater, | Gott, so nahe bei Euch, möge den Kindern noch näher sein: | Dass ihre Wohlfahrt ein Haus noch erbauen und besitzen möge, | Zu dem dies neue sich verhält wie das alte zu diesem. (Zesen, Amsterdam, S. 622, Übersetzung F. van Ingen.)

171 Zesen, Amsterdam, S. 260 / [336] nennt den Raum „Beizimmer".

172 Bei Zesen, Amsterdam, ist zu lesen, dass das erste Gemälde von Ferdinand Bol (1616-1680) gemalt wurde, während das zweite von Govert Flink (1615-1660) stammt (S. 261 / [337]. Beide Gemälde haben die Unbestechlichkeit zum Thema.

173 Das heißt die Marmortafel mit den Kindern, die die Fische umfassen.

174 Zesen nennt es die Geheimschreiberei, Zesen, Amsterdam, S. 265 / [342]

175 Zesen, Amsterdam, S. 265 / [342] „Diese Sinnbilder zeigen an […] Verschwiegenheit und Treue."

176 Zesen, Amsterdam beschreibt das ausführlicher und bewundert die Kunst dieser Girlande. (S. 266 / [343])

177 Die Fälle werden durch Vermittlung statt durch ein Gerichtsurteil gelöst, siehe Zesen, Amsterdam, S. 273 / [351].

178 Eyl, S. 89 hat Ratten. Zesen, Amsterdam, hat ebenfalls Ratten, S. 273/ [352].

179 Zesen, Amsterdam, S. 277 / [357] sie müssen „ihres Vaters nahmen / samt der gebuhrtsstadt / ja ihrer wohnung selbsten / und was ihr thun ist/ auch die zahl ihrer jahre" angeben.

180 Eyl, S. 89 hat Schultheis.

181 Amphion hat gemäß der griechischen Mythologie mit seinem Bruder eine Mauer um Theben gebaut, war mit Niobe verheiratet.

182 Eyl, S. 91: Taglöhner.

183 Gemeint sind wohl die Zusammenkünfte der Kaufleute.

184 camelos ist ein dickes Seil. Der Fehler in der Übersetzung des griechischen kamilos als Kamel hat zu der berühmten Bibelstelle geführt, dass eher ein Kamel durch ein Nadelöhr als ein Reicher ins Himmelreich gelangt (Matt 19,24).

185 Batavia ist der alte Name der Niederlande.

186 Eyl, S. 97 nennt es die Schützengärten. Es wurde mit Bogen geschossen.

187 Die Verse stammen von Jost van Vondel. De complete werken van Joost van Vondel, Band 1, Hertogenbosch, Amsterdam 1870, S. 232. Übersetzung: Die Welt ist eine Schaubühne. | Jeder spielt seine Rolle und bekommt seinen Teil. (Zesen, Amsterdam, S. 625, Übersetzung F. van Ingen.)

188 Gemäß Zesen, Amsterdam, S. 365 / [466] handelt es sich um den Streit um den goldenen Apfel.

189 Die Verse stammen von Vondel (wie Anm. 187).

190 Eine Art Laute.

191 Der Text stammt ebenfalls von Vondel, in der Ausgabe (wie Anm. 187) leicht abweichend.

192 Übersetzung: Die Bienen laden hier das Edelste ab, was sie zusammen gelesen haben | Um den alten Stock zu ernähren und die elternlosen Waisen. (Zesen, Amsterdam, S. 625, Übersetzung F. van Ingen.)

193 Diese vier Zweizeiler befinden sich gemäß der Ausgabe (wie Anm. 187) auf dem Vorhang.

194 Eyl schreibt: „alles reimweisen" (S. 98).

195 Beschrijvinge (III, 172) hat klay, was Ton bedeutet.

196 Wie aus Beschrijvinge (III, 174) hervorgeht, ist vor allem verwundernswert, dass man so weit unten Moder (luti pulverulenti) und noch weiter unten Haare und Muscheln gefunden hat, was darauf hindeutet, dass der Grund einmal hier war und im Laufe der Zeit überschwemmt wurde.

197 Übersetzung: Drey Tage länger nicht / speiß ich der fremden Maul / Den vierdten jag ich aus / und leyde nichts was faul. (Eyl, S. 101)

198 Übersetzung: Hier traurt das Wäyslein mit Gedult / | Das Arm ist sonder seine Schuld / | und in der Armut solt vergehn / | Wo man ihm weigert beyzustehn; | So GOtt gesegnet euren Fuß / | tröst es mit eurem Uberschuß. (Eyl, S. 102. Eine freiere Übersetzung beider Gedichte findet sich bei Zesen, Amsterdam S. 289 / [372].)

199 Übersetzung: Kein Wäyslein ist nie so gequält / | Als dems am höchsten Vatter fählt; | Dem fehlts am höchsten Vatter nicht / | Der uns beyspringt weil uns gebricht: | Drumb schaut auf uns herab zugleich / | Der höchste Vatter helff auch euch. (Eyl, S. 103.)

200 Ergastulum heißt eigentlich Arbeitshaus, Eyl (S. 106) hat Zuchthaus.

201 Zesen S. 302 / [388] und die Eyl (s. 106) nennen es Rasp-Haus.

202 Übersetzung: Was niemand in die Zucht kan nehmen / | Das kan die Tugend stattlich zähmen. (Eyl, S. 107.)

203 Vielleicht ist gemeint, das Gewicht des zu webenden Baumwolltuches.

204 Zesen schreibt dies ironisch der Wunderwirkung des ehemaligen Klarissenkloster zu, in dem sich das Zuchthaus befindet (S. 304 / [390].

205 Murcia Göttin des Müßigganges und der Faulheit. Manchmal auch Übername der Venus.

206 Übersetzung: Das Böse räch ich nicht / ich zwinge nur mit Güte / |Voll Straff ist zwar die Hand / doch lieblich mein Gemüthe. (Eyl, S. 109)

207 Übersetzung: Die so mit Tollheit seyn begabt / | die werden hier mit Kost gelabt. (Eyl, S. 106.)

208 Siehe Joh. C. Breen, S. 202f. Die Sammlung des Theatrum Anatomicum hat der Chirurgen-Gilde gehört, wie Knorr oben Bl. 77v anmerkt. Zu dieser Sammlung besteht eine Liste von 1663. Eyl (S. 53ff.) hat ebenfalls eine Liste der Bestände, die sich auf die Anatomie beziehen.

209 Eyl erklärt noch, was ein Faultier ist (S. 112).

210 Eyl nennt es „Americanischer Schurtz der daselbst nackend gehenden Leute." (S. 113)

211 Eyl merkt an, dass sei der Fisch, der Jonas verschlungen habe (S. 114).

212 Conrad Gesner: Fischbuch, Bl. 66b schreibt, er habe den Namen von den vorderen Flossen, die wie Flügel aussehen.

213 Später wird er Klip-Korper genannt. Eyl merkt an: „werden in Holland Klip-Korper genannt, das ist Klipp-Karpen." (S. 114) Es wird auch gesagt, sie seien dreieckig. Es handelt sich um eine Art Delphine.

214 Eyl erklärt, dass sie mit dem Schwanz Geräusch mache (S. 114).

215 Eyl (S. 114) erklärt noch, dass sei einer, der dem Menschen Arme und Beine abbeiße und im Sturm seine Jungen verschlucke und sie dann wieder ausspeie.

216 Zesen, Amsterdam, S. 313 / [401f.] weist auf weitere Gegenstände hin, woraus

Breen (S. 205) schließt, dass sich Knorr da nicht lange aufgehalten hat. Das scheint mir ein zu weitgehender Schluss, weil wir nicht wissen, zu welchem Zweck das Manuskript hergestellt wurde. Siehe Einleitung.

217 Eyl übersetzt „pila" mit Picken, S. 117.

218 Eyl hat Hellebarde, S. 117.

219 Es handelt sich um Volkert Jansz (1610-1681), der die Sammlung seines Vaters Jan Volkertsz (1578-1651, eines Tuchhändlers fortführte. (Jorink, S. 311).

220 Bei Gessner, Fische, Bl. 40b, heißt der Fisch acus marinus und wird als Meernadel oder Hornfisch bezeichnet.

221 Gessner, Fische, Bl. 153r.

222 Vgl. Anm. 213.

223 Es handelt sich um den schon seit der Antike bekannten Fisch, der angeblich Schiffe aufhalten kann. Eyl erklärt, dass dies ein Irrtum sei, dass das Schiff durch Meeresströmungen aufgehalten werde (S. 117f.).

224 Wahrscheinlich handelt es sich um einen Orbis echinatus, wie ihn Gessner, Bl. 84v beschreibt. Jedenfalls schreibt Eyl, es handle sich um einen „Fisch Orbis genannt" (S. 118).

225 Zur Gattung der Meerhunde siehe Gessner, Bl. 80.

226 Equisetum marinum ist eine Art Koralle. Eyl (S. 119) nennt das Gewächs „ein See-Kraut [...] Katzenschweiff".

227 Es handelt sich wahrscheinlich um sogenannte Schneckenhörner.

228 Eyl bezeichnet Chama als Jakobs-Muschel, das ist im heutigen Sinn nicht richtig (S. 121).

229 Eyl schreibt: „geben dergleichen [Muscheln] etliche Mahler Johanni dem Täuffer in die Hand / wenn sie die Tauff Christi mahlen / da doch bey den Juden die Tauff nicht mit Begiessung deß Wassers / sondern mit Untertauchung unter das Wasser geschehen." (S. 121)

230 Gessner, Fische, verzeichnet 17 Arten von Conchae, diese kommt aber nicht vor.

231 Es handelt sich wahrscheinlich um die sogenannte Laterne des Aristoteles, den Kieferapparat des Seeigels.

232 Gessner, Fische, S. 150. Man vermutet heute, dass es sich um einen Tintenfisch handelt.

233 Es handelt sich um Muscheln, von welchem man glaubte, dass sich aus diesen Muscheln oder aus den Bäumen, an denen sie sich festhielten, Baumgänse entstehen. (Zedler, Bd. 1, Sp. 387f.) Vgl. Anm. 301.

234 Eyl fügt noch an: „ist eine der menschlichen Gestalt / nicht unähnliche Art von Fischen." (S. 123f.)

235 Gessner: Icones aves omnium ..., S. 20. Manucodiata sei ein indianisches Wort, welches avicula dei bedeute.

236 Glis ist eigentlich ein Siebenschläfer, „glis marinus" kommt nur in Raritätensammlungen vor, man vermutet, es handle sich um eine Wasserratte, aber die Beschreibung passt nicht dazu. Eyl nennt sie „See-Ratze" (S. 124).

237 Manati ist eine Seekuh, die in der Karibik und in Westafrika vorkommt.

238 Gemäß Zedler (2, Sp. 1776) ein Teil eines Apothekergewichts, also etwas sehr Leichtes, Kleines.

239 Eyl (S. 124f.) hat 150 Muscheln, die 1 und die 7 sind im Manuskript nicht immer eindeutig unterscheidbar.

240 Gessner, Fische, S. 17v. Eyl nennt „Meerschwalben" fliegende Fische (S. 126, 128).

241 Zedler, 18, Sp. 140.
242 Siehe Breen, S. 205.
243 Gessner, Fischbuch, Bl. 105a.
244 Siehe Anm. 225.
245 Gessner, Tierbuch, S. 158; Er gleiche dem gewöhnlichen Wolf.
246 Gessner, Fischbuch, S. 48b.
247 Siehe Anm. 240.
248 Zu Clusius, siehe Anm. 362 und Anm. 316.
249 Siehe Anm. 213.
250 Gessner, Fischbuch, S. 65v. ff. Es handelt sich um eine Art Rochen.
251 Manati siehe Anm. 237.
252 Die Beschreibung entspricht wörtlich Eyl, S. 130.
253 Siehe oben Anm. 237.
254 Coralloiden können Korallenschwämme oder Pilze sein. Es ist nicht klar, was ge-
     meint ist.
255 Siehe Anm. 223.
256 Glossopetra ist ein versteinerter Haifischzahn, was man aber 17. Jahrhundert nicht
     wusste, kommt bereits bei Plinius vor.
257 Eyl nennt den Stein Calsoe-Stein (S. 133). Calsoe ist ein Nephrit, eine Variante von
     Jade.
258 Den Ausdruck von Eyl (S. 133) übernommen, der Ausdruck kommt sonst nicht vor.
259 Gessner, Fischbuch, Bl. 75.
260 Gessner, Fischbuch, Bl. 155b.
261 Gessner, Fischbuch, Bl. 122b.
262 Katwijk ist ein Ort, nordwestlich von Leiden an der Nordsee.
263 Das halbwilde Tier kommt nur in Indonesien, hauptsächlich in Sulawesi vor.
264 So wird in der Antike und später eine zimtähnliche Pflanze, deren Blätter als Gewür-
     ze genutzt wurden, genannt.
265 Fehlt bei Eyl, S. 137.
266 Das Mineral Asbest, aus dem man angeblich Papier herstellte, wie ältere Lexika
     berichten.
267 Ich übernehme die Arten von Eyl, S. 139.
268 Es handelt sich um eine Art Opal.
269 Usnea ist eigentlich eine Flechte. Hier ist aber ein aus menschlichen Knochen ge-
     wonnenes Medikament gemeint.
270 Johannes Jacobsz Swammerdam ist der Vater des berühmten Insektenforschers Jo-
     hannes Swammerdam. Vgl. Jorink, S. 311ff.
271 Eyl: „ausser viel der jenigen, so oben bereits beschrieben worden." (S. 141f.) In der
     Tat werden gegenüber dem Manuskript von Knorr zahlreiche Objekte ausgelassen.
272 Ein Kuhstein ist ein mit einem Loch durchbohrter Stein.
273 Siehe Anm. 256.
274 Gemäß Zedler handelt es sich um den Deckel einer Seeschnecke (1, Sp. 296).
275 Gemäß Zedler (2, Sp. 1776f.) um einen wohlriechenden Gummi.
276 Zedler 1, Sp. 1040 s. v. Albschoß.
277 Zedler 2, Sp. 1949.
278 Zedler 4, Sp. 91.
279 Eine Art von Stockfisch (Gessner, Fischbuch, Bl. 39v.)
280 Eyl (S. 144) gibt das mit „Kindersachen" wieder.

281 Eyl (S. 144) schreibt, dass dies „schwartzen Borsten so dick als ein zimlicher eiserner Drat […] mit gutem *Succes* gebraucht werden in der *Anatomi*, bey Durchsu-
chung der subtilen Gänge deß menschlichen Leibs."

282 Julius Cäsar Scaliger: Exotericarum Exercitationum Libri XV. Paris 1576. Zahlreiche weitere Ausgaben.

283 Samuel Bochart: Hierozoicon, sive, bipertitum opus De animalibus Sacræ Scripturæ.
1. Teil, London 1663.

284 Wahrscheinlich: Gulielmi Pisonis Medici Amstelaedamensis De Indiae Utriusque
Re Naturali Et Medica Libri Quatuordecim. Amsterdam 1658. Eyl, S. 145 beschreibt auführlich wie die Katze fliegt.

285 Siehe Anm. 223.

286 Karl II., der 1660 den Thron bestieg.

287 Recte: Ie lai emprins. Deutsch: Ich habe es gewagt. Devise Karls des Kühnen.

288 Sagenhafter Stein, der im Kopf einer Schlange entstehen soll.

289 Wohl ein Papageientaucher.

290 Siehe Anm. 213.

291 Gessner, Fischbuch, Bl. 82v.

292 Eyl, S. 147 gibt ausführlichere Erklärung, woher die Hörner kommen.

293 Eyl, S. 148 erklärt, wie die Schnäbel in den Bernstein gelangen, Hinweis auf einen
andern in Hamburg.

294 Das tartarische Lamm oder Borametz ist ein Lamm, das auf einem hohen Stängel
wächst. Zedler 36, Sp. 795.

295 Siehe Breen, S. 206f. Sein Vater war Generalgouverneur von Niederländisch Indien.

296 Eyl detailliert nichts zu den Bildern.

297 Die Abbildung befindet sich in: Fortunio Liceti: Allegoria peripatetica de generatio-
ne […] in Aristotelicum aenigma: Elia Lelia Crispis. Passau 1630, 276.

298 Eisleben im Ostharz, war schon im 16. Jh. bekannt für Versteinerungen.

299 Die niederländische Übersetzung liest «tromatarii», was sicher falsch ist, und übersetzt mit Chirurg. Ich lese Aromatarij, was ein Gewürzhändler, ein Drogist oder
Apotheker sein kann. Nach der Ausrichtung seiner Sammlung zu schließen ist er am
ehesten ein Drogist. Breen hat nichts über ihn gefunden.

300 Gemäß Zedler (19, Sp. 1142) „ein Gewächs in Form einer Hand."

301 Vielleicht handelt es sich um das Bild des Ententragenden Baums bei Ulysses Aldrovandi: Historiam Naturalem […] De Reliquis Animalibus exanguibus, utpote De
Mollibus, De Crustaceis […]. Frankfurt 1623, S. 176.

302 Rembert Dodoens (1516-1585) schrieb ein berühmtes Kräuterbuch. In der Beschreibung von Leiden wird sein Grabmal erwähnt, siehe unten Bl. 114r.

303 Bei Blatta Bycantina handelt es sich um den wohlriechenden Deckel einer Muschel
oder der Purpurschnecke.

304 Es handelt sich auch um eine Art Muscheln.

305 Eyl, S. 114: „Zwey Schwein-Fische *Porci* genannt / sind gantz dreyeckigte Fisch /
werden in Holland Klipp-Karpen genannt." Vgl. Anm. 213.

306 Caspar Schott: Physica curiosa,: sive mirabilia naturae et artis libris XII. Würzburg
1662, Band 2, S. 1374-1376, mit Abb. S. 1375. Ob Knorr nur auf die Abbildung verweisen will oder auf die Erklärung des Namens, welcher von Eyl so wiedergegeben
wird, ist unklar: „soll sich von den Indianern abrichten lassen zum Fischen / also
daß er ein Theil Fische einschluckt / hernach ans Land schwimmet / und dieselbigen
wieder ausspeyet." (S. 255)

307 Siehe Anm. 291.
308 Siehe Anm. 256.
309 Siehe Anm. 213.
310 Ort an der indischen Küste.
311 Eine Meeresschnecke, siehe Zedler Bd. 7, Sp. 584.
312 Frucht einer indischen Palme.
313 Hausen sind Fische, die in der Donau vorkommen (Gessner, Fischbuch, Bl.186a).
314 Es handelt sich um ein Harz, das in der Medizin gebraucht wird.
315 Vgl. Anm. 237.
316 Caroli Clvsii Atrebatis, Aulae Caesareae quondam Familiaris, Exoticorvm Libri
     Decem. Antwerpen 1605, vielleicht bezieht sich die Angabe auf den ganzen Ab-
     schnitt. Bei Clusius hat es sehr viele Abbildungen.
317 Ernst Roeters war ein Schöppe und gehörte auch anderen Gremien an. Siehe Breen,
     S. 205.
318 Heute wird die Gattung als Oleander Nerium bezeichnet.
319 Vielleicht Isaac van Heuvel (1640-1686), ein Advokat, siehe Breen, S. 207.
320 Windenartige Pflanze aus Südeuropa.
321 Zedler, Bd. 1, 453, es handelt sich um eine Zitrusfruchtbaum.
322 Es handelt sich auch um eine Zitrusfrucht, deren Früchte aber süßer seien als die
     Orangen (Zedler, 28, Sp. 1369). Siehe noch heute den Ausdruck Apfelsine für Orange.
323 Siehe Anm. 306.
324 Zesen, Amsterdam, S. 374f. / [479] hat zum Teil dieselben Namen für das Jahr 1663.
325 Zesen, Amsterdam, nennt die Kommissare «Befehlichte», S. 379f. / [484f.]
326 Zesen, Amsterdam, S. 374, [478] nennt ebenfalls diesen Namen.
327 Zesen, Amsterdam, S. 380 / [485] nennt sie Worthalter und erklärt, das seien
     „sold-ziehnde Rahtsleute", darum Pensionäre.
328 Der Text folgt hier mehr oder weniger wörtlich dem Commentariolus, 1659, Kap.
     23, S. 95ff. Siehe Anm. 329.
329 Commentariolus 1659, Kap. 25: De Collegiis Societatum Vtriusque Indiae, quibus
     in Orientem atque Occidentem navigatur.
330 Philipp Caesii à Zesen: Leo Belgicus. Amsterdam 1660. Dt: Niederländischer Leue:
     […]. Nürnberg 1677.
331 Sarazenenkrieg: ein Krieg im Zusammenhang mit den Kreuzzügen im 12. Jh., in
     dem die Christen Damiata, eine Stadt in Ägypten eroberten.
332 Boxhorn: Theatrum, S. 128.
333 D. h. mit beweglichen Lettern.
334 Die Inschrift bei Hegenitius, S. 87f. Die Verse stammen von Peter Scriverius (Pieter
     Schrijver). Sie stammen wahrscheinlich von einem Porträt von Laurentius Coster.
     http://kk.haum-bs.de/?id=koning-c-ab3-0004.
335 Es gab einen Streit, ob Laurentius Coster oder Gutenberg das erste Buch mit beweg-
     lichen Lettern gedruckt habe. Dabei geht es um die sogenannte 27-zeilige Ausgabe
     der Grammatik des Aelius Donatus. Siehe auch Boxhorn, Theatrum, S. 137f. der
     noch mehr Beispiele anführt.
336 Die Chronica van der hilliger Stat Coellen. Mainz 1499. Das Zitat ist sehr verbreitet
     und findet sich u. a. auch in: Hegenitius, S. 89.
337 Das Zitat findet sich mehrfach, z. B. bei Hegenitius, S. 89. Accursius, der sich selbst
     als Herausgeber betätigt hat, schreibt, der frühe niederländische Druck sei ein Tafel-
     druck gewesen. Siehe den Auszug zum Thema bei Eyl, S. 311f.: „Auf Befragen, wie

es eigentlich mit Erfindung der Druckerey bewandt / antwortet der Herr *Proponent*:
Es seye nicht ohn / daß allhier zu Harlem der erste Grund zu dieser Kunst möge
geleget worden seyn / doch nicht wie man sie itzund braucht / sondern es hab der
obgedachte vornehme Burger zu Harlem / Laurentius Coster genannt / den Donaten
zu erst gleichsam auf Kupffersetcher Art / in hültzerne Tafeln geschnitten / und also
drucken lassen / davon hernach Johannes Faust / ein Burger zu Meintz die Erfindung
gebessert / und die itzige Metallene Schrift erfunden." (Eyl, S. 312.).

338 Maarten van Hemskeerk (1498-1574), eigentlich Martin van Veen.

339 Prinz Wilhelm I. von Oranien (1533-1584), der die Spanier besiegte.

340 für Dirk.

341 Das Gedicht wird in verschiedenen Publikationen im 18. Jh. abgedruckt, u. a. in:
Matthäus Brouerius von Nidek: Kabinet van Nederlandsche en Kleefsche outheden
[...]. Amsterdam 1727, S. 72. Die Inschrift befinde sich auf einer Kupfertafel, die
aus einem aufgehobenen ehemaligen Kloster der Dominikaner stammen soll. Es
geht darum, dass ein 111 Jahre alter Mann eine junge Frau heiraten will, er sagt, man
solle die 100 Jahre weglassen, dann sei er jung genug zum Heiraten. Sie hätten noch
20 Jahre gelebt.

342 Eyl, S. 314. Bei Hegenitius und Zeiller wird dieses Haus nicht erwähnt.

343 Wahrscheinlich handelt es sich um ein Himmelbett.

344 Eyl (S. 326) nennt sie Spitalkirche.

345 Bedeutung nicht ermittelt. Stercorarium bedeutet Mist.

346 Eigentlich Ludolf van Ceulen (1540-1610). Er ist noch heute berühmt, weil er die
Kreiszahl π auf 35 Stellen genau berechnete. Eyl (S. 326) schreibt, dass auf seinem
Grabstein diese Zahl eingemeißelt ist und gibt die Zahl auch wieder, welche er ev.
auch einem Buch hat. Ludolf van Ceulen: Van den Cirkel. Delft 1596 ist in der
Palatinischen Bibliothek (wohl aus Sulzbach) vorhanden. BSB München: urn:nbn:-
de:bvb:12-bsb10147857-3

347 Hegenitius, Itininerarium, S. 114. Franz Junius der Ältere (1545-1602), evangelischer Theologe. Chronogramm, welches wohl das Todesdatum ergibt.

348 Johannes Heurnius (Jan van Heurne) (1543-1601). Professor der Medizin und
sechsmal Rektor an der Universität Leiden. Hegenitius: Itinerarium, S. 115.

349 Gerardus Bontius (1527-1599). ADB gibt an, er sei 1539 geboren, das stimmt aber
nicht mit der Grabschrift überein, wenn er 1599 gestorben ist und 72 Jahre alt geworden ist, muss er 1527 geboren sein.

350 Johann Holmann der Jüngere (gest. 1586) war Geistlicher, galt als Kryptocalvinist
und war angefochten, kam 1581 nach Leiden als Professor für Theologie, verheiratet
mit Beke von Edenbüttel aus Stade.

351 Das hier nicht wiedergegebene Gedicht ist Hegenitius, S. 116ff. abgedruckt. Nach
Hegenetius' Transkription ist die Inschrift in Majuskeln.

352 Thomas Erpen (1584-1624) war ein Orientalist, der sowohl eine arabische wie eine
hebräische Grammatik veröffentlicht hat. Seine arabische Druckerei wurde von seiner Witwe Jacomine Buyes fortgeführt. Siehe den anschließenden Text.

353 Bei Hegenitius folgt nur ein Epitaph auf Andreas Bachaerius.

354 Siehe Anm. 302.

355 Wahrscheinlich Johannes und Jakob Polyander, Theologen. Der Text des Epitaphs
fehlt.

356 Antonius Thysius der Ältere (1665-1640). Er war ab 1619 Professor für Theologie
an der Universität Leiden.

357 Die Pankratius-Kirche war die lutherische Kirche.

358 Adriaen Pietersz van der Werf, von dem es die Legende gibt, er habe dem hungernden Volk seinen Körper zur Verfügung gestellt. Der Name Werdenhagen dürfte eine Verwechslung sein (derselbe Fehler bei Eyl, S. 327), so hieß ein Syndicus von Magdeburg im Dreißigjährigen Krieg.

359 Es ist nicht klar, ob hier Orgeln oder Glockenspiele gemeint sind. Wenn er Orgeln meint, schreibt Knorr eigentlich nur „organa". Auf der anderen Seite hat Eyl, S. 327 Orgeln. In der Pankratiuskirche hatte es eine Orgel mit 24 Register.

360 Hegenitius, S. 99. Es handelt sich um Joseph Justus Scaliger (1540-1609), er war ein bedeutender Philologe, Sohn von Julius Cäsar Scaliger.

361 Bei Hegenitus (S. 100) heißt es, dies stehe „in extrema parta lapidis sepulchralis." Der Spruch ist in zwei Zeilen angeordnet.

362 Carolus Clusius eigentlich Charles de l'Écluse (1526-1609). Er war ein bedeutender Botaniker, der 1593 als Professor für Botanik an die Universität Leiden kam, wo er auch den botanischen Garten einrichtete. Siehe auch Anm. 316.

363 Hier beginnt das Chronosticon, das über sechs Verse die Jahreszahl 1574 ergibt, das Jahr der Belagerung Leidens. Das Chronosticon ist aufgelöst in: Adrianus Severinus: Oorspronckelijke beschrijving van de belegering en 't ontzet der stad Leiden. [...] 1674, S. 133.

364 Lucas van Leyden (1494-1533). Die Bemerkung zur Belagerung der Stadt dürfte ein Irrtum sein, diese wurde erst 1574 belagert.

365 Mythischer Führer der Angelsachsen, welcher in Großbritannien einfiel.

366 Mit einem Quadranten, der die Form eines Viertelkreises hat, konnte man die Höhenwinkel und die Position der Gestirne ermitteln.

367 Dazu siehe Jorink, S. 279ff.

368 Wörtlich bei Hegenitius, S. 104.

369 Die Liste ist größtenteils in Eyl enthalten.

370 Siehe Anm. 316.

371 Siehe Anm. 213.

372 Der Vogel wurde erst 1648 zum ersten Mal beschrieben in der Historia naturalis Brasiliae (Leiden 1648) von Willem Piso und Georg Marggraf.

373 Siehe Anm. 223.

374 Gessner nennt ihn Igelfisch bzw. Muricatus, Bl. 84v.

375 Toupan ist bei den Völkern Südamerikas ein Gott. Vielleicht ist Tukan gemeint. Jedenfalls wird ein Tukan in der Sammlung von Amsterdam (Bl. 106r] genannt.

376 Eyl übersetzt Idol immer mit 'Götzenbild'.

377 Vielleicht ein Pottwal.

378 Acus ist in Gessners Fischbuch eine Meernadel.

379 Ficus indicus sylvestris ist ein Baum, dessen Äste sich niederbeugen und neue Wurzel machen, wodurch der Stamm aus vielen kleinen Stämmen besteht. (Johann Adolph Hildt: Beschreibung in- und ausländischer Holzarten [...]. Teil 2, Weimar 1799, S. 95f.

380 Kasuar, ein im Fernen Osten vorkommender, aggressiver Vogel.

381 Siehe Anm. 305

382 Eyl, S. 340 hat Rehböcklein.

383 Nicht ermittelt. Ignavus heißt faul, träge, vielleicht ein Faultier.

384 Siehe Anm. 381.

385 Tappiseri nicht ermittelt.

386 Niederländisch für Ameisenfresser.
387 Ein Leguan.
388 Altrovandi: Siehe Anm. 301.
389 Siehe Anm. 256.
390 Es handelt sich um eine Liane.
391 Eyl, S. 341, übersetzt die Ausdrücke nicht. Pindovas ist eine Palmenart.
392 Eine solche Abbildung findet sich in: Daniel Becker: Cultrivori Prussiaci Curatio singularis. [...] Leiden 1640.
393 Siehe Anm. 233.
394 Wohl ein Schakal.
395 Es handelt sich um eine papierne Notmünze. J. P. C. Rüder: Versuch einer Beschreibung derer seit einigen Jahrhunderten geprägten Nothmünzen. Halle 1791, S. 26.
396 Eyl, S. 342f. beschreibt, was da zu sehen ist.
397 Wahrscheinlich Antonius Thysius der Jüngere (1603-1665).
398 Eyl, S. 348: „Es hat Herr Scaliger viel Hebraische Bücher hinein gegeben / auch sind darinnen viel *Manu Scripta* aus der Bibliotheca Herrn *Bonaventuræ Vulcani*, wie diejenigen so Herr *Golius* mit aus der Levante gebracht." Bonaventura Vulcanius (1538-1614) lehrte in Leiden Griechisch und Latein. Jacob Golius (1596-1667), bedeutender Orientalist, lehrte an der Universität Leiden.
399 Das Wort subajarius findet sich in keinem Wörterbuch, dass es sich um die Bierbrauer handeln muss, zeigt sich in Commentariolus, S. 105, wo der Ausdruck: cerevisiae coctores gebraucht wird.
400 As ist eine Bronzemünze.
401 Der Commentariolus, S. 105 kommentiert: das Maß ist doha, welches sie „vulgo" Amen nennen.
402 Aus dem Commentariolus, S. 105 geht hervor, dass ein „stopa" dasselbe ist wie eine „amphora", die man „vulgo" Stoopen nenne.
403 Commentariolus merkt an, S. 106 „impost van te ronde maaten", dieses werde für alles, was eine runde Form wie Getreide, Salz usw. habe, gebraucht.
404 Cespitum heißt Rasenziegel, da es zusammen mit Kohle genannt wird, handelt es sich wohl eher um Torf. Die Stelle stimmt mit Commentariolus, S. 106 überein.
405 Mit Tonne ist wohl ein Hohlmass gemeint, siehe Anm. 115.
406 Commentariolus präzisiert, es handle sich um Flandrische Pfund, 1 florentinische Pfund habe sechs flandrische Pfund.
407 Commentariolus erklärt ausführlich, worum es sich handelt, offenbar eine Art Stempelsteuer.

Anhang

Im Kommentar abgekürzt zitierte Literatur:

Allgemeine Schatzkammer der Kaufmannschaft. [...] Leipzig 1641.

Beschrijvinge Leiden: I. I. Orlers: Beschrijvinge der Stadt Leyden. [...] Leiden 1641.

Beschryvinge: Beschryvinge van Amsterdam [...]. Amsterdam 1665.

Boxhorn: Marcus Zuerius Boxhorn: Theatrum Hollandiae [...]. Amsterdam 1632.

Breen: Joh. C. Breen: [Einleitung zum Itinerarium.] In: Veertiende. Jaarboek van het Genootschaap Amstelodamum 1916, S. 201-256.

Commentariolus: Commentariolus de statu confoederatarum proviniciarum Belgi. Editio quinta. Den Haag 1659. Aufgrund der Kapitelangaben muss Knorr diese Ausgabe benützt haben.

Dom Magdeburg: Anonymus: Eigentliche Beschreibung Der Welt-berühmten Primat-ErtzBischofflichen Dom-Kirchen zu Magdeburg/ Dero Fundation, Raritäten und Zierath / sambt einem vollständigem Catalogo aller Ertz-Bischöffe/ Ihres Lebens/ Regierung und Todes. Magdeburg 1671. (VD17 14:075914N) Die Seitenzahlen in [ ] beziehen sich auf den unpag. Scan.

Eyl: Christoph Abraham von Eyl: Parisische Conferentzen, Darinnen [...] eine [...] Namen-Tafel Uber alle Provintzien / Städte /Vestungen und Oerter der vereinigten Niederlande. [...] Sulzbach 1672.

Fuchs, Amsterdam: Arnold Fuchs: Aus dem Itinerarium des Christian Knorr von Rosenroth. Met eene inleiding en eene hollandsche vertaling van den Latijnschen tekst door Dr. Joh. C. Breen. In: Veertiende Jaarboek van het Genootschaap Amstelodamum 1916, S. 201-256.

Fuchs, Hamburg: Arnold Fuchs: Aus dem Itinerarium des Christian Knorr von Rosenroth. (Übersetzung Hermann Joachim). In: Zeitschrift des Vereins für Hamburgische Geschichte 24, 1921, S. 87-139.

Fuchs, Magdeburg: Arnold Fuchs: Aus dem Itinerarium des Christian Knorr von Rosenroth. In: Geschichts-Blätter für Stadt und Land Magdeburg 1914 /15, S. 2-12.

Gessner Fischbuch: Conrad Gessner: Gessner, Conrad: Fischbuch, Das ist, Außführliche beschreibung vnd lebendige Conterfactur aller vnnd jeden Fischen [.... Jetzt aber an vielen Orthen gebessert, Frankfurt am Main 1598. (VD16 G 1743)

Gessner Thierbuch: Conrad Gessner: Thierbuch. Das ist ein kurtze beschreybung aller vierfüssigen Thieren, [...]. Zürich, 1583. (VD16 G 1729)

Hegenitius, Itinerarium: Gottfried Hegenitius: Itinerarium Frisio-Hollandicum [...]. Leiden 1630.

Höveln, Hamburg: Conrad von Höveln: Der Uhr-Alten Deutschen Grossen [...] Stadt Hamburg [...] Hoheit [...]. Lübeck 1668.

Jorink: Book of Nature. Eric Jorink: Reading the Book of Nature in the Dutch Golden Age (1575-1715). Leiden, Boston 2010 (Brill Studies in Intellectual History, 191).

Limnäus, Hamburg Johannes Limnäus: Tomus tertius Juris publici Imperii romanogermanici. Augsburg 1657. (Hamburg, Buch VII, Kap. 23)

Limnäus, Magdeburg: Johannes Limnäus: Tomus quartus Juris publici Imperii romanogermanici. Strassburg 1666. (Magdeburg, Buch VII, Kap. 31, S. 253-254)

Lindgren, Uta: De Magnete. In: Morgen-Glantz 13, 2003, S. 137-147.

Vileno / Wilkinson: Anna Maria Vileno und Robert J. Wilkinson: Die Peshitta von 1684 im Kontext des Werks von Christian Knorr von Rosenrothals Beitrag zu einem „kabbalistischen" Christentum. In: Morgen-Glantz 28, 2018, S. 201-230.

Zeiller: Saxonia superiora: Martin Zeiller: Topographia Superioris Saxoniae. Frankfurt / Main 1650.

Zeiller: Saxonia inferiora: Martin Zeiller: Topographia Saxoniae Inferioris [...] Frankfurt / Main 1653.

Zesen, Amsterdam: Philipp von Zesen: Beschreibung der Stadt Amsterdam. Bearbeitet von Ferdinand van Ingen. Berlin, New York 2000 (Philipp von Zesen: Sämtliche Werke, Bd. 16). in eckigen Klammern die Seiten des Neudrucks.

LAURA BALBIANI

Christian August und Johann Ludwig von Sulzbach auf Bildungsreise

mit Edition des handschriftlichen Reiseberichts (1642-1643)

1.1   Die Sulzbacher Prinzen auf Bildungsreise

Als Krönung und Abschluss der Erziehung von Prinzen und Adligen war eine längere Bildungsreise vorgesehen, die den Erwerb einer höfischen und geistigen *nobilitas* als Ziel hatte und ihrer Erziehung den letzten Schliff geben sollte – nach dem neuen Ideal des *cortegiano*, der nicht nur humanistisch gebildet ist, sondern auch staatspolitische Klugheit und

Welterfahrung besitzt.[1] Zu diesem Zweck wurden unterwegs sowohl körperliche Fähigkeiten als auch geistige Bildung gepflegt, indem man die Reise (die sich auf mehrere Jahre erstreckte) mit dem Aufenthalt in renommierten Ritterakademien und dem Studium an berühmten Universitäten verknüpfte. Sie markierte gleichzeitig den offiziellen Eintritt des jungen Reisenden in die Welt des herrschenden Adels, indem er an angesehenen ausländischen Höfen auftrat und sich dort höfisches Verhalten und Herrschaftswissen aneignete.[2] Vor allem beim hohen Adel stellte der Besuch der bedeutendsten europäischen Fürstenresidenzen den Schwerpunkt der Kavalierstour dar: Wien, Rom, Neapel (als Ersatz für den spa-

---

1 Die Literatur zum Thema ‚Bildungsreise in der frühen Neuzeit' ist unerschöpflich, deshalb verzichte ich auf einen allgemeinen Forschungsüberblick und verweise nur auf einige Standardwerke, die sich speziell mit dem 17. Jahrhundert befassen, wie Gian Paolo Brizzi: La pratica del viaggio d'istruzione in Italia nel Sei-Settecento. In: Annali dell'Istituto italo-germanico 2 (1976), S. 203-291; ders.: La formazione della classe dirigente nel Sei-Settecento. I „seminaria nobilium" nell'Italia centro-settentrionale. Bologna 1976; Jörg Jochen Berns: Peregrinatio academica und Kavalierstour. Bildungsreisen junger Deutscher in der frühen Neuzeit. In: Rom – Paris – London. Erfahrung und Selbsterfahrung deutscher Schriftsteller und Künstler in den fremden Metropolen. Hg. von Conrad Wiedemann. Stuttgart 1988, S. 155-181; Antje Stannek: Telemachs Brüder: die höfische Bildungsreise des 17. Jahrhunderts. Frankfurt/New York 2001 (Geschichte und Geschlechter 33); Mathis Leibetseder: Die Kavalierstour: adlige Erziehungsreisen im 17. und 18. Jahrhundert. Köln u.a. 2004 (Archiv für Kulturgeschichte, Beiheft 56); Grand Tour. Adeliges Reisen und europäische Kultur vom 14. bis zum 18. Jahrhundert. Akten der internationalen Kolloquien in der Villa Vigoni 1999 und im Deutschen Historischen Institut Paris 2000. Hg. von Rainer Babel. Ostfildern 2005; Eva Bender: Die Prinzenreise: Bildungsaufenthalt und Kavalierstour im höfischen Kontext gegen Ende des 17. Jahrhunderts. Berlin 2011; Sabine Kolck: Bayerische und pfalz-neuburgische Prinzen auf Reisen: Kavalierstouren weltlicher und geistlicher katholischer Prinzen vom Ende des 16. bis zur Mitte des 18. Jahrhunderts im Vergleich. [Diss.] Münster 2010; Markus Bötefür: Reiseziel ständische Integration: biographische und autobiographische Kavalierstourberichte des 17. und 18. Jahrhunderts als Quellen der deutschen Kultur- und Mentalitätsgeschichte. [Diss.] Essen 1999; Andrea Voß: Reisen erzählen. Erzählrhetorik, Intertextualität und Gebrauchsfunktionen des adligen Bildungsreiseberichts in der Frühen Neuzeit. Heidelberg 2016.

2 Thomas Freller beschreibt die breit aufgefächerte Palette der ‚Kavaliersfächer': An den Universitäten studierten aristokratische Reisende und künftige Funktionsträger am Hof vorwiegend Rechts- und Staatswissenschaften, Politik und Moral; körperliche ‚Exercitien' wurden in den Ritterakademien gepflegt (Fechten, Tanzen, Reiten, Jagen, Musizieren und Zeichnen) und hinzu kam die ‚Conduite', „worunter man das Beherrschen von protokollarischen Abläufen, Komplimente, Dispute, Besuche und Gegenbesuche, das Auftreten und repräsentative Einkleiden verstand". So Freller: Adlige auf Tour. Die Erfindung der Bildungsreise. Ostfildern 2007, S. 8.

nischen Hof in Madrid) und Paris waren die bevorzugten Stationen. In dieser Hinsicht hatte die Reise eine ‚identitätsstiftende' Funktion, indem der junge Prinz seine Zugehörigkeit zur führenden Elite Europas durch das Zusammentreffen mit den Standesgenossen deutlich wahrnehmen sollte. Die Reise stellte also eine Art ‚Einweihung' in die Welt der Regenten dar; man profilierte sich im Verhältnis zu denjenigen, die später Verbündete, Gegner oder Gesprächspartner auf der europäischen geopolitischen Karte sein würden.[3]

Für längere Aufenthalte wählte man einen Ort, wo es eine international renommierte Hochschule gab, oder wo die Landessprache besonders rein und elegant gesprochen wurde (Orléans; Florenz oder Siena). Die künstlerische und zeremonielle Dominanz der italienischen Hofkultur war überall anerkannt, so dass Italien, mit seinen zahlreichen Fürstenresidenzen und den hoch angesehenen Universitäten, ein besonders beliebtes Ziel darstellte.

Im Falle von Christian August musste die große Reise mehrmals verschoben werden: nicht nur wegen des langjährigen Krieges, der ganz Europa in ein Schlachtfeld verwandelt hatte, sondern auch aus familiären Gründen. Pfalzgraf August, sein Vater, war am 14. August 1632 frühzeitig verstorben, die Kinder waren den Onkeln[4] anvertraut worden und der

---

3   Das alles trug zur Persönlichkeitsbildung bei, wie die damalige Apodemik betonte: Die Erfahrung fremder Territorien vermittelte den Reisenden ein Verständnis für die Unterschiede zwischen den Menschen und beförderte das politische Urteilsvermögen. Vgl. u.a. Johann Henner: Politischer Discurs de arte apodemica, seu vera peregrinandi ratione. Tübingen 1609; Bötefür: Reiseziel ständische Integration (wie Anm. 1), S. 83-84.

4   Die testamentarisch eingesetzten Vormünder waren Pfalzgraf Johann Friedrich von Hilpoltstein, Herzog Friedrich III. von Holstein-Gottorf und Markgraf Georg Friedrich von Baden-Durlach. Um die Erziehung Christian Augusts und seiner Geschwister kümmerte sich an erster Stelle Herzog Friedrich von Holstein-Gottorf, der sie mit den eigenen Kindern in Husum erziehen ließ. Vgl. Manfred Finke: Sulzbach im 17. Jahrhundert. Zur Kulturgeschichte einer süddeutschen Residenz. Regensburg 1998, S. 12-61. Über Sulzbach und seine Regenten verweise ich weiter auf die einschlägigen Studien, u.a. Klaus Jaitner: Der Pfalz-Sulzbacher Hof in der europäischen Ideengeschichte des 17. Jahrhunderts. In: Wolfenbütteler Beiträge 8 (1988), S. 280-310; Helmut W. Klinner: Die Anfänge Christian Augusts von Sulzbach bis zum Regierungsantritt im Jahre 1645. [Mag.] München 1984; Georg Christoph Gack: Geschichte des Herzogthums Sulzbach nach seinen Staats- und Religions-Verhältnissen, als wesentlicher Beitrag zur bayerischen Geschichte. Leipzig 1847; „Die Mitten im Winter grünende Pfalz". 350 Jahre Fürstentum Pfalz-Sulzbach. Sulzbach-Rosenberg 2006.

elende Zustand der Sulzbacher Erbämter, über den sich die vormundschaftlichen Räte mehrmals beklagten, machte es nicht möglich, die nötigen Ressourcen für ein so kostspieliges Unternehmen aufzutreiben.
Dennoch gelang es den Onkeln, nach wiederholten Versuchen die Geld-
mittel für eine standesgemäße Ausbildung zu finden, für die sich Herzog
Friedrich von Holstein-Gottorf sehr einsetzte. Er berichtete, Christian
August sei „gahr begierig", auf Reisen zu gehen; er versprach, ihn auf
allen Weisen zu unterstützen und drängte den zweiten Vormund dazu.[5]

Am 2. November 1641 konnte Christian August schließlich dem
Hilpoltsteiner Onkel schreiben, dass die lang erwünschte Reise im kommenden Frühling stattfinden würde; der Hofmeister sei angestellt und
Onkel Friedrich habe schon 2.500 Taler für den ersten Teil der Reise
beiseitegelegt. Und obwohl meistens nur der Stammhalter eines regie-
renden Hauses mit den nötigen finanziellen Mitteln für die Reise rechnen
konnte, schafften es die Vormünder trotz hoher wirtschaftlicher Belas-
tungen, nicht nur Christian August sondern auch den zweitgeborenen
Johann Ludwig auf die ‚große Tour' zu schicken. So konnten beide Brüder die lang ersehnte Reise zusammen unternehmen, die sie in den folgenden zwei Jahren (vom April 1642 bis Juli 1644) an die bedeutendsten
europäischen Höfe führen sollte.

Wie es damals üblich war, verfertigte Onkel Friedrich eine *Instruc-
tion*, die die wichtigsten Anweisungen für die Reise enthielt und dem
Hofmeister mitgegeben wurde. Sie diente als eine Art Vertrag, der die
Rahmenbedingungen der Reise und die Aufgaben und Befugnisse des
Hofmeisters vorschrieb, und wurde meistens der Bestallungsurkunde
beigelegt. Das Schriftstück ist als Vertrag sehr konventionell und mit den
üblichen Floskeln verfasst, es gibt jedoch aus einem sehr konkreten
Blickwinkel Auskunft bezüglich bildungs- und erziehungsgeschichtli-

---

5   Zusammen mit seinem Onkel bemühte sich Christian August, die für die Reise nö-
     tigen Ressourcen aufzutreiben und suchte das Einvernehmen der vormundschaftli-
     chen Regierung einzuholen, da die Reisegelder zum Teil aus den Erbämtern, u.a.
     aus dem Jülicher Deputat, kommen sollten. Aus den Antwortbriefen des Kanzlei-
     rates Andreas Ludwig Schopper geht deutlich hervor, dass die Erbämter unter den
     Verwüstungen des Krieges und den ständigen Einquartierungen so arg gelitten hat-
     ten, dass man aus ihren Mitteln die Reise nicht finanzieren konnte. Vgl. Klinner:
     Die Anfänge (wie Anm. 4), S. 53-57. Man versuchte auch, die Reise durch Erwerb
     des Bremer Kanonikats zu finanzieren – dazu Franz-Dietrich Buttgereit: Der Sulz-
     bacher Pfalzgraf Christian August als Mitglied des Bremer Domkapitels. In: Mor-
     gen-Glantz 22 (2012), S. 181-214.

cher Fragestellungen.[6]

Welche Orte man besuchte, war nach Vermögen, Epoche, Nationalität und Konfession unterschiedlich. Da sich jedoch solche Bildungsreisen durch das 16. und 17. Jahrhundert vervielfacht hatten, hatte sich ein Kanon herausgebildet, der durch eine blühende Reiseliteratur befestigt und zum Standard geworden war. Reiseberichte, Reiseführer, einschlägige Werke, die den Sehenswürdigkeiten einer bestimmten Stadt gewidmet waren, regten die *curiositas* des Reisenden an und versorgten ihm mit Grundwissen über die fremde Welt und mit praktischen Informationen über Straßen und Verkehrsmittel; die apodemische Literatur lieferte die reisetheoretische Grundlage und zahlreiche Ratschläge über Vorbereitung und Verhaltensregeln.

Auch die Reise von Christian August und Johann Ludwig bewegte sich auf diesen schon bewährten Bahnen. Das spiegelt sich auch in ihrem Reisebericht wider, der den ersten Teil der Reise (von der Abfahrt von Husum, am 23. April 1642, bis zum 3. Februar 1643, der Rückkehr nach Padua nach vollbrachter Italientour) ausführlich dokumentiert.[7]

Im 17. Jahrhundert war es üblich, dass man unterwegs ein Reisetagebuch führte. Wenn es sich um eine Kavaliers- oder Bildungsreise handelte, wie in diesem Fall, dienten die Aufzeichnungen privaten Zwecken. Die jungen Reisenden und der sie begleitende Hofmeister hatten die Pflicht, die Eltern bzw. Vormünder über den Verlauf der Reise zu informieren und das nur handschriftlich überlieferte Reisetagebuch zirkulierte höchstens innerhalb der Familie und des Freundeskreises. So waren beide Brüder mit Schreibtafeln versehen, auf die sie unterwegs Namen, Ortschaften, wichtige Informationen notierten; aus diesen Notizen wurde dann, während einer längeren Pause der Reise, einen zusammenhängenden Bericht verfasst – meistens oblag diese Aufgabe nicht

---

6   „Instruction Bey Ihren K.K. M.M. Pfaltzgraffen Christiani Augusti und Johan Ludwigs […] Raise nach Italien und Frankreich dehren hoffmeistern mitgegeben. Im Februario 1642" (Landesarchiv Schleswig-Holstein, Abt. 7, Nr. 1364), ediert in Laura Balbiani: Die ‚Instruction' zur Kavaliersreise von Christian August und Johann Ludwig von Sulzbach. In: Morgen-Glantz 25 (2015), S. 279–310.

7   Nach einem zweiten, längeren Aufenthalt in Padua, wo sie ihre Studien weiter betrieben, setzten CA und JL ihre Reise fort. Am 9. August 1643 verließen sie Padua, reisten durch die Toskana und schifften sich in Livorno nach Frankreich ein, wo sie mehrere Monate verbrachten (Hauptstationen: Montpellier, Orléans, Lyon und Paris). Im Mai 1644 fuhren sie durch die Vereinten Niederlanden wieder nach Gottorf zurück, wo sie am 15. Juni 1644 glücklich und gesund eintrafen. Von diesem zweiten Teil der Reise ist kein Bericht überliefert.

dem Adligen selbst, sondern einem seiner Begleiter.[8]

Die damalige Apodemik lieferte genaue Anleitungen, was beobachtet werden sollte, und die sehr detaillierte Liste von Gegenständen, die im Reisebericht aufgenommen werden mussten, überschattete oft die wirklichen Interessen der Reisenden, die sich beim Schreiben den in den Reiseführern vorgeschlagenen Richtlinien anpassten. Die nicht immer literarisch geschulten Verfasser der Reiseberichte waren für diese Strukturierungs- und Formulierungshilfe offensichtlich dankbar und hielten sich gern daran, so dass einige sprachliche und strukturelle Eigenschaften sich schnell herauskristallisierten und für die Textsorte konstitutiv wurden. Reiseberichte waren also meistens durch einen hochgradig stabilisierten Diskurs geprägt und unterlagen bestimmten, relativ streng eingehaltenen Regeln.[9]

Eine erste Eigenschaft, die viele Reisebeschreibungen dieser Epoche aufweisen, ist die sachliche, berichtende Erzählperspektive. Diese Sachorientierung ergab sich aus der Auswahl und Anordnung des Materials sowie aus dessen stilistischer und argumentativer Verarbeitung, die sich in der Tradition der mittelalterlichen Chronik bewegte. Die Topografie der bereisten Welt galt als Darstellungsprinzip der raum-zeitlichen Erfahrung, die sich entlang der Reiseroute abrollte; dabei beeinflusste der Wahrheitsanspruch die damalige Reiseeinstellung auf entscheidende Weise und führte dazu, dass persönliche Meinungen und subjektive Eindrücke völlig ausgeblendet wurden. Man wollte nur das Gesehene berichten, die für die Allgemeinheit relevanten Informationen sammeln

---

8   Es gibt nur äußerst wenige Berichte, die unterwegs von den adligen Studenten verfasst wurden, da sie in der Regel nur Briefe an die Eltern schickten. Den ausführlichen Reisebericht erwartete man vom Sekretär oder vom Hofmeister. Darüber Hilde de Ridder-Symoens: Die Kavalierstour im 16. und 17. Jahrhundert. In: Der Reisebericht. Die Entwicklung einer Gattung in der deutschen Literatur. Hg. von Peter J. Brenner. Frankfurt a.M. 1989, S. 197-223, hier S. 204-205.

9   Über die Vorschriften der Apodemik s. Justin Stagl: Die Methodisierung des Reisens im 16. Jahrhundert. In: Der Reisebericht (wie Anm. 8), S. 140-177; ders.: *Ars apodemica*: Bildungsreise und Reisemethodik von 1560 bis 1600. In: Reisen und Reiseliteratur im Mittelalter und in der frühen Neuzeit. Hg. von Xenja von Ertzdorff und Dieter Neukirch. Amsterdam/Atlanta 1992, S. 141-190. – Durch die Menge der Reisehandbücher wurde die Wahrnehmungsfähigkeit der Reisenden nicht nur erweitert, sondern auch auf gebahnte Wege geleitet, „in Kenntnis und Erwartung genau bezeichneter Merkwürdigkeiten, die eben doch in dem Maße ihre Merkwürdigkeit eingebüßt hatten, wie sie bereits in Schrift und Bild vermerkt waren", so Berns: Peregrinatio academica (wie Anm. 1), S. 169.

und sie so objektiv wie möglich darstellen – erst dadurch wurde die individuelle Erfahrung zum kollektiven Wissensgut.

Der Anspruch auf Sachlichkeit zeigte sich unter anderem in der Erzählperspektive, denn handschriftliche Tagebücher waren oft vom Hofmeister verfasst; daher war die dritte Person (Singular oder Plural) üblich: „Den 16. ritten die Herren hinnaus zu besehen den beerg *Vesuvium* sonsten *Soma* genant" (*Reisbeschreibung*, Bl. 48r). Diese Erzählhaltung bestätigte zudem die soziale Distanz zwischen dem Chronisten und dem adligen Reisenden, der quasi als ‚Beobachtungsobjekt' galt, dessen Handlungen von einem ‚externen' Beobachter beschrieben wurden. Der Schreiber war jedoch selbst Mitglied der Reisegruppe und deswegen sind kollektive Erfahrungen in der *wir*-Form erzählt, so dass die Abwechselung zwischen Referenzrolle („die Herren", „Ihre Fürstlichen Gnaden") und erster Person Plural häufig ist. Meistens geht es um Ereignisse und Aktivitäten, die die ganze Gruppe betrafen, und um typische Reisehandlungen (Verben des Bewegens und Verweilens wie gehen, fahren, kommen, reiten, logieren usw.): „Folgenten tages seindt wir frue auf gewesen, auf 3 nach *Pozuolo* zureiten, welcher orth auch 8 meill abgelegen […]" (ebenda, Bl. 48v). Der Anspruch auf eine wahrheitsgetreue, chronikartige Wiedergabe der Reise wird jedoch auch bei der *wir*-Form aufrechterhalten, denn es handelte sich nicht um einen bescheidenen Autoren-Plural (*pluralis modestiae*), sondern eben um eine sachliche Referenz auf die Reisegruppe, wenn sie sich kompakt bewegte.[10]

Eine weitere stilistische Eigenschaft, die für damalige Reiseaufzeichnungen typisch ist und auch den hier edierten Bericht kennzeichnet, ist das Nebeneinander von zwei Schreibhandlungen: ‚berichten' und ‚beschreiben'. Im Text wechseln sich nämlich dynamisch-narrative Darstellungen über den Fortgang der Reise mit statisch-deskriptiven Textsegmenten ab, die in der Regel eine Ortsbeschreibung enthalten. Diese Abwechslung äußert sich sprachlich in der Opposition zwischen den

---

10   Zur Erzählperspektive und zum Gebrauch der Personalpronomina in Reiseberichten vgl. Laura Balbiani: Er, wir oder ich? Frühneuzeitliche Reiseberichte auf dem Weg zur Autobiographie. In: Ich unterwegs. Studien am Grenzrain von Autobiografie und Reiseliteratur. In: Cultura tedesca 58 (2020), S. 35-54; Andrea Tietze: Zur Transformation von Erzählfiguren: vom ‚Wir' zum ‚Ich' – Identitätsschreibungen in frühneuzeitlichen Reiseberichten. In: Grenzen überschreiten – transitorische Identitäten. Beiträge zu Phänomenen räumlicher, kultureller und ästhetischer Grenzüberschreitung in Texten vom Mittelalter bis zur Moderne. Hg. von Monika Unzeitig. Bremen 2011, S. 123-141.

‚Tempora der erzählten Welt' (Präteritum, Perfekt) und den ‚Tempora der besprochenen Welt' wie dem Präsens[11] – eine Textstelle mag es verdeutlichen:

> Den 8. abents nach volbrachten 3 guetter meillen kammen wir an zu *Lintz*, *logir*ten und kehreten ein am marck beim gulden Löben.
> Es ist die Statt zwar klein, aber lustig und schön erbauet, hat ein groß und wohlerbauteß Schloß, einen grossen und langen marckt, [...] (*Reisbeschreibung*, Bl. 10v)

Die Tatsache, dass viele dieser enzyklopädisch angelegten Orts- und Landbeschreibungen zum großen Teil schon bekannte Angaben wiederholten oder sogar wortwörtlich aus anderen Werken übernommen waren, wurde keineswegs als Mackel empfunden, im Gegenteil: Dadurch wurde die Glaubwürdigkeit des Augenzeugen bestätigt und man bewies, dass der ganze Bericht vertrauenswürdig war.

Der Zweck dieser Berichte bestand übrigens nicht darin, Neuigkeiten zu verkünden,[12] sondern eher die Ansprüche des apodemischen Beobachtungskatalogs zu erfüllen und die Befolgung des von der Familie festgelegten Reiseprogramms zu beweisen. So wurde jede besichtigte Stadt durch eine Art von Lexikonartikel gewürdigt. Diese allgemein informativen Beschreibungen sind sich nicht nur im Aufbau ähnlich, da sie nach einem festgelegten Schema entwickelt wurden, sondern weisen auch oft dieselben Formulierungen auf und das verleiht den Reisebeschreibungen des 17. Jahrhunderts einen ausgeprägt stereotypen Charakter.[13]

Obwohl die Bildungsreise von CA und JL viel mit den Itinerarien anderer deutscher Reisender der Epoche gemeinsam hat, zeigt sie allerdings auch einige kulturgeschichtlich relevante Eigenschaften, die sie als ein wertvolles Dokument erscheinen lassen – nicht zuletzt, weil die Rei-

---

11 Harald Weinrich: Textgrammatik der deutschen Sprache. Hildesheim 2005, S. 198.

12 Nach Stagl: *Ars apodemica* (wie Anm. 9), S. 181, stagnierte der Informationswert von Reiseberichten bereits im 17. Jahrhundert.

13 Stadtbeschreibungen bestanden oft aus einer Auflistung von Eigenschaften und Sehenswürdigkeiten, die in einer festgelegten Reihenfolge geordnet waren. Jeder Reiseführer enthielt ein solches Schema, z.B. das *Itinerarium nobiliorum Italiae regionum* des Antwerpener Franz Schott (1601), das auch Christian August bei sich hatte (s. Abb. 1 und *passim*). – Zum Standard gehörten z.B. Formulierungen wie „X ist eine vornehme / große / wohlerbaute und gut befestigte Stadt", die jedes Mal die Beschreibung eröffneten, oder feste Verbindungen wie ‚ein lustiger Ort' (wörtliche Übersetzung des Lateinischen: *locus amoenus*), die zu jedem Dorf oder ‚Flecken' passte.

se gerade in einer Zeit stattfand, in der man sich nur sehr zögernd auf den Weg machte, umso mehr, wenn es sich um politisch exponierte Persönlichkeiten wie die jungen Sulzbacher Prinzen handelte.

In seiner Studie über das Passwesen hebt Norbert Conrads überzeugend hervor, wie sehr die Reiseaktivität des Adels „vom politischen Klima der besuchten Länder und der Sicherheit des Reisens abhängig" war – zumal die Reichsgesetzgebung empfahl, dass Reichsangehörige sich während eines erklärten Krieges nicht auf dem Gebiet des Reichfeindes aufhalten sollten.[14] Kein Wunder also, wenn lange Bildungsreisen während des Dreißigjährigen Krieges durchaus selten wurden. Ein weiterer Abschreckungsgrund war die Verschärfung der konfessionellen Unterschiede, die einen Aufenthalt in katholischen, von der Inquisition streng kontrollierten Ländern für manche, aus dem Norden kommende Besucher höchst ungemütlich machte.[15] Zu dieser sehr risikoreichen Situation kam die dramatische wirtschaftliche Lage der Sulzbacher Erbländer, die es den Vormündern äußerst schwierig machte, ein solch kostspieliges Unterfangen zu finanzieren – Schwierigkeiten, die aus den zahlreichen Verschiebungen und aus der Reisekorrespondenz deutlich werden. Die finanziellen Opfer und die Gefahr, die man auf sich nahm, sprechen dafür, wie hoch die Familie (die eine Reihe von außergewöhnlich gelehrten Fürsten aufzählen konnte) eine solche *nobilitas erudita* schätzte.[16]

---

14 Der privilegierte Status der reisenden Scholaren war durch den Krieg stark beeinträchtigt, so dass auch der Reisepass, der sich weitgehend in ganz Europa durchgesetzt hatte, nicht immer und überall anerkannt wurde. Darüber Norbert Conrads: Politische und staatsrechtliche Probleme der Kavalierstour. In: Reiseberichte als Quellen europäischer Kulturgeschichte. Aufgaben und Möglichkeiten der historischen Forschung. Hg. von Hans Jürgen Teuteberg und Antoni Maczak. Wolfenbüttel 1982 (Wolfenbütteler Forschungen 21), S. 45-64, hier S. 53.

15 Neben solchen zeitbedingten Gefahren musste man mit den üblichen rechnen, denen man unterwegs ausgesetzt war, vor allem Krankheiten und Unfällen. Und dann noch das oft genug belegte Risiko, dass junge Leute, die zum ersten Mal die Obhut ihrer Familien verließen und die Freiheit des studentischen Lebens in fremder Umgebung genossen, Lastern wie Alkohol oder Glücksspiel frönten, die den Fortgang der Reise gefährdeten. Das alles wurde von Onkel Friedrich erwogen und in der *Instruction* genau behandelt.

16 In einigen hochadligen Familien wurde der Erstgeborene nicht auf Reisen geschickt, gerade weil man das hohe Risiko nicht eingehen wollte: „je weiter Prinzen in der Thronfolge hintanstanden, desto weiter durften sie reisen" (Berns: Peregrinatio academica, wie Anm. 1, S. 165). Das war nicht der Fall bei den Kurfürsten von der Pfalz, die sich einer hoch gebildeten, an den Idealen der italienischen Renaissance orientierten Familientradition rühmen konnten und viel Wert auf Reiseerfahrungen legten, die

Untersucht man den Bericht im Detail, fallen einige Elemente auf,
an erster Stelle die große Aufmerksamkeit, die technischen Innovationen
und mechanischen Anlagen gewidmet wurde. Die Wassermühle in Kiel,
die von Pferden getriebenen Maschinen in der Salzmine von Wieliczka,
die Kolbendruckpumpen der Soleleitung in Reichenhall-Traunstein, die
höchst effiziente Arbeitsweise im venezianischen Arsenal, der Antrieb
der Wasserspiele in den Gärten der Frascati-Villen: Das alles wurde aufmerksam beobachtet. Zweitens fällt die gewählte Reiseroute auf, insbesondere für den ersten Teil der Reise; diese führte durch die bedeutendsten Bergbaureviere der Zeit, heute würde man von ‚Bergbautourismus‘
sprechen: das Salzbergwerk von Wieliczka, die freien Bergstädte, die
Gold- und Kupferbergwerke Tirols, die Salzpfannen von Reichenhall
usw. Es wurden weder Zeit noch Mühe gescheut, um diese Gebiete auf-
zusuchen, auch wenn es zu langen Abstechern führte und steile, unge-
mütliche Bergwege begangen werden mussten. Die Reise bot Gelegenheit, sich über die Innovationen in einem Bereich zu informieren, der für
die Sulzbacher Territorien von grundlegender Bedeutung war, und das
schon erworbene theoretische Wissen mit Erfahrungswissen zu berei-
chern, das man später im eigenen Land anwenden konnte.[17]

Wichtig für Christian August und Johann Ludwig war die praktische
Erfahrung, dass man alles mit eigenen Augen sehen und beurteilen und
das aus Büchern erworbene Wissen an der Wirklichkeit messen konnte:
Personen, Orte, Bauwerke, Kunstschätze. Zur Erlangung von ‚politischer
Weisheit‘ war die genaue Beobachtung der Bildungs-, Verwaltungs- und
Wirtschaftssysteme des jeweils besuchten Landes, und dadurch die Aus-
bildung eines kritischen Differenzierungsvermögens, zentral. Das konnte
man am besten in Italien erreichen, wo man eine große Varietät an Regie-
rungsformen und Traditionen kennenlernen konnte. Interessant für den
Adel war die Vielfalt der italienischen Verfassungen, der Reichtum der

sie als unabdingbar für den künftigen Regenten ansahen.
17   Vom Mittelalter bis in die Jahrzehnte vor dem Dreißigjährigen Krieg „haben Berg-
     bau und Eisenproduktion die Basis der Wirtschaft der Oberpfalz gebildet. In dieser
     Zeit war der Bergbau Dreh- und Angelpunkt der Sulzbacher Wirtschaft. Sulzbach
     war vor allem eine ‚Bergstadt‘ und auf dieser wirtschaftlichen Basis entwickelte
     sich seine politische und kulturelle Bedeutung“. So Dirk Götschmann: Sulzbach
     – die Bergstadt. In: Eisenerz und Morgenglanz. Geschichte der Stadt Sulzbach. Am-
     berg 1999, Bd. 2, S. 429-450, hier S. 429; ders.: Oberpfälzer Eisen. Bergbau und
     Eisengewerbe im 16. und 17. Jahrhundert. Weiden/Amberg 1985 (Schriftenreihe des
     Bergbau- und Industriemuseums Ostbayern 5).

Kunstkabinette und Bibliotheken, der gesellschaftliche Verkehr mit den altangesehenen Fürstenhäusern, aber auch die großartige Entfaltung der Baukunst, die im 17. Jahrhundert im Rom eine besondere Blüte erlebte.[18]

Darüber hinaus dokumentiert der Bericht, wie präsent die Deutschen im damaligen Italien waren, und zwar in vielen sozialen und wirtschaftlichen Bereichen.[19] Nicht nur entlang des traditionellen Verkehrswegs, der deutsche Kaufleute über den Brenner nach Venedig führte, sondern in allen Großstädten von Mailand bis Neapel gab es Gaststätten, die speziell von deutschsprachigen Reisenden aufgesucht und die oft auch von deutschsprachigen Besitzern geführt wurden; in Rom oder in Padua konnte man sich sogar bei deutschen Privatleuten einmieten. Das viel frequentierte deutsche Haus (*fondaco dei tedeschi*) in Venedig mit seinem 200 Gemächern stellte eine beträchtliche Einnahmequelle für die Serenissima dar; an den Universitäten war die *natio germanica* gut vertreten und hoch angesehen, deutsche und Schweizer Söldner dienten an vielen Höfen und im Vatikan und schließlich waren Gäste aus dem Norden bei vielen Fürstenhöfen willkommen, wie in Siena, wo ihnen besondere Ehren und Anerkennung zuteilwurden.

Die Reise lieferte auch Gelegenheit zum Büchererwerb, wie eine Untersuchung der Kataloge der Sulzbacher Hofbibliothek zeigt,[20] und die vielfältigen Anregungen haben es den gelehrten Prinzen bestimmt ermöglicht, sich aktiv am regen Wissenschafts- und Geistesleben zu beteiligen. Unterwegs hatten sie Kontakt zu zahlreichen deutschsprachigen (und italienischen) Gelehrten, die hoch angesehene Stellen innehatten wie der Medizinprofessor und Leiter des botanischen Gartens Johann Wesling in Padua oder Lukas Holstenius in Rom, der zuerst Bibliothekar

---

18 Die Päpste hatten nämlich im 16. und 17. Jahrhundert grandiose Bauunternehmungen finanziert; die innovative Garten- und Stadtplanung verlieh der Stadt ein neues Ansehen, auf den zahlreichen Baustellen arbeiteten die prominentesten Maler und Architekten der Epoche: Michelangelo, Bernini, Borromini, Carlo Maderno, Filippo Juvarra, Caravaggio, Annibale Carracci u.a.m. Dazu die Beiträge in dem Band: Barock. Architektur, Skulptur, Malerei. Hg. von Rolf Toman. Köln 1997.

19 Dazu: Protestanten zwischen Venedig und Rom in der Frühen Neuzeit. Hg. von Uwe Israel und Michel Matheus. Berlin 2013 (Studi. Schriftenreihe des Deutschen Studienzentrums in Venedig 8); Henri Simonsfeld: Der ‚fondaco dei Tedeschi‘. 2 Bde. Stuttgart 1887.

20 Über die Hofbibliothek und insbes. ihren italienischen und niederländischen Bestand, dessen Zusammensetzung deutliche Spuren der Bildungsreise zeigt, vgl. die Beiträge von Guillaume van Gemert und Laura Balbiani in: Morgen-Glantz 19 (2009).

des Kardinals Francesco Barberini (seinerseits ein berühmter Humanist und Antikensammler) war, und dann Direktor der vatikanischen Bibliothek. Der lange Aufenthalt in Ländern verschiedener Konfessionen, der alltägliche Verkehr mit Angehörigen anderer Konfessionen machte die Bildungsreise auch zur Übung der Toleranz und Weltoffenheit, zwei Eigenschaften, welche die lange und glückliche Regierungszeit von Christian August tief prägten.

1.2 Die Reise und ihre Vorbereitung

Nachdem die nötigen Gelder aufgetrieben worden waren und die Reisefinanzierung gesichert war, widmete man sich praktischen, organisatorischen Fragen. Als Hofmeister wurde Michael Zarlang bestellt, der Sohn eines Seelsorgers aus Liebenwalde;[21] zuverlässig und welterfahren, hatte er während eines Aufenthalts in Gottorf das Vertrauen des Holsteinischen Fürsten gewonnen, der ihm die zwei Mündel anvertraute. Unter seiner Aufsicht sollte sich die Reise entfalten, in seinen Händen lag zum großen Teil das Gelingen des kostspieligen Unternehmens, denn ihm oblagen die sorgfältige Planung der Reise und des Besichtigungsprogramms, das Knüpfen der richtigen Kontakte sowie eine Kontrollfunktion über das Verhalten seiner Schützlinge.

Am 3. März 1642 wurde er nach Hamburg geschickt, um beim Wechsel- und Bankhaus von Zimbrecht Jenisch,[22] das europaweit agier-

---

21   Michael Zarlang (1603-1673) war Sohn eines uckermärkischen Pfarrers. Als Student früher, dann als Hofmeister hatte er schon ausgedehnte Reisen hinter sich und genoss hohes Ansehen an unterschiedlichen Höfen. Mütterlicherseits war er mit dem Cöllner Propst Jakob Hellwig (1600-1651) verwandt, der bei der Witwe Gustav Adolfs von Schweden und bei anderen hochgestellten Persönlichkeiten des kurfürstlichen Hauses großen Einfluss ausübte; als Zarlang seinen Dienst in Holstein quittierte und 1648 in die Mark Brandenburg zurückkehrte, verhalf ihm Hellwig 1649 zur Stelle des Berliner Bürgermeisters. Vgl. Cornelius Goeters: Chronologie der Berliner Stadtoberhäupter. In: Berlin Forschungen 2 (1987), S. 293-328, hier S. 307-309; Christian Schmitz: Der Berliner Bürgermeister Michael Zarlang im Spiegel seiner Leichenpredigt. In: Berlin in Geschichte und Gegenwart (2009), S. 55-79; *Spes, Galea salutis,* Das ist / Die Hoffnung / ein Helm des Heyls: Davon Aus den Apostolischen Worten: Gott hat uns nicht gesetzt zum Zorn [...] In einem Leich-Sermon Bey Christlicher Leichversammlung über dem Abscheid Des [...] Michael Zarlangen [...]. Berlin 1675.

22   Zimbert Jenisch (1587-1645) zählte zu den aktivsten und reichsten Kaufleuten der Stadt Hamburg, wo er sogar als erster Einwanderer (er stammte ursprünglich aus

te, die nötigen Wechselbriefe und Empfehlungsschreiben ausstellen zu lassen, die in der Regel an den Hofmeister gerichtet waren; er trug die Verantwortung für alle Einnahmen und Ausgaben, worüber er dem Vormund genaue Rechenschaft abzulegen hatte. Wechselbrief und Briefwechsel waren oft inhaltlich verbunden, da viele Briefe neben den Nachrichten auch Bitten um Geld zur Fortsetzung der Reise enthielten. Mit Postrouten und Kurierdienst war der Wechselbrief ein in ganz Europa beliebtes bargeldloses Zahlungsmittel geworden; nur musste der Hofmeister rechtzeitig dafür sorgen, dass ihm der Vormund einen neuen Wechselbrief zukommen ließ, was manchmal lange dauerte.[23]

In Hamburg kaufte Zarlang auch zwei große Reisekoffer sowie „etliche Bücher und *tabulas geographicas*",[24] vermutlich die gängigen Reiseführer und Apodemiken. Die nötigen Vorbereitungen, um die Reise ins Ausland erfolgreich zu gestalten, waren nämlich Thema zahlreicher Handbücher, die bis in die kleinsten Einzelheiten praktische und organisatorische Fragen behandelten, von der Reisegarderobe zur Reisediät bis zu Verhaltens- und Konversationsregeln in typischen Situationen, in denen auch Konfessionsunterschiede eine nicht geringe Rolle spielten. Sie konzentrierten sich auf die täglichen und materiellen Bedürfnisse der Reise, ohne jedoch den moralischen Aspekt zu vernachlässigen, denn Ausgangspunkt jeder Behandlung war die Darstellung der Tugenden, die

---

Augsburg) Mitglied des Senats wurde. Sein solides Handelshaus pflegte Beziehungen von Dänemark bis nach Spanien und Italien und war eng mit dem holsteinischen Hof verwoben (NDB).

23 Wechselbriefe garantierten den jungen Reisenden einen reibungslosen Aufenthalt in den Zielländern; dazu war der Kontakt zu einem Bankier unerlässlich, der nach Einlage eines Barvermögens die Reisegruppe im Ausland mit dem nötigen Kredit versorgte. Die Wechselbriefe wurden dann bei einem ausländischen Bankier zum aktuellen Wechselkurs in die vor Ort gängige Währung eingewechselt (vgl. Leibetseder: Die Kavalierstour, wie Anm. 1, S. 65-71; Bender: Die Prinzenreise, wie Anm. 1, S. 117-134). Kam ein Wechselbrief nicht rechtzeitig, so konnte die Reise nicht fortgesetzt werden und man verpasste vielleicht eine günstige Gelegenheit zur Weiterfahrt; kam er überhaupt nicht, so waren die Reisenden gezwungen, den Weg nach Hause anzutreten.

24 „Specification deren von dem Durchleuchtigen Hochgebohrnen Fürsten und Herrn, Herrn Friedrichen, Erben zu Norwegen, Hertzogen zu Schleßwig Hollstein [...] Meinem gnedigsten Fürsten und Herrn gnedigst verordnetnen und in wehrender peregrination der auch Durchleuchtigen hochgebohrnen Fürsten und Herrn Herrn Christiani Augusti und Herrn Johannis Ludovici gebrüder und Pfaltzgraven bey Rhein in Beyern [...] auffgewandten Reise Costen" (BayHStA, GHA: Pfälzer und Pfalz-Neuburger Akten 2575); von nun an: *Reisekosten*, S. 4.

unterwegs auf Bewährungsprobe gestellt wurden, *in primis* die Mäßigkeit, die alle Alltagsbereiche betraf: vom Alkoholkonsum zum Sexualverhalten, von der Kleidung (junge Leute unterwegs ließen sich oft von der Mode oder vom Luxus verführen) bis zu studentischen Streitigkeiten, die oft zu tödlichen Duellen führten.

Neben Ratgebern für praktische Bedürfnisse waren weitere Lektüren als unerlässlich erachtet, denn der Reisende sollte sich mit dem nötigen Wissen ausgestattet auf den Weg machen. Reiseführer und einschlägige Werke, die die zu bereisenden Länder aus historischer und landeskundlicher Sicht beschrieben, wurden von den jungen Kavalieren fleißig studiert; man memorierte Landkarten, man erkundigte sich über die Geschichte und die Staatsform der Zielländer und lernte die jeweiligen Sprachen. Weitere Werke über Lokalgeschichte oder besondere Sehenswürdigkeiten wurden dann vor Ort angeschafft.

Kleinformatige Reiseführer waren fester Bestandteil des Gepäcks, insbesondere diejenigen, die Informationen über Straßen, Entfernungen, Poststationen, Übernachtungsmöglichkeiten, Währung usw. lieferten. Die lang andauernde Anwesenheit dieser Werke auf dem Buchmarkt zusammen mit der kompilierenden Praxis der Verfasser trug dazu bei, dass sich sowohl die Reiserouten als auch ein gewisses Bild des fremden Landes in der Vorstellung des Reisenden fixierten. Bald kristallisierten sich Einstellungen, Erwartungen und Stereotype und daraus erwuchs eine durch die Jahrhunderte blühende Reiseliteratur. Was unsere Reisenden anbelangt, ließen sie sich in Italien u.a. vom berühmten Reiseführer von Franz Schott leiten, den sie in Padua kauften.[25]

Sorgfältig zusammengestellt war auch die Begleitung der jungen Herren: Den Vorschriften der apodemischen Literatur gemäß wurde eine kleine, verhältnismäßig unauffällige Gruppe von insgesamt sieben Personen vorgesehen, zum einen wegen der Reisekosten, zum anderen weil die Prinzen inkognito reisten, damit Repräsentationskosten und Zeremoniellzwänge auf ein Mindestmaß reduziert werden konnten. Zudem war es von grundlegender Bedeutung, dass die Gruppe gut zusammenhielt,

---

25   In den *Reisekosten* (S. 28) ist ein Posten für das „*Itinirarium Scoti* mit Kupferstücken" verzeichnet. Es handelt sich um Franz Schott: Itinerarium Italiae resque Romanae. Antverpiae 1600. Gekauft wurde aber wahrscheinlich die zweite Ausgabe, die vom Dominikaner Girolamo da Capugnano vervollständigt worden war und die später in der Sulzbacher Hofbibliothek zu finden war: Itinerarium nobiliorum Italiae regionum, urbium, oppidorum et locorum. Vicentiae 1600-1601, 3 Bde.

da die verschiedenen Mitglieder jahrelang Tag ein, Tag aus beisammen bleiben mussten, oft unter unbequemen Bedingungen und bei großer Ermüdung; viele Unternehmen dieser Art sahen junge Schützlinge, die sich der Führung des Hofmeisters entzogen oder auseinandergingen, wodurch die erzieherische Absicht nicht selten scheiterte.

Dies war bei der Reise der Pfälzer nicht der Fall. Christian August und sein jüngerer Bruder waren jeweils von einem Pagen begleitet; weitere Mitglieder der Gruppe waren der Hofmeister, der Kammerdiener Johann Reichardt[26] und Hieronymus Feldbaum, der als Diener für den Hofmeister bestimmt war:

1. Christian August;
2. Johann Albrecht von Freudenberg (sein Page);[27]
3. Johann Ludwig;
4. Johann Christoph von Basewiz (sein Page);
5. Michael Zarlang (Hofmeister);
6. Hieronymus Feldbaum (sein Diener);
7. Johann Reichardt (Kammerdiener).

In der Reiseinstruktion wurde ausdrücklich empfohlen, dass die Gruppe unterwegs das Inkognito streng bewahren sollte,[28] da es mehrere Vorzüge hatte: Es reduzierte die Reisekosten, denn man konnte den steigenden Ansprüchen des modischen Hoflebens entgehen, und die Reise wurde nicht ständig durch Einladungen, aufwendige Besuche und Bittgesuche aufgehalten. Gleichzeitig waren auch die Gastgeber nicht verpflichtet, sich an ein aufwendiges Zeremoniell zu halten – auch wenn ihnen die

---

26   Johann Reichardt kommt mehrmals in den Sulzbacher Akten vor. Die Urkunde mit seiner Ernennung zum Kammerdiener, Kammerschreiber und Kastenamtverwalter (1645) ist im StA Amberg: Pfalz-Sulzbach, Ältere Hofkammer – Sulzbacher Akten 73/8 aufbewahrt.

27   Mehrere Edelknaben der Familie Freudenberg leisteten Pagendienst am Hof. Johann Albrecht war schon seit Anfang Oktober 1629 dem jungen Prinzen als Page zugeteilt worden und daher Vertrauensperson (vgl. Friedrich Schmidt: Geschichte der Erziehung der Pfälzischen Wittelsbacher. Urkunden nebst geschichtlichem Überblick und Register. In: Monumenta Germaniae Paedagogica. Berlin 1899, S. CXLI Anm. 5; Klinner: Die Anfänge, wie Anm. 4, S. 26). Über Johann Christoph von Basewiz konnte ich keine Personalien finden.

28   Man legte sich in der Regel ein Pseudonym zu, oder griff als Fürst auf geringere Titel zurück, die man sowieso führte, so dass die Ranghierarchie um eine oder zwei Stufen nach unten verlagert wurde, ein Mindestmaß aber gewahrt blieb.

wahre Identität des Reisenden durchaus bewusst war.[29] Nicht zu unterschätzen war die Vermeidung von Gefahren, die einen Reisenden von hohem Rang zu Kriegszeiten erwarteten, und die politischen und diplomatischen Konsequenzen, die ein Aufenthalt an mehreren europäischen Höfen (die an verschiedenen Fronten kämpften) mit sich bringen würde. Dank des Inkognitos konnte man sich frei bewegen; es ermöglichte auch soziale Kontakte zwischen Reisenden unterschiedlicher ständischer Herkunft und dadurch – wie die apodemische Literatur immer wieder betonte – konnte der junge Kavalier seine Urteilsfähigkeit in der Menschenkenntnis ausbilden.

Die Abfahrt sollte kurz nach dem Osterfest stattfinden, wie es in den meisten Reisehandbüchern und Instruktionen empfohlen wurde: Fuhr man zu früh los, machte das schlechte Wetter das Reisen viel zu gefährlich, die Alpenübergänge waren noch vom Schnee bedeckt und daher kaum passierbar; wartete man jedoch zu lang, dann war es die Hitze, die die anstrengende Fahrt nach Süden unerträglich machte. Deswegen wurden alle Vorbereitungen rechtzeitig getroffen, damit sich die kleine Reisegruppe gleich nach dem Osterfest, das 1642 am 20. April gefeiert wurde, auf den Weg machen konnte.

Kurz vor der Abfahrt schreiben beide Brüder nach Hilpoltstein, um vom zweiten Vormund, Onkel Johann Friedrich, Abschied zu nehmen. Christian August schrieb vierzehn Tage vor Reiseantritt, sobald er Gewissheit über die Fahrt erlangt hatte (Brief vom 8. April); so konnte er nicht nur die Nachricht von der bevorstehenden Abreise mitteilen, sondern auch, dass sein Bruder Johann Ludwig mitfahren konnte, wofür sich der andere Onkel, Herzog Friedrich, sehr eingesetzt hatte. Er nannte Italien als eigentliches Ziel der Reise, das sie über Polen, Preußen, Ungarn und Österreich erreichen sollten, und bedankte sich herzlich für die Unterstützung des Vormunds, der eine so lange, kostspielige Reise bewilligt und mitfinanziert hatte. Er bat ihn anschließend darum, ihm weiterhin beizustehen: Einmal in Italien werden sich die Reisenden melden, um ihm mitzuteilen, an wen die Wechselbriefe gerichtet werden sollen, damit das zum Auslandsaufenthalt nötige Geld sie rechtzeitig erreicht. Mit dankbarem Gemüt ruft er Gottes Schutz für die Reisenden an und göttli-

---

29   Das Inkognito war also eine Art Gesellschaftsspiel, das davon lebte, dass beide Partner die Regeln des Inkognitos anerkannten. Vgl. Norbert Conrads: Das *Incognito*. Standesreisen ohne Konventionen. In: Grand Tour (wie Anm. 1), S. 591-607, insbes. S. 601.

che Belohnung für die väterliche Fürsorge des Onkels, ihm und seinen Geschwistern gegenüber.

Johann Ludwigs Schreiben, datiert vom 10. April, klingt wärmer: Um die offiziellen Angelegenheiten und die finanzielle Regelung hatte sich schon sein Bruder gekümmert, daher konnte er persönlicher schreiben. Er verabschiedete sich vom Onkel und bedauerte, es nicht persönlich machen zu können; er erwähnte auch seine „hertzvielgeliebte" Tante und wünschte, sie bei seiner Rückkehr „frisch und gesund" vorzufinden; abschließend versprach er, sich unterwegs tadellos zu verhalten, um dem Onkel nicht den geringsten Grund zur Beschwerde zu bieten.[30]

Gleich vor der Abfahrt, am 22. April, schrieb Christian August auch nach Sulzbach: Er wollte die vormundschaftlichen Räte über das Zustandekommen der Reise benachrichtigen und adressierte seinen Brief an den Kanzleidirektor Andreas Ludwig Schopper und an den Rat und Kammersekretär Paul Faber. Auch in diesem Fall informierte er sie über die Reiseroute und wies sie darauf hin, dass sie – „wann ihr unsers (wilß Gott) glückliche Ankunfft in Italien vernehmen werdet, mir die Notturfft durch die alßdann specificirte Mittel unnd weege, zue communiciren bestes vleißes euch wollet angelegen sein laßen".[31]

In der Zwischenzeit wurde ein Bote nach Kiel geschickt, um mit dem Schiffer Kontakt aufzunehmen. Alle machten sich abfahrtsbereit.

1.3   Antritt der Reise

Am 23. April 1642 machte sich die Reisegruppe auf den Weg, der sie zwei Jahre lang durch ganz Europa führen wird. Die Bediensteten, die sie mit ihrem Gepäck bis nach Kiel begleiteten, wurden reichlich beschenkt, aber der Abschied hatte sich noch nicht ganz vollzogen, denn Kiel gehörte zum herzoglichen Haus Schleswig-Holstein-Gottorf und im Kieler Schloss, einer Nebenresidenz der Familie, die bis 1631 als Witwensitz von Sophie von Mecklenburg gedient hatte, blieben sie eine Woche.[32]

---

30   Brief von CA, datiert 29.3.1642 (a.Z.); Brief von JL, datiert 31.3.1642 (a.Z.), beide in BayHStA, GHA: Pfälzer und Pfalz-Neuburger Akten 2575. In meinem Text benutze ich immer die neue Zeitrechnung (vgl. § 2.3).

31   BayHStA, GHA: Pfälzer und Pfalz-Neuburger Akten 2571.

32   Kersten Krüger/Andreas Künne: Kiel im Gottorfer Staat (1544 bis 1773). In: Geschichte der Stadt Kiel. Hg. von Jürgen Jensen und Peter Wulf. Kiel 1991, S. 65-136.

Die Kosten der letzten Tage im Heimatland deuten auf geschäftiges Treiben; auf der einen Seite kümmerte man sich darum, die Ausstattung für
die Reise zu ergänzen, auf der anderen wurde für Unterhaltung gesorgt
(Musik, mehrere Mahlzeiten im Garten). Es gab sogar Zeit für einen
Ausflug zur Besichtigung der ‚neuen Mühle' am Nordufer der Schwentine,
einer der seltenen Kornwassermühlen der Region[33] – ein bedeutendes
Element, das einen wichtigen Schwerpunkt der Reise ankündigte, und
zwar das ausgeprägte Interesse für die technologischen Innovationen, die
sich damals in vielen Fachbereichen durchsetzten.

Die Reisekosten liefern wertvolle Hinweise darauf, was die typische
Ausrüstung der Reisenden im 17. Jahrhundert war. Es wurde nämlich
noch Einiges eingekauft, was für die Reise nötig war, u.a. einen Mantel-
sack mit dem dazu passenden Schloss, weitere Schlösser und Nägel für
die Truhen, sowie Spannerband zum Festhalten des Gepäcks auf dem
Schiff oder den Wagen. Hinzu kamen ein Paar schwarze ‚Canonen'[34] für
den Kammerdiener und Pantoffeln für JL. Weitere Kleidungsstücke
wurden dann immer wieder während der Reise angeschafft, je nach den
Bedürfnissen der Jahreszeit und der Mode des Landes, wo sich die Reisenden gerade aufhielten.

Auch Schreibzeug gehörte zur Ausstattung, denn es war damals üblich, dass man unterwegs Tagebuch führte: Notizen wurden auf Schreibtafeln festgehalten, die dann während einer Pause der Reise ins Reine
geschrieben wurden. Aus diesem Grund wurden in Kiel eine kleine
Schreibtafel, ein Federkiel und Papier gekauft, zusammen mit einigen
Büchern, vermutlich Reiseführer im kleinen Format.[35] Ein Fernrohr er-
gänzte die Ausstattung.

Hatte man sich bemüht, einen verhältnismäßig sicheren, von den
Kriegsschauplätzen so weit wie möglich entfernten Weg zu wählen, blieb
die persönliche Sicherheit trotzdem die größte Sorge für die Reisenden.

---

33   Die ‚neue Mühle' kommt seit mindestens 1420 mit diesem Namen in den Urkun-
      den vor; während der Jahrhunderte wurde sie immer weiter ausgebaut. Der flache
      Norden ist zwar reich an Wasser aber arm an Gefälle, deshalb blieb die Zahl der
      Wassermühlen überschaubar – vielleicht war sie gerade deswegen interessant.

34   Mit ‚Canonen' bezeichnete man schwere, bis an die Knie oder weiter reichende
      Stiefeln, aber auch eine Art Strümpfe, die man in den Stiefeln trug (DWB).

35   Welche, wissen wir leider nicht. Im Heft, wo die Reisekosten eingetragen sind, wird
      oft auf die entsprechenden Rechnungen verwiesen, wo die Gesamtbeträge in Detail
      angegeben waren. Diese Rechnungen, die separat nummeriert und als Anlage beige-
      legt waren, sind aber leider verloren gegangen.

Sie waren nämlich zahlreichen Gefahren ausgesetzt: auf sie lauerten körperliche Schäden, denn unterwegs war es schwierig, sich jeweils vor Regen, Kälte, Schnee, oder vor Sonne und Hitze zu schützen; dann gab es unebene Straßen, steile Bergwege, gefährliche Flussübergänge, Unfälle mit Pferden, Kutschen usw. und – *last but not least* – Straßenräuber. Manche Gegenden waren deswegen berüchtigt, alle Reiseberichte enthalten entsprechende Warnungen. So schlossen sich Reisende in größere Gruppen zusammen, warteten in der Herberge auf eine gute Mitfahrgelegenheit, oft auch auf einen einheimischen Kaufmann oder Bauer, der sich in der Gegend gut auskannte. Aber wohin man auch immer reiste, reiste man nie ohne Waffen zur Selbstverteidigung. Schon in Kiel, dann oft auf den einzelnen Stationen der langen Reise sind zahlreiche Ausgaben für Waffen aller Art (Degen, Pistolen, Gewehre, Messer), ihr Zubehör (Schießpulver, Bleikugeln, Patronen) und ihre Instandhaltung verzeichnet. Auch beim Eintritt in eine Stadt wurde immer genau angegeben, wo man Gewehr und Waffen ablegen musste (innerhalb der Stadtmauer durfte niemand Waffen tragen) und wo man sie wieder abholte; das war offensichtlich ein brisantes Thema.

Zuletzt mussten sie sich mit Viktualien für die Schifffahrt nach Danzig versehen. Reisende, die sich auf einem Schiff transportieren lassen wollten, handelten mit dem Kapitän die Reisebedingungen aus. Der Kapitän sorgte für die Unterkunft und teilweise für die Verpflegung, während man einige Lebensmittel auf eigene Kosten mitbringen musste, wie z.B. Wein, Salz, Gewürze oder Fleisch. Geschirr galt als persönlicher Besitz und jeder musste sein eigenes dabei haben. So sind im Heft unter den Reisekosten auch Öl, Essig, Krüge und Gefäße, zwei silberne Löffel und ein Zuckerhut verzeichnet; „noch vor *victualien* unnd gewürtz, so mit zu Schiff genommen worden".[36]

Die kleine Reisegruppe bewegte sich zuerst Richtung Osten: Am 1. Mai schifften sie sich in Kiel nach Danzig ein.

---

36   *Reisekosten*, S. 6.

2.1   Der Reisebericht: Manuskriptbeschreibung

So wie der Bericht uns heute vorliegt, muss er in einem einheitlichen
Stück geschrieben worden sein. Er ist die Reinschrift eines Konglome-
rats handschriftlicher Aufzeichnungen und zahlreicher Exzerpte, die unterwegs zuerst auf Zetteln festgehalten und später, während des zweiten
längeren Aufenthalts in Padua (Februar bis August 1643), in Form eines
fortlaufenden Tagebuchs verarbeitet wurden, das den ersten Teil der Reise ausführlich beschreibt.

Die Handschrift ist im Staatsarchiv Amberg unter der Signatur Pfalz
Sulzbach, Geheime Registratur 2/71 aufbewahrt.

Das erste Blatt des Tagebuchs zeigt auf dem Recto eine Überschrift,
die als Inhaltsbeschreibung gelten kann: „Des Hochfurstlichen, Ehrwür-
digen etc. Herrn, Herrn Christiani Augusti, Pfalzgravens bey Rhein etc.
etc. Reisbeschreibung nacher Italien, Franckreich, Pohlen etc. von Go-
torf auß in Holstein, den 13. April, 1642"; das Verso ist unbeschriftet. Ein
zusätzliches Blatt wurde später als eine Art ‚Umschlag' hinzugefügt; auf
diesem Blatt sind archivarische Vermerke und eine knappe Inhaltsangabe
zu finden („Raisbeschreibung des Pfalzgrafen Christian August zu Sulzbach nacher Italien, Franckreich, Pohlen, Holnstein – 1642").

Die ersten 30 Blätter wurden vom Schreiber am oberen Rand rechts
durchnummeriert; die weiteren sind nicht mehr nummeriert. Eine neue,
maschinengeschriebene Nummerierung befindet sich am unteren Rand;
sie fängt auf der Vorderseite der Handschrift an und umfasst alle vorhandenen Blätter. Diese durchgehende Nummerierung wurde in dieser Transkription zur Bezeichnung der einzelnen Seiten aufgenommen.

Die insgesamt 128 dicht beschriebenen Seiten stammen alle von der
gleichen Hand, die die unterwegs aufgenommenen Notizen später ins
Reine aufgeschrieben hat. Die ersten sieben Blätter des Berichts wurden
jedoch abgerissen, so dass der Bericht *in medias res* (am 8. Juni, mit der
Besichtigung der Stadt Krakau) auf der Vorderseite vom ehemaligen
Blatt 8 einsetzt (Bl. 3 der neuen Nummerierung). Der Text fließt dann
ununterbrochen, ohne die einzelnen Reisetage durch Zeilenumbruch
oder sonst kenntlich zu machen, bis zum 3. Februar 1643. Nach vollbrachter Italientour kamen die Reisenden an diesem Tag wieder in Padua
an, und hier endet der Bericht. In Padua verbrachten sie einen zweiten,
mehrmonatigen Aufenthalt (bis November 1643), bevor sie sich wieder

auf den Weg machten, diesmal nach Frankreich, um schließlich durch die Niederlande, Ostfriesland und Bremen wieder den Ausgangspunkt, den Hof in Gottorf, zu erreichen.

Auf dem letzten Blatt der Handschrift erklärt eine Anmerkung von einer zweiten Hand, dass die Abfassung des Berichts über diesen letzten Teil der Reise auf einen späteren Zeitpunkt verschoben sei: „Von *Padova* seindt wir ab, und uff *Genova* und *Nizza* gegangen von dar uff ,*Marseille*‘, *Lion* und folgendß bis Paris; von hier ab durch Hollandt, Ostfrißlandt, Brehmen biß in Hollstein. Diße außführliche beschreibung habe ich auß Hollstain zu gewartten". Ob sie tatsächlich verfasst wurde, ist unbekannt; sie konnte bis heute nicht ausfindig gemacht werden.

In Zusammenhang mit dieser Tour sind einige weitere Dokumente überliefert, die im Kommentarteil oft zu Rate gezogen werden. Unmittelbar vor der Reise entstand die sog. *Instruction*, die vom Onkel Friedrich (Herzog Friedrich III. von Holstein-Gottorf) verfasst wurde und die wichtigsten Anweisungen für die Reise enthielt.[37] Erhalten ist zudem ein Teil der Reisekorrespondenz,[38] denn in gewissen Abständen schrieb man nach Hause, um Bericht über den Verlauf der Reise zu erstatten und um Geld zu bitten, damit die Reise fortgeführt werden konnte. Wenn der Briefwechsel meistens nicht über die üblichen Höflichkeitsformeln hinausgeht und kaum Aufschluss über die Reise an sich bietet, ist das Heft, worin alle Reisekosten eingetragen wurden, durchaus interessant, weil es allerlei Einzelheiten aus dem Alltag der Reisenden dokumentiert.[39] Der sehr sachlich gehaltene Reisebericht kann also durch die Korrespondenz des Hofmeisters und seiner Schützlinge an die Vormünder und durch die den Reisekosten entnommenen Informationen ergänzt werden. Erst die Kombination dieser Berichtformen ermöglicht es dem modernen Leser, einen tieferen Einblick in den Charakter und den Verlauf der Reise zu bekommen.

---

37   „Instruction Bey Ihren K.K. M.M. Pfaltzgraffen Christiani Augusti und Johan Ludwigs [...] Raise nach Italien und Frankreich dehren hoffmeistern mitgegeben. Im Februario 1642" (wie Anm. 6).

38   BayHStA, GHA: Pfälzer und Pfalz-Neuburger Akten 2571, 2575 und 2573.

39   „Specification deren von dem Durchleuchtigen Hochgebohrnen Fürsten und Herrn, Herrn Friedrichen, Erben zu Norwegen, Hertzogen zu Schleßwig Hollstein [...] auffgewandten Reise Costen" (wie Anm. 24). Das Heft befindet sich in derselben Akte mit einem Teil der Reisekorrespondenz: BayHStA, GHA: Pfälzer und Pfalz-Neuburger Akten 2575.

2.2   Editorische Richtlinien

Sprachlich zeigt das Manuskript die typischen Merkmale eines frühneuzeitlichen Textes, indem es die gewöhnlichen graphischen und orthogra-
phischen Schwankungen, zahlreiche Varianten und Unregelmäßigkeiten
aufweist. Groß- und Kleinschreibung, Zusammen- und Getrenntschrei-
bung waren bis ins 17. Jahrhundert hinein noch wenig geregelt und daher
sehr inkonsequent und vom heutigen Gebrauch beträchtlich abweichend;
auch in der Rechtschreibung waren Variationen eher der Normalfall. So
stehen Formen wie wir/wier, und/unnd, Mahl/Mall, Werk/Werg usw. oft
nebeneinander. Das alles wird in der Transkription beibehalten.

Die vokalischen bzw. (halb)konsonantischen Laute *u* und *v*, *i* und *j*
waren in frühneuzeitlichen Texten anders verteilt und manchmal auch
graphisch nicht deutlich voneinander zu unterscheiden (vor allem *i* und
j); bei der Textwiedergabe sind sie nach ihrem heutigen Lautwert transkribiert. Der einfache *s*-Laut hatte hingegen zahlreiche Schreibungen (*s,
ss, ſ, ſſ, z, ß, ſz*) und noch reicher an graphischen Varianten war *ss*.[40] Die
Vielfalt der Graphien für *s* und *ss* und ihrer Kombination sind manchmal
die Ursache für zweifelhafte Lesungen, zumal sie in der Handschrift
nicht konsequent gebraucht werden: Deswegen werden sie auf die heutigen Schreibweisen *s, ss, ß* zurückgeführt und in Zweifelsfällen disambi-
guiert (z.B. das/dass, reisen/reißen). Häufig in frühneuzeitlichen Handschriften ist die Graphie *y* (mit und ohne Trema: *ÿ, y*) für /ü/; sie wird
beibehalten, nur das Trema unterbleibt.

Von Satzzeichen machte man nur selten Gebrauch; das Interpunkti-
onssystem war noch wenig entwickelt, es diente hauptsächlich der Kenn-
zeichnung von Sprech- bzw. Lesepausen und wies nur wenige Zeichen
auf; manchmal markierte ein größerer Leerraum zwischen den Wörtern
eine längere Lesepause, die dem heutigen ‚Punkt und neue Zeile' entspricht. In der frühen Neuzeit nahm der Gebrauch der Interpunktion erheblich zu und es fand auch eine stärkere Zeichenspezialisierung statt,
von der sich aber in unserem Text kaum Spuren finden. Hier sind fast
ausschließlich Punkt und Virgel belegt; der Doppelpunkt kommt als Ab-
kürzungszeichen vor. Die Virgel hat unterschiedliche Funktionen der Re-

---

40   Frühneuhochdeutsche Grammatik. Hg. von Oskar Reichmann und Klaus-Peter We-
gera. Tübingen 1993, §§ L 52, 53.

degliederung inne[41] und wird nach den heutigen semantischen und syntaktischen Prinzipien als Komma oder als Punkt transkribiert. Der bei Kardinalzahlen manchmal vor- und nachkommende Punkt wird nicht wiedergegeben. Ordinalzahlen sind einheitlich von dem Punkt gefolgt (z.B. Datum); bei Päpsten, Königen und Kaisern werden sie mit römischen Zahlen wiedergegeben.

Die Edition versucht, den Text mit seinen sprachhistorischen Eigentümlichkeiten zu dokumentieren, indem eine buchstabengetreue Textwiedergabe angestrebt wird.[42] So wird das Nebeneinander von gerundeten und entrundeten Formen beibehalten, die auf die oberdeutsche Mundart des Textverfassers hinweisen,[43] in der sich aber auch manche niederdeutschen Formen eingeschlichen haben.[44] Beibehalten werden auch Variationen und Unregelmäßigkeiten in Laut und Form; sie charakterisieren den Schreiber und seinen Stil und gewähren einen Einblick in den damaligen Sprachgebrauch.

Die geläufigen Abkürzungen und Ligaturen werden stillschweigend aufgelöst;[45] nicht konventionelle Abkürzungen erscheinen in eckigen

41   Ein System zur syntaktischen und semantischen Gliederung der Rede entwickelte sich gerade im Laufe der frühneuhochdeutschen Zeit, vor allem in Drucktexten; Handschriften waren viel konservativer und variationsreicher, da sie von den Schreibgewohnheiten ihres Verfassers abhingen. Vgl. Frühneuhochdeutsche Grammatik (wie Anm. 40), § L 4.

42   Zur Editionspraxis frühneuzeitlicher Texte vgl. Thomas Bein: Editionsprinzipien für deutsche Texte des späten Mittelalters und der frühen Neuzeit. In: Sprachgeschichte. Ein Handbuch zur Geschichte der deutschen Sprache und ihrer Erforschung. Zweite, vollständig neu bearbeitete und erweiterte Auflage, hg. von Werner Besch u.a. Berlin/New York 1998, 1. Teilband, S. 923-931; Empfehlungen zur Edition frühneuzeitlicher Texte. Hg. vom Arbeitskreis „Editionsprobleme der frühen Neuzeit". URL: www.heimatforschung-regensburg.de/280/ (letzter Zugriff 10.06.2021); Oskar Reichmann: Zur Edition frühneuhochdeutscher Texte. Sprachgeschichtliche Perspektiven. In: Zeitschrift für deutsche Philologie 97 (1978), S. 337-361.

43   Die Entlabialisierung der runden vorderen Vokale (ü, ö werden zu i, e) ist ein Phänomen, das auf eine oberdeutsche Mundart hinweist; das führte aber zu einer starken Vermischung der Vokalzeichen und zu großer Unsicherheit in ihrer Verwendung. Zahlreiche Beispiele von Entrundung sind im Text belegt: darüber/dariber, grün/grin, künstlich/kinstlich, gewölbe/gewelbe; daneben aber auch befestigt/beföstigt, Felsen/Fölsen, gebirge/gebürge. Vgl. Frühneuhochdeutsche Grammatik (wie Anm. 40), § L 36.

44   Zum Beispiel gewapnet (22v), Eldern (18r), Getau (4v), furder (13v, 20v) u.a.m.

45   Behilflich waren hier das Standardwerk von Adriano Cappelli: Dizionario di abbreviature latine ed italiane. Milano ⁶2008 und Jürgen Römer: Geschichte der Kürzungen. Abbreviaturen in deutschsprachigen Texten des Mittelalters und der frühen Neuzeit. Göppingen 1997. Zu Maßen, Münzen und Gewichten vgl. Franz Engel:

Klammern, ebenso Angaben zum Seitenwechsel und Zusätze der Herausgeberin; unsichere Lesungen sind durch [?] gekennzeichnet. Die deutsche Kursive des Textverfassers wird mit der Normalschrift wiedergegeben; Wörter bzw. Wortteile, die im Tagebuch hervorgehoben und/ oder in der lateinischen Schrift (*Antiqua*) geschrieben sind (meistens Ortsnamen und Fremdwörter), erscheinen in der Transkription kursiv. Bei schwer verständlichen Wörtern werden gängigere Formen als Lesehilfe in den Fußnoten vermerkt; hier werden auch die meistens nach dem lokalen Dialekt geschriebenen, oft entstellten Ortsnamen identifiziert.

Der Verfasser wollte über die Reise berichten und Informationen festhalten; sprachliche Originalität und ästhetische Ansprüche waren ihm fern. Es handelt sich also um einen Sachtext, der einen primär historischen und mentalitätsgeschichtlichen Wert besitzt, und deswegen behalten auch die editorischen Richtlinien die Lesbarkeit des Textes als Ganzes im Auge. In dieser Hinsicht waren einige ‚Normalisierungen' nicht zu vermeiden. Sie betreffen hauptsächlich die Schreibung von einigen Lauten (*i*/*j*, *u*/*v*, die unterschiedlichen Erscheinungen von *s* und *ss*, wie oben angedeutet) und die Interpunktion: Der besseren Lesbarkeit halber werden nicht nur Kommata sondern auch, wo nötig, weitere Interpunktionszeichen hinzugefügt, so dass die manchmal starr und fremd wirkende Formulierung fließender wird.

Angestrebt wurde also ein vernünftiges Gleichgewicht zwischen sprachhistorischer Dokumentation und einem für den heutigen Leser fließenden Duktus. Aus diesem Grund wurde der durchlaufende Text mit Marginalien versehen, die den zeitlichen Ablauf und den jeweiligen Standort aufzeigen. Der Kommentar erläutert geschichtliche und landeskundliche Zusammenhänge, die den Reiseverlauf bestimmen, und ergänzt den Bericht mit weiteren Informationen und Details, die aus den Reiserechnungen und aus der Reisekorrespondenz hervorgehen. Um diesen unmittelbaren Bezug zum Bericht zu wahren, wird der Kommentar in den Text eingeschoben (eingerückt und in kleinerer Schrift); dadurch wird es möglich, zeitliche Einschnitte wie die längeren Aufenthalte in Padua und Rom, sowie geographisch zusammenhängende Fahrstrecken besser ins Auge zu fassen.

Tabellen alter Münzen, Maße und Gewichte zum Gebrauch für Archivbenutzer. Rinteln 1982; Fritz Verdenhalven: Alte Meß- und Währungssysteme aus dem deutschen Sprachgebiet. Insingen 2011.

2.3   Datumsangaben

Die nach Papst Gregor XIII. benannte ‚gregorianische Kalenderreform' von 1582 hatte sich in den katholischen Ländern schnell durchgesetzt; in reformierten und protestantischen Gegenden fand die Anpassung des Kalenders später statt,[46] in Sulzbach wurde sie erst 1655 definitiv anerkannt.[47] So waren historische Datumsangaben je nachdem, welcher Konfession der Verfasser angehörte, nach dem alten julianischen oder dem neuen gregorianischen Kalender angegeben.

In den Quellen werden sowohl die alte als auch die neue Zeitrechnung benutzt. So findet man am Anfang des Reiseberichts die alte, julianische Zeitrechnung; wenn die Reisenden sich dann in katholischen Ländern befinden, werden zuerst beide nebeneinander angegeben, bis man schließlich zum neuen Kalender übergeht. In den Reisekosten sind fast immer beide Datierungen nebeneinander aufgeführt, in der Reisekorrespondenz ist es unterschiedlich, je nach Ort und Adressaten. In der Transkription wird das Datum der Handschrift beibehalten, in den Marginalien das ‚neue' Datum; in der Zeittafel sind beide Zeitrechnungen parallel angegeben. In Einleitung, Anmerkungen und Kommentar wird einheitlich die neue Zeitrechnung als Anhaltspunkt benutzt; kommt das julianische Datum vor, so wird es durch [a.Z.] gekennzeichnet.

---

46   Adriano Cappelli: Cronologia, cronografia e calendario perpetuo. Milano 1998; Felix Stieve: Der Kalenderstreit des 16. Jahrhunderts in Deutschland. München 1880.

47   Über Sulzbach insbesondere vgl. Adolf Rank: Sulzbach im Zeichen der Gegenreformation (1627-1649). Sulzbach-Rosenberg 2003, S. 13, 109-110; Georg Ch. Gack: Geschichte des Herzogthums Sulzbach nach seinen Staats- und Religionsverhältnissen. Leipzig 1847, S. 207-210; Volker Wappmann: Durchbruch zur Toleranz. Die Religionspolitik des Pfalzgrafen Christian August von Sulzbach 1622-1708. Neustadt a.d. Aisch ²1998, S. 113-117.

2.4   Abkürzungen und Siglen

◙	mehrtägiger Aufenthalt (Zeittafel)
a.Z.	alte Zeitrechnung
BayHStA	Bayerisches Hauptstaatsarchiv München
Bl.	Blatt
CA	Christian August
GHA	Geheimes Hausarchiv
JL	Johann Ludwig
n.n.	nicht nummeriert
n.Z.	neue Zeitrechnung
r	*rectus*
Rtr.	Reichstaler
StA	Staatsarchiv
v	*versus*

ADB	Allgemeine Deutsche Biographie → Biographie Portal
	https://www.biographie-portal.eu//
DWB	Deutsches Wörterbuch von Jakob und Wilhelm Grimm
	http://dwb.uni-trier.de/
NDB	Neue Deutsche Biographie → Biographie Portal
	https://www.biographie-portal.eu//
DBI	Dizionario Biografico degli Italiani. Roma 1960-2020, 100 Bde.
	https://www.treccani.it/biografie/

Des Hochfurstlichen, Ehrwürdigen etc. Herrn, Herrn Christiani Augusti, Pfalzgravens bey Rhein etc. etc. Reisbeschreibung nacher Italien, Franckreich, Pohlen etc. von Gotorf auß in Holstein, den 13. April, 1642.

3.1 Die fehlenden Blätter

Am 1. Mai schifften sich die Reisenden in Kiel ein und nach einer sechstägigen Fahrt legte das Schiff in Danzig an.

Was die Reiseroute anbelangt, waren die schriftlichen Anweisungen, die dem Hofmeister mitgegeben worden waren, nur sehr vage. Die Gruppe sollte „ihren Weg durch Preußen, Polen, Ungarn, Osterreich nehmen, undt die meiste zeit in Italien zu *Siena* oder Florentz oder wonebenst es sonsten am fugligsten fallen, und Sie sicher sein konnen, vorpleiben".[48] Das Hauptanliegen war die Sicherheit, zumal beide männliche Erben des Hauses unterwegs waren; deswegen wurde die Route durch Polen, Ungarn und Österreich empfohlen, denn so konnte man die vom Krieg verwüsteten und unsicheren deutschen Länder vermeiden. Hinzu kamen bestimmt auch weitere Zwecke: Staatspolitisch klug war es, die Verbindung mit dem Haus Brandenburg zu befestigen, dessen Fürst gerade in Königsberg residierte; und in Hinsicht auf die Sulzbacher Territorien, wo der Bergbau eine grundlegende Rolle spielte, war es auf jeden Fall wünschenswert, sich über die modernsten Techniken zu erkundigen, die im wichtigsten Bergbaugebiet der damaligen Zeit angewandt wurden. Von den ungarischen Bergstädten aus konnte man dann schnell zum Kaiserhof in Wien gelangen, der sogar bei den Gegnern des Kaisers einen hohen Stellenwert genoss.

---

48   Zitiert nach Balbiani: Die ‚Instruction' zur Kavaliersreise (wie Anm. 6), S. 309.

In Danzig blieben die Reisenden ein paar Tage; ihre Tätigkeiten und die eingeschlagene Route sind nur durch die Reisekosten zu rekonstruieren. Sie besichtigten die Festung Weichselmünde und fuhren dann die Küste entlang bis zum anderen Ende der Danziger Bucht: über Marienburg (heute Malbork, ehemaliges Machtzentrum und Haupthaus des Deutschordensstaates), Elbing, Frauenburg und Heiligenbeil bis nach Königsberg.[49] Die Stadt mit ihrer berühmten Universität, der *Albertina*, war damals Sitz des Hochmeisters des Deutschen Ordens und Hauptstadt des Herzogtums Preußen, das dem Haus Brandenburg zugefallen war.

Der junge Kurfürst, der 1640 nach dem Tod seines Vaters die Regierung angetreten hatte, war nur zwei Jahre älter als CA und hatte vieles mit ihm gemeinsam, nicht nur weil sie verwandt waren: Friedrich Wilhelm I. war nämlich Sohn der pfälzischen Prinzessin Elisabeth Charlotte. Seine Ausbildung hatte er in den Niederlanden bekommen, die damals ihr goldenes Zeitalter erlebten; er war intellektuell sehr rege, bekannte sich zum calvinistischen Glauben und betrieb eine tolerante Religionspolitik. Er hatte die Regierung in einer politisch dramatischen Lage übernommen, denn seine Länder waren zum Teil verwüstet und entvölkert, zum Teil von fremden Truppen besetzt. Erst wenige Monaten zuvor (im Oktober 1641) war seine Belehnung mit dem Herzogtum Preußen vom König von Polen bestätigt worden, und es ist sehr wahrscheinlich, dass die zwei jungen Herrscher sich in Königsberg persönlich getroffen haben. Das bezeugt die beträchtliche Summe von 65 Gulden, die einem Schneider für ein Paar Ärmel aus silbernem Brokat bezahlt wurden – anlässlich des offiziellen Besuchs am Hof musste man sich standesgemäß kleiden. Ein weiterer Posten lautet „im Wirtshaus uber Churfürstliche Bezahlung".

In Königsberg wurden zudem polnische Bücher juristischen Inhalts gekauft, vier Gulden im Ballhaus verspielt, eine Seifensiederei besichtigt. Nach einem Besuch im kurfürstlichen Lustgarten schlug die Gruppe den Rückweg ein. Braunsberg, Elbing, Marienburg auf der schon bekannten Route, dann schlug man den Weg Richtung Süden ein – Marienwerder, ein weiteres wichtiges Zentrum des Deutschen Ordens, Kulm und Thorn (Torun). In Thorn machte man einen Tag Station; die Landkutschen, die sie von Elbing bis hierher gebracht hatten, wurden bezahlt und entlassen und während CA sich einen Bordellbesuch gönnte (eine

---

49   Sie kamen am 16. Mai in Königsberg an und reisten am 20. Mai wieder ab.

Beschäftigung, die dann nicht mehr so explizit erwähnt wird, sondern unter allgemeinen Bezeichnungen wie „zum kurtzweilen" o.ä. verkappt wird)[50], sorgte man für eine Reparatur der Reisekoffer und für die Ergänzung der Reiseausrüstung: Neue Jacken und Decken wurden angeschafft, sowie Gewürze für die Speisen, lederne Unterhosen für die Pagen, eine Laterne, einen Korb, Wachs, Papier, neue Überzüge für die Degen, Patronen, Schießpulver, Blei. Kleider wurden angepasst, Gewehr und Pistolen überprüft, während die Herren die Marienkirche, die seit 1557 die wichtigste Kirche des Protestantismus in Polen war, das Rathaus und die Bibliothek besichtigten; am 28. Mai verließen sie Thorn und fuhren die Weichsel entlang bis nach Warschau, wo sie am 30. Mai eintrafen.

Nach dem Brand des Krakauer Wawels 1596 hatte sich Sigismund III. Wasa entschlossen, die Residenz der polnischen Könige nach Warschau zu verlegen – der Umzug war mit dem Ausbau des Sitzes der masowischen Herzöge zum polnischen Königsschloss durch italienische Architekten einhergegangen (s. Abb. 2). So hatte für die neue Hauptstadt eine Blütezeit begonnen, die unsere Reisenden deutlich wahrnehmen konnten, denn sie gingen im Schlossgarten spazieren, der kurz zuvor im Renaissancestil angelegt wurde, und bewunderten das fünfeckige Schloss, dessen Bau im Barockstil gerade abgeschlossen war.

Hier wurden sie vom königlichen Sekretär beherbergt und die *Reisekosten* lassen auf einen offiziellen Empfang schließen; sie hatten auch mit General von Baudissin Kontakt, der vermutlich den Reisepass für die Weiterreise ausstellte.[51] Weitere Ausgaben bezeugen die Vorbereitungen für die Abfahrt: Viktualien und Wein, „kalte küche zur Reyse", Pomeran-

---

50   Auch diese Erfahrung gehörte zu den üblichen Stationen der Kavaliersreise, es war eine Art Initiationsritus, den alle Reisenden durchliefen. Vgl. Attilio Brilli: Il grande racconto del viaggio in Italia. Bologna 2019, S. 66-68. In vielen Herbergen Europas, vor allem in den größeren Städten und auf den belebten Reiserouten war es üblich, dass im Preis der Übernachtung auch weibliche Gesellschaft miteinbegriffen war (das sog. ‚*letto guernito*‘, Bett mit Beilage) – Eugenio Zaniboni: Alberghi italiani e viaggiatori stranieri (secc. XIII-XVIII). Napoli 1921, S. 86.

51   „Des Herrn *General Baudissen* gerecommendierten auf Befehl von I.F.G. 6 Reichsthaler": *Reisekosten*, S. 13. – General Wolf Heinrich von Baudissin (1579-1646) stand im Dreißigjährigen Krieg in dänischen, schwedischen und dann kursächsischen Diensten. Für Gustav Adolf kämpfte er 1631 in der Schlacht bei Breitenfeld, erhielt 1632 den Befehl über die schwedische Kavallerie in Niedersachsen; 1633 wurde er durch seine zweite Heirat in Holstein ansässig und in die holsteinische Ritterschaft aufgenommen. In Warschau war er königlich polnischer geheimer Kriegsrat und polnischer Gesandter (NDB).

zen und zwei Reisebettlein – die Herberge waren so schlecht, dass die zwei Herren sich eine eigene tragbare Matratze besorgten.[52] Dann ging es weiter nach Krakau, das am 7. Juni erreicht wurde.[53]

3.2 Der Reisebericht: Edition mit Kommentar

Als die Handschrift einsetzt, hat die kleine Reisegruppe bereits Krakau erreicht. Krakau war jahrhundertelang und bis vor kurzem die Hauptstadt des Königsreichs Polen gewesen und stand in voller Blüte; ihre Universität, die zweitälteste in Mitteleuropa, erfreute sich großen Zuspruchs und hatte im 16. Jahrhundert die Rekordzahl von über 3 000 Studenten erreicht. Die prächtige Kathedrale der Heiligen Stanislaus und Wenzeslaus, die die Reisenden besichtigen, befand sich auf dem Wawelhügel (s. Abb. 3) neben der königlichen Residenz und diente zugleich als Hofkirche. So fanden hier die Eheschließungen und Krönungen der polnischen Monarchen statt; viele von ihnen wurden in den Kirchenräumen und in der Gruft beigesetzt.

Die Aufmerksamkeit der Besucher ist auf die prachtvolle Ausstattung der Kirche und auf die darin aufbewahrten unschätzbaren Glanzstücke gerichtet.

Krakau [...] [3r] ebnermaßen mit den schönsten Edlgesteinen gar reich versetzt; noch ein anderer guldener kelch, mit viellen Rubinen und *Smaragd*en gar alte arbeit; sonst seindt noch in allem 24 kelche, alle von goldt, mehrerthail mit Edlgesteinen versetzt. Ein Bischoffshuet allenthalben mit den grösten und schönsten *orient*alischen Perlein durchauß starck gestickt, mit rubinen, *Smaragd*en und Turckischen[54], bevorab vorn mit einem großen rubiner alß groß wie ein tauben Ey, versetzt, auf 12 000 Gulden oder 4 000 Reichsthaler, der gantz Huet aber auf die 48 000 Gulden *aestimiret* unnd gehalden wardt. Noch ein Bischofflicher Huet wardt unß gezeiget, wie der vorige, sehr starck mit den besten Perlain, auch allenthalben mit *Diamanten, Smaragden* unnd *Saphyr*n, sonderlich aber mit großen Zahl Perlen gar reich versetzt, hatte auch vorn in der mit[te] einen großen *Saphyr* in der größe eineß halben thaler, auf einen großen Summen gehalten, der gantze Hut aber gleicher maßen in etliche 40 000 Gulden ge-

---

52   In Ungarn werden sie tatsächlich feststellen, dass die Gaststätten viel besser als in Polen sind. Nicht selten brachten wohlhabende Reisende, die mit Gefolge verreisten, eine eigene Matratze mit, damit sie nicht auf den schmutzigen, von Flöhen wimmelnden Strohbetten der Herberge schlafen mussten. Vgl. Freller: Adlige auf Tour (wie Anm. 2), S. 154.

53   Stationen von Warschau bis Krakau sind u.a. Nowe Miasto, Drzewica, Modliszewice, Małogoszcz und Michałowice.

54   Türkisen

schetz werden soll. Sonst seindt noch 22 schöne und zum theill mit Edlgesteinen versetzte kelche frey und unverschloßen in der Capell gestanden, waß sonsten an Lichtern, Zangen und Rauchpfan[n]en von goldt und silber verhanden, kont wegen großen menge so baldt nicht gemörcket werden. Vier gantze Silberne altar sind in selber kirchen, in recht gemeiner größe; bevorab war wohl zu sehen das schöne *Sepulchrum Sigismundi tertij* in die runde gebauet,[55] inwendig allß eine Capell, außer der kirchen ist es ein runder Thurm, deßen tach von gantz ducaten goldenen blech uberzogen und etliche Tonnen schatz gehalten wirdt. Inwendig ist ein gantz silbern altar, vier schöne *Sepulchra* von roth und weißen *marmor*; gegen der uber war eine andere schön erbaute Capell, in selber ein altar von schwartzen *marmor*, dariber die Jungfrau Maria mit dem *Jesu* Kindlein auß allawaster[56] so zahrt und schön, daß einer schier durch sehen möchte. Entlich kammen wier in die Capell konigs *Casimiri*, darinen in einer Christallen ein stucklein *dilla croce Christi*[57] von einen Pfaffen gezeiget wardt. In allen waren 22 Capellen, ingesambt gar stattlich geziehret, die kirche wardt sonst genandt *S. Stanislai* Tempel, wirdt von *Jesuit*en sonst verwaldet. *In Capella S. Crucis* oder Königß *Casimirj* stundt auf einer Taffel: *Casim.* [3v] *III. Rex Pol. patre Vladisl. Jagellone Rege Pol. matre vero Soph. filia Wencesl. Bos. Rege natus et Elisab. Regina Coniux sua Alberti* [Lücke im Text] *ducis Austr. Rom. Ung. et Bos. Reg. filia hanc capellam S. Crucis pro sep. sua suorumque filiorum et filiarum Vladisl. Joh. Alb. Alex.* [Lücke im Text] *Casimiri, qui inter sanctos connumerantus, Sig. Frid. Cardin. Hedwigae Sophiae Elisab. Proprijs sumptibus exstruxerunt, auro argento gemmis clemodijs et alijs quam plurimis ornamentis proprijs manibus ipsius Reginae elaboratis et contextis auxerunt. Presbyteros octavo pro decandandis horis Sacrisque missae officijs, unius de S. Cruce alterius pro defunctis instituerunt Domum muratam ex opposito eiusdem capella pro praefatis Presbyteros conparaverunt. Mortuj sunt, Rex Casimirus anno 1413.*

Nach deme gingen wier aufs Schloß, wurden geführt durch 22 gemächer, die alle schön und herlich geziehret, vorauß die ersten 6 oben an der decken oder boden schön verguldt, thür und schornsteine alle von dem schönsten *Marmor*, das Siebent und achte gemach mit schönen

---

55 Grab von Sigismund III. Wasa († 1632), König von Polen und Erbkönig von Schweden; sein Sarkophag befindet sich in der Wasa-Kapelle in der Wawel-Kathedrale.

56 Alabaster

57 aus dem Kreuz Christi

Mahlwerg[58] von der *Susanna* und andern geziehret, auch allenthalben schönn verguldt. Im neunten, welcheß gar schön mit Schildereien und goldt geziehret, waren alle Tische, fenstern, Thüren und schornsteine von dem schönsten *Marmor*. Das 10. war ein gar groß und schöneß gemach, oben starck in herlicher Arbeit verguldt, in der mite mit einen verguldenen Adler hangendt und mit schildereyen versehen. Das 11. war ebner maßen ein gar schön gemach, darinen oben am boden, wie die könige gegreünet[59] werden, zu sehen. Das 12. war der königin gemach, gleichsfalhs mit golde und mallerey geziehrt, alle Thüren, Fenster und schornsteine von dem besten marmor belegt, und auch das Pflaster, alles von marmern. Das 13., 14., 15. und 16. waren in etwaß kleiner und allß schön und wohl außgebauete *Cabinet*lein sehr lustig ligendt, in dem lesten[60] war ein schornstein vonn [4r] braunen *Marmor*, daran königs *Sigismundi III.* Handwagen, so seine Majestät sie nur allein gebraucht haben sollen. Von dar kammen wier durch einen schönen groß und weiden Saal, in welchen aber nur allerhandt gemehlde vieller *nationen* zu sehen. Mehr hat das königliche schloß viel und herliche schöne gemächer, die wier weil sie nicht konden geöffnet werden, nicht haben zu sehen bekommen. Hat einen viereckichten Platz, und ist allenthalben mit 3 *Gallerien* ubereinander geziehret, unnd in allem ein groß und gewaltigeß gebew.

▬▬▬ Den 2. *Maij*[61] [1642] begaben wir unß nach dem königlichen
10. Juni Garden, eine viertl meil vor der Statt nach Nordtwesten zu ob-
─────── gelegen. Ein großeß weitlefftiges werck, und stehet darin ein großeß *Palatium*, kammen aber nicht drein; under andern war im garten zu sehen ein Trach, dargegen Ritter *S. Georg* gegen dem Trachen reident[62], drittenß ein könig auß Phollen vorm Pferdt kniendt gegen einem hirschen, so das *Crucifix* zwischen den hörnern trug; hinder dem könige waren 2 hunde, einer ligent und der ander stehendt, alleß mit roß*emarie*[63]

---

58 Malerarbeit
59 gekrönt
60 letzten
61 Der Schreiber verwechselt auf diesem Blatt mehrmals das Datum: Vermutlich trugen die Reisenotizen keine Tagesangaben und er versuchte sie aus dem Gedächtnis zu rekonstruieren. Die *Reisekosten* liefern hingegen genaue Informationen: Die Reisenden sind am 7. Juni (28.5. a.Z.) in Krakau angekommen, der Besuch im königlichen Garten fand am 10. Juni statt (31. Mai a.Z., also nicht am 2. Mai) und am 15.6. fuhren sie wieder ab. – Die Marginalien geben das neue, gregorianische Datum an.
62 reitend
63 Rosmarinsträucher

gemacht und *formiret*. Unfern stundt *Goliath*, deßen spieß zugleich oder zeiger einer sonenuhr war, auch der *David* mit der Schläuder, alleß auß Buchßbaum; ferner *Simson* mit dem Löben[64], auch wie er ihme den Rachen zerreißt, und wie er ihn in der *Delilae* schoß entschlafft und von den Philistern gefangen, alß auch *Adam* und *Eva* mit der schlangen, wie dan der *Absolon* an einer aichen hangent und von *Jacob* mit 3 spißen durchstochen worden, und sein Maul unter ihme weglauffent, ingesambt auß einem grinen gewächß gesicht, hand und fuß gebildet und wohl gemacht. Daneben war ein schön und großer Irrgarden von Buchßbaumb schir manßhöhe.

Den 41.[!] fuhren wir auß nach dem städlein W[ieliczka], eine meil von *Cracaw* nach Osten zu abgelegen, daselbst ein schön und herlicheß Saltzbergwerck ist, fuhren zu 12 Uhr umb den mittag in dasselbe, und wurden anfenglich in die 100 fadem[65] und druber an einem großen seyll, welcheß ein Pferdt oben auf und abtreibet, hinnein gelaßen, durch gingen dasselbe in 4 stunden, fast durch und durch bey einer teutschen meill, und sahen erstlich, wie [4v] dasselbe, wo es hoch außgebrochen, oder sonsten gefahr deß einfals vermutet, sehr starck und vest mit großen baumben verbauet unnd verwahret war. Ethliche örther waren derogestaldt gleich einem zimlich hohen kirchen gewolbe in die höhe und weide außgearbeiteten, under andern schier in der Mitte war ein großer Raum, daselbst war ein Altar und *Crucifix*, und verrichteten dar die arbeit[er] zu gewißen Zeiten ihr *devotion* und Meeß. Nach deme durchkrochen wier viel weit und enge genge und schlupfen, biß wier kommen an das orth, da sie arbeiten und das saltz außhieben. Die leude arbeiten gar nackent, haben nur unden einen leinen schurtz oder hoßlein ann, damalß wardt eben ein schöneß, einem *Christalin*en glaße vergleichentes saltz gebrochen. Von dar begaben wier unß ferner hinnab in ein andere hölle viel vadem diff[66], und kammen an den ohrt, da ein andere schacht noch einer unsäglichen tiffe weiter in die erde ging. Wier wurffen große saltzsteine hinnein zuzuhören: wie lange selbige fallen möchten, da wier dann mit nicht weniger verwunderung angehört haben, daß in deme, wie der stein gefallen, es ein solch gethöne *causirt*,

13. Juni

Wieliczka

---

64   Löwen
65   Faden, Maßeinheit der Länge, die besonders für Tiefenangaben (auch in der Schifffahrt) gebraucht wurde (DWB).
66   viele Faden tief

alß wen ein donerwetter von fernen gehöret wurde, unnd werede[67] sehr lange, ehe er zu grunde fülle[68], dahero dan leichtlich zu ermeßen, daß es nach eine große tiffe sein muste. Wier hatten unß selber hinnab laßen können, die Zeit aber, unnd weillen wier beraiths genugsamb besehen, auch eine große tiffe erlangt hatten, wolts nicht leiden; begaben unß derowegen wider zuruck nach der außfahrt.

Underwegß gingen wier zu einer großen ungeheuern höllen, die aber zur Zeit nicht bearbaitet werden soll, vorbey, so biß *Cracaw* soll gehen, unnd kommen bey die Pferdeställe, deren in die 60 im Berckwerg gehalden unnd zur arbait gebraucht werden; haben gueten getauen[69] darinen, auch wann ein pferdt lam oder sonsten schaden hat, so balt es hinnein auf die saltzende kombt, kan es sofordt wider zurecht [5r] gebracht werden. Sonsten gehet das Berckwerg, wie man unnß berichtet und wier auch zum guetten theill besehen, sehr weit und ferrn, hin und wider under der erden; oberhalb ist das Lannd schön und fruchtbar, mit gedraide, baumen und graß allenthalben erfület, unnd unden allß ein lauder fellß glareß salzeß. Es hat auch solcheß Bergwerg in sich viel schödlicher löcher voller salzwasser, welche *causirn*, daß sie vielle orthe nicht bearbeitten können. Man hat unß auch gezaiget eine hölle, in welcher ein gespenst langezeit solle gearbeitet haben, welche auch annoch nit bearbeittet wird. Nach deme begaben wier unß ferner an wider zu der außfarth und wolde die blöttigkeit deß gesichteß oder viel mehr die vorcht vor schwindel nicht zulassen, under sich zu schauen, so graußam war die tieffe hinnab zu sehen, auf die in der hölle scheinende lichter.

Zwei Schwerpunkte des siebentägigen Aufenthalts in Krakau sind deutlich zu erkennen: der Wawelhügel mit Kathedrale und Burganlage, und das Salzbergwerk von Wieliczka, eines der ältesten und bekanntesten Salzbergwerke der Welt (heute UNESCO-Weltkulturerbe – s. Abb. 4). Seit etwa 3500 v.Ch. nachweisbar, wurde die Saline zum größten Bergbauunternehmen in Polen; während ihrer Blüte vom 14. bis ins 16. Jahrhundert wurde sogar ein Drittel der Staatseinnahmen durch den Salzhandel erwirtschaftet; seit dem 15. Jahrhundert wurden mechanische Fördervorrichtungen und seit dem 17. sogar Pferde im Bergwerk eingesetzt.[70] Die Besucher waren tief beeindruckt von der „schönen und herrlichen" Saline: Gegen Trinkgeld wurden sie von den Beschäftigten des Bergwerks herümgeführt. Vier Stunden lang liefen

67   währte
68   fiel
69   Getau, altes niederdeutsches Wort für: Saumsattel (DWB).
70   Antoni Jodlowski: Arbeitsorganisation, Technik und Salzgewinnung in Wieliczka im Mittelalter. In: Salz – Arbeit – Technik. Hg. von Christian Lamschus. Lüneburg 1989, S. 39-45.

und krochen sie durch die engen Schächte, schauten den Bergleuten bei der Arbeit zu, ließen sich ihre Sagen erzählen, bewunderten den großen unterirdischen Kirchenraum mit dem kunstvoll gestalteten Altar, ganz aus Salz gehauen; zum Schluss besichtigten sie auch die riesigen Ställe, wo 60 Pferde unter Tage gepflegt und behandelt wurden. Als Andenken kaufte CA einen Rosenkranz aus Salz.

Wie wir nun alleß zimblicher massen besehen, fuhren die Herren wider nach der Statt *Cracaw*. Die statt an sich selbsten ist ein groß weithleffti- Krakau geß weßen, in sieben thaill, nemblich in *Cracaw*, *Casimirius*, Judenstatt, *Klapars*, *Strodam*, Bischoffdum und Gerberey abgetheillet. Der theill *Cracaw* hat den Marckt, ein großen Platz, deßgleichen in Teutschlandt nicht viel sein wirdt, auch alle die vornembsten gebeu, item eine große *Universitet*, aber nur von Pohlen *frequentirt*. Es ligt die Statt in einer Ebne guteß fruchtbareß lanndts, wie woll aber die felder nach Norden zu zimblich hoch aber noch ferne abgelegen seindt; sie ist nicht vest, unnd nur mit einer mauer umbgeben, hat viel herliche unnd schöne grosße kirchen, under andern ist die *Jesuiter* kirch unfern vom schloße ein gewaltigeß gewölb gebeu, auch in dem sch[l]oß Thurm eine gar große Glocken. Der grösse hanndel der statt wirdt von welschen[71] unnd Juden getriben.

Den 5. zu 4 Uhrn seindt wier zu *Cracaw* wider aufgebrochen, selbig abent 4 meill biß ein stättlein *Mischalwiza* [5v] kommen. Den 6., weill wir daselbst biß mittag geblieben, seindt wier aber nur 4 meill in ein dorff zu abendts, *Spizoviza*[72] genandt, vernachtet; von dar laufft ein ▬▬▬ strom, die *Raba* genandt, und fleist in die Weygel.[73] Den 7. *Maij*   17. Juni kammen wier zu 8 Uhr auf ein hoheß gebürg, gegen den großen ───── und zähen schneeberge *Paria Jura*[74] geheißen, so den gantzen sommer yber, allß auch das gegen dem yberligent hohe ungrische gebürge, *Montes Tartarij* genandt, allzeit voller schnee ist. Zu mittag kammen wier in ein groß dorff *Zablumka* oder *Jabelunca*[75] genandt, bey welchem die *Schlovaken* oder *Walachen* angrentzen, 2 meil; zu 4 Uhr nachmittagß *passirten* wier in ein stettlein *Fartoscheen*, 2 meill gegen abendt in ein dorff *Criwa*, 1 meill. Den 8. zu mittag nach volln brachten 3 großen meil-

---

71   Italienern
72   Spytkowice
73   Raba, rechter Zufluss der Weichsel
74   Vermutlich das Gebirgsmassiv des Babia Góra (Weiberberg) an der polnisch-slowakischen Grenze.
75   Jabłonka

len, kommen wier in ein dorff *Schaapla*, alwo die rechte *Walachey* ist,
daselbst herumb siehet man allenthalben viel spizige Pfehle, da die Türcken und sonst andere unnutz rauberisch gesindel angespißet werden sollen. Umb etwa 3 Uhr *passirten* wier in ein feineß stettlein zu Teutsch
Konigßberg,[76] darbey zur Rechten fandt auf einen erhabenen orthe ein
schön schloß Rotenbergh, einem ungrischen Herrn zustehendt, 1 meill;
gegen abent kamen wier in ein dorff Woßalda, 2 meill. Dißeß dorffs liget
zwischen ungehewern und großen zum theill schneeberg, und war dieselbe nacht so kaldt daselbst, daß es eyß gefroren. Auch haben wier nicht
ohne verwunderung gesehen, wie die selbe nacht außm gebürge ein gar
schwartzen ungewehrlichen dampff sich begab, und soll die lufft daselbst
━━━━ obwoll zimlich frisch, doch zu Zeiten gar ungesundt sein. Den
19. Juni   9. brachen wier von darauff, kammen zu mittag in ein dorff *Il-*
─────   *manca* 3 meill; fuhren daselbst zu 1 Uhr wider ab, und gegen 3
oder 4 Uhr langeten wir an in der Ungerischen Bergstatt *Newßoohl*.[77]

　　Der gantze weeg von Cracaw auß, biß dahinn, [6r] war außer gebürge noch zimlich zu reisen, und in allem die herberg noch in etwa beßer
Neusohl allß vorn in Pohlen. Zwischen vorgedachten dorff Woßada und NewßooI
kamen wir auch vorbey etlichen Eyßen- und schweffelgruben und sahen
wie solcheß geröstet (allß sie es nennen) und geschmeltzet wirdt. Nicht
wenig muß man sich verwundern, wie etzliche leuthe so gar in hohe felßen gebauet, daß man auch nicht sehen möchte, wo sie ihren weeg hinauff noch herunder nehmmen können, unnd wie wohl die höchsten gebürge unden lauder felßen, seindt oben mit graß und bäumen dannoch
bewachßen, auch das schönste Korn darauf gebauet, und gebrauchen
sich die leuthe deß gebürgeß zu ihrer narung, so viell sie ymber können.
━━━━ Den 10. *huius*[78] fuhrn die Herren auß nach den kupfferberg-
20. Juni werg ein meil von der statt, begaben sich in daßselbe, in unge-
─────   fehr 20 fadem in gleicher tiffe, durchfuhren aber dasselbe in
etlich 100 Claffter[79] herum, hierunder woselbst zu sehen, wie das silber
und kupfer Ertzt wardt gegraben. Under andern war ein brun, in welchen
ein gruneß waßer, woselbst das schönste *Vitriol* zu finden ist; solcheß
waßer hat die Eigenschafft, wan ein stuck eißen hinnein gesteckt und 14

76　Königsberg oder Nová Baňa, Stadt in der heutigen Mittelslowakei.
77　Die berühmte Bergbaustadt Neusohl, heute Banská Bystrica in der Slowakei.
78　desselben [Monats]
79　Klafter, Längeneinheit von ungefähr der Länge, die ein Erwachsener mit ausgebrei-
　　teten Armen greifen kann.

Wochen darin gelaßen wirdt, daß es selbigeß in das schönste und beste kupfer verwandelt, vorerst güßelt und zumalmet es in dasselbe kleine kör[n]lein alß sandt, lauft aber allgemaglich wider zusamen in einen klumpen, und wirdt das reineste kupfer darauß, dahero die Herren desselben bergwercks allerhandt alteß eißen den Centner umb etwa 6 Gulden an sich erkauffen, und wan es wider zu kupfer werdt, anwieder vor 30 Gulden oder 10 Reichsthaler verkauffen können. Es giebt der Centner Ertz so gehauen wirdt, inßgemein 30 Pfund kupfer, das silber Ertz aber 6 loot silber. In dem Stedlein, negst am Bergwerg gelegen, ist eine kupferne Müntze mitm F und under dem eine Cron, so sonst nirgents alß daselbst gangbar.

Die Statt Newsool an sich selbst ist sonst [6v] zimlich groß und fein erbauet, hat einen schönen großen Platz und ober dem ein Schloß, darin die Evangelische Kirche ist, alßdan im gemein die Burgerschafft und Rath Evangelisch seindt.

Der lange Umweg, der durch verhältnismäßig ‚sichere‘, vom Krieg nicht berührte Länder verlief, führte die Brüder durch die wichtigsten Bergbaureviere Europas (zuerst Wieliczka, nun die ungarischen freien Bergstädte, dann Reichenhall und Schwaz), wo sie mit den neusten technischen Innovationen bekannt wurden und zwar in einem Bereich, der wirtschaftlich für die Sulzbacher Territorien grundlegend war.[80] Nach einer nicht zuletzt vom Dreißigjährigen Krieg bedingten Krisenzeit wollte man mit dem Bergbau neu beginnen: In dieser Hinsicht kommt nicht nur der Wahl der Reiseroute, sondern auch der aufmerksamen Besichtigung der Bergwerke in unterschiedlichen Gegenden eine grundlegende, strategische Bedeutung zu.

Das ‚goldene Kremnitz‘, das ‚silberne Schemnitz‘ und das ‚kupferne Neusohl‘ (die sich dann mit den benachbarten Bergstädten Königsberg, Libethen, Dilln und Pukkanz zusammenschlossen), bildeten den Mittelpunkt des bedeutendsten und modernsten Bergbaureviers des damaligen Europas (s. Abb. 5), wo innovative, zukunftsweisende Techniken eingesetzt wurden, wie z.B. Schießpulver, das zum ersten Mal 1627 in Schemnitz im Inneren der Gruben benutzt wurde.[81]

Den 11. seindt wier gereiset von Newsool biß *Cremnitz*, die haubt- und oberbergstatt in Nider Ungarn, 3 große meill wegß nur yber einen beerg,

80   Vgl. Anm. 17 und *passim.*
81   Vgl. Karl-Heinz Ludwig: Die Innovation des bergmännischen Pulversprengens. Schio 1574, Schemnitz 1627 und die historische Forschung. In: Der Anschnitt 38 (1986), S. 117-122; Graham J. Hollister-Short: Gunpowder and Mining in Sixteenth- and Seventeenth-Century Europe. In: History of Technology 10 (1985), S. 31-66; Raffaello Vergani: Gli usi civili della polvere da sparo (secoli XV-XVIII). In: Economia ed energia. Secc. XIII-XVIII. Hg. von Simonetta Cavaciocchi. Firenze 2003, S. 865-878.

Kremnitz

und seindt nachfolgents die Bergstatt genandt. *Cremnitz, Schemnitz, Newsool, Bonkaus*, so vor kurzen Jahren vom Türcken sehr verderbt worden, *Königsberg, Lybethen, Diehlen*. Es ligt die Statt *Cremnitz* zwischen großen gebirg, ist nur klein jedoch wohl erbauet und mit einer schönen mauer und Thurm umgeben; hat ein schloß, auf welchen eine schöne Evangelische Kirche, allß auch das gantze landt, und schir in allen Bergstätten die Evangelische *religion exerciret* unnd getriben wirdt. Alle Kirchen und Gottßheuser so wier gesehen, wie auch an der gantzen Türckischen grantzen, seind gemeinlich befestiget, und mit einer guetten Mauer umbgeben, in allem noth und yberfahl, darauß ein widerstandt dem Erbfeinde zu thunn. Es scheinen sehr guttehrtig die selben leide[82] zu sein, maßen unßeren Herren daselbst mit allen freindlichen Willen begegnet worden, haben sonst *logirt* vor der Statt in den blawen becken.

22. Juni

Den 12. fuhren die Herren hienauß, die Goldtschachten, daran das erste *Rudolphi*, das andere *S. Annae*, das dritte *Matthiae* und das vierte *Ferdinandi* schacht genennet wirdt, zu besehen. Begaben sich aber in keineß derselben hinnunder, weill es damallen die Zeit nicht zugab, auch auf bericht, es den ungewohneten etwaß geferlich sein soldte, sondern besahen nur in *Mathiae* schacht die unerhörte tieffe, welcheß durch ein licht, so an den großen strang fest gemacht, eine lange Zeith könte gesehen werden, biß entlich das licht so weith hinunder kam, daß [7r] manß nimmer sehen könde. Die Bergwerg und schmalzgruben, wo das Ertz erstlich ge*praepariret*, und zu kiß gestossen, darnach zu einen schlam gemacht, folgents mit wasser allgemeglich auf einen ebnen von brettern zugerichten abfahl *Canal* oder rinnen abgeschwemet, und der schlam oder das unreine von den feinen goldt abgewaschen wirdt; hernach wirdt es geschmeltzet und zusamen gebracht, unnd erfordert eine gar große müehe und viele arbeiter; beforab ist das schwerste vor dem schmeltzoffen, woselbst eine großsorgliche hietze gleich wohl muß gearbeitet werden. Das Landt und die gegne herum ist sehr berg- und steinigt, seind aber nichts desto weniger allenthalben schone korn und andere früchte durch großen fleiß der leute verhanden, daß Sie also genugsamb Ackerbaw selber haben; an Wein aber ist zu *Cremnitz* nichts verhanden, aber nur 4 meill nach Preßburg zu, bey einem stettlein *Kausch*, allß auch zu Bukanß schon in zimlich *quantitet*.

Den 15. mittags brachen wir von dar wider auf, fuhren selbigen tag

---

82 Leute

4 meill in vorgedacht flecken[83] *Kausch,* woselbst sie schon *Pur* teutsch reden; gegen deme, zur Rechten handt ligt ein feineß schloß *Wagnitz* genandt, dem Herrn Graff Bluy[84] gehörig.

Den 16. fruhe führen wir biß mittag 4 meill in ein groß dorff *Dobritzschano,* musten durch ein *rivire* die *Neuter* so in die Waag,[85] und beyde darnach in die *Donaw* sich ergißen. Den Abent langten wier an in *Freystädte,* ist vor Jahren ein schön und großer ohrt geweßen, aber durch ein große feuerbrunst sehr verderbt worden; musten daselbst bey einen Tüschler[86] *logirn,* weillen die *Hosterien* alle in der Aschen lag.[87] Hat am berge ein schön schloß, Herrn Graff *Forgatzsch,*[88] obristen zu Setschien an der Türckischen Gräntzen, zustendig; hat einen schönen fruchtbaren botten und gegne[89] von Wein, Acker, Wisen und baumfrüchten, sonderlich kirschen und wallnußen so voll, daß wier nie gesehen. Das gantze landt daherumb ist mehrertheill Evangelisch.

26. Juni

Auf der Durchreise durch Polen und Ungarn war die Landschaft abwechslungsreich: von steilen, bedrohlichen Bergen mit schneebedeckten Spitzen zu angenehmen Talsohlen mit Wiesen, Weinbau und Vieh und fruchtbaren, intensiv bebauten Ebenen mit Äckern und Fruchtbäumen. Nicht weit entfernt verlief eine höchst bedeutende Grenze, die mehrmals erwähnt wird: Es handelte sich um die Grenze zwischen zwei Welten, dem christlichen Europa und dem Osmanenreich. Seit der Belagerung von Wien im Jahr 1529 war die ‚Türkengefahr' sehr konkret geworden und wurde seitdem in der Publizistik immer wieder mit Nachdruck hervorgehoben; diese Grenze galt als die ‚Vormauer des Christentums', Polen und Ungarn als die Verteidiger des Abendlandes.[90] Diese latente Gefahr hatte zu aufwendigen Verteidigungsstrategien Anlass gegeben; man hatte eine Militärgrenze aufgerichtet und sie mit Wehrbauern besiedelt. Zudem waren alle kirchlichen Gebäuden befestigt, wie die Reisenden wohl merkten, um „ein widerstandt dem Erbfeinde zu thunn". Nach dem 1634 zwischen Polen und dem osmanischen Reich geschlossenen Friedensvertrag war aber

---

83 Fleck / Flecken, wird hier immer in der Bedeutung ‚Ort, Stück Land' gebraucht (DWB).

84 Gemeint ist vielleicht Karl Albert von Longueval (1607-1663), dritter Graf von Bucquoi, spanischer Statthalter, der umfangreiche Güter in Böhmen und in den spanischen Niederlanden besaß.

85 Aus dem Spätlatein *riparia,* altfrz. *riviere:* Ufer eines Flusses, dann allgemein: Fluss. – Die Nyitra (dt. Neutra, Neuter) ist ein 166 km langer Fluss in der Westslowakei und bedeutender linksseitiger Zufluss der Waag.

86 Tischler

87 Im Jahr 1636 war Freistadt tatsächlich von einem großen Brand vernichtet worden.

88 Graf Adám Forgách (1601-1681), Oberst auf der Festung Szécsény.

89 Boden und Gegend

90 Włodzimierz Zientara: Polen des 17. Jahrhunderts in der deutschsprachigen Presse. In: Daphnis 41 (2012), S. 131-175, hier S. 162.

die Situation auf dieser Front relativ entspannt, denn das Kriegsszenario hatte sich im Mittelmeer und auf Kreta verlagert.[91]

Den 17. fruhe fuhren wir 5 meill bis Mittag in einen Marckt *Waarbergh*; das landt da [7v] herumb war eben dem vorigen gar schön und fruchtbar, und ziehet daherumb gar viel pferde und ungarisch ochßen. *Passirten* aber zuvor zu 8 Uhr vorbey die Statt *Tirnaw*, in welcher der ungarische Ertzbischoff *Logi Imere residiret*.[92] Gegen den abent langeten wir an in
Bratislava   der Ungarischen haubtstatt *Preßburg* 3 meill, *logirten* vor der Statt im gulden lamb. Es ligt selbige statt im Grunde, hat gleich vor sich einen hohen bergh, darauf das königliche ungarische haubtschloß ligen thut, ist ein schöneß gebeu, in ein Viereck aufgebaut, auch zimlich befestiget. Die statt an sich ist nicht vest, besondern nur mit einer Mauer umgeben, auch mit einen schlechten graben versehen; underhalb *Suderseit* der statt fleist die *Donaw*, gewaltig strom und schnell vorbey.[93]

————   Den 19. fruhe zu 7 Uhr setzen wir yber die Donau, fuhren durch
29. Juni   ein schöneß [Lücke im Text] so voll allerhand fruchtbarer bei-
————   me[94] an birn, Öpffel, Wallnußen und dergleichen versehen war, wie ein Waldt, zu geschweigen der sehr schönen Weyde und lustiger gegne, zu ende deßen kamen wir aber yber einen Arm der *Donaw*; nach selben erlangten wir gleich die Scheyde zwischen Ungarn und Österreich, ist nur ein graben, unnd meiste Zeith ohne Wasser. Volgents fuhren wir vorbey einem alten bergschloß, unbewohnet, darauf der böse Geist zu mehr Zeiten sich leibhafftig sehen und hören lassen sollen. Auf 1 meill von Preßburg kammen wir durch ein stettlein *Hamburg*[95] mitm schloße auf einer hohen Klippen ligent, und baldarauf noch ein ander stettlein oder flecken Teutschaltenburgh, so vor Jahren ein schöne große statt geweßen, aber zersteöret worden sein soll, 2 meill von Preßburgh, der Donaw zur lincken seitten hienauf gelegen. Von darab kammen wir umb den mittag in ein dorff *Regelsbrunn* 2 meill, umb 1 Uhr fuhren wir ferner,

91   Klaus-Peter Matschke: Das Kreuz und der Halbmond. Die Geschichte der Türken-
     kriege. Düsseldorf 2004, S. 321–347.
92   Imre Lósy (1580–1642), seit 1638 Bischof von Trnava (Tyrnau). Vgl. Magyar Kato-
     likus Lexicon: http://lexikon.katolikus.hu/
93   Pressburg, heute Bratislava, war von 1536 bis 1783 die Hauptstadt des Königsreichs
     Ungarn, das von den Habsburgern regiert wurde. Pressburg war daher Krönungs-
     stadt, Sitz aller wichtigen Behörden und des Erzbischofs von Gran.
94   Bäume
95   Hainburg an der Donau

passirten zu 5 Uhr den schönen Marckt Fischaw durch das Waßer die Fischaw, und blieben nicht fern davon in den Marckt *Schwächät, logirten* im guldten hirschen, 3 meill.
Folgenten mórgen allß [8r] denn 20./30. *Junij* fruhe zu 7 ▬▬▬▬
Uhr *passirten* wir den kayßerlichen lustgarten, bey einer meill   29. Juni
bey der statt abgelegen, der *Newbau* genandt, ist eine mauer   ‾‾‾‾‾‾‾‾
mit villen turmen herumb, von vern auch zu sehen wie eine schöne statt.
Umb etwa 8 Uhr kammen wir in die kayßerliche *Residentz Wien, logir*ten   Wien
am alten fleischmarckt im gulden Behrn; von *Cracaw* auß durch die Ungarische Bergstädte helt man in 60 teutsche großer meillen.

In Wien angelangt, mussten sie am Stadttor den Soldaten ihren Pass (bei reichlichem Trinkgeld) einreichen, den der Sekretär des Kammergrafen in Kremnitz gegen Bezahlung von 3 Reichstalern ausgestellt hatte.[96] Für jede Fahrstrecke musste man sich damit versorgen, besonders wenn es Staatsgrenzen zu überschreiten gab; auch Kutschen und Pferde mit dem entsprechenden Begleitpersonal wurden für einzelne Strecken gemietet – bei jeder größeren Station wurden sie gewechselt, bezahlt und verabschiedet und man suchte eine geeignete Fahrmöglichkeit für die bevorstehende Strecke.[97]

Am Stadttor, wo die Einreisenden von der Wache angehalten wurden und oft lange auf Einlass warten mussten, sammelten sich Bettelmönche und Arme; so verzeichnen die *Reisekosten* bei Ankunft in jeder Stadt erstens kleine Spenden und Almosen; zweitens werden die eigentlichen Fahrkosten registriert, die in diesem Fall teurer als sonst sind, weil der Kammergraf ihnen einen eigentlichen Konvoi zugeordnet hatte. Erst danach erscheinen die alltäglichen Ausgaben für Trinkgelder (zur Besichtigung der jeweiligen Sehenswürdigkeiten), Essen, Übernachtung usw.

Erster Anziehungspunkt ist in Wien der kaiserliche Hof, wohin sich die Reisenden sofort begaben.

Baldt hierauff begaben sich die Herren nach der kayßerlichen Burgh,

---

96   Der unbehinderte Reiseverkehr der Kavaliere zu Studienzwecken war seit dem Mittelalter im kaiserlichen und kirchlichen Recht fest verankert; mit dem Ausbau der Landeshoheit und der frühmodernen Staaten war allmählich eine Legitimierungspflicht entstanden, die zur Einführung eines Reisepasses für Fremde führte. Im 17. Jahrhundert hatte sich die Passpflicht überall durchgesetzt, so dass man vor Antritt einer Reise einen Reisepass oder ein Empfehlungsschreiben von einer hohen Persönlichkeit beantragen musste, das man an der Grenze oder am Stadttor vorzeigen musste. – Über den politischen Schutz der Bildungsreisen und das Passwesen vgl. Conrads: Politische und staatsrechtliche Probleme (wie Anm. 14).

97   In einer Kutsche fanden vier bis acht Leute mit Gepäck Platz; man konnte sie in den Städten oder in den Poststationen mieten. Wo die Postverbindung noch nicht regelmäßig funktionierte, musste man einen jungen Diener (einen Beiläufer) extra bezahlen, der dann mit Kutsche und Pferden zurückfuhr (Cesare De Seta: L'Italia nello specchio del Grand Tour. Milano 2014, S. 41).

unnd vorerst in die nahe an der Burgh gelegene schöne *Dominicaner* Kirche, in welcher kayßerliche Maiestät zur Predigt warn; nach derselben wardt eine schöne *Music* gehalten. Nach dem verfügten sich die Herren nach dem Rittersaal, zu welchem von der kirch ab ein sehr lange *galeria* gehet, da Kayerßliche[!] Majestät die Keyßerin und Keyßerliche Majestät frau Mutter vorbey kammen, auch haben nachgehents die Herren gesehen, wie Keyßerliche Majestät in der Keyßerin gemach Taffel gehalten, unnd deroselben von Frauenzimer gedienet worden ist.

━━━ Dem 23. fuhren die Herren auß nach Badan,[98] ein glein stettlein 4

3. Juli meill von *Wien* abgelegen; aldar seindt 7 warme bäder, zu wel-
───── chen alleweil großer Zugang vom Volck, der sich deren zur gesundtheit gebrauchen. Den 24. besahenn die Herren den vorgemeltem Keyßerlichen lustgarten; sonst die statt Wien belangent, ist solche mit schönen heusern, *Palatien*, schönen kirchen, klöstern, straßen unnd Plätzen schön geziehret, unnd zimlich befestiget; hat allenthalben einen hohen aufgemawerten Wall, an der suder und Nordosten seind aber einen druckenen graben, und an Nordwester seitten einen arm der Donaw neben sich hinfließen. Under den Kirchen ist die zu *S. Stephan* die haubt vornembste unnd schönste Kirche, ein großeß und herlicheß gebeu, mit einen sehr hohen und kinstlichen Thurm; wir seindt auf selben in 400 staffel eine Windelstigen biß an den Creutz und umbgang, etwa die halbe [8v] Höhe des Turmbs gestigen. Er ist von unden biß oben auß, an den knopff gantz vonn schönen außgeh[a]uen quaderstucken und steinen erbauet, allß auch die gantze kirche ist. Auf der ander seiden gleich dem hohen *Steffans* Thurn stehet auch ein anderer aber nur der kirchen gleich hoch aufgefiret[99], selber wie nach zu sehen, hatte viel köstlicher und züehrlicher[100] außgefiret werden sollen, es solde – wie man sagt – der andere meister durch abgunst dißer, wie er in besten bauen geweßen, herundergestoßen haben, damit Er die Ehre durch selbiger nicht verlieren, und allein haben wollte; machte sich hernach under den Predigstul in der kirchen verstecken, und das leben *salvirn* wollen, wie noch heundigeß tagß undern Predigstull sein bildnuß auß einen gemahlten fenster gucket und ein Meßer in der hand habendt, zu sehen ist. Es ist solche kirche inen und außen wegen der kinstlichen steinmezerey ein gewaltig

---

98 Die warmen Schwefelquellen von Baden bei Wien waren schon in der Römerzeit
(als *Aquae Pannoniae*) bekannt.
99 aufgeführt
100 zierlicher

groß und *reali*sch gebew, an einem fenster Norder seiden der Kirchen, an dem Eck nach Westen zu, ist zu sehen das bludt von einem Meßpffafen, welcher der böße geist auß der Kirchen, wie er meß gehalten, durchß fenster in die lufft hin- unnd an die mauer gestreifft haben solle.

Auf dem hohen *Stephans* Turm haben wir die gegner[101] der statt und umbligende orter auf etliche meill sehen können, und weill das lanndt in dißen orthen sehr fruchtbar, voller *Palatien*, kirchen und Clösster, lust-gärtten und heueßer, an weinberg, lust- und obstgärden, deß schönsten acker und Wiße Wachß, macht dißeß die gegne gewaltig, lustig und anmuthigh.

In gemelter *S. Stephans* kirche wardt unß in einer *Capell* gezaigt ein Crutzifüx, dem harr und bart wachßen, auch wen sie abgeschniden werden, andere wider wachßen, und allß *res* [Lücke im Text] aufgehebt werden sollen. Under andern Tafeln, *Epitaphien* unnd schönen figuren sahen wir im Norrder außgange der kirchen ein klein Täfflein, an welcher war abgemahlet *Alexander Magnus* von Wurmen, Nattern und kröten zerfreßen, auch Scepter und Cronn zerbrochen, *mortalitatis humanae emblema* wie die darbey gemachten grabschrifft anzeiget.

Nach dißer ist [9r] auch eine andere feine kirch *S. Michael* genandt, in welcher ein pfeiller und dargegen eine schöne *Capell*, unßer lieben frauen pfeiller genandt, daran sollen – so wie man sagt – viel krancke menschen, auch ohnlengst von den hoffmusi[ci] einer, so am leibe gantz lam gewäßen, auch von keinem *Medico* hat können *curirt* werden; item ein Weib, welcher sehr viel bluedt außm halße geloffen, der auch von jederman das leben abgesprochen, auch ihr *Medicus* selber *deoperire* und gesagt, „Es ist auß mit ihr", sich zu gedachtem unßer lieben frauen Pfeiller verlobt, unnd gesundt worden sey. Solcher *patienten* seind unzehlich viell, wie gleich auch etzliche arme leuthe mit mißgeburden und ungestalden kindern, under ander eineß mitm großen langen kopffe zu unßer Zeith dahin gebracht worden in hoffnung, daß sie wider [ge]neßen und zu rechter gestaldt und gesundtheidt kommen wurden.

Sonsten seindt wir vorgedacht under ander herlichen gebeuen 2 schöne *Jesuiter Collegia*, einß unfern vom stubenthor, das andere an dem großen Platz der Hoff genandt; wirdt inß gemein genenet das *profess* hauß, ist ein yberauß schön, groß und stattlich gebew mit seinem verschieden platzen, Creutzgengen schön gemahlt und geziehret, daß man

---

101 Gegend, Umgebung

sich darob zu verwundern hatt, mit waß unsäglichen Uncosten selbe *palatia*, die in allem die kayserliche burg ubertreffen thun, müßen auf und
außgeführt werden. Nicht weith von danen ist das Österreichische landt-
unnd Gerichtshauß, nahe an dem selben *Residirt* der Herr Graff Schlick,
keyßerlicher Majestät kriegß Rath unnd *praesident*;[102] dargegen über ist
ein schöne kirche zu den *Schotten* genandt, sonsten seindt under andern
schönen kirchen nachfolgende Clöster begriffen: ein *Dominicaner*, Par-
fueßer, *Augustiner*, *Capuziner* und hinderm landthauße ein Jungfraili-
cheß, *S. Dorotheen* Closter. Außer der statt die negsten und vornehmbsten, der *Carmeliter* über der Donau, bey der Judenstatt, *Pauliner* vorm
kärn[tn]erthor, der Joßephs Brueder auffm Kalenberge, eine meill von
der statt an der Donau gelegeneß schöneß Closter, item das schöne *Augustiner* Closter aufm Wege nach Lintz. Die Statt ist mit hohen und starcken [9v] Wählen, wie erst erwehnet, umbgeben, so nahe aber an den
heußern gelegen, daß etlichen örten nicht ein Wagen darzwischen gehen
kann. Sonst die Kayßerliche Burg belangent, ist es zwar ein weithlefftig
großeß weßen, dem ansehen aber nach, wie ein Closter erbauet; sonst
seindt noch etzliche neue gebeu von Kayßerlicher Majestät *Ferdinand* II.
noch zimlich und fein aufgeführt worden.

▬▬▬▬ Den 26. *Junij*/6. *Julij* war der Ertzherzog *Leopold* Wilhelmb
6. Juli   gleich im *procincto* wider nach der Armee zu gehen und dieselbe
────── anwiderumb, nachdem sie von den Schweden sehr geruiniret
worden, und der Hertzog Frantz Albrecht damallen gebliebene, zu *recolli-
girn*,[103] und brachen unßere Herren von dar auch widerumb auff, Ihre
Reise auf Lintz, der haubtstatt im Ländlein ob der *Enß*, zuzunehmen.

Die Dauer des Besuchs in Wien war von der Wartezeit auf einen offiziellen Empfang
bei einem Mitglied der kaiserlichen Familie bestimmt; in diesem Fall ist es die Ab-

---

102 Heinrich Graf Schlik zu Bassano und Weißkirchen, kaiserlicher Feldmarschall und
     Hofkriegsrats-Präsident (1580?-1650); als tapferer Kriegsmann hatte er eine lange
     und glorreiche Laufbahn im kaiserlichen Dienst hinter sich.
103 Im Jahr 1639/40 war Spanien in eine tiefe Krise geraten, die nicht nur finanziell und
     militärisch bedingt war, sondern einen generellen Niedergang der spanischen Mon-
     archie markierte; das hatte für die militärischen Verhältnisse im Reich weitreichende
     Folgen. Die schwedischen Streitkräfte, unter Lennart Torstensson erfolgreich re-
     organisiert, waren gerade dabei, nach Süden einzurücken und Erzherzog Leopold
     Wilhelm wollte die kaiserlich-sächsische Reichsarmee wieder sammeln, um Tors-
     tenssons Vormarsch abzuwehren. Vgl. Christoph Kampmann: Europa und das Reich
     im Dreißigjährigen Krieg. Geschichte eines europäischen Konflikts. Stuttgart 2008,
     S. 128-151.

fahrt des Erzherzogs Leopold Wilhelm, die den Auftakt zur Fortsetzung der Reise geben wird. In Wien verweilten CA und JL eine volle Woche, in der sie Gelegenheit hatten, mehrere Mitglieder der kaiserlichen Familie zu Gesicht zu bekommen; zwischendurch kundschafteten die Herren Stadt und Umgebung aus und verbrachten vergnügliche Stunden im Spielhaus,[104] während sich Kammerdiener und Pagen um die Vorbereitungen zur Weiterfahrt kümmerten.

Man besuchte die warmen Bäder in der Vorstadt und unternahm einen Ausflug hinaus nach Katterburg, in den exotischen Lust- und Tiergarten, wo sich die Kaiserin Witwe ein Lustschloss gerade erbauen ließ;[105] die Besteigung des Kirchenturms von St. Stephan gewährte einen weiten Ausblick über die freundliche Stadtumgebung. Der Aufenthalt scheint jedoch vorwiegend von der Besichtigung der zahlreichen katholischen Kirchen und Klöster geprägt: Diese Besuche sind von bunten Anekdoten und Wundererzählungen begleitet, die von den jeweiligen Führern berichtet wurden und bei den protestantischen Reisenden vermutlich Kuriosität und Befremden zugleich weckten.

Die Besucher waren offensichtlich nicht nur von der großen Anzahl der Kirchen und Klöster, sondern auch von ihrer Pracht beeindruckt, so dass sie in einer abschließenden Bewertung eine Umkehrung feststellen: Die Hofburg (s. Abb. 6) sehe nüchtern und streng wie ein Kloster aus; kirchliche Gebäuden seien hingegen stattlich, prunkvoll und vornehm.

Vor der Abfahrt musste noch Einiges angeschafft werden: Papier, nicht genauer bezeichnete Medikamente, Sattel und Decken, drei Ledersäcke, Erdbeeren und Kirschen. Einige Pferde werden gemietet, zwei hingegen gekauft. Man wird sie dann in Italien wieder verkaufen – sogar mit Gewinn, und „der uberschus ward dem Cammerdiener wegen gehabter mühe *Assignir*et" (*Reisekosten*, S. 19). Am 6. Juli ging es wieder los.

Kamen in außfahren einen schönen Käyßerlichen Tüehrgarten vorbey, an die *rivier Viena*, davon die statt genenet wirdt, ligent; hernach ein schöneß hauß, zu unßer Frauen brunen; gegen dem yber eine schöne große kirche, an einer sehr lustigen gegne, zu den beyden war von Wien auß eine große Walfarth eben angestellet.[106] Folgents auf 2 meill von Wien

---

104   Unter ‚Spielhaus' verstand man damals sowohl ein Theater, als auch ein Haus, wo Gewinn- und Glücksspiele gespielt wurden – was damals bei reisenden jungen Kavalieren sehr in Mode war; zahlreiche Reiseinstruktionen gingen ausführlich darauf ein.

105   Kaiser Ferdinand II. und seine Gemahlin Eleonora von Gonzaga, beide leidenschaftliche Jäger, benutzten das Areal als Aufenthaltsort für Jagdgesellschaften. Nach dem Tod Ferdinands 1637 wurde das Anwesen Witwensitz, wo die Kaiserinwitwe ein reges gesellschaftliches Leben führte, für das sie einen repräsentativen architektonischen Rahmen benötigte. Sie ließ daher um 1642 ein Lustschloss errichten und das Anwesen wurde in ‚Schönbrunn' umbenannt. Zerstört während der Türkenbelagerung 1683, wurde darauf das heutige Schloss erbaut.

106   Die Wallfahrt nach „Unserer lieben Frau zum Brunn" (heute Mariabrunn) ist erstmals 1610 bezeugt; 1639 wurde die Kirche gebaut. Namengebend ist eine Quelle, in der in der Legende nach die heilige Gisela († 1033), Schwester Kaiser Heinrichs II.

fuhren wir vorbey ein schöneß Closter, darin *Benedictiner* orden, *Mari-enbach* genandt,[107] und kammen bis mittag in allem 3 meill in einen schönen marck *Dülbingen*, welcher rundtherumb mit schönen herlichen Acker, Wein und andern gärten und Wisewachß benebenst schönen springwäßer umbgeben war. Bis abents fuhren wir 4 meill in ein dorff *Cappell*, hat das Waßer die Persch[l]ing, welcheß, alß auch die *Viena* nur klein, aber zu Regenß- oder Winderßzeith sehr zunehmen und großen schaden veruhrsachen sollen.

◼◼◼ Den 27. *Junij*/7. *Julij passirten* ein wolerbauteß herren hauß, ei-
7. Juli nem *Baron* von *Jurgern* zukoment, und etwan weiter durch ein
───── Waßer die *Trasne*, so auß dem Steuermarck *promontorio* ent-springt, und in die Donau sich ergißen thut.[108] Nachgehents kammen wir vorbey die statt *S. Polten*, alda war ein [10r] Ertzbischöfflicher sitz; item durch das Waßer die *Bilee*[109] unfern davon, und sahen zur rechten ein schöneß herrn hauße *Oßterburg*, auch einen Freyherrn von Birgern zu-stenden;[110] nachgehents eineß heern von *Stuffenbergh* zustendig schöneß Schloß *Schadburgh*,[111] gegen deme yber aber einem gleichermaßen schön und grossen Schloße *Bobrizburg* vorbey, konden aber in durchfahren nicht vernehmmen, wer der Herr deßen were. Fuhren biß Mittag 4 meill
Melk in die Statt Mölcke, logirten und hielten mittag im gulden stern. Gleich yber selben stättlein ligt ein groß und wohl erbaudeß Closster, von außen wie ein königliches Schloß anzusehen, darinen *Benedictiner* ordenßmin-che; hat auf der ander seiden die Donau fließend, derowegen es sehr lus-tig ligt. Nicht fern davon gehet die *Vinar Miols* in die Donau; gedachteß Clöster hat yber das stettlein zu gebietten, und gehöret alleß nach *Wien* inß ober *Vicedombs* ambt.

Auf der ander seiden der Donau ligt in selber gegne eine schöne statt mit einem dem ansehen nach feinem erbauten schloß, die *Ips* genandt,

---

des Heiligen, eine Marienstatue fand und durch Trinken des Wassers genas. www.
geschichtewiki.wien.gv.at/Mariabrunn
107 Maria-Anzbach
108 Traisen, rechter Nebenfluss der Donau im Süden Niederösterreichs.
109 Pielach
110 Die Ochsenburg gehörte einem Herrn von Lassberger, einer der ältesten Adelsfami-lien Österreichs.
111 Es handelt sich um das Renaissance-Schloss Schallaburg, Besitz der Familie von Losenstein (s. Abb. 7). Nachdem Hans Wilhelm von Losenstein hier eine Schule für die protestantische Jugend gründete, wurde die Burg im 16. Jahrhundert zum Zentrum der Reformation in Niederösterreich. Nach seinem Tod 1601 mussten seine Erben wegen Überschuldung die Burg an die Familie von Stubenberg verkaufen.

von einem flus, so aldar in die Donau gehet, also genandt.[112] Noch ligt daselbst ein gar schöneß hauß, dem Graffen von *Goys* gehörig, *Bisembach* genandt; gegen deme yber, an der straß so wir *passirten*, lag ein gleineß aber schon und lustigeß *palatium*, einem Herr von Bennebuy zustehent, nicht weit von dißem aber ein schön schloß Neumark. Bis zu abendt reisenden wir 4 meill in einen feinen marckt Amstedel,[113] *logirten* im schwartzen Adler; gehordt under das Erztpischoffdumb Paßaw, dem Ertzhertzog *Leobolt Wilhelm* zu.

    Den 8. *Julij* reiseten wir 4 meill einen bößen und tiffen Weg, kammen zu mittag an in der statt *En[n]s*, ist die gantz underste statt selbigeß landts, hat das Wasser die *En[n]s* bey sich, hinab in die Donau fließent; *logirten* im schwartzen Adler, am Marckte. Ist eine feine erbaute stadt nach dem Waßer aufm berge ligent, selbe statt ist im Bauerngriege, so in *Annis* [10v] 1626, 7 *et* 28 daselbst sich erhoben, von den bauern nebst der haubtstatt Lintz nicht erobert worden, ungeachtet der bauern, in 10 000 starck, großen Ernst darfür gebrauchet. Im gantzen Lande ob der *Ens* ist gar kein Weinwachß, ungeacht auf der ander seiden der Enß strombs allenthalben in der Nehe ein schöner Wein wachßen duhet, aber das Landt hat einen herlichen ackerbau, und viel Gerdenfrüchte. Zu 1 Uhr reiseten wir ferner auf Lintz zu, kammen underwegß vorbey viell schönne herlichen heußer, sonderlich ein schönes schloß Dieterichßburck Herrn Graffen Tilly, wider ein feineß hauß Errersburg dem von Rupffsteiner zustendig; hat das Wasser die *Traune*, daryber wir kommen, neben sich hinflißen. Den 8. abents nach volbrachten 3 guetter meillen kammen wir an zu *Lintz*, *logir*ten und kehreten ein am marck beim gulden Löben.   Linz

    Es ist die Statt zwar klein, aber lustig und schön erbauet, hat ein groß und wohlerbauteß Schloß, einen grossen und langen marckt, auf welchen die schönen *palatia* und heu[s]er erbauet, allß nie in der kayßerlichen *Residentz Wien* gefunden werden mögen. Wie wohl nun die statt außer einer guetten Mauer und drucknen graben gar nicht beföstiget, haben doch die bauern, so mit grosser macht darfür gelegen, solche nit mügen überweltigen. Die *Donau* fleust underhalb der Statt gar streng und starck vorbey; unfehrn von der statt soll ein gefehrlicher ohrt in der Donau sein, der Wirbel genandt,[114] woselbst zu Zeiten underschidene Schiffe

---

112 Ybbs
113 Amstetten
114 Der sogenannte ‚Wirbel' der Donau (s. Abb. 8) befand sich in der Nähe von Neu-

grosse gefahr gehabt, und noch wohl darauff achten mißen, bevor wan[115]
sich die Donau ergiest und sturmb verhanden ist. Gegen der statt gehet
ein bruck in 400 schridt darüber. Uns wardt gezaigt der ohrt an der Stattmauer, woselbst die bauern den grössten sturmb, aber vergebenß [11r]
angangen, unnd ist eben, wo die beste *Defension* und gegenwehr auß der
Statt hat geschen können; seind dazumal yber 1 000 bauern geblieben
und ligen gleich darunder im stattgrabenn, in einem Loch yber 300 begraben; ihr lager soll in 50 000 man bestand sein, haben die statt *continue*
in 3 monat belägert gehalten, bis entlich durch den *General* Pappenheim
sie geschlagen unnd der garauß mit ihnen gemachet worden.[116] Die vornembsten ihre füehrer sollen geheißen haben *Freischleng, Fuchs* und
Goltzhacker, damallen ist Regent und Statthalter geweßen ein herr von
*Herber*stein, jetziger heist und ist ein Herr von *Rueff*steiner.

▬▬▬ Den 9. *Julij passirten* wir das im selben erbaute Kayßerliche
9. Juli Jagthauß genandt Neubau, musten der grossen Hitze halber ein
─────   bar stunde aldar blaiben, reiseten in allem bis zu abent 5 starcke
meill, erreicheten die Statt *Wels*, kerten ein im gulden Huffeißen amb
Platze negst an der kirchen; neben der statt fleust die *Traune*. Diße stad
ist in dem bauern aufstandt erobert, sehr verdorbet, ihre schöne unnd
wohl erbaute Vorstätte gantz abgebrandt und sehr zunichtet worden. Sie
ist gar wohl erbauet, mit einem großen marckt unnd schöne Kirchen,
under andern feinen *monumentis* war an der Kirchen auf eine Taffel mit
guldenen buchstaben gezeichnet:

Fui, non sum, estis, non eritis, vixi moriturus
Mortuus in Aeternum victurus.[117]

---

stadtl an der Donau. Hier gab es eine kleine Felseninsel mit Ruinen einer Burg (Burg
Hausstein), die 1854 bei der Donauregulierung gesprengt wurde, da ihre spornartig
in die Strommitte vorspringende Lage den gefährlichen Wirbel verursachte.

115 müssen, vor allem wenn
116 Der Bauernaufstand von 1626 war besonders heftig gewesen. Die protestantischen
      Bauern rebellierten gegen die Erhöhung der Abgaben und gegen die bayerische Be-
      satzung, die eine gewaltsame Rekatholisierung des Landes durchführte. Nur durch
      das Zusammenwirken der österreichischen und der bayerischen Truppen unter dem
      Feldherrn der Katholischen Liga, Gottfried Heinrich zu Pappenheim, konnten die
      Aufständischen schließlich besiegt werden. Darüber Georg Heilingsetzer: Der ober-
      österreichische Bauernkrieg 1626. Wien 1976.
117 Der Urheber der Grabschrift ist schwer zu identifizieren, denn der älteste Grabstein,
      der sich heute an der Welser Stadtkirche befindet, stammt aus dem Jahr 1647. Vgl.
      Aubert Salzmann: Die Grabsteine des Welser Stadtpfarrkirchenchores. In: Jahrbuch
      des Muse-alvereins Wels 11 (1964/1965), S. 150-167 und 12 (1965/1966), S. 78-90.

Den 10. *passirten* wir auf 2 meill davon einen feinen marckt *Lambo*,[118] in welchen ein schöneß Kloster gelegen, eine meill ferner die statt *Vocke-burg*[119] mit dem Schloße *Camenaw*, [11v] *item* das Schloß Waarborg Herrn von Bollheimb gehorig,[120] alleß zur Rechten handt ligen lassen; item den schönen marckt *Dimmelkam*,[121] bis mittag auf 3 meill das Stätt-lein *Schwane[n]stadt*, dem Graffen von Salenburg auf Buchhirmb; zu 1 Uhr kammen wir jetzerwehnteß hauß vorbey. Nicht gar weith davon ab, unnß zur lincken handt unßers Wegeß, ligt der yberauß hohe unnd jähe Felßen *Traun*felß genandt, darauß vorgedachteß wasser die Traune auf-springet; man siehet selben felssen nit weith von Wienn ob schon ligen, allß were man nur wenig meill davon, uberbrachten den nachmittag 3 meill in ein stättlein Franckenaw.[122]

Den 11. *Julij* kammen wir durch ein stattlein *Straswalde*[123] ▬▬
biß in einen flecken Newmark[124] 3 meill, aldar wir mittag hiel- 11. Juli
ten. In selber gegne ist ein bößer unnd sehr steinichter Wege,
gar unbequem einem reisenden; im welchen Flecken allß auch bey nahe in gantzen lande ob der *Ens* eine guette undt viel Leinwandt gemacht wirdt. Es war eine gleine meill, bey einem dorff *Meistirch* ist die scheide zwischen dem lande Bayrn und Ertzbischofthumb *Saltzburg*, woselbst ein gruner Platz, auf welchen mann in dreyer Herren landte stehet; der weg von dar biß volentß hinnein auf Salzburg ist ebnermaßen sehr stei-nicht, und sonderlich übel zu fahren. Von jetzgedachten Newmarckt ist eine große Walfarth auf 5 meill, an einem orth im gebürge der Wolffgang genandt, daselbst die leuthe am fronleichnambstage und sonsten im Jahr etliche mahl in großer menge zusammen kommen, unnd in starcker *pro-cession* selben besuchen.[125] Selben abendt fuhren wir noch 2 meill, bis in

---

118 Lambach
119 Vöcklabruck
120 Die Burg Wartenburg (heute nur eine Ruine) befand sich am linken Ufer der Vöckla
      und gehörte bis 1639 der Familie von Pollheim.
121 Timelkam
122 Frankenmarkt
123 Straßwalchen
124 Neumarkt am Wallersee
125 Der heilige Bischof Wolfgang von Regensburg galt als ein wirksamer Nothelfer ge-
      gen alle möglichen Krankheiten und Übel und war im Mittelalter sehr verehrt. Wie
      die Legende berichtet, hat er im Jahr 976 seine Stadt Regensburg verlassen und sich
      in das Gebirge zurückgezogen, wo er am heutigen Wolfgangsee als Einsiedler lebte.
      Die Örtlichkeiten, in denen er sich damals aufhielt, zogen einen ungeheuren Pilger-
      strom an, der St. Wolfgang zeitweise zum drittgrößten Wallfahrtsort der Christenheit

die Ertzbischöffliche Statt *Salzburgh*, kerten ein am Platze in ein hauß, die Trinckstuben genandt.[126]

Im Herzen des Kaiserreichs – die Route zog sich durch Nieder- und Oberösterreich bis nach Linz, in einer angenehmen Umgebung. Der Weg, der teils die Donau entlang verlief, teils sich vom Fluss durch die hügelige Landschaft entfernte, ließ eine ganze Reihe von Schlössern und Burgen Revue passieren, die samt ihren Besitzern beim Vorbeifahren namentlich erwähnt werden. Die meisten gehörten österreichischen Adelsfamilien alter Tradition, einige evozierten Hauptfiguren des noch nicht abgeschlossenen Krieges wie den kaiserlichen Heerführer Tilly. Historisch präsent waren jedoch insbesondere die Ereignisse des oberösterreichischen Bauernkrieges, worauf mehrmals hingewiesen wird: Linz, Enns und Wels waren Schauplatz des blutigen Bauernaufstands von 1626, dessen Spuren die Durchreisenden noch deutlich wahrnehmen konnten. Von Linz wendete sich die Reisegruppe nach Süd-Westen die Traun entlang, um dann die Hauptstadt des Fürsterzbistums Salzburg zu erreichen.

Die Hitze machte das Reisen sehr mühsam und zwang die aus dem kühlen Norden kommenden Reisenden zu häufigen Rasten; sie beschwerten sich mehrmals über den Weg, der – vor allem auf der letzten Strecke – steinig und unbequem war, so dass die Kutschen sechs Tage brauchten, um die 300 Kilometer von Wien bis nach Salzburg zurückzulegen. Einmal in der Stadt angekommen, verzeichnen die *Reisekosten* die üblichen Ausgaben: dem Soldaten, der den Pass zur Kontrolle abholt, „denen Kutschern zu verdrinken", Almosen für einen Kranken usw. Am nächsten Morgen, als die Brüder die Stadt besichtigten, hatten sie die Gelegenheit, den kurz zuvor erschienenen vierten Band von Michael Caspar Lundorps *Kriegs- und Friedenshandlung* zu erwerben,[127] in dem die Akten der laufenden Friedensverhandlungen veröffentlicht wurden, die CA persönlich sehr eng betrafen. Ein heiß debattiertes Thema war nämlich die ‚Pfalzfrage', denn es ging nicht nur um die Übertragung der Kurwürde an Bayern, sondern auch um das Schicksal der Oberpfalz. Die polemischen Schriften und Gegenschriften, *Manifesta* und *Antimanifesta*, die von beiden Seiten herauskamen, waren in diesem Werk versammelt und der angehende Regent ließ sich den Band nicht entgehen.

---

machte. Dazu Peter Pfarl: Der Wolfgangweg – von Regensburg über Altötting nach St. Wolfgang am Wolfgangsee. Mit Geschichte, Legende und Verehrung des Hl. Wolfgang. Wolfgangsee 2013.

126 Die Stadttrinkstube am Waagplatz 1 war eine der Stadt gehörende Weinstube mit angeschlossenem Wirtshaus. Hier wurden die offiziellen Tafeln des Stadtrates abgehalten, die Bürgeraufnahmen und die Jahrestage der Zünfte gefeiert. Nach einem Brand 1635 wurde das Gebäude völlig renoviert, innen prächtig ausgestaltet und mit einer Fassadenmalerei geschmückt; 1639 wieder eröffnet, blieb es bis zum Ende des 18. Jahrhunderts der vornehmste Gasthof der Stadt.

127 *Reisekosten*, S. 22: „Vor die Pfaltzische *Antimanifesta*", d.i. Michael Caspar Lundorp: *Actorum Publicorum, tomus quartus*. Das ist / Kriegs- und Friedenshandlung / [...] Darinnen nicht allein was in dem 1639. und 1640. Jahr / bey dem Churf. *Convent* zu Nürnberg [...] verhandelt / begriffen. Sondern auch 3. von Chur-Beyern / und Pfalzgraff *Carolo* Ludwig außgangene *Manifesta* und *Antimanifesta* die translation der Chur-Stimm / Gerechtigkeit / Land und Leut betreffend / zu finden. Frankfurt 1641.

Den 12. *Julij* besahen wir anfenglich das schöne herliche gebeu, ▬▬▬
den *Thumb*[128], [12r] welcher gar schön in ein Creutz, außen von   12. Juli
großen quaderstuck, das theill aber nach Westen allß die große   ‾‾‾‾‾‾‾
pfordt und Turner so jetzo erst aufgefüehrt, werden alle von weißen schö-   Salzburg
nen *Marmor* erhohet. Inwendig ist dißer schöner Tempel weidt und groß
außgewölbet, oben Rundt herumb mit einem gange, in der mit deß Creut-
zeß eine rundterhohete Cappel gantz in die spitz holl, rundt herumb mit
fenster; es ist alleß mit *marmor* geziehret, an goldt und schönen malwerg
allenthalben voll, auch das gantze pflaster gantz von *marmor* viellerley
farbe kinstlich eingelegt; zwey schöne orgeln gegen einander stehendt.
Auch seindt darin 11 Altäre, so mit unnd nebenst dem großen haubt Altar
sehr reich verguldet, kunstlich und schön gemacht wahrn, unnd under
denen 5 von den besten braunen *marmor* gar stattlich aufgeführt; eine
große Tauffe von klaren silber, im außgang der großen schönen Pforden
stundt oben geschriben:
   Haec est Domus Dei in qua invocabitur nomen eius.
Aufn nachmittag fuhren die Herren hinauß, nach dem Ertzbischofflichen
Garden Helbrun genandt, von der statt auf eine kleine halbe meill Sud-
werts gelegen; war entzwischen ein schöne *gallerie* von allerhandt
fruchtbarn baumen; wir durch*passirt*en so den ohrt sehr angenehmb [ge]
macht, zu geschweigen der schönen gertten, Wäßer und Wießen, zwischen den großen gebürg ligent. Kommen vorerst in den Vorhoff, ein
schöneß gebeu mit viellen underschidlichen nebengemächern, einen
gleinen schloße zu vergleichen; nachgehents ein schön groß viereckter
Platz und zu ende deßen ein großeß sommer- oder lusthauß, deßen hernach zu gedencken. Begaben unß darauf in den garten, kamen durch
schöne gänge, so von Weinreben und beumlein artig gemacht warn, folgents durch andere schöne Creutzgenge, uber eine brucken etliche schöne Weyher unnd brunen vorbey, darinen allerhandt der bösten fiesche,
ann forellen, salmmen, Grundling, Schmerlen, Carpfen und dergleichen
es aller voll war. Inn der mit[te] des Tauche ist ein schön erhobener Hugel, rundtherumb von den großen Erbben bepflanzet, obenn auf stehet ein
von kirschen, braunen und Weinreben bewachßeneß [12v] lustheußlein,
unden rundtherumb seindt schöne gartten abtheilung oder beetlein voller Roßmarien, Dulipanen und ander kösstliche blumen. Under dißen

---

128 Dom

berge ist eine gar Christallene klar schöne *fontaine*, da der *pachus*[129] auß
weißen *marmor* an einen vonn Taffsteine zugerichten felssen sitzet, und
auß seinen bauche wie eine Jacobßmuschel das Wasser sehr herauß
springet.

Von dar kommen wir an einen sehr klaren Haltter oder Weyher so
klar, daß man auch die kleinsten stein oder sandtkör[n]lein in zimblicher
tiffe eigentlich ligen siehet; in selben ist voll der schönst und großen
goldtforellen und salmmen geweßen, warn gewohnet, wan man mit einem ruth- oder stecklein darin schlug, daß sie allesambt dahin geloffen
kammen, dan sie an dem orth gespeißet, und mit lautter leber erhalten
werden. Wier kammen weitter an einen schönen Weyher, so alzeit, allß
auch alle andere durch schöne frische quellen erfrischet wirdt, umbgeben
mit einer hohen mauer in der runde einem [Lücke im Text] gleich aufgeführet, inwendig schön vermahlet, und allenthalben mit daffsteinen auf-
gesetzet einen großen fölßen[130] gleichendt; darinen wurde enthalden die
schönste salmmen in großer menge.

Folgentß kammen allerhandt kunst brunen, und anfenglich der
Nephtunus, sitzent auf einen Wahlfische, auß deßen rachen, mit verkorung der augen gehet das Waßer in ein rundt brünlein vor welchem 2 löben von *marmor* lagen, die das Waßer gegen einander außsprützen, jeder
in die 20 und mehr Röhrlein, zwischen denen noch andere 7 röhrlein, so
das Waßer gleich in die höhe gaben, und also gedoppelde Creutze machen. Ein wenig ferner in einem runden brunen, so alß eine Christall klar
entspringent, stehet der *Actaeon*, aus deßen hörnern, allß auch seiner
Hunden, die rundt umb ihr stunden, auß deren ohren, naßen, und halße
das Waßer gar hoch herauß gehet. Ein wenig beßer vor den brinleinn ligen 4 Ehrne schlangen, die das Waßer auß dem Halße [13r] geben, und
ober sich ein gedoppelt Creutze *formirn*. Nachgehents kammen wir in
eine große *fontaine*, da in der mit[te] von unden auß einen Walfischkopf-
fe, das Wasser yber 2 manß hoh, biß an den boden deß gewölbeß, und in
so grader *linie* alß es stig, an derselben wider herunder fül[131], dan es
nich[t] zu underscheid war. Man könte einem daselbst von allen seitten
von unden und oben naß machen, in gewaltiger geschwindigkeit ehe man
sichs versahe; rundt umb solche *fontaine* ging noch ein gang schön gemahlet, under welchen ein *Satyrus* an einem baum gebunden von den

---

129 Bacchus
130 Felsen
131 fiel

Apolline geschunden, in schönen *alabaster* gehauen, darbey auß einem, von Taffsteine gemachten fölßen, viel dirnein[132] *formiret*, alß haßen, füchße, Marder, Caninchen, Hatzen, Vögel, Hunde und dergleichen, so nattirlich allß leben und sassen sie ein jedeß auf seine ardt, in Löchern und fölßen – alleß von *marmer* und der farben wie die düre[133] von nattur sein könen, zu sehen war.

Eine andere schöne *fontaine* die *Diana* außm schönen weißen *marmor*, deren brünlein davor auß der Erden ohne menschen arbeit gar schön und zirlich springen thet. Noch ein ander kunststuck, da ein Trache Waßer außsprizt; vor ihme sprang das wasser auß einer metallenen röhren im form eineß kölcheß oder großen Christallenen glaßeß. Ferner war auß *marmor* gehauen ein groß Wildtschwein, mit dem Jungen hinder einen baum ligent, gar kinstlich gemacht, zur Zeit aber noch ohne Wasser. Ein schöner baum, darinen ein verlarffeter kopff, auß deßen augen, die sich auch zugleich gar abscheulich hin und her wenden, sprang das Waßer so suptill und zertheilt, scheinen wie ein fei[n]er spigel, vonhero im außlauff deß Wassers, wurden etliche lider durchß waßer getriben, allß ein haffner oder döpffner so auf der scheiben die deöpffe[134] trib; ein miller so wasser aufgoß, item ein schleiffer; an thiren waren nachfolgent: etliche schlangen, schnecken, Schildtkrotten von kröten, die alle ein jedeß seinen gang thet, durch die waßerkunst gerichtet, allß lebenden sie. Gegen gedachten brunen war die *Antromeda* in einen gemachten berg [13v] oder fölß angebunden, umb selbe schwam ein Trach, auf dem hieb *Perseus* mitm schwerdt, wan er in umbschwimen vorbey kam; neben selben war der gleichen fölß, darin stundt ein mehrmenlin und bliß auf einer schalmey gar hellandent, und darbey in einer anderm hölle eine Jungfrau, die auf einen krumbhorn bliß; die Eule aber, neben ihr sitzent, thet auch ihren gesang, heulet recht wie die nattirlichen Eulen, den tag und nacht bedeutendt. Noch neben denselben in einer sonderlichen kleinen hölle saß ein Ände,[135] welche Waßer auß dem Halße goß, und algemach sich buckete und tranck.

Ein wenig furder[136] war wider ein groß und schöner Weyher, voll allerhand der bessten fische, in der mit[te] saß ein meerman und weib

---

132 Tierlein, Tierchen
133 Tiere
134 Töpfe
135 eine Ente
136 weiter

zusammen, auß einen stein einander heßlich ansehendt und waßer auß
den Hälßen goßen. Neben dißen Weyher stunden verschnidene Citronen
und Pomerantzen baime, blieeten[137] gleich und gaben gar einen lieblichen geruch von sich. Darauf kammen wir vor das vorgedachte große
lusthauß, da dan der gleichen mermanlein in einer höllen eineß gemachten berglinß auf einen Zincken bliß und allemal, wan er sich umbkörete,
eroffneten sich 2 Thürlein, daß man ihn sehen kondt; neben ihm auch ein
mehrweiblin, die sich auch in wasser umbwendete, auß ihren bristen 2
wasser strallen gab, und sich 2 thüren auf theten, sie zu sehen; darbey trib
eine starcke Waßerröhre eine kugel alzeit ober sich.

Darauff begaben wir unß in die schön und große *Grotta* under selbigen lusthauße, in 4 gemach abgetheillet, im eingang allß mitelst und vordersten gemach, so allenthalben schön und aufs ziehrlichst gemahlet, mit
marmor und schönen bildernn und Statuen geziehret, stundt der *Hercules*
von *marmor*; under ihme ein gesichte mit verkorung der augen, das waßer von sich gebent. Darnach gingen wir vollendts in das inerste gemach
und nechste *Grotten*; die selbe war gantz yber und yber mit Taffsteinen
besetzt, gleich einen großlocherichten schwammen, [14r] unnd anzusehen allß ein bergwerck; das alleß voll schöner muscheln, schnecken und
dergleichen. Es *praessentir*ten sich von oben und auf allen seitten viel
und mancherley Vögel und Thire auß ihren höllen und lechern herfür, an
Haßen, Füchßen, Meerkatzen, affen etc. alß wan alleß lebte, auch die
Vögel hupften und singen. In mitelst kam auß einem großen loche herfür
ein *Basiliske*, vor selben gab ein röhrlein Waßer, das liß er in sich lauffen
unnd körete hernach wider umb. Item da kam herfür der Guckuck, so gar
naturell riff. Im heraußgehen, da wir unß keineß argen vorsahen, kam das
Waßer von allen seiden, von unden oben, wo wir unnß auch immer hin
salvirn wolten, so gewaltig auf unnß zugesprungen, daß wir aller tripffen
naß wurden.

Nach besehung deßen, wurden die kunst rohren [so] gestellet, daß
im vorderisten gemach das Wasser füehl[138] von oben herab wie ein platz-
regen, unnd sich ein nattirlich regenbogen im loch davon *praessentirte*;
so bald wie selbigeß allgemeglich verging, hörete es auch auff zu regnen.
Im besten zu sehen aber, wurden wir vorm lusthauße noch einstens ein-
geweihet. Von dar kammen wir noch in ein andere schöne *fontaine*, an

---

137 blühten
138 fiel

welcher der *Orpheus* auf der harpffen spillendt und seine *Dam*, die *Euridice*, bey seinen fueßen schlaffent lag; wie auch allerhandt Thüre[139] auß ihrenn löchern unnd höllern, so wie ein fölß gemacht, an Löben, Behren, Füchßen, Haßen, Hunden und dergleichen, die baim sich neugent, und die steine bewögend, zuzuhören dem schönen spüell[140], auß dem herlichen *alabaster* und daß sonderlich die *Euridice* vor ein kunststuck gehalden wirdt, außgehauen.

Unfehrn davon war ein feiner gepflasterter Plan, mit einer mauer, von dem Plan ab, mit etlichen stigen umbgeben, allß ein halbeß *Theatrum*: daselbst sollen zu underschidlichen Zeiten schöne *Comedien* gespillet werden. Unden aufm platze stehet ein steinerner Tüsch[141] mit 12 steinern stullen; wan man sich darauf setzet, ging allgemeglich auß den stullen das Wasser herauß, ehe man sichß versahe. Oben [14v] in *Theatro* war in schönen *marmor* gehauen Kayßer *Octavianus* mit 2 krigischen könig und deren gemählinnen, die er gefangen gehabt. Von dar kammer [!] wir in einen andern gartten, in welchem bey die 40 *fasanen* erhalten und gespeißet werden; ferner in einen andern, darin allerhandt Vögel und feder vieh ward gehalten, allß Schwannen die deß ohrts gar angenemb seindt; wilde änden, ein großer Trapp und 2 kraniche, ander Thüre an Haßen, Caninchen, sohnsten viel schildtkrotten und dergleichen thürlein. In selben gartten war gesehet Habfer, Wicken und dergleichen, den Haßen und Caninchen ihren lauf und aufenthalt darin zu machen.

Auß selben kammen wir auf offt bemelteß lusthauß, in welchem alle gemächer mit schönen guldenen leder und Teppigen geziehret sein. Under andern feinen gemehlden wahren zu sehenn etliche Thüre, die entweder wegen ihrer größe oder ungewohnlichen *Statur* oder farbe wie sie gefangen oder den Ertzbischoff nachgerade zu grosser Verehrung zugeschicket werden, allß 2 sehr große wilde schweine, 2 Beeren, eine große Ganß. Under ander schönen gemachern war eineß sonderlich schön und in die runde gebauet, in selben stundt ein *marbel*steinerner Tüsch von allerhandt schönen farben; zu der mitt deßelben ein stein, in die lenge anderhalb, in der braide aber einer spanen, so auf 3 000 Gulden oder 6 000 Reichsthaler zu *aestimirn* sein soll; soll die tugent haben, wan ein glaß oder gefäß daruff stunde, inn deme gifft were, daß es sofordt zerbrechen thete; darin war abgemallet ein großer steinbok. Item in ein ander

139 Tiere
140 Spiel
141 Tisch

gemach ein großer füsch, der Haußen genandt, wie ein Stöhr anzusehen, so in dem Waßer daselbst, der *Salza*, gefangen worden, hat gewogen 280 Pfund. Eine Leber von einem Hecht, so in dem Neuhaußer, nicht weith von *Salzburg* gelegenen See gefangen, in 2½ Manß spanen lang; ein großer Geyer, so den jungen gembssen sehr nachtrachten soll, und der gembßen geyer genandt wirdt; [15r] auch ein stein Adler, so anno 1634 bey Salzburg gefangen worden.

Von dißen lusthause und besagten garden kammen wir in den nahe darbey gelegenen Tüehrgarten, wo selbst in einem hauffen bey die 100 und mehr stucke am dam wildt wir beyeinander gehen sahen. Selber gardt ist sehr groß, lustig und angenemb, wirdt von einem arm der *Salza* voneinander getheillet, auch ist darinen ein besonderer ohrt voller *Gallerien*, gen[g]e und Creutzgenge, zwischen selben aber nur mit wilden holtz bewachßen; daselbst waren verschnidene Capellen, alß die *Eromiten* in den einöthen zu haben pflegen.

Underschidlich *S. Francisci Eromitae* haupt Capell, zum andern die Capell am ölberge genandt, 3. *S. Pauli Eromitae* – darin stundt er in lebenßgröße schwartz gegleidet, einem gar starck ansehendt; vorm in einen fenster stehet ein rabe fligent, wie er ihn in hungers noth speiße bracht[e], mit einem stucke brodts im schnabel wol gemacht.

Ferner *Johannis* in der Wüesten Capell, unßer lieben Frauen sieben schmertzen Capell, item *Domus Crucis Christi*, *Domus Coronationis*, *Domus Flagellationis*, *Domus Resurexionis*; selbe Capellen waren allenthalben in selben gestraich hir und dar gesetzt, nicht wißent, ob voriger Herr Ertzbischof sie entweder zu seinem Wohlgefallen oder sonsten irgendt *ex Devotione* dahin hat richten und setzen lassen. Nahe darbey ist ein erhobener lustiger Hugell, darauff ein schöneß lusthauß gebauen, dahero auch das *bel veder* genandt. Gegen deme yber, etwa auf eine halbe teutsche meil, wie wohl es gar nahe s[ch]einet, ligen die 2 großen berge oder felßen, der Schneeberg oder *Schlincken*, und der underste bergh, darin der allerschönste *marmor* oder *allabaster* gehauen wirdt.

Von dar kamen wir auf einen andern, den höchsten in tüergartten gelegenen berg, auf welchen der daruff gelegenen stein oder felß allß ein *Theatrum*, daß man hinnein fahren und reiden [15v] kan, zu *Comedien* und allerhandt freidenspill dermaßen außgehauen, daß man wie in ein groß gebeu, das voller gewelbe, kammern, keller und dergleichen wehre, hinnein ginge, und war auch ein großer platz darzu drinen, so von oben zu auffgemacht war. Ein wenig ferner kammen wir durch ein lustigeß holtz an die spitze deß bergeß, oberhalb und gegen dem lustgarden und die statt, daselbst ist an die spitze gebauet ein lusthaus *Wald Embs*, derer heußer drey sein; das ander ligt vor dem lustgarden *Lieb Embs*, das drite beßer nach der statt zu *Burckembs*, alle 3 schön und stattlich erbauet, mit lust- und baumbgarten geziehret.

Nach besehung deßen fuhren die Herren wider nach der statt; so viel selbige belangt, ligt sie zimblichen in sehr hohen klippen, selbige seindt auch ihr festungen, hat auf einer seitten das Ertzbischoffliche schloß, auf einen hohen berge ligent, mit der statt in einer Vestung, dan der fölßen so hoch abgeschörffet, allß wie eine hohe mauer unsehlich höhe, daß man in der statt nichts allß die lufft sehen kann. Auf der ander seiden einen sehr hohen berg, darauf ein Castell *S. Francesco* genandt, ligen thut, alleß in der haubt vestung mitbegriffen; an dem orth, daß die berge schließen und ebne ist, seind dermaßen starcke Wähle von gantzen großen quatterstucken aufgeführet, daß sie *inexpugnabel* zu halten. Die Statt wird durch bemelteß waßer die *Saltza* in 2 theil getheillet, daruber gehet eine feine erbaute aber holtzerne brucke. Es ist die gantze statt geziehret mit schönen heußern und allenthalben von außen schön gemahlen *Palatien* gar ein sauber und trocken in allen straßen, daß vast dergleichen nicht vorkommen. Jetzige Herr Ertzbischoff *Paris*[142] helt alzeit starcke besatzung in der statt, selbige *commandiert* ein obrister, ein Niderländer von [16r] Gebuhrt; jetziger Herr ist ein gebohrner Graff auß Tyroll; voriger Ertzbischoff so den garden, wildbaan und die viellen statlichen gebeu hat richten lassen, hat geheissen *Marcus Sitticus ab Embs*.

In Salzburg verbrachten die Reisenden einen vollen Tag. Der Vormittag war der Stadtbesichtigung gewidmet, wobei jedoch nur der Dom erwähnt wird; am Nachmittag fuhren sie hinaus zum erzbischöflichen Sommersitz Hellbrunn (s. Abb. 9). Im Tiergarten, im weitläufigen Garten mit den manieristischen, einzigartigen Wasserspielen lustwandelten sie lange, bewunderten die Teiche mit zahlreichen Fischen, den kunstvoll angelegten Park und die mechanischen Wasserwerke, die sie aus versteckten Düsen mehrmals „triefnass" machten – eine Erfrischung, die bei der heißen Sommerzeit bestimmt willkommen war. Der ausführliche Bericht, der sich über acht Seiten ausdehnt, und die detaillierte Beschreibung der einzelnen Wasserspiele spiegeln die Begeisterung der Besucher wider: auf der einen Seite die Bewunderung für

---

142 Paris Graf von Lodron, ab 1619 Erzbischof von Salzburg; sein Vorgänger war Marcus Sitticus (1574-1619), IV. Graf von Hohenems, dem man die Umgestaltung Salzburgs zur italienischen Frühbarockresidenz verdankt. Sitticus ließ auch das Lusthaus Hellbrunn bauen, mit Parkanlagen, Wasserspielen, Monatsschlösschen und steinernem Theater, dazu Emslieb für seinen Neffen Jakob Hannibal und Emsburg für den Hauptmann der Leibgarde Johann Sigmund von Mabon (NDB).

die so kunstvoll und natürlich ausgeführten Figuren, auf der anderen den Spass für die versteckten Wasserstrahlen, die sie unversehens mehrmals überraschten. Der Besuch führte sie dann ins Schloss hinein, wo sie unterschiedliche Gemächer und das Raritätenkabinett zu sehen bekamen.

Die Behandlung der Stadt Salzburg schließt mit einem knappen Abschnitt über die Stadt selbst, der sich den Vorschriften der apodemischen Literatur anpasst: Lage und Umgebung, Befestigungsanlagen, Brücken, aktuelle Regierung. Auffällig fanden sie die mit Freskenfassaden gezierten Herrenhäuser und die Sauberkeit der Strassen, „daß vast dergleichen nicht vorkommen". Sie waren von Salzburg offensichtlich positiv beeindruckt, denn solche persönliche Kommentare kommen im Reisebericht äußerst selten vor.

Den 13. *Julij* brachen wier von dar wider auf, fuhren selben tag
13. Juli   nur 2 meill, bis in eine Bayersche statt *Reichenhall*, daselbst ein
            gueteß saltz in großer *Abundantz* gesotten wirdt. Selbigen
Reichenhall abendt gingen die Herren noch auß, das Saltzwerg zu besehen. Es seindt daselbst in allem nur drey aber sehr große pfannen von bloßen kupffer und Eissen, etwa eine Ellen tieff, aber so groß, daß ein waag mit 4 pferden darinen umbwenden kann, und wird *continue* 8 tage in einer gesotten, darnach dieselbe wider zu kulen und so etwa zerbrochen, wieder zu beßern, wan dan die andere, nach der, die dritte gebraucht. Das saltz wasser wirdt durch röhren auß dem brunen, so nahe darbey in einem hauße ist, aufgetriben unnd in einen geleitet, laufft also ohne aufhörn einer algemag in die pfannen; alle stunden tag unnd nacht, werden lange fäßer voll, allß ein kerl tragen kan, eingeschlagen, und komen jedeß zu guten kauff bey 2 Gulden oder 4 Mark verkaufft werdenn. Es ist von dem besten saltz eineß, so je zu finden ist; den brunen und die kunst haben wier auch gesehen, wie selbige vertheilt, die eine helffte in selber statt, der ander theill biß Traunfelß über 4 teutsche meill in einer bleyern röhren, durch hohe beerg und thall, allß hernegst zu gedencken, geleidet wirdt, und wegen dißeß herlichenn und starcken brunenß daselbst auch saltz gesotten wirdt, damit es denen daselbst ybern gebürge wohnenden leuten, die es sonsten auch mit großer beschwehr von Reichenhall haben müßen, auch zu guet kommen kann.[143]

Berchtes-   Inmitelst den 14. Juli zogen die Herren hinnauß auf 2 meill, in das
gaden   Ertzbischoffliche Cöllnisch gebiet nach Bartelßgarten, woselbst die buerßleuth die schönste Treßler arbeit machen, so nie mag gefunden werden; under [16v] andern bichßlein deren 30, 40 in einander von solcher

---

143 Gemeint sind die Salinen von Traunstein. Vgl. Rainhard Riepertinger: Die Saline Traunstein. In: Salz macht Geschichte. Bayerische Landesausstellung 1995, Katalog. Bd. 1, S. 103-110.

*subtili*tet, daß nicht zu glauben, daß es nicht gesehen, und sollen ▬▬
es weith unnd braidt verschicken und verkauffen. Nahe darbey   14. Juli
ist ein bergwerg, darin ein rotter Saltzstein gehauen, aber nicht ‾‾‾‾‾‾‾
sogleich gebraucht, wie der in Pohlen, sonder sie lassen ein loch voll
frischeß Waßer und werffen einen stein von den bergwerg hinnein, daselbst. Wan das frisch geweßene Waßer genug von dem saltzstein an sich
genohmmen hat, schmeltzet allßdan nicht mehr von dem stein ab, und
soldt er gleich noch so lange drin ligen. Selbigeß Waßer wirdt hernach
gesoden, und ein schön weiß saltz darauß gemacht, und könen allßdan,
wan deß saltzsteineß ybrich inß waßer gelegt werden, das ybriche wider
zu andern frischenn Waßer gebruchen.[144]

Selbigen abendt kammen die Herren wider von dar zuruck und raiseten auch gleich von Reichenhall wider ab; kammen ein Bayrisch schloß
Carlstein, aufm hohen felßenn ligent vorbey, sahen daselbst, wie das
saltzwasser so nach Traunfelß wurde geleidet, durch sonderliche wind-
röhren hohere berge, allß es fiel, hinauf gezogen, und soll also in allem
auf die 400 schue yber seinem fahl in allem steigen mißen.

Von Salzburg bis Bad Reichenhall sind es nur etwa 20 km, so dass sich die Herren
gleich nach der Ankunft zu den berühmten Salinen begeben konnten (s. Abb. 10).
Und das mag auch erklären, wieso diese längere, mühsame Route von Wien nach
Italien vorgezogen wurde, statt der viel bequemeren und nicht so steil verlaufenden
Strasse über Klagenfurt und Villach. Im Vordergrund steht das Interesse für den
Bergbau und die modernsten Techniken, die darin Anwendung fanden. Neben den
mechanischen Fördervorrichtungen von Wieliczka und dem Gebrauch des Schieß-
pulvers in den ungarischen Bergstädten, gehörte die Soleleitung, die die Sole von
Reichenhall nach Traunstein transportierte, zu den technischen Wunderleistungen
der Zeit.

Die Saline brauchte nämlich eine Unmenge Brennholz, und der daraus resultie-
rende Holzmangel machte alternative Lösungen nötig.[145] Nachdem 1613 bei Aus-
besserungsarbeiten eine starke und ergiebige Solequelle erschlossen werden konnte,
kam man auf die Idee, nicht das Brennholz zur Sole, sondern die Salzsole mittels
einer Röhrenleitung zum Brennholz, also in waldreiche Gebiete zu bringen. So beschloss man, eine weitere Saline in Traunstein zu errichten und die Sole bis dorthin
zu pumpen. 1617-1619 bauten Hanns und Simon Reiffenstuel eine 32 km lange
Leitung aus Fichtenstämmen, durch Eisenmuffen miteinander verbunden; 1619
wurde die Saline Traunstein in Betrieb genommen.[146] Und tatsächlich waren die

144 Rudolf Palme: Das Salzbergwerk Berchtesgaden. In: Salz macht Geschichte (wie
     Anm. 143), Bd. 1, S. 74-82; Fritz Koller: Die Salinen des Erzstiftes Salzburg und der
     Fürstpropstei Berchtesgaden. In: Salz – Arbeit – Technik (wie Anm. 70), S. 226-234.
145 Alfred Kotter: ,Holznot' um 1600. Die Energieversorgung der Saline Reichenhall.
     In: Salz macht Geschichte (wie Anm. 143), S. 186-192.
146 Vgl. Salz macht Geschichte (wie Anm. 143), Bd. 2, S. 162, 167-170, 175-177; Fritz

Salzpfannen und die Soleleitung die Höhepunkte dieser Strecke, wie aus dem Bericht deutlich hervorgeht.

Am nächsten Tag wurde das Reiseprogramm durch einen Abstecher nach Berchtesgaden erweitert, wo sie die feinen Holzarbeiten bewunderten und das Salzbergwerk besichtigten. Die Salzverarbeitungsverfahren werden mit denen von Polen verglichen – ein weiteres Zeichen des Interesses für bergbautechnische Angelegenheiten.

Beim Weiterfahren verlief der Weg nach Innsbruck die Soleleitung entlang, so dass die Reisenden beim Brunnhaus Seebichl (s. Abb. 11) die innovativen Pumpen arbeiten sahen, die von bis zu sieben Meter hohen Wasserrädern betrieben wurden und die Höhendifferenz überwinden konnten.[147]

Selben abendt kammen wir nur eine meill inß gebürg in einen grugschneitzereidt, gar einsamb, zwischen den höchsten felsen in einer gleinen Ebne ligendt.

■■■■ Den 15. *Julij* paßirten wir 3 orther *Angern*, *Wingern* und *Wat-*
15. Juli *tern*, welche mit [Lücke im Text] Engeland, *Samarien* und
——— Schottlandt genenet werden. Zwischen selbigen örthern hat der
vorige Ertzbischoff *Marcus Sitticus* auf eine halbe teutsche meill einen felßen unden am deßen fueß abhauen und also einen weeg machen laßen, dem gemeinen Waßer zum besten, da man sonsten eine große Weithe hat mußen [17r] umbraisen unnd gar einen gefehrlichen weeg gehen, unnd stehen etwa zu mit des weegeß an dem berge an einer Ehrnen taffel diße wordt: *Marcus Siticus ex comitibus in alta Embs Archiepiscopus Salisburgensis et Princeps viam hanc ad perpetuam firmitatem publicae commoditati è durissimo silice aperuit. Anno Domini et praesulatus 2, 1614.*

Nicht weith von ende dißeß weegs ist ein Paß im gebürge *Eschegrub* genandt, selbigen hat jetziger Herr Ertzbischoff lassen erbauen, daselbst hebt sich an die Türoll gräntze, wie wol noch beßer hinnein in Türoll noch viel Städt, Schloßer unnd dörffer auch noch nach Saltzburg gehörn.

Bis mittag raiseten wir 3 Meill in ein dorff Windering[148], aufm nach-

---

Hofmann: 350 Jahre Soleleitung in Bayern. In: Der Anschnitt 22 (1970), S. 16-25; Heinrich Kurtz: Die Soleleitung von Reichenhall nach Traunstein 1617-1619. Ein Beitrag zur Technikgeschichte Bayerns. München 1978 (Deutsches Museums, Abhandlungen und Berichte 46); Peter Piasecki: Innovationen im deutschen Salinenwesen im 16. Jahrhundert. In: Salz – Arbeit – Technik (wie Anm. 70), S. 163-177. Im Jahr 2019 fand eine Sonderausstellung zum 400-jähriges Jubiläum der Soleleitung im Salz-Museum Grassau statt: https://www.grassau.de/2019-400-jahre-bayerische-soleleitung

147 Es war eine Weiterentwicklung der Kolbendruckpumpe, die von Reiffenstuel selbst entworfen wurde.

148 Waidring

mittag durch ein flecken *S. Johannis* genandt, ein wenig futter ein dorff Cobrdorff, darbey ein silber- und kupfferbergwergh *Rernxiel*, denen Fuggern von Augspurg zugehorig; bis zu abendt 3 meill in ein dorff *Elmaw*, gegen selben ligt ein sehr hoheß gebürg und schneberg, der keyßer[149] genandt.

Den 6./16. *Julij* erlangten wir zu mittag ein dorff *Wirgel*,[150] ▬▬▬ etwa zu 8. Ehe wir dar kammen, gingen wir ein schloß *Ipper*   16. Juli nach Saltzburg vorbey, hat das wasser die *Aha*, so sich dar in ——— gebürge samlet, unnd das dorff Wirgel vorbey laufft; von dar wirdt auf selbenn viell holtz nach Hall in Inthall geflösset, zu behuf des saltzsiedenß, dan es sich daselbst in *Ihnn* gegißen thut. Daselbst auf 4 meill abseits ligt ein reiches Goldtbergwerg, das Zibthall[151] genandt, dem Hauße Inßpruck gehörig. Zu 6 Uhr gegen den abendt kammen wir durch ein schöneß Stettlein und Schloß Rattenberg so zimlich fest, und schir in den berg hinnein gebauet; hat den starcken und schnellen fluß den *Ihn* neben sich hinflißen, und an der ander seitten gewaltige hohe berge, daß es allso ohne gefahr vor allem Überfahl dardurch befreiet sein könte. Man kan von außen gar wenig gebew von der stadt sehen, so man aber durch die thor unnd hinein ist, ist es das schönste der kläinen stättlein, so wir [17v] je mit gesehen haben: viel schöne heußer, die gantz den jähen und hohen felßen uber sich haben.

Weitter kammen wir vorbey einen ohrt an der *Durrenschleck* genandt, daselbst ist ein fein Silber- unnd Kupffer bergwerg; item ein hauß *S. Gerdrutenberg*[152] nach *Saltzburg* gehörig; item das darbey ligende bergwerg der *Croppenberg*, in welchem under ander allerhandt schöne farben und *mineralien* gefunden werden, gehordt zusamen nach *Insbruck*. An selben felßen in einer ungleiblicher höhe, warn viel heußer gebauet, mit verwunderung, wo die leite je den gang darauf nehmen, anzuschauen. Wir ließen zur rechten handt ligen ein feineß Schlos *Rathsberg*,[153] herrn Graffen Fuggern zustendig; reiseten biß abendt in allem 3

---

149 Ellmau und das Kaisergebirge

150 Wörgl

151 Zillertal. Zum Hüttenwesen in Österreich vgl. Rudolf Werner Soukup: Chemie in Österreich. Bergbau, Alchemie und frühe Chemie. Von den Anfängen bis zum Ende des 18. Jahrhunderts. Wien 2007.

152 St. Gertraudi

153 Schloss Tratzberg, das seit 1589 den Fuggern gehörte, die durch den nahen Bergbau von Kupfer und Silber in Schwaz stark profitierten.

meill in ein dorff *Amostholz*.[154]

━━━ Den 7./17. *Julij* fuhren wir durch einen großen herlichen orth

17. Juli   der Reichßdörffer eineß, *Schwazge* genandt, könte wol einer der
────   schönsten Stätte vergliechen werden, Gestaldt durchgehents
schöne *Palatia* und herliche gebeu, under ander 2 schöne kirchen zu sehen. Item wir *passirten* folgents eine schöne kirch zu den *serviteurn* genandt, welche vor Jahrn wüst gelegen, Jetzo aber von einem vornehmen
Manne und *Doctore* zu Hall im Innthall wider in standt gebracht worden,

Hall in   und war bereiths mit etlichen *ordens*leuten besetzt; aldar gehet eine bru-
Tirol   cken uber den Ihn.[155] Aufm mittag kammen wie in die Statt Hall im In-
thal, weillen sie zwischen großen gebürg, in einer Ebne an den Ihn erbauet, allso genandt, *logirten* in der Vorstatt im gulden Lamb.

Die statt ist zimlich groß, schön unnd wohl erbauet, unnd wirdt daselbst ein guetteß saltz gesotten. Das gantze lannd von Saltzburg ab biß
dahin, hat gar wenig landt, aber so viel deßen noch ist, wechßet das
schönste unnd volkomenste Gedreide und Graß, alß je sein mag, aber am
Weinwachß ist gar nichts darentzwischen vorhanden. Es gibt durch gantz
Türoll sehr viel leuthe alt und jung, bevorab das frauenvolck, so groß
kropff am hallße haben: Man will [18r] darfür halten, ob solte es von dem
Waßer herruren, so die armen leüte drincken mußen; andere vermeinen
aber, daß es die eigentliche natur und also von dem Eldern auf die Kinder
Erben und kommen soll. Die statt Hall, wie vorgedacht, hat nun ein feine
ebne, rundt umb selbe aber gehen gar hohe und jehe gebürg, und war
selbigeß ein warm und starckeß Regen Wetter; aufn nachmittag aber, wie
das gewölcke von gebürge sich wider Erhueb, lag es oben voller schnee,
ungeachtet daß es doch miten im Sommer war.

Auf steilen, in den Fels gehauenen Alpenwegen in einer zerklüfteten Landschaft
erreichten die Reisenden die Grenze zwischen dem Fürsterzbistum Salzburg und

---

154 Astholz. In Wirklichkeit haben sie in dem nahegelegenen Rotholz übernachtet, wie
die Rechnungen belegen (*Reisekosten*, S. 23).

155 Es handelt sich um die Kirche der Serviten an der Volderer Brücke, die 1620 von Ip-
polito Guarinoni († 1654) entworfen wurde. Guarinoni gehörte zu den bedeutends-
ten Persönlichkeiten Tirols; seine Jugend hatte er am Hof des Mailänder Bischofs
Carlo Borromeo verbracht und war nach dem Studium Leibarzt der Erzherzoginnen
Christiana und Eleonora geworden, die beide dem Haller Damenstift angehörten.
Schließlich wurde er auch Stadtphysikus von Hall und übte dieses Amt bis zu sei-
nem Tode aus. Dass die Kirche den Serviten anvertraut wurde, hat eine besondere
Bewandtnis: Einer der Söhne Guarinonis gehörte zur ersten jungen Generation der
Serviten in Innsbruck.

Tirol am Pass Strub, der nach der Grenzregulierung mit Tirol wieder an Bedeutung gewonnen hatte. Deswegen hatten die Salzburger Erzbischöfe nicht nur die Strasse wieder instand gesetzt, sondern auch 1621 den Pass neu befestigt.

Einmal in Wörgl angekommen, weitete sich die Landschaft wieder aus in einem breiten und freundlichen Tal; die Route wurde flach und konnte dem Verlauf des großen Flusses folgen. Den Inn entlang gibt es zahlreiche imposante Schlösser und Burgen wie Schloss Tratzberg mit seinem kostbar bemalten Habsburgersaal, was aber am häufigsten aufgezeichnet wird, sind die Bergbauaktivitäten in den Seitentälern: Gold-, Silber- und Kupferbergwerke, von denen einige der Familie Fugger gehörten; dann wieder Salzbergwerke, die die Haupteinnahmequelle der Region darstellten. Deutliche Zeichen dieses Reichtums waren überall zu sehen: die „ziemlich großen, schönen und wohl erbauten" Städte wie Hall und Schwaz, die bemerkenswerten Holzmengen, die auf dem Fluss transportiert wurden, sogar das „schönste und vollkommenste Getreide und Gras", das auf den Talflanken gedieh. Nur das Wetter war ungünstig: Wie oft in dieser Gegend, regnete es in Strömen. Als es endlich aufhörte und der blaue Himmel sich hier und dort erblicken ließ, waren die Gipfel der Berge zu sehen, die bedeckt waren, wie die Reisenden mit Erstaunen feststellten, mit neuem Schnee.

Ein weiteres Detail, das jedem Alpenreisenden auffiel, war der Kropf, den viele Bewohner, vor allem Frauen, am Hals trugen, und der in früheren Zeiten eine beeindruckende Größe erreichte – es war das typische Symptom einer durch Jodmangel verursachten Schilddrüsenerkrankung.[156]

Gegen den abent langten wir an in der Erzthertzoglichen *Residentz* unnd haubtstatt *Ihnspurch*, eine gute teutsche meill von Hall und in allem nur 3 meill von dem dorff amb Rotholtz gelegen.   Innsbruck

Selbe statt hat den nahmmen von dem fluß dem Ihn unnd der Burg oder Schloßeß, und fleust das waßer daselbst sehr starck unnd schnel vorbey, soll in oberbayern sich in die *Donau* ergießen. Wir kerten ein in der gulden Rosen.

Jetzig Zeit bestehet das regiment bey den Regirungßräthen, die Hochfürstliche Frau Wittib ist alzeit nebst den jungen Prinzten und Fraulein dargegenwertig; der Ältiste Herr *Ferdinandus Carolus* soll schon bey die 14 Jahr sein, im 18. Jahr werd seine durchlaucht zur Regierung gelangen. Es ist die Ertzhertzogliche *Residentz* ein schön und großeß *Palatium*, wie auch die statt, wie wohl nicht gar groß, schön erbauet, mit vorstetten und sonderlich schönen kirchen geziehret, darunter die *Jesuiter* kirche und *Collegium* schöne gebeue, die kirche aber noch zur Zeit

---

156 Die Kropferkrankung kam vorwiegend endemisch bzw. ortsabhängig bedingt vor, und typische Kropfgegenden befanden sich im Alpenraum. Vgl. Eberhard J. Wormer: Salz in der Medizin. In: Salz macht Geschichte (wie Anm. 143), Bd. 1, S. 48-55 und Bd. 2, S. 80-81; Franz Merke: Geschichte und Ikonographie des endemischen Kropfes und Kretinismus. Bern u.a. 1971.

nicht außgebauet waar. Von inen war siee durchgehents von schönen *Marmern* seullen gezieret, durchgehents mit *marmor* gepflastert; bevor war der haubtallthar ein herlicheß kuns[t]stuck, wie wohl nur von holtz, aber in *perspectiv* so kinstlich gemahlet, daß es schine, allß were alleß auß den schönsten *Columnis* und quaterstucken bereith. Außerm Thore, so nahe an der Burg stehet, ist die schöne kirche *S. Crucis*, [18v] ein trefflich gebeu, darinen stehen viel *Statuen* von *Metal* in lebenßgröße der allen Kayßer, Könige und Fürsten außn Ertzhertzoglichen stambe, allß zum thaill nachgesezt verzeichnet.[157]

Carolus Hertzog zu Burgundt, zu Brabandt, zu Geldern, Graff zu Flandern.

Frau *Maria Blancka*, Römische konigin.

Sigismund Ertzhertzog zu Österreich, Graff zu Türoll.

Albrecht der Weiße, Ertzhertzog zu Österreich, Graff zu Türoll, ein Sohn königs *Sigismunds* deß sieghafften 1528.

Ludovicus I., kristlicher König von Franckreich.

Albrecht von Österreich, Römischer Hungarischer und Bohmischer König, Vlatislaj Vater

Fridericus III. Imperator Divj Imperatoris Maximiliani Pater.

Ferdinandt, Ertzhertzog zu Österreich, zu Stäyr, Cärnden, Cräin, Graff zu Türoll

König Albrecht I. Ertzhertzog zu Österreich 1527.

Gottfried von *Boullion*, könig zu Jerusalem 1533.

Frau Ellißabetha, *Sigismunds* tochter von Ungarn, Albrecht von Osterreich Romischer Ungarischer und Böhmischer Königs gemahl, Königs *Lallaij*[158] Mutter 1528.

Feridinandt, König zu *Hispanien*, kay[s]erlicher und königlicher Altvatter.

Frau *Johanna* königin zu *Castilien*, König Philiphs gemahl 1528.

Noch 11 mänliche und 4 weibliche *Statua* deren nahmen nicht [19r] beygezeichnet stunden.

━━━━ Den 20. *Julij* reiseten wir wider vonn *Insbruck* ab mit Lohn-
20. Juli oder Mitpferden, kammen vorbey ein schöneß Closter Wilda,[159]

---

157 Vgl. Gottfried Primisser: Denkmähler der Kunst und des Alterthums in der Kirche zum heiligen Kreuz zu Innsbruck. Innsbruck 1812, S. 39-43.
158 Ladislaus
159 Stift Wilten, ein 1138 von Bischof Reginbert von Brixen begründetes Prämonstratenser Kloster in Wilten, heute einem Stadtteil von Innsbruck. Die Station *Veldidena*

hat das waßer die *silla* auf 3 Meill aber einen feinen flecken Mattern. Gegen dem mittag aber kamen wir in ein Dorff *Stemach*,[160] entzwischen zu anfangs deß großen gebürgß der *Brenner* genandt, funden wir im Wal-   Brenner
de eine Meßinge taffel in einen stein gesetzt, mit nachfolgender schrifft.

Imper. Cæs. Carol. V A. P. F. ex Hispaniis Italiaque susceptis Imperialibus Coronis advenienti et Ferdinando Hungariae et Bohemiae Rege e Pannoniis Occurrenti optimis Principibus ad perpetuam Publicae Laetitiae memoriam, quod fratres ante Annum VIII Digressi summis, Inter mortales honoribus regnis Triumphis aucti hoc in loco salvi sospitesque convenerunt Anno salutis MDXXX
Fridericus Franzius a Monte Niveo, Stenaci Praefectus Mandato Regio[161]

Nahe darbey ist ein großeß dorff *Gries*, ferner kammen wir durch einen Paß und Zoll Luny[162], woselbst ein *Rocca* oder kleineß Schloß auf einen sehr hohen gleich aufgehenden fölßen gelegen, allß ein thurm in die höhe scheinendt. Gegen abent kammen wir in ein städtlein Störtzingh,[163] in allem 7 meill von Inßßbruck, logirten in der Rosen.

Den 21. kammen wir nicht fern davon, zwischen zweien ▬▬ feinen heußern *Brächen*- und *Treuffenstein* durch,[164] reiseten bis   21. Juli
mittag 4 maill wegen großer hütze, einen beschwehrlichen ────
Weeg, alzeit gegen berg unnd steinichten ohrt, in einer solchen enge[165] der berge, an verschnidenen örthen, daß kaum ein mensch dem andern weichen könte, und erlangten umb den mittag die Statt Brüxßen,[166] hieltenn mittag im Elephandten vor der Statt. [19v]

---

befand sich auf der römischen *via Claudia*. Franz-Heinz Hye: Grundzüge der alten Tiroler Verkehrsgeschichte. In: Alpenübergänge vor 1850. Landkarten – Straßen – Verkehr. Hg. von Ute Lindgren. Wiesbaden 1987, S. 147-155, hier S. 149.

160   Steinach am Brenner
161   Heute erinnert eine Marmorplatte an das historische Ereignis: Das Treffen zwischen Kaiser Karl V. und seinem Bruder Ferdinand fand am 3. Mai 1530 südlich von Gries statt, als Karl von seiner Krönung in Bologna zurückkehrte.
162   Lueg am Brenner
163   Sterzing / Vipiteno
164   Südöstlich von Sterzing thront auf einem Felsvorsprung die Burg Sprechenstein; auf einem Felsriff ihr gegenüber steht Schloss Reifenstein.
165   Enge
166   Brixen / Bressanone

Brixen   Es ist diße Statt ein Bischofflicher Sitz; nur klein, aber schön erbauet, mit bedeckten gängen allenthalben vor den heüßern, da man allenthalben vor der Sonnen hitze oder regen ohne beschwerdt darunder
beschitzet[167] gehen kont; hat 2 schöne kirchen, eine neben der andern,
und sonderlich ist wohl erbauet die bischöffliche *Residentz*. Es ligt die
statt im gebürge, hat aber eine zimbliche ebne, voller Wein und ander
gärtten, auch feinen ackerbau, Villen und schönen lustheüßern; viellen
gebeuen, Dörffern, Clöster und kirchen rundtumbher umbgeben, und allso gar ein lustig ohrt. Itziger Bischoff soll von *Trient* gebirtig sein, *Doct.*
Th[e]ologiæ namenß *D. Jean Battista Blatschumer*.[168]

          Zu mittag umb 4 Uhr[169] kamen wir ein hauß oder schloß auf einen
der höchsten fölßen von der straß, gleich einem thurm in die grade auf-
gehent, in solcher höhe alß schwebete es in der lufft, mit einem stättlein
darunter, *Clausen* genandt, vorbey; hat den nahmen, weill es die Claußel
und Pforten selbiger ohrts ist, dan niemandt ohne dardurch passirn
kann,[170] 2 meill von Brüxßen abgelegen. Bis zu abendt gingen wir ferner
3 meill in ein dorff Kulmen,[171] nicht fern davon zur lincken handt unserß
Weegß ließen wir ein feineß schloß Trostberg, auf einen zimlichen hohen
felßen erbauet ligen, dem Freyherrn von Wolckenstein zugehörig.

Seit über drei Monaten war die kleine Gruppe unterwegs, und nun hatte sie eine
letzte anstrengende Etappe vor sich, bevor sie schließlich ihr Reiseziel, Italien, erreichte. So wurden in Innsbruck die üblichen Vorbereitungen getroffen: Man kaufte

---

167 beschützt
168 Johannes von Platzgummer, Bischof von Brixen vom 16. Dezember 1641 bis zu
     seinem Tod (12. Mai 1647). Vgl. Biographisch-Bibliographisches Kirchenlexikon.
     Begr. und hg. von Friedrich Wilhelm Bautz, fortgeführt von Traugott Bautz. 35 Bde.
     Nordhausen ²1990-2014.
169 In Mittelalter und früher Neuzeit herrschten unterschiedliche Systeme zur Stunden-
     zählung, die manchmal auch vom Meridian abhängig waren. Am meisten verbreitet
     waren die welsche (oder italienische) Zeit, die die Stunden ab Sonnenuntergang
     zählte, und die böhmische Zeit, die den Tagesbeginn auf den Sonnenaufgang ver-
     legte. In einigen Städten galten jedoch auch Mischformen (Nürnberger Zeit, Basler
     Zeit usw.) und Stundenvergleichstabellen halfen bei der Umrechnung einer Zeit-
     einteilung in eine andere. Vgl. Mittelalter-Lexikon, Art. Stundenzählung; Gerhard
     Dohrn-van Rossum: Die Geschichte der Stunde. München 1992.
170 Klausen; über der Kleinstadt erhebt sich auf steilem Fels der alte Bischofssitz Säben.
     An dieser von der Natur begünstigten Stelle befand sich eine ‚Klause' samt Zollstät-
     te, die die wichtigste Einnahmequelle des geistlichen Fürstentums Brixen darstellte
     – so wird der Name des Städtchens unmittelbar auf die bedeutende Klause zurückge-
     führt. Karl Wolfsgruber: Der Zoll in Klausen. In: Der Schlern 46 (1972), S. 335-341.
171 Kollmann

Patronen, Pulver und Blei, eine neue Schreibtafel für JL, ein Pferd wurde kuriert und neu beschlagen, die Sättel verbessert; das half jedoch nicht besonders, denn das hinkende Pferd wird sie bald nach der Abfahrt von Innsbruck zu einem unplanmäßigen Halt in Matrei zwingen.[172] Nach einem flüchtigen Besuch von Innsbruck, folgten sie zu Pferd der alten Brennerstrasse, die schon zur Römerzeit eine der wichtigsten Verbindungen zwischen Nord und Süd darstellte und das ganze Mittelalter hindurch bis in die frühe Neuzeit als Verkehrs- und Kaiserstrasse ihre Bedeutung behielt.[173] Das Silltal entlang kamen sie am Fuß des Brenners an, wo sie wieder auf Zeugen der Geschichte stießen, denn in der Nähe von Gries erinnerte eine Messingplatte an das Treffen zwischen Kaiser Karl V. und seinem Bruder Ferdinand I., Erzherzog von Österreich und späterem Römischen Kaiser (s. Abb. 12). Seit mehreren Jahren hatten sich die Brüder nicht gesehen, und als Karl nach der Kaiserkrönung in Bologna nach Deutschland zurückkehrte, kam ihm sein Bruder am Brenner entgegen – eine kleine Anekdote aus der Geschichte des deutschen Reiches, die an diesem Ort lebendig wurde. Wie es bei damaligen Reisenden Brauch war, wird die lateinische Inschrift in das Reisejournal transkribiert.

Die hohen Alpengipfel mit ihren Gletschern und steilen Felswänden erfüllten die Durchreisenden mit Ehrfurcht und Scheu. Bedrohlich wirkten auch die Burgen, die auf Felsenvorsprüngen über Engpässe und Täler wachten.[174] Die Bewunderung wich jedoch bald der Müdigkeit und Anstrengung: Die Reisenden hatten den Brenner erreicht und stiegen langsam hinunter durch das Wipptal, den Eisack entlang; auf der Strecke zwischen Mauls und Brixen war der Weg im Fels wie eingehauen, so dass man nur zäh und im Gänsemarsch marschieren konnte. Wohl verdiente Erfrischung bot zu Mittag der berühmte Gasthof ‚Zum Elefanten‘ am Eingang der Stadt Brixen (s. Abb. 13).[175] Der von Menschen wimmelnde Talkessel mit zahlreichen Villen, schönen Lusthäusern, kleinen Dörfern, Kirchen und Klöstern bildete einen scharfen Gegensatz zur wilden und felsigen Landschaft, wo man sich den

---

172 *Reisekosten*, S. 24.

173 Um 1430 bewegte sich etwa 90% des Handels zwischen den habsburgischen Ländern und Venedig durch den Brenner, so dass schon 1522 eine Postverbindung eingerichtet wurde. Von da an war der Weg innerhalb Italiens durch die Poststraßen festgelegt. Martin Dallmeier: Die Alpenrouten im Postverkehr Italiens mit dem Reich. In: Alpenübergänge vor 1850 (wie Anm. 159), S. 17-26; Bernd Roeck: Reisende und Reisewege von Augsburg nach Venedig in der zweiten Hälfte des 16. und der ersten Hälfte des 17. Jahrhunderts. In: ebd., S. 179-187.

174 Zu dieser Strecke und ihren Burgen s. Oswald Trapp: Tiroler Burgenbuch. Unter Mitarbeit von Magdalena Hörmann-Weingartner. 10 Bde. Bozen 1972-2011, insbes. Bd. 3: Das Wipptal, und Bd. 4: Das Eisacktal; Peter Anich: Atlas tyrolensis. Wien 1774.

175 In Tirol sah man recht früh einen Elefanten, nämlich 1551, als Erzherzog Maximilian mit diesem Tier, das ein Geschenk des Königs von Portugal war, in das Gasthaus ‚Am hohen Feld‘ in Brixen einkehrte; der Gasthof heißt seitdem ‚Zum Elefanten‘ und ist noch heute mit einem schönen Elefantenfresko geschmückt. Vgl. Firmin D. Prast: Des ersten Elefanten Einzug in Brixen. In: Der Schlern 25 (1951), S. 497-498; ders.: Zum Brixner „Elefanten"-Jubiläum. In: Der Schlern 26 (1952), S. 16-19; Franz-Heinz Hye: Der „Brixner" Elefant von 1552. In: Der Schlern 48 (1974), S. 112-114.

Gefahren einer feindlichen Natur ausgesetzt fühlte. Was die Reisenden in Brixen am meisten beeindruckte, waren weder die Kirchen (der Dom und die Johanneskirche) noch die Hofburg, sondern die Laubengänge, die es ermöglichen, bei jedem Wetter durch die ganze Stadt „ohne beschwerdt" zu spazieren – ein architektonisches Element, das alle Ausländer bestaunten.[176]

Den 12./22. Juli fuhren wir biß mittag nur 2 aber gar starcke meillen, kamen vorbey einen gebeu der kalte keller genandt, so wohl also genandt werden könt, weillen der böste drunck bier, so wir auf der gantzen raise ie haben könen bekommen, aldar verhanden war, unnd war auch der Valet des bierß in deutschland. Zu 11 Uhrn kammen wir in die Statt *Bootzen*, hilten mittag *all'hosteria* Zum Rosenbaum, musten daselbst eine *Vede ficti* oder *bolitten sanitatis* [20r] nehmmen, wird auch anstat eineß Paßes gebraucht, und an etlichen orthen *Italiae* vorgezeygt.

22. Juli

Bozen

Es ligt selbe statt, so zimlich groß, schön erbauet, sehr lustig, zwischen großen gebürgen aber in einer feinen Ebne, rundt mit Weinbergen, baum[-] und ander lustgärten und zimblichen acker rundt umbgeben, aber gantz offen, ohne graben und mauer, soll aber wegen der ungebähnten und ungewöhnlichen Weege in unfridenß Zeiten niemahlß angegriffen worden sein, und wachßen daselbst sehr schöne frichte, alß vornemblich von allerhandt ahrt feygen, *morellen*, Maulber, *Granaten* und dergleichen. Daselbst dut[177] *Residi*rn der oberlandthaubtman in Türoll. Zu nachmittag reiseten wir ferner 2 meill bis zu abendt in ein *Bourgo* oder flecken *Brandsolina*,[178] kerten ein im gulden Creutz.

Erst am dritten Tag näherten sich die Reisenden der Grenze, die dieses Mal nicht nur politisch, sondern auch sprachlich und kulturell war. Die kulturelle Grenze fiel als erste auf, denn ein Hauptunterschied zwischen der germanischen und der romanischen Welt wurde sofort wahrgenommen, und zwar die Trinkgewohnheit: Von den Ländern, wo Bier getrunken wird, trat man in die Länder der Weinkultur ein. Mit einem letzten, übrigens ausgezeichneten Trunk Bier nahmen die Reisenden Abschied von ihrem Heimatland. Die politische Grenze zwischen der Grafschaft Tirol und dem Fürstbistum Trient war weniger angenehm zu überwinden und zwang die Reisenden zu einem ‚technischen' Halt in Bozen, denn sie mussten die Reisepässe vorweisen und Gesundheitszeugnisse (*bolletta di sanità*) besorgen, die von der zuständigen lokalen Behörde ausgestellt wurden.[179]

---

176 So z.B. auch Thomas Coryate (*Crudities*. London 1611): Er sah solche Laubengänge zum ersten Mal in Mantua und sie waren für ihn eine große Neuigkeit; später, als er in Padua ankam, wunderte er sich nicht mehr darüber, weil er sie dann überall traf.
177 tut
178 Branzoll / Bronzolo
179 *Reisekosten*, S. 24. – Über das Passwesen, seine Entwicklung und Durchsetzung im

Bozen (s. Abb. 14) wurde lediglich als Grenzgebiet betrachtet, wo man nur so lange hielt, bis die nötigen Formalitäten erledigt waren; eine Stadtbesichtigung war nicht vorgesehen. Erst bei der Weiterfahrt beschreiben die Reisenden die klimatisch bevorzugte Lage der Stadt, die sich im Mündungsgebiet vom Eisack in die Etsch befindet. Zwei Eigenschaften werden notiert: erstens der üppige Pflanzenwuchs, denn auf den Südhängen des Tals gedeihen nicht nur Reben bester Qualität, sondern auch zahlreiche Pflanzen und Früchte, die für die aus dem Norden kommenden Reisenden fast paradiesisch anmuteten – die Auflistung vermittelt den Eindruck des Reichtums und der Varietät.[180] Zweitens wunderten sich die Besucher, die aus einem seit Jahrzehnten vom Krieg geplagten Land stammten, dass die Stadt nicht befestigt war und dass sie trotzdem nie von Krieg heimgesucht wurde – eine plausible Erklärung fiel ihnen aber gleich ein, sobald sie überlegten, wie steil, eng und mühsam der Weg bis dahin war.

Den 13./23. gingen wir daselbst zu Waßer mit eine flöße, so ▬▬▬ nach *Verona* ging, auf den fluß der Etsch, so mit einem ander   23. Juli fluß welcher in *Brenner* entspringet, der Etschack[181] genandt, ─────── sich zusammen thut, und bey [Lücke im Text] wohl gar starck vorbey fleust. Wir fuhren etwa auf 1 ½ meill einem schloße *Matar*, item gegen deme yber ein fein stettlein *Tremien*, aldar der beste Türoller wein wäch-ßet.[182] Item eine meill ferner ein feineß schloß *Castelletti* am hohen fel-ßen gelegen, den oberhaubtman von Botzen zustehet; auch ein schloß konigsberg vorbey. Ein wenig beßer der Etßch hinab, fleist[183] das waßer die Naab in die Etsch, gegen deme yber lag ein schoneß Closter *Balli Michael* geheißen. Ein meill ferner ein Waßer die Nembs, die *Italiani* nenen es *Lavise*, entspringet im Nembser gebürge.

Zu mittag arrivierten wir an der Statt *Bern* oder *Trient*. Die Herren   Trento hilten mittag in der gulden Rosen,[184] blieben etwa ein stundt, 2 oder 3

---

17. Jahrhundert s. Norbert Conrads: Politische und staatsrechtliche Probleme (wie Anm. 14). In mehreren Gegenden Norditaliens hatte zwischen 1629 und 1633 eine furchtbare Pestseuche grassiert; so mussten Reisende an den Staatsgrenzen oder am Stadttor ein Gesundheitszeugnis vorweisen oder sich sogar (je nach Ort und Infektionsgefahr) in eine vierzehntägige Quarantäne begeben.

180   Das Etschtal glich tatsächlich einem großen Obst- und Rebengarten. Vom alpinen Bereich bis zum Flachland sind die Klimazonen und daher die Vegetation sehr unterschiedlich, aber immer reich an Arten. Dazu Peter Ortner / Christoph Mayr: Die Etsch. Natur- und Kulturbild eines Alpenflusses. Bozen 1984, S. 44-51.

181   Eisack / Isarco

182   Tramin (Termeno sulla Strada del vino), damals schon für den ausgezeichneten Wein bekannt.

183   fließt

184   Zaniboni: Alberghi italiani (wie Anm. 50), S. 18-19 führt den alten und angesehenen Gasthof ,In der Rose' als üblichen Aufenthalt der ausländischen Reisenden sowie

daselbsten und besahen undersdeß die schöne Pfarkirch, da das *Concilium Tritentinum* gehalten worden, die Kirchen wird sonst *S. Mariæ* genandt;[185] sonsten ist noch eine *S. Vigilij* item *S. Peters* Kirche, alle drey seindt von [20v] *Marmor* aufgebauet. Die statt belanget, ist an selbst sehr aldt, ligt an gebürge, an einen sehr lustigen orthen mit Weinberg, Acker und gärten rundt umbher umbgeben, hat einen Bischofflichen sitz oder schloß. Item hat darinen ein schön und großes Palatium Herr Graff Gallaß, kayßerlicher Maiestät geweßner *General* Leuttenandt.

Zu 3 Uhr fuhren wir ferner die Etsch hinab, lißen underhalb *Trient* ein schöneß schloß *Matral* genandt, Jetzt gedachten Herrn Graffen gehörig ligen. Etwa in 1½ meill beßer hinab ligt ein sehr hoher berg oder felß *S. Tobrianj* gartten genandt, von welchem man, wan es heitterß wetter ist, *Venedig*, uber 14 Teutsche meillen, uber alles ander gebürge gar eigentlich sehen und erkenen kann. Gegen dem yber, zur ander seiten, ligt noch ein sehr hoher fölß *Shanutsch*, bey welchen ein schön Ertzhertzogliches Schloß *Besien*,[186] ein wenig aber davon ein ander schloß Ausinstein genandt, auch nach Inspruck gehorig, woselbst ein Paß und Zoll yber die Etsch gelegt. Dem uber zur rechten handt lagen noch 3 feine bergschlößer neben einander, Allß *Castello Novo* und *Castellano* nacher Saltzburg, das dritte *Castello Corno* dem Graffen von Lichtenstein gehörig. Wir fuhren in allem 3 meill bis in die nacht, blieben in einem Dorff, nahe am Waßer ligendt, *Sacca* genandt.[187]

━━━ Den 14. gar fruhe, fuhren wir ferner aufn Waßer hinab, kamen
24. Juli den schönen marckt Ruere[188] mitm schloße. Item ein wenig fur-
──── der einem schönen schloße *Brandoni* vorbey, passirten auch ein ordt landeß *quattro*, zu ende deßen fehet sich der *Vicariat*en[189] große See

---

von zahlreichen Geistlichen zur Zeit des Konzils an; hier hielten vermutlich auch die Sulzbacher, obwohl sie den Gasthof ‚In der gulden Rose' nennen.

185 Trient war als Sitz des Konzils berühmt: Jeder Reiseführer empfahl den Besuch des Doms des Hl. Vigilius, wo alle festlichen Sitzungen des Konzils abgehalten wurden, und der Basilika Santa Maria Maggiore, wo die Arbeitstagungen stattfanden.

186 Castel Beseno bei Calliano ist die größte Burganlage des Etschtals; ihre strategische Lage, wo die Berge wieder dicht an den Fluss treten, machte es leicht, das ganze Etschtal zu überwachen. Vgl. Ortner / Mayr: Die Etsch (wie Anm. 180), S. 177-178.

187 Guido Canali: I trasporti sull'Adige da Bronzolo a Verona e gli spedizionieri di Sacco. In: Archivio per l'Alto Adige 34 (1939), S. 273-402.

188 Rovereto, im lokalen Dialekt: *Rueré*

189 Die vier Vikariate (*quattro vicariati*), d.h. die Stadtgemeinden von Ala, Avio, Brentonico und Mori, gehörten dem Fürstbischof von Trient. Südlich von Rovereto, bei Lizzana, gibt es die Abzweigung der Straße zum Gardasee, die wahrscheinlich der

Lago diguardia an, und gehet bis *Venetier Stato* an, in die 8 teutscher meill in seinem begriff. Daselbst in der nahe sahen wir noch ein schöneß schloß *Castello Dane*,[190] gegen dem yber zur lincken seidt deß strameß[191] war die *Venetier* unnd Türoller landtschaide. Nahe darbey war eine *Capell* an einen sehr hohen felßen gebauet, man kondt nicht abnehmen, wo iemandt [21r] könde von undan hinnauf, oder von der spitze deß velßen hinnab zu selber kommen, ungeacht große Walfahrt dahin sein soll.[192] Etwa ½ meill ferner war eine schöne *forteza* Venediger gebiet *Corvara*, lag sehr lustig am gebürge; entlich noch 2 meill von *Verona* endete sich das große gebürge, ist in außgang der berge eine starcke Clauße undt Paß *Chiosa* genandt, da die berge von beiden seiden so nahe zusammen stoßen, daß nur der strom gar in enge aber sehr schnel und starck durch gehet. In etwen ferner hinunden kammen wir vorbey einem schönen *Palatio* deß *Don Francesco di Mela*, welches rundt mit hohen Cipreßbaumen umbgeben,[193] daß man ee kaum darvon sehen kann. Das feldt daherumb ist gar eben, mit schönen acker, Weinberg unnd Gärtten allenthalben voll; kammen auch vorbey einem schön unnd großen dorff *Terra grossa*. Daselbst waren sehr viel maulbern.

Ab Branzoll, 15 km südlich von Bozen, wurde die Reise auf einem Schiff auf der Etsch fortgesetzt, die sich durch das an Burgen und Schlössern reiche Bozener Unterland windet.[194] Die Schifffahrt bot den Passagieren die Möglichkeit, sich umzuschauen und die Landschaft zu genießen. So beobachteten sie die rechts und links am Berghang vorbeiziehenden Burgen und Dörfer bis sie am Mittag in Trient Halt machten. Trient war die erste Stadt, wo Deutsch sich mit dem Italienischen abwech-

---

Anlass zur Erwähnung des Sees ist.

190 Die Burg bei Lizzana, die der Familie Castelbarco gehörte, war als Castel Dante recht bekannt geworden, da sich Dante Alighieri als Gast des Grafen Guglielmo dort aufgehalten hatte.

191 der Straße

192 Es ist die weitherum bekannte und vielbesuchte Wallfahrtskirche Madonna della Corona, die mitten an einer senkrechten Felswand klebt.

193 Vermutlich Villa Del Bene in der Ortschaft Volargne. Zwei Reihen von Zypressen führten vom Ufer zur Villa, die für ihre schönen Fresken berühmt war; hier hielten normalerweise die zahlreichen Geistlichen auf ihrem Weg von Rom nach Trient während des Konzils.

194 Das Etschtal stellte seit dem Mittelalter einen der bedeutendsten Verkehrswege durch die Alpen dar und von dem Anlegeplatz in Branzoll, der Kopfstation der Etschschifffahrt, verkehrten regelmäßig Schiffe Richtung Verona. Helmut Gritsch: Schiffahrt auf Etsch und Inn. In: Alpenübergänge vor 1850 (wie Anm. 159), S. 47-63; Emil Pasolli: Die Floß- und Schiffahrt auf der Etsch. In: Der Schlern 9 (1928), S. 220-228.

selte: Die deutschen Bezeichnungen werden nun von ihrer örtlichen Entsprechung begleitet („die *Italiani* nenen es …") und gehen schnell ins Italienische über.

Diese Stadt war als Sitz des Konzils berühmt und niemand versäumte es, Santa Maria Maggiore zu besuchen, wo die Arbeitstagungen stattfanden (s. Abb. 15), und den Dom des Hl. Vigilius, wo alle festlichen Sitzungen des Konzils abgehalten wurden. Sie beeindruckten die Besucher nicht besonders, da alle Kirchen lakonisch unter einem einzigen Merkmal zusammengefasst werden, dem Marmorstein. In S. Pietro haben sie „einem Meßpfaffen, so *B. Simonis Corper* gezeigt" Trinkgeld gegeben. So erfuhren sie bestimmt auch die Geschichte des Kindes Simonino, dessen geheimnisvoller Tod im Jahre 1475 die Vertreibung der Juden aus der Stadt zur Folge hatte; das Kind wurde sofort vom Volk als Heiliger verehrt, und nach dem Trienter Konzil hatte sein Kult eine neue Blüte erlebt.[195]

Nach der Stadtbesichtigung fuhr man mit dem Schiff weiter. Es wurde fleißig notiert, was man rechts und links beobachten konnte, vermutlich auf Hinweis der Schiffsleute: Burgen, Obstbäume, kleine Dörfer wechselten sich ab und der wiederholte Hinweis auf Maulbeerbäume deutet auf die dort blühende Produktion von Samt und Seide. Man erreichte eine neue Grenze, die zwischen Tirol und dem „Venediger gebiet", und hier endete schließlich auch „das große gebürge". Den Abschluss bildete die imposante Talenge der Veroneser Klause (Chiusa di Rivoli), beidseitig von senkrechten Felswänden gebildet, die hier so eng aneinander treten, dass sich nur der Fluss dazwischen zwängen kann, wobei der Strom schnell und gewaltig wird. Dann weitet sich das Tal und die Etsch fließt hinaus in die angenehme und dicht besiedelte Ebene.

Ohn gefehr etwa nach 3 Welische meill von der Statt *Verona*, kammen wir durch Ein dorff *Perona*,[196] kurtz darauf erreichten wir die große und herliche statt *Verona*, logirten ein all'*hosteria dell torre*.[197]

Verona   In selber statt ist ein großeß *Amphiteatrum*, heut zu tage *Al Harena* genandt, erbauet *in forma ovali* mit einer hohen mauer von außen zu, mit gewolber rundt herumb umbgeben. Inwendig sind hohe staffeln von unden biß oben hinauß in 45 in die hohe rundtherumb von großen und schönen quaderstucken ausgeführet; wie man sagt, soll es von *Flaminio Consule Romano* 300 Jahr *ante nativitatem Christi* die schauspill unnd allerhand *Comedien* darinen zu halten, erbauet worden sein. Nachdemmahl aber der in der gemainen ruin *Italiæ* die statt *Verona* durch *Attilam* der Hunen könig iemerlich verbrandt und zerrichtet worden, und dißeß herliches gebeu auch in abnehmung geratten sein, weill es aber alleß im

---

195 *Reisekosten*, S. 25. Vgl. Art. Ritualmord. In: Lexikon für Theologie und Kirche. Bd. 8. Freiburg 1963, Sp. 1330-1331 (in der dritten Auflage nicht mehr erwähnt).

196 Parona, eine der Anlegestellen der Flöße und Schiffe.

197 Der Gasthof ‚alla torre' war in Verona die beliebteste Unterkunft unter den Reisenden des 17. Jahrhunderts und blieb es bis in das 19. Jahrhundert hinein. Zaniboni: Alberghi italiani (wie Anm. 50), S. 36.

gebeu auß gewaltiger steinen bestehet, ist es noch wie ietzunder zu sehen stehen blieben, unnd wird noch alleweill von der *Signoria Venetiana* im stande erhalten. Außer selbem ist ein großer Platz, alwor eine schöne *Marmor* steinerne seulle [21v] aufgerichtet, daran stehen ungefehrlich diße wordt: *Benefactum*

S. C.

FRANCISCO ERICIO PRINCIPI Rei Publ. AMPlissimæ tantæ molis beneficium debentes Veron. Mercatores Perpet. mans. gr. animum monum

P. P.

Andreae Cornelio Præf. Hier. Par equit. procurat. publicæ naturalis beneficentiæ accejat. gratia ferentes, anno 1632

Der Thumb oder Pfarrkirch ist ein schönes gebeu, gantz von weißen *Istriani*schen oder *Marbel*stein ausgeführet, war aber gleich verschloßen, weill vor kurtzen tagen ein junger Graff Herr morderischer Weise darinen vor dem altar erschoßen worden; sonsten sinnd zu sehen der *Scaligerorum Statuen* nahe der *hosterie al cavallo bianco.*

Die statt ist sehr groß unnd volckreich, hat 3 *Casteel,* das erste unnd zum höchsten gelegne *Castello Nuovo,* oder *Felice,* das ander *Castell S. Pietro,* das drite *Castello Vecchio,* und sind starck mit Venediger Volck besetzt. Auch ist die gantze statt rundherumb, mit einem großen von stein ausgeführten wahl[198] und bollwerck, auch einem diffen[199] graben, rund umbgeben, und wird durch das waßer die Etsch in 3 theill abgetheillet.

Den 25. reiseten wir wider von dar 3 meill, bis zu einem Dorff *atre torri* genandt. Den 26. zu 8 Uhrn kammen wir durch die statt *Vicenza,* bis mittag auf ein dorff *Allasega* 4 meill, gegen den abent erhillten wir die statt *Padoam.*

Wir logirten erstlich *atre torri al Piazzo del Paglia.* Den 27. wolden die Herren, umb erleuchterung der *Spesen,* auch umb beßere *occassion* zu haben, die *exercitia* und *Studia* zu treiben, *al santo* bey einem Teutschen genandt Johann Witman, [22r] *logirten;* blieben auch daselbst bis den 4 *septembris.* Von dar begaben Sie sich zu einem andern Teutschen *Alexander* Maintzen in *Camera lucante*[200].

Padova

27. Juli

198 Wall
199 tiefen
200 Für längere Aufenthalte quartierten sich Reisende nicht in den Herbergen ein,

Der kurze Überblick über die Denkmäler Veronas (s. Abb. 16) zeichnet in wenigen
Zeilen die drei wichtigen Phasen seiner Geschichte nach: die römische Phase, die
großartige Monumente wie die *Arena* hinterließ; die Phase der Eroberung durch
germanische Stämme, als Verona als Residenz vom Ostgotenkönig Theoderich aus-
erkoren und dann von den Hunnen des Attila verwüstet wurde; schließlich die mit-
telalterliche Phase, als die Stadt die Herrschaft des mächtigen Geschlechts der Scaliger erlebte – im Dom befinden sich die monumentalen Scaligergräber.

Der Halt in Verona war jedoch nur die letzte Station, bevor die Reisenden ihr
eigentliches Ziel erreichten: die Universitätsstadt Padua. In der Regel fuhr man in
den Sommermonaten über die Alpen, um die Alpenpässe frei vom Schnee vorzufinden und unter einfacheren Bedingungen zu reisen, und man verbrachte dann die
heiße Jahreszeit in Padua – so passierte auch in diesem Fall. Es war schon Ende Juli
und sobald sie in Padua ankamen, zwang sie die Hitze, worunter sie unterwegs
schon gelitten hatten, zu einem längeren Aufenthalt. Und tatsächlich wurde sofort,
neben Zitronen und Pomeranzen, auch ein Sonneschirm angeschafft!

Unterwegs konnte man in Herbergen und Gaststätten übernachten; ließ man
sich aber an einem Ort für längere Zeit nieder, wie in Padua, so wurde ein Logis
gemietet, das der Rangordnung der Reisenden gemäß zu sein hatte; in der Stadt gab
es zahlreiche Gasthöfe, die insbesondere deutsche Gäste beherbergten, aber weitaus
zahlreicher waren Privatleute (viele sogar Deutsche), die für mittlere bis lange Zeit-
räume Zimmer vermieteten. So war es auch für die Sulzbacher nicht schwierig, eine
solche Unterkunft zu finden.

Der Reisebericht schweigt über den langen Aufenthalt in Padua, der sich vom
26.7. bis zum 14.10. erstreckte; so sind es lediglich die Reiserechnungen, die uns
Einsicht in die alltäglichen Tätigkeiten der zwei Brüder gewähren: die Immatrikulierung an der *natio germanica iuristarum*, die Ausflüge in die Umgebung, die Ver-
gnügungen, die kleinen Alltagsbeschäftigungen…

Gleich nachdem sie sich einquartiert hatten, ging es sofort los nach Venedig,
denn sie brauchten Geld: „wegen des Wechsels auff *Venetia* gereiset" (*Reisekosten*,
S. 26). In großen Handelsstädten musste man zu einem Bankier Kontakt aufnehmen,
bei dem man die ausgestellten Wechselbriefe in die vor Ort gängige Währung ein-
wechselte, damit man die nötigen Aufenthaltskosten begleichen oder für die Weiterfahrt sorgen konnte. So waren die Ausflüge nach Venedig, die sich in regelmäßigen
Abständen wiederholten, immer mit einem Wechselbrief verbunden; dabei wurde
jedesmal ein Teil der Stadt besichtigt.

Ein erster Besuch fand vom 29.7. bis zum 2.8. statt: Sie kassierten 400 Reichstaler und besichtigten das Arsenal, einen der wichtigsten Bereiche der Republik Venedig. Dieser Besuch nimmt im Reisebericht breiten Platz ein.

---

sondern mieteten Zimmer bei Privatleuten (die sog. *Camera locanda*). Sie waren
nämlich preiswerter und gemütlicher, und der Besitzer sorgte für Unterkunft, Verpflegung und Wäschereidienst. In Padua, genau wie in Trento und Venedig, war
die Durchfahrt von deutschen Handelsleuten und Reisenden so intensiv, dass viele
Wirte und Zimmervermieter selbst Deutsche waren. Vgl. Brilli: Il grande racconto
(wie Anm. 50), S. 149; Zaniboni: Alberghi italiani (wie Anm. 50), S. 54-55, 73.

Kurtz hernach, wie sich die Herren dahin *resolvirt*, der *Studien* und *Exercitien* halber eine Zeitlang zu *Padoa* zu verbleiben, fürnemblich aber, weill es der großen hitze wegen nicht woll dinlig[201] wahr, ferner zu reisen, seindt siche nacher *Venedig*, umb selbige gewaltige statt und deren herlichkeit etlicher maßen zu besehen geraiset; ist 25 Welsche oder 5 oder 6 Teutsche meillen[202] von *Patoa* ab, aber bey nahe einer teutschen meill im Meer gelegen; *logirt*en daselbst *al lion bianco, appresso del Canal grande e del Ponto Rialto*.[203]

Venezia

Besahen anfenglich das gewaltige *Arsenal* oder Zeichhauß[204], in welchem ein großer vorrath, zu einer Schiff *Armada* nötig vorhanden. Uber der Pforten im eingange stehen 2 große Löwen in marmor gehauen, und zwischen denen die schrifft, *VICTORIÆ NAVALIS MONUMENTUM*.

Vorerst musten wir das gewehr in der Pforden ablegen, selbe wardt vonn einem darzu verordneden in Verwahrung genommen; darnach wurden wir auf erhaltene *Licenz* eingelaßen unnd kammen zur lincken hanndt in ein groß gemach, so viermal underschiden und sehr lang war, voller gewehr auf 50 000 Man oder 25 *Galeern*, nemblich an harnischen, sebeln, degen, Mußquetten, Picken und dergleichen, sehr voll unnd fein *ordiniret*. Darneben warn zu sehen, etliche *Genueser* mit leinwand uberzogene harnische, mit welchen sie under andern, allß sie mit den *Veneti*anern Krüg[205] geführet, auf eine Zeit viel volcks allß *fachinen* und *Capitler*ß mit außgekleydet, derer sich nebst ander rotten, sehr viel noch gerade in *Vened*ig gesamlet, in mainung die statt auf eine gelegne Zeit zu yberfallen, so aber offenbar, und also diße harnische noch zur gedachtnuß aufgehebt worden. Auch waren daselbst [22v] etliche alte sehr große Turnier Sättle, große Armbrüste unnd Pfeille, sehr viel schlachtschwerder; under andern warn noch 500 harnische, die ein *Venediger* Edlman

---

201 dienlich, förderlich
202 Die Meile hatte in den europäischen Ländern verschiedene Längen, von 1,5 bis 11 km. Viele Reisende unterstrichen in ihren Berichten, dass die italienische Meile (die auf dem römischen *mille passus*, ‚tausend Schritte' basierte) kürzer war (1,5 km) als die deutsche Landmeile (etwa 7,5 km). Vgl. Antoni Maczak: Travel in Early Modern Europe. Cambridge 1995, S. 254-255.
203 Der Gasthof *al Leon bianco* (zum weißen Löwen) war das von deutschen Reisenden meist besuchte Gasthaus, bei der Brücke von Rialto und nahe dem *fondaco dei tedeschi*; seit 1483 in Reiseberichten erwähnt, ist es heute noch ein Luxushotel. Vgl. Zaniboni: Alberghi italiani (wie Anm. 50), S. 60-64.
204 Zeughaus
205 Krieg

gehabt, welcher es mit etlichen *Conspiranten* dahin bracht, daß er etliche hunderdt Man zu sich gezogen, sie in gehaim gewapnet, selbe in aller stille, auf eine gewiße Zeit, fruhe vor tage und alle in schwartze mantel verklaidet, mit mancherley Mördergewehrn auch darunder habendt, uber *S. Marcus* Platz gefüret, etwa den *Senat* anzugreiffen, und sich der *Signoria* zu *impatronirn*. In deme aber, wie er under einen fenster oder haußen weg gehet, siehet ungefehr ein Weib herunder, und stößet gleich, wie wohl unversehenß einen großen Topff, darin blumen und der gleichen gestanden, herrunder. Derselbe must vielleicht, auß schickung und straff Gottes, ihn gleich treffen, und den halß zerbrechen, alß daß seine *Consorten* gesehen, daß der anführer dot ist, lauft ein ieder seinen Weeg; es ist aber gar baldt ruchtbar[206], die mainsten gefangen und gedöttet worden, und diße harnische zu ewiger dedechtnuß[207] behalden worden. Sonsten war under ander auch deß Fürsten *Bastian Zenani* harnisch, der zur Zeit *Fridericij Barbarossae* gelebt, und mit Ihme große grige[208] gefüret.

Von dar kamen wir in die schmide, alwor ein unseglicher Vorrath von Anckern, kötten groß und klein, Nägeln, schrauben, eißerne stangen und Rigel verhanden waren, maßen über hundert Persohnen tag und nacht arbeitten. Ferner ist ein Platz, daselbst werden die ruder und remer[209] zu den *Galleren* gemacht, denen allzeit in viel 1 000 zu vorrath stehen; daselbst in einer kammer, stehet der stulgl, wan ein Hertzog erwöhlet, wirdt er auf selben gesetzt, und öffentlich in voller *Procession* getragen. Von dar kammen wir in das hauß, da die Ancker und andere Sayle und allerhandt [23r] zeug außm Hanff gemacht und bereitet wirdt. Ist ein gewölbe in 205 *Geometrische* schuhe[210] lang, ligt allemahl voll am hanff, Saylen und dergleichen. Neben deme stehet eine Waage, darauf viel geschütz und andere schwere sachen zugleich könen gewo-

---

206 es wird bald bekannt
207 Gedächtnis – Es handelt sich um die Verschwörung von Bajamonte Tiepolo, aus der angesehenen Adelsfamilie der Tiepolo, der 1310 einen Aufstand gegen den *Dogen* anführte; in dem Bericht sind Legende und Wirklichkeit miteinander verwoben. Darüber berichtete u.a. der Historiker Antonio Foresti: Mappamondo istorico in cui si espongono i regni, nati dalla declinazione, e caduta dell'imperio romano in occidente, cioè dell'anno di Christo 420 fino all'anno 1692. Venezia 1694. Bd. 4, S. 96.
208 Kriege
209 ‚Remer' war im lokalen Dialekt der Handwerker, der Ruder schnitzte (aus dem ital. *remo*, Ruder); seit dem Gründungsjahr 1307 bildeten sie eine einflussreiche Zunft (s. Abb. 17).
210 Schuh bzw. Fuß: altes, in vielen Teilen Europas verwendetes Längenmaß; entsprach etwa 30 cm.

gen werden, In 50 000 Centner schwer. Etwen ferner ist eine große Cammer, darinen ein großer vorrath an schrauben, wellen, last- und hebbäu-
men, von allerhandt hölzern schiffs *materien*. Weitterß ein groß gewölbe,
in welchem bey die 48 stuck geschitz lagen, under denen 8 doppelte
Carthaunen, welche neben der großen dicke einen mundt hatten, daß ein
starcker kerl gar geraumb [hi]nein könte krichen. Darneben war ein große mange kugeln, neben deme waren noch 2 gemächer, eineß mit 219,
das ander mit 105 stuck lauter großes geschützeß, und lagen noch über
das, vor selbenn auf freier erden uber 100 und mehr schöne metallene
stücken ohne laden. Entlich kammen wir in ein groß gemach, darinen
über 1 000 unnd mehr stück geschütz klein und groß innen wahren. Von
dar kammen wir, eine stig in die höhe gleich wider in 4 kammern neben
einander, voller gewehr, wie die ersten, bey die 80 000 man oder in die
30 bis 40 *Gallern* damit zu versehen, und warn under andern 4 schöne
große verguldete Laternen so in neulicher gehaltener Seeschlacht von
Dürcken genommen worden, darbey auch etliche 100 harnische, die alle
vor Mußqueten schußfrey gehalten worden.

Ferner kammen wir zu einem großen gemach; das selbe war voller
stuckladen, wie sie auf schiffen zu gebrauchen, sonst stundt darin ein großer Mörser in 4 170 Pfund wigend, und soll in 600 Pfund schwer werffen.
Weiterß ein ander groß gemach, daßelbe stundt von holtzern gezeug zu
etlichen *Gallern*, daß wan eine angefangen werden soll, nottig; darneben
waren etliche schöne stuck, darinen von welchen das eine sehr groß war
und deßen mundt fast bey einer Teutschen Ellen in *Diametro* hatte. Beßer
hinnab ein ander kammer voller stuck kugeln, [23v] *Grana*ten, feyerstei-
ne, item zu oberst rundtherumb mit Türckischen fahnen besteckt.

Nachgehents ein groß gewölbe, darinen große dicke unnd lange
bäume, zu masten und ander notturfftigkeit, in die 40 schridt zum thaill
lang, lagen. Nachgehents sahen wir nach der lenge, wie die großen *Ga-
leotten* und *Gallern* in großer anzahl darstunden, ein jedeß absonderlich
under seinem bedeckten hauße, etliche gantz neu, zum thaill verbeßerte
und alte undereinander, und werden zu jeder *Galleotten* in Krigßzeit,
mit den arbeitßleithen[211] und Soldaten 1 500 man gebraucht. Under ander
waren 2 schöne große Türckische *Galeatz*,[212] alles schön verguldt und

---

211 Arbeiter, Handwerker
212 ‚Galeazza' war eine Art Kriegsgaleere, die ab dem 16. Jahrhundert hauptsächlich im
     Mittelmeer eingesetzt wurde. Sie unterschied sich von der gewöhnlichen Galeere
     dadurch, dass sie viel breiter war, eine größere Anzahl an Artillerie hatte und auch

gemaldt, so in der schlacht mit villen Volck und *Sclaven* eroberdt worden. Nahe darbey stehet das [?] Hertzog Schöneß schiff der *Bucentoro* genandt, welcheß so wohl außen, allß in[n]en gantz verguldt mit viellen *Columnis*, *Statuen* und bildwerg sehr schön geziret; oben uber den umblauf, ist oben eine decke wie ein himel, zu ende stehet deß Hertzog stuhl und langst herumb Bencke auf die 300 Persohnen. Wirdt sonst nicht gebraucht, allß auf Himelfarthstag fehret der Hertzog [hi]nauß inß Meer und mit einwerffung eineß guldenen ringß, dut ehr[213] sich mit dem Meer alß ein beherscher deßen vermählen. Zu lest kammen wir in ein gemach, da saßen viel weiber, die nur Seegel neheten un[d] die alten verbößerten, war auch ein mechtiger vorrath deren verhanden. Sonst begreifft dißeß treffliche weßen, in die 3 welschen oder viel yber eine halbe Teutsche meill *in Circuito*[214] und ist allenthalben mit einer hohen mauer und 12 thurmen, darauf deß nachts wache gehalten wirdt, umbgeben; hat nur die eine Pforten, da wir hinnein kommen, und neben der gehet der *Canaal* vom *lago* in das *Arsenal*, daß sie allenthalben die *Galleen* entweder im Waßer oder aufn druncken stehendt haben, auß- und einfuhren könen, wie sie wöllen. Auß dem *Arsenal* ist nahe darbey das hauß, da die *Biscotten* [24r] oder zwiebacken die Schiff zu *Proviantirn*, in großen menge gebacken werden. Darin sindt 44 offen und 15 mühlen, werden alle von deutschen geregiret.

Dißem nach fuhren die Herren von dar yber waßer, nach dem daselbst gegen yber gelegnen schönen Closter *S. Giorgio Maggiore*, so ein gar herlicheß gebeu, und der reichesten eineß in *Italia* ist. Hat sonderlich eine schöne Kirche, in welcher under andern schönen Altaren, eine statliche Taffel von *Probir*stein wirdt gefunden, größer allß manß lenge, vor welcher ein Crutzifüx von holtz gemacht, so sehr kunstlich, wird gehalten. Das Kloster ist mit großen Plätzen, schönen Kreutzgengen, die rundt umbher mit *marmern* seullen geziehret, umbgeben; bevorab hat es große und schöne lustgärtten, under ander schönen gemächern ist der *Convent* oder taffel, soll ein wohl geziehrteß gemach [sein], in welchem ein Predigstull gantz von *marmor*, darauf einer von den *fratribus* under wehrendt mahl lißet und die *officia* verrichtet. Dißeß kloster könde seiner herlichen gebeu, und yberauß schöne gelegenheit halber gar wol einem königlichen Pallast verglichen werden.

---

von der Seite feuern konnte.
213 tut er
214 in Umfang

Die erste Sehenswürdigkeit Venedigs, die damals jeden Besucher anzog, war das Arsenal. Von außen wie eine uneinnehmbare und vor allem beinahe schwer einsehbare Festung, galt es als das größte Produktionsbetrieb Europas vor dem Zeitalter der Industrialisierung. Schiffswerft, Waffendepot, Flottenbasis der *Serenissima* – ein militärisch strategisches Gebiet, das eine strenge Überwachung durch die venezianische Sicherheitspolizei nötig machte. Hier wurden u.a. die Galeassen fertiggestellt, die bis zu 1 000 Bruttoregistertonnen und eine Besatzung von 400 Mann hatten; sie wurden zum ersten Mal 1571 in der Seeschlacht von Lepanto eingesetzt.

Das Arsenal (s. Abb. 18) enthielt neben den Trockendocks (*gaggiandre*), den Schreinereien, den Kalfateranlagen und einer langen Seilhalle (*corderie*), in der die Schiffstaue gedreht wurden, auch Erz- und Gießhütten. Im Arsenal konnten bis zu 2 000 Leute arbeiten, Tag und Nacht herrschte emsige Geschäftigkeit. Die Produktion der Galeeren erfolgte in streng rationalisierten Arbeitsabläufen: Die Bestandteile waren genormt, wurden vorgefertigt und im Depot gelagert, so dass in kürzester Zeit 25 Schiffe einsatzfertig gemacht werden konnten. Bei der Ausfahrt aus dem Arsenal wurden die vollkommen ausgestatteten Galeeren mit Proviant (*biscotto*) versehen, das in den angrenzenden großen Bäckereien gebacken wurde.

Vom Arsenal fuhren die Reisenden dann zur gegenüberliegenden Insel, wo sich die Kirche und das Kloster S. Giorgio Maggiore befinden. Die sehr reiche Benediktinerkongregation von Santa Giustina, eine der mächtigsten Italiens, hatte den Architekten Andrea Palladio mit der Renovierung der Kirche und des Refektoriums beauftragt, die zu seinen prächtigsten Leistungen zählen – sie hatten sogar Giorgio Vasari bei seinem Besuch in Venedig tief beeindruckt. Dass auch unsere Besucher davon angetan waren, zeigt der letzte Satz ihres Berichts, in dem die Anlage mit einem Königspalast verglichen wird.

Den 22. *August* besahen die Herren deß Printzen *Palatium* an *S. Marci* Platz gelegen, und wurden geführet in eine geheime zeug- und ristkammer, welche underschiden in [Lücke im Text] gemächer. In dem ersten ward unß gezeiget deß *Attila* Pferdeß harnisch yber kopff, eine sehr große *Latern* von dem schönsten *Christal* mit einem Christallenen becher darinen stehendt, auf die 80 000 Cronen geschetzt, von einen *Venediger* Edlman der *Reipublicae* verehret; deß obristen *Scan*derbecks degen, welcheß trefflichen Helden Bey villen *Authorn* seiner thaten halber gedacht wirdt; deß *Attila* Armbrust, in ungewöhnlicher größe; deß Ritters zu *Pattoa Erasmi* harnisch, deßen *Statua* annoch zu *Pattoa appresso della Chiesa de Sant'Antonio* aufm pferdt sitzendt, zu sehen. Ein schöneß, zimlich lang, aber gar schmalleß stuck, so yber 3 Welsche Meill tragen [24v] soll. Viell, und allerhandt schöne gestickte, auch mit Sammit gefütterte Harnische, ein stücklein darauß yber 30 schuß geschen können; ein sehr großeß und mit goldt beschlagneß köstlich harnisch von Türckischen kaißer der *Reipublicae* verehrt. Deß *Francesco Caraffa Cavalliero di Padoa* Schwerdt, auß welchem zugleich man schießen kan.

22. August

Sebastiani Venerij, und *Augustini Barbatij*, beyder vornehmmen, der *Reipublicae* geweßnen *Generaln*, in holtz gar schön geschnittene *Statuen*. Ein sehr köstlich schreibtisch, hat einen Türckischen kayßer ge-*præsentirt* werden sollen, weillen er aber inmittellst verstorben, und zu-gleich ein unfridt zwischen den *Venediger* und Türcken eingefallen, ist er dar verblieben.

Henrici IV. Regis Franciæ sehr schöner harnisch, bey welchem ste-hen 2 helle Parten:[215] auß der einen könen 14 und auß der andern 12 schüße nacheinander geschen; einer sehr köstlich *Tresor* mit villen *Anti-quiteten*, herlichen steinen und kleinodien von *Patriarchen* zu *Aquileia* der *Reipublicae* verehret.

Ein mördlich *Instrument*, *organo Siabolico*[216] genandt, ist ein run-deß kästlein umb welcheß yber 20 büchsen lauffe sein gemacht, und alle verdeckter weise; könen getragen, gerigiret und loßgeschoßen werden, ist deß *Tyrannen* von *Padoa Eccellini manual* geweßen. Darbey warn allerhandt *Bandi*ten gewehr in großen anzahl, deß Fürsten *Zeani* degen, deßen zuvor bey bezeihung deß *Arsenals* gedacht worden. Item deß Graffs von Manßfeldts degen, daselbst war ein schön *Mariæ* bildt, so der heilige *S. Lucas* soll gemahlt haben. An se[l]ben orthe war eine Lampen, darinen ein imerbrenendeß licht geweßen, so in deß *Antenorij fundatoris patuvini Paduæ* grabe gestunden, und wie Eßß eröffnet, das licht verlo-schen sein solle. Allerhandt und viel schöne Türckische *Antiqui*teten mit Edlsteinen, goldt und Perlen reichlich [25r] besetzt und geziehret. Ein große menge Türckische und *Gippone*sische Pfeyl und bogen, sebell, schlachtschwerder und allerhandt außlandische gewehrn.

Von dar kammen wir in den großen saal, in welchen *gran consiglio* gehalten, auch von frembte *Ambassadorn* darsindt *Audientz* gegeben wirdt. Selber saal ist oben an der decken mit s[ch]öner arbeit durchauß gar reich verguldet, rundumbher mit allerhandt *martiali*schen gemählden geziehret, an einem Ende stehet deß Hertzog stuhl vor den andern erha-ben, unnd langst durch den saal der *procuratorn* und vornembsten deß Raths Verordnete stellen. Sonst soll das gantze *Concilium* bestehen in

---

215 Hellebarden
216 *diabolico*, teuflisch. – Viele der hier beschriebenen Gegenstände sind heute noch
    im Museum des Palazzo Ducale zu sehen, u.a. eine zwanzigläufige Donnerbüchse,
    die als Vorläufer des Maschinengewehrs angesehen werden kann, und ein ‚Teufels-
    kästchen‘, eine heimtückische Todesfalle, die in ihrem Inneren vier Gewehrläufe,
    die beim Öffnen feuern, und einen vergifteten Pfeil verbirgt. https://palazzoducale.
    visitmuve.it/it/il-museo/percorsi-e-collezioni/armeria/

1 500 vom Adel, darunter 48 die vornembsten und *procuratores* oder *Cavallieri di Sant Marco* genenet werden. So etwa ein hertzog auß deren mitteln erwehlet, oder sonst der *Reipublicae* haubtsache eine vorgetragen wirdt, muß es in gegenwardt deß gantzen *Concilij* geschehen, das Erwöhlen eineß hertzogen geschicht nicht nach gunst oder gaben, besonder wem das glick durchß *ballottirn* trifft; sie trachten aber jederzeit dahin, daß ein schönen wolbedachter und unverheyrater Herr darzu gelangen möge.

Aufm Thurm *di Sant Marco* stigen wir, und ybersahen die gantze statt, mit allen ihren umbligenden Inseln, und See Porten, welcheß Thumbs sonsten gedacht, daß er zu der Zeit, wie die *Padoaner* noch mit den *Venediger* krig geführet, soll erbauet sein, und kan man auf selben die schiffe im hohen Meer sehen. Das *fundament* deßen soll ein viel weitteß yber die *Spesen* deß gäntzens thurnß kommen. Es soll zu einer zeit könig *Henricus* III. wie er auß Pohlen komen, und wider in Franckreich verraißen wollen, mit einem Pferde biß oben, da man aussihet, hinauf geritten sey, dan der thurm von in[n]en also gebauet, daß es wohl zu glauben.

Under allen umb *Venedig* herumb gelegenen Inßuln, welche mehrentheilß von Geistlichen bewohnet werden, ist *Murano* die größte und lustige, an gebeu und kirchen, [25v] auch Caneln und brucken erbauet, wie *Venedig* selben; daselbst werden die *Venediger* schönen gläßer in großer menge gemacht, und verführt uber meer und zu lande. Zwischen dißer un[d] der Statt kombt man einer Insul *S. Michael* vorbey, an selben ordte ist an einer kirche gebauet eine Cappel wie ein runder thurm, alleß von den schönsten *Alabaster*, das tach aber mit blei bedeckt, und verguldeten strichen darzwischen; die fenster darinen sind von dem schönsten *Christalinen* gliß[217]. Von inen zu, ist solche Capell geziret mit dem schönsten [Lücke im Text] und *marmor* durch und durch; selbe ist erbauet worden von einem *Venediger cortigianen*, die ein vornehmen von Ad[e]l langzeit gehalten, darnach wie ehr ohne Erben unnd freunde verstorben, ihr alle sein guet vermacht. Nachfolgents hat sie sich inß Closter begeben, gar still und einsamb gelebt, in die 30 000 Cronen dem selben Closter und armmen vermacht, und darnach diße Cappel erbauen laßen, darinen Sie beyde begraben ligen.

---

217 Glas

Die Insul *Malamocco*, von der Statt ab eine halbe teutsche [Meile] gegen sudosten gelegen, alldar ist der rechte Meerhaffen und einfardt der großen Schiffe. Wir führen auch daselbst hinnauß, und under ander war ein sehr schön unnd groß Juden schiff, Welcheß nacher Joppen[218] absegeln, von dar die Juden nacher Jerußalem walten. Item ein groß Hollandisch schiff, auff welchem das Zeichen der Printzen von *Oranien* unnd mit 44 großen stucken beladen war, ist nach deß schiffe[r]ß aussage der *Admiral* in der zwischen *Portugal* unnd Spanien letzt gehaltenen Seeschlacht auf der Portugißen seit geweßen, darin die Spanier den kurtzen gezogen, nach endigung deßen vom Könige reichlich belohnet, *Proviantirt* und *dimittirt* worden. Es hat selber schiffer sich sehr wilffertig gegen die Herren [26r] erwißen, Ihnen mit seinen beßten schiff speißen und Tranck am guten Spannischen wein unnd Roterdammer bier nach seinem höchsten Vermugen begegnet, aber nicht das geringste dafür *acceptirn* wollen.

Sonnst bestehet der fürnehmbste orth von *Venedig* an den Platz *S. Marco*, wegen der herlichen unnd *Reali*schen gantz von *marmo* und sonsten geziehrt schönen gebeu, daß wir wol zu glauben, nicht dargleichen oder darüber keineß in *Europa* sey. Der Tempell ist durchauß gantz von *marmor* [Lücke im Text] unnd ander Edlgesteinen kostlich mit auch sehr villen seullen geziehret, bestehet oben in 5 runden Cupeln, mit blau bedeckt; oben von außen yber der großen Pforten, stehen die 4 roß von *metall* unnd verguldt, welche *Constantinus Magnus* zu Rom von *Capitolio* nehmen und nach *Constantinaj* bringen laßen. Item auf dem Platze 2 große seullen, darzwischen alle ubel[thäter?] gerichtet werden, seind in gesambt von den *Venediger* bey *occupirung* der Statt *Constandinopel* von dar entführet und nach *Venedig* gebracht. Vor der kirchen stehen 3 lange baume mit vergulden fahnen, an den hohen festag werden daran große fahnen aufgezogen, sollen der *Venediger* 3 königreiche unnd Ihrer *libertet* anzeige sein. Nebst dem Tempel steht ein rotter Porphir stein darauff werden aller Banditen köpffe gelegt, dem Volcke zu Zeichen, unnd den bößen buben ein schrecken einzujagen.

Under andern schönen brucken uber die *Canaalle*, deren in die 800 darunder nur etliche wenig von holtz, ist *Ponto di Rialto* die schönste und groste, gantz von gueten weißen *marmor* erbauet, in 3 gänge underschidlich; obenauf stehen 24 kauffläden alle mit bley bedeckt. [26v] Under der

218 Jaffa

selben gehet der *Canal grande* fast durch die gantze statt, unnd helt seine Ebbe und fluht wie der *oceanus*. Negst bey dißer brucken ist das Teutsche hauß, alle von Teutschen kauffleuthen bewohnet, bestehet in 200 gemächer, ist erbauet wie ein schloß, in ein Vier Eck; von dißem hat der hertzog alle wochen 100 [Lücke im Text] einkommen, sonnst seindt auß der *Signoria* die herrlichen und schönen heußer und *palatij* gegen das waßer am *Canal grande*, gar viele gantz von *marmor* aufgeführet, mit *Statuen* und ander herrlichen arbeit der steinmetzerey geziehret. Die meiste *Trafiq* unnd handel bestehet zu waßer, derowegen dan in etlich 1 000 *Gondel* oder lustschifflein, die ein oder 2 kerl regirn unnd gar geschwindt darmit sein, gehalten werden. Die gantze Statt so groß Sie auch ist, ist allenthalben erfüllet, mit uhnzählichen vielen Volck allerhandt *nationen* an Christen, Türcken unnd Juden, und haben die Juden so in der *Venediger* gebüeth[219] wohnen, das zeichen da man sie bey kenen kann, einen roten hut zu tragen. Die Türckischen Juden aber, damit sie von ander Türcken underschiden seind, tragen einen gelben bundt, unnd seind alle schwartz gegleidet.

Nach einem ersten Besuch der Lagunenstadt, der sich ganz um das Arsenal gedreht hatte, standen bei den nächsten Ausflügen zahlreiche weitere Sehenswürdigkeiten und Kuriositäten auf dem Programm. Unterkunft fanden sie immer im *Leon bianco*, einem bei Deutschen sehr beliebten Hotel bei der Rialto-Brücke.

Nach dem Dogenpalast mit seinen Räumen voll von merkwürdigen Waffen und Zimelien, war das pulsierende Herz der Stadt an der Reihe: der überfüllte Markusplatz mit seiner imposanten Basilika (die wegen ihrer orientalischen Mosaike und des Reichtums ihres Schatzes den Spitznamen ‚goldene Kirche' trug), der Glockenturm, von dem aus man einen herrlichen Blick über die ganze Stadt und die Lagune genießen kann, die rundherum verlaufenden Arkadengänge. Ein Schauder erregender Anblick fehlte nicht, denn sie sahen auch den Ort, an dem Übeltäter hingerichtet und ihre Köpfe dem öffentlichen Spott preisgegeben wurden. Und dann die Rialto-Brücke, das deutsche Haus mit seinen 200 Zimmern, das einer mächtigen Burg glich,[220] der mit prächtigen Pälästen geschmückte Canal Grande, der die ganze Stadt durchquert, auf dem Hunderte von Gondeln sich schnell bewegten, geführt von erfahrenen *Gondolieri*. Und schließlich die unzähligen und bunten Einwohner vieler Nationalitäten, jeder in seiner typischen Tracht und Farbe gekleidet.

Zur Reise gehörte auch das Sammeln von Kunstgegenständen, Naturalien, seltenen Büchern, Handschriften und Kuriositäten – und während des zweiten Venedig-Besuchs (vom 23. August bis zum 2. September) wurde tatsächlich ein Antiquar bei San Giovanni Decollato besucht[221] und einige Gegenstände gekauft: zwei Käm-

---

219 Gebiet
220 Simonsfeld: Der ‚fondaco dei Tedeschi' (wie Anm. 19) dokumentiert die intensive Tätigkeit deutscher Handelsleute in Venedig.
221 Ein nicht näher identifizierbarer *Signor Rosino* (*Reisekosten*, S. 28).

me mit Kammfutter, Murano-Gläser, Handschuhe und Rosenöl für CAs Pagen, seidene Strümpfe, die dann dem Zureiter verehrt werden, und anderes mehr.

Von *Venedig* gehen alle tage 2 barquen nach *Padoa ordinarie* aber eine
deß morgenß, die ander zu abents; eine teutsche meill hat man yber das
meer, bis wider aufm vesten landt, und an dem fluß die *Brenta*, die
anfuhrt genandt *Laze Insina*;[222] von da ab bis *Padoa* seindt noch 4 teutsche oder 20 welsche meyll, darentzwischen siehet man das schönste
landt, so je mag gefunden werden, unnd seindt underschidliche groß
unnd herrliche *Palatia*, lust- unnd andere gärten, zu geschwaigen der
schönen äecker unnd Weinberge gantz dem Fluß hinnauff zu sehen, [27r]
unnd ligt alleß in der Ebne.

Padova   Die Statt *Padoa* belangent, unnd man *observirn* mügen, ist es eine
allte und sehr große statt in 7 welscher meill im begriff, mit großen unnd
starcken Wallen und Bolwerg umbgeben, und wie wohl sie in alten Zeiten von den Gothen unnd Longobarden verschidene mahle in *total ruin*
geratten, ist sie doch allemahl statlich erbauet. Bevor da Sie anno 1405
under der *Venediger gubernament* kommen, hat sie anfangen allgemag
sich wider zu erhollen. Es sonderlich aldar berumbt die schöne *academia*, so von viellen *nationen frequentirt* wirdt, bevor der *Juristen* unnd
*Medicin facult*eten, da dan under ander ein schöner garten, in welchen
alle zur *Medicien* nöttige Kreuter, den *Studiosis medicinæ* zum besten
und selbe kennen zulernen, gefunden werden, von der *Signoria Venetiana* gehalten wirdt; jetziger Zeit besitzet selbiger garten ein Teutscher,
Doctor Weslinger genandt, ein feiner und gelehrter, auch der *nation* sehr
zugethaner man, ist *Professor* [Lücke im Text] in der *Anatomiae*.[223]

---

222 Fusina, ursprünglich Lizza Fusina, liegt an der alten Mündung des Brenta. Eine
       regelmäßige Verbindung zwischen beiden Städten war durch den *burchiello* garan-
       tiert, ein Plattschiff, das Passagiere transportierte (s. Abb. 19). Die *Riviera del Bren-
       ta* entlang wurde es stromaufwärts von Pferden gezogen, durch die Lagune fuhr
       es unter Segeln oder mit Rudern und wurde vorwiegend von den venezianischen
       Adligen benutzt, wenn sie ihre Güter auf dem Festland besuchen wollten. Deswegen
       war es mit allem Komfort ausgestattet: Die elegante Mittelkabine war mit drei oder
       vier Balkonen versehen, fein dekoriert und mit Spiegeln, Gemälden und kostbaren
       Schnitzereien verziert. Die Reise von Padua nach Venedig dauerte fast einen Tag.
223 Der Westfale Johann Wesling war Medizinprofessor in Padua und von 1638 bis
       1649 auch *praefectus horti* (Leiter des botanischen Gartens). Vgl. Roberto de Vi-
       siani: Notizie storiche dell'orto botanico e de' suoi prefetti. In: L'orto botanico di
       Padova nell'anno 1842. Padova 1842, S. 17-19.

Die statt ist allenthalben wohl erbauet, und in allen straßen mit *Porticj* oder bedeckten Gengen, da man so wohl vorm regen trucken allß auch vor der sonnen hitze under gehen kan. Sie wirdt von 2 *Venediger* vom Adeln, so alle 18 monat umbwechßeln unnd Neue an Ihre stelle kohmmen, regiret: einer der *Gran Capitan*, so zum theill die *militarischen* allß auch andere haubtsachen, der andere der *Potesta*, welcher alle Burgerlichen streidt und andere stadtsachen verwaldet, genandt. An kirchen und klostern ist es allenthalben voll, under denen seindt die vornehmbsten, die kirch *S. Antonij* und *S. Justinae*. In dißer ersten ist begraben *S. Antonius di Padoa*, deßenn [27v] *Capell* unndt Altar sehr köstlich erbauet undt geziehret ist; den *Junio* wirdt eine große *Procession* gehalten, in welcher seine Zungen und kienbacken öffentlich herumb getragen wirdt; sonst ist die kirche ein groß unnd herrlich gebeu, mit 5 runden kuppern und 2 schönen hohen turmen geziehret und mit blau gedeckt. Vor der kirch ist eine schöne *Statua* aufm Pferde sitzent, den *Erasmo di Narano*, Venediger kriegß *General*, zu Ehren aufgericht, ligt daselbst neben seinen schönen *al santo* in *S. Francisci Capell* begraben. *Alla S. Justina* ist fürnemblich zu gedencken, daß daselbsten sollen ruhen der Heiligen Junger und Evangelisten *Lucæ* und *Matthej* Cörper, der heilige Bischoff *Prososdomus* allß der die statt erst zum Christlichen glauben gebracht, und *S. Petri Discipul* soll gewesen sein; item *S. Justinæ*, derenn gebeine vor der kirchen auffm Platze mit einer ihrer gedächtnuß gefunden, hernach an den ohrt, da die kirche jetzt stehet, gebracht unnd statlich begraben worden. Es ist ein sehr schoenen unnd Ebneß gebeu, wirdt auch noch allweg daran gebauet; daran ist ein statliches unnd herrlicheß erbauteß Closter, darinen *Benedictiner* ordenßleute; das reichste ist dißeß Closter nicht, under ander allen in *Italien*. Under andern und altesten *antiquiteten* ist das grab *Antenoris*, negst an *S. Laurenzij* kirchen, ist gantz von *marmor* und stehet auf 4 seullen, an welchen diße schrifft stehet: *Antenor post eruta pergama bello Transtulit huc Henetum dardamdumque fugas, expulit Euganeis Patavinam condidit urbem, quem tenit hic humili marmore caesa domus.*

Sehr viel andere und mehrere alte geschichten seind hin und wider zu sehen, sonderlich ist auch zu sehen [28r] das grosse unnd wohl Erbaute Rathauß, zwar ein uhnmehr alteß aber anoch herliches und *reali*scheß gebeu, allenthalben mit *marmor* geziehret, mit bley gedeckt, und hat das gantze gebey gar kein holtz; besonder bestehet alleß auß seullen von stein unnd Eußern[224] stangen. Die statt wirdt in etlich thaill von der *prenta* underschiden.

Padua war der führende Hochschulort der Rechtsgelehrsamkeit und der Medizin, hatte einen ausgezeichneten Ruf und war die im 16. und 17. Jh. von deutschen Adligen meist besuchte Universität, wo sich eine höchst repräsentative *natio germanica* herausgebildet hatte, die einen eigenen privilegierten Rechtsstatus besaß. Zur besonderen Anziehungskraft auf deutsche Landsleute trug auch die Arbeit renommierter deutscher Gelehrter, die dort hochangesehene Stellen innehatten, bei, wie z.b. Johann Georg Wirsung, Professor der Anatomie, und der Westfale Johann Wesling, der ab 1632 Professor der Anatomie und Chirurgie und seit 1630 auch Vorsteher des botanischen Gartens war.[225] Wesling ist übrigens im Reisebericht namentlich erwähnt, da er zu Rate gezogen wurde, als CA am 10. August ärztlicher Hilfe bedurfte (einige Tage später wurde auch die Rechnung des Apothekers beglichen).

Nachdem sie sich langfristig einquartiert und einen ersten Wechselbrief in Venedig einkassiert hatten, schrieb CA beiden Vormündern. Er berichtete erstens, sie seien glücklich und wohl angekommen; zweitens dass die große Hitze sie zu einem längeren Aufenthalt in Padua zwinge, bevor sie auf Italientour gehen. Vor allem bat er den Onkel in Hilpoltstein um weitere 1 000 Reichstaler für die Fortsetzung des Aufenthalts, denn die Unkosten seien hoch – und das, obwohl sie sich bemühten, sie in Schranken zu halten.[226] In Padua, so informierte er den Onkeln, hätten sie das *Studium* und ihre *Exercitia* sofort angefangen, und die *Reisekosten* belegen es: Der erste Posten in Padua betrifft die Immatrikulierung an der *natio germanica iuristarum*, wo sich die ganze Gruppe am 4. August 1642 eintrug.[227]

---

224 eisernen

225 Giuseppe Ongaro: Johann Wesling e Johann Georg Wirsung a Padova tra il 1625 e il 1649. In: Padua als Europäisches Wissenschaftszentrum von der Renaissance bis zur Aufklärung. Hg. von Dietrich von Engelhardt und Gianfranco Frigo. Aachen 2017, S. 167-180; Marianne Nordsieck: Ein Mindener in Padua. Zur Biographie des Anatomen Johannes Wesling (1598–1649). In: Mitteilungen des Mindener Geschichtsvereins 71 (1999), S. 7-64.

226 Beide Briefe sind am 3.8. verfasst worden. CA gab auch Hinweise, wie er am besten zu erreichen sei: Briefe sollten dem venezianischen Kaufmann Rudolph Olofson anvertraut und an Michael Zarlang adressiert werden, da sie das Inkognito aufrechterhalten wollten – daher unterschrieb er mit seinem Decknamen „CA dictus a Braitenstein".

227 Im Matrikelbuch sind sie unter Nr. 3280 bis 3286 eingetragen, und zwar inkognito: Christianus Augustus a Braitenstein und Ludovicus a Braitenstein (jeweils 4 *coronatos*); dann ihre Begleiter, die sich mit ihrem wahren Namen eintrugen, zu jeweils ein *coronatum* (die Gebühren waren je nach Stand unterschieden). – Normalerweise waren Matrikelbücher als eine Art Gästebuch gestaltet und hierarchisch gegliedert; für Fürsten, Bischöfe und den hohen Adel waren besondere Seiten reserviert, in die sie sich normalerweise mit vollem Namen eintrugen. In Padua war diese Gewohnheit für einige Zeit aufgegeben worden und alle Immatrikulierten wurden einfach chronologisch aufgelistet. Diese ‚demokratische' Alternative gefiel jedoch den *nationales* nicht besonders, so wurde ab 1676 die Trennung zwischen Adligen und Nicht-Adligen wieder eingeführt. Vgl. Matricula nationis germanicae iuristarum in

So war der Alltag in der Stadt vorwiegend vom Studium und von weiteren Übungen (Reiten, Fechten, Sprachenlernen) bestimmt. In der Instruktion (s. Anm. 6, S. 307) war das Jura-Studium in den Vordergrund gestellt: „Und weil Pfaltzgraff Christian Augustusen Liebden beim *Studio Juris* algereits [!] einen zimlichen anfang gemachet, So kann mit der selben darin weiter *continuir*et und neben dem *Studio Historico-Politico* und andern, auch Pfaltzgraff Johan Ludwigs Liebden mit *informiret* werden". Im Bericht werden leider keine konkreten Angaben über Art und Weise der Studien, denen sie nachgegangen sind, gemacht; bei solchen Reisen handelte es sich in der Regel um kein regelmäßiges und kontinuierliches Studium, sondern ein oder zwei Semester, in denen man die Vorlesungen und die *collegia* von bestimmten, je nach Fall ausgewählten Dozenten besuchte. Die Reisekosten belegen die Anschaffung der dazu nötigen Bücher, wobei jedoch die einzelnen Titel nicht angegeben sind (sie waren wahrscheinlich in den beigelegten, leider verloren gegangenen Rechnungen verzeichnet). Im Heftchen wird nur eins erwähnt, und zwar das „*Itinirarium Scoti* mit Kupferstücken" (*Reisekosten*, S. 28): Das war ein bekannter Reiseführer, und zwar der erste, der als Reisehandbuch für Italien konzipiert war – ein Hinweis, dass man sich nebenbei auf die Italientour vorbereitete.[228] Die Uni war aber auch Sozialisationsort und Treffpunkt; Anziehungspunkt war z.B. die Tischgemeinschaft, wo sich durchreisende Adlige oder Angehörige einer bestimmten Nationalität sammelten; hier war es leicht, Standesgenossen kennenzulernen und Freundschaften zu schließen.[229]

Man kümmerte sich darum, die gemieteten Zimmer anständig zu gestalten: Es wurde nicht nur der Schreiner hergeholt, „um die Cammer zu accomodiren", sondern auch Kupferstiche gekauft, um sie zu verschönern. Auch eine passende Bekleidung war wichtig: Vom Kaufmann Antonio Duranetti wurden Stoffe für Kleider, vom Schuster neue Schuhe gekauft. Man unternahm Ausflüge in die Umgebung und man besuchte die nahen Thermalbäder (Abano-Montegrotto), wo mehrere warme Quellen kleine stark nach Schwefel riechende Seen bildeten – die Bäder genossen bei den Medizinprofessoren der Universität hohes Ansehen, und im Sommer führten sie die Studenten dahin (diejenigen, die in den Sommerferien nicht nach Hause zurückfuhren); vielleicht war eine Thermalkur von Wesling selbst empfohlen worden. Weitere Ziele waren Monselice und *Castello del Catajo*, die wunderschöne Residenz der Familie Obizzi auf den Euganeischen Hügeln, wo sich der venezianische Adel prächtige Renaissance- und Barockvillen mit schönen Gärten hatte bauen las-

---

gymnasio patavino. Bd. 2 (1605-1801). Hg. von Elisabetta Dalla Francesca Hellmann. Roma/Padova 2007, S. VII und 277-278.

228 Von dem *Itinirarium Nobiliorum Italiae Regionum [...]* des Franz Schott erwarb Christian August die zweite Ausgabe von 1601, die vom Dominikaner Girolamo da Capugnano vervollständigt worden war: Sie ist in den Katalog der Sulzbacher Hofbibliothek vorhanden, vgl. Laura Balbiani: Werke aus Geschichte, Politik und Dichtung als Vermittler der italienischen Kultur in der Sulzbacher Hofbibliothek. In: Morgen-Glantz 19 (2009), S. 19-36 und 347-392. Durch dieses Handbuch wurden die Reiserouten definitiv festgelegt und seinen Stadtbeschreibungen wusste man fast ein Jahrhundert hindurch nichts Wesentliches hinzuzufügen.

229 Katrin Keller: Von der Nützlichkeit des Reisens. Bemerkungen zu Erscheinungsbild und Konsequenzen der Kavalierstour am Beispiel kursächsischer Befunde. In: Grand Tour (wie Anm. 1), S. 426-454, hier S. 438-440.

sen. Zwischendurch sind immer wieder kleine Beträge angegeben, die „im Ballhaus verspielt" wurden; auch für Unterhaltung war also gesorgt.

Einmal im Monat fuhr man nach Venedig, um sich mit Bargeld zu versorgen. Ein erstes Mal gleich nach der Ankunft in Padua (29.7.-2.8., als sie das Arsenal besichtigten); ein zweiter, längerer Besuch erfolgte vom 23. August bis zum 2. September, nach der Rückkehr in Padua wurde die Monatsmiete bezahlt und noch einmal der Schneider hergeholt: die Herren mit ihren Pagen brauchten neue Kleidungsstücke. Einen Monat später fand ein dritter Besuch statt (vom 26.9. bis zum 3.10.), der eher unterhaltend war. Die Brüder ließen sich mehrmals auf den Gondeln durch die Stadt fahren, haben an unterschiedlichen Orten einen Malvasier getrunken, sind mehrmals „zur Music" gegangen,[230] haben Einladungen Folge geleistet: Die kleine Gruppe hatte sich offensichtlich eingelebt und pflegte soziale Kontakte in der *Serenissima*.

Die ersten Oktobertage waren, laut den Rechnungen, mit den Vorbereitungen für die Abfahrt erfüllt: Es wurde eine ‚General-Rechnung' beim Wirt beglichen, Briefe nach Deutschland geschickt, den noch schuldigen Lohn für Schneider, Schuster und Wirtin bezahlt. Nur dank dieser Posten in den Reiserechnungen erfährt man, dass die Brüder in Padua auch Fecht- und Sprachunterricht nahmen; zudem sind weitere, kleinere Beträge für einen Trenschiermeister und einen Ballmeister für JL verzeichnet. Schließlich wurde das Quartal beim Pedell der *natio germanica* entrichtet und man hinterließ eine Spende für einen kranken deutschen Magister, der so ärztliche Fürsorge und Medikamenten bekam; dann machte man sich wieder auf den Weg.

━━━━━━━ **Den 4./14.** *Octobris* seindt die Herren von *Patoa* wider

14. Oktober aufgebrochen, und Ihre Raise nach der *Lombardij* genohm-
───────── men, selben abend gerayßet 15 meill biß in die statt *Vicen-*
Vicenza   *za.* Zwischen dar und *Padoa* ist ein sehr eben und fruchtbar land voller
Acker, Wein und fruchtbarer baume. Unfehrn von bemelter statt *Vicenza* liget das lustige undt meist bebaute gebürge die *Euganeij*, allwor sonderlich ein herrlicher Wein wachß. In mehr gemelter statt *Vicenz* seindt sie *logirt al Sole Doro.* Den 5./15. haben sie besehen das *prætorium* und jetzigeß *Potesta* Wohnung, und gehördt diße statt auch den *Venetiern* zu. Solcheß Rathauß ist nicht gar ungleich deme zu *Padoa*, auch mit bley bedeckt, hat einen großen und lustigen Marck[t] oder Platz, wie dan die statt in allem groß und zimblich erbauet ist. Haben besehen zugleich das *Theatrum* daselbst, welcheß von dem alten zu denn *Comedien* und schauspillen gebraucht worden, ist wegen der alten künstlichen Gebeu wohl zu sehen wurdig. Sonst ist under ander daselbst ein schöner großer garten,

---

230 Nach der abrupten Unterbrechung durch die Pestepidemie von 1630 hatte das kulturelle und musikalische Leben in Venedig wieder begonnen. Dafür, dass die Stadt klein war, bot sie zahlreiche Möglichkeiten zur Unterhaltung: Es gab nämlich viele Theater, Tanzfeste, Konzerte und Opernaufführungen und eine unendliche Anzahl von Spielhäusern.

zweyen brüder *Conte Massiminiano et Conte Jean Alluise Walmerano*
zugehörig, darinen under andern ein langer gang von *Citronen* und Pomerantzen, auch Zetter bäumen, item ein lustiger Irrgarten von [28v]
Buchßbaumb schir in manßhöhe zu sehen, und der gantze gart[en] ist mit
waßer umbgeben. Selben tagß brachen die Herren wider auff, fuhren 18
meill biß ein wirtzhauß *al torre* genant.

    Den 16. geraiset 16 meill, bis wider in die statt *Vero-*
na, welcher statt, zunern[231] in eingang *Italiæ* gedacht wor-   **16. Oktober**
den, und daß sie heutigeß tagß under der *Venediger* ge-   <hr>
waldt ist. Under dem *Castel S. Pietro* genant, so fast mitten in der statt   Verona
auf einen berge ligt, ist ein schön Closter *S. Partholomeus* genant, daselbst under ander vornehmen sachen auch ein schöner gartten zu sehen,
undt thuet auch toback darin wachßen. In der schönen kirchen *al Duomo*
genant ist der haubtaltar ein schöneß Kunst stuck, unnd wohl zu sehen,
und umbselben stehen verschidene *metallene Statuen*, auch sindt darinen
viel andere schöne Altäre und viel *Reliquien* zu sehen. Unfehrn von der
über die Etsch gebauten großen brucken ist ein schöner garten, in welchem noch viel alte *rudera* zu sehen von den Römern herruhrendt. In
selben ist under ander ein viereket schöneß *Palatium* unden so künstlich, daß man an allen Vierecken, deßen einer zu dem andern in gehaim
kan reden. Eine kammer von selben hat alle fenster von spiegel, darinen
sich der gantze garten *præsentirt*; noch ein ander lusthauß ist aldar, auf
welchen man die gantze statt mit aller Ihrer *Circumferentz* übersehen.

    Den 7./17. wider von dar abgeraiset, und 12 meill biß   ■■■■
ein Dorff *Sansenung*. [29r] Den 8./18. ferner nacher *Man-*   **17. Oktober**
tua angelangt, und im Pfawen *logirt*. Seindt 12 meill. Ent-   <hr>
zwischen aber, etwa nach 5 meill vor *Mantua*, da die gräntze sich an-
fängt, seind sie ein hauß *passirt*, daselbsten Sie die schlößer der röhre
abnehmen mußen, welcheß an keinem orthe aufm lande sonst gescheen
durfften. Zwischen *Verona* unnd *Mantua* reiset man alzeit zwischen
Weinberg und guetten ackerlande. Es ligt die statt *Mantua* gantz in mo-   Mantova
rast, vornhero war eine starcke Schantze oder *Travers* an das vorbey fli-
ßende Waßer mit 2 Bolwerk außgebauet; daselbst muß man erst Trinckgeldt geben, sonst seindt in allem, ehe man volents hienein kombt, 5
Päße, 2 mit großen thoren, die andern mit schlagbaumen, in dem lesten
man das gewehr, so viel büchßen betreffent von sich geben muß, und

<hr>

231   zuvor?

wardt daselbst, biß man wider außraiset, verwaret; Allßdan es einem ie-
den wider zugesteldt, da man dan zu gleich gegen empfahung einer *Feden*
oder Paßzetelß trinckgeldt giebt, und sich nach der herberg verfügt.

Nach beschehener mittagßmalzeit seind die Herren auffs schloß
Spatziret, welcheß schloß ein großeß weßen, fast einer gleinen statt zu
vergleichen; seind yberall schöne gebeu, mit *marmor* und anderm geziehret, hat 6 Plätze. Es habenn die Herren nach erhaltener *licentz* etliche
gemächer besehen, darunder nur in 12 wider fein aufgebutzet, nachdem
wie die statt anno 1629 vom kayßer *Ferdinando* II. *emportirt*, und das
schloß auch zimlich [29v] zerstört worden, viel gemächer noch wüste
ligen thun. Es hat auch einen feinen garten, in welchen zwar jetziger
Zeith nichts sonderß zu sehen geweßen, außer daß er lustig, unnd am
Waßer ligt. Under ander gemächern deß schloßeß, seindt 4 schöne saalle,
oben an der Decken schön verguldet; in selben stehet under ander eine
Jungfrau abgemahlet, ein Pantelier am halße, und eine Mußquetten in der
hanndt habendt, mit dem Nahmen *Anna Maria*, welche bey einnehmung
der Vestung, uber die 50 Persohnen von den kayserlichen, ehe sie auch
umbkommen, soll erschoßen haben. In dem andern saal, 12 schöne Tü-
sche[232] von allerhanndt *marmor* und schöne stäine gar herrlich in farben
eingelegt, Auch viel *statuen* und schöne gemählde; der vierte saal so
zimlich lang, fast in 100 schridt, unnd 12 braidt, darinen stunden verschiedene große schrancken mit büchern, und derowegen genandt *la galleria Delli libri*. Auß selben seindt die Herren in einen ander garten geführet, in welchem auf jeder seite der Thür eine Wasser *Grotten* zu sehen,
die aber allerdingß nicht fertig war, item ein großer Topff von Glocks-
feisch[233], darin ein schöner Pommerantzen baum, durch welcher von der
Wurtzel ab ein Roßenbaumlein außgewachßen, daß also der baum gedo-
pelt frucht und lust giebt. Von dar seindt die Herren in eine kammer geführt, in welcher anoch etliche *Christallene* Pfailler und yberbliebene
stucklein deß aldar geweßenen, und von den kayserlichen genohmmenen
großen schatzeß überbliben wahren. Es seindt auf selben schloß in allem
4 lustgärtten und ligt das schloß mit[en] in der statt unbefestiget, alß
[30r] auch die statt nachm Waßer zu, nur eine schlechte mauer hat, nach
dem lande aber ist sie wohl befestiget und versehen. Jetziger Hertzog ist
auß dem geschlechte der *Gonzagen*.

---

232   Tische
233   vielleicht: Glockspeise, eine Legierung aus Zinn und Kupfer (DWB).

Den 19. sind die Herren in aller fruhe wider aufgebrochen, und auß selben thore, da sie einkammen, wider auß- 19. Oktober
gefahren, daselbst sich nach einen yberraichten trinckgeldt, Ihr gewehr wider bekommen, und auf 5 meill einen Paaß *Marmiröl*
durchkommen. Auf ein Welische Meill abwerts ligt ein statlein und starckeß schloß oder festung *Goit*, daselbst gehet ein Wasser, die *Menza*[234]
vorbey, hetten sollen am selben stettlein weeg fahren, weillen sie aber
deß wegeß in etwen gefehlet, und durchß schloß kommen, haben sie mittag gehalten in einen dorff *Idezöll*[235], gehört nach *Mantoa*; ist in allem 17
meill und abents angelanget zu *Molefar*, ein Dorff 12 meill, *logirten all
Hosteria delle tre Corone*. Unfehrn davon ligen feine städte, allß *Casti-
an*, *Luna*, *Calzirati*[236], item zur lincken handt *Carpenedole*; seindt alle
befestiget und gehören nach *Venedig*. In vorgedachtem dorff *Monteiar*
ligt ein schön *Capuciner* klosster *S. Bengratia* genandt[237], item ein feineß
Castell. Nicht weit von dar gehet ein breitter fluß *Chiesa* genandt, entspringet auß dem, auf 9 welscher Meill gegenyber ligendem gebürge *S.
Margareta* geheißen, so man siehet wen man von *Idezöll* abführet. Auf
dißen bergen ist ein gartten, in welchem man vorgemelte Statt *Lunat* und
Calzinet, so wie wir verstanden, freystatte sein sollen, sehen kann. Item
passirten die statt *Assalo* und *Inurse*, welche fest, auch starck besetzt,
nach *Venedig* gehören.

Den 20. 12 meill geraiset, biß wir erlanget haben die statt *Brescia*
und *logirten al Turre*. Aufn nachmittag verfügten sich die Herren aufs Brescia
Castel, so von einem *Venediger Gentilhuomo* [30v] *governirt* wirdt, nahmenß *Francesco Ernessi*, ist mit 360 man, oder 3 *Compagnien Venediger*
Volckeß, worunder meist Teutsche sein, besetzt, und haben die Herren
wie sie von dem *Castellano* erlaubet, ihr gewehr im Thor ablegen mußen. Daruf erstlichen yber eine brucken gangen, darunter ein tiffer aber
truckner graben, darauf noch under ein thor kommen, worinen 2 grosße
stucke stunden, und rundtherum mit harnisch und Piquen behangen.
Dar[nach] sie aufm Wahl gelassen worden, welcher von vier *Boll*werk
erbauet ist, und an einer seiten einen hohen dicken Thurm hat, auf wel-

---

234 Goito, am Fluss Mincio gelegen
235 Guidizzolo
236 Castiglione (delle Stiviere), Lonato und Calcirato; die letzten weiter unten als „*Lunat* und *Calzinet*" bezeichnet.
237 In Montichiari, dessen Name nach dem Gehör der Ausländer stark verzerrt nieder-
   geschrieben wird (Molefar; Monteiar), befindet sich die Pieve di S. Pancrazio.

chem auch stucke stehen; die Bollwerk, welche von einen zum andren mit mußquetten wohl *defendirt* werden könen, seindt annoch mit *Casematten*, aber derogestaldt starck, groß unnd fest erbauet, daß es unmiglich zu sturmen scheinet. Inerhalb dißen ist das *Castel* noch einsten mit einem Viereck befestiget, aber hoher allß das erste Werck, und ist dem andern auch höher gelegen, daß also alle Zeith das oberste das underste kann *Defendirn*. Nach deme wurden die Herren in eine kammer geführt, in welcher 16 groß und schöne halbe Carthaunen stunden, darunder eineß in 29 spannen lang. In der mit[te] deß Castelß stehet ein groß und starcker Thurm, oben sehr braidt, auf dem selben stehet *S. Marci Statua* von stain, nebst einer hohen stangen oben herauß.

Von dar wurden sie weiter in ein gemach geführt, welcheß umbher mit harnisch und allerhand Waffen, auf 500 man behangen wahr. Von dem ersten Werck ab, gehen biß zum inersten Castel 5 brucken, durch dern behuff man im fahl der noth *Succurs* soll können hinneinbringen; auf den Wällen und Wercken, seindt in allem in 100 stuck gestanden. [31r] Selbige Vestung ligt mit der statt gantz im gebürge, biß auf eine seite, da etwan eben landt ist, Welcheß gebürge allenthalben erbauet, mit Weinberg, lustheußern und gärten umfangen und geziret ist. Dißem nach seindt die Herren von dar wider auffgebrochen, und unfern der statt durch das Wasser die *Mela* kommen, und ferner geraist 2 meill biß ein Dorff *L'ospitaletto*.

Den 21. *passirten* sie auff 5 meill ferner die Statt *Roa*, nicht 21. Oktober weith darvon einen fainen flecken *Cucaia*,[238] gleich daryber ligt ein schön schwartz münchß Clooster *Eunutroa*, haben mittag gehalten zu *Pallazöl* ein wirtshauß, ist 12 meill in allem. Nachmittag durch ein Wasser die *Lora* kommen, nicht weit davon im Bergamo gebürg ligt eine feine statt *Burla*, aldar noch durch ein Wasser gefahrn, die *Sera* geheißenen,[239] in die 3 mahl durch selbeß gemust, soll in Wintter wan groß schnee feldt[240] oder etwa viel regnet, sehr auflauffen, und zu Zeitten grossen schaden *causirn*. Daselbst *al S. Anthonio logirt* 11 meill. Diße statt Burla ist umbgeben mit einem hohen wall, ligt am berge, in der grundt herumb ligen 5 Vorstätte schön erbauet, und mit schönen gebeuen geziehret. Mit in der statt ist begriffen ein fein Castel, worauff ein *Vene-*

238　Rovato – Coccaglio
239　Palazzolo liegt am Fluss Oglio, den sie hier überquerten. Der nächste Fluss ist der Serio und flussaufwärts befindet sich Bergamo.
240　fällt

diger von adel Johann *Baptista* genandt, *commandirt*, deßen Voreltern
Vice Re in *Candia* geweßen: das gantze geschlecht wirdt die *Cornari*
genandt.[241] Diße Statt ist etwa vor 100 Jahren erbauet auch noch bey
maneß dencken noch nicht aller fertig gewesen; die gegne daselbst herumb ist sehr lustig an weinberg, lustgärtten, schönen gebeuen, auch zimlicher acker allenthalben erfüllet; es wachßet daselbst, wie auch zu *Brescia*, ein gutter Wein. [31v] Auf einer saitten dißer statt da wir hinnein
kammen, ligt eine schöne ebne, allß man imer absehen mag, allß Acker
mit schönen Weinstocken, fruchtbarn baumen und voller gebey.

Die Italienreise führte sie zuerst nach Westen, durch die fruchtbare und dicht bebaute Po-Ebene, die zum Herrschaftsgebiet der *Serenissima* gehörte, das sich bis Bergamo ausdehnte. In Vicenza, der ersten Station, konnten sie weitere Meisterwerke des
Renaissance-Architekten Andrea Palladio bewundern: das Rathaus (heute als *basilica palladiana* bekannt), das Teatro Olimpico (nach Palladios Tod von seinem Sohn
und von Vincenzo Scamozzi fertig gestellt) und den Garten der Villa Salvi Valmarana, von dem heute nur die schöne Loggia Valmarana zu sehen ist. Wie man den damaligen Zeichnungen entnimmt (s. Abb. 20), hatte der Garten einen rechteckigen
Grundriss mit geometrischen Blumenbeeten und einem zentralen Labyrinth aus
Buchsbaumhecken in neun konzentrischen Kreisen – die neuste Mode der prächtigen venezianischen Villen auf dem Festland.

Weitere Stationen, die einen Besuch wert waren, waren dann Verona, Mantua,
Brescia, Bergamo. Der Aufenthalt dauerte meistens wenige Stunden: Es wurde gegessen und während die Herren die Stadt besichtigten, sorgten ihre Begleiter für die
Pferde, verabschiedeten den Kutscher und mieteten ein neues Transportmittel für
die nächste Strecke. In Mantua hielten sie sich etwas länger auf: Die Stadt war ein
wichtiger Schauplatz des Dreißigjährigen Krieges gewesen und hatte im Mantuani-
schen Erbfolgekrieg (1628-1631) sehr gelitten. Im Konflikt zwischen Frankreich
und Habsburg um die Vorherrschaft in Norditalien wurde sie vom kaiserlichen Heer
belagert und schwer geplündert (*Sacco di Mantova*), so dass von den Schätzen des
Palastes nichts mehr zu sehen war: Die Gemächer lagen wüst und es war kaum etwas übrig geblieben, bemerkten die Reisenden traurig – ob der angehende Regent
das Schicksal Mantuas mit dem seines Herkunftslandes verglichen hat? Die starke
Vernetzung Norditaliens mit den oberdeutschen Handelszentren wird mehrmals im
Bericht deutlich, und dass die Po-Ebene im Zentrum der Reichspolitik stand, zeigten
auch die kurz zurückliegenden Kriegsereignisse.

Auf dem Weg durch die dicht besiedelte Ebene werden die vielen Dörfer und
Kleinstädte erwänt, die rechts und links liegen – deren Namen oft so entstellt sind,
dass man sie kaum erkennen kann. Die Vorbeifahrenden notierten sich Toponyme,
wie sie sie von den jeweiligen Einwohnern hörten, und schrieben sie nach ihrem
eigenen fonetisch-alphabetischen Gebrauch: Dadurch entstanden komische Verzer-

---

241 Die Stadt Bergamo lag noch auf venezianischem Gebiet und der Statthalter (*po-
     destà*) gehörte meistens einer der adligen Familien der *Serenissima* an: Giovan
     Battista Corner / Cornaro war militärischer Oberbefehlshaber in Bergamo vom Juli
     1641 bis November 1642 (DBI).

rungen, die sich dann von Abschrift zu Abschrift vermehrten. Am vierten Reisetag erreichten sie den Fluss Adda, der die Grenze zwischen dem Herrschaftsgebiet Venedigs und dem damals spanischen Herzogtum Mailand markierte.

22. Oktober Den 22. brachen die Herren wider auff, kammen wider durch das wasser die *Sera*, raisten allweill in die 8 meill zwischen Weinberg, daherumb soll es Vor dißem der *Banditen* wegen sehr unsicher sein geweßen, da dan noch viel Creutze am Wege zu sehen.[242] Weitter auf 4 meill an einem fluß die *Ada* kammen, so uber einen mußquetten schuß brait, musten sich aldar lassen ubersetzen. Nahe an dem fluß in selber gegne ligt eine gleine statt *Colonica* genandt; nahe darbey auf einen berge ligt ein fein erbauteß *Castel* mit *Spani*schem Volck besetzt, nach *Milano* gehörig. Ferner 6 meill gefahren biß nach *Vornozo* ein Wirtßhauß, daselbst mittag gehalten, in welchem sehr teuer zu zehrn unnd schlecht *accommodement* geweßen. Nach deme haben sich die Herren wider aufgemacht, annoch 10 meill biß abent uberbrachten, unnd die statt Maillandt noch bey gueter tageßzeit erraicht, unnd *logirten* in den heiligen 3 königen.

Milano Die vorneme statt Maillandt ist zwar sehr groß aber außer der *Cittadell* nicht so gar fest bevorab bey dem thor, aldar die Herren hinnein komen seindt, wie woll sie sonsten einen großen, von außen zu auffgemauerten Wall und braitten graben hat – allein daß die Wercke sehr weitlefftig sein.

23. Oktober Den 23. haben sie erstlich besehen die schöne *Bibliotheck* da selbst, bey *S. Ambrosio*, welcheß eim sehr großeß gemag in die 60 000 bücher und bey 20 000 *manuscripten* bestehent; die *Scolam* haben die *Libertet*, täglich 2 stunden darin zu *Studirn* und zu leßen, und wirdt ihnen Tinden, Papier und feder [32r] darzu geraicht. Die bücher seindt gar schön in ordnung allegemach daß sie kleiner sein, stehen sie imer höher; in der mit[te] der mauer gehet ein gang rundt umb das gemach, zu den obristen bucher zu kommen. Von dar gehet man durch einen gang, daran ein gemach, in welchem allerhandt schöne gemälde, under denen wie Christus der herr im stall geborn zwischen den ochßen und Eßel in der kripen ligt, ein kunststuck zu sehen ist. Item ein stranck, in welchem das grab Christi in holtz sehr

---

242   Banditen und Räuber stellten im Herzogtum Mailand eine konkrete, von den Reisenden sehr befürchtete Gefahr dar; in Reiseberichten sind sie fester Bestandteil der Beschreibung und ein oft wiederkehrendes Stereotyp. Vgl. De Seta: L'Italia nello specchio (wie Anm. 97), S. 42-43; Stannek: Telemachs Brüder (wie Anm. 1), S. 66-68.

schön gearbeittet zu sehen. Selbe *Bibliothec* verwalten 5 *Doctores*, deren einer die Herren herumbgeführt, *Sior Francesco Bernardin Ferrario*; jetziger Bibliothecar aber *Antonius Oliata* gehaißen.[243]

Von dar ab hat gemelter *Doctor* die Herren nach dem *Castell* geleitet, welcheß herumb mit 6 Bolwerk befestiget, und einen tiffen Wasser herumb; es seindt die Wercke so erhöhet, daß man kaum das Castell ersehen kan. Vorerst gehet man yber ein zimlich lange Zugbrucken, und durch ein lanng und großeß gewölbe undern Wahl, darunder etliche stucke stehen, wie auch 3 vorselben in Platze, worunder 2 dem Frantzoßen abgenohmmen. Vorm am thor stehen diße wordt: *Philippus II. Cathol. Max. Hispan. Rex Defensor Fidei, Potens, Justus et Clemens.* Obenn dem stehet das Spanische Wapen. Es sind in allem 4 thore biß zum obristen Plaltz[!]. Nach dem Eußersten *regular* Wercken folget noch ein Werck von 5 Ecken, dern Bollwerk sehr starck vermauert und mit Erden außgefüllet, oben rundtherumb mit einem [32v] Dach, darunder die schußlecher; hat an 2 seiten einen großen starcken thurm, von großen quatterstucken aufgemauert, auf jeglichen stehenn 3 große Carthaunen; nach der Statt zu aber in 28 halbe *Canonen*, worunder eineß ein 3 virtel stuck, soll viel goldt in sich haben, auch yber 10 mall in deß feindeß händten gewest, aber alzeit wider erobert worden; es soll darfür gebotten seinn, so viel gelt am silber allß schwer es wiget.

Von dar seint die Herren gespaziret, da die stuck gegoßen werden. Der stuckgüßer soll vor jeter Untz 2½ Spanisch soldt, welches 5 *Venediger* soldt, so noch nicht gar 2 *fiorini* ist, bekomen; so es aber mißreth, muß er den schaden haben, und auf seinen Costen wider umbgißen; ist es, daß wohl abgehet, soll er großen nutzen darvon tragen. Unden im graben deß dritten Wercks ist ein brun, so ihnen nicht kan benommen werden, deßen quelle gar starck springet, und eine Mühle so darunder stehet, treiben thut. Daselbsten ist auch ein gefengnuß, so rundt herumb mit wasser befloßen, allß ein thurm von dicken mauern, darzu eine zugbrucken, die dan auch rundt herumb gehet, erbauet. Unden aber soll gar ein böße gefengnuß sein, vor die so auff den hallß sitzen. Nach dem kammen sie inß dritte werck, welcheß das rechte gebeu und Castel ist.

---

243 Zu den ersten Gelehrten, denen die Bibliothek anvertraut wurde, gehörten der gebürtige Schweizer Antonio Olgiati (vgl. Historisches Lexikon der Schweiz https://hls-dhs-dss.ch/de/articles/010113/2009-11-16/) und Francesco Bernardino Ferrario, der für den Fachbereich Kirchengeschichte zuständig war. Vgl. Storia dell'Ambrosiana. Il Seicento. Hg. von Ada Annoni u.a. Milano 1992.

Selbigeß ist, wie gemelt, nicht allein mit dem graben sonder wider mit einer starcken mauer versehen, und stehen dafür viel stucke; es hat inwendig einen schönen Platz, viel gebeu von allerley hanndtwerck, schonderlich werten die Musquetten und allerhandt *Arma militaria*, so sie darinn [33r] gebrauchen, gemacht. Es ist darinen allß in einer statt alleß zu bekommen, es sollenn in allem auf dißem gewaltigen Schloß in 1 000 Persohnen sein. Wie nun die Herren es etlicher maßen besehen, in die 4 mahl trinckgelt geben lassen muß, sindt sie wider hinnab spatziret; der *Castellan* oder *Commendant* deß Castelß hieß *Hinrico Don. Federich in Rick* ein Spanier.[244]

Von dar seindt sie in denn thoun[245] spatziret, so ein sehr schön und großeß gebeu und wohl zu sehen ist, von gantz weißen gepolierten *Marmor* aufgeführt, und wird auch noch taglich daran gearbeittet; hat inwendig in die 60 marmerne Pfeyler, jeder in 20 schue in die runde, sie ist ser hoch und schön gewölbet, jeder Pfey[l]er, allß gesagt wirdt, soll in 5 000 Schudi gekost haben, gestaldt die Untz ein *Parzial* geschehen soll. Vor den Altar ligt *S. Carol* begraben. Es ist sonst die kirche von einem noch nicht volkommen geziret, allß an den pfeylern in der hohe seindt etliche Engelß köpffe von silber, auch verschiedene schöne gemählte; das thor aber ist aller schön verguldet und außgeziret, hat eine schöne orgel, wie man sagt gantz von Silber. Vorn ist die kürche im bau schon einmahl beschloßen, wirdt aber jetzt aufs neue mit Pfeylern geziret, dan es seindt schon 3 thurm fertig, herlich mit geschliffenen marmor außgebutzet, und an zweien thut man noch jetzo arbeitten.

Auß der kirche gehet ein gang in des *Cardinal Palas*, under der Erten weeg, mit großen steinen außgearbeitet. Zu gemeltem *Palas* seind under ander 11 schöne gemacher, welche mit gemälden und anderm schön geziret. Vor der kirchen saß ein alter Pilger an einem steinhauffen, welchen [33v] er selbst zusame getragen haben soll, ist schon in 10 Jahr dargeweßen, soll zu jemandt ichtwen[246] reden, maßen Ihn schon viel leute gefragt, aber niemahlen eine andtwort empfangen haben sollen; soll auch nimer aufstehen, allß daß er in die meß gehet; sonst wirdt ihm viel von den leuten gegeben und verehret.

━━━━━ Den 24. seind sie in die kirch *Redegunda* spatziret, darbey
24. Oktober   ein Nonnen Closster, in welchem auf anhalten deß Herrn

---

244   Eigentlich Enríquez Fadrique y Luján
245   Dom
246   niemals

Ferrarij eine schöne *musica* von den Closterfrauen gehalten; deme nach, hat eine allein sehr lieblich und wohl gesungen. Von dar sindt sie in ein andere kirche *S. Ambrosij* genandt, kommen, darbey ein Closster und selbigen ordenß Münche, graw begleidet; darinen ligt *S. Ambrosij* begraben, deßen begrebnuß nur von holtz, aber sehr schon gearbeittet. Sonst ist *Milano* eine große statt, volckreich und statlichen handel von seiden, bevorab seindt die seydene strimpffe, die besten und starcksten daselbst von gantz *Italien*; hat in allem 20 Thor, die fürnembsten gassen seindt mit groß und braitten stainen gepfl[a]ßtert, mit feinen *Palatii* und heußern geziret, auch sonsten mit lebenßmitel nach aller notturfft reichlich versehen. Der *Gubernator* deß gantzen landeß heist *Conte De Servel* ein spanier, und *Conte De Aresse* ist *praesident* im Rath.[247]

Den 25. seindt die Herren von *Millana* wider aufgebrochen, das landt herumb hat man wegen deß großen nebelß nicht wohl besehen können, ist aber sonst sehr lustig, wie wir bey der einraise zum thaill [34r] gesehen haben. Seindt ferner eine zimbliche Zeith bey einem Waßer die *Fring* genandt hingefahren, unfern ligt das schöne Closter *Carthause* oder *La Certosa de Paphiæ*, darinen auch münche Cartheuß ordens. Selbigeß ist so herlich geziret mit *marmor* und Ander, hat solche statliche *Palatia* dergleichen nicht viel sein könen, die solcheß am gebeu ubertroffen, maßen selbe inwendig nicht allein geziret mit allerhandt schönen gemalde, herlichen arbeit auß *Marmor, Prophyr, Alabaster* und dergleichen aufs künstlichste gemacht; der große Altar desselben ist geziret mit viellen Edlgestainen. In einer *Capell* selbiger kirchen ist ein helffenbein, sehr kunstlich außgearbeittet, deß Alt und neuen Tesstaments klarlich *figurn*, welcheß wegen der großen kunst nicht kan *gœstimirt* werden. Es ist negst dem altar einn grab, darinen ein hertzog von *Milano Fundator* selbiger kirchen und Closter, *Johan Galeatio* genandt, begraben, so *anno* 1562 gestorben, den 20. *decembris*. In außgang der kirchen stehen 7 hertzog von *Milano* in alawaster gehauen; bey gedachtem grabe ist ein *Capell*, darinen ein altar von schwartz und grawen *marmor* gar statlich außgearbeitet, auf welchem under ander die Jungfrau Maria, das Criplein Christi kunstlich gemahlet. Vorm altar ist ein stein auß einen bergwerg, so nit zerschlagen werden kann.

25. Oktober

Certosa di Pavia

---

247 Spanischer Gouverneur des Herzogtums Mailand war 1641-1643 don Juan de Velasco de la Cueva, conte de Sirvela. Vgl. Franco Arese: Le supreme cariche del ducato di Milano, da Francesco II Sforza a Filippo V. In: Archivio storico lombardo 97 (1970), S. 1-100. Ratspräsident war Bartolomeo Arese (DBI).

Es ist das gantze gebeu an solchen kirchen ein so herlich werck, daß man sich darob verwundern muß. Nach deme haben ordenßleute die Herren in ihre gemach gebeten, und dieselbe daselbst mit Wein und *Confect* empfangen, und ihnen allen freindlicher Willen erwißen. Vor die erzaigte *Courtoisie* haben die Herren beim abschidt den bedienten wollen ein trinckgeldt verehren, Es hat aber niemand ithwaß annehmen durffen. Sie gehen alle weiß, Ihr orden entstehet auf Franckreich, durffen in allem kein [34v] Fleisch eßen, auch zu keinem ander orden schreiden. Es hat der Pabst von selben Closster jährlich in 5 000 *Scudi*.

Nachgehents haben [sich] die Herren von dar wider aufgemacht, und auff 2 meill in einem Wirtßhauß in etwen *collationirt*, von dar weitter selben abent den orth vor *Puoi* gesehen, da die grosse schlacht zwischen *Carolum* von [Lücke im Text] den Frantzossen vorgang, un[d] der kinig in Franckreich *Franciscus* I. gefangen worden, aldar noch verschidene alte schantzen zu sehen. Von *Meylandt* ab biß *Pavj* seind 15 Meyl, darauf seindt sie in die statt *Pavj* komen und *logirt al Falcone*.

Pavia

Zu ente der statt ligt ein starckeß Casstel, nachgehentß seindt sie in eine kürche spatziret, wo *S. Augustinus* begraben ligt, deßen grab geziret von schönen *Alabaster* mit bilder herlich außgehauen;[248] daselbst stehet ein bildt von holtz, wie ein Nonna angethan, solle deß heiligen Augustini Mutter bildnuß sein. Negst darbey ligt noch eine schöne kürche *S. Maria*, warinen noch ein groß gemach halb voll beine, von denen in voriger gedachter schlacht erschlagenen Frantzossen. Es hat die statt einen grossen Marck oder Platz, und ziehet die Burgerschafft selbst auf die wache; der *Gubernator* der statt so ein *Italianer* heist *Marco Selona*; der aber auffm Casteel, so umbher absonderlich befloßen ist, ein *Hispanier*. Sonst ist *Pavia* eine große und volckreiche Statt, hat eine schöne gegne, von Acker, Weinberg, garten und ander lustig gebeuen.

In der reichen Handelsmetropole Mailand galt die Aufmerksamkeit sofort der berühmten *Biblioteca Ambrosiana*: 1607 von Kardinal Federico Borromeo gegründet, war sie eine der ersten Bibliotheken, die jedem zugänglich war, der lesen und schreiben konnte. Ihr Gründer hatte sie als ein Zentrum für Studium und Kultur konzipiert und sie einer Gruppe von Gelehrten der verschiedenen Disziplinen anvertraut (*Collegio de' dottori*).[249] Der bemerkenswerte Buchbestand, dessen Ordnungsprinzip

---

248 Die Kirche von S. Pietro in Ciel d'oro

249 Kardinal Federico hatte für seine Gründung eine ‚multikulturelle' Prägung ausdrücklich gewünscht: Er war nämlich der Meinung, dass auch Bücher, die anderen Kulturen und Glaubensrichtungen als dem Christentum angehörten, dem Leser verschiedene Vorteile bringen und ihn auf viele schöne und nützliche Dinge auf-

nach Format dann auch in der Sulzbacher Hofbibliothek befolgt wurde, sowie die Gemäldesammlung werden gelobt und es war gerade einer der *Doctores*, der die Reisenden nicht nur durch die Bibliothek, sondern auch durch die Stadt führte. Am nächsten Tag begleitete er sie zum Castello Sforzesco, dann zeigte er ihnen den Dom von schönem, weißem Marmor, an dem noch gearbeitet wurde, das Frauenkloster von Santa Radegonda und S. Ambrogio.

Das große Highlight war der Chor der Benediktinerinnen von S. Radegonda, der in ganz Italien sehr berühmt war; und sie hatten das Glück, Schwester Chiara Margarita Cozzolani zuzuhören, die ihnen als Solistin vorsang.[250] Hervorgehoben wird der Reichtum der Handelsstadt, die mit allen möglichen Lebensmitteln reichlich versehen war und deren Straßen mit breiten Steinen gepflastert waren; man würdigte insbesondere die ausgezeichnete Qualität der seidenen Strümpfe, die damals zu den Vorrechten des Adels zählten. In der Umgebung war die Seidenherstellung sehr verbreitet und hier hatten die wichtigsten Seidenhändler ihren Sitz: Diesen und ähnlichen Luxuswaren konnten Reisende (damals wie heute) nicht widerstehen.[251]

Auf den Weg nach Pavia war der Besuch der Kartause, die zu den bedeutendsten Baudenkmälern Oberitaliens zählte, ein Muss (s. Abb. 21). Der Mailänder Herzog Gian Galeazzo Visconti ließ sie als Familienkapelle errichten – so herrlich, dass man nur staunen konnte!

Nicht weit entfernt war das Schlachtfeld des berühmten Aufeinandertreffens zwischen den Truppen Karls V. und der Armee vom König Franz I. von Frankreich, der besiegt und gefangen genommen wurde. Obwohl die Schlacht über ein Jahrhundert zurück lag (24. Februar 1525), waren noch einige Schanzen zu sehen – dadurch wird ein Ereignis vergegenwärtigt, das die Vorherrschaft der Habsburger über Europa entscheidend gefördert hatte.

---

merksam machen können. So hatte er Gelehrte aus verschiedenen Wissensbereichen berufen und diesem Kolleg die Leitung der Bibliothek anvertraut. www.ambrosiana.it

250 So schrieb ein damaliger Chronist: „Die Nonnen von S. Radegonda in Mailand sind in der Ausübung der Musik mit einer so seltenen Vorzüglichkeit ausgestattet, dass sie als die ersten Sängerinnen Italiens anerkannt werden. Sie tragen die Ordenstracht des Gründers, des Hl. Benedetto, aber auch in den schwarzen Kleidern erscheinen sie dem, der ihnen zuhört, als weiße, harmonische Schwäne, die die Herzen mit Staunen und die Zungen mit Lob erfüllen. Unter den Ordensschwestern verdient Donna Chiara Margarita Cozzolani das höchste Lob: Chiara dem Namen nach, aber mehr dem Verdienst nach; und Margarita [d.h. Perle] für Adel des Geistes, selten und ausgezeichnet". Vgl. Filippo Piccinelli: Art. Chiara Margarita Cozzolani. In: Ateneo dei letterati milanesi. Milano 1670, S. 147 (meine Übersetzung).

251 Unterwegs war die Kleidung das einzige Mittel zur Wahrung ständischer Unterschiede. Aus vielen Berichten geht hervor, dass junge Kavaliere auf Reisen miteinander wetteiferten, was die modische Kleidung anbelangte, und dass oft Unsummen Geld für seidene Strümpfe und prächtige Kleidungsstücke ausgegeben wurden (zahlreiche Beispiele bietet Stannek: *Telemachs Brüder*, wie Anm. 1, S. 162-176). Auch Christian August blieb diesen Luxusartikeln gegenüber nicht gleichgültig; neben Rosenkränzen und Zitronen zählen seidene Hemden und Strümpfe zu den wiederkehrenden Posten in den Reiserechnungen und sie werden mehrmals auch im Reisebericht erwähnt.

.ma

An jeder Ecke Italiens – wie übrigens auch schon in Österreich – stoßen die Sulzbacher auf Geschichte; historische Begebenheiten werden lebendig und zeigen ihre unzähligen Verflechtungen mit dem Leben des Einzelnen und des Ganzen. Manchmal werden epochemachende Ereignisse aus den Annalen des deutschen Reiches heraufbeschworen, manchmal sind es die nähere Vergangenheit und zeitgenössische Figuren wie Gallas und Tilly, denen die Reisenden begegnen; dadurch nahmen die Vorbeifahrenden Anteil am frühneuzeitlichen Weltsystem und an seiner Geschichte, in die beide Brüder selbst aktiv miteinbezogen waren. Überdies wurde dabei ein Zugehörigkeitsgefühl gestiftet, das abgesehen von den politischen Grenzen die führende Elite Europas vereinigte und gerade durch die Kavaliersreise wurde diese Zugehörigkeit verstärkt fühlbar.[252]

27. Oktober   Den 27. seindt die Herren auf dem fulß[!] *Ticenum*[253] von dar wider abgefahren. Es ligen lengst dem Wasser herr von Mauersteine große aufgeführte Bolwercke, und underhalb der statt eine groß stainerne brucke, yber das wasser. Unfern der statt laufft die *Ticinus*, so gar ein gruneß Wasser, in dem Ö[254], welcheß wasser weiß, kombt auß [35r] *Sophoyen* und gehet bey *Venedig* inß Meer. Selben tag 2 *Castel, Porta Arbero* item *la Rhena*^Parena, gehoren beyde nach *Pavi*, seindt in 16 meill davon. Man siehet auch yber die 20 meill ein groß gebirg, groß und klein *S. Bernharts* berg genandt, voll mit schnee; item viel weitter den <u>Gotthart,</u> das große gebürg der gothardt in der schweitz ligent. Darumb wahren viel mühlen an dem fluß *Badonese*, fleist in den *Poo*, daselbst endet sich der *Pavier* gebiet, etwa in 14 meill von *Pavi*. Auf etwa noch 2 meill war noch ein fein Castell *S. Johan* genandt, welcheß, so man zu lande fehret, durch *Passirn* muß; von dar hetten die Herren noch 3 meill, biß nach der statt *Piacenza*; musten aber, weill es schon spött, aufem Wasser die nacht verbleiben.

Piacenza

28. Oktober   Den 28. nachdem sie sich vorhero im angemeldet, auch daselbst die vöhre lassen musten, haben sie sich hinnein begeben, und seindt in der *Fortuna logirt*. Nach deme, wie sie bey guetter Zeit darkammen, die statt etlicher maßen durch spaziret, die dan mit schönen heußern auch groß und braiten strassen geziret, und ist zimlicher massen beföstiget; hat auch ein starckeß Castell mit 5 Bol-

252 Michael Harbsmeier: Reisebeschreibungen als mentalitätsgeschichtliche Quellen: Überlegungen zu einer historisch-anthropologischen Untersuchung frühneuzeitlicher deutscher Reisebeschreibungen. In: Reiseberichte als Quellen europäischer Kulturgeschichte (wie Anm. 14), S. 1-31, hier S. 12-14.
253 Fluss Ticino
254 Po

werk, der *Castellan* darin hei[ß]t *Seravino,* vom *Duca Di Parma* dahin verordnet. Die schöne kirche *S. Augustinj* ist ein schön und langeß gebeu, inwendig mit großen *Marbelen* Pfeylern, auch verguldeten Altarn schön geziret. Item ist daselbst auch die schöne kirche *alla Madonna di Lampana,* selbiger ist sehr schön in ein Creutz gebaut. Jetziger *Duca di Parma* ist genandt *Doert* auß dem alten geschlechte der *Farnesiorum.*²⁵⁵ Seiner Fürstlichen Gnade seindt nur bey [35v] 36 Jahr, deßen gemählin ist eine von Florentz deß groß Herrn Frau Schwester, haben mit einander 6 Erben, 4 herrn und 2 freulein, davon der ältist Junge Herr schon seine 12 Jahr erraichet, und der erste Erb ist *Renuhu* geheißen. Es ligt jetziger Zeit der *Duca di Parma* in Persohn gegen dem Pabst, mit 18 000 man zu felde. Bemelte statt ist sonst nebst der Bürgerschafft mit 3 000 man besetzt; rundt umb die statt ist eine schöne ebne und reicheß landt, an Wein, Acker, Wißen und schönen gärtten, und lustheußern, weit und breith umbgeben.

Den 29. *octobris* von dar wider verraiset, durch selbigeß thor, da sie einkommen, alwar sie Ihr gewehr wider empfangen; haben sich aldan auf eine *Barque* gesetzt, und selben tag die statt *Cremona* erreicht; seindt zu Waßer 30, zu landt aber nur 18 biß dahin gerechnet, und *allaquilla logirt.* Selbe statt ist rundt mit starcken wällen, Bolwerk und braitten Waßer graben umbgeben, hat im geleichen ein starckeß Castel amb Waßer ligent. Item ist daselbst ein schöner hoher thurm, und schir der höchste in gantz Welschlandt, auf welchem die Herren in 500 staffeln hochgestigen, biß an dem umbgang, welcher gar schön von marmor erbauet ist, hat oben in der spitz einen schön und großen verguldeten knopf.

Den 30. reiseten sie wider dar ab, und haben sich umb etwa nach überbrachten 12 meylen übern *Poo* setzen lassen, so an selben orth, bey einer Welschen meill bräit, und war nicht ohne gefahr, weit die fehre oder Nähr, zum allen schlecht und klein gewesten, da die Herren mit pferdt und wagen ybergefahrn sein. Von dar 9 meill ein dorff *Cybele* oder *Sibelle* genandt *passirt,* und dabey yber eine alte brucken, Welche gleich damallen im yberführen eingebrochen, auch das eine pferdt albereits in einirend ging, Aber Gott sey

[Marginalien:] 29. Oktober · Cremona · 30. Oktober

---

255   Odoardo I. Farnese (1612-1646), fünfter Herzog von Parma und Piacenza. Zur Zeit ihres Besuches war er eigentlich erst 30 (und nicht 36); er war verheiratet mit Margherita de' Medici, Schwester des Großherzogs von Toscana Ferdinando II.; sein ältester Sohn hieß Ranuccio.

Danck, noch ohne schaden abgangen. Amb selben orte herumb, giebt es gar wenig wein. Nicht fern von dar noch über ein klein Waßer, die *Stirna* [Lücke im Text], gehet auch in den *Poo*, da fangt der wein wachß wider an, und gegen die nacht ein klein stettlein, so sie ein Castell nennen, aber gar nicht vesst, *San Segunda* erraicht, ist in allem von [36r] *Cremona* 25 meill. Das Wirtshauß hat kein Zeichen gehabt, auch schlecht *accommodement* geweßen.

▬▬▬▬ Den 31. von dar in der fruhe aufgebrochen, und auf 3 meill
31. Oktober   von dar yber ein Wasser die *Altara*[256] sich setzen lassen,
─────────   welcheß wasser dar im negsten gebürg entspringt, und in den *Poo* sich thut ergißen, und demnach darauf die statt *Parma* glücklich erraicht; ist von dem nachtlager nur 5 meill. Haben vorm thore die nahmen von sich geben und die rohr und Pistollen im thore lassen mußen. Es hatt die statt schöne wehle[257], mit roten stainen aufgemauert, und mit statlichem Bolwerk versehen, Es ligen aber die Bolwerke zimlich weit von einander und haben einen trucknen graben. *Logirten* in der Post, hat zum Zeichen *la Capella*: nach dem sie gleich, allß sie abgestigenn, sich nach dem schloß verfüget. Daselbst ist ein groß und hoheß gebey, und an einer seitten nachm Platz schön gemahlet, ligt sehr weitlefftig, auf welchen deß *Duca di Parma* frau mutter *residiret*, seine gemahlin aber soll mehrenthailß zu *Piacenza* sein. Durch bemelte statt laufft der Strom die
Parma   *Parma*, an welchem das schloß gar nahe ligen thut. Der garten betreffent, alwar allzeit eine starcke wache gehalten wirdt, ligt nicht weith vom schloß; daselbst ist ein gebeu darinen 3 loben[258] und 2 lobinen, item ein Tigerthir, so nur kurtze füße hat, aber gar starck und dick ist; freßen ingesambt täglich in die 100 Pfund fleisch. Es seindt auch daselbst 2 Adler, der eine noch gar jung, seindt beede grawlecht von federn. Darauf folget ein schön lusthauß so nahe am garten, und noch daran gearbittet wirdt, Zum thaill von quatterstucken gar schön inß viereck außgesetzt. Im eingange deß gartenß zur lincken handt ist ein schöner teuch[259], voll mit allerhandt der bessten fische, auch etliche feine waßerkünste, darauß das wasser auf verschiedene weiße künstlich thut springen. Von dar ist ein ander schön gemach unnd Sall, welcher rundtherumb gar *perspective*

---

256 Taro
257 Wälle
258 Löwen
259 Teich

und schön gemahlet und am botten[260] mit schnitzwerg schön außgearbeittet und verguldet; demnach [36v] seint die Herren durch 9 schöne gemächer kommen, so alle gewölbet, schön gemahlet unt allenthalben mit
statlichen *Contrefeden* behangen, unden an dem botten mit schwartz und
weißen marmor geziret geweßen. In drey deren Cammern, stund in jeder
ein beth, welche so wohl mit disch undt stühlen von roth gestückten sam-
bmit uberzogen und begleidet wahren; item in einer die statt *Jerusalem*
gar kinstlich in gipß gemacht; in einer war ein waßer *Grotten*, deren *fundament* von schönen schwartzen marmor. Von dar seind sie wider eine
stigen höhe gangen, daselbst deß *Duca* gemallin gar schön abgemahlen,
sonst auch selbig gemach mit ander schönen *pitturn*[261] herlich geziret. In
noch einem saal selbigeß gemachß, ist eine schöne *Grotten*, welche man
gehen läst, wen große Herren vorhanden sein, sonst ist der garten nur
schlecht geweßen. Die statt ist gar fest und mit 3 000 Man besetzt, hat
auch ein schön Castell, auff welcheß bey jetziger unfridenß Zeit niemand
gelassen oder gestattet wirdt, darauff ligen auch 3 *Compagnien* jeder von
260 man, davon 2 *Compagnien* aller teutsche knecht sein. Diße statt hat
schöne braitte gaßen, hohe und schöne heußer, und ist in allem sehr lustig, und statlich erbauet.

Den 1. *novembris* reiseten sie wider von dar, kam-
men auf 5 meill davon yber ein brucke, *Ponte lense* gehei-   1. November
ßen, Über das waßer auch die *Lense* genandt.[262] Ist ein
paaß, dem *Duca di Parma* zustendig, darumb ist ein sehr lustige gegner,
und yberall voller gebey, acker, wißen und gartten. Ferner 9 meill gefahren, biß ein Wirtßhauß *all Angelo*, daselbst vernachtet; wurde aber von
solcher schlechten *accommodement* von dem allten HußVatter gleich-
wohl teuer und unhöffliche bezahlung gefodert.

Den 2. *novembris* zu 13 Uhr wider verraist auf eine
meill, eine statt *Regio* genant *passirt*, welche mit einem   2. November
tiffen Waßergraben und hohen Wählen umbgeben gewe-
ßen, daselbst man das gewehre von sich geben, und es biß an das ander
thore, da man wider außgefahren, tragen laßen mußen, seindt auch [37r]
aller nahmen aufgeschriben worden. Deme nach uber ein Waßer *Cilestro*
kommen und ein Castell zur rechten hand ligen laßen, *Rubire*[263] genandt,

---

260   Boden
261   Gemälden bzw. Freskomalereien (aus dem ital. *pittura*)
262   Ponte Enza, wo sich die Brücke über den Fluss Enza befindet.
263   Rubiera

daran auch eine kleine statt in eine Vireck, mit einer mauer und 6 thuren umbgeben, erbauet, nebst einen befloßenen graben, allß dan auch das Castell allein befloßen ist. Unfehrn davon ist ein Waßer *la Secchi*a genandt, dadurch man 3 mall faren muß, laufft streng unt ist etlicher wegen zimblich tiff, unnd bey eineß büchßen schußes breit, daß sich also woll vurzusehen, durch selbeß zugehen. 10 meill von vorgedachten nachtlager war wider ein herberg auch *all Angelo* genandt, darinen auch gar schlecht *accommodement*, weill die *Parmi*sche reitterey daherumb sehr verderbet hatten. Etwa umb 20 Uhr[264] erraichten sie die statt *Modena*, in allem bey 30 meill von *Parma* abgelegen, seint *logirt* in der Post *all S. Anselmo*.

Modena

Diße statt hat zwar einen Wahl aber gar schlechteß Werck, und einen graben rundt umbher; selber ist nun voller Wasser. Das gewehr hat man auch im thor lassen müßen. Das Fürstliche hauß daselbst hat 2 große Plätze, ist aber nicht gar sonderß erbauet; sonst seind die Herren von einem leitenandt in 2 gemächer geführet, welche mit roth geblumeten Atlaß und und guldenen gallonen besetzt, geziret geweßen. Deß *Duca di Parma liberey* seindt fürnemblich rote Mäntel und weiße Atlaß Wämbster, welche auch die Gutscher tragen; die *quardia* unnd *Trabanten* seind gantz roth, uff schweitzer *manir* gegleidet. Jtziger regirender Herr zu *Modena* heist *Francesco D'Este*, ist nur bey 24 Jahr, welcher von wenig Zeit von seinem Herrn Vatter auch *Francesco D'Este* genant, weillen er sich in einen *Capuziner* orden begeben, das Regiment bekommen; deß Herrn groß Vatter aber soll gehaißen haben *Caesar D'Este*.[265] Ist jetzo *General* uber die *Parmi*sche haubt *Armee* gegen dem Pabsten, welchen die *Meylander* allß auch die *Venetianer* jeder ein regiment zu hilff gesandt haben, darüber ein Printz von *Modena* [37v] *commendirn* thut. An bemelter statt *Modena* ligt auch ein Castell, so sehr schön mit gemauerten Wählen gar hoch erbauet, und mit Bolwerk versehen. In der statt ist eine schöne kirche *S. Vicenzo*, in welcher sehr schöne Altäre, die zum thaill nachgebauet, und mit allerhant schönen farben *marmor* geziret werden, wie dan die kirch durchauß herlich erbauet ist. Item in *S. Peters*

---

264   Nach der damaligen italienischen Stundenzählung, die etwa eine Stunde nach Sonnenuntergang einsetzte. Der Zählbeginn war also je nach der Jahreszeit fließend, in November mag die Angabe etwa 14 Uhr entsprechen. Gerhard Dohrn-van Rossum: Die Geschichte der Stunde. München 1992.

265   Die Informationen über die Familie d'Este stimmen nur zum Teil. Aktueller Herzog war Francesco I. (1610-1658, also damals 32 Jahre alt), Sohn von Alfonso III. d'Este, der 1629 in den Kapuzinerorden eintrat. Francescos Großvater hieß tatsächlich Cesare.

kirchen, welche auch gar schön gebauet, darbey auch ein großeß und wohl erbauteß Closter, heist *Menra* nach dem nachemmen deß *Fundatoris*.[266] Im selbiger ist ein *laboratorium Medicinae*, under ander darin ein offen, welcher so bequem gemacht, daß man mit einem feuer in die 50 Arten Wäßer brenen kann. Es ligt amb marckt noch eine große kirche, nebst einem thurm, fast an hohe deme zu *Cremona* gleich, *Al Duomo* genandt.

Den 3. underhalb *Modena* über ein Wasser die *Altara*[267] genandt, woselbst eine fehre; in sommerß und truck- ▬▬▬▬
nen Zeiten kan man wohl durch reitten und fahren, jedoch   3. November
wirdt daselbst der Zoll von allen *passirenden* eingefordert. Ist 3 meill; etwa 2 meill ferner ein Castell vorbey gekommen, dem Pabst gehörig mit 4 Bolwerk umbgeben, und in allem sehr schön unnd starck *fortificiret*, au[ch] mit einem tiffen beschloßenen graben umbfangen, genandt *Castello Frando o Fortezza di S. Urbano*, und wirdt noch täglich daran gearbeittet.[268] Gegen deme yber ist noch ein alt Castel gelegen, auch *Castel Tronoo* genandt, aber jetziger Zeit geschleiffet worden. Gegen mittag in einen Wirtßhauß *Sante Angelo*, oder auch *Al Vino*, weillen alzeit großer Vorrath von Wein aldar vorhanden, gelandt[269]; ist in allem 15 meill von *Modena*. Umb 20 Uhr, nach volbrachten 6 meillen, erhilten wir die statt *Bolognen*, so dan von vorgedachten Wirtßhauße 6 meill, und in Pilgram logirt.[270]

Nachdem die Reisenden Pavia verlassen hatten, setzten sie ihre Reise entlang des Ticino fort: Wasserwege, die in Norditalien für den Warentransport viel genutzt wurden, galten als sicherer. Und wenn sie von Mailand in Richtung Pavia in Nebel gehüllt waren, einer typischen Novembererscheinung in der Poebene, war der darauffolgende Tag klar, so dass sie in der Ferne den Alpenbogen erblicken konnten, der die Ebene umrahmt. Die verschiedenen Bergmassiven, die mit bloßem Auge erkennbar sind (vor allem der Monte Rosa), werden nicht identifiziert; mit Namen

---

266 Die Kirche von S. Pietro mit dem anliegenden Kloster gehörte der Benediktinerkongregation von Santa Giustina (wie S. Giorgio Maggiore in Venedig); es war berühmt durch Äbte und gelehrte Mönche, die durch ihre Studien und hohen Ämter großes Ansehen erlangten.

267 Panaro

268 Castelfranco Emilia

269 gelangt

270 Es ist hier eine Verschiebung zwischen Reiserechnungen und Bericht festzustellen: Laut den Rechnungen kommen sie am 2.11. in Bologna an, im Bericht einen Tag später. – Zur Gaststätte *al pellegrino* vgl. Zaniboni: Alberghi italiani (wie Anm. 50), S. 101-104.

bekannt waren damals nur die Übergänge, die den Waren- und Personenverkehr jenseits der Alpen ermöglichten: der Gotthard, der Große und der Kleine St. Bernhard – obwohl man sie gar nicht erblicken konnte, werden sie in diesem Zusammenhang erwähnt. Als das Schiff die Anlegestelle in Castel San Giovanni erreichte, war es bereits zu spät, um die fehlenden Meilen nach Piacenza zurückzulegen (etwa 25 km), daher waren die Reisenden aus Sicherheitsgründen gezwungen, auf dem Schiff zu übernachten. Erst am folgenden Morgen durften sie in die Stadt hinein.

Die nächste Station war Cremona mit seinem berühmten Glockenturm (Torrazzo, s. Abb. 22), den sie tapfer bestiegen; dort verließen sie den Wasserweg und es ging auf den Straßen weiter, jedoch nicht ohne Gefahr, schon als sie sich über den Po übersetzen ließen: Die Fähre war zu klein für Wagen und Pferde, und zudem alt und hinfällig; schlimmer noch war die alte hölzerne Brücke, die über einen der in den Taro fließenden Wildbäche führte, denn sie stürzte sogar zusammen – zum Glück wurde nur ein Pferd leicht beschädigt. Die Strecke bis Bologna ist eine Aufeinanderfolge unterschiedlicher Kleinstädte (Piacenza, Cremona, Parma, Reggio Emilia, Modena), die dieselbe Eigenschaft zeigten: die schlechten und teuren Herberge, in denen Durchreisende zudem oft unhöflich behandelt wurden.

Auffällig ist hier die einheitliche Strukturierung der Stadtbeschreibungen, die immer dem gleichen typologischen und topografischen Muster folgen, das in der apodemischen Literatur festgelegt ist: zuerst wird ihr Status bezeichnet (Flecken, Markt, Stadt…) und die geografische Lage, oft durch den Topos des *locus amoenus* beschrieben („…liegt an einem sehr lustigen ort") – eine oft wiederkehrende Formel, die zum typischen Fachwortschatz des Reisens gehörte.[271] Sehr ausführlich werden dann die Stadtmauer und -tore samt Befestigungsanlagen beobachtet, deren Qualität und Mannschaft genau notiert wird. Es folgt eine Liste mit den Sehenswürdigkeiten innerhalb der Mauer: Kirchen, Paläste, Institutionen und weitere Zivilbauten. Den Abschluss bildet meistens ein Überblick über die herumliegende Landschaft mit ihrer wirtschaftlichen Bestimmung (Weinbau, Wiesen, Acker, Obstbäume…). In diesem Reisebericht wird überdies den jeweiligen Herrschern und ihren verwandtschaftlichen Beziehungen viel Aufmerksamkeit gewidmet – Italien mit seinen zahlreichen Fürst- und Herzogtümern spielte ohnehin eine wichtige Rolle auf der europäischen Landkarte.

Bologna   In dißer statt *Bolognen* stehen 2 thurme, davon daß der eine sehr hoch und so schmall auffgebauet, der nicht yber 6 klaffter in die dicke haben wirdt; der ander so auch gar hoch geweßen, weillen aber sehr krumb erbauet worden, daß [38r] er scheinet allß wolte er fallen, ist er weith abgenohmmen worden, dan die negst darumb wohnende Burgerschafft seinen fall alzeit befirchtet haben. Am marckt ligt der schöne thumb, *San Petronij* kirch genandt, welches zumallen ein großeß und köstliches gebeu, von rotten marmor auffgeführet. Gegen der yber an der rechten hant ist

---

271 Vgl. Stagl: Die Methodisierung des Reisens (wie Anm. 9) und Abb. 1. – Der Ausdruck ‚lustiger ort', der im Reisetagebuch häufig vorkommt, war die Übersetzung des lateinischen *locus amoenus*. Zu dieser Bedeutung von ‚lustig' siehe DWB, Bd. 12, Sp. 1339-1346.

das große *Palatium* deß *Gubernators* oder aldar *Residir*enden *Cardinals*, davon keyer[272] *Carl* der fünffte einen gang bis in selbe kirchen gebauet, daß er verdeckt hinnein gehen, und beim Altar hinnunder steigen können, alda er gegrönet worden. Auch noch zu sehen seindt 4 Pfeyller von *Marmor*, da er gesessen; jetzt ist an selben orth *Sepulohr Christi* schön erbauet unnd geziret; negst ist ein prettigstull und Altar, auf welchen *S. Petronius* unnd *Bernhardinus* zum Ersten mahl das Christliche Ambt und Predigt verrichtet. In dißer kirch ist eine sonnen Uhr von *marmor* zu sehen mit allen 12 zeichen und scheinet die sonne durch sonderlich darzugemahlte fensterlein, alle mohnat nur einmal drauff, die Jahrs Zeichen andeutent. An dem *Palatio* ist noch zu sehen, der orth, wo der gang biß zur kirch geweßen, den der keyer allzeit allein gehabt, nach sich aber abnehmen und den orth zumauern laßen, und stehen auf vergulten meßing tafeln zu beiseiten deß großen thorß am *Palatio* diße wordt:

Clemens septimus P. M. Ut Christianae Reipubl. Statum reformaret, cuium Carl. V Cæs. Imperat. Bononiæ congressus â in hanc Urbem Cæsar M. novembris anno Christi nat. 1529 Introijt pro templi foribus, De more Pont. M. adoravit eius hortatum Consilio cum restituto in Mediolanj avitum regnum Franc. Sforzia ac Venetis parteate cuncta Italiæ otium ac tranquillitatem diu optatam reddidisse Imperij coronam hac Pompa ordine accepit. Fenestra hæc, ad dextra fuit portam prætoriæ ea egressus Cæs. per pontem Sublicium in adem D. Petronij Deductus. Sacris rite peractis a P. Max auream Coronam Imperij Cætera [38v] *insignia accepit. Inde cum eo Triumphans excercitu, ornatiss præcunbent Urbem perlustravit. Cum ambo in eodem Prætorio tota hiemem coniunctiss. de summa rerum de liberantes egissent Cæsas post suum adventum mens. V in Germaniam ad tumultum Impiorum Civium, Sedandum bellum Turcicum, cum Ferd. fratre Pannoniæ Rege apparandum profectus ê huius rei monumentum hoc inocentio Cibo Card. legato auctore uberto Gamboro Urb. Præfectus referente S. PQB extare voluit Nonnis novembris 1430.*

    All altra banda dell'uscio.

Clemens octavus P. M. qui posquam Summo opere ac prudentia avitam in Gallia Vlter bellis civilibus oppressa religionem confirmasset atque in Pannonia infer. missis sæpius auxiliaribus Copij Turcarum impetu com-

---

pressisset, Cum Ducatus Ferrariensis ad Sanctam Sedem Apostolicam rediret con scripta incredibili, celeritate exeritu amplissimo Card. Petri Aldobrandini Fratris eius F. Ductu et auspicijs eoque recuperato clarisimum innoxio morte triumphum egit, quibus rebus felicissime gestis Italiaque directam liberata, quot optandum potius quam sperantum videbatur. Ferrariam venit, Nuncioque allabo de pace inter Gall. et Hisp. Reges eo auctore confecto post suum inde discensum, hac quam diu licuit Romam properanti comodum ratus magnum abiens sui desiderum cunctis reliquit, principi clementissimo deque hac Civitate optime merito. Alex. Card. M. alto legato Horatio Spinol. Prolegato S. PQB Ad Sal. 1598.

Im *Collegio* seindt die Herren auch geweßen, welcheß einen feinen Platz hat, rundt herrum mit marmor Pfeylern geziret; seind jetziger Zeit nicht mer allß 80 teutsche *Scholari* jeder *Studiosi* dar geweßen. Das obberirte *Collegium* ist rundt herumb oben und unden mit wapen vieller *nationen* geziret, und soll annoch der gebrauch sein, daß die *Consilierj* dem *Cardinal* oder vom Pabst [39r] dahin verordneden *Gouvernatore* alle Jahr von dem ersten schnee, so da feldt, etwaß bringen, welcher Ihnen dan 100 schudi *loco honorarij* darreichet, umb selbigeß sie Ihme und der *Scholar*en Wapen laßen machen, und vom ybriche eine *Collation* verrichten. Dißeß *Collegium* soll gestifftet haben *Card. Morromaco.* Unfern davon ist das *Palatium*, in welchen alzeit Kaißer *Carolus* V. *concil.* Gehalten; auch ein schön *Collegium, monte alto* geheißen, welcheß der teutschen *nation* hette könen zu guetten kommen; weillen aber der orten, blaue röcke und runde krägen tragen muß, haben die teutschen es nicht thun wollen, dahero es den *Italianern* zu nutz gebracht, die sich der tracht gebrauchen, und ihre *Studia* ijtzo darinnen haben.

Vor der statt auff hohen berge ligt ein schöneß Closter *S. Michel in Bosco* genandt, darin Benedictiner ordenß; auf selben berge siehet man die gegne und *Situation* der statt gar eigentlich; wan es hell wetter ist, kan man gar aigentlich die statt *Ferrara* ligen sehen. Ist gar ein lustiger orth, voll am gebürg, Wein und andere gärten, Wißen und ackerbau, und allerhant nöttigen lebenßmittel und lustheußern zu sehen. Selbigeß Closter underhelt jetziger Zeit, der Statt 25 Reutter. Item wie erwehnt sicht man gar aigentlich, wie die statt, so bey die 6 welschen meill umbgriffen, gleich wie ein halber mondt, oder viel mehr einen schiffe zuvergleichen ist. Dißes bemelte Closster hat einen herlichen begriff und gebeu, mehr allß Fürstlich außgezieret, gestaldt daselbst solche Creutzgenge so wohl oben in den gebeuen, allß in den Platzen zu sehen, dergleichen nicht gar viel sein. Zuvorderst der große *Convent* saal ist ein sehr kostlich gebeu, in welchen alle die Clöster rundtumbher gar sauber und zirlich abgemahlet, die in den *Benedictiner* orden begriffen, in 42 in *Italien* gelegen. Einen großen unnd weitten kühlen keller hat dißes Closter, dar allzeit großen Vorrath von Wein verhanden; auch wan *forestierj* verhanden, die das Closster und köller besehen, wirdt ihnen [39v] mit einen guetten trunck begegnet, und dem berge vor der statt gilgt[273] auch ein schön Closter *La Nontiata* genandt, in welchem Baarfüßer orden.

In der statt ist eine ander schöne kirche *Al Corpo Domini*, so sonst wohl zu sehen; darin ist der leib von *S. Catharina* so vor 160 [Jahren] gestorben, hat aber nicht im grabe, wie sie sagen, bleiben könen, dahero befohlen, man soldt sie herauß nehmmen, und vor ein heillige ehren. So dan geschehen, und sitzet dero Cörper heunt zu tage in selber kirchen in einer verschloßnen Capell, die man auf erlaubnuß auß der kirchen durch ein fenster in die Capell gemacht, sehen kann; ist auf einen Altar erhoben allß seße sie; ist angethan in mancherley deß schönsten guldenen stuckß, hat ein Cron aufm haubt, viel große Perlein, sehr großen *Diamant*en da sie vast voll mit behangen, und yberall mit einen sehr großen schatz geziret. Fürnehmlich hat sie under ander herlichen ringen und kleinodien, einen sehr großen und herrlichen *Diamant*en ann dem vordersten finger der rechten handt, in der lincken handt ein rotteß buch in quart, darinen ihre heilige rögeln beschriben; an dem gesicht ist sie gantz schwartz, allß auch an henden und fießen, so man auch bloß sehen kann; soll dem Vorgeben nach alzeit schwitzen, dahero sie ihr den schweiß immer abwischen. Vor etwa 2 Jahren sollen ihr nägel und haare gewachßen haben, jetzo aber nicht mehr, und wirdt jeden ein klein bichlein, darinen ihr leben und todt beschriben, gegeben, nebst etwen von dem schweiß in einer baumwollen, und thut man die *Rosaria* daselbst weihen lassen; gemelte heillige soll offt mit den Nonnen haben gere[de]t, auch noch zuzeiten Zeichen von sich geben. Es soll vor dißem eine große teuerung anjetzo geweßen sein, daß auch die Closter Jungfrauen nichts zu eßen gehabt, auf anruffung [40r] aber bemelte heillige, seindt sie wunderlich ernehret worden.

S. Pauliner kirch, ist auch ein schöneß gebeu, von inen allenthalben mit *Alabastern* Pfeillern geziret. Die auch sehr schöne kirche *S. Salvatore* so erst anno 1616 und in dißen standt zu bringen angefangen zu verbe-

---

273 liegt

ßern, ist mit schönen Altärn deren 9 und einander alle gleich, darunter der haubt alltar von dem künstlichen Mählern, so der Zeit in *Italia* zu finden geweßen, gemahlet, gar schön geziret. Umb den Altar und im Cohr seindt die *Sedio delli Cononici* alle von holtz, schöner arbeit und mit silber eingelegt, mit welchem die *figurn* deß alten *testaments* gar schön abgebiltet. Es hat Caißer karl V. mit einem dolchen verschidene stößen, so man noch siehet, hinnein gethan, in deme seine Majestät nicht glauben kann, daß alleß silber wehre. Dißeß Closter hat sehr schöne spatzir- und Creutzgänge alle mit roth marmel geziret, in einem derselben aber ein brun, so *S. Dominicus* selber hat machen laßen, auch ein Cipreßbaum, welchen auch vor 500 Jahren gemelter heilliger selber gesetzt, ist vor einem Jahr erst verdorrt. Von dißem heilligen ist entsprungen der *Dominicaner* orden, sonst werden sie auch *canonici regular*eß genenet. Auffm marckte gegenn dem *Palatio* deß *Gubernator*n ist eine schöne wasserkunst, von weißen marmor gar schön nach der *Architectur* erbauet, oben auf derselben stehet der *Hercules* von Metall.

Der zweitägige Aufenthalt in Bologna bot vielfältige Anregungen. Die Reisenden befanden sich wieder an einem Ort, der sie in den Mittelpunkt der Reichsgeschichte führte, denn hier hatte 1530 die Krönung von Kaiser Karl V. stattgefunden. Sie spielte sich in der Hauptkirche des Hl. Petronio und in dem naheliegenden *Palazzo d'Accursio* ab, wo Kaiser und Papst untergebracht waren; beide Gebäude wurden ausführlich beobachtet und die lange lateinische Inschift, die an das Geschehen erinnerte, wurde – nach damaliger Gewohnheit – wortwörtlich abgeschrieben.

Ein zweiter Schwerpunkt war der Besuch der *Alma mater studiorum*, wo sie sich bei der *natio germanica* immatrikulierten.[274] In diesem Fall war die Einschreibung nur formell, eine Art repräsentativer Unterstützung der Landsleute, die hier studierten (s. Abb. 23); zur Zeit waren es nur wenige (etwa 80), denn Bologna war für protestantische Studierende und Adlige weniger interessant, wenn auch sehr berühmt, seitdem es unter päpstlicher Herrschaft gekommen war. Immerhin war es eine Ehre, die älteste Universität zu besuchen und sich in deren Gästebuch einzutragen; und für die entsprechende Studentenzunft bedeutete jede Eintragung zunehmende Prestige.[275]

274   Die Matrikelbücher der Jahre 1603-1706 sind leider verloren gegangen: darüber Natio germanica Bononiae. Die Matrikel 1573-1602, 1707-1727. Hg. von Maria Luisa Accorsi. Bologna 1999, darin inbes. die Einleitung von M.L. Accorsi: „Nos qui studiorum causa dulcem patriam et parentes reliquimus". Il *Libro degli immatricolati* della Nazione germanica dello Studio bolognese, S. 63-81.

275   Vgl. Maria Teresa Guerrini: La pratica del viaggio di istruzione verso i principali centri universitari italiani nel Cinquecento. In: Storicamente 2 (2006), Art. Nr. 11, DOI: 10.1473/stor385; Berns: Peregrinatio academica (wie Anm. 1); Gian Paolo Brizzi: La presenza studentesca nelle università italiane nella prima età moderna. Analisi delle fonti e problemi di metodo. In: L'università in Italia tra età moderna e

Beeindruckt wurden die Reisenden schließlich von der Erfahrung der katholischen Heiligenverehrung, die sie in der Kirche *Corpus Domini* mit besonderer Intensität erlebten. Die Gegenreformation war in Italien in vollem Gang, beherrscht vom katholischen Barock, der sich durch ein besonders intensives Bedürfnis auszeichnete, das Himmlische im Alltag zu erfahren. Barocke Ikonographie, Heiligenverehrung, Reliquienkult und Wundergeschichten spielten dabei eine besondere Rolle und wurden von protestantischen Reisenden mit Neugier und Verwunderung wahrgenommen. Zu diesen Phänomenen zählte u.a. die Verehrung der Klarisse Katharina von Bologna (gest. 1463, 1712 heilig erklärt), der mehrere Wunder zugeschrieben wurden; ihren unverwesenen Körper auf einem Stuhl sitzend, in der Ordenstracht gekleidet und geschmückt, konnte man durch ein kleines Fenster in einer Seitenkapelle anbeten. Ihre Geschichte, ihr mumienartiges Aussehen haben offensichtlich einen nachhaltigen Eindruck auf die Besucher hinterlassen, wie die ausführliche Beschreibung beweist.[276]

Den 5. *novembris* reiseten wir von *Bologne*n wider ab, 8 ▬▬▬▬
meill biß *Pianura* Wirtshauß. Den 6. fruhe, wo selbst die ⎯⎯⎯⎯⎯
beschweerlichen und muhsaammen gebürge, yber welche 5. November
in 1½ tag raisen, gar beschwerlich zu gehen, die *Montes Apennini* genandt, sich anfangen. Seindt bir[277] kommen bis zu mittag 8 meill, in ein wirthshauß *Loianno*, daselbst ist es [40v] allenthalben voll *Castanien* baum, dan die undert[halben?] so in der selben beschwerlichen und gar schlechten einöde wohnen, mußen sich maist davon ernehren, gestaldt schir gantz kein Acker daherumb, sondern die hochsten felsen, kluffte und staine nur zu sehen. In 3 oder 4 meill ferner, ist in selben walde die schaide deß *Bologne*ßer und Florentiner gebiethe, da die grantzmahlen nur von einem kleinen Waßer underschiden werden. In allem etwa bey 22 meillen von *Bologne*n, ligt das feine Stattlein *Fiorentziola* in ein Virecke erbauet, mit einer feinen mauer und graben umbgeben. Es hat daselbst herumb wider in etwen acker und ein wenig wein, auch werden deß Jahrß verschiedene Jahrmarckte darinen gehalten, sonderlich mit Viech. Folgents haben wir deß *Apennini* erraicht, und daselbst 2 berge rauchen sehen. Under ander ist ein hoher berg *Sasso Della Mala guardia* genandt, ist ein yberauß bößer weeg, sonderlich in winderß Zeitten. 10 meill von Fiorentziola langten wir zu abendt an, zu *Scharperia* ein *Bour-*

---

contemporanea. Hg. von G.P. Brizzi und A. Varni. Bologna 1991, S. 85-109.

276 Urte Krass: Vom schönsten Heiligenkörper der Welt zur Herrin der Schlangen. Verlebendigung und Sichtbarmachung des Leichnams der Caterina Vigri von Bologna (gest. 1463). In: Die neue Sichtbarkeit des Todes. Hg. von Thomas Macho und Kristin Marek. München 2007, S. 263-293.

277 sind wir

go oder Castell, ist mit einer mauer und drocknen aber tiffen graben umbgeben, *logirten alla Corona*, darin guett *accomodement* geweßen. Es ligt
das stattlein oder Flecken, zwischen den großen gebürgen, hat aber eine
schöne ebne, und sonderlich schönen acker, wein und andere nutzbarli-
che gärtten in 3 welsche meill rundtherumb.

▬▬▬▬ Den 7. gar fruhe von dar yber ein brucken kommen, das
7. November   waßer darunder heist die *Besone*; auf 2 meill weitter, wi-
─────────   der yber ein brucke gefahren, darunder die *Sene*.[278] Nahe
darbey ligt auf einen berge ein schöner gardt *Fortezza S. Martin* genandt,
nicht weit von dar einn fluß die *Garasa*, kombt auß der *Arno*, neben
deme her [41r] laufft die *Savana*. Von dar den berg *Morella* erraicht, darauf ligt ein Posthauß und zur lincken saitten abwerts deß Großhertzogen
schöneß lusthauß und *Palatium Rappennino* mit einem großen und lustigen garten;[279] sonst ist die selbe gegne voller gebeu biß an Florentz, auch
mit wein und gärtten lustig und gar erfillet, dan das große gebürge sich
dar endet, und wachßen sonderlich sehr viel *oliven* daherumb. Dißem
nach langten wir an in die schöne Statt *Fiorenza*, 15 meill von *Scharperia* abgelegen, *logirt alla Corona*; von *Bolognia* thut man in allem 55
meill rechnen.

Die meisten Reisenden wählten diesen Weg über den Apennin und die römische *via
Cassia* für die Hinfahrt nach Rom, während sie dann auf der via Flaminia nach
Norditalien zurückkehrten, also über Foligno und Ancona die adriatische Küste
entlang – auch die Sulzbacher folgten diesem Brauch. Damals existierte nur eine
einzige Strasse, die über den Kamm der Bergkette verlief; mitten im Wald überquerte
man die Grenze zum Herzogtum Toskana. An dieser sehr befahrenen Strecke gab es
zahlreiche Herbergen und Wirtshäuser, die den Fremden zum Einkehren einluden,
denn von Bologna bis Florenz brauchte man in der Regel zwei Tage. Der Apennin
erschien damals den Reisenden als ein unwirtliches und schwer übersteigbares Gebirge, steinig und wild;[280] die auffälligste Erscheinung, die alle Berichte erwähnten,
waren die „rauchenden Berge", bewirkt durch ausströmendes, brennendes Erdgas –
ein in dieser Gegend häufiges Phänomen.

Firenze   Diße herliche statt *Florenz* so heunt zu tage für die schönste *Italiæ* gehalten wirdt, von wegen der schönen gegne, auch der herlichen kirchen und

─────────────────────────────────

278 Sieve
279 In Pratolino hatte sich Francesco I. Medici eine prächtige Villa bauen und einen Gar-
     ten anlegen lassen; die Hauptattraktion war dort die gigantische Statue des Apennins
     von Giambologna.
280 Claus Riessner: Deutsche Italienfahrer im Apennin und in Latium um 1600. In: Qua-
     derni del sapere scientifico. Rivista mensile di cultura e ricerche dell'accademia
     degli Abruzzi 8 (1973), 1, S. 3-24.

reinigkeit der straßen, ist gelegen in einer schönen ebne, auf viel meill rundherumb mit schönen schlößern, Clöstern, kirchen, herlichen *Palatien*, lust- und ander heußern in großer menge, allß man imer absehen mag, umbgeben; alleß ist bebauet mit oelbaumen, Cipreß, Wein und ander herlichen früchten, sehr angenehm zu sehen. Die statt an sich selbsten ligt bey nache in der runde, durch den fluß *Arno*, so bey *Lyborno* inß *Mare lygustim* laufft, in 2 thaill geteillet, in jedweder hat der Großhertzog ein schön scholß oder fürstliches *Palatium*, welche seine hochfürstliche gnade beyde besitzen, und haben von einem zum ander einen bedeckten gang yber die *Arno*.

Der thum und haubtkirch ist ein sehr großeß gebey, mit allerhandt schönen geschliffnen *marmor* nebst einen schönen und großen *marmor* steinern thurm, herlich erbauet; nebst der stehet noch ein schöner runder Tempell *S. Johann* genandt, gantz von *marmor* biß oben auß mit Metallenen thuren in schoner erhobner arbeit, in welchen kirchen alle *Fiorentiner* kinder gedaufft werden.[281] Das eine an dem großen marckt gelegeneß Großfürstliche *Palatium* ist ein sehr hoher und starcker bau, mit einen schmall und hohen thurm, alleß von großen quattern stucken erbauet. [41v] Dargegen yber am Platze, ist deß Großfürsten *Cosmi Statua* vom Ertzt aufm pferde sitzent; an der ander saiten eine schöne *fontaine* mit viellen *Statuen* von *He[r]cule* und anderen von *marmor*.

Negst an dißem *Palatio* ist die schöne *Galleria* auff beitten seitten unden von kauffleiten bewohnet, oben hat der Großhertzog viell schöne gemacher,[282] darinen viell künstliche meister von aller handt Edlgesteine zu schneiden, under ander wider jetzo ein tisch in 8 Ecken bereitet, woran schon 6 Jahr gearbeitet, jetzo herlich verfertiget, und beraits in 7 000 *Scudi* bloß auff arbeitßkosten gangen. Negst darbey ist ein sehr langer Saal *la Galleria longa* genant, auf welchen zu beiten seiten in die 84 *Statuen* von dem besten *Alabaster* zu sehen waren; neben deme war eine kammer, in welcher 2 pfeiller so von Rohm dahin gebracht, gar sehr schön bearbeitet worden. Item 2 tische von *Jaspis* und ander stainen sehr künstlich eingelegt, worunder einer so zu Prag gemacht, hat in der mit[te] ein strig, anzusehen wie holtz, allß es auch gewesen, und zu steine ge-

---

281 Das achteckige Baptisterium von S. Giovanni steht dem Dom (Santa Maria del Fiore) gegenüber und gehört zu den grundlegenden Bauwerken der florentinischen Proto-Renaissance, an dem Alberto Sansovino, Leonardo da Vinci, Lorenzo Ghiberti und Filippo Brunelleschi wirkten.

282 Es ist das heutige Museum der *Galleria degli Uffizi*.

worden sein soll. Item stehet in selbem ein *Tresor* mit allerhandt edelgestainen versetzt, sonst gantz von Ebenholtz noch ein schranck, darinen
waren allerhandt *ra[r]iteten* von Elffenbein, under ander ein becher so
hertzog *Johann Casimir* von Sachßen selber gemacht haben solle; Eine
runde und schöne kugel voll behender und künstlicher sachen, alleß auß
einem stucke gemacht. Item darin war ein horn von einem *Rinocero*
schwartz und zimlich dicke; in der mitte deß langen salls gehet eine thür
in die rechte kunstkammer, sonst *la Capella del Cosmo* genandt, in die
runde und oben auch in ein rundt gewelbe erbauet, und voll mit Perlenmutter das gantze gewolbe oben geziret, darinen gleich in der mitte stehet ein tisch von *Jaspis*, auf welchen stain gar schön gemacht der *Portus
Lyborno*, wirdt sehr hoch geschetzet. Zur lincken handt [42r] der thüren
hing ein täfflein von *Hyacints, Jaspis* unndt ander herlichen stäinen in
figurn, allß Vögl die auff beumen sitzen, so kinstlich in einander gelegt,
allß wan alleß lebte, vom *Cardinal Burgeso* dahin verehrt; ein schöner
becher von Perlenmutter so der großhertzog *Francesco* selbst gemacht;
Ein stain allß ein Ey, ist halb Perlmutter und halb *Smaragt*; ein stuck gold
eineß pfundeß schwer, ist in einem bergwerg so gantz gefunden; Ein großer schranck voller *Christalli*nen geschir, auch ein schallen von *Jaspis* in
die 3 000 *Scudi* werdt. Item war in einen großen Agath *Adam* und *Eva*
kinstlich geschniten; Ein fein schifflein gantz auß den Edelsta[i]n *Jaspis*;
Eine *masque* und kaißerß *Tiberij* kopff gantz von einem *Turkos*, eineß
großen Werteß; Ein großer leichter[283] darauff 24 licht stehen könen von
Bernstein, welchen der verstorbene Churfürst, löblich gedacht, dem
Großhertzog verehrt hat; Ein gantz guldener sebel, von Turckschen keyßer dahin verehrt.

Sonst seindt darin unsäglich viel *rariteten* und gewaltiger schatz, so
unmiglich in der Eyle auffzuzeichen waren, viell weniger æstimirt werden könen. Negst darbey in einem ander gemach, stehet ein schöner Altar, welcher in die Neuerbaute Capell, derer gedacht werden wirdt, kommen soll. Derselbe ist gantz von *Jaspide* voll mit gantz *Christall*enen
Pfeillern von solcher Wurde, die nicht zu schetzen, wie er dan auch voll
von Edlgesteinen alß *Diamanten, rubinen, Smaragden* und dergleichen
versetzt. Noch in einer andern kammer eine *Tresor*, in selbiger warn auch
versetzt schöne Edelgestaine, auch das alte und Neue *Testament* gar kinstlich eingegraben, hate in die 100 schubladen, darinen under ander un-

---

283 Leuchter

ßer herr *Christus* die 12 *Apostel,* auch abnehmung *Christi* von Creutz von Elffenbein und Bernstein gar kinstlich gemacht, zu sehen. Weiter ist die schatz kammer darinen 12 große schrancken voller silbergeschir so nicht gebrau[ch]et, und nur zur [42v] schone darstehet; item ein großer schranck voll klarer guldenen geschir, und under ander der könig in Franckreich aufm Pferdt in 60 Pfund goldt schwer; Ein schöneß kriglein[284] gantz von *Lapide Bezoar* gemacht, eine gar große guldene kötte, die glieder allß ein finger dick; Eine gantz guldene taffel, darauff der Großfürst *Cosimus* kinder abgestogen, voll mit *Diamanten* besetzt, auf beiden seitten 2 Engel, und ist alleß wie ein Altar darauff abgestochen, soll in die 200 000 *Scudi* gestehen. Es hats der Großfürstliche *Cosimus* nach Meylandt in die daselbst schöne kirche *per devotione* und gethanenen gelübte wollen verehren, ist aber verblieben, und ein ander der gleichen köstliches stuck dahin verehret worden. Diße kammer soll ungefehr auf die vier *Million* geschetzet werden, sonst lag auch darinen ein gantz gulden Pferdtzeug, welcheß jetzi[g]e kaißerliche Maiestät *Ferdinandus* III. jetzigem Großhertzog verehret haben solle.

Am Ente deß langen Saals war eine noch andere schöne kammer, voller rustungen, Fanen und dergleichen *antiquit*eten vornehmer Herren, under ander *Caroli* V. rüstung, Hertzog *Bernhart* von Weyenar rüstung eine, und ein Fane in der Nör[d]linger schlacht bekommen; an derselben stundt mit guldenen buchstaben *Frolich Saxan mit Freuden Saxxon,* auf der ander seitten *Hilff Gott das Wolgelinge.* Zwey geharnischte *Statuen* auf pferden mit köstlich gestückten decken von konige in *Persia* verehret; Ein sturmhaube von *Hannibale,* ein zimlich großer *magnet,* so einen schlischel oder sonst ein stuck Eißen, wan man es nur erst dran halt, so starck kan an sich ziehen, daß man es kaum wider abziehen kann; sonst seindt sehr viel schöne sachen, an allerhand seltzammen gewehr darinen geweßen.

Es hat dißeß *Pallast* ein schon außsehen, under sich die *Arno* ein schiffreicher fluß, hinlauffen, gleich gegen dem uber ligt das [43r] ander *Palatium,* darinen Ihre Hochfürstliche Gnade zu unßer Zeit Persöhnlich *residirten.* Selbeß *Palatium* hat auch einen schönen unnd großen Platz benebst einen groß und lustigen gartten, voll an lorber und Cypreß beumen. Der Großhertzog hat auch in dißer statt ein großeß thierhauß, da jeder diehr[285] seinen sonderlichen Platz, auch seine hölle[286] hat. Under

---

284 Krüglein
285 Tier
286 Höhle

ander ist ein großer undt alter Löb, der vorn sehr lange haar; in einen
ander platz eine Löbin, die auch schir so groß, aber yberall nur kurtze
haare hatte; item ein schöner junger Löb, so bereits starcker und großer
war, allß kein Englischer hundt sein kann; 2 Leoparten, 2 Tigerthüer, ein
klein thir, wie ein mittelmeßiger wolff, so von einer Hindin gefallen geworffen sein; 3 große Bähren und verschidene Wolffe, damit der Großhertzog zuzeiten seine Jagt und lust haben soll. Auf bemelte Tihre soll
täglich in die 300 Pfund fleisch aufgehen. Nahe darbey ist deß großherzogs Marstall, darinen sehr viell schöne pferde, und under ander 2
schneeweiße Eßell stehen, so gleich den besten pferden gewardet, unnd
hoch gehalten werden.

Unfehrn davon ist das schöne Closter unnd kirche *Annunciata* oder
unßer lieben frauen, wo selbst eine große Walfahrt, wie dan viel *Miracu-
la* an viellen großen Herren aldar gescheen, deren biltnußen in großer
menge zur Gedechtnuß noch verhanden. Darinen ist auch ein groß gantz
silbern Altar nebst einen großen reichtum, vieler silbern geschir; daselbst
wirdt verwahret und hochgehalten ein gemäldt, nemblich der Gruß *Ga-
brielis* deß Ertzengelß an die heylige Jungfrau *Mariam,* so ein Maller
Bartholomeus genandt, angefangen; wie erß aber nur halb fertig, ist er
wegen der großen kunst ermudet, daß er dariber entschlaffen, und allß er
wider erwachet, gesehen, daß Es vollendet, wie sie sagen, daß von den
Engeln geschen sein soll. Es wirdt nur zu hohen fest[t]agen, oder wan
vornehme Herren oder *Ambassadorn* verhanden, gezaiget. Vor der kirchen ist auch [43v] deß Großfürsten *Cosmo Statua* auffm pferde von Metall, wie die vorig erwente bey *S. Laurentzij* kirch, wider erbauet; eine
Neue Capell zu der großhertzoglichen begrebnuß wie ein großer runder
thurm, ist inwendig ein solcheß köstlicheß gebeu, und gleichsamb ein
kleynodt, daß wie berichtet, auch wohl zu glauben, dergleichen zu dißen
Zeiten in gantz *Europa* nicht soll erfunden werden, dann alleß von unden
biß oben hinnauß mit dem herrlichsten und Edelsten stäinen, allß *Indiani*schen *marmor* allerley farben, *Alabaster, porphir, Jaspis, Hiacinth, Lapis Lasarij* und dergleichen kinstlichist in vilerley *figurn* bekleidet und
yberzogen wirdt, welche steine zum thaill auß Türckey, Persien, Hollant
und dergleichen mit unsäglichen *Spesen* darzu gebracht werden. In selbe
Capelle kombt vorerwenter schöner Altar; Es ist schon yber die 40 Jahr
daran gearbeittet, und gehet täglich bloß auff arbeitslohn in die 200 *Scudi.*

In noch einer kirch *S. Croce* ligt begraben der kinstliche Mahller
Michel Angelo, item ein vornehmmer *Astronomus Gallileus Gallilœ* ge-

heißen. Bey vorgemelte *S. Laurentz* kirche ist ein schön Closster und *Bibliothec*, darin under ander in 3 500 *manuscripta* vornehmer alten *Scribenten* verhanden. Under ander *particulir Palatien* ist nicht gering des Herrn *Cardinals* Wohnung, in welchem under bey die 14 gemacher, mit roth und gelb geblumbten Atlaß, Auch mit goldt und silbern stuck bezogen. In einem deren stehen 6, in einem andern 2 tische von Iben holtz, oben alleß mit silber bezogen; eine große *Gallerie* hat dißeß *Palatium*, darinen viell schöne gemählde, auch viell schöne stuck von *Marmor* daruff sich verschidene *figurn præsentirn*, allß wehren sie gemalet, zu sehen. In dißem seindt auch viell teutsche Fürsten und herren *abcontrefeyet*; in noch einer andern kammer, so umbher mit samit, der auff köstlichiste gesticket, behengt war, warn 2 tische von *Jaspis* und *Lapide Lasarj*, auch noch andere etliche [44r] von gewölben *marmor*, so etlichwegs in *Italien* soll gegraben werden. Uber das waren noch in 10 gemach alle mit atlaß, sammit und dergleichen bezogen, und mit schönen gemahlden geziret. In dem darbey gelegenen schönen garten waren under ander schönen *Statuen* von marmor so *Michael Angelo* gemacht haben soll, ein frauenbilt mit noch 3 ander *Statuen* bey sammen, und eine schlangen darumb, sehr wohl zu sehen, item 2 waßergrotten.

In der damaligen Reiseliteratur galt Florenz mit dem prachtvollen Herzogshof der Medici als die schönste Stadt Italiens, wo das feinste Italienisch gesprochen wurde; diese Aussage gibt gleich den Auftakt. Die Beschreibung der „herrlichen Stadt Florentz" ist durch eine Aufzählung von Sehenswürdigkeiten, Raritäten und Kuriositäten aller Art bestimmt; auffällig ist daher der Vergleich zu den Reiserechnungen, die sehr karg sind. Abgesehen von den üblichen Dienstkosten (der Stadtwache im Tor, dem *vetturino* [Kutscher] von Bologna bis Florenz), gibt es nur spärliche Angaben, die das dichte Besichtigungsprogramm nur sehr bruchstückhaft wiedergeben: „zu Florentz bis den 10. *dito* verharret und zusambt den dienern Pferdten im Wirthshauße verzehrt – Noch deß Großhertzogen Ihrer Palais zu besehen – Ihrer Fürstlichen Gnaden CA zugestanden – Noch in die *Commedien*, wie auch etliche Africanische Thier zu sehen".[287]

Um so ausführlicher und überschwänglicher ist der Reisebericht. Hier sind so viele Adjektive, Appositionen und Relativsätze angehäuft, von den Adjektiven sind einige (wie z.B. schön, groß, künstlich, herrlich) so oft wiederholt, dass die komplexe Syntax, die überlangen Sätze und die Attributreihungen eine derart wachsende Steigerung bewirken, dass der Leser am Ende sprachlos bleibt. Höhepunkte waren „die schöne *Galleria*" (die heutigen *Uffizien*), der Garten jenseits des Arno und der Palazzo Medici mitten in der Stadt.

Das von Giogio Vasari errichtete Gebäude war dazu bestimmt, die Verwaltungsbüros (eben: *uffizi*) des Herzogtums zu beherbergen. Francesco I., Großherzog

---

287 *Reisekosten*, S. 38.

von 1574 bis 1587, war für die erste museografische Einrichtung der Galerie im
obersten Stockwerk verantwortlich, die in der achteckigen ‚*Tribuna*' gipfelte. Der
eindrucksvolle Raum, als Schatz- und Wunderkammer konzipiert und von symbolischen Anspielungen durchdrungen, sollte nicht nur Kunstwerke wie Skulpturen und
Gemälde zur Schau stellen, sondern auch außergewöhnliche und kuriose Naturalien.
Derselbe Herzog ließ auch den sog. *Corridoio vasariano* erbauen, einen Durchgang,
der die Uffizien mit Palazzo Pitti, der Residenz der Herzöge jenseits des Flusses,
verband. Das große Highlight war dort der Boboli-Garten (s. Abb. 24) mit den exotischen Gästen des Tiergartens: Löwen, Leoparden, Tiger, Bären... Ein recht wun-
derlicher Anblick für die damalige Zeit!

Im Renaissance-Palast der Medici wohnten weitere, nicht regierende Mitglieder der Familie, die oft einflussreiche kirchliche Ämter innehatten. Hier befand sich
eine ansehnliche Sammlung von Kunstwerken, u.a. Gemälden von Paolo Uccello,
Benozzo Gozzoli, Botticelli, Verrocchio... Im Park an der Nordseite waren hingegen die größtenteils in Rom gekauften klassischen Skulpturen aufgestellt, u.a. die
Reproduktion der Laokoongruppe, die Baccio Bandinelli im Auftrag von Clemens
VII. (einem Medici) verfertigt hatte. Der Papst wollte sie dem König von Frankreich
schenken; sie war aber so vollkommen, dass er beschloss, sie für sich zu behalten
und in seinem Palast in Florenz aufzustellen (heute befindet sich Baccios Kopie in
den Uffizien, das Original in den Vatikanischen Museen). Unter der Leitung des
Bildhauers Bertoldo war im Palazzo Medici eine Art Akademie der Schönen Künste
ante litteram entstanden, in der junge Künstler klassische Vorbilder kopieren und
studieren sowie künstlerische Techniken erlernen konnten – einer von ihnen war
Michelangelo Buonarroti.

Erwähnt werden noch der *Palazzo della Signoria* und die prunkvolle Medici-
Kapelle, an der noch gearbeitet wurde; weiter die Kirchen von S. Croce, Ss. Annun-
ziata und S. Lorenzo mit der schönen Bibliothek. Das Beste, was die italienische
Renaissance anbieten konnte, war in Florenz versammelt; die Reisegruppe ließ sich
jedoch nicht lange aufhalten, denn ihr eigentliches Ziel war Siena.

---

10. November Den 10. brachen wir wider auff, eine meill von der statt
kammen wir yber ein klein Waßer die *Sina* genandt, fer-
ner auf 2 meill durch ein *Castell Castiano*, von dar das
Castell Farbaria zur rechten handt ligen laßen; gegen abent in einen
Wirthshauße *Alla muraglia logirt*, in allem 23 meill. Den 11. bey guetter
Zeit die Statt *Siena* so in allem 32 Meill von Florentz abgelegen erreicht,
und erstlich *logirt alla Corona altrimente la Posta* genandt. Es haben die
Herren sich vorgenohmmen gehabt, eine Zeitlang aldar zuverhar[r]en,
weillen aber kurtz hernach guette gelegenheit und *Compagnie* sich ge-
præssentirt, seindt sie in allem etwen 3 wochen dar verblieben, ihre Zeit
auch daselbst in Sprachen und andern *Studijs* und *exercitijs*, vornemblich
in den Reiten, dantzen und fechten zimlich angewandt. Ist Ihnen, wie
auch der gantzen teutschen *nation* von Ihrer hochfürstlichen durchlaucht
Printzen *Matthiae*, deß großhertzogs Herr brudern und Gubernatorn yber

die *Provinz Siena*, große Ehre und *Cortesia* widerfahren, in deme sie von Ihrer Duhrchlaucht zu verschiedenen mahlen, mit auff die Jagt, zu herlichen *musicen* und *Turniern* erbetten.[288] Maßen dan auch hochermelt Ihre Durchlaucht eineß tageß von ihrem *Palatio* ein Ren *Turniren* angesteldt, da vor erst Ihre durchlaucht mit viellen welschen herren sich befunden, und viell [44v] vornehme teutsche Herren, under andern auch Ihr fürstliche Gnade der ältiste herr Pfaltzgraff sich mit *præsentirt*en, mit der lantzen nach der quintanen zu renen. Davorerst die teutschen Herren sich in gesambt auf den reitplatz gesamlet, und durch die statt also in solchem *Pomp* yber den großen marck, obwo die haubtwach sich sämbtlich inß gewehr stellete und *præssendirte*, ordentlich geritten, also bis vor hochermelt Ihre durchlaucht *Palatium*, alwor bereits Ihre durchlaucht mit der *Seneser* Ritterschafft gehalten, woselbst sie nachfolgents gegen einander geritten, und hat gegen Ihr durchlaucht hochbesagte Ihr fürstliche Gnade der ältister herr *Palatinus* das *brabeum pretium* erhalten.[289]

Die Statt *Siena* belangent, so viel damalß zu *observirn* geweßen, ist selbige nicht allein zimlich groß, besonder durchauß wohl erbauet, mit feinen großen heußern und *Palatien* geziret; wird wegen der hohen schull, zimlich *pronunciation* der *Itali*enischen sprachen, und Ritterlichen *exercitien* halber von villen *nationen*, bevor[290] von dem Teutschen, starck *Frequentiret*. Sie ligt gar uneben yber berg und thall, aber sehr lustig, dan man allenthalben viell meill inß landt, so yber all woll erbauet, sehen kann; ist durchgehents mit rotten Zigelstainen gepflastert, und wirdt wan es geregnet, in einer halben stunde in der gantzen statt wider trucken. Der große marckt oder haubt Platz, ist zu vergleichen einer *Jacob*muschell, so in einer halben rundt mit weißen *marmor* steinern, bis unden da sie alle in einen orth zusamen kommen, außgesetzt. Under dem vornembsten kirchen ist der Thumb, welcher so wohl in[n]en allß

Siena

---

288   Seit 1569 gehörte Siena zum Großherzogtum Toskana, stand also unter der Herrschaft der Medici: Statthalter war zu der Zeit Mattias de' Medici, Sohn von Cosimo II. und Bruder des damaligen Großherzogs Ferdinando II. Mattias hatte sich im Dreißigjährigen Krieg bewährt: An der Seite der Habsburger hatte er an der Schlacht bei Lützen und bei Nördlingen als General der Medici-Armee teilgenommen. Aus Deutschland brachte er viele technische Instrumente nach Hause zurück (prächtige Quadranten, Astrolabien, Kompasse, Bergbau- und Vermessungsinstrumente). Mattias war ein großer Liebhaber von Jagd und Pferderennen, interessierte sich aber auch für Kunst, Musik und Theater.

289   *Brabeum pretium* bzw. *premium*: erster Preis, Siegerpreis

290   vor allem

außen gantz von weiß und schwartzen *marmo*, darinen seindt alle Päbste von anfang biß auf jtzigen Pabst *Urbanum octavium* [45r] abgebildet mit Ihren nahmmen. Under ander auch, werden jetzo an Norden seiten 2 Altäre erbauet, da vornehmlich zu sehen, 2 staine von *marmo*, die eine landtschafft, allß wehre es aufgemahlet, oder geschniten nattürich zeichen thut. Es ist sonst ein trefflich gebeu, und werden zu hohen fest[t] agen, das schwerdt *Petri* und ander heyllige *Reliquien* gezeigt.

Der Groß Fürst *Cosmus* hat nebst die statt eine starck *fortezza, contra mutinatione deli ottadini*[291] legen laßen; selbe ist besetzt mit 300 teutscher Soldaten, und halten sonst auch Ihr durchlaucht etlich *Compagnien* Teutscher knechte für Ihr Leib*guardia.* Die gegende umb die statt allß schon gedacht ist berg und thall, aber voller gebeu, Stättlein, schloßer unnd höffe, auch das landt voller Weinberge, öelbaime und ander früchte der acker aber, wie wol er in der nähe umb die statt guet ist, so wirdt er doch in etwen davon etlicher weegen auch gering befunden. Sonst ist die statt alzeit mit allerhandt lebenßmittel zur genüge versehen.

Siena war für studierende und adlige Reisende aus Deutschland ein idealer und sehr beliebter Aufenthaltsort, besonders aufgrund der Liberalität gegenüber nichtkatholischen Studenten. An der Universität (die „hohe schule") besaß die deutsche Nation zahlreiche Privilegien; in Siena pflegte man die reine italienische Sprache und es gab zudem eine berühmte Ritterakademie, die praktische Fertigkeiten und den neuen höfischen Lebensstil vermittelte. Der junge Edelmann sollte lernen, sich in vornehmer Gesellschaft zu bewegen, sich stets angemessen zu betragen, angenehm zu konversieren, in jeder Situation den richtigen Ton zu treffen; außerdem konnten ausländische Gäste am regen Hofleben, an den zahlreichen Turnieren, Rennspielen und Jagdpartien teilnehmen und wurden als Darsteller bei den lokalen Festveranstaltungen herangezogen (s. Abb. 25). So war Siena der perfekte Treffpunkt und Sozialisationsort für europäische Adlige, unter denen die Deutschen eine große Rolle spielten.[292]

Die Brüder immatrikulierten sich auch hier,[293] aber der Bericht hebt deutlich

291 eine Festung, um sich gegen Bürgeraufstände zu wehren, die in den vergangenen Jahrhunderten häufig aufgetreten waren.

292 Über die beliebtesten Ziele der deutschen Reisenden in Italien vgl. Berns: Peregrinatio academica (wie Anm. 1), S. 167-168; Bötefür: Reiseziel ständische Integration (wie Anm. 1), S. 38; de Ridder-Symoens: Die Kavalierstour im 16. und 17. Jahrhundert (wie Anm. 8) S. 213; Stannek: Telemachs Brüder (wie Anm. 1), S. 71-72; Keller: Von der Nützlichkeit des Reisens (wie Anm. 229), S. 438-440.

293 Die Matrikel der deutschen Nation in Siena (1573-1738). Hg. von Fritz Weigle. Tübingen 1962, Bd. 1, S. 279 und 281. Am 14. November 1642 trugen sich ein: Christianus ab Braitenstain (Nr. 6953) und Johannes Ludovicus ab Braitenstain (Nr. 6954); von den Mitreisenden immatrikulierte sich in Siena nur der Hofmeister (Michael Zarlangius Marchiacus, Nr. 7011).

hervor, dass man sich vor allem den ritterlichen Fertigkeiten widmete, insbesondere Reiten, Tanzen und Fechten, und die meiste Zeit am Hof verbrachte, denn in Siena war die Akademie völlig in den städtischen und höfischen Kontext integriert. Der Statthalter Mattias de' Medici, der eine Vorliebe für Deutschland hatte, schien den Sulzbachern besonders gewogen zu sein und lud sie oft an den Hof ein; im Reisetagebuch überwiegt tatsächlich die Schilderung höfisch-gesellschaftlicher Momente, in denen sich CA besonders auszeichnete. In den Rechnungen sind die Ausgaben für alltägliche Bedürfnisse (wie Licht, Holz, Wein, für die Pferde Hafer und Heu) belegt, die Kosten für das gesellschaftliche Leben spielen jedoch eine große Rolle: Stühle im Konzert, Kamisolen, Handschuhe, eine neue Klinge, Lohn für den Sprachmeister samt spanischen Büchern, für den Schreibmeister, den Maler, der eine Lanze für das Turnier bemalt hat, für Musikinstrumente usw.

    Obwohl ein längerer Aufenthalt geplant war, ergab sich unerwartet eine sehr günstige Mitreisegelegenheit; so wurde beschlossen, die Italientour mit einem leider nicht näher identifizierbaren Herrn Memmio gleich fortzusetzen. In Siena blieben sie also insgesamt drei Wochen, vom 11. November bis zum 1. Dezember 1642.

Vom 2. *decembris* brachen wir von *Siena* auff, *passirten* ▬▬▬▬

auf 6 meill das stättlein *Lucignano*, weiter in 5 meill ein   2. Dezember

stättlein *Buon Convento*; reiseten ferner 7 meill biß *Torni-* ——————

ero, einen mark[294] aldar wir vernachteten. Den 3. 8 meill geraiset, da ließen wir ein bergschloß *Castilion* zur rechten handt ligen und kammen aldar durch ein waßer, die *Lorschow* genandt;[295] noch ein ander Bergschloß *Campelio* zur rechten handt ligen laßen, zu mittag aber bey dem starcken bergschloße und Vesstung *Ratingeofoni* in dem darunder gelegenen Wirthshauße Mahl gehalten, war in allem 16 meill biß darvon [Lücke im Text] abzurechnen.[296] Dißeß schloß war starck besetzt, geheren alle 3 jetzbemelte dem Großhertzogen zu. Zu nachmittag ein wenig davon ließen wir zu beitten seitten 2 schone Castell *Celle* und *Paona*; nachgehents kammen wir dur[ch] ein Waßer die *Faga*, ließen zur rechten ligen eine schöne statt *Proscieno*, dem *Cardinal Storzia* zustehent.[297] [45v] In etwen ferner, kammen wir yber eine fein erbaute brucken, so Babst *Gregorius* XIII. hat laßen erbauen; nahe darbey ligt die statt *Aqua pendente* auf einen hohen felßen in einen Wincken, so man nicht ehe, biß man gar

---

294   Torrenieri, ein Ortsteil von Montalcino in der berühmten Weingegend – ,mark': Gebiet, Landstück

295   Orcia

296   Am südlichen Ende der Val d'Orcia erhebt sich die mächtige Burg von Radicofani, die die Grenze zum Kirchenstaat markierte. Hier hielten alle Reisenden in der sog. *Posta medicea* an, einem schönen, von den Medici erbauten Renaissance-Gebäude, wo sich damals Poststation, Wirtshaus und Zoll befanden. www.comune.radicofani.siena.it/home/Vivere/Luoghi/Posta-Medicea.html

297   Proceno, ehemaliges Lehen vom Kardinal Guido Ascanio Sforza (1518-1564).

nahe dabey kombt, ersiehet, gebauet ist, und ist der eingang oder schlu-
ßel deß Babstlichen stuhlß, daselbst seind schöne spring Waßer, auch im
haißesten sommer sehr frisch; *logirten alla Corona*, von *Siena* biß dahin
helt man 34 meill.

━━━━━━━━━━ Den 4. *decembris passirten* wir auf 2 meill davon das
4. Dezember   stettlein *S. Laurenzo*, ligt in der runde gantz auf einen fel-
─────────── ßen, gar eng in ein ander gebauet. Das gantze landt von
Siena bis dahin ist sehr bergig, steinicht und unfruchtbar ohne sonderlich
acker und wein, bevorab in regenß Zeiten sehr muhsamb zu reisen. 2
meill ferner ligt ein stettlein *Bolsena* an einen großen See auch also genandt; in selben See ligen 2 Inßuln, auf jeder stehet eine kirche, in einer
soll begraben ligen eine heillige Jungfrau *Catharina*.[298] Umb diße gegne
ist das landt in etwaß beßer, auch etlicher maßen mit wein bepflantzet;
von dar durch einen großen waldt ist noch 7 meill bis zur Statt *Montefi-
ascon*.

Diße statt ligt auff einen hohen berge, daß man sie von weitem sehen
und erkenen kann; etliche wollen ihren nahmen dahero [Lücke im Text],
weill sie einer flaschen gleich im grunde geformiret und erbauet sein soll.
Daselbst wächßet ein schöner *Muscadel* wein, wird von den besten in
Italiæ gehalten; eine Capell ist unden vor der statt, darinen eine grabschrifft auf einen steine mit meßingen buchstaben zu leßen: *Propter ê est,
Dominus meus mortuus ê*, welcheß erzehlet wird, ob sey eineß mahlß
ein Prelladt geweßen, welcher außgeraist, seinen [Herrn] voran zureitten,
und wo er guetten wein findt, an die thür zu schreiben befohlen *est est*.
Wan der Herr nun solcheß geleßen, hat er getruncken. Zu *Montefiascone*
aber solle er sich in dem guetten Mußcadell wein sich zu todt gesoffen,
und sein diener ime[299] dieße grabschrifft gemacht haben.

Wir hilten sonst mittag vor der statt in einem an der landtstraß [46r]
gelegen[en] Wirthßhauße; selbigen tag reiseten wir noch 10 meill biß in
die statt *Viterbo*, logirten *alla Campana*. Diße statt verwaldet der *Cardi-
Viterbo*   *nal farnese*, hat ein fein Schloß, ist wohl erbauet und sonderlich mit
schönen rohr Casten unnd Waßer künsten geziret, liget in einer sehr lustigen gegne, mit viel feinen heußern, Weinbergen, Acker und fruchtbaren, bevorab mit viel öliven baimen, gantz erfüllet. Der weg von darauß

───────────────

298 Die Märtyrerin Cristina von Bolsena wurde in der Umgebung besonders verehrt
    und die ihr gewidmete Basilika, die eine Station auf dem Pilgerweg nach Rom (*via
    Francigena*) darstellte, war unter den Pilgern sehr beliebt.
299 ihm

nach Rom zu ist schir bey einer halben teutschen meill durch einen berg gar durchgraben und eben gemacht, da man vorhin mit großer mühe ybergehen mißen.[300] Den 5. *pasirten* wir nach volbrachten 10 welischer Meill 2 feine stattlein *Caprarola et Sudri*, allebeide auf steyle klippen und felßen erbauet. Bey der letzen seind sehr viel *Grotten* und *Cavernen* sowol an der strab[301], allß auch weit im Walde herumb, die gar weith under den felßen und bergen hinnein gehen, etliche vorn vermauert, wie alte gebeu. Haben also gegen dem abent den feinen marck *Monterosa* erraicht und *alla Campana logir*dt, seindt von *Viterbo* bis dahin 22 meillen.

Den 6. gingen wir 12 meil bis ein Wirthshauß *alla Storta*, hilten daselbst mittag, von dar noch 10 meill biß nach *Roma* eine guette welsche meill. Vor *Rohma* kamen wir eine alte kirche vorbey, negst darbey stundt deß kayßerß *Neronis Sepulchrum* von weiß marmor, auf 4 Posten erhebt mit etlichen alten Romischen *figurn* und schrifften, man kent es aber nicht woll mer erkenen.[302] Also baldt wie wir vor der Statt Rohm anlangten, musten aller nahmen gesagt und aufgezaichnet werden, wurden aber etliche stunden vorm thor aufgehalden, und das gewehr an vohrn inß thor genomen, nachgehents wurden wir eingelaßen, *logirten all tre Chiave Doro*.

6. Dezember

Roma

Von Siena stellte die römische *via Cassia* die direkte Verbindungsstrasse nach Rom dar, die jahrhundertelang von allen Reisenden benutzt wurde. Diese Strecke wird als besonders ungemütlich beschrieben:[303] Der Apennin ist hier rauh und wild; die Herberge im hochgelegenen Radicofani (814 m), in einem äußerlich eleganten Renaissance-Gebäude, war hingegen ärmlich eingerichtet und ungepflegt; die Straße bergab lehmig und gefährlich … Im Tal des Flusses Paglia wird die schöne steinerne Brücke erwähnt, die Papst Gregor XIII. 1578 erbauen ließ (und die bis heute noch *ponte gregoriano* genannt wird). Über diese betraten sie den Kirchenstaat. Dann fuhren sie am landschaftlich sehr schön gelegenen Bolsenasee vorbei, denn die Straße führte innerhalb und am Rande des ehemaligen Kraters, wo sich jetzt der See befindet, entlang. Ausführlicher wird der Bericht bei Montefiascone, denn die kleine Ortschaft gab Anlass zur Erzählung der berühmten Legende vom Wein *Est!Est!Est!*, die sich bei allen Reisenden großer Popularität erfreute.[304]

---

300 musste
301 die Straße entlang
302 Das monumentale Grab an der via Cassia, nördlich von Rom, wurde aufgrund eines im Mittelalter entstandenen Volksglaubens fälschlicherweise für das Grab des Nero gehalten. Es handelte sich hingegen um den Sarkophag des Prokonsuls Publius Vibius Marianus und seiner Frau Regina Maxima.
303 Vgl. Attilio Brilli: Viaggiatori stranieri in terra di Siena. Siena 1986, S. 46-49; Riessner: Deutsche Italienfahrer (wie Anm. 280).
304 In der Kirche von S. Flaviano, auf der *via Francigena* bei Montefiascone, ist die

Weingenuss gehörte übrigens zu den Attraktionen des Landes, wie man allen Reiseberichten leicht entnehmen kann. In der Nähe von Trient wurde sofort die ‚Kulturgrenze' zwischen Bier und Wein notiert und im ganzen Bericht finden sich häufige Hinweise darauf: Bemerkungen über das Essen oder besondere Gerichte gibt es kaum, die Qualität des Weines der unterschiedlichen Gegenden wird jedoch mehrmals gewürdigt. Gemeinsames Trinken stiftete unterwegs und unter Kollegiaten eine solidarische Atmosphäre und förderte die soziale Integration; Wetttrinken und Trinkgelage waren aber nicht nur unter den Studenten, sondern auch an vielen Höfen häufig, das gehörte zu den zeremoniellen Handlungen, die von Jugend auf gepflegt wurden, und zum üblichen Zeitvertreib des studentischen Lebens. Die Ermahnung zur *sobrietas*, die in der höfischen Verhaltens- und Reiseliteratur zum Klischee geworden war, war kaum mehr als eine leere Formel.

Nach dem Mittagessen in Montefiascone erreichten die Reisenden geschwind Viterbo, dessen schöne Brunnen gepriesen werden (sie galten damals als Symbol vom Reichtum und von der günstigen Lage einer Stadt); an Caprarola und Sutri vorbei, ritten sie unverzüglich auf Rom zu und betraten die Stadt beim Stadttor *Porta del popolo*, wo sie sich einer lästigen Zollkontrolle unterziehen mussten. Die ewige Stadt war jedoch in diesem Fall nicht die Endstation: Nach einer kurzen Rast wurde die Reise nach Süden fortgesetzt.

▬▬▬▬▬▬ Den 9. namen die Herren ihre raise ferner nach *Neapolim*
9. Dezember fur, umb 12 Uhr brachen sie auff, haben etwa eine teutsche
─────────── meill von der statt viel *Rudera* und *Circos Romanorum*
passirt, nach yber brachten 12 welschen meillen, an dem daselbst anfahenden gebürge einen feinen flecken *Marina* vorbey kommen, dem *Cardinal Colonna* gehörig. Von dar baldt in einen waldt kommen, in welchem es hiebevor wegen der [46v] Banditen sehr unsicher geweßen; weillen aber gar starcke *Justiz* dargegen gebraucht, seindt sie in etwaß wider gestillet, und heist der waldt *Faiola*. Weiter vorbey kommen ein Castell *Rocca di Papa* genandt, gehort aber auch dem *Cardinal Colonna*, daselbst ist ein großer See recht mit einen felßen rundt umbgeben, allß were er [hin]nein gehauen, sollen die herlichen fische darinen sein. Weit-

---

Grabschrift eines Geistlichen, Johannes Defuk (angeblich ein Fugger, aber über seine Identität und Herkunft kursierten zahlreiche Varianten), zu lesen, der sich dort zu Tode gesoffen habe. Auf dem Weg nach Rom, wo er 1113 der Krönung Heinrichs V. zum römischen Kaiser beizuwohnen hatte, trug er seinen Knecht Martin auf, ihm vorauszueilen, um unterwegs jede Gaststätte mit besonders gutem Wein im Ausschank mit einem *EST!* (es gibt [hier guten Wein]!) an die Tür zu kennzeichnen. In Montefiascone war der Wein so gut, dass Martin dreimal *EST!EST!EST!* schrieb. Auf dem Rückweg hielt sich Defuk wieder mehrere Tage in Montefiascone auf, bis er, wegen übermäßigen Trinkens, verschied. Sein treuer und geistreicher Knecht ließ ihm auf der Grabplatte einen lateinischen Spruch eingravieren, in dem das Verb *EST* dreimal vorkommt. Vgl. Rosella Omicciolo Valentini: Mangiare medievale. Alimentazione e cucina medievale tra storia, ricette e curiosità. Tuscania 2005, S. 101.

ter vorbey gekomen ein feine Vösstung aufm berge ligent *Neppe*, item
einen feinen orth *Civita Lavima*; bis abents nach *Velletrj* eine feine statt,
und 22 meill von Rohm entlegen, *Cardinal Lande Residirt* und *Gubernirt*
daselbst. Seindt *logirt all hosteria della fontana*. Da herumb giebtß ge-
sottene weine, seind woll lieblich aber nicht allerdingß gesundt zu trin-
cken; der weeg ist sehr steinigt, und unannehmblich zu raisen, sonst
giebts viel Castanien baime allenthalben daherumb.

    Den 10. geraiset 6 meill; dagegen zur lincken ein ▬▬▬
Castell auffm berge ligt *Monte laniki* genandt, deß Pab-   10. Dezember
steß; gleich dariber am berge auch eine große statt *Core*,
daselbst der *Cardinal Burghese*, ietzo deßen *Nipotes* daruber zu gebüet-
ten haben. Auf 2 meil ferner eine *fortezza Cisterna*, dem Printzen *Caeta-
no Vasallo del Re di Spagna* zustehent; weiter aufm berge eine starcke
Vestung ligen sehen, *Norma* genandt, dem *Burgehesi* gehörent; dißem
gleich ligt wider eine groß statt *Sermoneta*, jetzbenanden Printzen auch
zustehent, darinen eine starcke *fortezza*, und werden viell Soldaten alzeit
darinen gehalten. Daherumb seindt yberauß viel oliven, underhalb der
statt ist ein Wirthshaus, *L hosteria di Sermoneta* genandt, daselbst der
Wirth und die Wirtin Spanisch, aber doch feine leute geweßen, und zimblich *Tractiret* haben. Von *Velletri* biß dahin ist in allem 15 meill, daherumb soll es sehr viel Wildt am Hirschen, Rehen, Schweinen und dergleichen geben. Zu nachmittag auf 2 meill durch einen Paß kommen, selbest
ligt ein hoher thurm aufn felßen, gehört nach *Sermoneta*; man gibt alda
nach belieben ein [47r] trinckgelt. Ferner geraiset 6 meill, aldar zur lincken, die statt *Selia*[305] amb berge ligt, wegen deß gutten Weineß so aldar
wächst, beruhmbt und wohl bekant, geheret dem Pabste. Darnach zu *Piperno*, so auf einen hohen und felßigten berge ligt, gelanget, dardurch die
landtstraß gehet, und underhalb der statt in einem Wirthßhauße *Lhosteria
di Piperno* genandt geblieben, ist 12 meill. Daselbst stehen sehr viel oliven, auch giebts viel büffelochßen daherumb, darbey ligt ein Castell *Rocca Seccha*, gehört auch nach *Piperno*.

    Den 11. auf 3 meill ein Closter *Unbadia defossa* ▬▬▬
Nuova, darinen seindt *Dominicaner* Münche, ist dem   11. Dezember
Cardinal Barberino undergeben, giebt sehr viel oliven
daselbst. Von dar weiterß in 12 meill von *Piperno* eine statt *Terracino
passirt*, ligt nahe am Mer, darbey ist ein hoher felß, auf welchen etliche

Velletri

---

305 Sezze

stucke stehen, und gemacht wie eine vestung. Von dar kan man allzeit zu Wagen auch nach *Neapolim* fahren, da fenget sich an *la Strada Appia.* Weiter 2 meill bis einen alten Paß dem Pabst gehörig, eine meill weiter ist noch ein kleiner Paß *Portello* genandt,[306] da fangt sich an das *Neapolitan*ische gebüethe, und muß man den namen von sich sagen. Gleich darbey ligt auch eine statt *Monteschell,* 4 Meill ferner die statt *fundi* erraichet, ist in allem 22 meill von *Piperno;* daselbst im Wirthßhauße *Mutor* genandt, *logi*rt. Es giebt sehr viel Citronen, Pomerantzen daherumb. Zu nachmittag im gebürge auf 4 meill ein *Epithaphe Pihippi II. Rege Hispaniae* gefunden;[307] daruff durch einen großen flecken *Idri* kommen, weiterß nach *Nola* ein groß dorff nahe am Meer gelegen, kammen. Daselbst die nacht verblieben, ist 10 meill von *Fundi,* herumb gibts sonderlich viell *Citronen* und Pomerantzen, auch schöne und frische Waßer; daselbst seindt zu sehen sehr viel *rudera* einer Statt *Dofunda* genandt. Gegen yber bey *Mola* ligt die Statt *Caeta,*[308] ein schluss alleß reichß ist; umb einen berg her, *la Trinita* genandt, eine starcke Vestung ist sonderlich daran [47v] erbauet.

Fondi

— — — — — — — — — Den 12. *passirt* zur rechten eineß *Casteels Lorata* gen-

12. Dezember   andt, weiter *la Torra di Tracta,* von dar gehet eine mau-

— — — — — — — —   er[309] biß nach Caeta und anß Meer, in welcher frisch waßer biß dahin vor dißem geleitet worden, und endet sich daselbst der weeg *Via appia* genandt. Weitter yber ein waßer *Gargliano* kommen, dariber eine feine bruck, so *Philip IV. Rex Hispaniae Anno* 1631 hat laßen erbauen. Daselbst herumb ligen feine örter: *Castello forte, la Citta di Sessia* und mehr, dem *Duca di Medina* gehörig; auff eine meill wider gemittag im dorff *Cascano,* ist 18 meill von *Gargliano* obhaben wir guetten weeg gehabt. Von *Sermoneta* bis hieher seindt gar vill *oliven* beume, allß wie ein waldt zu zeiten zu finden; zu nachmittag nach

---

306 Der Turm oder Pass von Portella, heute in der Gemeinde von Monte San Biagio

307 Diese Strecke der römischen *via Appia* ist spektakulär und windet sich in einer Umgebung aus besonders schroffen Kalksteinreliefs, den Aurunci-Bergen, empor. Die imposanten Straßenbauwerke sind heute noch erhalten: Meilensteine, Brücken, Felseinschnitte, mächtige Stützmauern. Umfängliche Instandhaltungsarbeiten waren im Jahr 1568 von Parafán de Ribera, Vizekönig von Neapel, im Auftrag Philipps II. von Spanien durchgeführt worden und durch eine Inschrift unterhalb des Itri-Passes festgehalten.

308 Mola, heute Stadtteil von Formia, und Gaeta

309 Gemeint ist ein römischer Aquädukt, der die Villen an der Küste und die Stadt mit Wasser versorgte.

volbrachten 6 meillen, etliche örter vorbey kommen, under ander *la Tore Di Francolien;*[310] bis zu abendt langten wir zu *Capua*, ist eine alte unnd große Statt, mit Mauern und Bolwerk zimlich versehen, hat einen trucknen graben, und der fluß *Vulturno* neben sich hinflißen. In dißer Statt ist geschwechet worden der *Carthaginenser* feldt obrister *Hannibal*, welcher viel Jahr große krige wider Rohm und *Italien* geführet hat. Die statt ist wohlgebauet, hat sonderlich schöne kirchen und Closter, auch einen lustige gegne.

$\quad$ Den 13. durch einenn Flecken *Aversa* 8 meill, folgents guet zeit erreicht die berumbte und königliche haubt Statt *Neapolim*, ist auch 8 meill, und *logirt allaquila Negra.*[311]

Capua

■■■■■■■

13. Dezember

Napoli

Die Fahrt von Rom nach Neapel dauerte normalerweise fünf Tage und es war besonders wichtig, sie gut zu organisieren. Der bergige, mit dichten Kastanienwäldern belegte südliche Teil des Kirchenstaates war wegen häufiger Angriffe von Wegelagerern sehr gefährlich; obwohl die (im Bericht erwähnten) energischen Maßnahmen vom Papst Sixtus V. (1595-1600) gegen das Banditenwesen die Sicherheit teilweise hergestellt hatten, war es immer noch ratsam, sich einer größeren Gruppe anzuschließen oder einem erfahrenen *vetturino* anzuvertrauen.

$\quad$ Geführt von Herrn Memmio, verließ die Reisegruppe Rom auf der *via Latina* und durchquerte die berühmte Weingegend der *Campagna*, an gewaltigen römischen Überresten vorbei, die aber lakonisch als Trümmer, „viel *rudera*", bezeichnet werden. Marino, Rocca di Papa, Lanuvio, Velletri: Hier schlug man die *via Appia* ein, die ‚Königin der Straßen‘, die schnurgerade nach Süden führte. Weiter südlich war sie jedoch seit dem frühen Mittelalter in den Pontinischen Sümpfen versunken, die sich von Cisterna di Latina fast bis Terracina erstreckten, und um diese malariaverseuchte und gefürchtete Gegend zu vermeiden, reiste man auf einer Art ‚Umgehungsstraße‘ über die Hänge der Monti Lepini: Sermoneta, Sezze, Priverno, Fossanova, Terracina – hier gelangte man ans Meer und wieder auf die *via Appia*. Vielleicht vom grauen Dezemberwetter beeinflusst, würdigt der Bericht kaum die blühende südliche Landschaft, die die meisten Reisenden an der Küste angenehm überraschte. Die Gruppe schlug also die *via Appia* ein und fuhr ohne Abschweifen durch Zitronen- und Pomeranzenbäume weiter.

$\quad$ Bei Portella erreichten sie eine neue Grenze: Die nächste Stadt, Fondi, befand sich im Königreich Neapel. Auf dem Weg nach Süden, wie schon in der Umgebung von Rom, eröffnet sich ein anderes Kapitel der Geschichte Europas: Es ist die römische Antike, die mit stetig zunehmender Kraft den Reisenden imponierte. Imposan-

---

310 Der Turm von Francolise

311 Der Gasthof ‚zum schwarzen Adler‘ in via Santa Lucia (am Meer bei Castel del l'Ovo) wird in zahlreichen Reiseberichten aus dem 16./17. Jahrhundert erwähnt und war unter den Deutschen sehr beliebt, weil der Besitzer selbst (mindestens einige Jahrzehnte lang) ein Deutscher war. Zaniboni: Alberghi italiani (wie Anm. 50), S. 158-159.

te Gräber, die Überreste von monumentalen Bauten, Aquädukte, die Straße selbst... Die Stadt Capua erinnert unmittelbar an die wechselnden Ereignisse der Kriege zwischen Rom und Kathago, als Hannibal um die Stadt kämpfte – das alles schien aber die Aufmerksamkeit der Reisenden nicht besonders zu fesseln, die ganz auf das nunmehr nahe Ziel konzentriert sind: In den vorgesehenen fünf Tagen traf die kleine Gruppe ohne unangenehme Zwischenfälle in der königlichen Hauptstadt Neapel ein, dem am weitesten entfernten Punkt ihrer langen Tour.

14. Dezember

Den 14. haben wir besehen das *Castell Nuovo*, von den Frantzoßen erbauet, ist mit einen tiff aber trucknen graben, groß und starcken mauern und 5 starcken thürmen umbgeben, alleß von großgehauenen steinen erbauet, underschidliche schöne, so am Meer erbauet, die statt und mehrhaffen[312], zu beschutzen; under ander eineß weith in Meehrhaffen eingebauet, darauff ein großer thurm, auf welchen, zu nachtzeit licht zeit gesetzt wirdt, daß sich die Schiffe im Meer darnach zu richten; gleich hiriber ist ein fester Thurm, worin eineß königß Sohn, genandt *Coradinus*, ein Hert[z]og auß Schwaben lang gefangen geweßen.[313] Alß die Spanier die Statt und konigreich [48r] *Neapolim* sich wider *Subiect* gemacht, und die Frantzoßen wider darauß gebracht, haben sich die Frantzoßen auf selben noch in 6 monath gehalten, hernach auß hunger ubergeben mußen. Dabey ligt weitter ein Inßul im Meer, auf welcher das *Castell Vecchio* oder *Ovo* genandt. In der statt, das gewaltige *Castell S. Helmo* auf einem hohen berge, auff welchen sie wie inß Meer sehen, und also wen etwa schiffe verhanden, die sich feindlich halten, thun sie allzeit etliche stuck geschütz laßen; diße *Casteele* werden alle sehr starck und fleißig von den *Spaniern* bewacht.

16. Dezember

Vesuv

Den 16. ritten die Herren hinnauß zu besehen den beerg *Vesuvium*, sonsten auch *Soma* genandt, weillen man, wie gesagt wirdt, den nammen von dißem dorff soll gefunden haben; ist 8 meill von der statt abgelegen, auf 4 meill *Per la terra Di Porteci* geritten. Dißer berg hat *anno* 1631 angefangen zu brenen, und 24 stundten gebrandt, hat oben ein solcheß loch gemacht, so in Umbgraiß 3 teutsche meill hat, ist yber auß tieff, und gehet noch imer in der mit ein starcker rauch herrauß, und ist von schweffel und dergleichen *materie* ein

---

312 Meerhafen
313 Konradin (eigentlich Konrad), Enkel von Friedrich II. und letzter männlicher Erbe der Stauferdynastie. Er war Herzog von Schwaben (Konrad IV.), König von Jerusalem und König von Sizilien; erst 16-jährig, wurde er am 29. Oktober 1268 von Karl I. von Anjou in Neapel hingerichtet.

gantzer schüet und hauffen rundtherumb aufgeworffen, allß wehre es mit fleiß gemacht, rauchet auch noch an viellen orthen am berge herumb, und ist von außen der gantze beerg mit aschen yberschüdet, und alleß erdrich verbrandt. Die flamen seindt so gewaltig und graußamblich herauß geschlagen, daß wan der windt sich nicht gewendt, man vermainet es wehre die gantze statt *Neapolis* darauff gangen, ungeacht Es zimblich weit davon. Wo sonst der beste wein, ackerbau und andere die schönste früchte geweßen, ist jetzo alleß verbrandt und verderbet, und hat auff etlich meill, das meer gleichsamb, allß kochte es, sich davon erhitzet.[314] Der Ertzbischoff, so daselbst seine Wohnung in der nähe gehabt, hat sich mit großer Lebenßgefahr, ehe die gluet ihn erraicht, mit einer kleinen Barquen aufs hohe Meer begeben, und kaum nach *Neapolim* kommen. Es wechßet noch nichts in der nähe herumb, ist alleß sehr greulich anzusehen. [48v] Da herumb seindt jetzo aber viel warme bäder, die so subtil, wan krancken hinnein kommen, entweder balt sterben, oder geschwindt gesundt werden.

Selben tageß noch die in der statt *Neapoli* schöne und neu erbaute *Jesuiter* kirche besehen, welche von schöne quatter stucken Creutzweiß gebauet, wolgewolbet, und allenthalben schön verguldet. Darbey ist noch eine schöne kirch *S. Chiara*, in welcher ein könig von Franckreich begraben ligt. Noch ist eine schöne kirche *al Monte Oliveto* genandt, darinen ligt begraben, in nur einen hiltzern sarge der erste *Vice Re di Napoli* mit seinem Sohn *Carlo de Noia*, item ein Holsteiner vom Adel *Johan* Alefeldt, hat ein schön begrabnuß von marmor, ist anno 1581 aldar gestorben;[315] sonst seindt viell alte königliche Fürsten und ander vorneh-

---

314 Der schreckliche Vesuvausbruch im Jahr 1631 gab Anlass zu einer Vielzahl von Flugschriften, Berichten, Drucken und Illustrationen, die sich in ganz Europa verbreiteten. Berühmt ist z.b. der (erst später gedruckte) Reisebericht von Hieronymus Welsch, der sich gerade in Neapel befand und als Augenzeuge davon erzählt: *Warhafftige Reiß-Beschreibung / Auß eigener Erfahrung / Von Teutschland / Croatien / Italien / denen Insuln Sicilia, Maltha, Sardinia, Corsica, Majorca, Minorca* [...]. Nürnberg 1658.

315 Heute S. Anna dei Lombardi a Monteoliveto, ein bedeutendes Beispiel der toskanischen Renaissance in Neapel und Lieblingskirche der aragonesischen Dynastie. – Der Däne Hans von Ahlefeldt (6.6.1557-16.6.1581) starb in Neapel, während er auf Italienreise mit seinem Bruder unterwegs war. Es war üblich, dass Reisende jedes Zeichen der Anwesenheit ihrer Landsleute zur Kenntnis nahmen (vgl. Werner Paravicini: Von der Heidenfahrt zur Kavalierstour. Über Motive und Formen adligen Reisens im späten Mittelalter. In: Wissensliteratur im Mittelalter und in der frühen Neuzeit. Hg. von Horst Brunner und Norbert Richard Wolf. Wiesbaden 1993, S. 91-

men Herren begrebnuß darinen zu sehen, under ander deß königß *Alphonsi* schöne alte begräbnuß von marmor, wohl erbauet. Selbigeß tagß ist das fest gehalten, welcheß angesteldt worden, wie der berg *Vesuvius* hat aufgehört zu brenen, und die statt durch Gotteß hilff und gnade erhalten worden.

	Folgenten tageß seindt wir frue auf geweßen, auß nach
17. Dezember	*Pozuolo* zu reiten, welcher orth auch 8 meill abgelegen.

Nicht fern von der statt fenget sich an der berg *Pausilippo*, durch welchen ein weeg gemacht in die 1 000 schridt oder woll eine welsche meill lang, so groß, daß 2 wagen gar graum neben einander fahren könen; in der mit[te] hengt allzeit ein licht, darinen auch entgegen dem licht ein Capell, in welcher noch sein soll ein imerbrenendeß licht. Zur ende dißes finstern bergeß ist ein feiner flecken, genandt *Terra fuora la Grotta*; von dar ist all wege ein beßer weeg im gebirge, bis *al Monte Sulfatara*, darinen eine gleine hölle *La Grotta del Cane* oder *Muffedi* genandt, ist voran etwa eineß maneß tieff, und in die 12 schridt lang, auß welcher ein so gifftiger gestanck gehet, daß wan ein hundt oder ander thier hinnein gehalten wirdt, das selbe alsobalden erliget, daß man gar kein leben an ihn spiret;[316] sobaldt er aber wider herauß wird gezogen, oder viemehr in den negst darbey gelegnen kleinen See genetzt wird, [49r] ist er sofordt wider so frisch allß vor. Man kan zwar keinen dampff sehen herauß gehen, schadet auch niemande, der dabey oder gleich yber dem loche aufgerichts stehet; wan man sich aber zur erden mit dem gesicht neigt, thut manß gleich empfinden, und so man eine brennende kertzen oder Fackel yber selben dampf nahe zur erden hält, verlischet dieselbe, allß wurde sie mit fleiß außgethan. Das waßer dabey wirdt genandt *lago D'Agnano*, daselbst seindt auch 2 schöne warme bätter *Stuffe di S. Germano*, worinen allerley kranckeiten, *Salvo honore, li mali franceso*,[317] auch die taubsichtigen *curiret*, und durch krafft der bäder zu recht bracht werden.

Ferner am weege ein loch gesehen, darin es heiß, daß man nur ein wenig drin bleiben kann; darbey zur lincken ein *Capell* gelegen, darinen das bluet deß *Divi Januarij*, sein Kopff aber in *Neapoli* verhanden, auf ein gewiß fest deß Jahrß soll der Kopff dahin zum bluet gebracht werden, so soll es sich bewegen. Gleich darüber ist der *Monte Christi*, bey deme

---

130, insbes. S. 101-117).
316   spürt
317   mit Verlaub, die französische Krankheit (Syphilis)

zur rechten hanndt zu dem berg *Solfarato* gekommen, welcher inwendig einen großen platz auff eine teutsche meill in umbgraiß hat, und dero fast gantz holl ist; allenthalben umb selben ist ein großer rauch, es werden allweill viel arbeitter gehalten, die den schweffel kochen, und in großer menge bearbeitten.

Von dar ab ferner nach *Puzolo* kommen, haben unß daselbst bey dem *Gubernatore* angeben und den von *Vice Re* erhaltenen Paß vorzeigen müßen. Nachgehentß haben wir die *Villa Ciceronis* oder *Academiam*, wie sie es nenen, gesehen, ist aber alleß verwustet. Von dar ab nach der hölle *Sibyllae* kommen, selbe ist rundherumb mit *Musai*schen arbeit gemacht geweßen, in 100 schridt lang und 4 breith; der eingang ist etwaß verfallen, also daß nicht wohl hinnein zu kommen; darinen ist das badt und die Cammer der *Sibyllen* noch zu sehen. Die gantze *Grotte* ist yberauß groß, in die drittehalb welscher meill lang gewest, aber verfallen; es ist alzeit sehr heiß darinen. Nahe darbey ist ein See, *lago d'averno*; an selben See liget noch *Il* [49v] *Tempio Di Mercurio*; darbey auf einen berg ligt noch ein alteß Castell *S. Angelo Curvano* genandt, welcheß die Frantzoßen verwüestet haben. Von dar wieder underhalb einen zimblichen berge wegs geritten, *Nono* genandt, welcher wie unß berichtet, sich von lautter aschen von den berge *Solfarata*, wie selbiger gebrandt.

Von dar geritten nach *Baias* hart am Meer gelegen, underweegß aber zur rechten handt ligen sehen *Campum Elisyum* davon die Pöetten *fabulirn*, allß were es der himmel.[318] *Baja* ist geweßen eine schöne statt, itzo aber, gleich wie auch schir *Puzzolo* nicht viel mehr davon zu sehen, allß etliche *rudera* der mauern so gar yber ein ander gefallen. Vornemblich ist noch ein stuck vom *Templo der dianæ*, item der *Veneris* und das begrebnuß der *Agrippinæ*, deß *Neronis* Mutter, soll aber jetzo, wie man bericht, zu *Neapolis,* in *S. Dominij* kirch ligen. Diße begrebnuß aber ist gewolbet und allerhanndt haidnische *Historien* in Gypß darin abgebildet; weill es aber sehr verfallen, muß man fast hinnein krichen. Negst darbey ist die Capell *Saturni*, welche auch in solcher arbeith schön gezihret geweßen; darin ist ein baum, so zum stain geworden, Mehr viel andere denckwirdige sachen, darauß wohl abzunehmen, daß es ein vornehmer orth *Sule Republica Romana* muß geweßen sein. Dabey auff einem berge ligt ein Castell, so das Castell *di Baia* genandt; soll sehr vest sein und kan dißeß und *Puzzolo* ein ander *Secundiren*, daß also ohne deren willen kein schiff

(Marginalien:) Pozzuoli

Baia

---

318 Hinweis auf das Elysium, die ‚Insel der Seligen' der griechischen Mythologie

vorbey *passirn* kann.

Im ruckweege, auf einem berge eine schwartze seule gesehen, daselbst der *Tempel Jovis* geweßen; item nahe am Weege *La Villa* oder
Palatium di Pompeio, nach deme die bäder *Ciceronis* in welchen wir
geweßen, deren 10 in einem gemach, und mitten ein groß badt gesehen,
ist aber heundtzutag verdorben und kaldt. Oben an dem badt soll ange-
schriben geweßen sein „wer zu ein jedeß dienlich", aber die *Doctores*
von *Aquilegia* haben alleß abgerißen, und verdörbet, weill sich jederman
deßelben und ohne ihres raths und nutzens gebrauchte; so ab in gesambt,
im wider yberfahrn nach *Aquilegia*, welcheß von dar 30 meill yber Meer,
sollen ersoffen sein.[319] Daselbst [50r] verehrt man ein trinckgeldt; darbey
auff einem berge seindt die *Sudatoria Tricola* genandt,[320] woselbst ein
Hauß vor 40 Jahrn dabey gebauet; darbey ist eine *Grotte*, deren ende
niemandt finden kann, seindt yber 60 schridt nicht hinnein gewest, hat
sich so eine hitze erzeichet, viel mehr allß in einer badtstuben, und haben
auch der hitze nicht weitter geköndt; auff baden aber ists kaldt geweßen,
darinen werden allerley kranckeitten *curiret*. Noch ist darbey ein ander
Grotten, worinen zur seiten 10 kammern, under ander in einer ein tages
loch nachm Meer hinaußgehet, bey etlich 20 schridt lang; diße *Grotten*
soll gar groß geweßen sein, in die 100 kammern gehabt haben, seindt
aber bis auf diße eingefallen; darüber ist gestanden das *Palatium Neronis*. Man kan nicht darzukommen, weill es gantz verfallen, seindt aber
hin und wider viel *rudera* übrig, bis an die statt *Puzzolo*. Selbige soll vor
dißem eine große und veste statt sein geweßen, und hat under ander noch
viel *Antiquiteten*, eineß groß *Amphitheatri*; es stehen daselbst noch 14
stuck Mauern, weith inß Meer, welcheß eine bruck geweßen, yber den
hinumb auff *Baia* zugebauet; daselbst siehet und bekombt man umb ein
billig geldt viel alte müntze der alten kayßere.

Napoli Demnach haben die Herren sich wider nach *Neapoli* begeben, und
haben ihren weeg wider durch vorbesagte Grotten deß bergeß *Pausilippi*
nehmen mußen, welchen weeg, da er einmalß schir wehre eingangen,

---

319 Gemeint sind die Ärzte der berühmten Medizinschule von Salerno, etwa 60 km
     südlich von Neapel. Die Anekdote über die neidischen Doctores, die Opfer ihres
     eigenen Neides wurden, war in allen Beschreibungen der Stadt Neapel vorhanden,
     z.B. bei Benedetto di Falco: *Descrittione dei luoghi antiqui di Napoli e del suo ame-
     nissimo distretto.* Napoli 1535 (mit zahlreichen Neuausgaben). Wieso hier Aquileia
     erwähnt wird, das sich in Norditalien befindet, ist unklar.

320 Die *Sudatoria* (Schwitzgrotten) oder ‚stufe di Nerone' befanden sich in der Ort-
     schaft Tritoli, daher der Name.

Kayßer Karl der V. wider hat *reparirn* und in guetten standt bringen laßen.

Den 18. haben wir besehen das schöne Closter *S.*
Martin in *Neapoli*, darin Cartheußer orten; hat einen   18. Dezember
schönen gartten, voller Pomerantzen und Citronen, auch
allerley andere schöne früchte, rundt herumb mit schönen Creutzgängen
von marmel steinern seullen allerhandt farb; ist das Closster auch gezihret, und ligt auff einem hohen berge, nebst hirvorbesagter festung *S.*
Elmo. Sonst wardt unß auch berichtet, daß von dißem, bis zum Castell
Nuovo ein gang under der erden soll weggehen, daß sie in der [50v]
Nacht einander sollen *succurirn* können, allß auch die gantze statt an
villen orthen, underwölbet sein solle, und so die Burgerschafft bauet, sie
nicht gar tieff graben turffen. Es wirdt auch das frische waßer under der
erden auff viell meill her in die statt gelaidet[321].

   In dißer statt seindt sehr schöne *Palatia*, bevor deß *Vice Re Resi-*
dentz, welcher allweill bey 80 Schweytzer zur leib*guardia* helt, der zu
jetziger Zeit ist ein *Duca di Midino* ein Spanier, soll der teutschen *nation*
zimblich zugethan sein, wie woll wir es nicht sonders verspürn könen,
und schon yber 5 Jahr diße *Dignidet* gehabt haben; wirdt dißeß Jahr aber
noch abgewechßlet werden, und nach *Milano* wider kommen. Der ge-
weßne *Ambassedeur* aber zu *Rom Marchese Don Losuelos Vrene*[322] unnd
[Lücke im Text] werden, sonst soll keiner yber 3 oder 4 Jahr nachdem er
deß königß gnade hat, dar verbleiben.

   Diße statt *Neapolis*, so außer dißem wollbekandt, hat einen gewaltigen handl von seiden und seydenwahr, dan underschidliche gaßen, da
man nichts anderß allß *Camisol*en, strumpff, die schönsten und zirlichis-
ten, zum thaill mit goldt und silber gewircket sein. Es gibt viel vornehme
Prinzen, Marchesn und ferner in dißer statt, und ein yberauß große anzahl *Carossen*. Die statt an sich selbst ist wol erbauet, mit schönen heußern, groß und weithen gaßen, auch zimblich vest und mit starcken wercken versehen, ligt fast wie ein halber mondt am Meer her. Es giebt
daselbst einen schönen *Musqua*teller wein, allß in gantz *Italien* zu finden
sein mag, sonst wan *forestieri* etwen an seiden wahren kauffen, und kei-

---

321 geleitet
322 Ramiro Núñez de Guzmán, Duca di Medina de las Torres war Vizekönig von Neapel
     in den Jahren 1637-1644. Ihm folgte Pedro Fajardo marchese de Los Véles (†1693),
     der zuerst spanischer Ambassadeur in Rom war. Die Reisenden hatten ihn vermut-
     lich dort kennengelernt, als sie den Reisepass beantragt hatten.

nen Paß von *Vice Ré* haben, muß alleß starck verzollet werden, von einem seidene *Camisol* in 8 oder mehr, und einem paar strimpf 2 *Julii* so sich gleich auf ein guet stuck goldt belaufft.

Wan der windt guet ist, soll man von *Neapoli* ab, innerhalb 24 stunden in *Siciliam*, und nacher *Maltam* inerhalb 3 tagen, dahinen auch nur 60 meill schiffen können. *Messina* ist die haubt statt [51r] selbigeß königreichß, und *Palermo* die schönste, gantz von großen Herren bewohnet. Das königreich *Neapolis* wirdt gethaillet in 7 *Provinzi*en, soll yber 2 000 meillen in seinem begriff haben, ligt an das mittel mehr, und hat auf der seitten, gegen Morgen das *mare Adriaticum*, und gegen abendt das *mare Tirrhenum*. In dißem königreich werden gar keine Juden gefunden.

Am 13. Dezember sind die Reisenden in der durch spanische Vizekönige regierten Metropole Neapel angekommen, die im 17. Jahrhundert die größte italienische Stadt war. Für deutsche Adlige war diese Station von besonderer Bedeutung, da sie einen Besuch am spanischen Hof in Madrid ersetzte;[323] für die Sulzbacher scheint jedoch der Kontakt mit dem Vizekönig nicht besonders erfreulich gewesen zu sein, und von seiner vermeintlichen Gewogenheit den Deutschen gegenüber konnten sie kaum etwas spüren.

Obwohl die lange Reise von Rom nach Neapel anstrengend war, fing man sofort mit dem dichten Besichtigungsprogramm an. Auffällig in dem Bericht über Neapel ist die enge Verbindung zwischen der Stadt und ihrer Umgebung: Meist wurden sie als zwei klar getrennte Einheiten beschrieben – zuerst konzentrierte man sich auf die Stadt, die oft von den Stadtmauern ganz umgeben und dadurch vom Land scharf getrennt war, anschließend notierte man knappe, standardisierte Bemerkungen über das herumliegende Land und seine Bebauung. In diesem Fall sind Stadt und Umgebung tief miteinander verwoben, und im Besichtigungsprogramm wechseln sich Spaziergänge innerhalb der Stadtmauer mit Ausflügen ‚nach außen' ständig ab.

Den Besuchern hatten Stadt und Land tatsächlich viel zu bieten.[324] Faszinierend war von vornherein die pulsierende Metropole mit den schönen Palästen, der Pracht liebende Adel, die große Anzahl der Kutschen, die auf den breiten Straßen hin und her fuhren; der Reichtum, der von den mit Gold und Silber gestickten Seidenwaren symbolisiert wird; der florierende Handel, die üppige Pflanzenwelt, der geheimnisvolle, bedrohliche Vulkan, die merkwürdigen Naturphänomene... Beide Brüder ließen sich auf Sänften in der Stadt herumtragen und bewunderten die prächtigen Kirchen, die in das Zeitalter des Barock einleiteten, vor allem was die Malerei anbelangte: Seit 1616 arbeitete in Neapel Jusepe de Ribera, bekannt für seine gewaltigen, dunklen und leidenschaftlichen Gemälden. Auch dert imposante Hafen beein-

---

323 Vgl. Bender: Die Prinzenreise (wie Anm. 1), S. 173. Laut *Reisekosten* wurden sie am 19.12. vom Vizekönig empfangen.

324 Michele Rak: L'immagine di Napoli nel Seicento europeo (S. 271-294) und Cesare De Seta: I viaggiatori stranieri e l'immagine di Napoli nel Seicento (S. 203-226), beide in: „Napoli è tutto il mondo". Neapolitan art and culture from Humanism to the Enlightenment. Edited by Livio Pestilli et al. Pisa/Roma 2008.

druckte die Reisenden: Er war die Pforte zum Mittelmeer, hier schiffte man sich nach Sizilien und Malta ein und der Blick und die Einbildungskraft schweifen leicht auf das offene Meer in ferne fabelhafte Länder.

Neapel war aber auch die Stadt des Mythos und der Antike, deren Überreste auf Schritt und Tritt sichtbar waren und überall aus dem Untergrund auftauchten: die prächtigen römischen Villen von Baia, die Höhle der Sybille von Cumae, die Tempel der antiken Götter, die mysteriösen Grotten, die es erlaubten, einen flüchtigen Blick in die heidnische Welt mit ihren zweideutigen Gottheiten zu werfen; hier erlebte man die Schönheit des Paradieses (die Küste neben Baia und Cuma) und gleichzeitig fand man sich vor dem Eingang zur Unterwelt (Lago d'Averno).[325]

Auch die frühneuzeitliche *curiositas* fand überall Nahrung, insbesondere durch die wunderbaren, damals kaum bekannten vulkanischen Phänomene, die in jener Gegend so häufig sind. An erster Stelle der Vesuv oder Monte Somma, dessen heftiger Ausbruch 1631 in der Erinnerung der Bevölkerung noch sehr lebendig war (s. Abb. 26); Zeichen davon waren noch deutlich wahrzunehmen und sie selber konnten zufällig am Fest teilnehmen (17. Dezember), das jährlich an das Abklingen der Eruption erinnerte.[326] Hinzu kamen die zahlreichen vulkanischen Aktivitäten der Phlegräischen Felder um Pozzuoli; an dem überall aufsteigenden Schwefeldampf mit dem unverwechselbaren Geruch konnte sie jeder Besucher leicht erkennen und wahrnehmen. Wichtigster Anziehungspunkt waren die Solfataren, daneben aber unzählige Mofetten, Fumarolen und Thermalquellen, die zum Teil auch zu gesundheitlichen Zwecken benutzt wurden (s. Abb. 27). Für die meisten Reisenden stellte also Neapel unter jeder Hinsicht den Ziel- und Höhepunkt ihrer Reise dar.

Den 19. *decembris* von *Neapoli* wider abgeraiset bis *Aversa* 8 meill, und vollendtß selbigeß tageß bis *Capuam* 8 meill. Den 20. mittag gehalten bey der Statt *Sessia* in einem Wirthshauß *la Posta de Sessia* genandt, 18 meill, nebst der statt, dem *Duca de Sessa* gehörig, welcher am königlichen Spanischen hoffe *Grande Capitani* geweßen. Aufn nachmittag auf 8 meill wider yber das waßer *Gargliano* kommen, und ferner 8 meill geraiset, wider bis *Mola*.

19. Dezember

Den 21. nach dem wir *Fundi* wider erraichet, und den daselbst ligenden Zoll *Portello passirn* wollen, hat man unß starck angestrengt, ob auch neue einkauffte sachen verhanden wehren, dan sie mit betreuung, alleß besehen wollen, seindt aber mit einen leidlichen trinckgeldt fordt kommen, und ferner geraiset bis *Terracina*, daselbst die nacht verblieben, ist 20 meill.

Terracina

---

325 Beim kleinen See von Averno hatte man in der Antike den Eingang zur Unterwelt zu erkennen geglaubt (Vergil: Aeneis V, 730-735 und *passim*; Ovid: Metamorphosen V, 533-550).

326 Es wird erzählt, dass der Erzbischof am zweiten Tag der Eruption eine Fürbitteprozession anordnete; die Reliquien des Heiligen Gennaro wurden durch die Stadt getragen und gerade als man sie dem Vulkan zuwandte, hörte der Ausbruch langsam auf.

━━━━━━━ Den 22. weillen unßer weeg von darauß, wegen deß stet-
22. Dezember tigen Regenwetterß vom waßer sehr erfüllet geweßen,
━━━━━━━ haben wir unß nach der rechten handt zu begeben müßen, also einen sehr schlimmen und bößen weeg beim gebürg *passiret*,
darnach bey dem Closter *Badia di fossa nuova*, dem *Cardinal Berberino*
zugehörig, wider in den rechten weeg kommen bis *Piperno*; alda *alla
Posta* gemittagt, ist 12 meill. Auffn nachmittag auff 4 meill *passirt* und
darbey kommen ein feineß Wirtshauß *Casa Nuova*, bei welchen noch
viel *rudera* Römischer gebeu zu sehen; auf 8 meill das Wirtshauß von
Sermoneta erlanget, daselbst die nacht blieben.

Den 23. vor der statt *Velletri* gemittaget. In dißer statt seindt [51v]
schöne Waßerwercke, under ander ein schöne *Statua* eineß Babsten von
methall daselbst zu sehen; daselbst muß man einen Zooll ablegen. Nicht
Frascati weit von dar den rechten weeg verlaßen, und unß nach der rechten handt
auf *Frescada*[327] begeben, welcheß gar ein bößer weeg geweßen.

━━━━━━━ Den 2. tag allß den 24. *Decembris* deß Printzen *Burghesi*
24. Dezember daselbst ligenden schönen garden besehen, ist etwa eine
━━━━━━━ welsche meill von Wirtshauße entlegen. Vorerst in das
lusthauß kommen, unden in eingang ist erstlich ein schöner saal, nach
deme volgen verschnidene und wohlgeziehrte gemacher, alle mit schönen guldenen leder beschlagen. Die obern gemächer aber wahren alle mit
damaß[t], von allerhandt farben geziret, mit schönen gemählden gebutzt,
und viel schöne bettstaade mit herlichen *Cortinen*, auffs schönste ge-
schmucket. Under ander der obristen gemächer ist eineß, hat einen schönen gang oder außsehen von *marmor* wie eine schallen außgearbaittet,
auß selben kan das waßer unversehenß gelaßen, und einen naß gemacht
werden. Undenn im gartten nechst dißem lusthaus, seindt noch etliche
schöne springwäßer und *Grotten*, mit allerhandt baumen, schöne und lustige spatzir gänge.

Diß ist das erste thaill deß gartenß genandt *Villa Taverna*, von dar
gekommen durch einen langen gang, mit Lorberbaumen an beyden seiden bewachßen, bis zu dem ander lusthauße oder ander thaill deß gar-

---

327 Die Villen und Gärten von Frascati erreichten ihre maximale Pracht in der ersten
Hälfte des 17. Jahrhunderts und dem Reisenden erschienen sie als ein einheitlicher
und organischer Komplex. Die Nähe zu Rom machte diese Gegend zum bevorzugten Sitz der mächtigsten und berühmtesten römischen Adligen, so dass das landwirt-
schaftliche Gebiet zu einem außergewöhnlichen Repräsentationssitz wurde, wo sich
der Papst selbst in Begleitung seines Gefolges gerne aufhielt.

tenß, genandt *Monte Dragon*.[328] Vorm *Palatio* ist eine lustig und großer Platz; dißeß *Palatium* ist ein *quadrat* gebauet, hat inwendig wider einen schönen viereckten Platz; das hauß an sich selbsten hat vorher eine schone und lustige *Gallerie*, in selben stehen etliche große bilder von *marmor*. Von dar in einen groß und hohen saal kommen, welcher allenthalben mit *Contrefey*, Schönen *Statuen* und ander geziret; negst daran eine kleine kammer, darin 2 verborgene schöne waßerwercke gehalten werden, nebst viellen und yberauß schönen [52r] Gemahlde gezihret, under ander war gar kinstlich deß *Caroli Magni* gemahl *Hildehardie*. Hernegst folgen nacheinander in 5 schöne gemacher, under ander stehet in einem eine gantz hülzerne Orgel, nach dem folget eine schöne Gallerie in 100 schridt lang, noch sehr viel schöne gemacher, alle und inßgesambt aufs herlichsten geziret. Der gantze gartten stehet allenthalben voller schönen *Statuen* von dem besten *marmor*. Von dar seindt wir gekomen, bey die erste große waßer *Grotten*, es seindt auß marmor gemacht 4 schallen, da das waßer außspringt, under den selben 2 kleine *Grotten*, yber denen aber ist ein schöneß großes werck, mit einem gang herumb, worauff 12 schallen von stain stehen, darauß das waßer springet. Die mittelste last das waßer so starck, daß es einen laut von sich giebt, allß wurden bichßen[329] loßgeschoßen; darbey ist noch eine *Grotten* mit muscheln gar schön gemacht, es stehen rundtherumb 12 bilder von weißen marmor, oben noch ein absatz, da stehen noch 12 bilder; oberhalb dißen werck stehet es voll der schönsten baime, mit großer kunst allß eine *fortezza* geformiret. In dißem thaill stehen nur Oliven und *Castanien* baume, die gange und *Gallerien* seindt alle mit hohen lorber baimen besetzt.

Von dar durch einen kleinen, aber sehr lustig und angenehmen waldt kommen, von allerhand baimen, fast eine welsche meill, bis zum dritten thaill, heiß *bel Veder*. Der erste eingang oder *portel* deßen ist 4 staffeln, von den ander erhöhet, rundtherumb mit roden taffstein besetzt; daselbst stehet abermall ein herlich *Palatium*[330] hoch aufgebauet, vor selben ist

328   Villa Taverna (heute Villa Parisi-Borghese) gehörte dem Mailänder Prälaten Ferdinando Taverna, der sie dann 1614 an den Kardinal Scipione Borghese veräußerte. Gleich anliegend ist die Villa Mondragone, wo sich Papst Gregor XIII. regelmäßig und lange aufhielt. Dort hatte er 1582 u.a. die Bulle *Inter gravissimas* erlassen, die die gregorianische Kalenderreform verkündete. Dieser Papst hatte in seinem Wappen einen Drachen (ital. *dragone*), daher der Name *Villa Mondragone*.

329   Büchsen

330   Villa Aldobrandini, auch als Villa Belvedere wegen der außergewöhnlich schönen Aussicht bekannt, ist eine der bedeutendsten Villen von Frascati. Besonders bemer-

ein großer Platz, und die beste und schönste waßer *Grotten*. Voran stundt
deß *Cardinals Aldobradini* nahm[331] mit großen guldenen buchstaben.
Erstlich sitzen unden 2 lowen von stain, so auß dem rachen das waßer
gegen ein ander spritzen; darnach stehet mitten in der *Grott*, oder waßer
kunst Cammer, welche gantz von gehauenen stäinen erbauet, eine große
eißerne kugel voller [52v] Löcher, da springt das waßer allenthalben herauß; 2 schone bilder von *Metal*, alleß rundtherumb mit muscheln schön
außgemacht. In der selben in 2 neben kammern, in jeder stehet ein
schöne *Statua*, item ist daselbst ein *Satyrus* welcher ein horn blaßet,
gibt einen thon allß bließe ein rechte mensch darauff, und wurde die
stime viel mahl verendert; dagegen yber sitzt noch ein ander *Statua*,
blaßet auf blockpfeiffen, so naturelement[332] daß, so mans nich[t] sehe,
viel eher glauben solde, es were ein mensch. Daselbst hat man unß das
werck gezeiget, wie alleß getriben wirdt, welcheß zu sehen woll wurdig
war.

Dernach in eine kammer kommen, welche umbher mit weißen
scheinenden steinen gar kinstlich außgesetzt, oben gewölbet und schön
gemahlet, rundtherumb anzusehen, wie ein bergwerg, worauff 12 bilder
rundtherumb stehen, mit allerhandt *Instrumenten* in händen habendt. In
selbiger ist ein *orgel* welche gleichfahls durchs waßer getriben wirdt, daß
sie von sich selbsten schlecht[333] und auf viel schöne stuck verstimmet
werden kann; sonst in allem wie ein andere *orgel*. Nach deme haben die
Vögel gesungen, der Guckuck so *naturaliter* geruffen, item die Vögel
von allerhandt hardt[334] haben sich bewegt, rundtherumb gekert und gesungen. An jeder seit der thüer war ein klein loch, da durch der windt, so
starck in selbige *Grotten* ging, daß sie alleß nach belieben damit bewegen könten. Von dar ein schneck oder stieg aufkommen, daselbst stehen
etliche bilter von *marmor*, worauß das waßer auch allenthalben springet;
dabey ist nach gemacht, wie eine andere rechte Windel stigen, in welcher

---

kenswert war das sog. *Teatro delle acque*, das der Barockarchitekt Carlo Maderno
im Garten hinter der Villa realisiert hatte. Grotten, allegorische Statuen, Wasserspiele aller Art, Brunnen, Wasserfälle – das Wasser begleitete den Besucher auf einen
symbolischen Weg, der die Katharsis der Materie darstellen sollte.

331   Name. – Die Villa wurde im Auftrag des Kardinals Pietro Aldobrandini gebaut, Neffe von Papst Clemens VIII. Sein Name ziert mit großen goldenen Buchstaben den
Eingang zur Villa.

332   Frz. *naturellement*, natürlich.

333   schlägt, spielt

334   Art

das wasser verborgen hinnauff gehet, und wan man will, kan man einem in hinauffgehen von allen seitten trüpfnass machen. Dißeß waßer wird bey die 5 meill alzeit durchs gebürg dahin gelaidet, daselbst sicht auch under ander 5 grotten ubereinander. Der vierte thaill von gartten heißt *Villa Vecchia*[335]. Es soll dißer garten in [53r] Umbkraiß bey die 10 welscher meill haben. Von *Cippreß*en, Lorbern, Pomerantzen, Citronen und dergleichen, ist der gantz gardt erfühlet, und giebt gleichsamb verschnidene Wälder davon, die so dick bewachßen, daß fast gantz finster sein, ist deß sommers die herlichste lust, wegen deß schattens, deß schönen geruchß, und der dazwischen stehenden schönen wäßer halber. Umb diße gegent aber ist es allenthalben von der schönsten *Palatien*, Clöster, kirchen und andere schone gebeu, auch sehr viel *rudera* der alten Römmer zu sehen, hin und wider. Selbigeß tageß langten wir wider an in der Statt *Rom*.

Das Timing der Reise war sorgfältig geplant: Die Audienz beim Vizekönig ermöglichte es, Neapel rechtzeitig zu verlassen, um gerade vor Weihnachten in Rom einzutreffen. Die Rückreise erfolgte auf dem selben Weg wie die Hinfahrt – so war es wenigstens geplant, aber das schlechte Wetter, das den Weg sumpfig und unbefahrbar machte, zwang sie zu einem mühsamen Umweg am Berghang zwischen Terracina und Priverno. Als sie die Grenze des Königreichs Neapel erreichten, wurde eine besonders strenge Zollkontrolle angekündigt, die Soldaten wollten Reisende und Gepäck ausführlich durchsuchen. Durch die Erfahrungen früherer Reisenden belehrt, kamen sie dank eines großzügigen Trinkgelds schnell weiter.

Obwohl die Zeit knapp bemessen war, verzichteten sie nicht auf einen Abstecher nach Frascati, um einige der schönen, über die römischen Hügeln verstreuten Villen zu besichtigen. Die berühmtesten waren um Frascati versammelt, in der Gegend der sog. *Castelli romani* in den Albaner Bergen; Villen, gepflegte Gärten mit Wasserspielen, idyllische Natur. Der Berichterstatter ließ sich aber von der Schönheit der Landschaft nicht besonders begeistern, und beschränkte sich – wie übrigens die meisten Berichte jener Zeit – auf Feststellung, Auflistung, Quantifizierung und sachliche Beschreibung. Eine herrliche Sicht wurde höchstens durch die standardisierte Formel des *locus amoenus*, des ,lustigen Ortes' gewürdigt. Die Unfähigkeit, Landschaftseindrücke in Worte festzuhalten, mag uns wundern; das erlebende Ich stand noch nicht im Mittelpunkt der Reiseerfahrung, Reiseberichte strebten sachliche und praktische Zwecke an und waren meistens in der dritten Person verfasst, also aus der Perspektive der nüchternen Geschichtsschreibung.[336] Eigene Erlebnisse

---

335 Villa Vecchia (vorher Villa Angelina oder Tuscolana). Nachdem Kardinal Ranuccio Farnese sie 1567 verkauft hatte, war die gesamte Anlage renoviert und erweitert, die repräsentativen Räume im neuen barocken Stil freskiert worden.

336 Vgl. Von sich selbst erzählen. Historische Dimensionen des Ich-Erzählens. Hg. von Sonja Glauch und Katharina Philipowski. Heidelberg 2017; Balbiani: Er, wir oder ich? (wie Anm. 10).

fanden darin keinen Platz, während die literarische Naturschilderung erst viel später entstand. Deswegen können wir kaum die Eindrücke, das Staunen und die Gefühle der Reisenden erahnen, die aus unterschiedlichen Klimazonen kamen und völlig unvorbereitet mit eigenartigen Denkmälern, Landschaften und Architekturen konfrontiert wurden. Ein geschultes Ohr findet jedoch ein blasses Echo ihres Staunens in der Wiederholung von gewissen Wendungen, im Gebrauch der Superlative und Intensitäts-Adverbien (sehr / gar / überaus schön; auf zierlichste ausgeführt / aufs herrlichste gezieret; gar künstlich ausgesetzt usw.), die in diesen Textstellen besonders häufig vorkommen.

Man begeisterte sich für die Prunkräume, für die schön angelegten Gärten mit den versteckten Wasserwerken, für die blühende Pflanzenwelt... Nachdem die jungen Herren die vier schönsten Villen besichtigt hatten, fuhren sie von Frascati über die antike *via Tusculana* nach Rom weiter, wo sie am Heiligen Abend ankamen.

Roma

Die statt *Rom* betreffent, hat solche eine große und braide gegen morgen, mittag und abent, eine rauhe und scharpffe ungesunde lufft, dahero die felder außerhalb wein wachß nicht so gar fruchtbar seindt; bevorab hirauß gegen *Toscanien* zu, hat in ihren Umbfang gehabt 50 welsche meill, jetzo aber nur 13. Die alten mauern seindt noch fast maist zu sehen, helt in sich 10 hugel oder berge, darunder 7 die allten haubt berg sein, Alß:

Il Capitolino o Tarpeio, *il Palatino*, darauf deß kayßerß *Augusti Palatium* und *Ciceronis Palatium* geweßen, itzo aber haben die *Farnesi* einen schönen garten drauff.

L'Aventino, che si chiama di Santa Sabina, darauff gewonet die ersten Pabste und Christen.

Il Monte Celio, wo itzt die kirch *S. Giovanni Laterano* und die *Scola Santam, e di S. Croce in Hierusalem.*

L'esquilio dove è S. Pietro in Vinculo, auff welchem gewohnet *Virgilius* und *Propertius.*

Il Viminale auff we[l]chem stehen die kirchen *S. P[r]udentiana* und *S. Lorenzo in Palisperna*, darauf geweßen deß *Crassi* Hauß.

Il quirinale, itzt genandt *monte cavallo*; daselbst geweßen das hauß von *Catullo* und *Aquilio* und die Gartten von *Salustio.*

[53v] Das seindt die 7 haubtberge, dahero *Rom* genenet worden *Settigemina*. Itzo sindt noch darzu die nach volgende.

Il Colle de gli hortuli, in gemein genandt *di Santa Trinita*, darauff itzo ein schöne kirch und Closter, gantz von frantzöschischen *Patribus* bewohnet.

Il Vaticano, darauff itzt *S. Peters* kirch und der Pabstliche Pallaß.

Il gianicolo genandt *Montorio*, daselbst seindt die kirchen *S. Onofrio* und *Pietro di montorio.*

Il monte testaccio oder scherben berg, welche zusamen geworffen von dem töpffern, und allerhandt hanckwerckern, und ander Zigelstainen arbeiter. Der kirchen seindt in 300, darunder aber heudigeß tageß 7 vor die haubtkirchen gehalten werden, Alß: *S. Pietro in Vaticano, S. Paolo nella via ostiense, S. Maria Maggiore in via Esquilina, S. Sebastiano fuor della porta Capena, S. Giovanni Laterano nel monte Celio, S. Croce in Hirusalem*; auch auf selben berge, *S. Lorenzo fuor della porta Esquilina*, [Lücke im Text] *di S. Lorenzo.*

Itziger Zeit ligt die statt zerstreuet, hat viel alte Römische gebeu noch in sich begriffen, und wirdt der Pabstliche hoff mit dem gantz *Vaticano*, auch der Engelburg, durch den starcken fluß die *Tybur* abeschiden.

Die ewige Stadt war immer noch das eigentliche Ziel jeder Italienreise und der Ort, wo man sich in der Regel am längsten aufhielt – die Sulzbacher stellten in dieser Hinsicht keine Ausnahme dar, auch weil die Zeit besonders günstig war, denn die Feierlichkeiten zu Weihnachten und zum Neuen Jahr waren eine Attraktion, die Besucher aus ganz Europa anzog – Nicht-Katholiken nahmen jedoch mit großer Vorsicht daran teil, aufgrund der im 17. Jahrhundert sich verschärfenden Kontrolle der Inquisition.[337] Darüber schweigen jedoch sowohl der Bericht als auch die Reisekosten, die leider keinen Aufschluss über eine Teilnahme an den religiösen Riten geben. Die Dauer des Besuchs in Rom war (wie in Wien und Neapel) von der Wartezeit auf eine päpstliche Audienz oder auf einen offiziellen Empfang bestimmt; in der Zwischenzeit sorgte man dafür, dass das erzieherische Bildungsprogramm nicht ganz unterbrochen wurde.[338] Unterkunft fanden sie im Wirtshaus ‚*alla campana*'[339] und nach der Ankunft rechneten sie mit Herrn Memmio ab, mit dem sie von Siena nach Neapel und dann zurück nach Rom gereist waren. Die ersten Tage waren vermutlich der Ruhe gewidmet, erstens weil die ganze Stadt auf das Fest konzentriert war, zweitens weil sie bestimmt der Erholung bedurften. Die Reise war wegen des Unwetters mühsam gewesen, und einer der Brüder war in Frascati erkrankt – ein unglücklicher Zwischenfall, der häufig war und früher oder später alle Reisenden betraf.[340] Es handelte

---

337 Konfessionelle Auseinandersetzungen waren in dieser Zeit ein höchst brisantes Thema, das in der apodemischen Literatur ausführlich behandelt wurde. Vorsicht und Zurückhaltung waren in fremdkonfessionellen Gebieten nötig, um so mehr in den katholischen Ländern, wo die Gegenreformation durch die Jesuiten und die strengen Kontrollen der Inquisition energisch durchgesetzt wurde. Nichtsdestoweniger blieb der päpstliche Hof in der europäischen Zeremoniellgeschichte weiterhin bedeutend.

338 In den *Reisekosten* (S. 43) sind nämlich Ausgaben für Fechtübungen verzeichnet.

339 Schon im 15. Jahrhundert als ‚Haus der Deutschen' bekannt, befand sich dieser Gasthof auf dem *Campo dei Fiori*. Zaniboni: *Alberghi italiani* (wie Anm. 50), S. 119.

340 Unannehmlichkeiten und Strapazen waren unterwegs zahllos. Nicht nur der Klimawechsel, auch das Essen stellte für deutsche Reisende eine harte Probe dar. Sie beschwerten sich oft über die italienische Küche, nicht nur wegen der zahlreichen Fastentage und der dürftigen Portionen, sondern auch weil Öl die Butter ersetzte

sich vielleicht um Ruhr oder eine Darminfektion, die man mit Zucker und Zitronen behandelte.
Als Einleitung in das Besichtigungsprogramm, das fast 22 Seiten der Handschrift einnimmt, werden enzyklopädische Informationen über die Stadt geliefert: Lage, Klima und die Liste der klassischen sieben Hügel mit den jeweiligen Sehenswürdigkeiten. Vom Klima wurde nirgendswo Notiz genommen, nur in Rom: Es war ein üblicher Topos der Reiseberichte, die vor der „rauhen, scharfen und ungesunden Luft" Roms warnten, und das aufgrund der ausgedehnten Sumpf- und Malariagebiete, die die Stadt umgaben.[341]

Giardino
Montalto

━━━━━━━━ Den 30. *decembris* unfern *del monte cavalo* in deß Herrn
30. Dezember *Cardinaln Montaldi*[342] garten kommen, selben zu bese-
─────────── hen. In eingang deß thors ist ein schöneß *Palatium*, auf
selben kamen wir erstlich in dem Vorsaal, ist ein schöneß gemach, ist
geziret rundtherumb mit 20 von den schönsten *orientali*schen marmern
seullen, auff welchen schöne *Statuen* stehen; in der mitt ein schöner
Tisch mit 2 stühlen mit roden sammitt bezogen, wie wohl der Tisch und
stuhl nur [54r] von holtz, aber von Türckischen Kayßer dem Pabst *Sixto*
V. nebst beiden stiellen zu großen *præsent* geschickt worden. Eine schöne *Statua* deßen, so den ersten pflug erfunden, allerhandt schone *picturn*
und gemählde der alten Römer, allerhandt schöne *antiquitet*en, der *Cupi-*
do aufm Löwen, und *Jupiter* in ochßen gestaldt, die Jungfrau *Europa*
entführet von Agathen, 2 große gefäß von Agath mit goldt eingefaßet.
 In der dritten kammer, ein sehr schön nachtstuck, deß gleichen nicht
viel zufinden; eine *Statua* allß ein *Cardinal* von dem schönsten *Alabaster*
sehr künstlich gemacht; ein schöner tisch von orienttalischen marmor
allerhandt farben in *figurn* eingelegt; der *Veneris* und *Cupitinis* schöne
gemählde, die sonderlich wegen deß großen fleißeß und kunst, so daran
gesehen, umb ein großeß geschätzet werden sollen. In der fünften Cammer war auf einem viereckigten täfflein ein *Cardinal perspective* gemahlet, dabey stundt ein kleiner *Cilyndr*ischer spigel, darin sich der *Cardinal*

und viel weniger Fleisch gegessen wurde (Zaniboni: Alberghi italiani, wie Anm. 50, S. 39-41). Was alle Reisenden hingegen liebten, war die Fülle an Obst, das laut den *Reisekosten* oft eingekauft wurde, und den Wein, dessen Qualität mehrmals gelobt wird.

341 Ungesunde Luft war eine der Gefahren, vor der sich Reisende am meisten fürchte-
    ten: vgl. Leibetseder: Die Kavalierstour (wie Anm. 1), S. 176-181.

342 Alessandro Damasceni Peretti († 1623), nach seinem Geburtsort als Kardinal Mon-
    talto bekannt, war mit Papst Sixtus V. verwandt, der ihn zum jüngsten Kardinal und
    mächtigen Prälaten machte. Seine Residenz war Villa Montalto Peretti (s. Abb. 28),
    die sich auf dem Gelände des heutigen Hauptbahnhofs (Roma Termini) befand.

allß säse er in einem stul, gar lebhaff *præssentirn* thet. Selbigeß gemach war sonst eine schöne *Bibliotheca,* darin unsäglich viel bilder, *Statuen* klein und groß, gar künstlich gemacht, zu sehen waren. Ein taffel auß *Jaspidi* und *Lapide lasari* wie eine landtschafft *formiret,* wan manß ein wenig auf die seide hielt, war es ein manß kopff. Dißeß gantze *Palatium,* ist erfillet von den herlichen *orientali*schen marbeln *Statuen,* den schönsten gemahlden und kunststucken.

Von dar kammen wir in den gartten, durch ein sehr lang und yberauß lustig gang, in der mitt recht in Creutz, ist ein verborgen waßer, da man einen fein einßprengen kann; selber gartten ist sehr groß, voller der schönsten *Citronen, Limonien* und Pomerantzen, Wein und dergleichen, zu geschweigen allerhandt anderer schönen fruchtbarer, auch der höchsten *Cypres* und *Oliven* baime wie ein halber waldt, underschidliche viele feine waßerwercke. An einer seitten war noch ein schöneß lusthauß an der seitt nach *S. Maria Maggiore,* darin seindt zu sehen 6 schöne *Urnæ* von dem schönsten und klarsten *Alabaster* so mögen gefunden werden, weill bey den allten Rommern in gebrauch geweßen, die dotten[343] zu verbrenen, hat man deren aschen darin verwahret gehabt. [54v]

Darin war auch eine *orgel* alleß von Cipreß holtz, und hat einen schönen klang, wie wohl es waß dunckel; in einer ander kammer viel schöne kunststücklein auf Avaß gerißen, negst darbey ein kunststücklein, es war der Pabst *Sixtus V. perspective* auf ein langeß täfflein gemahlt auf einem ende, und am ander ende der *Cardinal Montaldi* – man köndt es gleich davor nicht wohl erkenen, wan man aber auf den ende durch ein darzu in ein meßing gemachte ritzen oder *pinnu*len[344] sahe, kund man das gemahldt amb ander ende natturlich, allß lebete es, erkennen. In dem obergemachen deß *palatij* war das erste herrlich gemahlet, das bildt Cristi von Joßeph in grab geleget; in einer ander Cammer, viel schöne, wie Christall gepolirte marmerne seulen mit *Statuen;* in der dritten deß *Herculis* thaten, in der vierten etliche schöne taffeln, auch ein tisch von *Jaspis;* in den fünften gemach eine kleine *orgel* uberauß köstlich: alleß das gantze Werck, darin die pffeiffen beruhen, von schönen *orientali*schen marmer mit Christallen Pfeillern, mit dem schönsten stäinen allß *Hiaspide, Hiacyntho, Lapide lasari* gezihret, auch mit rubinen, *Smaragd*en, *Turcos*en, Ametisten und ander kleinodien versetzt, soll einer sehr gro-

---

343 die Toten
344 *Pinnula*: Sucher, mit dem antike astronomische Instrumente ausgestattet waren, um Sterne bzw. Himmelskörper zu kollimieren.

ßen Summen geldes zustehen kommen. Es hats *Sixtus* V. allzeit in seiner
Capellen gehabt, und ist hernach auf disen *Cardinal* vererbet. In der
sechsten Cammer war ein gantz schreinlein voll allerhanndt *rarit[et]en*
maris Indici, allß Purpurschnecken und dergleichen.

Villa Celi-   Von dar seindt wir in Prinz *Matthiæ* gartten kommen, ligt negst an
montana *monte Celio*.[345] In eingange der Pforten kan man einen gleich naß machen, im *Palatio* deßelben ist under ander ein kostlicher tisch, *Ciceronis*
Stat[ua?] und andere vornehme *antiquite*ten; auf einer runder taffel war
auß dem köstlichen *orie[n]t*alischen Alabaster gehauen, 3 kinder, eineß
auf deß ander ruck mit dem kopff ligendt, und hatten die füßlein yberei-
nander, sehr annehmlich zu sehen. Selbe gemacher warn yberauß voller
der schönsten *Statuen* so man imer sehen mag, eineß schöner vor dem
andern. Von dar kammen wir ab nach einer wohl gebauten *fontaine*, so
wie von einem felßen abfalendt gemacht: auß 2 seullen so davor stehen,
gehet das waßer so gleich herauß, daß keineß mehr allß das ander ist;
ferner ein heimlich kunst, da man einem unversehenß [55r] kan benet-
zen. Von dar stigen wir eine trepen hinauff, wurden aber wie vor empfangen, dan das waßer von oben und unden entgegen, bey und nach kam.
Von dar kan man sehr weith [hi]nauß in alt Rohm sehen, und ligt gleich
dariegen yber die *Terma Agrippinæ*; daherumb auf etliche meill, da die
alte statt geweßen, seindt itzo etweder garten, *Palatia*, lustheußer, oder
alte vervallene örter, da niemandt wohnen kann; etlicheß ist acker und
besehet, und wie der gleichen sie sichs heundigeß tagß zu nutz machen
können.

Drittens stigen wir ferner in die höhe, gingen durch ein langen sall,
selberorth ist das dritte mahl, da man einem tripfnaß machen kan, und
also deren 3 yber einander; in selben gange seindt sehr viel staine von
Alabaster eingemauert, auff welchen sehr viell nahmmen der allten
Römmer zu sehen, und zu leßen waren. Oben im garten stund *Alexandri*
Magni bildtnuß bis an die brust, ist in der erden gefunden; ferner stunden
allenthalben im garten viel *Statuae*, under ander auch ein großer stain,
wie ein Sargh, daran viell kleine bilder der Haidnischen abgötter von allabaster, und soll der leste deß nahmenß der *Mattheorum* inen begraben

---

345 Villa Celimontana, die seit 1553 der römischen Adelsfamilie Mattei gehörte. Als
     Ciriaco Mattei die prächtigen Gärten anlegen ließ, wurden wunderschöne, wertvol-
     le römische Überreste entdeckt: Mattei entwickelte eine Leidenschaft für römische
     und griechische Kunst und mit Hilfe von Architekten und Künstlern gestaltete er Vil-
     la und Garten zur Schaustellung seiner außergewöhnlichen Antiquitätensammlung.

worden; unden stunden diße schon verdunckelde wordt *Pinarus Canderus Oppia I. L. Myrhin.* Nicht fern davon ist deß Printzen Ludwigß *Gregorii* XIII. *Nepotis* garten, darinen auch ein sehr schöneß *Palatium.* Unden warn im dritten gemach zu sehen, sehr viel *Idola* oder abgötter, gar schon in marmor, alle gesambt in der erde gefunden, allß auch bey nahe alle vornehmbsten *Statuae,* so man in Rohma zu sehen hat, und waß dergleichen *Antiquiteten* sein, von Jahren zu jahren seindt aufgegraben und gefunden worden. Ein sehr schöner tisch, ein Crucifix darauff mit viel Edelgestainen versetzt; in einem ander schönen gemache waren 2 *Specchij d'India*: wan man hinnein siehet, *præsentirt* sich ein morn gesichte,[346] so man aber weith davon stehet, scheinets weiß. Eine kleine Apodecken von silber mit golde beschlagen, darin viell herlichen sachen, *Contra Venenum.* [55v] Ein ander gemach, darinen hingen viell täfflein von *Jaspis* allß ein landtschafft, die der stain von Nattur *præsentirt,* anzusehen; under ander war ein bette, zum haubten war ein *Lapis lasari* groß unnd rundt alß das bett braidt, darauff die *Venus* von glaren goldte farenden außen Wolcken von *Turkis,* der Wagen von *Ametist,* die Pferdt von dem schönsten agath, die *Venus* von *Rubinen,* mit golde wie gesagt begleidet, auch mit *Diamanten* auffs köstlichiste besetzt; in solcher große war die *Veneris* Wagen und Pferde, allß ein man[347] mit der hanndt kan bedecken. Rundtherumb von den schönsten aber unbekanden stainen waren allerhand früchte vor der *Venere* allß Weindrauben und dergleichen, so nattürlich allß wernß[348] rechte Weinberlein geweßen. Oben war das bette rundt umb mit Christallenen seullen, und die 4 großen seullen alle mit *granat* gantz uberzogen, mit Rubinen, Carfunckel, *Smar[a]gt* und dergleichen dick außbesetzt, und gleichsamb vor das beste kleynodt deß *Palati* gehalten.

Darnegst eine kammer, in welcher ein schreibtisch mit Edelgestainen versetzt, allß ein herlicheß stuck, so immer mag gesehen werden; etliche gefaß von Agath mit Goldt beschlagen, in einer ander allß der achten kammer, waren viel kunstliche schreinlein, gezihret mit viellen seulen deß besten *orient*alischen grauen *marmors,* noch viel andere schreinlein von Ibenholtz mit Elffenbein eingelegt, wurden aber gegen die ander gar gring geachtet. In der Neundten kammer, viel schöne schreine von Cypreß mit helffenbein kinstlich eingelegt und verguldet.

---

346 Mohrengesicht
347 Mann
348 wären es

Oben war ein groß gemach, voller künstlich und schöner glaßer, beßer hinauff deß gemacheß, warn 2 große [Lücke im Text: *globi*] *cœlestis* und *Terrestris*, item eine große marmern Kugel, so von sich selbst oben eine landschafft allß ein *Globus præsentirte*. Dißer gantze garten ist gantz erfühlet von sehr herlichen *Statuen*, deren vornembsten wier in 150 gezehlet, so alle maneß größe gehabt.

Unfehrn [56r] an der alten Stattmauer ligt eine hohe *Pyramis* so *Gregorius* XIII. hat wollen auffrichten laßen, ist aber daryber verstorben.[349] Im dritten *Palatio* dißeß gartenß, stunden im vorderisten großen gemach 25 *Statuen*, 8 schöne und köstliche seulen von *orien*[talischen marmor?]. Im lesten und schönsten *Palatio*, welcheß allenthalben von außen auch voller *Statuen*, stundt in einer Cammer auf einer scheiben abgebilldet, wie der Pabst in *Procession* getragen, welcheß durch ein uhrwerg bewegt und alle *Ceremonien*, so allß dan gescheen, aldar gezeiget worden; dan vor ihme gingen Herr die Herren *Cardinales, Vicarij Generaln*, trugen die heilligen hostien, schwerdt und buch, machten ihre *reverenz*, und der Pabst strecket die handt auß, und gab den segen yber das Volck. Under ander köstlichen *Statuen* war wol zu sehen der *Plutus* oder *Il Re d'Inferno* so eine Jungfrau *Proserpinam* die ehr garaubt, starck haltendt. Oben im *Palatio* war ein kopff von einem Meerpferde in 5 spanen lang, und ein *Crocodill*, eine schöne mit roten sammit uberzogene kiste, darin ein mensch mit allen seinen gliedern und knochen ligendt, so zum stain geworden, war aber nach fast halb knochen, sehr wohl zu sehen, ist einsten dem Pabst *Gregorio* zu sonderlichem *præsent* geschickt worden; eine schöne gemalte taffel, da die junge Römische Manschafft die titan umbbringen.

Villa Borghese In *Villa Burghese* oder *Don Paolo Burghese Prencipe Palatio*, wirdt vor das kostlichiste und ziehrlichiste gebeu von [g]antz *Italia* gehalten, wegen der viellen kunststucken, so daran sein. Das gantze *Palatium* ist von außem zu, voll von alten Römischen geschichten in *Alabaster*, hat oben in der mit[te] eine *altanae* der gang von marmor,[350] unden zu jeder seith thur 2 große *Statuen* von *Prophier*, vorn einen großen Platz, welcher allenthalben mit springwaßer und *fontain* geziret. An der Norder seiten deß *Palatij*, ist *Marcus curitus* aufn pferde sitzent, gleich allß wolde er herab springen, auß schönen marmor mit einer helffte an die mauer

---

349 Gemeint ist vermutlich die Cestius-Pyramide bei der aurelianischen Stadtmauer, die von allen Reisenden erwähnt wird; sie stand jedoch in keiner Verbindung zu Gregor XIII.

350 Altan, Söller

gemacht, ist in der Erdt gefunden worden, wirdt von Herrn *Cardinal* und Printzen für ein kleinodt der kunst und *antiquitet* halber gehalten.[351] Innen, im Vorgemach, seindt viel köstliche gemählde, under ander wie der [56v] Pabst erwöhlet wirdt, aufm Pferde reidet, die *Cardinales* aber alle auff Mauleßeln reiten must; item deß Groß Türcken *Pomp*, 12 schöne seullen, 56 *Statuæ* und eine von dem herlichen *Prophyr*; die Wolffin mit *Romulo* und *Remo* von roth und weiß marmor.

Lucio Seneca, deß *Neronis* hoffmeister, in der battstuben sitzent, und blueth schwitzent, alleß auß dem besten marmor.[352] In dritten gemach deß *Ovidij* geschichte, item wie Æneas seinen Vatter aufn rucken tregt, so kinstlich und *subtiel* gemacht, daß wir niemmer gesehen. Das Sechste gemach war ein großer saal, darin deß *Cardinals* eigene *Statua* mit viellen andern yberauß künstlich gearbeitet; item deß kayßers *Adriani Augusti Contrefey* gegen yber *Antonij Pij* kopff von dem schönsten *marmor*. In einem ander gemach auf einer kostlichen taffel stundt *Marcus Curtius* von glaren golde gegoßen, zimblicher größe; eine schöne schranck, von außen wie ein *Tresor* anzusehen, inwendig war ein *Perspectivisch* kunststuck von spiegeln zugericht, welcheß man etliche mahl verwenden kann. Erstlich siehet man darinen wie sich auffthuet eine schöne *Bibliothec* von unsaglich viell biechern, darnach ein lustgardt mit *Palatien*, Springwasßern, baumen und allerhandt frichten; drittenß allerhandt kleinodien an Perlein, *Diamanten*, Ketten, Armbender und dergleichen, nachfolgendt die *Statua Neronis*. In der neunten Cammer waren etliche schöne gefäß *di Pietra Paragone* oder Probirstain, 2 saß Pachuß vom goldt auf einem faß. Es hat sonst auch diß *Palatium* und garten, ein groß Vogelhauß, da aber zu der Zeith nichts allß *Indian*ische tauben und ein großer Vogel straus war. Der gart[en] ist sehr groß, außerhalb der Statt gelegen, ist allenthalben voll kostlicher Springbrünen, hat gantze walder von Lorber und Cypreß, an Pomerantzen, Citronen, Mirten und Roßemarien straich allenthalben voll, und kan man vast die Statt Rom darybersehen.

---

351 Die beeindruckende Gruppe mit Marcus Curtius, der sich mit seinem Pferd in den Abgrund wirft, um die Stadt Rom zu retten, war damals im Park aufgestellt (heute in den musealen Räumen der *Galleria Borghese*). Das Pferd ist ein Meisterwerk römischer Bildhauerei aus dem 2. Jahrhundert n. C., der Reiter wurde 1618 von Pietro Bernini hinzugemeißelt.

352 Antike Statue aus schwarzem Marmor und Alabaster (heute im Louvre), die damals mit dem ,sterbenden Seneca' identifiziert wurde.

Capitolium

▬▬▬▬▬▬ Den 30. *decembris* besahen wir das *Capitolium*, ligt auf
30. Dezember einem berge mitten in der Statt, und haben itzige Römer
▬▬▬▬▬▬ auch ihren rath aldar. [Da]Vor ist ein Platz in *oval*, darauf
stehet kaißer *Marcus Aurelius* aufm Pferde, von Methal, negst darbey ligt
an der mauer das bildt *Marphorius*, darauß eine feine *fontaine* springt,
und werden verschiedene Paßquilln dar angeschlagen. Zur rechten handt
negst dem *Prætorio* ist das neben *Palatium* auch darzugehörig, hat unden
einen viereckten Platz, darin [57r] stehen und seindt noch viel *reliquien*
der siben *Colossen* so die Römer gehabt, under ander der große Zeen von
einem *Colosso*, von schönen *Alabaster* in der dicke allß ein starcker man;
ein kopff von methall auch von einem *Colosso*, hat eineß zimblichen
maneß höhe, ist sonst nicht dafür anzusehen, weill er etwaß hoch stehet,
biß manß weißet; ist gemacht, wie die alten kayßer gemahlet werden.

Das *Sepulchrum Alexandri Serverj* Mutter auß marmor, mit viellen
Idolis gezihret; eine *Urna*, in welcher die gebeine von Kayßers *Augusti*
Mutter geweßen. *Cæsaris Augusti Statua, Marci Aureli Statua, Adriani
Augusti* und *Lelij Allij Statuen*, seindt alle nach gerade in der erde gefun-
den, auf Pabstliche heilligkeit aufgebutzt, und dahin verordnet worden.

Im großen Saal deß itzigen *Prætorij*, noch zur Zeit das *Capitolium*
genandt, stehen itzig Pabsten *Urbani octavi et Leonis decimi Statuen*,
uber denen der *horatier* und *Curatier* streidt, item *de Rapite Sabine*, auch
Romulus und *Remus* an der Wölffin gelegen, un[d] wie *Quintus Crucin-
natus*[353] vom Pflug genohmen und zum *dictatom* erwöllet worden, schön
abgemahlet.

Negst darbey in einem ander gemach *Marci Anthonii Alexandri Farnesi, Caroli Barbergini* jetziger Pabsts bruders, und *Francesci Aldobra-
nini Statuen* alle in alt Romischen *habit* angethan. In einem ander gemach deß *Herculis* Sohnß *Statua* so nur ein kindt von 3 Jahren geweßen,
aber größer allß ein man war. Im abgang deß *Capitolij* siehet man noch
12 seullen, *di Tempio Concordia* auch von dem gange, welchen *Cicero*
und kaißer *Augustus* vom *Capitolio* bis an dem *Mon[te?] Palatino*, der
gleich daryber ligt, gehabt haben; darentzwischen soll die grute geweßen
sein, in welcher *Marcus Curitus per amore de la Patria* sich gestürtzet
hat. Aller negst darunder ist *lano ctriumphate*[354] *de Vespuniano* oder die

---

353 Lucius Quinctius Cincinnatus
354 *arcus triumphalis* des Titus Vespasianus Augustus (Titusbogen), am Eingang zum
     Forum romanum

Ehrn Pfortte; daran sich[355] man, allß an einen gewaltigen kostlichen gebey, welcher maßen Alt *Rom floriret* hete, ist jetz aber sehr eingesuncken.
Negst darbey ist die Capell, all war *S. Peter* und *Paul* gefänglich
geseßen seindt, darin soll ein stain gezaichet werden, an welchen *S. Paulus*, wie er in *Carcerem* gefüehret, gefallen, und nach kenZeichen haben
soll; voran stehet in [57v] *Marmor Ingressus Carcerum SS. Petri et Pauli*. Unfern ist der tempel *Saturni*, nachgehents ist *Templum Antoni et
Faustæ* biß hinnauff, zur lincken handt, ist *Templum Pacis* annoch zu
sehen, davon stehen noch 3 gewölber oder bogen. Dißem negst folget die
Ehrnpforte *Titi Vespasiane*, ober der Pfordt stehet: *Senatus Populusque
Romanus divo Tito divi Vespasiani F[ilio] Augusto*. Oberhalb deßen ist
noch zu sehen ein thaill deß *Tempels Solis et Lunæ*, es hat Papstliche
heilligkeit eine seulle von templo *Pacis* einst nehmen laßen, under welcher viel alte Müntze gefunden worden; solchen gebrauch haben die Römer gehabt, wan sie ein vornehm gebeu oder sonsten *real* Wercke aufgericht, haben sie das selbige Jahrß und *di moderno muhistrate*, oder
gegenwerdigen obrigkeit Müntze darunter geleget, damit die nachkömm-
ling wußten und erfahren möchten, zu welcher Zeit und von wem es eigentlich erwauet[356] wehre. Dißen gebrauch soll jetziger Pabst, *Urbanus
VIII*.[357] auch haben: wan ein vornemb gebey, *Statua* oder oder [!] *Colonna* aufgerichtet wirdt, laßen sie ihre mintz underlegen, oder an statt der
mintz, sollen sie von metall eine scheiben nehmen und darauf schreiben
laßen, die Jahrzall, Wapen und etlich andere vorneme ding gedechtnuß
nach.

   Ferner ist das *Amphiteatrum Vespasiani*, ein viertreffliches und
Wunderlicheß gebeu geweßen, in *oval* erbauet, darin 80 000 menschen,
wan Freudenspiel und dergleichen darinen gehalten worden, haben zusehen könen; von 30 000 menschen in 11 Jahrn erbauet, es ist vor wenig
Jahrn noch in zimblichen stande geweßen, es habenß aber etliche Pabste
sehr *ruinirn* laßen, und etliche Paläste darauß erbauet. Vornehmlich ist
das gantze große und köstliche *Palatium* der *Farnesiorum* gantz darauß
erbauet worden. Nahe darbey ist die ehrnpforten *Constantini Magni*, folgents folgen die *Thermæ Antonini* oder bäder, welcheß ein vortreffliches
gbeu geweßen, in die 3 Welscher meill in begriff gehabt; [58r] hat noch

Colosseum

---

355 sieht
356 erbauet – die römischen Münzen zeigten auf der Vorderseite das Bild des jeweilig
     regierenden Herrschers (*de moderno magistrate*).
357 Maffeo Barberini (1568-1644), seit 1623 Papst der katholischen Kirche als Urban VIII.

6 Plätze, und siehet man wie das waßer allenthalben von oben herab an
der mauer hat könen herunder gelaßen werden, so die Römer zu ihrer
Wohlust deß Sommers gebraucht. Vor Jahrn ists dar wegen der *Banditen*
gar unsicher geweßen; auch so einer ein haß gegen einen ander getragen,
ihn nur endweder mit guetten worten oder sonsten einiger gelegenheith
an deßen orth der *Thermerh Antonianae* gebracht, und ihm alda seinen
rest geben; weillen aber jetzo scharffe aufsicht gehalten wirdt, gehen solche *recessen* nicht mehr in schwange, und haben auch die Jeßuitter die
schlischel zu den pforden der selbigen bereidts erlanget.[358]

Darnegst seindt wir den *Monte Palatino* vorbeykomen, und selbigs
zur rechten ligen laßen; daselbst noch gesehen die *Rudera* von deß kayßerß *Augusti Palatio*. Ferner kamen wir *ad Templum Jani*, davon noch
verhanden ein gewölbe auf 4 Pfeillern stehendt, alleß auß den grösten
quater stucken deß schönsten *marmorß*; inwendig deßen siehet man einen stain einer *figur*, wie ein gleine schlange. Daselbst wie auch in der
negst dabey annoch verhandenen Ehrnepfortten, soll ein großer schatz
verborgen geweßen, aber von den *Gullii* in einnehmung *Romæ* darauß
genohmen worden sein. Nachmittag besahen wir auch das *Mausoleum
Cæsari Augusti* negst an der straß *De Popoli* gelegen, ist rundt wie ein
thurm in die 124 schue in der runde, unden ists von außen zu voller gewölbe. Jetziger Zeit stehets inwendig voller Pomerantzen, Citronen,
Cypreß, Mirrn und Wein, allß ein kleiner garten; in dem hoffe darnegst
ist noch der sarg deß kayßerß *Augusti* von *Marmor* mit schöner alter arbeit.

Von dar seindt wir kommen nach der schönen *Triumph*seullen oder
Colonna Antonina, von kayßer *Antonino* erbauet; ist von unden biß oben
auß mit *figurn*, der Römer thaten bedeutend, außgehauen, in 100 taffeln
hoch oben auf stehet *S. Paulus* verguldt, welcheß der Pabst *Sixtus* V. hat
aufsetzen und die *Colonn* in den standt, wie sie jetzt ist, wider auffrichten
laßen, weil sie zu der [58v] Zeith etwaß verwuest sein soll; man kan
gantz von inen hinnauff gehn biß an den umbgang, und fast die gantze
statt ybersehen. Den gleich ist noch eine seulle *alla Piaza del Madonna
di Loreto*, *Colonna Adriana* genandt, von kayser *Adriano* zum *Triumph*
erbauet; darauff stehet *S. Petrus* verguldt.

---

358 Im gegenreformatorischen Rom wurden energische Maßnahmen zur Kontrolle und
      Überwachung des Territoriums vom Papst initiiert; durchgeführt wurden sie von
      seiner effizienten rechten Hand, den Jesuiten, die im 17. Jahrhundert von den Pro-
      testanten besonders gefürchtet waren.

Al Monte Cavallo, welcher berg, wegen der drauf stehenden zweien Pferde, welche so künstlich auß *marmor* gehauen, allß lebten sie, also genenet wirdt, stehet ein schöner und große *Palast*, wol einen koniglichen schloß zu vergleichen, welchen die Pabste deß Sommers, und firnehmblich jetziger Pabst, zu ergetzung und genießung gesunderer lufft, allß in *Vaticano*, sich gebrauchen thut.[359] Es ist dißeß gebey in ein länglicht *quadrat* erbauet, rundt herumb im Platze, gedoppelte bedeckte gange, und haben die Schweitzer so auch die wache dafür halten, gleich darinen auch ihre wohnungen. Darbey ist ein großer und schöner garten, darinen viel bedeckte gänge, von Myhrten und Cypreßen, darinen der Pabst zu öfftern spatzirn soll. Es war eben in der heilligen Weinnachten Zeit, da war alles gruen, und der gantze garten voller früchte der schönsten Citron, Pomerantzen und ander, item viell Capern, so auch eben reiff warn, viell schöne spring- und künstbrinen;[360] es thut einen gar starcken gerug der schone frucht und bluemen wegen geben; viell feine *Grotten*, besonderß eine im grunde, *Grotta Sibilla* genandt, darinen under ander auch eine orgel inen wardt; es war aber eben ein mangel daran, daß sie nicht gestellet werden konnte. Oben beim *Palatio* ist ein gewölb under der Erden, oben offen wie ein brunen; wan man hineun geruffen, hat es in 24 mal gere*spondiret*. Sonst warn noch verschiedene schöne Waßerwerck, und ligt der gantze gardt so lustig, daß man auch bey nahe die gantze Statt ybersehen kan.

Darnach seindt wir kommen, in deß *Cardinal Pij* garten, negst darbey und fast drunter, ist vorbesagter *Tempel* [59r] *Pacis*. In eingang selbigen gartenß, ist erstlich ein schön und sauberer Platz, mit verschiedenen feinen waßerwercken, auch viellen herlichen frichten erfüllet; neben einen *Palatio* wie wohl nicht groß, aber gar schön erbauet, gegen dem tor yber eine feine waßer *Grotte* oder *fontaine* anzusehen, wie ein thor, yber welchen das waßer in maneß höhe an etlichen orten auffsprang und einen laut gab, allß wan vögel singen theten. Von dar in einen neben garten durch einen gang, an eine hohe stigen kommen, an welcher zu beiden seiten, wan man hinnauff, das waßer unversehenß auf einen zusprang; oben war gar eine schöne und kinstliche *fontaine* von *Prophir* und *marmor*, wie die alten die Casteel erbauet, mit gangen umbher gemacht; noch eine schone waßer kunst, da der *Hercules* das waßer auß dem halße,

---

359 *Palazzo del Quirinale* – die ehemalige Sommerresidenz der Päpste ist heute Amtssitz des italienischen Staatspräsidenten.
360 Kunstbrunnen

wol in 3 man hoch außgoß, und gab einen hall allß kleine racketen. Beßer in die höhe war noch ein schöner garten voll der schönsten blumen, allß *Rosa Di Olympia, Narcisten* und dergleichen und voller *Limoniæ Ruccuratæ*; darbey noch ein neben garten, so voll an Citronen und Pomerantzen allerley arth, daß man sich daryber zu verwundern hatte. Dißer garten hat viel stattliche örther, von Lorbern und *Cypressen*, da die sonne deß sommerß nicht kan durchscheinen, darbey seindt dan die kühlen brinern, und ist der gantze gart wie ein halbeß kleinoth zu halten.

Im römischen Aufenthalt waren unterschiedliche Elemente miteinander verwoben: die Entdeckung der Antike, die Wallfahrtsstätten der Christenheit, die humanistische Blüte und die außergewöhnliche Bedeutung der modernen Stadt, der Wiege des Barock.

Überall in Italien, aber noch mehr in Rom waren die jungen Adligen mit den echten Schauplätzen der Antike konfrontiert. Sie wurden unmittelbar mit der Geschichte des antiken Rom in Verbindung gebracht, so dass Kunstwerke und historische Ereignisse zum ersten Mal durch ihren authentischen Kontext beleuchtet wurden. Die meisten und imposantesten Zeugnisse antiker Kultur waren in Rom zu finden: das Pantheon und das Kolosseum galten als die vollkommensten Bauten des Altertums. Ergänzt wurde die Erfahrung durch die berühmten Statuen, die in den päpstlichen Museen im Vatikan, auf dem Kapitol oder in den privaten Sammlungen der Kardinalspaläste, wie denen der Borghese und Farnese, ausgestellt waren.[361]

Wie die meisten deutschsprachigen Reisenden, wurden sie in Rom von Hans Hoch herumgeführt, einem Offizier der Schweizergarde, der als Stadtführer sehr gefragt war (s. Abb. 29). Begeistert durch die antiken Zeugnisse, die gerade in jenen Jahren ans Licht kamen, hatte er sich in das Studium der Römerzeit vertieft; er diente unter fünf Päpsten und erlebte die Blüte der Stadt, die in der ersten Hälfte des *Seicento* eine richtige Baustelle des Barock war, mit den gewaltigen architektonischen Unternehmen Urbans VIII. und Alexanders VII. Als gelehrter und lustiger Führer erwarb er sich die Sympathie zahlreicher ausländischer Rombesucher, die sich in sein Stammbuch dankbar eintrugen. Sein vierbändiges *Liber amicorum*, das in der Biblioteca Apostolica Vaticana aufbewahrt ist, zeigt bunte Familienwappen, Sprüche und fein ausgeführte Zeichnungen aller Art, die fünf Jahrzehnte lang die Anwesenheit in Rom von zahlreichen Adligen und ausländischen, aus dem Norden herkommenden Reisenden belegen.[362]

---

361 Vgl. Gerrit Walther: Antike als Reiseziel? Klassische Orte und Objekte auf dem Grand Tour zwischen Humanismus und Aufklärung. In: Grand Tour (wie Anm. 1), S. 130-131; Ludwig Schudt: Italienreisen im 17. und 18. Jahrhundert. Wien/München 1959, S. 278-283; Dorthe Nebendahl: Die schönsten Antiken Roms. Studien zur Rezeption antiker Bildhauerwerke im römischen Seicento. Worms 1990.

362 Das Stammbuch (Biblioteca Apostolica Vaticana, Signatur: Chig.G.IV.111-114) verzeichnet insgesamt 1258 Personen für die Jahre 1617 bis 1654. Vgl. Paul M. Krieg: Hans Hoch / Giovanni Alto. Ein Schweizerischer Fremdenführer im Rom des 17. Jahrhunderts. In: Römische Quartalschrift 48 (1953), S. 225-236. Friedrich Noack: Das Deutschtum in Rom seit dem Ausgang des Mittelalters. 2 Bde. Berlin/Leipzig

Auch die Sulzbacher wurden gebeten, sich in sein Stammbuch einzutragen, aber mit Rücksicht auf das Inkognito, das sie die ganze Zeit aufrechterhalten wollten, und wohl wissend, dass es in Rom mehr als anderswo notwendig war, sich zurückzuhalten, gaben sie sich nicht zu erkennen. Der Eintrag wurde nur vom Hofmeister Michael Zarlang unterschrieben, der dem Fremdenführer zum Dank ein Tacitus-Zitat auf einer enttäuschend leeren, schmucklosen Seite hinterließ (s. Abb. 30).[363]

Der Pabstliche *Pallast* belangent, ist ein sehr großes weßen in under- Palazzo
schidliche Plätze underschiden, die haubt *Ressidentz* aber ist die negste Vaticano
an *S. Peters* kirchen, hat ein großen Platz, ein sehr hoheß gebeu, rundt
herumb mit 4 hohen *Gallerien* oder Spatzirgangen yber einander, sehr
schön erbauet und mit mahlerey geziret; alle stiegen seindt so bequem
alle zu gleich angelegt, daß man mit pferden auff und ab kommen kann.
Wir seindt erstlich kommen in einen herlichen saal, mit allerhandt
schönen marbel geziret und [von] *Clemente* VIII. erbauet worden; ober
dem eingange [59v] der großen Pfortten deß Saalß stehet *Vias tuas Do-*
mine. Von dar seindt wir wider ab, und auff der ander seitten hinnab
gangen, durch ein sehr lange *Gallerie* in die 300 und mehr schridt lang;
in der mit[te] der selben ist die Pabstliche *Bibliothec,* da unseglich viell
manuscripta, alle auffgeschlagen in rotten bundt nach einander weg ligen, under ander *S. Augustini, Hironimi* und dergleichen. Durch dißes
erste und große gemach, seind wir durch und zur lincken seit in ein ander
gemach kommen, so auch voll der schönsten bücher, aber alle in schrancken verschloßen geweßen. Das dritte gemach war voll und in etliche 30
schrancken der schönsten bücher, so deß Pfaltzgraffen von Heydelberg
geweßen, von Cur-Bayern aber dem Pabst zugeschickt worden, under
ander viell teutsche *Biblien* und andere geistliche *Biblien.*[364] In einen ander schrancken, aber worin deß Pfaltzgraffen eigen *argument* und Stam-
buch, under ander Fürsten und Herren hetten sich hinein geschriben, *Fri-*
dericus und *Philippus* hertzog und gebruder von Holstain, mit ihren
fürstlichen wapen; bey selben stundt auch ein schranck von *Cypres* voller Griegischen *manuscripten,* so ein Bischoff Pabstlicher heilligkeit ver-

---

1927, hier Bd. 1, S. 103-104.

363   *Liber amicorum,* Chig.G.IV.113, fol. 179r. Der Satz stammt aus Tacitus (Historiae,
      I, 15): „Suadere principi quod oporteat magni est laboris". Der Eintrag ist 17. Januar
      1643 datiert, also am Tag vor der Abreise.

364   Es sind die Bücher aus der berühmten Heidelberger *Bibliotheca Palatina,* die nach
      der Einnahme der Pfalz durch den katholischen Feldherrn Tilly eingepackt und 1623
      nach Rom transportiert worden waren. https://digi.ub.uni-heidelberg.de/de/bpd/bib-
      liotheca_palatina/geschichte.html

machet. Auf der ander seitten der thür stundt gar schön gemahlt, wie
Pabst *Palus* V. die heilige *Franciscanam Romanam in numerum Sanctorum* zehlen thut mit dißen worten: *Paulus V. Pontifex Maximus Fran-
ciscanam Romanam in numerum Sanctorum refert anno 1608 Pont. IV.*
Darin seindt auch viel *manuscripta Virgilij et Terentij*, item schrifften auf
Indian Baumrinden, *Giopponenser* schrifften auf baumrinden; eine
Ebreische alte schreibtaffel so man von einander und zusamben könte
thun, wie ein *Ventagliol* oder Windfeder; allerhandt der Egiptier *Characteres, Characteres Chineneses*[!] der *Gapponenser*, jetziger Türcken; das
Pappir ist so *subtil*, daß sie 2 blätter vorn zusamen laßen, und auf die
beiden eißersten seitten trucken, fast dem Caldeischen gleich; verschidene büecher, die *officia Romana*, auch ein *Psalter Davidis* mit Sommar.
explicat, darin yberauß herlich und [60r] schöne kunststuck gemahlet
von dem fürtrefflichen mahler *Alberto* gemahlt; *S. Thomæ* schrifften in
Folio, da er aigenhändig yber *Glossirt*; ein buch in *quarto Assertio contra Lutherum*, da[365] der könig in Engelandt *Heinricus octavus* sich eigen-
hendig mit underschriben; in *Primo*[?] *Religionis S. Pauli* Episteln *ad
Romanos* sehr kinstlich geschriben. Diße *Bibliothec* hat in allem 7 große
gemach; vorn in dem ersten stehen gegeneinander die 2 *Statuen* deß *Aris-
tidis Smirnæ* und *Hippoliti*.

Von dar gesehen den saal, da der Pabst frem[d]e Herren oder *Am-
bassadeurn tractirn* thut, allß dan wan Pabstliche heiligkeit mit bey die
taffel kommen, sitzet oben an, auf einen erhoheten stuhl, und warten all
weill 12 Bischoffe vor der taffel auff. Von dar kommen wir in einen großen saal, in welchen viel herliche gemahlde der Römmer, darin seindt
alzeit viel mahler, die dieselbe stucke *Copyren* thun; von dar durch etliche schöne Zimer kommen, die alle mit sammit, atlaß und Turckischen
Dammaß bezogen waren. Darbey war die alte aber schöne Capell, durch
welcher der Pabst in *S. Peter* kommen kan, daß ihn niemandt siehet;
weiter durch ein sehr lustig und statlich geziehrteß gemach kommen,
darin der Pabst sein *officium* und gebet thun soll; negst darbey war das
Cabinetlein Pabst *Pauli* V.

---

365 wo – Es handelt sich um den wunderschön illustrierten Druck: *Assertio septem
     Sacramentorum adversus Martinum Lutherum* (London 1521), die vom König
     Heinrich VIII. verfasst wurde (Biblioteca Apostolica Vaticana, Signatur: Membr.
     III.4). Das Buch enthält eine eigenhändige Widmung des Königs an Papst Leo X.:
     https://digi.vatlib.it/stp/detail/10313813

Nachgehents kammen wir eine lange *gallerie* in 260 schridt, von dar aber ging ferner ein offener gang nach dem garten, das *bel Veder* genandt, zusamen in 500 schrid lang; in selber *Gallerie* seindt alle die landt Carten von gantz Europa, und vornembste Vestung *Italiæ* abgemahlt. In dem einem garten zur rechten deß *bel Veders* seindt viell *Statuen* deß *Apollini, Cleopatrae* und *Leoconi* oder *Veneris, Cupidinis*, item deß *Herculis*, deß kayserß *Adriani Urna* geformirt wie eine Weintraube, sehr groß.

Es soll dißeß gebeu in 2 000 gemächer in sich halten. Es seindt zu Pabstlicher leib *guardia* 300 Schweitzer, die unt[en] am dem *Palatio* ihre Wohnung haben, seindt auf ihre Schweitzer arth, aber gar bundt in rodt, gelb und blau gegleidet; die *officirer* aber mögen sich ihrem gefallen nach kleiden, darunder der [60v] Forier, so die *Forestirer* und frembte Herr herum füehret, und alleß, waß in Rom zu sehen zaigen thut.[366] Auf-fm großen platze daführ stehet under ander ein schöner *obeliscus* oder *Triumph*seulle, deßgleichen eine schöne *fontaine*.

S. Peter haubt kirch anlangent ist negst an deß Pabstes *Palatio* ein solch *Reall* und fürtrefflich werck und gebeu, dergleichen nicht wohl zu finden, nur der gewaltigen größe und künstlichen baueß, so daran be-schehen. Fürnemblich wurde unß gezaiget der orth, da die heillige pforte innen, welche der Pabst alle 25 Jahr eröffnet; inwendig der kirchen seind 2 staine nahe an der heilligen pforten, die den heilligen Martirern, etli-chen wan sie gemartert oder gecreutziget, an die füeße gehenget worden. Zwelff seullen werden auch gezeiget, so von Jerusalem außm *Tempel Salomonis* komen; under zweyen stehet *S. Andreae Statue* sehr schön mit dem Creutz, deßen leugt[367] auf hohe festage gezaigt wirdt; gegen uber seindt noch 2, darunter *S. Veronicæ Statue* mit dem *Sudatorio* oder schwaißtuch Christi, noch 2 seullen darunden *S. Helenæ Statue* mit ei-nem stuck vom Creutz Christi, *S. Longini Statue*, der den Herrn Christum die seit eröffnet, hernach sich beköret, und ein heiliger martirer wor-den.[368] Yber deßen stehen auch 2 von besagten seullen, die ybrige 4 ste-hen in einer Capell, und noch 2 andere seullen, an welche der Herr Chris-

S. Pietro

---

366 Der oben schon erwähnte Hans Hoch (auch als ‚Giovanni Alto' oder ‚Grosso' be-kannt).

367 Haupt

368 Es sind die vier kolossalischen, von Bernini entworfenen Statuen, die sich an den vier Ecken des Hochaltars befinden, bei den vier Pfeilern, die die Kuppel stützen; hinter ihnen befanden sich vier Kapellen mit den jeweiligen Reliquien. Das Haupt des Hl. Andreas, das hier ausdrücklich erwähnt wird, wurde vom Papst Paul VI. der Stadt Patras zurückgegeben.

tuß zum öfftern sich gelehnet, wan er pretiget oder *Sermones* gehalten. Negst *S. Longino* ist *S. Peters* bildnuß von methal, sitzent auf einen stuhl, welchen die Leuthe küßen die Füeße, und mit dem kopff under die Füeße sich neugen, auß andacht.

Zwischen besagten 4 andern *Statuen* ist under der kirchen ein schöner gang, in welchen viell heiligtumber gezaigt werden; ein Marienbildt, so zu einer zeit mit stainen geworffen worden, hat gebluedet und das bluedt, so darvon gefallen, sind die staine darauff es gefallen auch zu sehen; daselbst sollen auch ruhen die heiligen Cörper von *S. Petro* und *Paulo.* Yber denselben ist der haubt Altar mit 4 schonen seullen von methall, auf ardt und [61r] Weiße vorbesagter heilliger seullen gemacht; hinder deme amb endt der kirchen ist *Papa Pauli Tertii* begräbnuß, auf welchen under ander eine schöne *Statua* einer Weibs Persohn, ligendt gantz bloß; so zu einer zeith ein *Spanier* besehen, gleich seine viehische unnd *Veneri*sche Geilheit dariber getrieben; wie wir nicht anderst berichtet worden, soll er verbrandt sein, nach dem er daryber befunden worden ist. Gegen yber lest jetziger Pabst eine schöne *Sepultur* zurichten. Under andern begräbnuß ist deß Pabsten *Innocentij Sepulchrum* wohl zusehen, daran under ander geschriben:

D. O. M.

Innoce[n]tio octavo P. M. Italicæ Pacis perpetuo custodi novi orbis Suo Ævo inventi gloria Regi Hispaniarum Catholici nomine imposito, crucis sacro Sanctæ repertae titulo Lancea quæ Christi hausit latus A Baiazete Turcarum Tyranno Dono missa æterni insigni suum monumentum vetere Basilica huc translatum Albericus Cijbo malaspina Princeps Massae.

Ferentijlli Dux Marchio Carrariæ etc. Pronepos ornatus Augustiusque posuit anno 1621 Innocentia mea Ingressus sum redime me Domine et miserere mei.

Palazzo Farnese

Das *Palatium Farnesiorum*, so zuvor gedacht, ist von *Amphiteatro Vespasiani* schir gantz erbauet worden, gehöret itzo dem *duca di Parma* zu, ligt an einem lustigen Platze, negst an *Piazza di Fiore*; solcheß *Palatium* ist nicht allein groß, hoch unnd starck, sondern auch künstlich und herlich erbauet, vom Pabst *Paulo tertio* außm geschlechte *Farnesiorum*. Es ist in allem in ein Viereck gebaut, mit gangen rundubher, in 5 große und hohe gemächer yber ein ander, so gleich nach der *Architectur*, daß alle seulen und staine, so ein ander *Confrontir*, gar gleich zusamen sein. In Platz oder hoffe stehen 6 *Statuen* ein ander yber, von 3 [61v] Maistern zugleich gemacht, Allß 2 *Marti Aureli*, 2 *Dea Flor.* und 2 *Hercules*, aber wer es verstehet und giebt achtung drauff, kann leicht den underschiedt der kunst sehen.

In den understen vorhoffe ist ein edleß kunststucke von *marmor*, jetziger zeit il *Tauro di Farnese* genandt: Es ist ein ochße, bey deßen kopf stehen 2 *Statuen*, seindt 2 brider; vor dem ochßen ein hundt so sich auf-stehlet und den ochßen wiedent[369] machet; zur rechten deß ochßen sitzt eine hure, deren hare mit einem stricke an deß ochßen hörner gebunden, und hinder den ochßen stehet deße brueder mutter. Es soll ein könig zu *Theba* geweßen sein, der durch dißer hurn liste, sein gemahl so schwan-ger, verstoßen, die selbe im elendt bey einem hirten sich aufhaldent, ge-büehret 2 söhne zur weldt. Allß diße zimblich erwachßen, stirbet der Vatter, die mutter redet ihre kinder an, erzelet ihnen ihr unglück, die allß Junge frische leudt, ihrer mutter schmach zu rechnen[370], begeben sich in ihr *Palatio*, bringens dahin, daß sie die hure gefanglich kriegen, bekom-men einen bößen ochßen, *procedirn* also, daß sie ihre hare an deß ochßen hörner binden, durch den hundt den ochßen bewogen, daß er in einen brunen springen muß, und das Weib also mit sich hinein schleiffet. Diße schöne stuck ist also auß einen stain, in denn *Termis Agrippinæ* bey Pabsts *Pauli tertii* Zeitenn gefunden worden. Darbey sitz auch keyser *Antonius* aufm Pferdt, alleß von *Alabaster*, wie auch sonsten sehr viel kopff der alten kaiser und Römer, so sie alle gefunden haben. Item eine kniescheibe von einem Rißen[371], in trefflicher größe, alleß waß noch heundigeß tageß gegraben und gefunden wirdt, ist deß Pabsts, auß deßen befehl bey leibes straffe niemandt irgents wo eingraben darff, und mag jeder rigirender Pabst alleß, waß er so ungefehr bekomet, es seinenn freunden und Nepoten verehren.[372]

---

369 wütend
370 rächen
371 Riesen
372 Der Palazzo Farnese beherbergte die wunderschöne Kunstsammlung, die vom Kar-dinal Alessandro Farnese (Papst Paul III., 1520-1589) angelegt und später durch die ausgiebigen Funde der Ausgrabungen in den römischen Caracalla-Thermen be-reichert wurde. Unter den wertvollen Statuen, die im 18. Jahrhundert auf Wunsch von Karl III., König von Neapel und Sizilien, nach Neapel gebracht wurden, ist die beeindruckendste zweifellos die Gruppe vom sog. Farnesischen Stier.

Die eine und elderste von den sieben haubt kirchen ist *S. Johan La-tran*, von *Constantino Magno* dem ersten Christlichen kayßer erbauet, und soll die ältiste der Christlichen kirchen in *Rom* sein, daselbst die Pabste auch anfänglich ihre *Resitenz* [62r] gehabt habenn. Im haubt altar selber kirchen zeiget man die 4 schönen Metallenen seullen, die voll heilliger Erden durch *S. Helena* von Jerusalem gebracht; gegen dem yber mitten deß Chorß ist der altar, yber welchen *S. Petri* und *Pauli* haubter dem volcke zu hohen festagen noch gezaiget werden, und daselbst aufgehebt werden. Aufm altar ist ein Crucifix, darin ein stuck vom Creutz Cristi; negst in der dabey verhandenen Capell ist eine kinstliche begrebnuß, gantz von *Probir*stain *di Cosa di Colonna Romana*; zu endt der kirchen ist eine Capell, darin wardt unß gezaigt die taffel, darauf der herr das Abentmahl mit den Jungern gehalten; *arca foederis*, der stab Moysis, damit er das rohe mer zerthaillet, die rute *Aaronis* so alzeit grun bleibt. Auß von der Capell ist eine taffel auf 4 marmern Pfeylern, so die höhe der länge Christi sein; darnegst eine *Prophir*erne seulle, darauf der hahn gestanden wie *Petrus* den herrn Christum verleugnet; bey deme stehen 2 schöne wol gearbeitete allawastern seullen eingemauert, von dem tempell zu Jerußalem genommen, sollen bey den *Passion Christi* zerspaldet sein; ober denen stehet *Et Petræ Scissae Sunt*. Auf der ander seiten ist eingemauert eine taffel von *prophir*, soll die sein, darauff die kriegeß knechte umb den rock Christi das loß geworffen, darunden ist geschriben: *et super vestem meam miserunt sortem*. In selber kirchen im Cor am außgange ist auch *S. Helenæ* begräbnuß gantz auß einem *prophir*.

Negst an dißer kirch ist ein kleine kirch in die rundt gebauet, und mit bley bedeckt, daselbst hat gestanden das *Palatium Constantini Magni*, und ist in dißer Capelln dißer kayßer vom Pabst *Silvester* bekeret und gedauffet worden, wo itzo noch zusehen; der orth ist mit 8 schönen *Prophir*en seullen umbfangen. In einer ander Capellen der großen kirchen ward unß gezaiget *S. Petri* kelch, den er selber gebraucht; ein Creutz deß Herrn *Gregorij*; die 2 schlischel einer vergüld, der ander versilbert, welche, wan ein Pabst erwöllet wirdt, selbe yberräichet werden – ehe er selbe gehabt, kan er nichts [62v] in der Regirung vornehmen; das klaidt und Priestliche *ornat*, so bey solchen kayßerlichen tauff fest, Pabst *Silvester* angehabt.

Auf der ander seidt deß kirchen ist die *Scala Sancta*, yber welche der Herr Christuß seie in den Pallast oder richthauß *Pilati* nach der geißlung auf und abgestiegen und sein heillig bluet darauff vergoßen, es von

Jerusalem dahin gebracht, es muß niemandt hinauf, sonder auf kniehen, und auf der ander seite wider herabgehen. Oben ist eine schöne Capell, Es sindt täglich viell leute, arm und reich daselbst, so auß *devotion* hinnauf kniehen. Vor der kirchen stehet auch eine große seulle oder *obleiscus*.

Santa Maria Maggiore ligt nur zwischen dißer und dem *Monte Cavallo*, ist auch schön erbauet, under ander heyligkeiten wirdt sonderlich in großen werth gehalten das Kriplein Christi, so unß gezaiget wardt, item der leib von heilligen Apostel *Mattiha* und von *Romolo*. Dabey stehet eine schöne seulle, darauf das bildt der heiligen *Mariæ* mit dem Jeßukindlein, schöner arbeith und verguldet; auf der ander seit aber auch ein schöner *obleiscus* stehet.

Nach dißem fuhrn die Herren [hi]nauß nach *S. Paulo*.[373] Underwegß in *Templo Mariæ del Portico* stehet hinterm Altar eine allabastern seulle, leichtet bey nacht allß dete sie brenen. Hirnegst kammen wir *Templum fortunæ Virilis*, item *Templum Herculis* nach *la bocca della Verita*, so noch alleß in jetziger Statt begriffen ligt; vor der Statt aber ist der *Monte Testaci* oder schermberg, deßen anfanglich ist gedacht worden; hernegst ist das *Sepulchrum Cassiae* wie ein *Pyramis* mit in die alte Stattmauer gebauet. Nachgehendts kammen wir eine *Capell*, so an der straß ligt, vorbey, da *S. Peter* und *S. Paulus* den letzten abschidt genohmmen, *S. Paulus* gekopfft, *S. Petrus* aber wider eingefüehret worden. Oben an der *Capellen* stehen dern *Statuen*, under denen geschriben:

Questo e ill luogo, dove se separanno S. Pietro et Paolo, andando al martyrio et disse Paolo a Pietro.

La Pace sia teco, fundamento della Chiesa et Pastore, di tutti li Angelli di Christo. Et S. Pietro disse a S. Paolo:

Vani[374] *Pace Predicatore di buoni et guida della Santa Chiesa, [63r] ut Dionysius in Epistola ad Timotheum.*

Hirauf kamen wir in die kirche *S. Nocenza*, darinen *S. Jallons* haubt, welcher yber 2 203 Martyßer haubtman geweßen; von dar in eine ander *Capell le tre fontane* genandt, da *S. Paulus* enthaubtet worden, deßen haubt 3. sprünge, bey jeden sprung soll ein quell entsprungen sein, so noch underm Altar gezaiget werden.

Die Pabstliche Vestundt am *Vaticano*, die Engelburg genandt, belan-

---

373   S. Paolo fuori le mura (vor den Mauern), eine der vier Papstbasiliken von Rom; nach St. Peter ist sie die zweitgrößte.

374   *Va' in*

gent, ist anfanglich geweßen deß kayßerß *Adriani* begrabnuß, in der runde wie ein großer und dicker stumpffer thurm. Selbig ist heundt zu tage
mit noch einem starck werck von 5 Bolwercken befestiget, und muß man
yber 3 brucken, ehe man recht hinein kombt. Im aufgehen siehet man ein
loch, aber itzo mit brettern verschlagen, *Travoca* genandt, da man vor-
zeitten vornehme herren, so etwaß hoch verschuldet, und den todt ver-
brochen, herunder fallen laßen, unden sollen viell schneudende und
scharffe meßer sein, welche die so [hi]nunter fallen, in viell stucke ver-
schnieten. Item siehet man oben in einem kleinen offenen Platz *Adriani*
und deßenß Sohnß *Statuen.* Im außgehen seindt wir die neue Vestung
rundt umbher kommen, und underm Wahl in einem verpförten gewölbe
4 große stuck geschitz gesehen, so von lauter Nägeln von Metal gegoßen,
die von der kirch *Maria Rotonda* genommen worden, und stehet auff einem *Ex clavis trabalibus Porticus Agrippæ.*

Im außgan[g] der Vestung siehet man noch die höhe, da sich die tybur erhoben, mit dißem worten: *Memoriæ inusitatæ Auctus ad hoc Signum tybur, quo Roma sereno tempore facta est tota Navigabilis VIII Idus
octob. M.D.XXX Clem. VIII. Guido Medices Arcis Praef. [posuit.]* Item
hat sich die Tybur anno 1596 nochmahlß also erhoben.[375]

Palazzo
Barberini Am *Monte Cavallo* ist auch gelegen noch ein treffliches *Palatium*
dem *Car[d]inal Barberino* itzig Pabstlichen Herr *Nipoten* gehörig,[376] erst

---

375 Im 16. Jahrhundert gab es mehrere außergewöhnliche Überschwemmungen des
Tibers, die die Stadt verwüsteten (einschließlich der von 1530, auf die sich die Inschrift bezieht); das gab Anlass zu massiven Arbeiten, um die Hochwassergefahr zu
verringern. Vgl. *Discorso di Carlo Lambardi architetto civile et militare Sopra la
causa dell'Innondatione di Roma* [...]. Roma 1601, S. 4-6. Eine weitere, schreckliche Überschwemmung hatte sich am 24. Dezember 1598 (nicht 1596) ereignet:
Vgl. *Tavola delle principali inondazioni del Tevere in Roma dalla sua fondazione
fino ai giorni nostri.* In: Giuseppe Melchiorri: *Nuova guida metodica di Roma e suoi
contorni.* Roma 1834, S. 101.

376 In der posttridentinischen Phase wurden der Prunk und die weltliche Herrschafts-
repräsentanz des Papsttums als unangemessen empfunden; so erfolgte eine strenge
Rollenteilung zwischen dem Heiligen Stuhl und dem Amt des Kardinalnepoten.
Dieses Amt wurde meistens von einem engsten Verwandten des Papstes besetzt,
der in den Kardinalsrang erhoben wurde und als eine Art Staatssekretär agierte. Der
Papst blieb der Mittelpunkt des religiösen Zeremoniells, während der Nepot die
weltlich-höfische Repräsentation übernahm und die Besuche der auswärtigen Herrschern und Diplomaten empfing (vgl. Berns: *Peregrinatio academica,* wie Anm. 1, S.
167). Die Stelle hatte zur Zeit der gelehrte Francesco Barberini inne, Neffe von Urban VIII., dem man u.a. wichtige Neuerungen in der Biblioteca Vaticana verdankt.
Vgl. DBI, Bd. 6.

neu erbauet. Under ander sehr schönen, mehr allß fürstlichen Gemachern, ist eine herliche *Bibliotheca*, darinen stundt auf einen tische unß
Herr Christuß mit etlichen Apostelln, und under der Pabst gemahlet; vor
dißem stundt ein *perspectiv*, dar durch man sehen könte und *præssendir-
ten* 11 gemahlde den Pabst durch das *perspectiv* [63v] allein, da sei einer
das bildnuß von Christo, mit einem finger verdeckte, der ander durchs
perspectiv sahe, wurde deß Pabsts kopff im *perspectiv* verdeckt, und also
fordt die ander Persohnen, *præsentirt* jeder etwaß von den Pabst, und wie
gesagt in gesambt, seine gantze Persohn. Auß besagte *Bibliotheca* ging
wir in ein ander gemach, darinen unzehlig viel sorten alter Muntz aufgehebt sein; ein helm, so an dem orth, da *Hannibal* die Römer geschlagen,
gefunden worden; ein *Decretum Vespasiani*, so auch den Soldaten an
stadt eineß abschideß und Paßeß gegeben worden, warn 2 meßingene
täfflein an einander gehefft; item ein rundt eißen, so zu Zeiten *Vespasiani*
den *servis fugitivis* an den halß gehenget worden; item *hasta ex ære*, ein
instrumendt, da die alten Römer in der battstuben sich mit gekratzt haben; sehr viel *Idola* schon gearbeitet. In einem schranclein war deß *Alexandri Serveri* bildnuß, mit noch verschiedene andern *figurn*, in einen
edelgestain *Sm[er]aldo* sehr künstlich geschnitten, und deßhalben hoch
gehalten.

Papstpalast, Petersdom, Engelburg waren Symbol der geistigen und weltlichen
Macht der Kirche. Was die Besucher im Apostolischen Palast am meisten faszinier-
te, war die schöne und reiche Bibliothek mit ihrem unschätzbaren Bücherbestand,
aus dem ihnen einige Kleinodien vorgezeigt wurden; besonders gewürdigt werden
auch die kostbaren Bände der Heidelberger *Bibliotheca Palatina*, die als Kriegsbeu-
te nach Rom geschickt worden waren. Die Besucher schauten sich in den herrlichen
Repräsentationsräumen um, d.h. sie folgten dem offiziellen Rundgang, dem damals
wie heute Könige und Staatsoberhäupter folgen, die den Papst besuchen. Sie schlen-
derten durch die Räume, die wir heute als *Sala regia* und *Sala ducale* kennen, dann
durch die Kapellen (Niccolina, Paolina und Sistina), und schließlich die Galerie der
Landkarten. Die Führung endete im Belvedere-Garten: Der von Bramante entworfe-
ne Garten war damals sehr groß und bestand aus drei abfallenden Terrassen. Im 19.
Jahrhundert wurde er durch ein neues Gebäude in zwei unterschiedliche Höfe geteilt, so dass man heute vom ursprünglichen Blick keinen Eindruck mehr hat. Im
Garten richtete sich die Aufmerksamkeit der Besucher auf den kolossalischen Tan-
nenzapfen aus Bronze (‚il pignone‘, nach dem heute der obere Hof genannt ist), der
damals als Urne des Kaisers Hadrian galt und den sie mit einer Weintraube verwech-
selten.
    Auffällig ist die geringe Aufmerksamkeit, die der Malerei im Allgemeinen und
hier den prächtigen Kapellen im Besonderen gewidmet wurde, von denen die ältere
vom Beato Angelico und die beiden anderen von Michelangelo mit Fresken bemalt

waren. Sie werden zwar als „schön" und „statlich geziehrt" bezeichnet, aber mehr auch nicht; im Vergleich dazu verweilten die Besucher viel länger bei den Büchern in der Bibliothek oder in der Landkartengalerie. Vielleicht waren illuminierte Handschriften und seltene Bücher Gegenstände, die sie näher kannten und deren Wert sie besser schätzen konnten, während die Malerei des italienischen Cinquecento vielleicht viel zu weit entfernt von ihrem ästhetischen Geschmack war. Der Petersdom hingegen imponierte ihnen durch die „gewaltige Größe und den künstlichen Bau": Ein vortreffliches Gebäude, von dem kein Gleiches zu finden sei. Die Stadtbesichtigung setzte sich dann weiter fort nach dem üblichen Pflichtprogramm aller Rombesucher, und zwar mit den majestätischen Papstbasiliken und den prächtigen barocken Kirchen, in denen sich oft heidnische Denkmäler und katholische Reliquien wechselseitig ablösten.

Der Bericht bietet leider keine persönlichen Informationen, die uns helfen könnten, uns ein Bild von den Bekannschaften, die aus Zufall oder aus Absicht in Rom geknüpft wurden, zu machen; Spuren von ihren sozialen Kontakten sind in anderen Quellen wie dem schon erwähnten Stammbuch des Stadtführers Hans Hoch oder den Reiserechnungen zu finden. Ihnen kann man entnehmen, dass sie mit Lukas Holstenius (1596-1661) Kontakt hatten: Der aus Hamburg gebürtige Gelehrte war damals Bibliothekar des mächtigen Kardinalnepoten Francesco Barberini (später wurde er Leiter der *Biblioteca Vaticana*). Anlass zu dieser Bekanntschaft lieferte wahrscheinlich der Besuch im Palazzo Barberini, der sich seinerseits durch „eine herliche *Bibliotheca*" auszeichnete, und wo sie den Reisepass für die Fortsetzung der Reise beantragen mussten.

Die päpstliche Audienz, die am 16. Januar stattfand, markierte das Ende des Romaufenthalts. Die Reisekosten belegen die Vorbereitungen zum offiziellen Empfang: Mietgeld für eine Kutsche, Kosten für Barbierer und Schneider, und beim Verlassen des Vatikans Trinkgeld für die Schweizergarde, für einen Minister und einige Geistliche. Gleichzeitig wurde die Weiterreise organisiert. Ein ‚Pfaffe' brachte den ausgestellten Reisepass, man sorgte für die Pferde, man beglich alle Rechnungen: beim Wirt für Übernachtung und Mahlzeiten, beim Schuster, beim Schmied; CA kaufte noch einige Bücher, Wein, einen neuen Koffer und ein Felleisen. Die Reisekosten informieren uns, leider ohne genauere Erklärungen, dass es einigen Mitgliedern der Reisegruppe gesundheitlich nicht gut ging: für den kranken und schwachen Johann Ludwig musste man eine Tragbahre (‚lettiga') mieten, während der Page Albrecht von Freudenberg „wegen seines schadens" bei ihm zurückgelassen wurde. Die Gruppe wird sich erst in Macerata wiedertreffen.

Der Hofmeister schrieb nach Hause, an Pfalzgraf Johann Friedrich von Hilpoltstein.[377] Nach den üblichen Floskeln und Huldigungsformeln informierte er den Herzog, die ‚*peregrination*' in Italien sei nun wohl abgeschlossen und die ganze Reisegruppe, sowohl die Herren als auch ihre Begleiter, hätte sich ganz und gar an die im Memorial empfohlenen Verhaltensregeln gehalten. Er habe genau aufgepasst, dass die jungen Herren sich „zuvorderst in der furcht Gottes erbawet", dann auch ihre Studien, gute Sprache und die vorgesehenen Exercitien fleißig pflegten. Sorgfältig vermieden wurden sowohl verdächtige Gesellschaft als auch unnötige Unkosten; nichtsdestoweniger mussten sie bei bestimmten Gelegenheiten das Inkognito lüften

---

377 Der Brief ist in Rom, den 9./19. Januar 1643 datiert; Zarlang schreibt jedoch, als ob sie schon die ganze Reise hinter sich hätten.

und standesgemäß auftreten, so sei das Geld ganz aufgebraucht. Im Frühling würde der Italienaufenthalt sein Ende erreichen, daher bat er um weitere Anweisungen für eine eventuelle Weiterfahrt nach Frankreich oder die Rückkehr nach Hause.

In Hilpoltstein angekommen, wurde der Brief wortwörtlich abgeschrieben und der Pfalzgräfin Witwe Hedwig weitergeleitet. Vormünder und Mutter wollten offensichtlich beratschlagen, ob und inwieweit sie finanziell für eine Verlängerung des Auslandsaufenthalts aufkommen könnten. Die Notizen, die der Kanzler auf der Rückseite des Briefes festhielt, um dann die offizielle Antwort zu verfassen (datiert 15. März 1643), betonen noch einmal die finanziellen Schwierigkeiten der Familie; so überlegte der Onkel, die Fortsetzung der Reise durch eine Kreditaufnahme zu finanzieren. Es sei schade, die Reise jetzt zu unterbrechen und die Brüder nach Hause zurückzurufen; der erfolgreiche Verlauf des ersten Teils der Reise ermutigte ihn, sein finanzielles Engagement fortzusetzen – solche Ausbildungskosten waren für die Familie eine sinnvolle und unumgängliche Investition.

Nach dem nun die Herren das noch wider zimblicher maßen in *Roma* besehen, Seindt sie den 18. *Januarij* 1643 in Namen   18. Januar Gotteß von dar wider auffgebrochen, selben abent 15 meill geraiset, bis bey einem Städtlein *al Castel Nuovo*. Den 19. *passirten* wir die Statt *Regnano*, selbe ligt im grunde, gegen yber aber eine feine stadt, *S. Duresto al mont*e, daselbst zu *Regnano* ist ein Paß und Zoll, musten deßwegen den *Paß* vom Herrn *Cardinal Barberino* vorzaigen. Ferner auf 14 meill kammen wir vorbey *la Civita Castellana* aufn berg ligendt, und vollbrachten bis mittag in allem 18 meillen bis zu dem städtlein *Borgetto*, ist deß *Duca* von *Parma* geweßen, vom Pabste ihme aber bey jetzigen kriege abgenohmen worden. Von dar mußen wir yber die *tybur*, die selbe bruck ist wohl erbaut, *il Ponte felice* genandt, vom itzigen Pabst verneuert worden.[378] Es ist daherumb eine feine Ebne und kornlandt, gegen yber aufn berge ligt *la Citta Molliana* dem Pabste gehorig;[379] ferner *passirten* wir dem Marcken *otreculi*, *logirten* abents in der statt *Narni* 12 Meill; von bemelten *otreculi* bis dahin, ist gar ein muhsamer weg, sehr stainigt und gebürgich, also daß man mit beschwer mit den Pferten fordtzukommen hat; sonsten giebts gar viel *oliven* daselbst, und ist fast alleß [64r] Gebürg mit solchem, und lorbeer streuchen, auch viellen buchßbaum bewachßen; wir *logirten alla Campana*.[380] Selbe statt ligt hoch an einem

---

378   Die Brücke ist nach Papst Sixtus V. (Felice Peretti) benannt, der den Bau veranlasste (s. Abb. 31); weitere Befestigungsarbeiten wurden unter Urban VIII. durchgeführt. Die Brücke über den Tiber markierte die Grenze zwischen Latium und Umbrien.

379   Magliano Sabina

380   Die Gaststätte ‚*alla campana*' (zur Glocke) in Narni wurde jahrhundertelang für ihre gute Qualität und die wunderschöne Aussicht über das Tal des Flusses Nera von allen Reiseführern empfohlen. https://www.cronache24.it/thinkthank/nar-

berge in die lenge erbauet, hat ein schloß und ist in allem wohl verwahret, und erbaut.

gingen wir in aller frühe wider von dar in die 7 meill
20. Januar durch ein eben feldt voller wein und deß schonsten Ackerß, durch welches der fluß die *Negra* lauffet, ließen zur rechten handt ein feineß Stättlein auffn berge ligen, *Condiscepoli*,[381] und kammen durch eine fein und große statt *Terni*, woselbst vorbemelter fluß

Terni

durch und voruber fleust, und entelich in die *Tybur* sich ergießen thut. Reiseten ferner 12 meill durchs gebürge, bis zur statt *Spoleta*, eine feine statt lustig gelegen, ist ein Ertzbischöfflicher sitz, *logirten all'Angelo*. Daherumb wachßet ein schöner mußcat wein, wirdt gar wolfeil verkauft. Von mittag biß zu abent kamen wir allzeit durch ein eben feldt, 14 meill bis zur Statt *Fulingni*,[382] ein feiner orth, ligt gantz in einer großen ebene, an guetten acker, wein und gärtten ybrall umbgeben; ist zimlich groß und wohl erbauet, ein Bischofflicher sitz, *logirten* daselbst *all'Angelo*.

Den 21. hatten wir alzeit wider gebürge, auch gar einen vertrießlichen Weeg, 14 meill bis an einen Paß *Seraballa*, daselbst gemittaget, und ferner geraiset bis abendts nach *Balcimara*, ein dorff und Paß,[383] 14 meill. Daselbst herumb seind viell große gebürge, auf welchen alleß voller schnee lag, auch das gantze Jahr durch, ungeacht der großen hitze, so deß sommerß daselbst ist, nicht vergehen soll.

geraiset 6 meill und gekommen durch eine feine
22. Januar statt *Tolentino* auf einen lustigen erhabenen hugel, mit schönen feldern umbgeben; raisenten ferner 8 meill und hilten

Macerata

mittag in der statt *Macerata*, in selber ist eine feine *Academia*.[384] Diß statt ist auch groß, wohlgebaudt auf einer höhe, da man schir die gantze Mark von *Ancona* kan ybersehen. Gegen abent auf 10 meill kammen wir ferner durch die statt *Recanata*, auch auf einem hohen berge gelegen, ist gar eine lange und große statt, und findet sich eine schöne ebne landeß, mit viell erbauten stätten, schlößern, kirchen [64v] und Clösstern zwischen dißen beiden örtern.

---

ni-fra-grandi-alberghi-e-turismo-delite-storia-de-la-campana/
381 Collescipoli
382 Foligno
383 Valcimarra
384 Es handelt sich um die *Accademia dei Catenati*, eine der ältesten Italiens (Gründungsjahr: 1574); Torquato Tasso zählte zu den Mitgliedern dieser *Accademia*, die heute noch existiert: http://www.accademiadeicatenati.it/

Die allgemein übliche Route für die Rückreise von Rom nach Venedig bzw. Padua war die *via Flaminia*, eine der ältesten und am besten erhaltenen römischen Straßen, die über den Apennin zur Adria-Küste führte. Die Straße geht durch eine schöne, abwechselungsreiche Landschaft an malerischen Städtchen vorbei, die jedoch nur flüchtig erwähnt werden; unbemerkt blieben die imposante römische Wasserleitung von Spoleto, die sonst alle Reisenden beeindruckte, und der Wasserfall von Terni (Cascata delle Marmore). Die Reisenden scheinen ganz auf den mühsamen Weg konzentriert zu sein, der sie wieder bergauf und bergab führte, und haben vielleicht auf den Abstecher zum Wasserfall verzichtet, der sich etwa 6 km von der Hauptstraße entfernt befindet, im wilden Tal des Flusses Nera.

Es ist schwer, sich einen Eindruck von den Sorgen, den Ängsten, dem Leid der Reisenden zu verschaffen, weil sie durch den sachlichen, unpersönlichen Stil ihrer Tagebücher verwischt werden. Alle hielten sich zurück, wenn es darum ging, über die Gebrechlichkeiten des Körpers und die Unannehmlichkeiten der Reise zu sprechen; aus den Berichten scheint es fast so, als wären sie jahrelang ohne die Last des Körpers auf den Straßen unterwegs gewesen. Einmal umgearbeitet, geben ihre Notizen das Bild eines Reisenden wieder, der nicht nur für körperliche Reize und Bedürfnisse, sondern auch für Ängste und Langeweile scheinbar unempfindlich war.[385] Seine Nöte, sein emotionales ‚Gepäck', seine praktischen Schwierigkeiten versteckten sich hinter einer Anzahl von topographischen und historischen Informationen.

So sind es die Reisekosten, die uns verraten, dass JL eine Tragbahre für die ganze Strecke brauchte: von Rom bis Tolentino, und dann von dort bis Macerata. Einmal in Macerata angekommen, musste man Halt machen und einen Arzt zurate ziehen: „dem Medico und Chirurgo" wurden 47 *giuli*[386] bezahlt; dem Apotheker 7 und „deßen gesellen wegen Application" der Medikamente weitere 3 *giuli*. Das Problem war damit aber nicht ganz gelöst, denn auch für die nächste Strecke sind Kosten für eine Tragbahre verzeichnet;[387] hinzu kam der Lohn für zwei zusätzliche Diener und drei Pferde von Rom bis Loreto. Ab Macerata wurde der Weg viel einfacher und angenehmer, er verlief durch die sanfte Hügellandschaft der heutigen Region Marche; in etwa 25 km war die nächste Station, die berühmte Wallfahrtsstätte Loreto erreicht.

Von dar ferner 3 meill langten wir zu *Loreto* oder *alla Sanctissima Casa della Madonna, logirten* in der Post, oder *all'orso d'oro*.   Loreto

---

385 Brilli: Il grande racconto (wie Anm. 50), S. 61-65. – Über medizinische Anleitungen unterwegs und die häufigsten Krankheiten der Reisenden vgl. Wolfgang Neuber: Der Arzt und das Reisen. Zum Anleitungsverhältnis von Regimen und Apodemik in der frühneuzeitlichen Reisetheorie. In: Heilkunde und Krankheitserfahrung in der frühen Neuzeit. Studien am Grenzrain von Literaturgeschichte und Medizingeschichte. Hg. von Udo Benzenhöfer u.a. Tübingen 1992, S. 94-113.

386 Der *giulio* war eine silberne Währung, die zuerst vom Papst Julius II. geprägt wurde; der Name wurde dann für weitere italienische Münzen benutzt. Vgl. Helmut Kahnt: Das große Münzlexikon von A bis Z. Regenstauf 2005, S. 158.

387 *Reisekosten*, S. 44: „von dar [Macerata] bis *Loreto* vor die *lettiera* und *Manciae"* [Trinkgeld].

Das Statlein, wie wohl es nur gar klein, nur eine rechte gaße hat, und maist von *Paternoster* krammern bewohnet wirdt, ist es doch umbgeben mit einer feinen und hohen mauer, mit 5 Bolwerken und beruet alleß an der kirchen und dem darbey steheten *Palatio*, darinen die *Patres Jesuiters* wohnen.

Den 23. besahen wir die kirche, und den darbey verhandene 23. Januar herliche schatz, vorerst aber die heilige Cammer, welche bestehet auß 2 Mauern, und unden einer alten gegen mauer, ist von außen umbfangen mit einem viereckigten gebey von marmor und ander schon geziehret; in eingang der Pforten zur lincken handt ist das loch oder fenster zu sehen, da der Engel *Gabriel* den grueß der *S. Mariæ* solle gebracht haben. Von inen stehet das biltnuß der heilligen Jungfrauen von klaren golde, mit Diamanten, Perlein und edelgestainen; ubern Altar stehet geziehret,[388] in die 8 million geschetzet wirdt, mit unseglich viel gueldenen und sielbern lampen, leuchtern, Credentzen und andern *monstranz*en, und[er] ander eine sehr große lampen hanget, von schönsten duckaten golde *dalla Repubblica Venetiana* in einer Pestilentz Zeit hinnein verehret. Dißeß gebeu stehet mitten im Chor der kirchen, und berichteten unß die *Patres*, daß das rechte gemaier[389] der heiligen Cammer inwendig auf kleinen[390] *fundament* beruhe, sonder schwebe, man kanß aber weder in, noch außen zu sehen bekommen. Oberhalb der thüer zur lincken handt deß eingangß stehet: *Illotus timeat, quicunque intrare sacellum, in terris nullum, sanctius orbis habet.*

In der schatzkammer werden erstlich gezaigt 2 kronen von Perlen und golde von der hertzogin auß Sibenburgen, itzo hertzog Frantz Carls von Sachßen Lauenburgs gemahlin, *per devotion* dahin verehret; in einen ander schrancken waren viel herliche von goldt, Perlen und edelgestainen gestickte Meßgewandt, und andere kirchen *ornatus* vom Rom[ischen] kaißer, *Duca di Saphoya, Fiorenza, Cardinal Justiniano* und ander Herren hinnein verehrten, darunder auch eineß von der königin auß Spanien verehret, war besetzt mit 6 600 *Diamant*en wie ein Creutz darauf gestücket[391]; Ein sehr schön Crutzifix vom *Cardinal* Dieterichstain gantz von Christall und goldt; ein hertz von goldt mit [65r] *Diamanten* so groß allß eine handt, von der königin auß Engelandt, man konte es mitten von

---

388 Zierrate
389 Gemäuer
390 keinem
391 gestickt

ein ander thun, inwendig stundt ihr *Contrefe*. Im vierten schrancken, ein sehr schön *officiall Romano* in 3 000 *Scudi* kostent. Nebst ander herlichkeiten war auch in fünften schrancken ein schöneß *paramento fra Altare* vom groß Cantzler *Samosky* auß Pohln dahin gegeben, in 130 000 schudi geæstimiret; ein becken und groß kann zimblich groß, gantz von *orienta-*lischen Corallen mit goldt yberzogen, aber durchscheinent. Im sechsten ein *Mariæ* bildt gantz von feder *Indiani*scher vögel nach ardt und farb deß ki[n]deß und gesichtß sehr künstlich gemacht, wirdt gar hoch gehalten, vonn *Clemente octavo* verehret; ein schöner gueldener becher von *Henrico* IV. *Re di francia* hinein gegeben, ist uberall mit großen *diaman-*ten und *Rubinen* versetzt; noch hat die hertzogin auß Sibenburgen ein schönen rock von blauen samit mit perln sehr schön gesticket; noch ein schöneß stuck wie ein Rock mit *diamanten*, Perln und goldt gar reichlich gestickt in 40 000 schudi kostend, von der *Isabella Infantin* zu *Hispania* dahin gegeben. Jetzige kaißerin hat under ander einen Altar vom goldt mit *Diamanten* und Perlen besetzt in 45 000 schudi stehent, auch dahin verehret. Viel stätt und Vestung seind gemacht von klaren silber auf täfflein, mit ihren heußern, kirchen, gaßen, mauern und thürmen auch wie gelegen, under ander der statt Elsaß Zabern, wie sie vom Manßfelder belagert geweßen; item die *Bastilia* zu *Paris* und andere mehr. Ein *lapis Bezoar* groß allß ein hinerey[392] von einem teutschen Herrn so Evangelisch geweßen und abgefallen, dahin verehret. Die kirch ist rundt herumb mit denen in der Nördlinger Schlacht eroberten Fanen bestecket; vor der kirch stehet deß Pabsts *Sixto* V. *Statue* gar schön von Metahl.

Highlight dieser Strecke war Loreto, die berühmte marianische Wallfahrtsstätte, die sich großer Beliebtheit erfreute (s. Abb. 32). Sie wurde sowohl von katholischen als auch von protestantischen Christen besucht: „Für die einen war der Besuch ein spirituelles Erlebnis, für die anderen ein Kunstgenuss und eine touristische Attraktion".[393] Ihr wirtschaftliches Potenzial wurde voll genutzt – wie bemerkt wird, war die einzige Strasse, die zur Kirche führte, überfüllt mit Paternosterkrämern, die den frommen Besuchern Rosenkränze anboten, die man dann in der Kirche weihen ließ. Man wunderte sich über die *Santa Casa* und deren Translationslegende, Interesse zeigten die Sulzbacher vor allem für die Kleinodien, Diamanten und Edelsteine der kostbaren Votivgaben in der Schatzkammer.

---

392 Hünerei
393 Antje Stannek: Konfessionalisierung des ‚Giro d'Italia'? Protestanten im Italien des 17. Jahrhunderts. In: Grand Tour (wie Anm. 1), S. 555-568, Zitat auf S. 566; darüber auch Floriano Grimaldi: La chiesa di Santa Maria di Loreto tra Cinquecento e Seicento. In: Le arti nelle Marche al tempo di Sisto V. Hg. von Paolo Dal Poggetto. Cinisello Balsamo 1992, S. 137-142.

Im Italien des 17. Jahrhunderts hatte die Gegenreformation dem Volksglauben einen neuen, intensiven Schwung verliehen, so dass in jeder Stadt, fast in jeder Kirche ein Heiliger, eine Reliquie verehrt wurde. Der Reliquienkult, die Erzählungen von Wunderereignissen, deren Schauplätze durch Heiligtümer und Kapellen verewigt und veranschaulicht wurden, waren aber nicht nur für Katholiken, die sich in frommer Gesinnung dorthin begaben, eines Besuches wert: Auch Protestanten konnten sich ihrer Faszination nicht leicht entziehen.

Ancona

Den 24. raiseten wir wider von dar nach *Ancona*, seindt 15
24. Januar   meill, kerten ein *alla Posta*. Selbige ligt am Mer zwischen 2 bergen, auf einem ein Castell und Vestung, auf dem andern die kirche *S. Ciriaco*, darin er auch begraben ligt und ligt die Statt am Meer wie ein halber Mondt, hat einen guetten und bequemen schiffhafen, Maßen eine [65v] starcke gedopelte Mauer weit inß Meer erbauet, vorn mit einem Castell dem *Impetum* oder wacht deß Meers zu verhuetten. Zwischen denen stehet ein schöner *arcus triumphalis*, dem kaißer *Traiano* und seiner gemahlin der *Plotina* zu ehrn aufgericht, noch zu sehen, daran diße wordt:

Imp. Cæsari divo Nervæ F. Nervæ Traiano optimo, Aug. Germanic. Dacico Pont. Max. TR XIX Imp. IXI Cos. VI P. P. Providentissimo Principi Senatus P. Q. R. quod accessum Italiæ hoc etiam addito ex Pecunia Sua Portu tutiorem navigantibus reddiderit.

Dalla parte destra: Plotinæ Aug. Coniugi Aug. – Dalla parte Sinistra: Divæ Marcianæ Sorori Aug.

Die statt und Castell seindt allzeit besetzt mit etlich 100 man Pabstlichen Volck, jetziger *Castellano* heist *Signor Julio Rosso Capitano et Gentilhuomo di Fulinga*, unden *Comando del Signor Emulo, Maestro di Campo, Colonello di Bolognia*.

Den 25. haben wir erraichet die Statt *Sennogaglia* am Meer
25. Januar   ligent, seindt 20 meill; vor der statt *alla Posta* Mittag gehalten. Diße statt ist wohl erbauet, mit einem feinen Wall und Bolwerk umbgeben, hat in gleichen ein wolerbauteß Castell nach dem Meer zu ligen. Es darff kein *forestier*er durchauß kein gewehr, auch keinen deegen darinen tragen; ist deß *Duca d'Urbino* geweßen, ime aber vom Pabste genommen worden. Von dar biß *Fano* 15 meill geraiset, aldar *logirt nel Segno d'un Moro*; selbe statt ist auch vorgemelten *Duca* geweßen, jetzo aber beherschet sie auch der Pabst. Der weeg darzwischen ist guett und sehr lustig zu raisen, Man hat allzeit das *Mare Adri-*

aticum zur lincken, und an der rechten[394] ein schön fruchtwar langeß und ebneß land, voller weinberge und schönen ackerbau. Den 26. auf 7 meil durch die statt *Presara*.[395] Diße statt ist groß, wolerbauet, hat ein fein Castell und ist mit einen schönen Wahl umbgeben, und nahe auch am Meer gelegen; das landt daherumb ist sehr lustig, auch guetter weeg zu raisen. Auf 10 Meill ferner in einem flecken oder *Terra* hielten wir Mittag, *Catolica* genandt, und gingen den Nachmittag, ferner 18 meill bis *Rimini, logirten alla Rota*. Es ist ein zimblich große statt, wohlgebauet, [66r] hat 2 sehr schöne Plätze, und an dem einen ein gewaltigeß *Palatio* darin jetziger Pabstlicher *Comendant Signor Cadi di Furtingo logirt,* auch am Meer gelegen.

Pesaro

Den 27. *passirten* wir einen feinen Marckt *Savenga*[396] ▬▬ undt zu mittag komen wier zu *Cesena*, kerten ein *alla posta*. Es ist dißeß auch ein schöne statt, und Bischöfflicher sitz, und heist itziger Bischoff *Buona Ventura de Urbino*. Über der Statt auff einem berge ligt ein herlicheß unnd schön erbauteß Closter, darin *Pauliner* Münche;[397] auf der ander seit der statt, welche dan sehr lang ist, ligt auf einen ander berg ein fein Schloß, darauf Pabstliche velcker ligen. Es ist daherumb ein ser fruchtbar landt, alleß über berg und thall bewohnet und beb[a]uet, sehr voller weingärtten, *oliven*, hat an den waßer viel wießen, und sonderlich schöne acker, aber hergegen ein bößer und kottigter weeg, wan es nur ein wenig regnet; ist 17 meill von *Rimini*. Gingen selben abent nur 7 meill bis in ein Wirthßhaus *del Cardinal di Cordone*, nahe dabey ligt das Stattlein *Furni Piccoli*.

27. Januar
Cesena

Den 28. kammen wir dardurch, ferner auf 4 meill, durch die Statt *furni Grandi* oder *forum Livij*.[398] In dißer statt an dem Marck stund ein schöne seulle aufgerichtet, oben das Mariæbildt, und daran geschriben: *Ad honorem Beatæ Mariæ Virginis Protectricis Urbis Forem Livij hoc opus erectum*. Selbiger orth ist auch groß und wohlerbauet, hat eine herliche gegne, ist aber sehr beßer weeg; zu mittag langten wier an zu *Faenza*, ist 10 meill, *logirten* wider *alla Posta*. Selbige statt hat sonderlich

---

394   Die Seiten sind verwechselt: Fährt man von Süden nach Norden, wie unsere Reisenden, so liegt das Meer rechter Hand, das Land links.

395   Pesaro

396   Savignano sul Rubicone

397   Die Abtei *Santa Maria del Monte*, auf einem Hügel mit Blick auf die Stadt Cesena, war im 16. Jahrhundert Mittelpunkt des kulturellen und künstlerischen Lebens der Stadt.

398   Forlì

schöne *Palatia* auch am marckte eine schöne kirche, konten aber umb
kurtze der Zeit nichts besehen. Nachmittagß raiseten wir 13 meill bis zur
statt *Imola*.

Bologna
Den 29. auf 15 meill in einem krutz mittag gehalten und kammen
also, Gott lob, glücklich wider zu *Bolognen*.

━━━━━━ Den 31. *Jan.* raiseten wir zu waßer wider von *Bolognen* ab,
31. Januar biß *Ferrara* dahin 30 meill. *Ferrara* ist auch eine große, wol-
──────── befestigte statt, aber nicht so gar volckreich, außer daß nun
etliche Pabstliche Volck, auch drinen ligt; hat an einer seitten ein festeß
Castell oder schantz, ligt an einer ebne und fruchtbarn lande. Den 1.
Febr. abents, gleich wie wir dar nur [66v] anlangten, gingen wir weitter
und kammen an den Poo, setzten unß dar uber 6 meill von *Ferrara* zu
Franckolin, ein wirthßhauß.

Den 2. *eiusdem* fuhren wir 24 meill den Poo hinab, bis in den *Canal*
so in die *Brenta* gehet, und also die gantze nacht, und folgenten tag, den
Padova 3., wider zu *Padoa* glicklich angelanget.

N.B.

[von anderer Hand] Von *Padova* seindt wir ab, und uff *Genova* und *Nizza*
gegangen; von dar uff „*Marseille*", *Lion* und folgendß bis Paris; von hier
ab durch Hollandt, Ostfrißlandt, Brehmen bis in Hollstein. Dße außführliche beschreibung habe ich auß Hollstain zu gewartten.

> Von Loreto aus war die Adria-Küste geschwind erreicht. Die letzte Strecke, die die
> Reisenden bis nach Padua zurückführte, wird nur sehr knapp beschrieben, obwohl
> man eine Reihe von interessanten Städten durchquerte. Ancona, Senigallia, Fano,
> Pesaro, Cattolica, Rimini werden mit jeweils einem Satz charakterisiert und schnell
> hinter sich gelassen, da der Weg „dazwischen ist guett und sehr lustig zu raisen".
> Dann wurde die Küste verlassen, um wieder Richtung Bologna zu fahren: über Ce-
> sena, Forlì, Faenza und Imola, die man aus Zeitmangel nicht besichtigen konnte,
> kamen sie in Bologna an. Hier verhandelte man mit einem „corriero bolognese",
> einem Transporteur, den Preis für die *barque*, die sie auf dem Flussweg von Bologna
> nach Ferrara, und dann auf Po und Brenta bis nach Padua transportieren sollte. So
> konnten sie ohne weitere Gefahr, ohne zusätzliche Anstrengung am 3. Februar 1643
> „wider zu Padoa glicklich" ankommen.

3.3 Abschluss der ‚Italientour'

In Padua richtete man sich wieder ein, diesmal für einen längeren Aufenthalt. Neben Tapis, um die gemieteten Zimmer zu dekorieren, erscheinen in den *Reisekosten* monatliche Beträge für die Miete und für Alltagsbedürfnisse wie Licht und Holz, für die Wäscherin, gelegentlich auch für Schneider und Schuster. Gleich in den ersten Tagen schrieben beide Brüder nach Hilpoltstein; sie wollten dem Onkel nicht nur alles Gute zum neuen Jahr nachträglich wünschen und ihre Fortschritte in der Erlernung der Fremdsprache beweisen (sie schrieben nämlich auf Italienisch in einer schönen, deutlichen und ordentlichen Schrift), sondern ihm auch mitteilen, dass sie die Tour „fast von ganz Italien" erfolgreich vollbracht hatten, die rund vier Monate dauerte. Dadurch erklärten sie auch ihr langes Schweigen, wofür sie sich entschuldigten (beide Briefe sind vom 6. Februar datiert).

Die gesundheitlichen Probleme von JL waren noch nicht verschwunden, denn wenige Tage nach der Ankunft in Padua wurde ein Barbierer für seinen Fuss hergeholt; im April sind Honorare für den Apotheker und für den Arzt und Medizinprofessor Johann Wesling verzeichnet, der um Rat gebeten wurde. Zu schwerwiegend oder sorgenerregend musste das Übel jedoch nicht sein, denn auch für ihn sind zwischendurch immer wieder Beträge „im Ballhaus" angegeben.

Der sechsmonatige Aufenthalt wurde durch mehrere Ausflüge nach Venedig unterbrochen, die sich regelmäßig wiederholten; zum einen wegen der Wechselbriefe, die sie mit Bargeld versorgten,[399] zum anderen aber auch zwecks Unterhaltung, wie im Februar, als sie am berühmten Karneval in Venedig teilnahmen; von diesem Besuch berichtete CA auch in einem späteren Schreiben an Onkel Johann Friedrich (Brief vom 7. April 1643, s. Abb. 33). Im April war es eine mehrtägige Badekur in den „Aponianis Thermis" (heute Abano Terme), die für Abwechslung sorgte, dann tauchte Herr Memmio wieder auf, mit dem sie die Italientour unternommen hatten. Er hatte ihnen einen ansehnlichen Vorschuss geleistet, nun musste man mit ihm abrechnen. Die Entrichtung der Quartalsgebühr an der Universität, die Ausgaben für den Sprachmeister, für Musikunter-

---

399 Wechselbriefe wurden am 11. Februar, 13. März, 16. Mai, 24. Juni und am 1. August in Venedig kassiert.

richt und für Bücher, die der *deutschen Nation* geschenkt wurden, beweisen, dass die Studien und die gewöhnlichen Übungen fleißig fortgeführt wurden. CA nahm aktiv am Leben der Nation teil, wo er sogar *consiliarius illustrissimus* wurde (23. April 1643),[400] und mit dem Amt wuchsen auch die sozialen und akademischen Verpflichtungen.

Dieser zweite Aufenthalt unterscheidet sich nämlich vom ersten dadurch, dass die Ausgaben für gesellschaftliche Unterhaltungen viel häufiger sind: zum Kurzweilen, für Confect, Malvasier, im Ballhaus kommen in den Rechnungen häufig vor. Mehrmals zahlte man dem Wirt Extrakosten für unterschiedliche Gäste, soziale Kontakte wurden also viel intensiver gepflegt; man beteiligte sich am studentischen Leben, man nahm an einer festlichen Veranstaltung mit Turnier teil, die im Juni in Padua stattfand. Auch die häufigen Ausflüge nach Venedig waren (soviel man den Rechnungen entnehmen kann) mit öffentlichen Ereignissen verbunden: „alla pietà zur Music",[401] Gondeln um „al Corso zu fahren" usw. Dreimal fuhr man nach Murano, um wertvolle Gläser zu bestellen und abzuholen, für deren Transport extra große Kisten angeschafft werden mussten; sehr teuer war auch der prächtige, mit zahlreichen Kupferstichen gezierte Folio-Band von Antonio Bosio, *Roma sotterranea* (Roma 1632).

Der Hofmeister machte sich um die steigenden Kosten Sorgen, wie sein Brief vom 8. April beweist, in dem er den Vormündern von der Vollendung der Italientour informierte, die beide „Sulzbacher junge Herrschaften" gut überstanden hätten. Nun hätten sie auch ihre Studien fortgeführt und die italienische Sprache gut genug gelernt, so dass man seiner Meinung nach weiterziehen könnte. Umso mehr, weil sie jetzt in Padua nach ihrem eigentlichen „Zustand und condition" aufgetreten seien, was ja „merkliche Uncosten" verursachen würde.[402] Herzog Friedrich von Holstein nahm den Vorschlag des Hofmeisters an und gab sein Einverständnis zur Fortsetzung der Reise nach Frankreich; die Abfahrt ver-

---

400 Vgl. Matricula nationis germanicae (wie Anm. 227), S. 284.

401 Das *Pio Ospedale della Pietà* war ein bekanntes Waisenhaus und Sitz einer wichtigen Musikschule (Antonio Vivaldi lebte und arbeitete dort 40 Jahre lang). Vgl. La Pietà a Venezia: arte, musica e cura dell'infanzia fra tradizione e innovazione. Hg. von Antonio Tommaseo Ponzetta. Venezia 2008.

402 Das war übrigens ein brisantes Thema bei allen Kavalierstouren, denn es war äußerst schwierig, wenn nicht unmöglich, das richtige Gleichgewicht zwischen standesgemäßem Auftreten und Einschränkung der Kosten zu finden. Dazu Bötefür: Reiseziel ständische Integration (wie Anm. 1), S. 83-84.

schob sich jedoch lange und aus den Briefen, die Anfang Juli nach Hilpoltstein geschickt wurden,[403] erfahren wir Näheres darüber. CA schrieb am 2. Juli dem Onkel, diesmal auf Deutsch, und berichtete ihm Allerlei. Aus Holstein hatten sie Anweisungen zur Weiterfahrt nach Frankreich bekommen, unterschiedliche Gründe hätten sie aber bewogen, länger in Padua zu verweilen. Er nennt erstens den Krieg, der auf mehreren Fronten die Reise hätte beeinträchtigen können. Er bezog sich auf die Streitigkeiten um den Elbzoll, der wiederholt zu Konflikten zwischen der Hansestadt Hamburg und Dänemark führte, die sich unmittelbar auf das Herzogtum Schleswig-Holstein auswirkten;[404] aber auch auf den französisch-spanischen Krieg (die Schlacht von Rocroi hatte am 19. Mai 1643 stattgefunden). Als zweites Hindernis zur Abreise nannte er die Hitze, die schon heftig ausgebrochen war. Wenn man diese zwei Probleme einigermaßen in Griff kriegen konnte, blieb eine dritte, nicht überwindbare Schwierigkeit, und zwar der Geldmangel. Das Geld würde kaum ausreichen, so teilte CA dem Onkel mit, um bis nach Frankreich zu fahren, und wenn, müssten sie sicher sein, in Lyon einen Wechselbrief vorzufinden. Der positive Verlauf der Friedenshandlungen in Hamburg würde es dem Herzog weiterhin ermöglichen, ihre Reise finanziell zu unterstützen, deswegen habe er ihn um einen neuen Wechselbrief gebeten; da aber die Antwort noch nicht angekommen sei, müssten sie noch in Padua auf seine Anweisungen warten. Die Lage sei übrigens auch in Italien sehr gespannt, der *Nuntius Apostolicus* hatte Venedig verlassen und der ganze Handel zwischen Venedig und Rom sei blockiert. Zur Erleichterung fügte CA am Ende ein bisschen Gossip aus der Regentenwelt hinzu: Der verwandte Graf Waldemar Christian zu Schleswig und Holstein (1622-1656) werde die älteste Tochter des russischen Zaren heiraten![405]

---

403 Ich konnte nur die Briefe ausfindig machen, die an Pfalzgraf Johann Friedrich in Hilpoltstein adressiert wurden.

404 Im September 1641 und noch einmal im Februar 1642 hatte Christian IV. von Dänemark Hamburg mit Blockade und Belagerung bedroht. Die Stadt musste am Ende nachgeben, die Oberhoheit des Königs anerkennen und 280 000 Reichstaler als Entschädigung für die verfehlten Zolleinnahmen zahlen; Onkel Friedrich hatte bei den Vergleichsverhandlungen als Vermittler agiert und offensichtlich den Neffen genau informiert, denn CA nennt den genauen Betrag in seinem Schreiben. Vgl. Hans-Dieter Loose: Hamburg und Christian IV. von Dänemark während des Dreißigjährigen Krieges. Ein Beitrag zur Geschichte der hamburgischen Reichsunmittelbarkeit. Hamburg 1963, S. 97ff.

405 Die Hochzeit fand aber nicht statt, weil Waldemar sich weigerte, zur russisch-orthodoxen Kirche überzutreten. Vgl. Dansk biografisk lexikon. Kopenhagen 1904, S.

Das Schreiben des Hofmeisters (Padua, den 14. Juli 1643) geht näher auf finanzielle Details ein. Mit großer Vorsicht und vielen Huldigungsformeln bittet Michael Zarlang um einen zusätzlichen Wechselbrief wegen der hohen Kosten, die nicht nur durch CAs ehrenvolles Amt bei der deutschen Nation, sondern auch durch JLs medizinische Versorgung verursacht wurden. Das eiternde Apostem an seinem Fuss musste nämlich chirurgisch behandelt werden (was der junge Herr standhaft ausgestanden habe) und sei jetzt auf dem Weg der Besserung, man sollte aber noch acht bis vierzehn Tage warten, bevor er wieder imstande sein würde, eine lange Reise zu unternehmen. Wegen dieser unerwarteten Kosten werden sie bald in finanzielle Nöte geraten, daher wäre ein neuer Wechsel dringend gebraucht. Dieselbe Bitte habe er auch nach Holstein geschickt, der Weg bis dahin ist aber viel länger und er zweifle, dass eine Antwort bzw. das Geld rechtzeitig ankommen würde. Von Nürnberg aus sollte es hingegen viel schneller und sicherer sein, einen Wechsel nach Lyon zu schicken, so dass sie ihn sofort kassieren könnten, einmal dort angekommen, so Zarlang.

Erst in der zweiten Hälfte Juli werden die Vorbereitung zur Abreise erkennbar. Alle Rechnungen wurden beglichen, darunter die des Sprachmeisters „in Gallico Italiae lingua"; bei der *deutschen Nation* wurden Bücher gespendet, man versah sich mit Papier, Tinte und neuen Federn und mit dem nötigen Zubehör für das Gepäck; dann sprach man sich mit dem Florentiner *procaccio* (Postbote) für die Abfahrt ab. Anfang August fuhr man zum letzten Mal nach Venedig und Murano, um die Glasflaschen und den Reisepass abzuholen. Die letzte Rechnung in Padua wurde am 8. August bezahlt (*Reisekosten*, S. 56) und einige Tage später (am 13. August) waren sie wieder *ad radices et pedes Apennini* [am Fuss des Apennins] auf ihrem Weg nach Livorno, wo die jungen Herren sich nach Marseille einschifften.[406]

---

197. Über Waldemars Reise nach Moskau berichtete eine Flugschrift: „Relation aus Moßcaw vom 6. Februarii wie des Herrn Woldemar Christians [...] zwischen Wilda und Moßcaw hieselbst regaliret worden". S.l. [1644] (Herzog August Bibliothek Wolfenbüttel, http://diglib.hab.de/drucke/gu-kapsel-2-23s/start.htm)

406 Über die Fortsetzung der Bildungsreise, die bis zum Juni 1643 dauerte, ist kein Bericht vorhanden. Bestimmt haben die Reisenden weiterhin Notizen gemacht, wenn sie unterwegs waren; man hatte vor, sie nach dem Abschluss der ganzen Reise ins Reine zu schreiben – ob das wirklich gemacht wurde, bleibt ungewiss, denn ein entsprechender Bericht konnte nicht ausfindig gemacht werden.

ANHANG

Zeittafel

Abbildungen

Tag a.Z.	Tag n.Z.	Ort	QUELLEN			
			Wechsel-briefe	Reise-kosten Seite	Reise-bericht Blatt	Reise-Korrespondenz
1642		Gottorf	600 Rtr (22.4.)			CA an Onkel Joh. Friedrich (8.4.) JL an Onkel Joh. Friedrich (10.4.) CA an die Sulzbacher Räte (22.4.)
13.4.	23.4.					
14.-20.4.	24.-30.4.	**ABFAHRT** ◉ Kiel				
21.4.	1.5.	Abfahrt mit dem Schiff		6-7		
27.4.	7.5.	Ankunft in Danzig		8		
28.4.-3.5.	8.-13.5.	◉ Danzig		8		
4.5.	14.5.	Danzig > Marienburg		8-9		
5.5.	15.5.	Elbing > Frauenburg		9		
6.5.	16.5.	Heiligenbeil > Königsberg		9		
7.-9.5.	17.-19.5.	◉ Königsberg		10		
10.5.	20.5.	Königsberg > Brandenburg		10		
11.5.	21.5.	Heiligenbeil > Braunsberg > Neukirch		10		

Tag a.Z.	Tag n.Z.	Ort	QUELLEN			
			Wechsel-briefe	Reise-kosten Seite	Reise-bericht Blatt	Reise-Korrespondenz
12.5.	22.5.	> Elbing		10-11		
13.5.	23.5.	> Marienburg > Marienwerder		11		
14.5.	24.5.	> Kulm		11		
15.5.	25.5.	> Thorn		11-12		
17.5.	27.5.	Thorn		12		
18.5.	28.5.	Kowal > Gostynin		12		
19.5.	29.5.	> Sochaczew		12		
20.5.	30.5.	Ankunft in Warschau		12		
21.-24.5.	31.5.-3.6.	◉ Warschau		12-14		
25.5.	4.6.	> Nowe Miasto > Drzewica		14		
26.5.	5.6.	> Modliszewice		14		
27.5.	6.6.	> Małogoszcz		14		
28.5.	7.6.	Michałowice > Krakau		14		
29.5.-4.6.	8.6.-14.6.	◉ Krakau	200 Rtr (11.6.)	14-16	3r-5r	
5.6.	15.6.	Krakau > Myślenice		16	5r	

Tag a.Z.	Tag n.Z.	Ort	QUELLEN			
			Wechsel-briefe	Reise-kosten Seite	Reise-bericht Blatt	Reise-Korrespondenz
6.6.	16.6.	> Spytkowice		16	5v	
7.6.	17.6.	> Jablonka > Krivá		16	5v	
8.6.	18.6.	Trschepla? > Nová Baňa		16	5v	
9.6.	19.6.	Ilmanka? > Neusohl		16	5v-6r	
10.6.	20.6.	Neusohl (Banská Bystrica)		16	6r-v	
11.6.	21.6.	Neusohl > Kremnitz		16-17	6v	
12.-14.6.	22.-24.6.	◉ Kremnitz		17-18	6v-7r	
15.6.	25.6.	Kremnitz > Kausch (Kováčová?)		18	7r	
16.6.	26.6.	Dobritzschaw > Freistadt (Hlohovec)		18	7r	
17.6.	27.6.	> Trnava > Pressburg		18	7r-v	
18.6.	28.6.	Pressburg (Bratislava)		18-19	7v	
19.6.	29.6.	die Donau > Regelsbrunn > Fischau		19	7v	
20.6.	30.6.	Schwechat > Wien		19	8r	
21.-25.6.	1.-5.7.	◉ Wien	520 Rtr (5.7.)	20	8r-9r	
26.6.	6.7.	Abfahrt von Wien > Dülbingen		20-21	9v	

			QUELLEN			
Tag a.Z.	Tag n.Z.	Ort	Wechsel-briefe	Reise-kosten Seite	Reise-bericht Blatt	Reise-Korrespondenz
27.6.	7.7.	Melk > Amstetten		21	9v-10r	
28.6.	8.7.	Enns > Linz		21	10r-v	
29.6.	9.7.	Wels		21	11r	
30.6.	10.7.	Lambach > Frankenmarkt		21-22	11r-11v	
1.7.	11.7.	Straßwalchen > Salzburg		22	11v	
2.7.	12.7.	Salzburg		22	11v-16r	
3.7.	13.7.	Salzburg > Reichenhall		22	16r	
4.7.	14.7.	Berchtesgaden		22-23	16r-v	
5.7.	15.7.	Waidring > Ellmau		23	16v-17r	
6.7.	16.7.	Wörgl > Rotholz		23	17r-v	
7.7.	17.7.	Hall in Tirol > Innsbruck		23	17v-18r	
8.-9.7.	18.-19.7.	Innsbruck		23	18r-v	
10.7.	20.7.	Innsbruck > Brenner > Sterzing		24	19r	
11.7.	21.7.	Brixen > Klausen > Kollmann		24	19r-v	
12.7.	22.7.	Bozen > Bronzolo		24-25	19v-20r	
13.7.	23.7.	auf der Etsch: Trento > Sacco		25	20r-v	

428 *Balbiani*

			QUELLEN			
Tag a.Z.	Tag n.Z.	Ort	Wechsel-briefe	Reise-kosten Seite	Reise-bericht Blatt	Reise-Korrespondenz
14.7.	24.7.	auf der Etsch: Sacco > Verona		25	20v-21r	
15.7.	25.7.	Verona			21r-v	
16.7.	26.7.	Vicenza > Padova		25	21v	
17.7.-3.10.	27.7.-13.10.	▣ Padova Venedig (29.7.-2.8.) Venedig (23.8.-2.9.) Venedig (26.9.-3.10.)	400 Rtr (30.7.) 400 Rtr (30.8.) 400 Rtr (1.10.) 600 Rtr (10.10.)	25-33	21v-28r	CA an beide Onkel (3.8.)
4.10.	14.10.	Abfahrt von Padova		33	28r	
5.10.	15.10.	Vicenza		--	28r-v	
6.10.	16.10.	Vicenza > Verona		33	28v	
7.10.	17.10.	Verona > San Zeno		33	28v	
8.10.	18.10.	Mantova		--	29r-30r	
9.10.	19.10.	Marmirolo > Goito > Montichiari		34	30r	
10.10.	20.10.	Brescia > Ospitaletto		34	30r-31r	

Tag a.Z.	Tag n.Z.	Ort	QUELLEN			
			Wechsel-briefe	Reise-kosten Seite	Reise-bericht Blatt	Reise-Korrespondenz
11.10.	21.10.	Palazzolo > Bergamo			31r-v	
12.10.	22.10.	Bergamo > Milano			31v	
13.-14.10.	23.-24.10.	Milano		34-35	31v-33v	
15.10.	25.10.	> Certosa di Pavia > Pavia		35	33v-34v	
16.10.	26.10.	Pavia		--	34v	
17.10.	27.10.	auf Ticino und Po > Castel S. Giovanni		35	34v-35r	
18.10.	28.10.	Piacenza		35	35r-v	
19.10.	29.10.	Cremona		35-36	35v	
20.10.	30.10.	> Zibello > San Secondo		36	35v-36r	
21.10.	31.10.	Parma		36	36r	
22.10.	1.11.	> Ponte Enza		36	36v	
23.10.	2.11.	Reggio Emilia > Modena		36-37	36v-37v	
24.10.	3.11.	Modena > Bologna		--	37v	
25.10.	4.11.	Bologna		37	37v-40r	
26.10.	5.11.	Bologna > Pianura		37	40r	
27.10.	6.11.	Firenzuola > Scarperia		37	40r-v	

			QUELLEN			
Tag a.Z.	Tag n.Z.	Ort	Wechsel-briefe	Reise-kosten Seite	Reise-bericht Blatt	Reise-Korrespondenz
28.-30.10.	7.-9.11.	⊙ Firenze		37-38	40v-44r	
31.10.	10.11.	Firenze > Barberino		38	44r	
1.-21.11.	11.11.-1.12.	⊙ Siena		38-40	44r-45r	
22.11.	2.12.	Siena > Buonconvento > Torrenieri		40	45r	
23.11.	3.12.	> Radicofani > Acquapendente		-	45r-v	
24.11.	4.12.	> Bolsena > Montefiascone > Viterbo		-	45v-46r	
25.11.	5.12.	> Caprarola > Sutri > Monterosi		40	46r	
26.11.	6.12.	> La Storta > Roma		40	46r	
27.-28.11.	7.-8.12.	Roma		40	//	
29.11.	9.12.	Roma > Rocca di Papa > Velletri		40-41	46r-v	
30.11.	10.12.	> Cisterna > Sermoneta > Privemo		-	46v-47r	
1.12.	11.12.	> Terracina > Fondi		-	47r	
2.12.	12.12.	> Sessa Aurunca > Francolise > Capua		-	47v	
3.12.	13.12.	> Aversa > Napoli		-	47v	
4.-8.12.	14.-18.12.	⊙ Napoli		41	47v-51r	

Tag a.Z.	Tag n.Z.	Ort	QUELLEN			
			Wechsel-briefe	Reise-kosten Seite	Reise-bericht Blatt	Reise-Korrespondenz
9.12.	19.12.	Napoli > Aversa > Capua		41	51r	
10.12.	20.12.	> Sessa Aurunca > Mola di Gaeta		--	51r	
11.12.	21.12.	> Fondi > Terracina		--	51r	
12.12.	22.12.	> Priverno > Sermoneta		--	51r-v	
13.12.	23.12.	> Velletri > Frascati		41	51v-53r	
14.12.	24.12.	Frascati > Roma		43-44	53r-63v	Zarlang an Joh. Friedrich (19.1.)
1643 15.12.-7.1.	25.12.-17.1.	◉ Roma				
8.1.	18.1.	Rom > Castelnuovo di Porto		44	63v	
9.1.	19.1.	> Rignano > Civita Castellana > Narni		--	63v-64r	
10.1.	20.1.	> Terni > Spoleto > Foligno		44	64r	
11.1.	21.1.	> Serravalle > Valcimarra		44	64r	
12.1.	22.1.	Tolentino > Macerata > Recanati		--	64r-v	
13.1.	23.1.	Loreto		44-45	64v-65r	
14.1.	24.1.	Ancona		--	65r-v	
15.1.	25.1.	Senigallia > Fano		--	65v	

			QUELLEN			
Tag a.Z.	Tag n.Z.	Ort	Wechsel-briefe	Reise-kosten Seite	Reise-bericht Blatt	Reise-Korrespondenz
16.1.	26.1.	> Pesaro > Cattolica > Rimini		45	65v-66r	
17.1.	27.1.	Cesena		-	66r	
18.1.	28.1.	> Faenza > Imola		-	66r	
19.-20.1.	29.-30.1.	> Bologna		-	66r	
21.1.	31.1.	Bologna > Ferrara		45	66r	
22.1.	1.2.	Ferrara > Francolino		-	66r-v	
23.1.	2.2.	Schifffahrt auf Po und Brenta		46	66v	
24.1.	3.2.	Ankunft in Padova		46	66v	

Tag a.Z.	Tag n.Z.	Ort	QUELLEN			
			Wechsel-briefe	Reise-kosten Seite	Reise-bericht Blatt	Reise-Korrespondenz
25.1.-30.7.	4.2.-9.8.	◉ Padova	600 Rtr (11.2.) 400 Rtr (13.3.) 430 Rtr (16.5.) 300 Rtr (24.6.) 200 Rtr (1.8.)	46-56	//	JL und CA an Joh. Friedrich (6.2.) CA an Onkel Joh. Friedrich (7.4.) Zarlang an Joh. Friedrich (8.4.) CA an Onkel Joh. Friedrich (29.4.) die Räte aus Sulzbach an Joh. Friedrich (10.6.) CA an Onkel Joh. Friedrich (2.7.) JL an Onkel Joh. Friedrich (14.7.) Zarlang an Joh. Friedrich (14.7.)

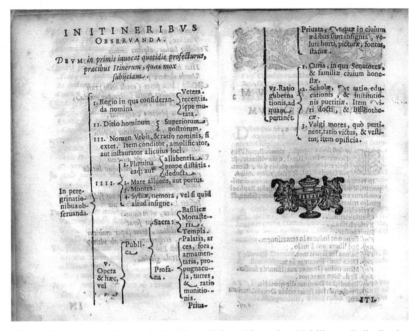

Abb. 1: *In itineribus observanda.* Aus Franz Schott: Itinerarium Nobiliorum Italiæ Regionum et Locorum. Vicentia 1601, S. X-XI n.n.

Abb. 2: Stadtansicht von Warschau. Aus Gabriel Bodenehr: Curioses Staats- und Kriegs-Theatrum in Pohlen. Augsburg 1710-1730

Abb. 3: Panorama-Stadtansicht von Krakau mit der Burganlage Wawel.
Kupferstich von Matthäus Merian, um 1640 (Staatliche Kunstsammlungen Dresden)

Abb. 4: Das Salzbergwerk von Wieliczka. Kupferstiche von Willem Hondius, 1645

Abb. 5: Das Bergbaurevier um Schemnitz. Aus Luigi Ferdinando Marsigli: Danubius Pannonico-Mysicus. Den Haag/Amsterdam 1726, Bd. 1

Abb. 6: Wien, die Hofburg im 16. Jahrhundert. Aus Moriz Bermann: Alt- und Neu-Wien. Geschichte der Kaiserstadt und ihrer Umgebungen. Wien 1880

Abb. 7: Schloss Schallaburg. Aus Georg Matthäus Vischer: Topographia archiducatus Austriae Inferioris modernae. O.O. 1672

Abb. 8: Der Wirbel in der Donau. Aus Georg Matthäus Vischer: Topographia Austriae Superioris modernae. Augsburg 1674

Abb. 9: Salzburg, das Lusthaus und Garten Hellbrunn, Ansicht aus der Vogelschau.
Aus Matthäus Merian: Topographia Bavariae. Frankfurt a.M. ²1656

Abb. 10: Saline Reichenhall im 18. Jahrhundert (Stadtarchiv Bad Reichenhall). Die Röhre, welche schräg aus dem zweiten Obergeschoss des Brunnhauses in Richtung des Betrachters verläuft, ist die Soleleitung nach Traunstein. Sie verläuft innerhalb der Stadt
unterirdisch. Links die Pfann- oder Sudhäuser, die durch Soleleitungen mit dem Brunnhaus verbunden sind. Im Vordergrund links tragen Arbeiter Salzkegel zur Stoßstatt, wo
diese zerkleinert werden.

Abb. 11: Das Brunnhaus
Seebichl um 1700
(Stadtarchiv München)

Abb. 12: Monument am Brenner zwischen Gries und Lueg. Aus Gabriel Bodenehr: Europens Pracht und Macht in 200 Kupfer-Stücken. Augsburg um 1700-1730

Abb. 13: Brixen, Gasthaus zum Elephanten. www.hotelelephant.com

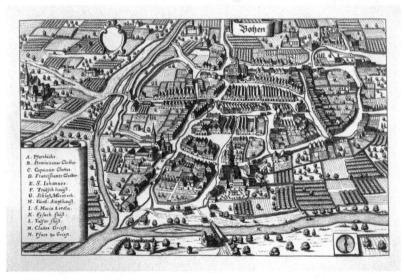

Abb. 14: Ansicht von Bozen. Aus Matthäus Merian: Topographia Provinciarum Austriacarum. Frankfurt a.M. 1649

Abb. 15: Elia Naurizio: Congregazione generale del Concilio in Santa Maria Maggiore, 1633 (Trento, Museo Diocesano Tridentino)

Abb. 16: Verona aus der Ferne. Aus Matthäus Merian: Topographia Provinciarum Austriacarum. Frankfurt a.M. [3]1679

Abb. 17: Insegna dell'Arte dei Remeri [Zunftschild der ‚remeri'], 18. Jh. (Venezia, Museo Correr)

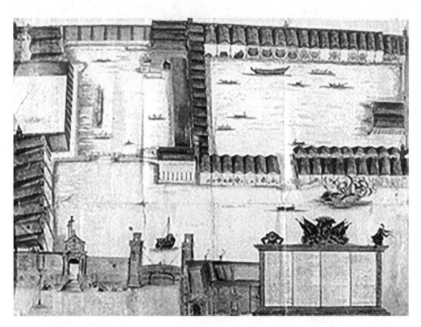

Abb. 18: Antonio di Natale: Arsenale di Venezia (17. Jh.), Wasserfarben auf Papier (Venezia, Museo Correr)

Abb. 19: Der *burchiello*, der täglich von Padua bis Venedig verkehrte. Aus Vincenzo Maria Coronelli: La Brenta, quasi borgo della città di Venezia. Venezia um 1711

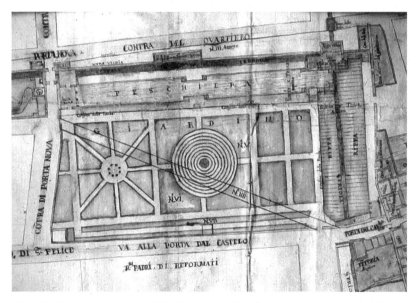

Abb. 20: Vicenza, Garten der Villa Valmarana (Detail), um 1659 (Vicenza, Biblioteca Civica Bertoliana)

Abb. 21: Certosa di Pavia. Aus Thomas Salmon: Lo stato presente di tutti i paesi e popoli del mondo naturale, politico e morale. Venezia 1751, Bd. 19

Abb. 22:
Cremona, Torrazzo.
Aus Thomas Salmon: Lo stato presente
di tutti i paesi e popoli del mondo
naturale, politico e morale.
Venezia 1751, Bd. 19

Abb. 23:
Aufnahme einiger
Studenten in die
Natio germanica
der Universität
Bologna (1497,
Miniatur)

Abb. 24: Giusto Utens: Lünettenbild mit Palazzo Pitti und Boboli-Garten (1599).
Firenze, Villa La Petraia

Abb. 25: Bernardino Capitelli: *Campo del Palio* in Siena mit
dem Karussel (um 1632)
Brescia, Pinacoteca Tosio Martinengo

Abb. 26:
Martin Tyroff: Vesuvausbruch vom
16. Dezember 1631
Aus Martin Opitz: Teutsche
Gedichte.
Von neuem sorgfältig übersehen […]
von
Daniel Wilhelm Triller. Frankfurt
a.M. 1746, Bd. 1

Abb. 27: See von Agnano und *grotta del cane* (Hundsgrotte).
Aus Joan Blaeu: Theatrum Civitatum et admirandorum Italiae. Amsterdam 1663

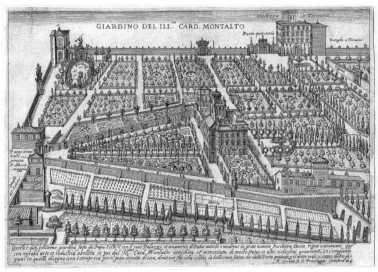

Abb. 28: Rom, Garten und Villa des Kardinals Montalto. Kupferstich von
Gottfredus de Scaichi, 16. Jh. (Paris Lodron Universität Salzburg)

Abb. 29:
Giovanni Alto (Hans Hoch)
auf dem Quirinal
Kupferstich von Francesco
Villamena, 1613
(The Met Collection)

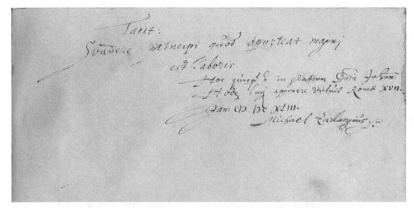

Abb. 30: Widmung von Michael Zarlang im Stammbuch des Romführers
Giovanni Alto (Rom, Biblioteca Apostolica Vaticana, Chig.G.IV.113, Bl. 179r)

Abb. 31: Brücke über den Tiber (Ponte Felice) bei Magliano Sabina
Aus Agostino Martinelli: Stato del ponte Felice rappresentato alli eminentissimi,
e reverendissimi signori cardinali della S.C. dell'acque. Roma 1682

Abb. 32: Loreto, Ansicht
Aus Jodocus Hondius: Nova et accurata Italiae hodiernae descriptio. Leiden 1627

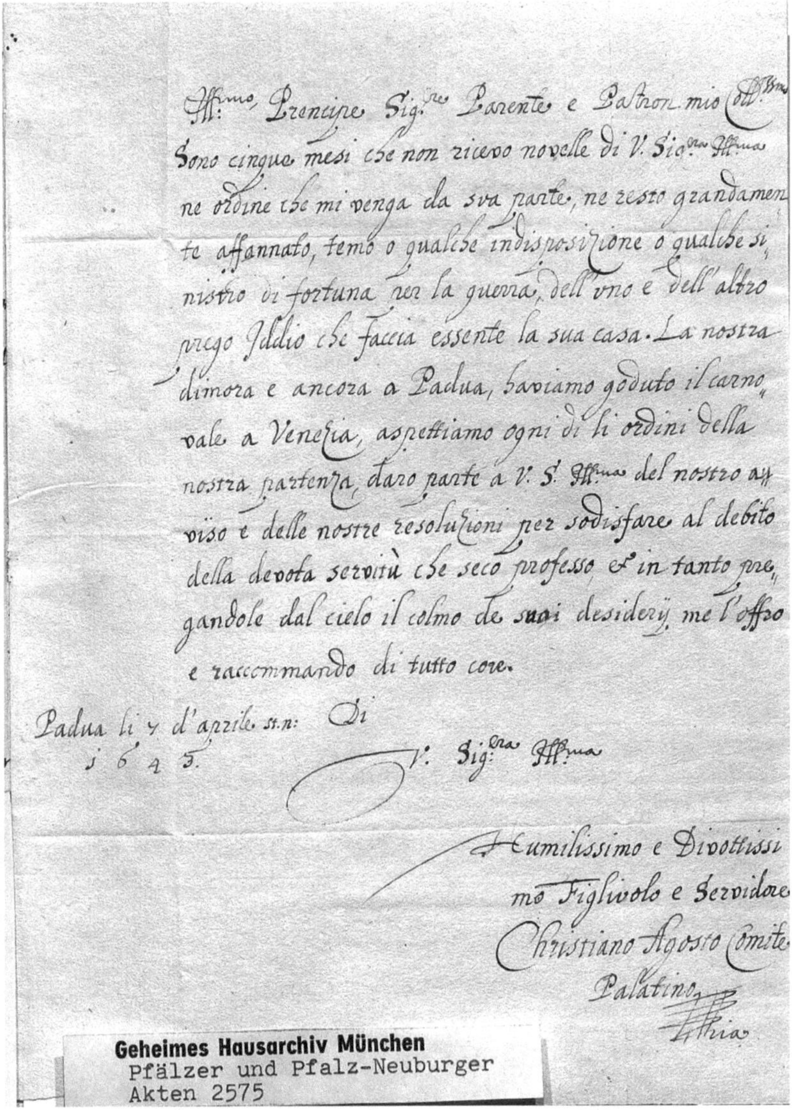
Ill:mo Prencipe Sig:re Parente e Patron mio Coll:mo
Sono cinque mesi che non ricevo novelle di V. Sig:ra Ill:ma
ne ordine che mi venga da sua parte, ne resto grandamen
te affannato, temo o qualche indispositione o qualche si
nistro di fortuna per la guerra, dell'uno e dell'altro
prego Iddio che faccia essente la sua casa. La nostra
dimora e ancora a Padua, haviamo goduto il carno
vale a Venetia, aspettiamo ogni di li ordini della
nostra partenza, darò parte a V. S. Ill:ma del nostro av
viso e delle nostre resolutioni per sodisfare al debito
della devota servitù che seco professo, et in tanto pre
gandole dal cielo il colmo de suoi desiderij me l'offro
e raccommando di tutto core.

Padua li 7 d'aprile st.n: 1645.

Di V. Sig:ra Ill:ma

Humilissimo e Divottissi
mo Figliuolo e Servidore
Christiano Agosto Comite
Palatino

Abb. 33:
Brief von Christian August an Onkel Johann Friedrich, Padova, 7. April 1643
(BayHStA, GHA: Pfälzer und Pfalz-Neuburger Akten 2575)

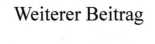

Weiterer Beitrag

HANS-JOACHIM JAKOB

Der Dreißigjährige Krieg in G. Ph. Harsdörffers Erzählsammlungen *Der Grosse Schau-Platz jämmerlicher Mord-Geschichte* (1649-1650) und *Heracljtus und Democrjtus* (1652-1653)

In memoriam Hermann Korte (1949-2020)

ABSTRACT: The Thirty Years' War seems only to be an artificial theme in Georg Philipp Harsdörffer's works e. g. *Frauenzimmer Gesprächspiele* and *Pegnesisches Schäfergedicht*, which constructs a certain form of audio literature. The period from 1618 to 1648 also appears in some of the stories in the anthologies *Der Grosse Schau-Platz jämmerlicher Mord-Geschichte* and *Heracljtus und Democrjtus* – which are focused on atrocities of war such as treason, vengeance, rape, murder and a few tricks in order to escape threat and violence.

I. Georg Philipp Harsdörffer und der ‚teutsche' Krieg

2018 war ein ertragreiches Jahr des Gedenkens an die Initialzündung des Dreißigjährigen Krieges, den sogenannten ‚Prager Fenstersturz' am 23. Mai 1618. Als ein Beispiel für nationale und internationale Gedenkveranstaltungen des Jahres 2018 sei nur das Vortrags- und Kulturprogramm erwähnt, das die Grimmelshausen-Gesellschaft in Münster, mithin einem der Schauplätze des Westfälischen Friedens, durchführte. Speziell im Hinblick auf das Werk von Hans Jakob Christoffel von Grimmelshausen galt es, an ein weiteres wichtiges Datum zu erinnern: den 350. Jahrestag der Erstveröffentlichung des *Simplicissimus Teutsch*, dem sicherlich eindrucksvollsten fiktionalen Zeugnis über die wechselhaften Fährnisse des ‚teutschen' Krieges und seine schrecklichen Konsequenzen insbesondere für die Zivilbevölkerung. Doch auch schon im Vorfeld des Gedenkjahres gab es durch diverse Neuerscheinungen genügend Informationsmöglichkeiten, sich auf den neuesten Stand der Forschung über das frühneuzeitliche Kriegswesen zu bringen. Es seien nur drei Publikationen hervorgehoben. Bereits 2009 veröffentlichte der britische Historiker Peter H. Wilson seine umfassende Gesamtschau *Europe's Tragedy: A History of the Thirty Years War*, die dann 2017 in deutscher Übersetzung erschien.[1] Kaum weniger dickleibig gibt sich der im gleichen Jahr erschienene Band *Der Dreißigjährige Krieg* des Berliner Politologen Herfried Münkler.[2] Neben diese Gesamtdarstellungen tritt ein Jahr später der Historiker Hans Medick mit der spezifischen Perspektive der Alltags- und Mikrogeschichte jenseits der voluminösen Entwürfe aus der Politik- und Militärhistorie: *Der Dreißigjährige Krieg. Zeugnisse vom Leben mit Gewalt.*[3]

Im Vergleich zu den genannten schwergewichtigen Darstellungen insbesondere von Wilson und Münkler gibt sich der germanistische Beitrag im Vorfeld des Gedenkjahrs angenehm kompakt und übersichtlich. Es ist die Rede von Volker Meids Monographie *Der Dreißigjährige Krieg in der deutschen Barockliteratur.*[4] Meid präsentiert ganz unterschiedliche literarische Auseinandersetzungen mit 1618-1648 von Jacob Balde, Paul Fleming, Georg Rodolf Weckherlin, Diederich von dem Werder, Johann Rist, Andreas Gryphius, Friedrich von Logau, schwerpunktmäßig Grimmelshausen, Johann Michael Moscherosch, Justus Georg Schottelius, Johann Klaj, Sigmund von Birken, Martin Opitz und Georg Greflinger. Besonderen Wert legt Meid darüber hinaus im Sinne eines erweiterten Textbegriffs auf mediale Formate, die von der Literaturgeschichtsschreibung bislang allenfalls am Rande berücksichtigt wurden – wie illustrierte Flugblätter, Flugschriften, Chroniken und Selbstzeugnisse.[5] Im Reigen der Autoren von Balde bis von dem Werder bleibt ein Kulturschaffender des 17. Jahrhunderts weitgehend im Hintergrund: Georg Philipp Harsdörffer.

---

1   Peter H. Wilson: Der Dreißigjährige Krieg. Eine europäische Tragödie. Aus dem Englischen von Thomas Bertram, Tobias Gabel und Michael Haupt. Darmstadt 2017.

2   Herfried Münkler: Der Dreißigjährige Krieg. Europäische Katastrophe, deutsches Trauma 1618-1648. Berlin 2017.

3   Hans Medick: Der Dreißigjährige Krieg. Zeugnisse vom Leben mit Gewalt. Göttingen 2018.

4   Volker Meid: Der Dreißigjährige Krieg in der deutschen Barockliteratur. Mit 32 Abbildungen. Stuttgart 2017.

5   Vgl. als aktuellen Überblick auch Münkler: Krieg (wie Anm. 2), S. 679-711, 908-910 („Die große Klage: Unglücksbewältigung in Literatur und bildender Kunst").

Mustert man daraufhin die Harsdörffer-Forschung der letzten drei-ßig Jahre auf Einzeluntersuchungen zum Thema Krieg durch, stößt man insbesondere auf vier (möglicherweise fünf) Texte des Nürnberger Ba-rockdichters, die sich mit dem ‚eisernen Zeitalter' befassen – bis auf ei-nen genau die, die auch Meid als relevant ansieht. Es handelt sich um die *Frauenzimmer Gesprächspiele* (zweite Ausgabe achtbändig 1643-1649), das *Pegnesische Schäfergedicht* (1644) von Klaj und Harsdörffer, das Gedicht *Der Kriegsmann wil ein Schäfer werden* (1647), einen *Lobge-sang* auf Carl Gustav Wrangel (1648) und – wenn die deutsche Übersetzung tatsächlich von Harsdörffer stammen sollte – die Vorrede zur *Drillkunst* (1656) von Jacques de Gheyn II. (um 1565-1629).

– In den erratischen *Frauenzimmer Gesprächspielen* spielt Krieg in einzelnen Gesprächssituationen immer wieder eine Rolle, unter anderem deshalb, weil ein Teilnehmer der illustren Gesprächsrunde eine militäri-sche Vergangenheit hat: Degenwert von Ruhmeck ist ein ehemaliger Sol-dat. Im Aktenband zur bahnbrechenden Harsdörffer-Tagung 1989 in Tri-ent skizziert Rudolf Drux die Bemühungen der Gesprächsteilnehmer, die komplexe Materie kriegerischer Konflikte ästhetisch umzusetzen, weit reichend von einer onomatopoetischen Sprachartistik hin zu allego-risch-bildlichen Vermittlungsstrategien.[6] Eine besondere visuelle Quali-tät gewinnt dabei das ‚Kriegsmonstrum' aus Teil VII der *Gesprächspiele* mit seiner kombinatorischen Anlehnung an die ähnlich komponierten Bildkunstwerke Guiseppe Arcimboldos.[7] Mit Verweis auf Drux betont auch Klaus Garber die herausragende Bedeutung gerade der *Ge-sprächspiele* für die Untersuchung kriegsrelevanter *materia*: „Harsdörf-fers Frauenzimmergesprächspiele sind durchsetzt von der Kriegs- und Friedensthematik; sie können an dieser Stelle nicht ausgeschöpft wer-den."[8] Jörg Jochen Berns bringt das erwähnte Kriegstier in der Tradition

---

6   Rudolf Drux: Sprachspiele gegen den Krieg. Ein Beitrag zur europäischen Nach-ahmung bei Harsdörffer. In: Georg Philipp Harsdörffer. Ein deutscher Dichter und europäischer Gelehrter. Hg. von Italo Michele Battafarano. Bern u.a. 1991 (IRIS 1), S. 83-103, hier S. 88-100.

7   Vgl. die leicht greifbare Abbildung des ‚Kriegsmonstrums' ebd., S. 102 (Abb. 4) oder Meid: Krieg (wie Anm. 4), S. 117 (Abb. 16).

8   Klaus Garber: Sprachspiel und Friedensfeier. Die deutsche Literatur des 17. Jahr-hunderts auf ihrem Zenit im festlichen Nürnberg. In: Der Westfälische Friede. Diplomatie – politische Zäsur – kulturelles Umfeld – Rezeptionsgeschichte. Hg. von Wolfgang Duchhardt, Redaktion Eva Ortlieb. München 1998 (Historische Zeit-schrift Beihefte N. F. 26), S. 679-713, hier S. 690.

Arcimboldos mit der frühneuzeitlichen *monstrositas*-Technik in Verbindung.[9] Bereits 1998 formulierte Garber das Desiderat einer umfassenden Studie speziell zu den Themen Krieg und Frieden in den *Gesprächspielen*.[10] Mit der Promotionsschrift von Hedwig Bramenkamp liegt ein erster Schritt in diese Richtung vor.[11] Immerhin existiert damit ein systematisch angelegtes Stellenverzeichnis der *Gesprächspiele* zu den Schlagworten Kriegsursachen, Akteure, Kriegsfolgen und Kriegsmetaphorik. Und auch die einschlägigen Gesprächspiele mit dem Hauptthema Krieg (*Perseus, Das Schäfergedicht, Die Entschuldigung* und *Kriegsgemähl*) finden Berücksichtigung.[12]

Nimmt man die genannten Untersuchungen zusammen, bleibt es differenziert abzuwägen, inwiefern die genannten Stellen aus den *Gesprächspielen* sich nachweislich und ausschließlich mit dem Dreißigjährigen Krieg befassen oder weitaus allgemeiner mit kriegerischen Konflikten als *movens* der Weltgeschichte von der Antike bis in die jüngste Gegenwart.[13]

– Zwingender erscheint der Zusammenhang mit jüngst vergangenen Gräueln im *Pegnesischen Schäfergedicht*. Die Forschung hat regelmäßig auf die ‚Schwarmreden' der Schäferin Pamela hingewiesen, deren Schafherde gerade von einer Söldnerhorde konfisziert wurde – getreu dem Motto: Der Krieg ernährt sich aus dem Land.[14] Pamelas Geisteszustand

---

9   Jörg Jochen Berns: Kriegs- und Friedensbilder. Mittel ihrer ästhetischen Reflexion im 17. Jahrhundert. In: Morgen-Glantz 9 (1999), S. 181-217, hier S. 194-197.

10   Garber: Sprachspiel (wie Anm. 8), S. 690, Anm. 20: „Eine Spezialarbeit zu diesem ergiebigen Thema fehlt."

11   Hedwig Bramenkamp: Krieg und Frieden in Harsdörffers „Frauenzimmer Gesprächspielen" und bei den Nürnberger Friedensfeiern 1649 und 1650. München 2009 (Sprach- und Literaturwissenschaften 31), S. 29-129. – Zu den gravierenden methodischen Mängeln der Studie und dem nur sporadischen Kontakt zur Harsdörffer-Forschung vgl. jedoch die Rezension von Rosmarie Zeller in: Simpliciana XXXII (2010), S. 558f.

12   Bramenkamp: Krieg (wie Anm. 11), S. 91-129.

13   So gerät z. B. in den Ausführungen zu den Kriegsursachen – ebd., S. 29-36 – 1618-1648 nicht explizit in den Blick: „Wie sich zeigen wird, steht dabei allerdings nicht der allgegenwärtige Dreißigjährige Krieg im Mittelpunkt der Erörterung. Vielmehr widmen sich die Spielgefährten umso ausführlicher der eher seltenen Entmachtung eines Tyrannen." (S. 29)

14   Vgl. etwa Drux: Sprachspiele (wie Anm. 6), S. 83-86, Dirk Niefanger: Poetisches Taratantariren. Kriegsbilder in der Nürnberger Barockdichtung. In: Kriegs / Bilder in Mittelalter und Früher Neuzeit. Hg. von Birgit Emich und Gabriela Signori. Berlin 2009 (Zeitschrift für Historische Forschung. Beiheft 42), S. 277-293, hier S.

erscheint mindestens temporär getrübt. Sie imaginiert sich in die Rolle einer allegorischen Figur hinein, des darbenden und dahinsiechenden ‚Teutschlands', und setzt zu einer onomatopoetisch gestalteten Kriegsklage an. Insbesondere Silvia Serena Tschopp hat darauf hingewiesen, dass die ‚Schwarmreden' zwar das Herzstück der Kriegsthematik darstellen, weitere weniger ausführlich formulierte Einsprengsel zum Thema das Schäfergedicht aber sukzessive durchziehen – und das im Rahmen traditionell idyllischer Bukolik, verfertigt zur feierlichen Vermählung: „Verfaßt wurde es [das *Schäfergedicht*] anläßlich einer Nürnberger Doppelhochzeit, die am 14. Oktober 1644 stattfand."[15]

– Auf den Kontrast des gewalterfüllten und gefährlichen Lebens eines Soldaten mit der friedlichen und produktiven Existenz eines Schäfers hebt auch das Gedicht *Friedens-Hoffnung | bey | Bevorstehender Handlung zu Münster und Oßnabruck* ab, zuerst publiziert in dem Band *Des Jesaias Rompler von Löwenhalt erstes gebüsch seiner Reim-getichte* (1647), mit dem veränderten Untertitel *Der Kriegsmann wil ein Schäfer werden* dann auch aufgenommen in den zweiten Teil von Harsdörffers *Poetischem Trichter* (1648).[16] Die Sicht auf die Katastrophen des Drei-

---

288-292 und Meid: Krieg (wie Anm. 4), S. 171-173.

15   Silvia Serena Tschopp: Friedensentwurf. Zum Verhältnis von poetischer Struktur und historischem Gehalt im „Pegnesischen Schäfergedicht" von G. Ph. Harsdörffer und J. Klaj. In: Compar(a)ison 3 (1993), H. 2, S. 217-237, hier S. 219. – Dabei schließen sich Festgedicht und Kriegsklage nicht automatisch aus: „Die Erwähnung des Krieges in einem schäferlichen Hochzeitsgedicht ist nicht ungewöhnlich." (S. 230) Auffallend ist aber die Beharrlichkeit, mit der sich das Thema weiterhin durch den Text zieht: „Daß die Kriegs- und damit verbunden die Friedensthematik im *Pegnesischen Schäfergedicht* jedoch so dominant in Erscheinung treten, fällt auf, zumal Krieg und Frieden nicht primär als Vergleichsbasis für die Beschreibung erotischer Verhaltensweisen fungieren, sondern im Text als eigenständige Themenbereiche behandelt werden, die in Opposition zueinander stehen." (S. 230) – Vgl. zu den *Gesprächspielen* und dem *Schäfergedicht* im Überblick auch Garber: Sprachspiel (wie Anm. 8), S. 688-695.

16   Vgl. zum Gedicht Ingeborg Springer-Strand: „Der Kriegsmann wil ein Schäfer werden" oder Krieg, Frieden und Poesie in Harsdörffers „Friedenshoffnung". In: Gedichte und Interpretationen. Bd. 1. Renaissance und Barock. Hg. von Volker Meid. Stuttgart 1982 (Reclams Universal-Bibliothek 7890), S. 245-254, Meid: Krieg (wie Anm. 4), S. 198-200 und Nicola Kaminski: „Der Kriegsmann wil ein Schäfer werden", der Poet auch: ‚Nochschwebende' Friedensdichtung barocker Kriegsflüchtlinge. In: „[...] damit sich der Leser, gleich wie ich itzt thue, entferne der Thorheit und lebe in Rhue." Festschrift für Peter Heßelmann. Im Auftrag der Grimmelshausen-Gesellschaft Münster hg. von Eric Achermann u.a. Dortmund 2020 (Wissenschaftliche Schriften der WWU Münster. Reihe XII 25), S. 303-332, hier S. 326-330.

ßigjährigen Krieges wird hier bereits überlagert von den großen Erwartungen, die in die jahrelangen Verhandlungen im Vorfeld des Westfälischen Friedens gesetzt werden.

– Von der Endphase des ‚teutschen' Krieges ist auch Harsdörffers
zeitgeschichtlich aktuellste Publikation, handelnd vom schwedischen
Feldmarschall Carl Gustaf Wrangel (1613-1676), nicht zu trennen, wenn
sie den Status der ‚Publicität' auch nur in höchst eingeschränktem Maße
erlangen sollte. Der in der Forschung gemeinhin als *Lobgesang* bezeichnete Text komponiert wiederum onomatopoetisch grundiert eine Panegy-
rik auf Wrangels militärische Erfolge.[17] John Roger Paas hat die obrig-
keitliche Rezeption des *Lobgesangs* rekonstruiert. Die Flugschrift
erregte das Missfallen der Nürnberger Ratsversammlung, hält sie sich
doch nicht an das Gebot absoluter Neutralität in politisch immer noch
hochbrisanten Zeiten und demonstriert stattdessen ‚Parteilichkeit': „Der
Nürnberger Rat beurteilte Harsdörffers *Lobgesang* als ein ‚Pasquill ... in
welchem die Kay. Mt. und Chur Bayern schimpflich angetast wordn',
denn das Lied unterstellt Feigheit auf kaiserlicher Seite [...] und schreibt
Wrangels militärischen Erfolg der fehlenden Einigkeit zwischen dem
Kaiser und den Königen zu [...]."[18] Harsdörffer und sein Drucker sahen
sich strafrechtlicher Verfolgung ausgesetzt. Harsdörffers Ausflug in das
tagesaktuelle, den Dreißigjährigen Krieg direkt in Angriff nehmende
Flugschriftenwesen scheint seine Produktivität im Hinblick auf die
Nürnberger Friedensfeierlichkeiten der Folgejahre deutlich gedämpft zu
haben, so die These von Paas.[19]

---

17   Vgl. den Abdruck des kompletten Textes bei John Roger Paas: Poeta incarceratus.
     Georg Philipp Harsdörffers Zensur-Prozeß, 1648. In: Literatur und Gesellschaft im
     deutschen Barock. Aufsätze. Hg. von Conrad Wiedemann. Heidelberg 1979 (Ger-
     manisch-Romanische Monatsschrift. Beiheft 1), S. 155-164, hier S. 156-158.

18   Ebd., S. 158. – Vgl. zur Parteinahme auch Meid: Krieg (wie Anm. 4), S. 8, zu
     Harsdörffer und Wrangel S. 34-36.

19   Paas: Poeta (wie Anm. 17), S. 164: „Der Zensurprozeß mag jedoch erklären, warum
     er [Harsdörffer] – als der berühmteste der Nürnberger Dichter – 1649 und 1650
     kaum etwas für und über die Friedensfeiern in der Stadt geschrieben hat." Vgl.
     dazu auch Garber: Sprachspiel (wie Anm. 8), S. 695. – Völlig kam Harsdörffers
     Engagement für den Frieden aber doch nicht zum Erliegen, vgl. Andrea M. Kluxen:
     Harsdörffer und das Schauessen beim Nürnberger Friedensmahl. In: Georg Philipp
     Harsdörffer und die Künste. Hg. von Doris Gerstl. Nürnberg 2005 (Schriftenreihe
     der Akademie der Bildenden Künste 10), S. 89-103.

– 1656 erschien die *Drillkunst*, eine Übertragung wiederum einer französischen Translation des reich bebilderten Handbuchs *Wapenhandelinghe van Roers, Musquetten ende Spiessen* (1608) von Jacques de Gheyn II.[20] Berns hat die interessante These aufgestellt, dass Harsdörffer als Übersetzer in Frage käme und die Vorrede aus seiner Feder stammen könnte.[21] Insgesamt scheint sich ein nachweisbarer Zusammenhang speziell mit dem Dreißigjährigen Krieg nicht aufzutun, zumal das Handbuch lange vor Kriegsbeginn erschien und in der Vorrede kein expliziter Hinweis auf den wiederum jüngst vergangenen Krieg zu finden ist.

So erscheinen die textuellen Spuren zum Thema Krieg in einzelnen Segmenten des Harsdörfferschen Werkes verstreut. Sie verbleiben inhomogen und organisieren sich nicht zu Zeugnissen eines eindeutig formulierten Pazifismus oder einer massiven Kriegskritik. Indes hat insbesondere Ernst Rohmer im Hinblick auf das *Schäfergedicht* und seine überwiegend von Birken verantwortete Fortsetzung davor gewarnt, historisch-politische Kategorien des 20. Jahrhunderts und seiner verheerenden Weltkriege umstandslos auf die frühe Neuzeit zu projizieren.[22] Hier hat die Barockforschung in erster Linie Grimmelshausen und Gryphius als Vorbilder installiert, an denen mindestens implizit nun andere Schriftsteller gemessen werden, die im 17. Jahrhundert über den Krieg schreiben.[23] So ist für diese Autoren vielmehr methodische Umsicht zu fordern,

---

20 Vgl. dazu ausführlich Suzanne J. Walker: Arms and the Man: Constructing the Soldier in Jacques de Gheyn's *Wapenhandelinghe*. In: Nederlands Kunsthistorisch Jaarboek 58 (2007-2008), S. 138-161.

21 Berns: Kriegs- und Friedensbilder (wie Anm. 9), S. 192-194, 199f. – Vgl. zu Harsdörffer als potentiellem Bearbeiter S. 194, Anm. 24: „Daß Harsdörffer höchstwahrscheinlich der Übersetzer dieses ursprünglich französischen Büchleins war und die Vorrede dazu schrieb, ergibt sich sowohl aus dem Faktum, daß in der Vorrede seine ,*Mathematischen und Philosophischen Erquickstunden*' (Bde. II und III) ohne Verfasserangabe zitiert werden und daß der Vorrede ein Gedicht nachgestellt ist, das ganz im Harsdörfferschen Ton verfaßt ist."

22 Ernst Rohmer: Friedenssehnsucht und Landschaftsbeschreibung. Der Realismus des ,locus amoenus' in der Dichtung der Pegnitz-Schäfer um 1650. In: Morgen-Glantz 9 (1999), S. 53-79, hier S. 78: „Noch hält bei unserem Blick auf den Dreißigjährigen Krieg die Erfahrung der Weltkriege unseres Jahrhunderts, insbesondere aber die apokalyptische Erfahrung des Untergangs des Dritten Reiches an. Wir übertragen – darauf hat Hartmut Laufhütte eindringlich aufmerksam gemacht – unsere Einschätzung des Krieges als einer dämonischen Macht, in der auch Unschuldige zu Schuldigen werden, auf den anderen großen Krieg in der deutschen Geschichte."

23 Ebd.: „Die Konjunktur von Grimmelshausens *Simplicissimus* nach 1945, die aktualisierende Verwendung der Gryphschen Kriegs-Sonette belegen dies." Dazu auch

um die Spezifika in der Behandlung kriegerischer Auseinandersetzungen jenseits vorab formulierter pazifistischer und sozialkritischer Ideale herausarbeiten zu können. Das hat auch und gerade für Harsdörffers Erzählsammlungen zu gelten.[24]

Indes kann man die Reflexion kriegerischer Materie in Harsdörffers narrativen Kompilationen der späten 1640er und frühen 1650er Jahre auch indirekt über die literarische Weiterverarbeitung rekonstruieren, die die Historien gut zwei Jahrzehnte später erfahren sollten. Grimmelshausen griff auf Harsdörffersche Erzählungen bevorzugt in den Teilen seines Werkes zurück, in denen der Dreißigjährige Krieg die dominierende Handlungsfolie abgibt – so die These von Günther Weydt in seiner mittlerweile über 50 Jahre alten großen Studie über Grimmelshausens Quellen, die Pionierarbeiten geleistet hat. Weydts Erkenntnisse müssen punktuell mit berücksichtigt werden.[25]

II. *Der Grosse Schau-Platz jämmerlicher Mord-Geschichte*

Harsdörffers bekannteste und erfolgreichste Erzählsammlung *Der Grosse Schau-Platz jämmerlicher Mord-Geschichte* (1649-1650)[26] mitsamt ihren 200 kompakten Historien scheint im Laufe der Zeit in der historischen Kriminalitätsforschung und in der germanistischen Forschung zu den Anfängen der Kriminalliteratur für einige Enttäuschung gesorgt zu haben. Der ausgebildete Jurist Harsdörffer, bestens vertraut mit den

---

Meid: Krieg (wie Anm. 4), S. 7: „Bis heute prägen Dichtungen wie Grimmelshausens Roman *Der Abenteuerliche Simplicissimus Teutsch* oder das Sonett *Thränen des Vaterlandes / Anno 1636* von Andreas Gryphius unser Bild von der Katastrophe des Dreißigjährigen Krieges."

24 Zum Thema Krieg insgesamt wenig ergiebig bleibt Italo Michele Battafarano: Glanz des Barock. Forschungen zur deutschen als europäischer Literatur. Bern u.a. 1994 (IRIS 8), S. 85-100 („Literatur versus Krieg. Harsdörffers Beitrag zur Europäisierung deutscher Kultur").

25 Günther Weydt: Nachahmung und Schöpfung im Barock. Studien um Grimmelshausen. Bern/München 1968, S. 45-187, 432-440 („Zur Entstehung barocker Erzählkunst – Quellen für Grimmelshausen im Schrifttum Harsdörffers und seiner Zeitgenossen").

26 In der Folge wird der Nachdruck der Ausgabe Hamburg 1656 zugrunde gelegt: Georg Philipp Harsdörffer: Der Grosse Schau-Platz jämmerlicher Mord-Geschichte. Beigebunden ist: Neue Zugabe: Bestehend in C. Sinnbildern. Hildesheim/New York 1975. Abgekürzt als „JM" mit bloßer Nennung der Seitenzahl.

Rechtsfällen seiner Heimatstadt Nürnberg, versammelt mit den *Mordgeschichten* gerade *nicht* die spektakulärsten Kriminalfälle aus der Reichsstadt und ihrem Umland.[27] Die Texte stammen – von Harsdörffer stark bearbeitet und gekürzt – überwiegend aus dem unüberschaubaren Erzählwerk des französischen Bischofs Jean-Pierre Camus, die Handlungsorte der Historien befinden sich bevorzugt in der Romania. Das gleiche Modell fremdsprachiger Vorlagen und ihrer Weiterbearbeitung durch den Redakteur hat für die wenigen Erzählungen zu gelten, deren *materia* mit dem Dreißigjährigen Krieg verbunden ist oder verbunden sein könnte. Hier berichtet Harsdörffer gerade *nicht* Kriegsgeschichten aus eigener Anschauung. Es hängt also vom französischen Ausgangstext ab, ob Kriegsereignisse 1618-1648 zum Thema werden oder nicht[28] – immer noch mit der weiteren Einschränkung, dass es sich in den Vorlagen um andere Kriege handelt und eine Verbindung mit dem ,teutschen' Krieg erst vom Redakteur hergestellt wurde.

Daher müssen keinesfalls alle Historien der *Mordgeschichten*, die sich mit Kriegshändeln und Militär befassen, notwendigerweise Bezüge zum Dreißigjährigen Krieg aufweisen. Ein idealtypisches Beispiel dafür ist die Historie *Die Großmüthige Rache* (JM 73-76). Die Einquartierung gewissenloser Soldaten in einem Dorf in der Picardie löst eine Kette brutaler Gewaltakte zwischen den Söldnern und der Zivilbevölkerung aus, die in einem von den örtlichen Bauern initiierten Vergeltungsmassaker

---

27 Vgl. exemplarisch die Irritation von Gerd Schwerhoff: Historische Kriminalitätsforschung. Frankfurt a.M./New York 2011 (Historische Einführungen 9), S. 184: „Diese Erzählsammlung [der *Schau-Platz jämmerlicher Mord-Geschichte*] steht nicht nur in der Tradition der romanischen *histoires tragiques*, sondern importiert auch einen wichtigen Teil seines [sic] Stoffes von anderen Literaten – vor allem aus *L'Amphithéâtre sanglant* des französischen Bischofs Jean Pierre Camus (1584–1652) –, und das, obwohl Harsdörffer als Nürnberger Stadtrichter selbst genügend Anschauungsmaterial hatte."

28 Diesen Verwertungsprozess (bis hin zu Grimmelshausen) beschreibt auch Weydt: Nachahmung (wie Anm. 25), S. 80: „Daß Camus nach deutschen Kriegsgeschichten erzählt hat, daß Harsdörffer sie aus Camus übernimmt und Grimmelshausen wieder seinen Kalender mit einer angeglichenen Harsdörffer-Geschichte füllt, ist uns hinreichend deutlich." Zu Camus' Kontakten zum Kriegswesen im 17. Jahrhundert und partiell auch zum Dreißigjährigen Krieg vgl. Jean Descrains: Essais sur Jean-Pierre Camus. Paris 1992 (Bibliothèque de l'âge classique 5: Série generale), S. 111-128 („De la guerre au combat spirituel: Jean-Pierre Camus et Josias de Rantzau"). – Weitere Quellenstudien zu Camus' Kenntnissen über den Krieg im Nachbarland sind dringend geboten, ebenso im Hinblick darauf, wie Harsdörffer die Kriegserzählungen seines französischen Gewährsmanns weiter verarbeitet.

an der Soldateska gipfelt. Die Handlung gemahnt auf den ersten Blick an ähnliche Akte der verzweifelten Selbstjustiz im Dreißigjährigen Krieg.[29] Durch die nähere Untersuchung der Quellen lässt sich die geschilderte Episode aber auf das Jahr 1578 datieren, bei den militärischen Auseinandersetzungen im Hintergrund handelt es sich um den Achtzigjährigen Krieg.[30]

– Besagtes Zuordnungsproblem stellt sich bei der Geschichte *Die entdeckte Verrätherey* (JM 227-229) nicht, da es eine eindeutige Datierung gibt – im „Jahr 1642. in dem Herbst" (JM 228) – und ausschließlich militärisches Personal auftritt. Es geht recht unspektakulär um den Versuch eines schwedischen Obristen, zu den „Keiserischen" (JM 228) überzulaufen oder mit ihnen verräterischen Kontakt aufzunehmen, „zu der Schwedischen höchsten Nachtheil und ihres Feldlägers endlichen verderben" (JM 228). Der Obrist verfasst mehrere konspirative Briefe, die ein Trompeter mit einem fingierten Passierschein dem kaiserlichen Lager überbringen soll. Noch im schwedischen Besatzungsgebiet fallen aufgrund wenig glücklicher Umstände die Briefe aus der Satteltasche des Trompeters und werden von einem Rittmeister gefunden und gelesen, der sie an den Befehlshaber des Obristen überstellt. Der Obrist wird verhaftet und schließlich standrechtlich mit dem Schwert hingerichtet. Der Erzähler sieht in dem Verlust und der Wiederauffindung der Briefe göttliche Fügung am Werk: „Hieraus erscheinet die wunderliche Schickung Gottes / der leichtlich an das Liecht bringen kan / was in verborgener Finsternis beschiehet." (JM 228) Die abschließende *moralisatio* (JM 229) argumentiert ähnlich.

– Dagegen zeichnet demonstrative Gottlosigkeit die Akteure der Erzählung *Die Festmacher* (JM 232-235) aus. In einer ungewöhnlich langen Passage distanziert sich der Erzähler von abergläubischem Verhalten

---

29 Man denke hier nur an Buch I, Kap. 14 in Grimmelshausens *Simplicissimus*.

30 Vgl. zu der Geschichte Hans-Joachim Jakob: Eine Historie wandert durch die Jahrhunderte. Fall und Vorlage für Georg Philipp Harsdörffers Erzählung „Die Großmüthige Rache". In: Kriminalfallgeschichten. Text+Kritik-Sonderband. Hg. von Alexander Košenina. München 2014, S. 7-21. – Zu ähnlichen Abläufen 1618-1648, hier bezogen auf Jacques Callots Stich „Die Rache der Bauern", vgl. Münkler: Krieg (wie Anm. 2), S. 707: „Der vorletzte Stich zeigt einen der alternativen Vorgänge zur Wiederherstellung der Ordnung durch das Militär selbst: Bauern haben eine Militärkolonne in einen Hinterhalt gelockt und machen die Soldaten mit Sensen und Spießen, Knüppeln und Dreschflegeln gnadenlos nieder – was mit dem Fortgang des Krieges immer häufiger vorgekommen ist." Vgl. auch Medick: Krieg (wie Anm. 3), S. 141-143.

und insbesondere von der irrigen Vorstellung, man könne sich durch allerlei „Zauberhändel" (JM 233) ‚festmachen', also vorgeblich unverletzlich gegen bestimmte Waffenarten, mithin ein besonders im militärischen Milieu beliebter Irrglaube. Zu seiner Entkräftung führt der Erzähler nun gleich „etliche Erzehlungen" (JM 233) an und schlägt so den Bogen zum Dreißigjährigen Krieg.

Ein Herzog, „welcher von deß Beeren Stärke den Namen truge / und vor wenig Jahren auf den Schauplatz deß Teutschen Krieges seinen Ruhm mit vielen Heldenthaten verewiget" (JM 233), befehligt einen Stallmeister, der ein Ausbund der Sieben Todsünden ist. Dazu kommt der Aberglaube des ‚Festmachens' und die Hybris, „daß er nichts wenigers als den Tod gefürchtet." (JM 233) Der Stallmeister fällt in die Hände der kriegsberüchtigten Kroaten[31] und muss nun aufgrund seiner Panzerung gegen „Seibelen" (JM 234) und „Schiessen" (JM 234) eine umso grausigere Todesqual erleiden. Die Kroaten „haben [...] ihn / biß an den Hals eingegraben / und mit Kugeln von grossen Stücken so lang nach seinem Haubt geworffen / biß er endlich elendiglich seinen Geist aufgegeben / und gestorben wie er gelebt." (JM 234) Die Marter gewinnt hier noch die zusätzliche Dimension der Bestrafung für einen Sünder. – Kaum besser ergeht es dem „Corporal zu Fellenstein" (JM 234), der ebenfalls in Gefangenschaft gerät und wegen seiner Resistenz gegen Schwert und Muskete „mit Axten und Rädern zu tod gemartert worden" (JM 234). Als besondere Strafe für seinen Aberglauben geht er danach als Revenant um. – Ein nicht näher namentlich genannter ‚Kriegsheld' „hat mit seiner Hand über hundert Soldaten von seinem Feinde niedergeschossen und gestochen" (JM 234), ohne selbst eine Blessur davonzutragen. Als er seinen Unverletzlichkeitszauber aber auflöst, ereilt es ihn unverzüglich. Eine moralisierende Passage am Ende der *Festmacher* brandmarkt den Zauber nochmals als „Teuffels Verblendung" (JM 234).[32]

– Während die Erzählung *Die bestraffte Unzucht* (JM 384-387) trotz ihres exakt benannten Handlungszeitpunkts unspezifisch bleibt,[33] dreht

---

31 Vgl. zu kroatischen Söldnern auch den *Simplicissimus*, Buch II, Kap. 15.

32 Und auch im *Simplicissimus* gibt es einen Hinweis auf einen ‚Festmacher'. In den letzten Zügen der Schlacht bei Wittstock trifft Simplicius' enger Freund Ulrich Herzbruder auf einen Profos, der kugelfest zu sein scheint und daher von Herzbruder mit einer Axt erschlagen wird (Buch II, Kap. 27).

33 Neben die Nennung des Schauplatzes „Nürnberg" (JM 385) tritt die Zeitangabe „auf dem Churfürsten Tage 1641." (JM 385) Dennoch geht es in der Horrorgeschichte mit ihrer raschen Abfolge von Alkoholmissbrauch, vorehelichem Beischlaf, Kinds-

sich die Historie *Der Rachbrand* (JM 519-521) schwerpunktmäßig um die Leiden der Zivilbevölkerung im Krieg. Zudem gehört sie zu den Erzählungen aus den *Mordgeschichten*, in denen der Erzähler persönliche Vergeltungsaktionen nach vorherigen Drangsalierungen nicht positiv bewertet. Schon in der Einleitung spielt die Metaphorik von Feuer und Rauch auf die gestörte Wahrnehmung des Zornigen an, „also machet auch die Rache gantz blinde Leute" (JM 520). Der Rückbezug zum ‚teutschen' Krieg fällt insgesamt weniger zwingend aus als in der Verrat- und der Festmacher-Geschichte mit ihren Jahres- und Namensnennungen:

> Dieses hat jüngstverwichner Zeit erfahren / ein Landmann in dem Steurischen Lande / welcher von den Soldaten eine gute Anzahl hat in seinem Hauß gehabt / die dann / auf gut Soldatisch Hauß gehalten / das ist / nichts gesparet / und alles in Kisten und Kästen aufgezehrt / und hinweg genommen: nach ihrem Sprichwort: Wem das Hauß ist / der gehe hinaus. (JM 520)

Lediglich die Formulierung der „jüngstverwichnen Zeit" gibt einen beiläufigen Hinweis auf 1618-1648. Die Verlaufsform soldatischer Repressionen ist also primär eine durative des schleichenden Ressourcenverbrauchs, die den „Landmann" und seine Gattin schließlich Elend und Hunger preisgeben wird.[34] Es gelangt keine körperliche Gewalt zum Einsatz, als die Soldaten „mit der Frauen im Hause Kundschafft gemachet / und sie beredet / sie solte mit ihnen ziehen / und an statt eines / viel Männer annehmen." (JM 520) Der Erzähler nimmt eine kurze Abwägung vor. Die Frau des Landmanns habe zu entscheiden, ob sie in „euserste Armut" (JM 520) fallen wolle oder in das unmoralische Angebot einwillige. Letzteres ist der Fall, verbunden mit der prominenten Todsünde *luxuria*, die Frau „willigte deßwegen in ihren Vorschlag / und finge bereit an / auch in Beywesen ihres Ehemanns ihre Geilheit zuersättigen." (JM 520) Der Landmann sinnt auf Rache, verschafft den Eindringlingen eine große Menge Wein[35] und wartet das darauffolgende Gelage ab. Die weit-

---

mord, Enthauptung der Kindsmörderin und Suizid eines der maßgeblich Beteiligten nicht um Kriegsereignisse. Vgl. aber Weydt: Nachahmung (wie Anm. 25), S. 136: „Es handelt sich um die Erlebnisse eines jungen Schreibers in einer deutschen Stadt während des dreißigjährigen Krieges."

34   Vgl. auch Medick: Krieg (wie Anm. 3), S. 129-131 („Die Einquartierung der ‚Menschengetierer'. Ein Haushalt unter Druck"). – Die kurzfristige Variante der Plünderung findet sich wiederum im *Simplicissimus* beschrieben (Buch I, Kap. 4).

35   Alkohol als Sedativum für die übergriffige Soldateska spielt auch zuvor in der *Großmüthigen Rache* eine wichtige Rolle, vgl. JM 75.

gehend kampfunfähigen Soldaten nehmen keine Notiz davon, dass der Landmann alle Türen verschließt. Dann zündet er sein Haus an, „daß die Soldaten und seine Ehebrecherin jämmerlich im Feuer verderben / und also einen Vorgeschmack der ewigen Höllenflammen erfahren müssen." (JM 520) Der Landmann wendet sich angesichts drohender Strafe zur Flucht.[36] So hat er am Ende der Geschichte alles verloren – durch den Krieg seine Habseligkeiten, durch die Vergeltungsaktion seine Frau und seinen Hof, damit seine Existenzgrundlage.

– In jeder Hinsicht stellt die Historie *Die unbarmhertzigen Soldaten* (JM 645-648) die prononcierteste Gestaltung der Kriegsthematik in den *Mordgeschichten* dar, gerade im Hinblick auf die Qualen der Zivilbevölkerung, verbunden mit einer wenig hoffnungsvollen Pointe. Die Erzählinstanz leitet ein mit einer Fabel über den Rat der Wölfe.[37] Der Rat beschließt, nun Fallen auf der Weide auszulegen, um Schafe zu fangen. Das Vorhaben erweist sich als erfolgreich. Der „Herr der Schafe" (JM 646) schickt nun seinen Oberhirten aus, um die in den Fallen gefangenen Schafe wieder zu befreien. Angesichts der Größe der Herde kann das aber nicht immer gelingen, die Wölfe fressen einige von den hilflosen Tieren. Daher erscheint es die beste Lösung zu sein, die Herde auf eine friedliche Insel zu verbringen. Der Erzähler nimmt eine allegorische Auslegung vor:

> Ob nun wol dieses Lehrgedicht eine feine geistliche Deutung haben kan / wollen wir es doch auf den Zustand jetziger Zeiten ziehen. Die reisende Wölffe deß Krieges / haben die armen Unterthanen aller Orten mit Gewalt und mit Hinterlist in ihre Fallen gebracht / (dann wie soll der Bedenken tragen einen Bürger in der Statt zu betrügen / den er ausser der Statt uom Haab und Gut zu bringen trachtet /) sie beraubet und gleichsam verschlungen. Der Hirt ist der Fried / welcher die Schafe zu sichern von Gott gesendet worden: ist aber leider nicht stark genug / alle und jede Schäflein in Gewarsam zu bringen / wie hiervon etliche Geschichte / mit erstaunen zuvernehmen / unter welche auch folgende zu zehlen. (JM 646)

Ein Edelmann aus dem Elsass ist auf seinem befestigten Schloss „die gantze Zeit wärender Kriegsjahre" (JM 646) gut über die Runden ge-

---

36 Mit einer für die *Mordgeschichten* typischen Formulierung lässt der Erzähler offen, ob der Landmann doch noch mit weltlicher oder göttlicher Bestrafung zu rechnen habe, „wie es ihm [dem Landmann] ferner ergangen / und wo er hingekommen / ist nicht wissend." (JM 520)

37 Vgl. zu der Wolfsfabel Stefan Manns: Grenzen des Erzählens. Konzeption und Struktur des Erzählens in Georg Philipp Harsdörffers *Schauplätzen*. Berlin 2013 (Deutsche Literatur. Studien und Quellen 14), S. 160f.

kommen und konnte sich mit seinen bewaffneten Untertanen gut gegen Aggressionen von außen schützen. Er hofft darauf, „nun bey erhandlenden Frieden künfftig gesichert zu seyn." (JM 646)[38] Es befinden sich aber immer noch Teile der französischen Garnison vor Ort. Als die Soldaten auch das Schloss zur Unterkunft begehren, reagiert der Edelmann misstrauisch, kennt er doch den „Gebrauch" der Soldateska, „daß der Feind ist / welcher noch was überig hatte" (JM 647). Er lässt das Angebot übermitteln, dass er stattdessen die Soldaten – außerhalb des Schlosses – mit Lebensmitteln versorgen werde. Der Vorschlag findet keine Gegenliebe. Verhandlungsphasen, Drohungen und militärische Aktionen sind die Folge: Ankündigung der Einnahme des Schlosses – Androhung von Gegengewalt durch den Edelmann, da er vermutet, dass die französische Garnison keine Kanonen („Stücke", JM 647) zur Hand habe – Belagerung und Beschießung des Schlosses, da der französische Feldherr doch Artillerie beschaffen konnte – Wiederaufnahme der Verhandlungen durch den Edelmann, der den freien Abzug seiner Familie (Ehefrau, Schwester, Tochter) nach Straßburg gegen eine große „Summa Geld" (JM 647) einzutauschen versucht. Der Handel scheint zu gelingen, die Bedingungen werden in zwei Vertragsausfertigungen schriftlich fixiert und von beiden Parteien signiert. Dann kommt der Moment des katastrophalen Umschlags. Der Edelmann öffnet das Schlosstor zur Geldübergabe. Dabei erblicken die Soldaten seine Schwester und verlangen sie kurzerhand als Zusatzleistung. Mit der Weigerung des Edelmanns brechen die vergangen geglaubten Kriegsgräuel erbarmungslos über das Schloss herein:

> Hierüber zerschlägt sich aller Vergleich / und haben diese ruchlose Gesellen nicht nur die Schwester / sondern auch sein Weib und seine Tochter für seinen Augen geschändet / ihm alles abgenommen / und nach verübten Mutwillen zum Fenster hinaus gehenkt. Mit den Unterthanen und ihren Weibern haben sie es nicht besser gemacht / und sind deßwegen (so viel der Orten wissend) nicht bestraffet worden. (JM 648)

Die darauf folgende moralisierende Passage führt die Gewalteskalation nun gerade nicht auf die Kriegsverhältnisse zurück, zumal ja *de jure* Frieden herrscht, sondern auf die nun nicht mehr vorhandene „Kriegs-

---

38   Ein Trugschluss: „Es ist aber unter Niederlegung der Waffen und deß würcklichen Friedens Anfang eine grosse Klufft befestiget / wie weltkündig." (JM 646)

zucht" (JM 648) der Soldaten, die ihre jahrelange Existenzgrundlage verloren haben, „daß sie fast zu Mördern und Raubern werden müssen: weil der Magen / wie jener gesagt / keine Ohren hat / und sich der Hunger mit Worten nicht stillen lässet." (JM 648)

Der Clou der Historie liegt also darin, dass sich die geschilderten Grausamkeiten eben nicht mehr auf die Fährnisse des Krieges zurückführen lassen, sondern sich nun vollends in einem rechtsfreien Raum abspielen – Soldaten verhalten sich per se, egal ob im Krieg oder Frieden, ganz nach dem Titel der Geschichte unbarmherzig. Für die im Sinne des Lehrgedichts wölfisch agierende Soldateska gibt es keine Bestrafung, noch nicht einmal als maßlose Vergeltung einer Einzelperson wie im *Rachbrand.*

Dringender als bei allen anderen genannten Historien stellt sich für die *Unbarmhertzigen Soldaten* die Frage nach der Quelle Harsdörffers[39] und daran anschließend die Frage, ob mit dem erwähnten „erhandlenden Frieden" (JM 646) tatsächlich der Westfälische Friedensschluss gemeint ist oder vielmehr ein lokaler Waffenstillstand. Hochaktuell hätte die von Harsdörffer gegebenenfalls genutzte Erzählsammlung aus der Romania die Geschehnisse nach dem Friedensschluss im Herbst 1648 aufgreifen und publizieren müssen, bevor Harsdörffer zu einer Übertragung und Veröffentlichung im achten Teil der *Mordgeschichten* (1650) schreiten konnte. Möglicherweise liegt hier tatsächlich die Aktualisierung einer älteren Geschichte über elsässische Kriegskatastrophen vor, die vom Redakteur durch Formulierungen wie über den „Zustand jetziger Zeiten" und die „Zeit wärender Kriegsjahre" (JM 646) mit dem Westfälischen Frieden kontextualisiert wird.

– Und auch die Historie *Der bestraffte Diebstal* (JM 651-655) setzt vor die genuine *narratio* ein „Lehrgedicht" (JM 652). Ein armer, aber frommer Gänsehirt überquert mit seinen Gänsen sicher den Fluss des Jenseits und findet Eingang in ein Hirtenparadies, in dem er von Abraham, Isaak und Jakob gekrönt wird. Ein gewissen- und gottloser Geizhals fällt bei der Flusspassage mitsamt seinen Hunden und Katzen ins Wasser und ertrinkt.[40] Der Erzähler formuliert eine allegorische Auslegung:

---

39 Vgl. zu den Vorlagen u.a. der *Mordgeschichten* in absehbarer Zeit Judit M. Ecsedy: Zur Kompilations- und Redaktionsstrategie in Georg Philipp Harsdörffers „Schauplätzen": Heterogenität als Strukturprinzip. Berlin/Boston 2021.

40 Das „Lehrgedicht" fand unter dem Titel *Der Tod und der Gänshirt* Eingang in die *Kinder- und Hausmärchen* (1812) der Gebrüder Grimm, vgl. Hans Jörg Uther:

Dieses Lehrgedicht bedeutet der Gottlosen und Frommen jetzigen und künfftigen
Zustand: Sie leben ungleich und sind nach dem Tod wieder unterschieden. Die Bö-
sen leben wol / und trachten den Nechsten uom das Seine zu bringen: Die Frommen
leben hier übel und vergnügen sich in ihrem Zustand. (JM 652)

Wieder geht es um die Drangsale durch einquartierte Soldaten, wieder ist
der Handlungsort – wie im *Rachbrand* – die Steiermark „bey annoch
wärender Einlagerung deß Kriegsvolks" (JM 653). Ein Müller – oder
Zimmermann – wird von zwei Nachbarn gebeten, ihm überschüssiges
Korn zur Verfügung zu stellen. Sowohl für die Einquartierung als auch
für die eigenen Familien werden die Lebensmittel knapp. Der Müller
schlägt die Bitte mit dem Argument der Selbstsorge aus, „einwendend /
daß er sein Getreid selbsten von nöthen / und wann er auch was übriges
haben solte / so könne er solches nicht verleihen / sondern müsse es ver-
silbern und seinen Soldaten darmit bezahlen." (JM 653)[41] Die verärger-
ten Nachbarn kündigen an, nun des Getreides auf anderem Weg habhaft
zu werden. Der Müller nimmt sie beim Wort und legt sich mit seiner
„Zimmer Axt" (JM 653) auf dem Dachboden, auf dem das Korn gelagert
wird, in der Nacht auf die Lauer. Die Nachbarn dringen mithilfe einer
Leiter auf den Mühlenboden vor, der erste Eindringling wird vom Müller
geköpft, die Leiche stürzt auf seinen Komplizen, der die Flucht ergreift.
Der Müller steckt den abgeschlagenen Kopf in einen Sack und lässt ihn
der Frau des Enthaupteten mit der Nachricht zukommen, „wie es mit
seinem [des Nachbarn] Tod daher gegangen / und daß deme also / werde
der andre Nachbar können Zeuge seyn." (JM 654) Die Frau zeigt den
Müller bei der örtlichen Obrigkeit an, der Leichnam in der Mühle wird
sichergestellt und examiniert. Der Müller erhält einen Freispruch, argumentiert das Gericht doch mit Berufung auf die Heilige Schrift und das
zweite Buch Mose.[42] In dem die Erzählung abschließenden Gedicht sieht
sich nun, im Gegensatz zu den unspezifischen Enden der vier zuvor behandelten Geschichten, explizit der Kriegsgott Mars für die Vorfälle ver-
antwortlich gemacht: „Mars kommet aus deß Teuffels Thron | nimmt die

Handbuch zu den „Kinder- und Hausmärchen" der Brüder Grimm. Entstehung –
Wirkung – Interpretation. Berlin/New York 2008, S. 427-429.

41   Der Müller tut gut daran, sich gegen weitere Erpressungen durch die Soldaten durch
Schonung der Ressourcen zu wappnen. Vgl. Medick: Krieg (wie Anm. 3), S. 123:
„Doch eine Hauptbürde für die Zivilbevölkerung war deren Pflicht, fortlaufend ma-
terielle Unterhaltsleistungen für die neuen Besatzungstruppen abzuführen."

42   „Wenn ein Dieb ergriffen wird beim Einbruch und wird dabei geschlagen, dass er
stirbt, so liegt keine Blutschuld vor." (2. Mose 22,1)

Contribution / | und erzeuget einen Sohn | der genennt Soldaten Lohn: |
Alles Unheil kommt darvon." (JM 655)[43]

Harsdörffers weitgehend parallel zu den *Mordgeschichten* publizier-
te Erzählsammlung *Der Grosse Schau-Platz Lust- und Lehrreicher Ge-*
schichte (ab 1648) ist angesichts der veränderten Konzeption der Kom-
pilation – nicht nur auf tragische Ausgänge der Historien zu setzen,
sondern sich ‚lust- und lehrreich' zu präsentieren – einen Seitenblick
wert. Wieder geht es in den Historien um allerlei Kriegshändel, nach-
weisbare Zusammenhänge mit 1618-1648 sind jedoch rar. Weydt hat auf
die Erzählung *Die gerette Keuschheit* hingewiesen.[44] Die Haupthandlung
spielt sich in der Romania fern vom ‚teutschen' Krieg ab und dreht sich
um den schwer verletzten Hauptmann Bayard, der in einer eroberten
Stadt ein Haus okkupiert, um dort seine Wunden auskurieren zu können.
Die Hausbewohner stellt er unter seinen Schutz – insbesondere die Frau
und die Töchter des Hausherrn, die so vor soldatischen Übergriffen sicher sind. Soviel Patronage haben in deutschen Landen nur die allerwe-
nigsten Frauen genossen, so war denn Selbsthilfe geboten – sei es als
Verkleidung in der schwedischen Armee[45] oder als makabre Verstellung
im kriegsgebeutelten Bayern.[46] Diese beiden Zusatzepisoden schlagen –

---

43 Zuvor schlägt der Erzähler die Brücke zur vorangegangenen Historie *Der Rach-*
    brand und gibt eine kurze Inhaltsangabe, vgl. JM 654f.
44 Georg Philipp Harsdörffer: Der Grosse Schauplatz Lust- und Lehrreicher Geschichte.
    2 Bände in 1 Band. Nachdruck der Ausgaben Frankfurt und Hamburg 1664. Hildes-
    heim/New York 1978, Teil 1, S. 300-304. – Weydt: Nachahmung (wie Anm. 25), S. 88.
45 Harsdörffer: Der Grosse Schauplatz Lust- und Lehrreicher Geschichte (wie Anm.
    44), Teil 1, S. 302f.: „Unter dem Königlichen Schwedischen Heer hat sich eine jun-
    ge Dirne sechs Jahr in Mannskleidern aufgehalten / und für einen Soldaten Jungen
    gedienet / welche / als sie einsten geschlaffen / an etlichen Korallen / so sie an dem
    Hals gehabt / für eine Weibsperson angegeben worden: da sie dann alsobald von
    einer Obristin in Dienst genommen / die Kleider verändert / und bekennet / daß sie
    ihres Bruders Kleider / welcher in Eroberung Amöneburg erschossen worden / zu
    Rettung ihrer Ehre angezogen / und auf selbe Stund unerkant verblieben."
46 Ebd., S. 303: „Es erzehlet auch der treffliche Jesuit Jacob Balde (I. 3. Lyric od 26)
    von einem BaurenMägdlein in dem Beyerland / daß sie in einem Dorff / als je-
    dermann darvon geloffen auß Furcht der Soldaten / allein zurücke geblieben / und
    weil sie wolgestaltet und schön / sich nicht in geringer Gefahr gesehen / von ihnen
    geschändet zu werden. Solchen vorzukommen / hat sie sich zwischen etliche todte
    Leichnam / nach der Länge geleget / biß die Soldaten vorüber gezogen / wol wissend
    / daß sie unter den Toten sicherer / als unter den Lebendigen." – Harsdörffer bezieht
    sich auf Baldes Ode „PANEGYRICON RUSTICANAE PUELLAE BAVARAE
    [sic], Miro stratagemate Pudicitiam suam, adversus Suecos, defendentis", vgl. Ja-
    cob Balde S.J.: OPERA POETICA OMNIA [...]. TOMUS I. CONTINET LYRICA.

wenn auch ohne explizite Ortsnennung und Zeitangabe – dann doch wieder die Brücke zum Dreißigjährigen Krieg.

III. *Heracljtus und Democrjtus*

Harsdörffers nächste große Erzählsammlung nach den *Mordgeschichten*, die zweibändige, gleichfalls 200 Historien präsentierende Publikation *Heracljtus und Democrjtus* (1652-1653), zeichnet sich insbesondere durch ihren engen Kontakt zur Heiligen Schrift aus.[47] Die in den *Mordgeschichten* durchaus noch bunte Gestaltung der *moralisatio*-Sequenz am Ende jeder Historie, bei der unterschiedliche Textsorten zum Einsatz gelangen, sieht sich in *Heracljtus und Democrjtus* radikal verknappt. Hier illustrieren hochautoritative Bibelzitate das Ende der jeweiligen Geschichte.[48] Insgesamt nimmt *materia* aus dem Dreißigjährigen Krieg einen kleineren Raum ein als in den *Mordgeschichten*. Die Handlung der Erzählungen läuft nicht zwangsläufig auf ein tragisches Finale hinaus, annonciert das Titelblatt von *Heracljtus und Democrjtus* doch ‚fröhliche und traurige Geschichte(n)'.

– Kriegsgräuel wie in den *Mordgeschichten* werden in der Historie *Der zweymal doppelte Ehebruch* (HuD I 527-532) nicht zum Thema, schon aus dem Grund, weil die Perspektive von der drangsalierten Zivilbevölkerung zur Soldateska wechselt. Färber Aal fristet mit seiner Frau Magdalena in Nürnberg (!) ein leidlich einträgliches Handwerkerleben,

---

München 1729, S. 152-154.

47 Georg Philipp Harsdörffer: HERACLJTUS | und | DEMOCRJTUS: | Das ist: | C. Fröliche und Traurige | Geschichte [...]. Nürnberg 1652. HERACLJTUS | und | DEMOCRJTUS | Das ist | Trauriger und Frölicher | Geschichte / | zweytes C. [...] Nürnberg 1653 (Österreichische Nationalbibliothek, Wien. http://data.onb.ac.at/ ABO/%2BZ165978000), in der Folge abgekürzt als HuD I und HuD II mit bloßer Nennung der Seitenzahl. – Als Vorlageexemplar wurde die Kopie des Germanistischen Instituts der Universität Münster genutzt (Sign. Bar 22130). HuD I liegt dort in der zweiten Auflage (Nürnberg 1661) vor, die mit der Originalausgabe identisch ist.

48 Vgl. zu den beiden Teilen von *Heracljtus und Democrjtus* Hans-Joachim Jakob: „Also ist auch nichts geschehen/ daß nicht aus heiliger Schrifft beurtheilet werden könte". Der erste Teil von G. Ph. Harsdörffers *Heracljtus und Democrjtus* (1652-1653) – Quellen, Paratexte und die Spezifik des biblischen Epimythions. In: Morgen-Glantz 25 (2015), S. 349-379, und ders.: „Ich bin entschlossen den Democrit und Heraclit fortzusetzen". Der zweite Teil von G. Ph. Harsdörffers Erzählsammlung *Heracljtus und Democrjtus* (1652-1653). In: Morgen-Glantz 27 (2017), S. 291-317.

bis die „Krieges-Zeiten" (HuD I 527) ihn in die Arbeitslosigkeit treiben. Er verpflichtet sich beim Militär als „Reuter" (HuD I 528) und bringt auch gleich seiner Frau das Reiten bei. Danach gerät Aal zum Spielball in der kriegerischen Fortuna-Welt, kann mit militärischen Erfolgen aufwarten, erlangt die „Stelle eines Corporals" (HuD I 528), gerät in kroatische Gefangenschaft, reist als Bediensteter eines polnischen Obristen nach Krakau, entflieht und betreibt sein gelerntes Handwerk als Färberknecht. Magdalena hat sich vom Kriegswesen abgewandt und geht wieder nach Nürnberg. Nach sieben Jahren ohne Nachricht ihres Mannes lässt sie sich von einem Soldaten in Neumarkt in der Oberpfalz, der angeblich genau über das Ableben Aals informiert ist, den Tod ihres Mannes „unter deß Burgermeisters Jnsigel urkundlich beglauben" (HuD I 529). Magdalena verheiratet sich mit einem „Becken" (HuD I 529). Als sie von ihm zum dritten Mal schwanger ist, kehrt Aal aus Polen nach Nürnberg zurück und sucht seine Frau auf. Er bezichtigt sie, eine „Ehebrecherin" (HuD I 530) zu sein und setzt damit einen Rechtsstreit in Gang, der von der Obrigkeit letztendlich für Aal entschieden wird und der Magdalena anweist, nach der Niederkunft wieder die Ehe mit ihrem ersten Mann aufzunehmen. Der Färber begibt sich noch vor der Geburt nach Köln und heiratet dort eine nicht weiter beschriebene Frau, „begehend solcher Gestalt einen wissendlichen Ehbruch." (HuD I 531) Magdalena kommt das Gerücht zu Ohren. Sie sucht Aal in Köln auf und findet ihn nun spiegelverkehrt in der Situation vor, in der er sie zuvor in Nürnberg antraf. Aal fürchtet berechtigterweise massive strafrechtliche Konsequenzen und besticht Magdalena mit 100 Gulden. Sie kehrt nach Nürnberg zurück und lebt wieder mit dem „Becken" zusammen. Die moralisierende Abschlusspassage wägt nochmals Aals und Magdalenas Argumente gegeneinander ab und macht die Hauptschuld in Aals vorsätzlicher Untreue aus, hier drakonisch das fünfte Buch Mose zitierend (HuD I 532).[49]

Der erste Teil des *Zweymal doppelten Ehebruchs* wirkt wie eine pikarische Miniatur-Erzählung, die Aals Auf und Ab in der Kriegsgesellschaft schildert und den einst so vielversprechenden Reiter wieder bei seiner ursprünglichen Profession enden lässt. Doch auch die immensen Probleme bei der Aufrechterhaltung ehelicher Beziehungen in Zeiten

---

49   „Wenn jemand dabei ergriffen wird, dass er einer Frau beiwohnt, die einen Ehemann hat, so sollen sie beide sterben, der Mann und die Frau, der er beigewohnt hat; so sollst du das Böse aus Israel wegtun." (5. Mose 22,22)

von unberechenbaren Kriegswirren gemahnen an noch erheblich kompliziertere Konstellationen in Grimmelshausens *Simplicissimus*.[50] – Bleibt die Historie *Die Amazoninne* (HuD II 92-98) bis auf eine Kontextualisierung mit dem ,teutschen' Krieg aufgrund ihres Handlungsorts dennoch unspezifisch,[51] so beginnt die Geschichte *Die keusche Hinterlist* (HuD II 327-330) direkt an einem bekannten Kriegsschauplatz: Böhmen. In den „Kriegszeiten / kurzverwichner Jahre" (HuD II 328) wird eine böhmische Stadt von feindlichen Truppen eingenommen. Zwei Bürgerstöchter fürchten die sattsam bekannten sexuellen Übergriffe, ziehen zur Verhüllung ihres Geschlechts Männerkleidung an, mischen sich unter die Garnisonssoldaten und geraten in Gefangenschaft. Die beiden ,Jünglinge' fallen einem Hauptmann auf, der für sie ein „grosses Lößgeld" (HuD II 329) zu erzielen gedenkt und ihnen die Inhaftierung so angenehm wie möglich machen will, indem er seine Töchter „Radegonda und Anges" (HuD II 329)[52] mit ihrer Versorgung beauftragt. Hals über Kopf verlieben sich die Hauptmanns- in die Bürgerstöchter, was die ,Jünglinge' wiederum für ihre Flucht aus der Gefangenschaft instrumen-

50 Nur zwei Beispiele. Frisch verheiratet geht Simplicius auf Reisen und lässt seine Ehefrau einstweilen in Lippstadt zurück. Über Köln gelangt er nach Paris und begeht in dem Sündenbabel wissentlichen Ehebruch mit mehreren Französinnen (Buch III, Kap. 21-23 und Buch IV, Kap. 4 und 5 des *Simplicissimus*). Auf dem Bauernhof in der Nähe von Griesbach des nun sesshaft gewordenen Simplicius' eskaliert die Situation des seriellen Ehebruchs mit diversen Beteiligten so weit, dass Simplicius gleich zwei Säuglinge vor die Haustür gelegt werden (Buch V, Kap. 9).

51 In der *Amazoninne* setzen sich Mutter und Tochter aus der „Normandia" (HuD II 94) erfolgreich gegen übergriffige Soldaten zur Wehr und wenden, als es die Situation erfordert, auch tödliche Gewalt an. Anhaltende Grenzkonflikte zwischen den Niederlanden und Frankreich führen auch in „Friedenszeiten" (HuD II 92) zu ständigen feindlichen Beutezügen, die den Kriegsereignissen in deutschen Landen erschreckend ähneln: „Das letzte war diesen Gesellen am anständigsten / und liessen sie es nicht bey dem Raub verbleiben / sondern verwundeten die armen Bauren / schändeten ihre Weiber und Töchter / und thaten dem gantzen Lande allen Uberlast." (HuD II 93) Diese Stelle kontextualisiert der Erzähler mit 1618-1648: „Dieses haben wir in Teutschland viel Jahre erfahren / daß wir von unsenr [sic] Helffern / Freunden und Feinden gleichsam berennet / bedränget / gequälet / beängstiget / und benachtheilet worden / so lang die ausgezuckte Straffruten Gottes ob uns geschwebet." (HuD II 93) Zur Metaphorik der ,Straf- und Zuchtrute' vgl. Medick: Krieg (wie Anm. 3), S. 163: „Neben der unmittelbaren Kriegsgewalt galten Pest, andere Seuchen und Hunger als ,Zuchtruten' Gottes, die wegen mangelnder Gottesfurcht über die Menschen gekommen waren und die nur durch Buße und Reue und durch rechte ,Gottesfurcht' wieder aus der Welt zu schaffen wären."

52 Laut Weydt handelt es sich bei „Anges" um einen Druckfehler (recte: Agnes), vgl. Weydt: Nachahmung (wie Anm. 25), S. 78.

talisieren. Mitsamt ihren Befreierinnen gelangen sie wieder in die böhmische Stadt, wo sie ihr wahres Geschlecht enthüllen. Die offene Lösegeldforderung regelt der Vater der Bürgerstöchter auf anderem Wege, „weil die beeden Töchter des Haubtmanns / mit vielen Geschenken zu rucke gekommen." (HuD II 330)[53]

– Eine Kriegsepisode erscheint unauffällig in eine Reihe von Einzelgeschichten zum Thema ‚Tod durch Erschrecken' eingewoben, die die Erzählung *Die tödtliche Einbildung* (HuD II 563-569) ausmachen. Zwei anscheinend wegen einer Beleidigung bis auf den Tod verfeindete Soldaten erhalten von ihrem Hauptmann strengste Order, von weiteren Aggressionen Abstand zu nehmen. Soldat A sinnt dennoch auf Rache und kündigt gegenüber seinen Kameraden an, er wolle seine Muskete „ohne Kugel laden" (HuD II 565) und auf Soldat B abdrücken. Soldat A passt seinen Kontrahenten ab, kündigt seine Vergeltung an – „fluchte er auff gut Soldatisch / daß er sich an seinen Feind rächen / und hernach auch gerne sterben wolte" (HuD II 565) –, legt an und zieht den Abzug durch. Soldat B, „welcher von der Furcht des Todes und dem Schrecken übereilet" (HuD II 565), fällt zu Boden und ist tot. Soldat A wird verhaftet. Die Inspizierung des Leichnams von Soldat B ergibt, dass keine Schusswunde aufzufinden ist. Die Kameraden von Soldat A können bezeugen, dass keine Kugel zur Verwendung kam. Soldat A wird zum Tode verurteilt, „weil er des Haubtmanns Gebot übertreten / und gleichwol den Todschlag begangen." (HuD II 566) Für die Vollstreckung der Strafe wählt Soldat A aus seinen Kameraden ein Erschießungskommando aus, „und diese hatten Befehl / oben hin zu schiessen / und ihn sein Verbrechen / mit gleicher Straffe zu bezahlen." (HuD II 566) Die Todesart von Soldat B wiederholt sich. Das Kommando feuert in die Luft, Soldat A „bleibet aber starr todt / an dem Pfal gebunden" (HuD II 566). Am Ende der *narratio* steht die Berufung auf die göttliche Strafmacht, „vielleicht aus gerechter Verhängniß Gottes / der zu straffen pfleget / mit dem / darmit man wider ihn sündiget." (HuD II 566)

Der Konnex zum Dreißigjährigen Krieg fällt diesmal – abgesehen

---

53   Vgl. auch die Historie *Die gerette Keuschheit* aus dem *Grossen Schauplatz Lust- und Lehrreicher Geschichte* (wie Anm. 44). – Es sei darin erinnert, dass auch Courasche in Grimmelshausens gleichnamigem Roman als junges Mädchen aus dem böhmischen (!) Bragoditz – noch mit dem Namen Lebuschka – von ihrer Kostfrau in Männerkleider gesteckt wird, um der Vergewaltigung durch Soldaten zu entgehen (*Courasche*, Kap. 2). Vgl. zu weiteren möglichen Bezügen Weydt: Nachahmung (wie Anm. 25), S. 76-81.

vom soldatischen Personal – höchst minimalistisch aus, ist doch nur kurz am Anfang der Episode die Rede von zwei „Soldaten unter einem Teutschen Regiment" (HuD II 564). Die engere Kontextualisierung mit 1618-1648 hat sich möglicherweise erst im weiteren Verlauf der Rezeption ganz vollzogen.[54] So findet sich die Episode unter dem Titel *Der aus Einbildung sterbende Soldat* knapp zwei Jahrzehnte später mit einer ganzen Reihe von Kriegsgeschichten in dem Prognostikum des *Europäischen Wundergeschichten Calenders* auf das Jahr 1671. Schließlich flottierte die Episode durch Anekdotensammlungen des frühen 20. Jahrhunderts und dürfte Werner Bergengruen zu seiner Erzählung *Musketengeschichte* (1930) angeregt haben, in der der Zusammenhang mit dem Dreißigjährigen Krieg beiläufig hergestellt wird.[55]

IV. Fazit

Gerade im Vergleich zur artifiziell anmutenden Diskussion über Fragen der ästhetischen Kriegsdarstellung in den *Gesprächspielen* und einer ‚Probe aufs Exempel' genau dieser akustisch-onomatopoetischen Gestaltung im *Schäfergedicht* erscheint die narrative Ausfaltung des Themas in den *Mordgeschichten* und *Heracljtus und Democrjtus* fundamental anders.

Im *Schau-Platz jämmerlicher Mord-Geschichte* besitzen Kriegshandlungen – keinesfalls nur die von 1618-1648 – ihre eigene Logik, einsetzend auf der gehobenen Führungsebene und dem misslingenden Seitenwechsel in der Historie *Die entdeckte Verrätherey*. Als gleichermaßen abergläubisch wie zu größten Grausamkeiten (hier noch unter ihresgleichen) bereit erscheint die Soldateska in den *Festmachern*. Ganz andere Dimensionen soldatischer Aggression tun sich auf, wenn wehrlose Zivilisten zum Opfer werden. Die Bandbreite reicht über die noch nicht gewaltgesteuerte Aufzehrung aller vorhandenen Lebensmittel durch die Einquartierten (*Der Rachbrand*) hin zu Vertragsbruch, Plünderung, Ver-

---

54 Weydt deutet eine mögliche Verbindung zur Duellszene im *Simplicissimus* (Buch III, Kap. 9) an, vgl. Weydt, Nachahmung (wie Anm. 25), S. 72-74.

55 Vgl. ebd., S. 434, Anm. 10, zur Rezeption der Episode (mit weiterführender Literatur) auch Hans-Joachim Jakob: Kalender-Variationen. Die Historie *Der aus Einbildung sterbende Soldat* aus dem *Europäischen Wundergeschichten Calender* (1671) – ihre Spuren bei Johann Peter Hebel und Werner Bergengruen. In: Simpliciana XXXIX (2017), S. 325-339.

gewaltigung und brutalem Mord – und das in Friedenszeiten (*Die un-barmhertzigen Soldaten*). Kaum mitmenschlicher geht es in der Ge-schichte *Der bestraffte Diebstal* zu, zumal sich die Konfliktlinie verschiebt. Ging es in den zwei Erzählungen zuvor um die klare Front-stellung Militär gegen Zivilbevölkerung, sind es nun Nachbarn, die sich angesichts unerträglicher soldatischer Repressionen erst nach dem Be-sitz und danach nach dem Leben trachten – was der Müller denn auch zur Vollendung bringen soll.

Analog zur Konzeption der Sammlung geben sich die Historien über 1618-1648 in *Heracljtus und Democrjtus* insgesamt versöhnlicher. Die Erzählung *Der zweymal doppelte Ehebruch* skizziert Aufstieg und Fall eines Soldaten und widmet sich in erster Linie den Kriegsfolgen – dem Problem der Kriegsheimkehrer und der juristischen Dimension der Wiederverheiratung angesichts eines verschollenen und totgeglaubten Ehemanns. Um den Selbstschutz der im Krieg besonders gefährdeten Frauen geht es in der *Keuschen Hinterlist*, bereits präformiert in der Ver-kleidungsepisode aus der *Geretten Keuschheit* im *Schauplatz Lust- und Lehrreicher Geschichte*. Hier gelangt nun List (und eben nicht Gewalt) zum Einsatz, um es gerade nicht so weit kommen zu lassen wie am Ende der Historie *Die unbarmhertzigen Soldaten*. Wieder völlig anders gibt sich die Kriegsepisode aus der *Tödtlichen Einbildung* als Kriminal- und Kuriositätengeschichte, in der zwei Soldaten diesmal weder feindliche Infanteristen noch unbeteiligte Zivilisten niedermachen – sondern selbst durch ungeladene (!) Waffen ins Jenseits befördert werden.

Fern der Feldherrnviten und der Schlachtbeschreibungen des ‚teut-schen' Krieges qualifizieren sich die Historien Harsdörffers im Sinne Medicks zwar nicht als Quellen für die Geschichtsschreibung des Drei-ßigjährigen Krieges, erscheinen aber aufschlussreich im Sinne einer nar-rativen Illustration der Geschehnisse. Als fiktionale ‚Mikrohistorien' bil-den sie die Themenbereiche (Gewalttätigkeit, Einquartierungen, Flucht, Täter, Wiedereingliederung ins Zivilleben) ab, die Medick auch in zeit-genössischen Selbstzeugnissen auffinden konnte.[56] Es bleibt zu erfor-schen, ob sich der lange Schatten der Gewalt auch noch in den späten Erzählsammlungen Harsdörffers wie dem *Geschichtspiegel* (1654) und dem *Mercurius Historicus* (1657) entdecken lässt – oder ob die

---

56   Medick: Krieg (wie Anm. 3), S. 95-161 („Der Krieg im Alltag. Soldaten und Zivil-
     bevölkerung zwischen Gewalt und Zusammenleben").

schrecklichen Erinnerungen an den Krieg langsam verblassen. Die Lektüre der Erzählsammlungen lädt dazu ein, Harsdörffer nun auf breiterer Textbasis als zuvor unter diejenigen Literaten einzuordnen, die sich laut Meid prononciert mit den Ereignissen 1618-1648 befasst haben.

Rezensionen

Franziska SCHAUDECK: Die alchemische Handschriftensammlung der Leopold-Sophien-Bibliothek in Überlingen am Bodensee. Wiesbaden: Harrassowitz 2020 (Beiträge zum Buch- und Bibliothekswesen 65). – 416 S., 98 €

Überlingen am Bodensee ist als Urlaubsziel und Badekurort sehr bekannt; die Wenigsten wissen aber, dass die dortige Stadtbibliothek, die Leopold-Sophien-Bibliothek, eine wertvolle Alchemica-Sammlung besitzt. Besonders interessant sind die 143 Handschriften, die bisher nicht katalogisiert und nur von wenigen Forschern gesichtet wurden – das erklärt auch, wieso sie kaum Erwähnung in der einschlägigen Literatur fanden. Die Sammlung stammt zum großen Teil aus dem Besitz des Juristen Freiherr Johann Baptist Sebastian von Sonnenthal (1759-1834) und ihr Fokus richtet sich auf die Verbindung zwischen Alchemie und Geheimgesellschaften zu Ende des 18. und zu Beginn des 19. Jahrhunderts; die Handschriften enthalten u.a. Abschriften von ‚klassischen' alchemischen Werken (Raimundus Lullus, Basilius Valentinus, *Liber mutus*, Oswald Croll, *Splendor Solis*, Federico Gualdi), sowie pseudo-paracelsische und alchemisch-magische Florilegien.

Franziska Schaudeck hat sich mit diesen 143 Manuskripten auseinandergesetzt und in der vorliegenden Studie, die eine leicht überarbeitete Fassung ihrer an der Universität Freiburg i.Br. eingereichten Dissertation bietet, hat sie sie erstmals katalogisiert und als Ensemble historisch und kulturell eingeordnet.

Obwohl die Alchemie als Folge der Aufklärung und der rationalen, messbaren Laborverfahren um die Wende zwischen dem 18. und 19. Jahrhundert aus dem naturwissenschaftlichen Diskurs verdrängt worden war, blieb sie besonders für Philosophen und Theologen weiterhin interessant. Ihnen ging es oft darum, „einer als leer empfundenen, wissenschaftlichen Empirie eine metaphysische, naturphilosophische Kosmologie entgegenzustellen" (S. 4). Es mag daher nicht verwundern, dass sich ein Beamter und Jurist wie Sonnenthal für Alchemie, Magie, Hermetismus und Geheimgesellschaften interessierte und dass ein Stadtpfar-

rer und Schuldekan sich darum bemühte, die Büchersammlung des ver-
storbenen Juristen für die Stadtbibliothek zu erwerben. Aufgrund der
Ergebnisse einer kodikologischen Erschließungsarbeit kann Schaudeck
den Bestand in geheimgesellschaftliche Kontexte einordnen und die
Überlingener Sammlung mit dem kulturgeschichtlichen Hintergrund des
Phänomens ‚Alchemie' und mit anderen Alchemica-Sammlungen in
Verbindung setzen.

Im Teil A der Arbeit werden der soziokulturelle Hintergrund und die
Beziehung zwischen Alchemie und Geheimgesellschaften im Hinblick
auf die Lage im deutschen Südwesten erörtert; der historischen Positio-
nierung der Sammlung dienen überdies die biographischen Studien zu
den ursprünglichen Urhebern und Bewahrern der Alchemica-Sammlung,
in primis Sonnenthal und dem Stadtpfarrer Franz Sales Wocheler (1778-
1848), der seine Privatbibliothek der Stadt vermachte, welche den
Grundbestand der Leopold-Sophien-Bibliothek bildete. Als engagierter
Reformer betrachtete er die Bibliothek als eine dem Gemeinwohl dienende, offene Bildungsanstalt und arbeitete unermüdlich daran, sie zum
einem Kulturzentrum zu machen und ihren Bestand zu vergrößern. Deshalb besuchte er Buchauktionen und informierte sich über sinnvolle An-
käufe (z.B. den Nachlass von Sonnenthal im Jahr 1835).

Nach der Einordnung der Protagonisten und der Rekonstruktion ihrer soziokulturellen Wirkungsräume, behandelt Teil B die Fragen nach
der Provenienz und dem Profil des Bestandes, wobei chronologische und
kodikologische Binnengruppen vorgestellt werden. Teil C bildet dann
den Schwerpunkt der Arbeit, denn hier werden die 143 alchemischen
Handschriften einzeln beschrieben. Zuvor wird die Beschreibungspraxis
aufgrund der DFG-Richtlinien zur Handschriftenkatalogisierung problematisiert; als Abschluss folgt eine Liste der möglichen Parallelüberliefe-
rungen sowie Register zu den Initien, zu Orten, Personen und Titeln und
ein kodikologisches Sachregister. Die Arbeit wird von einem vierteiligen
Anhang ergänzt, der bedeutende Informationen in Tabellenform wiedergibt, einige Abbildungen aus den Texten zeigt und die Briefe Sonnent-
hals und Wochelers in Transkription bietet.

Der Mehrwert der Studie liegt aber weniger in der reinen (wenn an
sich auch schon sehr verdienstvollen) Katalogisierung und Inventarisie-
rung einer kaum bekannten Handschriftensammlung als in ihren kulturgeschichtlichen Voraussetzungen (Privatbibliotheken als Geschichts-

quellen)[1] und im methodischen Vorgehen. Partiell abweichend von den DFG-Richtlinien, die für neuzeitliche Manuskripte Kürze und summarische Beschreibungen empfehlen, zeigt Schaudeck überzeugend, dass Ausführlichkeit besonders bei der Katalogisierung alchemischer Manuskripte immer angeraten sei, und zwar aufgrund ihrer oft vertrackten, manchmal hoch interessanten Überlieferungsgeschichten. Die Vielfalt von Entstehungs-, Nutzungs- und Überlieferungskontexten macht ausführliche Beschreibungen erforderlich und nur durch Autopsie und eine entsprechend detaillierte Deskription kann man der sprachlichen Besonderheiten vieler Alchemica Rechnung tragen, die mit den Aspekten der Handschriftlichkeit eng verbunden sind (S. 158).

Bei der Erschließung der Manuskripte lässt sich die Verfasserin von den Leitwörtern ,Dynamisierung', ,Kontextualisierung' und ,Diskursivierung' leiten, die als Richtlinien bei der Auswertung einer privaten Büchersammlung aussichtsreich erscheinen.[2] So rücken nicht nur epistemische Fragen in den Vordergrund der Analyse, sondern es werden auch sammlungs-, buch- und textinterne Zusammenhänge sowie personale Vernetzungen ans Licht gebracht, die eine solche Katalogisierung perspektivieren und kulturgeschichtlich höchst anregend machen. Dadurch kann Schaudeck eine „möglichst präzise Einordnung von Sammler und Sammlung" (S. 9) in Bezug auf ihr soziokulturelles Umfeld gewährleisten und die Sammlung in Verbindung zu geheimgesellschaftlichen Diskursen der damaligen Zeit überzeugend kontextualisieren. Erstmals in einem ausführlichen Handschriftenkatalog erfasst, liefern die Handschriften zahlreiche Anhaltspunkte für weitere inhaltliche Beschäftigung mit dem Begriffskomplex ,Alchemie' und aussagekräftige Zeugnisse zur Gegenwart alchemischer Themen in privaten und exklusiven Gesellschaftsbereichen der damaligen Zeit.

Laura Balbiani

---

1   Verwiesen wird in diesem Zusammenhang u.a. auf die Studien von Felix Heinzer: Bestände von Regionalbibliotheken als Quellen wissenschaftlicher Forschung (Frankfurt a.M. 2000); Klaus Graf: Oberschwäbische Adelsbibliotheken (Ostfildern 2006) und Anke Te Heesen/Emma C. Spary: Sammeln als Wissen (Göttingen 2002).

2   Vgl. Frank Fürbeth: Privatbibliotheken als Quelle der Überlieferungsgeschichte (2010): Tagungsbericht: Paläste der Gelehrsamkeit. Privatbibliotheken im späten Mittelalter und in der frühen Neuzeit, 22.09.2010 – 24.09.2010 Greifswald, in: H-Soz-Kult, 16.10.2010, <www.hsozkult.de/conferencereport/id/tagungsberichte-3308>.

Thomas KAUFMANN: Die Mitte der Reformation. Eine Studie zu Buchdruck und Publizistik im deutschen Sprachgebiet, zu ihren Akteuren und deren Strategien, Inszenierungs- und Ausdrucksformen. (Beiträge zur historischen Theologie, 187) Tübingen: Mohr Siebeck 2019. – XX, 846 S., 125 Abb., 139 €

Der Göttinger Kirchenhistoriker Thomas Kaufmann schließt mit diesem Band seine dreibändige Reformationsdarstellung ab: nach *Das Ende der Reformation* (2003) und *Der Anfang der Reformation* (2012; ²2018) nun also *Die Mitte der Reformation*. Aufgeführt ist damit ein Massiv von mehr als 2200 Druckseiten, durch das sich erst einmal hindurchgraben muss, wer zur Gründungsgeschichte des Protestantismus – und ja, auch zur Konstitutionsgeschichte der Frühen Neuzeit im deutschsprachigen Kulturraum überhaupt – Basiskenntnisse erwerben will. Einträglich ist die Lektüre vor allem für solche Leserinnen und Leser, die zuvor oder parallel selbst gewisse Leseerfahrungen mit Druckwerken des 15. und 16. Jahrhunderts gewonnen haben. Denn Thomas Kaufmann macht es sich und seinem Publikum nicht leicht. So ist der hier vorzustellende Band ein Arbeitsbuch im ernstesten Sinn: Es zeugt von der immensen Arbeitsenergie seines Autors, aber es verlangt Arbeit auch von jedem Leser, wenn er die Daten, Thesen, Deutungen und Anregungen, die im Buch reichlich bereitliegen, für seine Zwecke zum Sprechen bringen und perspektivieren will.

Zentralanliegen des Bandes ist, die Reformation als Medienereignis fasslich zu machen. Ohne den Buchdruck habe sie nicht stattfinden können. Denn im Junktim ‚Buchdruck und Reformation' sieht Kaufmann „eine spezifische Realisierungsgestalt des Allgemeinen Priestertums der Gläubigen" (699), das die *Mitte der Reformation* in ihrer Kirche und Gesellschaft verändernden Gestalt bilde.

Der Band bietet zwischen ‚Einleitung' (S. 1-14) und ‚Anhang' (S. 701-718) drei jeweils mehr als zweihundert Seiten starke Kapitel. Deren erstes thematisiert ‚Büchermenschen – Die werdenden Reformatoren und die zeitgenössische Buchkultur' (S. 15-218). Das II. Kapitel präsentiert ‚Die Reformation der Drucker – Die Buchdrucker und einige ihrer Familien; ausgewählte Druckorte und exemplarische Produktionsprofile im Zeichen des Umbruchs der reformatorischen Buchherstellung' und das III. Kapitel ‚Literarische und publizistische Strategien, Gattungen und Ausdrucksformen'. Ein ‚Quellen- und Literaturverzeichnis' samt

‚Register' schließen den Band ab (S. 719-846). Kaufmann stellt das dritte Jahrzehnt des 16. Jahrhunderts ins Zentrum seiner Untersuchung und
beschreibt im I. Kapitel das Verhältnis der werdenden Reformatoren zum
Medium Buchdruck. Er kennzeichnet zitatreich das enge affirmative Verhältnis Luthers zum neuen Medium, erörtert generell den Buchbesitz der
Reformatoren (wobei Martin Bucers Bibliothek besondere Aufmerksamkeit findet), problematisiert die dynamische Veränderung des Verhältnis-
ses von Handschriften und Drucktexten, zeigt den Zusammenhang von
Briefverkehr und Buchtransfer sowie die enge persönliche Einbindung
der reformatorischen Autoren in die laufenden Produktionsprozesse der
verschiedenen Offizinen in Wittenberg, Leipzig, Basel oder Straßburg.
Er konstatiert, „ohne Leipzig wäre die rasche Entstehung der reformatorischen Bewegung kaum vorstellbar" (108), weil die strukturschwache
Universitätsstadt Wittenberg allein den Publikationswünschen Luthers,
Karlstadts u. a. nicht hätte gerecht werden können.

Hatte Kaufmann bereits im I. Kapitel angedeutet, wie im besagten
Jahrzehnt ein Netzwerk reformatorischer Offizinen, namentlich durch
Melanchthon, aufgebaut worden war, so zeigt er dann im II. Kapitel die
Eigeninteressen der Drucker genauer und macht kenntlich, wie bestimmte Drucker unter Einbindung ihrer Familien bestimmte Druckorte aus-
bauten und vernetzten, dabei eigene Vorlieben entwickelten und in Kon-
kurrenz zueinander ihre Produktionsprofile schärften. Er stellt die
Abhängigkeit der stadtgebundenen Reformationsprozesse von den lokalen Offizingründungen heraus und konstatiert, „dass reformatorisches
Schrifttum in allen Regionen des deutschen Sprachgebiets in einer Intensität, Vielfalt und durch eine Menge an Druckereien verbreitet wurde wie
später nie wieder. Innerhalb dieses Zeitraums [d.h. 1520-1530] ist im
deutschen Sprachgebiet in mehr als 55 Städten reformatorisches Schrifttum gedruckt worden." (225) Den Anteil einzelner Druckorte an der reformatorischen Druckproduktion macht Kaufmann anhand der Erhebung
von VD 16 kenntlich (225 ff.). Einbringlich ist, wie er die Entfaltung
einzelner Druckerfamilien verfolgt. Da kommen die Schönsperger in
Augsburg und Zwickau, die Petri in Basel und Nürnberg, Schott in Straßburg (und dessen Auseinandersetzung mit Grüninger um Edition und
Bildausstattung von Gregor Reischs Enzyklopädie ‚Margarita philosophica', 250 ff.); die Schöffer in Mainz, Worms und Straßburg. (Schöffer
als Mittelpunkt des „radikalreformatorischen" Milieus, das durch Karl-
stadt, Kautz, Denck, Hätzer, Sattler u.a. entstand); die Prüss, Schürer,

Denck und Schwan in Straßburg und Schlettstadt; die Lotter in Leipzig,
Wittenberg und Magdeburg in den Blick: „Das publizistische Phänomen
‚Luther', die Entstehung der frühreformatorischen Öffentlichkeit und die
Bewahrung der konfessionell-lutherischen Identität waren maßgeblich
mit der Tätigkeit der Druckerfamilie Lotter verbunden." (371) Zusam-
menfassend schreibt Kaufmann: „der Buchmarkt stellte sich als sensibler
Indikator des radikalen religiösen und kulturellen Umbruchs dar, der mit
der frühen Reformation eingetreten war." (396) Der Umbruch des
Buchmarktes, der im dritten Jahrzehnt des 16. Jahrhunderts statthatte,
sei, so resümiert Kaufmann, im Kern durch eine einzige Person ausgelöst
worden: Luther. Der ökonomische Impuls frühkapitalistischer Druckun-
ternehmer sei dann zum „Nukleus des frühreformatorischen Kommuni-
kationsprozesses" (445) geworden.

Wenn Kaufmann mit dem III. Kapitel nach den literarischen Genera,
Artikulationsmodellen und Darstellungsstrategien fragt, so setzt er zunächst bei akademischen Formen (namentlich bei Disputationen und deren spektakulären Adaptionen in Leipzig und Zürich) an, erörtert sodann
editorische Strategien (wie sie vor allem bei Schriften der Kirchenväter
und ‚Vorreformatoren' wichtig wurden), um schließlich auf die Heraus-
bildung literarischer und publizistischer Formen genuin evangelischer
Frömmigkeit (Luthers Erbauungsschriften, wittenbergische Katechis-
mus- und Gebetsliteratur und endlich die ersten reformatorischen Ge-
sangbücher) aufmerksam zu machen.

Dass Kaufmann mit seiner Arbeit alles in den Schatten stellt, was
seit dem späten 19. Jahrhundert zum Verhältnis von Reformation und
Buch geschrieben wurde, ergibt sich aus der stupenden Menge der Quellen, die er konsultiert und – vor allem in Fußnoten – zum Sprechen gebracht hat. Freilich wäre das vor einige Jahrzehnten auch noch nicht
möglich gewesen. Denn wenn Kaufmann in einem speziellen Verzeichnis (S. 823-846) rund zweieinhalbtausend (!) historische, zumeist digita-
lisierte Drucke nach ihren GW-[3], VD16[4]- und ZV[5]-Siglen aufführt, dann
heißt das, dass sie (die in früheren Zeiten des 20. Jahrhunderts nicht so
leicht zu finden und so bequem zu konsultieren waren) nun bereitstehen

---

3   Gesamtkatalog der Wiegendrucke.
4   Verzeichnis der im deutschen Sprachbereich erschienen Drucke des 16. Jahrhun-
     derts.
5   Supplement zum Grundwerk VD16 mit komplette Titelaufnahmen im elektroni-
     schen Zusatzverzeichnis.

und jedermann zugänglich sind. Der Leser mag nun am PC-Bildschirm überprüfen, wie und aus welchem Zusammenhang Kaufmann seine Belege gewonnen hat – und kann natürlich auch darüber hinauslesen. Kaufmann hat mit Findelust und Umsicht genutzt, was (nicht nur) deutsche Bibliotheken in den vergangenen drei Jahrzehnten an Digitalisierungsarbeit geleistet haben. So stellt dieser Band eine Sichtungsleistung neuen Typs dar, die „Teil der digitalen Transformation unserer Wissenschaftskultur" (10) ist. Freilich: auch wenn die Digitalisierung heute den Zugriff auf vieles – auch auf früher Übersehenes! – erleichtert, so bleibt doch die bloße Sichtungs- und Auswertungsleistung, die Kaufmann mit diesem Band erbracht hat, stupend. Dass die Menge der Detailerkenntnisse, die Kaufmann mit seiner umpflügenden Lektüre gewonnen hat, ihn vor beträchtliche Ordnungs- und Darbietungsprobleme stellte, zeigt das ungewöhnliche, auch zumutungsreiche Verhältnis von Haupttext und Anmerkungstexten: Dadurch dass die Anmerkungen ihrer Wörter- und Zeilenmenge nach um ein Vielfaches umfangreicher sind als der Haupttext, sieht sich der Leser wieder und wieder vor die Entscheidung gestellt, ob er den Absprung in die Fußnote wagen soll. Obschon so ein Absprung allemal einbringlich ist, führt er doch nicht selten – zumal, wenn *eine* Fußnote sich über mehrere Seiten hinzieht – exkurshaft in andere Themenzonen, aus welchen nur schwer in den Gedankengang des Haupttextes zurückzufinden ist.

Insgesamt bewerkstelligt das Buch eine entschiedene Infragestellung der traditionellen theologiegeschichtlichen Grundorientierung von Reformationsgeschichtsschreibung. Denn es macht einsehbar, dass die Stoßkraft der reformatorischen Bewegung sich nicht allein aus der inhaltlichen Überredungskraft ihrer Botschaft ergab, sondern vor allem auch aus dem Faktum, dass sie auf „einem literarisch inszenierten und kulturell praktizierten In- und Miteinander von Gelehrten und Nichtgelehrten [...] unterschiedlichen sozialen Standes" (5) basierte.

(Abschließend und nur in Klammern einige kritische Hinweise, die – auch auf die Gefahr hin, dass sie angesichts des Umfangs der Arbeit unangebracht erscheinen, – in einer neuen Auflage vielleicht berücksichtigt werden könnten:

Sehr informativ und anregend sind die vielen Abbildungen, die Kaufmann in sein Buch eingebaut hat. Es wäre denkbar und wünschenswert, dass sie untereinander – etwa mittels eines Traktats zu Typographie und Ikonographie der Titelblattgestaltung – stärker in Bezug gesetzt wür-

484 Rezensionen

den. Der Verlag hätte die Abbildungen insgesamt sorgfältiger reproduzieren können (unschön z.B. S. 246, 290, 307, 326, 653, 682). Hinsichtlich des Konkurrenzkampfes zwischen Schott und Grüninger um Reischs *Margarita Philosophica*, sei angemerkt, dass das Titelblatt von Schotts Ausgabe von Basel 1508 den elaborierten mnemonischen Verweiszusammenhang von Haupttitel und Nebentiteln, der in den früheren Auflagen gegeben war, preisgibt.[6] Das Sachregister (811 ff.) könnte differenzierter sein. Ich vermisse beispielsweise die Lemmata *Analphabetismus – Bildzensur – deutsch/ Deutsch – Gemeinde – germanisch/ Germania – Schulen – Titel, Titelbild, Titelblatt – Policey – Presse – Zeitung.*

Das Fehlen solcher (vornehmlich politischen und sozialen) Termini ist deshalb befremdlich, weil sie in der Argumentation Kaufmanns – wörtlich oder vermittelt – durchaus präsent sind. Insgesamt könnte das Sachregister verbessert werden, wenn die Fußnotenfunde breiter verzeichnet würden; dagegen könnten einige Lemmata, die nur einen Seitenhinweis bieten (z.B. *Barmherzigkeit – Basilisk – Bettel – Geiz – Geometrie* u.a.), entfallen.

Zum Literaturverzeichnis (726 ff.): Es gab auf philosophiehistorischem und publizistikgeschichtlichem Terrain in den vergangenen Jahrzehnten einige Forschungsleistungen zum Themenkomplex ‚Reformation und Kultur‘, die Beachtung verdienen, die aber Kaufmann nicht kennt (oder nicht nennen mag). Ich führe nur einige mir wichtige Autorennamen an: Barbara Bauer, Hans Belting, Peter Blickle, Hans Blumenberg, Holger Böning, Wolfgang Brückner, Karl Härter, Wolfgang Harms, Herbert Jaumann, Thomas Leinkauf, Gudrun Litz, Christel Meier, Paul Michel, Karl Möseneder, Jan-Dirk Müller, Friedrich Ohly, Michael Schilling, Wilhelm Schmidt-Biggemann, Norbert Schnitzler, Michael Stolleis.)

Diese kritischen Annotationen schmälern die Gesamtleistung, die Thomas Kaufmann mit diesem Buch erbracht hat, nicht. Es verdient viele Leser, Nachfolger und Fortsetzer.

Jörg Jochen Berns

---

6   Vgl. dazu J.J.Berns: Bildenzyklopädistik 1550 - 1650. In: Enzyklopädistik 1550 - 1650. Typen und Transformationen von Wissensspeichern und Medialisierungen des Wissens. Hg. von Martin Schierbaum. Münster 2009. S. 41-78 (Pluralisierung & Autorität, Bd. 18).

Aliza COHEN-MUSHLIN: *S*elected Hebrew Manuscripts from the Ba-
varian State Library. In collaboration with Yaffa Levy, Michal Sternthal,
Ilona Steimann, Anna Nizza-Caplan and Estherlee Kanon-Ebner. Schriftenreihe der Bayerischen Staatsbibliothek 9. Wiesbaden: Harrassowitz,
2020, XLVIII, 570 S., ISBN: 978-3-447-11421-9, 198 €

Die Sammlung der hebräischen Handschriften in der Bayerischen Staatsbibliothek München (BSB) besteht seitdem Herzog Albrecht V. von Bay-
ern-München die Bibliothek des christlichen Hebraisten Johann Albrecht
Widmanstetters (1506–1557) für seine Hofbibliothek ankaufte und wenige Jahre später auch die Bücher des Augsburger Kaufmanns Johann Jakob Fugger (1516–1575) erwarb.[7] Nach der Vereinigung der Sammlungen in München fertigten der Bibliothekar Wolfgang Prommer und der
Ingolstädter Hebräischprofessor Paulus Aemilius in den Jahren 1574/75
einen neuen Gesamtkatalog für die herzogliche Bibliothek an (BSB,
Cbm Cat. 37).[8] Dieser erste Katalog listete die Titel und Autoren in hebräischer Sprache auf und bot zudem eine Transliteration mitsamt einer
Wort-für-Wort-Übersetzung dieser Einträge dar. Im 19. Jahrhundert wurden mehrere Anläufe zur Neukatalogisierung der Sammlung unternommen bis Moritz Steinschneider, der „Vater der hebräischen Bibliogra-
phie", 1875 die erste Auflage des noch heute maßgeblichen Katalogs
vorlegte.[9] Steinschneiders Katalog bot erstmals eine wissenschaftliche
Darstellung der Handschriften dar, die sowohl die Entstehungsgeschich-
te, ihre Provenienzen und auch die Bedeutung der Texte für die jüdische
Literatur berücksichtigte. Spätere Erwerbungen verzeichneten Ernst

---

7   Über das Zustandekommen der Münchner Sammlung, vgl. Hans Striedl: "Geschich-
    te der Hebraica-Sammlung der Bayerischen Staatsbibliothek." In: Orientalisches
    aus Münchner Bibliotheken und Sammlungen, Hg. von Herbert Franke. Wiesbaden
    1957, 1–37, mit 20 Tafeln.

8   Zu den Vorarbeiten des Katalogs, siehe Stephan Kellner und Annemarie Spethmann:
    Historische Kataloge der Bayerischen Staatsbibliothek München. Münchner Hof-
    bibliothek und andere *Provenienzen*, Bd. XI, Catalogus codicum manu scriptorum
    Bibliothecae Monacensis. Wiesbaden 1996, 4–6.

9   Der Katalog erschien in zwei Auflagen: Moritz Steinschneider: Die hebräischen
    Handschriften der k. Hof- und Staatsbibliothek in München ein Beitrag zur Ge-
    schichte dieser Bibliothek, Sitzungsberichte der Bayerischen Akademie der Wissen-
    schaften, Philosophisch-Philologische und Historische Klasse, II, Heft II. München
    1875; Moritz Steinschneider: Die hebräischen Handschriften der k. Hof- und Staats-
    bibliothek in München, zweite erweiterte Auflage. München 1895.

Róth und Hans Striedl in ihrem Katalog von 1965.[10] Mehr als ein Jahrhundert nach dem Erscheinen der zweiten Auflage von Steinschneiders Katalog verging bis mit dem hier rezensierten Band ein neuer Katalog erstellt wurde, der neue Methoden zur Beschreibung von hebräischen Handschriften berücksichtigt.

Mit dem Jerusalemer Center for Jewish Art (CJA) nahm sich eine Gruppe von hervorragend qualifizierten Forschern der Neukatalogisierung der Münchner Handschriften an. Das CJA erforscht seit seiner Gründung im Jahr 1979 durch Bezalel Narkiss jüdische Kunstobjekte aus aller Welt. Im Laufe der Jahre wurde das Aufgabenfeld von Handschriftenilluminationen, religiösen und kultische Objekten, sowie antiker und moderner jüdischer Kunst um jüdische Sakralarchitektur und Begräbniskunst verbreitert. Darüberhinaus dokumentiert das CJA die Erträge der jahrzehntelangen Forschungen seiner Mitarbeiter in einem Index, genannt *Bezalel Narkiss Index of Jewish Art*, der möglichst umfassend die Zeugnisse jüdischer Kunst aus aller Welt erfasst. Die Kategorisierung als Index wird den Beschreibungen jedoch nicht gerecht, da die Einträge über das systematische Erfassen oft hinausgehen: Sie bieten sehr detaillierte Beschreibungen und Kontextualisierungen der untersuchten Objekte in die Kunstproduktion der Mehrheitsgesellschaften und Farbabbildungen dar. Gemäß der Methodik des Gründers sind die in dem Index erfassten Objekte über die enthaltenen Bildmotive auffindbar, die nach dem ikonographischen Ordnungsprinzip organisiert sind. In seiner heutigen Form ist der *Index of Jewish Art* im Internet kostenlos zugänglich und ein zentrales Hilfsmittel für die Erforschung der jüdischen Kunst.[11] Die Forscherinnen haben es sich zum Ziel gesetzt, ihre Ergebnisse als Hybridkatalog zu veröffentlicht, dh. die Beschreibungen des gedruckten Katalogs sollen auch im *Index of Jewish Art* verfügbar sein, um insbesondere das umfangreiche Bildmaterial gebündelt zur Verfügung zu stellen (S. XI). Wegen dieses wegweisenden hybriden Ansatzes ist es angezeigt, hier beide Veröffentlichungen gemeinsam zu besprechen. Jedoch ist zu beachten, dass der *Index of Jewish Art* zum Zeitpunkt der Abfassung dieser Rezension im März 2021 aufgrund von Wartungsarbeiten nicht vollständig war, so dass sich späteren Benutzern

---

10   Ernst Róth: Hebräische Handschriften Teil 2, Hg. Hans Striedl, Bd. 2, Verzeichnis der orientalischen Handschriften in Deutschland, VI. Wiesbaden 1965.

11   Der *Bezalel Narkiss Index of Jewish Art* ist zugänglich unter der Internetadresse https://cja.huji.ac.il

vermutlich ein verändertes Bild darbieten wird als dem Rezensenten. Durch die Katalogisierung der Handschriften in der Bayerischen Staatsbibliothek kehrt das Center for Jewish Art zu den eben erwähnten Wurzeln der Erforschung von Handschriftenilluminationen zurück. Unter der Leitung der ehemaligen Direktorin des CJA, Prof. Aliza Cohen-Mushlin, nahm ein Team von fünf israelischen Forscherinnen zwischen 2008 und 2012 die Neukatalogisierung der Münchner Hebraicasammlung *in situ* vor. Bei ihrer Arbeit konzentrierten sie sich auf eine Auswahl, was das ernsthafte Bemühen der Wissenschaftlerinnen, ihre Forschungsobjekte möglichst genau zu beschreiben, unterstreicht. Zwar hat es auch in jüngerer Zeit hervorragende Kataloge hebräischer Handschriften gegeben, die vollständige Sammlungen beschreiben, man denke an den neuen Katalog der vatikanischen Bibliothek, jedoch profitieren Kataloge, die sich auf ein Themengebiet fokussieren aus nachvollziehbaren Gründen von der Fachkompetenz der Bearbeiter, wie beispielsweise die Kataloge zu kabbalistischen Handschriften in der Bibliothek der jüdischen Gemeinde von Mantua und der französischen Nationalbibliothek, vor Augen geführt haben.[12] Bei der Auswahl der Handschriften gingen Cohen-Mushlin und ihre Mitarbeiterinnen ganz ähnlich vor und spielten ihre Kompetenz in jüdischer Kunstgeschichte aus, indem sie sich auf die illuminierten Handschriften konzentrierten. Dieses Untersuchungsfeld erweiterten sie, als sie während ihrer Arbeiten entdeckten, dass eine Vielzahl von Handschriften Johann Jakob Fuggers um 1550 in einer konzertierten Aktion in Venedig kopiert worden waren. Im Kontext hebräischer Handschriften ist der Nachweis eines Skriptoriums eine Besonderheit, da sie in aller Regel von den Besitzern selbst angefertigt oder nur einzelne Exemplare bei Kopisten in Auftrag gegeben wurden. Die Forscherinnen nahmen diese Handschriften in den Katalog mit auf, um diesen faszinierenden Prozess rekonstruieren zu können. Ilona Steimann zeichnet die Chronologie und Organisation dieses Unternehmens in einem Aufsatz am Anfang des Kataloges nach. Eine ausführlichere Studie

---

12 Benjamin Richler, Malachi Beit-Arié und Nurit Pasternak: Hebrew Manuscripts in the Vatican Library. Catalogue. Compiled by the Staff of the Institute of Microfilmed Hebrew Manuscripts, Jewish National and University Library, Jerusalem, Bd. 438, Studi E Testi. Vatikanstadt 2008; Giulio Busi und Saverio Campanini, Hg.: Catalogue of the Kabbalistic Manuscripts in the Library of the Jewish Community of Mantua, With an Appendix of Texts. Fiesole 2001; Cristina Ciucu: Hébreu 763 à 777. Manuscrits de Kabbale, Manuscrits en caractères hébreux conservés dans les bibliothèques de France. Catalogues 6. Paris 2014.

zu diesem Thema hat sie kürzlich an anderer Stelle publiziert.[13] 20 weitere Fuggerhandschriften, die in anderen Kontexten entstanden sind, konnten nicht aufgenommen werden.[14] Aus der Bibliothek Johann Albrecht Widmanstetters wurden nur eine Handvoll Handschriften aufgenommen, da die Sammelinteressen dieses Hebraisten auf kabbalistischen und wissenschaftlichen Werken lag und er infolgedessen weniger illustrierte Handschriften besaß.[15] Im Ganzen sind von den 84 beschriebenen Handschriften 51 Stück illuminiert.

Vor dem eigentlichen Katalog bietet Aliza Cohen-Mushlin eine Einführung in die ausgewählten Handschriften dar, die einige der wichtigsten Stücke bespricht und deren Bedeutung für die Sammlungen Fuggers und Widmanstetters beleuchtet (S. XIII–XXVIII). Darauf folgt die oben erwähnte Geschichte der Fuggersammlung von Ilona Steimann, die aufschlussreiche Diagramme enthält mit welchen sie die Chronologie der Handschriftenproduktion veranschaulicht (S. XXIX–XLVII). Der Einführungsteil bietet eine repräsentative Auswahl der Illustrationen in Farbe dar, die im Text kurz besprochen und in den Gesamtzusammenhang eingeordnet werden.

Der Katalogteil selbst umfasst 518 Seiten und ist in zwei Spalten gedruckt. Die einzelnen Katalogisate sind wie folgt gestaltet: Eine Schlagzeile informiert zunächst über die kunsthistorischen Eckpunkte der Handschriften, d.h. neben den enthaltenen Texten, den Schreiber und den Einbandtyp. Hierauf folgt die Angabe des Inhaltes. Die ausführlichen Besprechungen der Texte sind durchgängig mit detaillierten Verweisen auf Editionen und Studien versehen, die seit den Arbeiten Steinschneiders, Striedls und Ròths veröffentlicht wurden und schon damit ein wichtiges Hilfsmittel für die Forschung darbieten. Einen wichtigen Bereich bilden die Beschreibungen der Materialität der Handschriften. Das Team von Prof. Cohen-Mushlin hat für jede Handschrift ausführliche kodikologische und paläographische Beschreibungen angefertigt, die den Methoden entsprechen, die in den letzten fünfzig Jahren durch Malachi Beit-Ariè, Colette Sirat, Edna Engel und andere entwickelt wurden.

---

13 Vgl. Ilona Steimann: "Jewish Scribes and Christian Patrons: The Hebraica Collection of Johann Jakob Fugger," Renaissance Quarterly 70, no. 4 (2017): 1235–81.

14 Nach der Zählung dieses Autors gehören auch die folgenden Handschriften der Fuggersammlung an: BSB, Mss Cod. hebr. 16, 20, 79, 80, 83, 93, 203, 208, 223, 266, 267, 268, 276, 278, 298, 301, 302, 341, 342, 357.

15 An dieser Stelle sei angemerkt, dass der Autor dieser Rezension derzeit an einer Monographie zur Bibliothek Widmanstetters arbeitet.

Die genauen Beschreibungen der Lagen und Vorbereitung der Beschreib-
stoffe wären für sich genommen schon ein wichtiger Beitrag zur Erforschung der jüdischen Buchkultur des Mittelalters und der frühen Neuzeit, der Schwerpunkt liegt jedoch auf der kunsthistorischen Auswertung,
die in zwei eigenen Unterpunkten der Katalogisate präsentiert wird. Unter der Überschrift „Summary and remarks" werden zunächst die Her-
stellung der Handschrift, des Einbands und der Illuminationen vor dem
Hintergrund anderer jüdischer Handschriften und der einschlägigen Forschung diskutiert und eingeordnet. Die Synthesen aus diesem Punkt werden in Zukunft fraglos den Ausgangspunkt für zahlreiche weitere For-
schungsthemen zu den Münchner Hebraicahandschriften bilden. Wer
weitere, genaue Beschreibungen der einzelnen Bildmotive sucht, kann
die Angaben im darauffolgenden Abschnitt „Illuminations" auswerten.
Nach einer kurzen Beschreibung der einzelnen Bildmotive, werden die
Technik und die verwendeten Materialien beschrieben. Darüberhinaus
werden Verweise zu denselben Motiven in anderen Handschriften in der
BSB und in anderen Bibliotheken angeboten, was Anregungen zu ver-
gleichenden Forschungsarbeiten bieten wird.

Auf die Katalogisate folgen eine Reihe von Indices, welche zentrale
Aspekte der Handschriften erschließen. Ein Index jüdischer Begriffe versucht die wichtigsten im Katalog erwähnten Begriffe auch für Nicht-Spe-
zialisten zugänglich zu machen. Dem Forschungsinteresse des CJA fol-
gend findet man auch einen Index der ikonographischen Elemente. Im
Gegensatz zu den Verweisen des vorangehenden Titelindex werden hier
nicht nur Handschriftennummern, sondern genaue Folioseiten angegeben, was es Benutzern erlaubt zielsicher zu bestimmten Illustrationen
wie beispielsweise in der Pessach Haggada zu navigieren. Dieses Motiv-
register ist eine Schatztruhe für Kunsthistoriker. Ein besonderer Gewinn
ist die differenzierte Lemmatisierung der Bildmotive, die eine zielgenaue
Suche ermöglicht: Beispielsweise unterscheidet der Index zwischen „Initial word, decorated" und „Initial word panel, decorated". Für den biblischen Joseph sind die einzelnen, als Bildmotive verwendeten Szenen
genau aufgeschlüsselt. Ebenso nuanciert ist der Eintrag zum Bildmotiv
„Lion" gestaltet, der sich in „lion as king", „lioness", „lion's head", „lion's mask", „grotesque" und „lion's profile" gliedert. Ein kleiner Wer-
mutstropfen in dem ansonsten hervorragenden Register ist, dass offenbar
nicht alle Motive, die in den Katalogeinträgen beschrieben sind, gleichmäßig eingearbeitet wurden. So vermisst man beispielsweise Verweise

für die kabbalistischen Begriffe „Ilan" oder „Sefirot".[16] Wer sich verläss-
lich über Bildmotive informieren möchte, wird auf die Volltextsuche im
Bezalel Narkiss Index of Jewish Art zurückgreifen müssen. Ein Index
erwähnter Personen rundet die Erfassung der Entitäten ab und umfasst
auch die Autoren der in den Katalogisaten aufgeführten Texte.

Die typographische Gestaltung des gedruckten Katalogs macht die
Orientierung oft schwierig. Viele der Katalogisate sind mehrere Seiten
lang, jedoch verfügt die Druckausgabe über keinerlei Kolumnentitel und
erschwert damit die Orientierung in dem sehr umfangreichen Katalog.
Die Gestaltung des Kataloges macht es oft notwendig, mehrere Seiten zu
blättern, um herauszufinden, bei welchem Eintrag man sich befindet.
Diese Eigenheit schmälert die Leistung der Forscherinnen in keiner Weise, jedoch macht sie die Benutzung bei längerer Arbeit mit dem Katalog
mühselig.

Der Onlinekatalog hat gegenüber dem gedruckten Gegenstück eine
Vielzahl von Vorzügen, die jedoch wegen der Umsetzung bislang nicht
ihr volles Potential entfalten. Die Katalogisate sind im *Bezalel Narkiss
Index of Jewish Art* unter der Rubrik „Hebrew Illuminated Manuscripts"
recherchierbar. Über eine Suchmaske lassen sich gezielt solche Handschriften finden, die in einer bestimmten Epoche entstanden sind, sich
einer bestimmten Werkstatt zuordnen lassen, in einer bestimmten Sammlung aufbewahrt werden, oder bestimmte Bildmotive verwenden. Mit
Hilfe dieser Werkzeuge lassen sich sehr gezielte Suchabfragen formulie-
ren. Genres und Eigennamen von Personen und Orten in den Katalogisaten die mit der Entstehung der Handschriften und der Illustrationen ver-
knüpft sind, werden teilweise in der Datenbank indexiert, was es
ermöglicht größere Zusammenhänge zu erkennen, die über das Korpus
der Münchner Handschriften hinausgehen. Andere Metadaten, wie die
Provenienzen der Handschriften oder die verwendete Schrift, lassen sich
jedoch nur über die Volltextsuche recherchieren, womit systematische
Suchen erschwert sind. Die Katalogisate sind meistens inhaltsgleich
wenn auch manchmal in anderer Formulierung zu ihren Gegenstücken
im gedruckten Katalog. Zusätzlich weist der *Index of Jewish Art* auch
Scans der Bildmotive auf, die gemeinsam mit den Beschreibungen angezeigt werden. Diese zentralen Elemente der Einträge werden in über-

---

16   Diese Motive finden sich beispielsweise in den Handschriften BSB, Mss Cod. hebr.
     112, 450, 451. Im *Index of Jewish Art* findet man unter dem Begriff „Sefirot" eine
     Reihe anderer Handschriften und Drucke.

sichtlichen Galerien dargestellt und können für genauere Betrachtung auch einzeln in ausreichend hoher Auflösung angezeigt werden. Angesichts der kunsthistorischen Ausrichtung ist der Leser auf farbige Abbildungen angewiesen, um die zahlreichen ausführlichen Beschreibungen der Katalogisate nachvollziehen zu können. Hierzu verweisen die Herausgeberinnen explizit auf den *Index of Jewish Art*. (S. XI) Im gedruckten Katalog finden sich nur wenige und dazu kleine Abbildungen in den Einleitungskapiteln. Jedoch wird der Onlinekatalog den Versprechungen in der jetzigen Form nicht gerecht. Zwar bieten die Katalogisate hier grundsätzlich jede einzelne Illumination in Farbe mitsamt der Beschreibung aus der Druckfassung. Als diese Rezension im März 2021 geschrieben wurde, enthielt der *Index of Jewish Art* jedoch nur einen Teil der im gedruckten Katalog besprochenen Handschriften, 66 gegenüber 84 Stück.[17] Um den *Bezalel Narkiss Index of Jewish Art* in der von den Autorinnen intendierten Weise verwenden zu können, muss man den Upload der übrigen Datensätze abwarten.

Insgesamt lässt sich nur ein vorläufiges, aber enthusiastisches Urteil über den Hybridkatalog abgeben. Für Spezialisten der Kunstgeschichte kann der gedruckte Katalog zwar nur Ausgangspunkt für vertiefte Untersuchungen sein, da der Großteil der Abbildungen im *Index of Jewish Art* zu finden ist (sobald die fehlenden Daten hier veröffentlicht sind). Forscher, die allgemein an den kodikologischen Eigenschaften der Münchner Handschriften und den enthaltenen Texten interessiert sind, werden auch im gedruckten Katalog alle Beschreibungen finden. Sobald die angesprochenen Schwächen im *Index of Jewish Art* einmal behoben sein werden, wird der Katalog von Aliza Cohen-Mushlin und ihren Mitarbeiterinnen ein wichtiger Schritt in der zeitgemäßen Neuerfassung der Hebraica in der Bayerischen Staatsbibliothek sein. Zunächst, weil er die Impulse der kodikologischen und kunsthistorischen Forschung der letzten Jahrzehnte aufgreift und in übersichtlicher Weise darbietet. Gleichzeitig weist das verwendete Hybridformat generell auf die Vorzüge von Online-Handschriftenkatalogen hin, die große Mengen von Bilddateien und Metadaten der Handschriften verfügbar machen können, und auch künftige Katalogisierungsprojekte für sich nutzbar machen sollten.

Maximilian de Molière

---

17 Diese Zahl enthält auch Handschriften, die in den gedruckten Katalog aufgenommen wurden, um die Fuggersammlung vollständig aufzunehmen und im *Index of Art* nur als Rumpfeinträge vorhanden sind.

Adressen der Autoren

Prof. Dr. Laura Balbiani, Mailand
laura.balbiani@gmail.com

Prof. em. Dr. Jörg Jochen Berns, Marburg
berns@mailer.uni-marburg.de

PD Dr. Hans-Joachim Jakob, Siegen
hajo_jakob@web.de

Dr. Maximilian de Molière, Halle
maximilian.de-moliere@judaistik.uni-halle.de

Prof. Dr. Rosmarie Zeller, Basel
rosmarie.zeller@unibas.ch

Printed by
CPI books GmbH, Leck